PEDRO DE PEZARAT CORREIA

Manual de Geopolítica e Geoestratégia

Volume II

Segunda Parte: *Análise geoestratégica do mundo em conflito*

MANUAL DE GEOPOLÍTICA E GEOESTRATÉGIA
VOLUME II

AUTOR
PEDRO DE PEZARAT CORREIA

EDITOR
EDIÇÕES ALMEDINA. SA
Av. Fernão Magalhães, nº 584, 5º Andar
3000-174 Coimbra
Tel.: 239 851 904
Fax: 239 851 901
www.almedina.net
editora@almedina.net

PRÉ-IMPRESSÃO | IMPRESSÃO | ACABAMENTO
G.C. GRÁFICA DE COIMBRA, LDA.
Palheira – Assafarge
3001-453 Coimbra
producao@graficadecoimbra.pt

Outubro, 2010

DEPÓSITO LEGAL
318095/10

Os dados e as opiniões inseridos na presente publicação
são da exclusiva responsabilidade do(s) seu(s) autor(es).

Toda a reprodução desta obra, por fotocópia ou outro qualquer
processo, sem prévia autorização escrita do Editor, é ilícita
e passível de procedimento judicial contra o infractor.

Biblioteca Nacional de Portugal – Catalogação na Publicação

CORREIA, Pedro Pezarat, 1932-

Manual de geopolítica e geoestratégia. – 2 v.
(CES : cosmopolis)
2º v.: Análise geoestratégica do mundo em
conflito. – p.. - ISBN 978-972-40-4257-2

CDU 327
    355
    911

ÍNDICE DO VOLUME II

Apresentação da 1ª edição pelo general Loureiro dos Santos	7
Introdução à Segunda Parte	15
Lista de siglas incluídas no texto	21

SERGUNDA PARTE — 25

Título I – quadro geoestratégico do pós-guerra 1939-1945 à nova ordem mundial — 27
Capítulo a – Guerra Fria — 29
Capítulo b – Nova ordem mundial — 67
Bibliografia — 93

Título II – o mundo zona de tensão e conflitos global — 97
Capítulo a – Globalização e conflitos — 99
Capítulo b – A OTAN no mundo zona de tensão e conflitos global — 125
Bibliografia — 145

Título III – bacia mediterrânica — 147
Capítulo a – Mediterrâneo alargado — 149
Capítulo b – Conflito israelo-árabe — 171
Capítulo c – Golfo Pérsico — 195
Capítulo d – Curdistão — 213
Capítulo e – Sahara Ocidental — 227
Capítulo f – Balcãs — 245
Capítulo g – Cáucaso — 269
Bibliografia — 293

Título IV – áfrica subsahariana — 297
Capítulo a – Uma zona de tensão e conflitosà escala continental — 299
Capítulo b – África Ocidental — 327
Capítulo c – Grande diagonal dos conflitos africanos — 343
Capítulo d – África Austral — 365
Capítulo e – Descolonização — 387
Bibliografia — 406

Título v – oriente asiático	409
Capítulo a – Introdução	411
Capítulo b – Ásia Central	413
Capítulo c – Sudeste Asiático	435
Bibliografia	456
Título vi – américa latina	459
Capítulo a – Introdução	461
Capítulo b – Zona de tensão e conflitos da América Latina	465
Bibliografia	492
Índice onomástico	495
Índice remissivo	501
Índice de Mapas	519

APRESENTAÇÃO DA 1ª EDIÇÃO
Pelo General Loureiro dos Santos

1. Em 2002, o major-general Pezarat Correia publicou um livro, intitulado "Manual de Geopolítica e Geoestratégia Vol I", que, de acordo com as suas palavras, "reproduz, de forma mais desenvolvida e procurando atingir um universo de leitores mais amplo, a primeira parte da matéria de Geopolítica e Geoestratégia ministrada na licenciatura de Relações Internacionais, da Faculdade de Economia da Universidade de Coimbra".

Ficámos, aqueles que se interessam por estas temáticas, a saber então várias coisas. Primeiro, que na Faculdade de Economia da mais antiga e célebre universidade portuguesa, se ensina uma cadeira de Geopolítica e Geoestratégia de muito elevado nível, pelo que está de parabéns a Universidade e o país, dada a relevante importância da matéria, em especial nos tempos conturbados que correm; e ainda de termos a garantia de que, pelo menos, os licenciados em Relações Internacionais por aquela faculdade conhecem as linhas de força que se entrecruzam, quando actores políticos entram em competição ou em conflito. Segundo, que haveria de ser publicado um segundo volume daquela obra, onde o trabalho do primeiro seria completado por uma abordagem do assunto, agora da perspectiva da consideração das Zonas de Tensão e Conflito do Mundo, e se comprometia com isso. Terceiro, que em Portugal, Pezarat Correia é, sem qualquer dúvida, um dos maiores especialistas nesta área.

Quando o general Pezarat me convidou para fazer a apresentação deste II Volume, além de ter ficado a saber que, no meu país, há mais uma pessoa que cumpre os seus compromissos, o que aumenta o número bastante reduzido dos que o fazem, aceitei pressurosamente o convite, pois estava interessadíssimo em ler um livro: que seria com toda a certeza excelente; juntamente com o primeiro volume, completaria uma obra única em português de Portugal; depois de o ler, verifico que será, no nosso país, uma referência para todos os que se interessam por Geopolítica e Geoestratégia.

É certo que não foi só por isto que estou a fazer a apresentação. Mas também porque tenho o gosto de ser amigo do autor; porque a seu lado e de muitos outros, alguns dos quais se encontram presentes, tive a honra de participar no combate pela democracia no nosso país; porque com ele comungo muitos pontos de vista sobre a problemática dos conflitos, a despeito de noutros – embora poucos – divergirmos, o que é salutar; porque tive o prazer de ter sido seu professor de Estratégia – se bem que, nos temas tratados pelo livro, entre outros, seja seu atento aluno; e ainda porque fico honrado por ter a oportunidade de dar a minha opinião sobre um trabalho deste nível.

2. É claro que Pezarat Correia não é um estranho, nem muito menos desconhecido. De um modo geral, o país conhece o seu percurso. De militar. De político. De intelectual. De escritor e comentador.

Dos seis livros que têm a sua assinatura (antes deste), todos eles de enorme interesse, além do volume I do Manual de Geopolítica e Geoestratégia, não posso deixar de recordar os três seguintes: "Descolonização de Angola – A Jóia da Coroa do Império Português", editado pela Editorial Inquérito e a editora angolana Ler & Escrever, em 1991; "Questionar Abril", pelo Círculo de Leitores e a Editorial Caminho, em 1994; e "Angola – Do Alvor a Lusaca", pela Hugin Editores, em 1996.

Entretanto, além de múltiplas conferências, comunicações e comentários na rádio e na televisão, foi publicando inúmeros opúsculos, artigos em revistas e jornais (também em órgãos da imprensa estrangeira), e colaborou em diversas obras colectivas. Enfim, uma actividade cultural intensa, que está para durar, apesar dos setenta e um anos (mas sólidos) que fez em Novembro do ano passado. Actividade especialmente intensa, a partir de 1986, data em que pediu para transitar para a situação de reserva, por ter sido ultrapassado na promoção a tenente-general, o que, no meu entendimento, apenas é explicável por razões políticas.

Cumpriu seis comissões militares nas colónias portuguesas, Goa, Moçambique (2), Angola (2) e Guiné. Iniciou o Curso de História da Universidade Clássica de Lisboa, que só não terminou, por ter sido chamado ao desempenho de altas funções, na sequência do 25 de Abril – membro do Conselho da Revolução, desde a sua formação até ao seu termo, tendo acumulado, nos anos de 1975 e 1976 com o cargo de Comandante da Região Militar do Sul (como tenente coronel, graduado em major-general). Exerceu, até ao último lectivo, a regência da cadeira de Geopolítica e Geoestratégia do Curso de Relações Internacionais da Faculdade de Economia da Universidade de Coimbra, onde continua a colaborar como coordenador de um Seminário de Doutoramento, efectua conferências em várias instituições universitárias e institutos superiores militares, colabora em diversos estabelecimentos de ensino superior (entre eles, o Instituto de Defesa Nacional), ao mesmo tempo que desenvolve meritória actividade cívico-associativa, em variadas associações, tendo sido o primeiro presidente da Assembleia-Geral da Associação 25 de Abril.

Depois da sua formação liceal no Colégio Militar, frequentou o curso de Infantaria na Escola do Exército e os cursos que permitiram a ascensão na carreira, de promoção a capitão, a oficial superior e a oficial general (onde tive o prazer de ser seu professor), além do curso de Defesa Nacional, neste Instituto. São importantes as múltiplas condecorações e louvores com que foi premiado ao longo da sua carreira.

Mas o que mais se destaca, até agora, na sua brilhante carreira, foi a sua participação activa na implantação da democracia, em Portugal. Esteve ligado desde 1958 a sectores das Forças Armadas oposicionistas ao regime do Estado Novo, que fizeram várias tentativas de derrubar o regime. Apoiou (era major), desde o início, o Movimento dos Capitães, mais tarde das Forças Armadas. Assumiu funções no MFA em Angola, onde se encontrava no 25 de Abril, fez parte da delegação portuguesa à cimeira de Alvor, que definiu as condições para a independência desta colónia, e é indicado pelos seus camaradas para fazer parte do Conselho da Revolução desde a sua fundação. Participa em todos os actos relevantes da Revolução, sendo um dos nove conselheiros que assinaram o "documento dos nove".

Eis, muito sinteticamente, o autor do livro, e meu amigo Pezarat. Garanto a todos os presentes que não foi nada fácil fazer esta síntese, dada a riqueza e qualidade do seu currículo.

3. O Volume II do Manual de Geopolítica e Geoestratégia, conforme já referi, trata as "Zonas de Tensão e Conflitos no Mundo".

É uma abordagem que tem como pano de fundo os conhecimentos teóricos a que o I Volume se dedica. O primeiro volume apresenta a base teórico-doutrinária que permite fazer uma análise circunstanciada e rigorosa das diversas zonas do planeta, em função da perspectiva polemológica, e revela-nos, de modo surpreendentemente lógico as linhas de força globais e regionais, que funcionam como molde ou enquadramento indispensável à compreensão e leitura crítica dos conflitos que hoje proliferam e de outros que se anunciam.

O volume que tenho o prazer de apresentar, de sentido mais prático do que o anterior, é assim um estudo de um professor regente de uma cadeira, onde se visa fornecer aos alunos a "álgebra" de sustentação da avaliação do estado do mundo e dos confrontos que nele se sucedem, ou seja, a quadrícula animada que permitirá explicar, pelo menos em parte, as proto-regras que estão por detrás da sua eclosão e desenvolvimento, além dos fundamentos que conduzem os actores em jogo à acção. Portanto, o livro tem primariamente um objectivo académico. Isto faz com que a sua esquematização seja muito clara, os assuntos bem ordenados e substancialmente tratados.

4. Depois de uma breve Introdução, o trabalho comporta seis partes, com o nome de Títulos.

No Título I, temos a possibilidade de contactar com o Quadro Geoestratégico do Pós Guerra 1939-1945, até à Nova Ordem Mundial, que, tem início com o fim da Guerra Fria. Mostrando-nos as grandes directrizes da dinâmica conflitual que se verificaram durante o decurso do período bipolar, primeiro, e traçando uma caracterização expressiva da Nova Ordem Mundial em que nos encontramos, depois. Deparamos com um quadro a traço grosso, tanto da ordem bipolar ou dos pactos militares, como da nova ordem, onde ressaltam os aspectos que mais marcam a realidade.

A guerra fria como uma situação de não guerra, com guerras por delegação nas fronteiras dos espaços de influência de cada bloco, disputando zonas marginais. Zonas, onde actores menores, apoiados pelos dois principais actores, se batiam basicamente por interesses muito concretos, frequentemente de puro realismo, que iam desde a disputa de recursos, à luta pelo poder (como as guerras de libertação), passando por conquista e defesa de território, e por razões ideológicas.

Mas, o mais notável é que ficamos bem elucidados de como eles estão ao serviço dos actores centrais, que os incentivam, provocam, alimentam e põem fim à sua actividade quando atingiram os seus objectivos ou temem que percam o seu controlo, podendo ter que intervir directamente. Intervir nestas condições deve ser evitado a todo o custo por quem polariza os dois espaços de confrontação mundial, a fim de impedir uma escalada dos meios e dos fins, que uma mudança de grau do conflito central era susceptível de provocar. O que seria extremamente perigoso numa situação de dissuasão nuclear.

É também possível compreender como os conflitos por delegação, nas fronteiras dos interesses dos Estados Unidos e da União Soviética, constituem processos indirectos de cada uma das superpotências preservar e/ou ampliar os seus interesses, cruamente reais. Tratava-se, portanto, de outras formas das duas superpotências alcançarem os seus objectivos, a baixo custo, quer eles fossem ideológicos, económicos ou estratégicos.

Vemos, depois, emergir a influência dos mecanismos da guerra fria na actual ordem mundial, e revela-se-nos a Nova Ordem Mundial, que nos condiciona. Com o mundo reduzido a um actor central, que deixou de ter parceiro para, com ele, dirimir o poder global, único estabilizador das várias zonas de tensão e conflito, onde a guerra fria é substituída por aquilo a que o autor chama "paz quente". Não tendo rival que possa opor-se aos seus interesses, estabilizando e equilibrando muitas situações e regiões, deixa disseminar os conflitos que não o afectem, nas áreas em que, circunstancialmente, não está preocupado. Não pretende exercer aí o formidável poder que detém, em todos os campos, para lhes pôr cobro, enquanto não se sinta incomodado. Porque não quer ser desgastado.

Quando se alteram os factores envolventes, então exerce a sua tarefa imperial de pacificação, de acordo com o que lhe interessa, à revelia de todos os outros actores por si considerados menores, mas cuja fraqueza relativa ainda pretende aumentar, lançando mão de todo o seu potencial.

5. O Título II discorre sobre o mundo como única ZTC.

Aqui, temos oportunidade de observar os efeitos e como funciona a globalização na conflitologia, as linhas gerais de actuação da hiperpotência. Constituindo o núcleo caracterizador da nova ordem, julga-se acima de todas as outras, pairando *sobre* todas elas, a quem, verdadeiramente já não considera potências. Um supraestado que desrespeita as normas cuja elaboração liderou, e actua à margem das organizações que ele próprio promoveu, num certo passo da sua caminhada para o império planetário. Normas e organizações que pretende substituir por outras mais adequadas ao seu actual estatuto, que julga ter capacidade para fazer, que o destino proporcionou que fizesse, e que está determinado a fazer. Basta ver como funcionaram as coisas no processo que conduziu à guerra no Iraque.

Também podemos ver a emergência de um actor não estatal que age como ameaça global, permitindo-se mesmo desafiar os EUA. Uma organização sem território específico, organizada em malha, com objectivos políticos bem precisos, usando por procuração a humilhação, frustração e fraqueza dos povos islâmicos, para desencadear golpes potentes e espectaculares, no coração da própria suprapotência (que, numa certa manhã de 11 de Setembro, ficou surpreendida quando acordou vulnerável). Uma rede de redes que utiliza combatentes fanáticos que não se importam com a morte e a procuram, motivados por falsos preceitos religiosos ou preceitos interpretados num sentido radical, actuando em nome de fracos, humilhados e marginais ao desenvolvimento económico e social. Dispara golpes potentes, aproveitando instrumentos que a tecnologia e a globalização da violência colocam à sua disposição, através de atentados terroristas indiscriminados e espectaculares (tirando partido da actual informação planetária, em tempo real). Procura produzir o maior número possível de mortos e de sofrimento, que se repercutem globalmente, disseminando o medo.

Com efeitos verdadeiramente estratégicos, entre os quais o perigo de restringirem os direitos humanos das democracias, diminuindo a sua qualidade de tal maneira, que a transforma em democracias de natureza duvidosa, com fortes laivos de autocracia, o que corresponde, pelo menos, a uma sua (da ameaça) meia vitória.

Uma ameaça que não pode ser respondida eficazmente apenas recorrendo a estratégias militares, reforçadas pelas actividades de informações, acções policiais e de justiça, embora não as dispensando (de modo adequado e inteligente, com a intervenção militar sempre como último argumento). Um perigo que só desaparecerá ou será controlado a um nível razoável, desde que as estratégias de força sejam acompanhadas: a todo o tempo, com uma estratégia política que procure maior consenso multilateral; com resultados a médio prazo, pelo recurso a uma estratégia ideológica, a efectuar pelos islamitas moderados, com a finalidade de evitar que saiam das madraças os numerosos fanáticos que constituem o seu exército; e com efeitos a longo prazo, através de estratégias económico-sociais consistentes.

6. Não descreverei com tantas palavras, os restantes quatro títulos deste livro, para não retirar o gosto da descoberta.

Apenas direi que:

- O terceiro desenvolve a observação polemológica da Bacia Mediterrânica como ZTC, introduzindo o conceito de Mediterrâneo "alargado", e estudando posteriormente o conflito israelo-árabe, bem como a complexidade e importância do Golfo Pérsico, Curdistão, Saara Ocidental e Balcãs.
- No quarto, é efectuada uma análise de uma ZTC – a África Subsaariana, escalpelizando a África Ocidental, a Grande Diagonal dos Conflitos Africana, e a África Austral, e terminando por fazer uma rigorosa abordagem à descolonização.
- No quinto é tratado o Oriente Asiático, como ZTC, escolhendo os problemas e características da Ásia Central e do Sudeste Asiático, para chamar a atenção para as linhas de força que se encontram por detrás de toda esta vasta região, que, como aliás afirma Kissinger no seu livro recentemente traduzido para português, "Precisará a América de uma Política Externa?", tenderá a ser palco de conflitos interestatais que golpearam a Europa no passado, embora não saibamos se isso se repetirá.

- Finalmente, o título VI dedica-se à análise da ZTC da América Latina, como área onde a presença dos Estados Unidos tem sido de natureza decisiva e obsessiva.

Note-se que, a seguir a cada Título, é fornecido uma extensa e qualificada bibliografia, como todo o bom livro com finalidade académica deve apresentar.

7. Não quero, contudo, deixar de chamar a atenção para três aspectos, dos muitos tratados pelo autor que mereceriam destaque.

O primeiro é o facto de ser possível, com esta obra, fazer uma ideia abrangente, e do meu ponto de vista correcto, do papel que certos recursos estratégicos, como o petróleo e a água, têm na origem de uma grande parte, senão da maioria dos conflitos que no mundo vêm ocorrendo. Em quase todas as zonas de tensão e conflitos. Bem como a disputa de território, o choque de valores e a sua exacerbação, e ainda a miséria, a fome, o elevado fosso entre os mais ricos e os mais pobres, quer seja entre países, quer seja entre pessoas dentro dos países, e seus derivados.

O segundo refere-se à rigorosa análise dos efeitos, em termos polemológicos, dos acontecimentos ocorridos em sociedades que foram colonizadas e, mais tarde, obtiveram a independência, tento nas fases anteriores à colonização, como durante o seu decurso e no processo de descolonização. A este respeito, convirá estarmos atentos aos conflitos que podem resultar da resolução do problema da propriedade do solo nos países que foram colónias. Se não foi imediatamente resolvido na fase da descolonização, mesmo que à custa de grandes sacrifícios (como aconteceu nos países africanos de expressão em língua oficial portuguesa), não será de admirar que venhamos a assistir a conflitos graves, por exemplo na África do Sul, como já vimos no Zimbabwe e está a começar na Namíbia.

O terceiro trata-se do olhar do autor sobre Angola, como verdadeiro joelho de ligação entre duas das ZTC da África Sub-saariana. Pertence simultaneamente à Grande Diagonal Africana dos Conflitos e à África Austral, o que lhe confere uma importância estratégica crucial no continente. Esta poderá ser uma das razões, além de outras – tendência para a estabilidade, sem grandes tensões provocadas pela propriedade do solo e excepcionais recursos naturais – agrícolas, piscícolas, hidrocarbonetos, hídricos e minerais, tudo em conjugação com uma extensa massa geográfica. Tudo indica que, muito em breve, é susceptível de se configurar como a potência regional.

8. Minhas senhoras e meus senhores.

Este livro, conforme disse no início destas palavras, é um trabalho que pretendeu ser essencialmente de natureza académica. E atinge em alto grau esta finalidade. Mas é nítido, por tudo o que disse, que a superou em muito.

Como já afirmei, é a primeira obra portuguesa deste teor, que conheço, a despeito de existirem estudos inseridos em temática similar, de modo geral destinados apenas ao interior de Academias, Institutos e Universidades.

A sua publicação coloca à disposição dos alunos de relações internacionais e dos diplomatas e dos militares, um instrumento de grande valor para a sua formação e/ou esclarecimento. Contudo, não arriscarei, ao dizer que ele constituirá também elemento de consulta de enorme utilidade, para todos aqueles que estão relacionados com a conflitologia, como responsáveis políticos, jornalistas e outros. E interessará a todos quantos acompanhem a evolução, preocupante, do nosso tão perigoso planeta.

Obrigado e parabéns à Editora Quarteto, que a coloca ao nosso alcance, e ao seu autor, o meu amigo Pezarat, que em boa hora a escreveu.

Lisboa, 10 de Fevereiro de 2004

JOSÉ ALBERTO LOUREIRO DOS SANTOS
General (R)

INTRODUÇÃO À SEGUNDA PARTE

Na Introdução Geral do Manual de Geopolítica e Geoestratégia, que precedeu a Primeira Parte e abria o Volume I comprometemo-nos, perante os nossos leitores, com a publicação da Segunda Parte que versaria a matéria das Zonas de Tensão e Conflitos e completaria o projecto global do Manual. Com este Volume II, que agora vê a luz do dia, fica satisfeito esse compromisso.

Quem tiver curiosidade e paciência e se der ao trabalho de ler este volume facilmente concluirá que ele não era possível e não fazia sentido sem o primeiro. São, aliás, frequentes, as remissões para passagens da Primeira Parte, exactamente porque esta contem o suporte teórico e doutrinário que ajuda a compreender muitas das análises que incidem nas várias Zonas de Tensão e Conflitos que são objecto da nossa abordagem.

Temos então que, na articulação global do Manual de Geopolítica e Geoestratégia, de acordo com a distinção que no Volume I estabelecemos entre as duas disciplinas (ver II.A.5.), a Primeira Parte versa matéria da geopolítica enquanto esta Segunda Parte se orienta para a geoestratégia.

De facto, o que neste volume se trata, modestamente e sem excessivas ambições, inscreve-se numa análise geoestratégica do mundo actual. Mas, atenção, é uma análise geoestratégica do mundo e não a análise geoestratégica do mundo. Porque não esgota essa análise nem horizontalmente isto é, não cobre a totalidade do espaço mundial, nem verticalmente, porque não contempla todos os factores susceptíveis de contribuir para essa análise. Mas é uma análise geoestratégica no sentido em que se propõe contribuir para a compreensão da conflitualidade em determinados compartimentos do mundo, a que chamamos Zonas de Tensão e Conflitos, a partir da interpretação de factores geográficos, no significado mais amplo da geografia, física, humana, política e económica.

* * *

Não pretendendo ser um livro exclusivamente dirigido a estudantes prossegue a orientação da Primeira Parte e visa o meio universitário como um dos alvos prioritários. Por isso optámos pela manutenção da estrutura de tipo manual, sistematizada em títulos, capítulos, sub-capítulos e alíneas que, temos consciência disso, prejudica a componente formal, a construção literária, mas em compensação beneficia a componente utilitária, porque facilita a consulta.

Na selecção e articulação dos sucessivos factores de análise, os chamados factores geoestratégicos, não seguimos, em rigor, nenhum dos modelos mais conhecidos, do almirante Pierre Célérier que distingue factores estáveis e factores variáveis (*Géopolitique et géostratégie*, PUC, Paris, 1969), do general Lopes Alves que aos de Célérier acrescenta os factores derivados (*Geopolítica e geoestratégia de Portugal*, Ed. A., Lisboa, 1987), ou da publicação do IAEM que sistematiza o que chama referências de carácter geoestratégico (NC-71-00--01, *Análise geoestratégica – subsídios para o seu estudo*). Mas não deixámos de ser influenciados por todos eles.

Optámos, então, por uma análise de cada Zona de Tensão e Conflitos considerando quatro áreas de factores geoestratégicos, estáveis uns, variáveis outros, a da geografia física, a da geografia humana, a da geografia política e a da geografia económica para, com base neles, passar à interpretação do seu papel na conflitualidade ou seja, a caracterização polemológica de cada uma das zonas em estudo. Dito de outra forma, procurámos chegar a uma compreensão do quadro conflitual das várias Zonas de Tensão e Conflitos a partir da identificação dos factores geoestratégicos que a configuram.

Mas, repetimos, não houve uma ambição excessiva de levantamento exaustivo de todos os factores possíveis, mas tão só a de pôr em relevo aqueles que, em nosso juízo, mais contribuem para a especificidade polemológica de cada uma das zonas. Veremos, por exemplo, que no domínio da geografia física a conflitualidade numas zonas deriva mais da posição, noutras da configuração, noutras ainda da morfologia. Que no da geografia humana umas são mais afectadas pelos efeitos da fragmentação etno-religiosa, outras pelo resultado das migrações e da fixação de minorias, outras pelas consequências dos desequilíbrios demográficos, outras ainda pelo contributo da herança histórica, longínqua e recente. E que no da geografia política certas zonas são mais sensíveis à proliferação estatal, outras à disputa pela hegemonia regional, outras ao passivo de anteriores projectos coloniais e imperiais e outras ainda às interferências externas em particular das maiores potências. Por último que a interferência da geografia económica no quadro conflitual também difere de zona para zona, predominando aqui a importância dos recursos petrolíferos e afins ou as rotas para o seu escoamento, ali os minerais raros, acolá a carência de água doce, mais além a extrema pobreza e as desigualdades na distribuição da riqueza, ou o papel de economias paralelas ou criminosas.

Será o enunciado, por vezes pouco mais do que o enunciado brevemente comentado, do peso relativo de alguns destes factores, que nos conduzirá a uma interpretação das razões porque nas Zonas de Tensão e Conflitos seleccionadas há conflitos que persistem de forma endémica e porque é que esses conflitos assumem certas tipologias e não outras. É isso que designamos por caracterização polemológica.

Seguiremos, para todas as Zonas de Tensão e Conflitos, idêntica sistematização porque, como obra de consulta que pretendemos que seja, nos parece a forma mais prática e expedita de localizar os assuntos e, se desejável, mais funcional e acessível para proceder a análises comparadas. Tivemos sempre presente o carácter didáctico de um manual.

*   *   *

Dissemos também que não esgotamos aqui a análise de todas as regiões do mundo onde se evidenciam preocupações com a conflitualidade. Mas as opções que fizemos obedecem a uma lógica.

Certamente que pesou a consideração das zonas que mais preocupam a comunidade internacional pelo grau de periculosidade para a paz mundial, pelo alcance dos seus efeitos no sofrimento humano e na degradação ambiental, pela persistência e pela actualidade. Nesta ordem de ideias poderá chocar o facto de algumas zonas terem sido excluídas. Entre outras a Chechénia, a Argélia, o Sri Lanka, a Coreia do Norte ou o País Basco.

Tivemos que seleccionar porque não queríamos que o livro atingisse uma dimensão excessiva e, então, optámos por zonas onde ocorrem conflitos que têm expressão regional e excluímos aquelas em que os conflitos estão circunscritos ao interior de fronteiras nacionais isto é, cujo âmbito os situa no tipo de conflitos internos. Esta distinção não é linear, não é igual para todos os casos, por exemplo os conflitos na Chechénia e na Argélia não são exclusivamente internos, mas a violência tem estado reduzida ao interior das fronteiras dos respectivos Estados. A Chechénia, mais do que os outros, justificaria por ventura a inclusão numa Zona de Tensão e Conflitos do Cáucaso no contexto mais global da Bacia Mediterrânica. Cáucaso que, pelas suas características, alguns chamam os Balcãs de leste. É uma zona que, porém, exigiria do autor um aprofundamento da investigação incomportável com o limite temporal que impusemos para a publicação deste Volume II. Por outro lado pensamos que a Bacia Mediterrânica já está suficientemente contemplada no plano geral deste livro e, com algum esforço, os factores da conflitualidade no Cáucaso podem ser deduzidos analogicamente[1].

Considerámos também que devíamos fazer preceder o estudo das várias Zonas de Tensão e Conflitos de uma análise do período da Guerra Fria. É um período do passado, é certo, mas que ainda influencia todo o quadro polemológico actual, seu herdeiro directo, que em muitos aspectos dificilmente se compreenderá sem uma remissão ao passado recente. Por isso o título sobre a Guerra Fria e a transição para a Nova Ordem Mundial abre a Segunda Parte.

Os restantes títulos são encadeados abordando as Zonas de Tensão e Conflitos numa lógica de caixas chinesas, em que as zonas de maior dimensão, ou zonas alargadas, comportam dentro dos seus limites zonas mais reduzidas susceptíveis de serem individualizadas. Há, portanto, um progressivo aumento de escala, em que a áreas cada vez mais restritas corresponde uma cada vez maior ampliação e pormenorização dos detalhes.

* * *

Por último uma advertência que nos parece essencial para não frustrar a expectativa dos leitores. Neste trabalho não pretendemos estudar os conflitos nem relatar os seus desenvolvimentos. Não é um livro de historiografia militar, de histórias de guerras, nem de crónicas de batalhas.

É um trabalho que pretende, através da interpretação dos factores geoestratégicos, estudar e compreender Zonas de Tensão e Conflitos isto é, zonas sensíveis que configuram conjuntos regionais em que é detectável uma lógica de conflitualidade nas quais, dada a tendência actual para a regionalização dos conflitos, a desestabilização de um determinado espaço político afecta a globalidade do conjunto. James E. Dougherty e Robert L. Pfaltzgraff Jr. chamam-lhes *Shatterbelts* (zonas fragmentadas), que definem como «(...) *zonas geográficas caracterizadas pela escalada dos conflitos e o envolvimento de potências exteriores*» (*Relações internacionais, as teorias em confronto*, Gradiva, Lisboa, 2003, p. 227).

Pretende-se ajudar a compreender porque é que certas regiões se tornaram zonas de conflitos endémicas e porque é que os conflitos assumem deter-

---

[1] Como consta do Prefácio à Presente Edição, com que se abre o Vol I, a inclusão de um Capítulo sobre o Cáucaso, pelas razões que se expõem, constitui, exactamente, uma das novidades mais destacadas desta edição.

minados desenvolvimentos. Não pretendemos, repete-se, descrever os conflitos, mas ajudar a perceber porque é que eles ocorrem. Não nos preocupa o efémero, o fenómeno conjuntural. Visamos a compreensão do que é estruturante e que, por o ser, ajuda a fazer da conflitualidade uma leitura prospectiva que contribua para equacionar a forma de a enfrentar. No quadro das várias teorias das relações internacionais esta é uma abordagem estruturalista, porque «(...) *parte do princípio de que há, subjacente às aparências, uma estrutura que causa a reprodução e repetição de relacionamentos sociais e que é essa estrutura que nos interessa compreender*» (Cravinho, João Gomes, *Visões do mundo, as relações internacionais e o mundo contemporâneo*, Imprensa de Ciências Sociais, Lisboa, Lisboa, 2002, p. 178).

Obviamente que há algumas excepções. Alguns conflitos que se explicam pela convergência destes ou daqueles factores geoestratégicos assumem uma tal permanência que acabam, eles próprios, por se tornarem factores estruturantes da conflitualidade regional. O conflito israelo-árabe e a questão curda são casos paradigmáticos. Efeitos directos de factores físicos, humanos, políticos e económicos da fachada leste do Mediterrâneo e do Golfo Pérsico, acabaram por se tornar causas incontornáveis da conflitualidade regional. Por isso justificam abordagens mais detalhadas dos próprios conflitos.

A regra, porém, não é essa. O que os leitores irão encontrar quando se dispuserem a folhear as páginas que se seguem, é meramente a caracterização polemológica das Zonas de Tensão e Conflitos, com base nos seus factores geoestratégicos. Pelo menos foi isto que nos propusemos proporcionar-lhes.

Coimbra, Outubro de 2003

LISTA DE SIGLAS INCLUÍDAS NO TEXTO

ABM – Tratado sobre Mísseis Anti-Balísticos
ACE – Comando Aliado da Europa
ACCHAN – Comando do Canal da Mancha
ACLANT – Comando Aliado do Atlântico
ACRI – Iniciativa se Reacção a Crises Africanas
ACSS – Centro de Estudos para a Segurança Africana
AFDL – Forças Democráticas para a Libertação do Congo-Zaire
AFRA – Fórum Regional da ASEAN
AFTA – Associação de Livre Comércio das Américas
AIO – Área de Interesse OTAN
AKSH – Exército Nacional de Libertação Albanês
ALCA – Área de Livre Comércio das Américas
ALBM – Mísseis Balísticos Lançados do Ar
ANC – Congresso Nacional Africano
ANZUS – Pactos de Assistência Mútua EUA, Austrália e Nova Zelândia
AOA – África Oriental Alemã
AOF – África Ocidental Francesa
AP – Autoridade Palestiniana
APEC – Cooperação Económica da Ásia Pacífico
APODETI – Associação Popular Democrática de Timor
ARO – Área de Responsabilidade OTAN
ASDT – Acção Social Democrática Timorense
ASEAN – Associação das Nações do Sudeste Asiático
CARICOM – Comunidade e Mercado Comum das Caraíbas
CEDEAO – Comunidade para o Desenvolvimento da África Ocidental
CEE – Comunidade Económica Europeia
CEI – Comunidade de Estados Independentes
CEMAC – Comunidade Económica e Monetária da África Central
CENTO – Organização do Tratado Central
CFB – Caminho de Ferro de Benguela
CIA – Agencia Central de Informações
CJTF – Agrupamento de Forças Combinadas Conjuntas
COMESA – Mercado Comum da África Oriental e Austral
COMESSA – Comunidade dos Estados Sahelo-Sahara
CONAIE – Cooperação das Nacionalidades Indígenas do Equador

CS – Conselho de Segurança
CSCE – Conferência sobre a Segurança e Cooperação na Europa
CSCP – Plataforma de Estabilização e Cooperação Caucasiana
CSTO – Organização do Tratado de Segurança Colectiva
CTBT – Tratado de Eliminação de Testes Nucleares
EAPC – Conselho de Parceria Euro-Atlântico
ECOMOG – Grupo de Monitorização do Cessar-Fogo da CEDEAO
ELN – Exército de Libertação Nacional
EO – Executive Outcomes
EUA – Estados Unidos da América
EZLN – Exército Zapatista de Libertação Nacional
FARC – Forças Armadas Revolucionárias da Colômbia
FLEC – Frente de Libertação do Enclave de Cabinda
FLU – Frente de Libertação e Unidade
FMI – Fundo Monetário Internacional
FNLA – Frente Nacional de Libertação de Angola
FOFA – Forças de Ataque em Perseguição
FRELIMO – Frente de Libertação de Moçambique
FRETILIN – Frente de Libertação de Timor-Leste Independente
GPLF – Grupo dos Países da Linha da Frente
GUUAM – Geórgia, Ucrânia, Uzbequistão, Arzebaijão, Moldávia
HADEP – Partido Democrático do Povo
IBERLANT – Comando Subordinado Ibero-Atlântico
ICBM – Mísseis Balísticos Intercontinentais
IDN – Instituto de Defesa Nacional
IFOR – Força de Aplicação dos Acordos de Paz das Nações Unidas
INOGATE – Transporte Internacional de Petróleo e Gás para a Europa
KADEK – Congresso do Curdistão para a Democracia
KFOR – Força de Manutenção da Paz das Nações Unidas no Kosovo
MCCA – Mercado Comum Centro-Americano
MERCOSUL – Mercado Comum do Sul ou Mercado do Cone Sul
METO – Organização do Tratado do Médio Oriente
MINURSO – Missão das Nações Unidas para o Referendo do Sahara Ocidental
MIRV – Míssil com ogivas múltiplas independentes
MNC – Comandos OTAN Superiores
MPLA – Movimento Popular de Libertação de Angola
MPRI – Military Professional Ressources Incorporated
MSC – Comandos Subordinados Superiores

NAFTA – Associação de Mercado Livre da América do Norte
NACC – Conselho de Cooperação do Atlântico Norte
NDA – Aliança Nacional Democrática
NEPAD – Nova Parceria para o Desenvolvimento Africano
NIC – Novos Países Industrializados
NOM – Nova Ordem Mundial
NPT – Tratado de Não-Proliferação Nuclear
OCI – Organização da Conferência Islâmica
OEA – Organização dos Estados Americanos
OLP – Organização de Libertação da Palestina
ONU – Organização das Nações Unida
OPEP – Organização dos Países Produtores de Petróleo
OSCE – Organização para a Segurança e Cooperação na Europa
OTAN – Organização do Tratado do Atlântico Norte
OUA – Organização de Unidade Africana
PAIGC – Partido Africano para a Independência da Guiné e Cabo Verde
PALOP – Países de Língua Oficial Portuguesa
PDK – Partido Democrático do Curdistão
PESD – Política Europeia de Segurança e Defesa
PfP – Parceria para a Paz
PKK – Partido dos Trabalhadores do Curdistão
POLISÁRIO – Frente Popular de Libertação de Saguia al Hamra e Rio de Oro
PSC – Comandos Subordinados Principais
PV – Pacto de Varsóvia
RAM – Revolução nos Assuntos Militares
RAS – República da África do Sul
RASD – República Árabe Saharauí Democrática
RAU – República Árabe Unida
RCA – República Centro Africana
R&D – Investigação e Desenvolvimento
RDA – República Democrática Alemã
RDC – República Democrática do Congo
RECAMP – Reforço das Capacidades Africanas de Manutenção da Paz
RENAMO – Resistência Nacional Moçambicana
RFA – República Federal Alemã
RPC – República Popular da China
RPCo – República Popular do Congo
RU – Reino Unido

SADC – Comunidade para o Desenvolvimento da África Austral
SADCC - Conferência para a Cooperação e Desenvolvimento da África Austral
SALT – Tratado de Limitação de Armas Estratégicas
SDI – Iniciativa de Defesa Estratégica
SDN – Sociedade das Nações
SEATO – Organização do Tratado do Sudeste Asiático
SFOR – Força de Estabilização
SLBM – Mísseis Balísticos Lançados de Submarinos
SNC – Comandos OTAN Subordinados
SPLA – Exército Popular de Libertação do Sudão
SRRC – Conselho de Reconciliação e Restauração da Somália
Sub-PSC – Comandos Subordinados Sub-Principais
SWAPO – Organização do Povo do Sudoeste Africano
TIJ – Tribunal Internacional de Justiça
TPI – Tribunal Penal Internacional
TRACECA – Corredor de Transportes Europa-Cáucaso-Ásia Central
UA – União Africana
UCK – Exército de Libertação do Kosovo
UDT – União Democrática Timorense
UE – União Europeia
UEO – União da Europa Ocidental
UMD – União Militar Democrática
UNITA – União para a Independência Total de Angola
UNOMSIL – Missão da ONU para a Serra Leoa
UPA – União dos Povos de Angola
UPK – União Patriótica do Curdistão
URSS – União das Repúblicas Socialistas Soviéticas
YDH – Movimento Nova Democracia
ZANU – União Nacional Africana do Zimbabwe
ZAPU – União Popular Africana do Zimbabwe
ZEA – Zonas de Exclusão Aérea
ZTC – Zonas de Tensão e Conflitos

SEGUNDA PARTE

Análise geoestratégica de um mundo em conflito

TÍTULO I

Quadro geoestratégico da guerra fria à nova ordem mundial

CAPÍTULO A
GUERRA FRIA

1. Introdução
a. O actual sistema mundial fundado com o fim da Guerra Fria, unipolarizado, a que se vem chamando Nova Ordem Mundial (NOM), ou globalização, porque tende a globalizar o mercado, a comunicação, o modelo político, o comportamento, também globalizou a conflitualidade. Isto é, qualquer conflito, interestadual, intra-estadual ou mesmo envolvendo novos actores não estaduais e que cabem na designação genérica das novas guerras (ver Primeira Parte I. B. 5.), tende a regionalizar-se e a afectar a generalidade do sistema global, muito em especial quando colide com os interesses da hiperpotência dominante do sistema.

b. Em termos de conflitualidade o mundo mudou radicalmente com o fim da Guerra Fria. Porém o panorama da conflitualidade actual é complexo. Convivem novos conflitos com conflitos tradicionais, persiste e até se agravou a ameaça nuclear, há ainda heranças da geoestratégia de blocos e de zonas de influência, sequelas da descolonização continuam a perturbar as relações no Terceiro Mundo e as guerras de guerrilhas não acabaram com o fim das lutas de libertação. Afinal permanece muito do que caracterizou o quadro conflitual da Guerra Fria.

c. Daqui que a compreensão da conflitualidade na NOM, quer à escala global quer nas várias Zonas de Tensão e Conflitos (ZTC) que analisaremos em separado passe, em grande parte, pelo conhecimento e caracterização da Guerra Fria enquanto fenómeno que dominou as relações geoestratégicas mundiais entre 1945 e 1991.

2. Caracterização da Guerra Fria
a. Quando na Primeira Parte sistematizámos o que se chama espectro da guerra (I.B.4.g.) dissemos que guerra fria é, para alguns autores, um tipo de guerra «*(...) em que não se chega ao exercício da coacção violenta através da efectiva utilização dos meios militares (...)*» (p. 51).

É, porém, um conceito que não colhe a aceitação geral. Gaston Bouthoul, por exemplo, é peremptório ao afirmar que «*A Guerra Fria não é uma guerra*» (1964, nota (1), pp. 33 e 34). Já Eric Hobsbawm aceita que a Guerra Fria tenha sido uma guerra «(...) *uma Terceira Guerra Mundial embora uma guerra muito peculiar (...)*» e apoia essa afirmação no conceito de Thomas Hobbes segundo o qual «(...) *a guerra não consiste só na batalha, ou no acto de lutar; mas num período de tempo em que a vontade de competir através da batalha é suficientemente conhecida*». E, conclui Hobsbawm, «*A Guerra Fria entre os dois campos dos EUA e da URSS, que dominou totalmente o cenário internacional da segunda metade do século XX, foi sem dúvida um desses períodos*» (p. 226). Também Zbigniew Brzezinski, que foi conselheiro de segurança do presidente norte-americano James Carter nos anos 1977-1981, num artigo publicado em 1993 na revista espanhola *Politica Exterior* intitulado "La guerra fria y sus sequelas", faz uma síntese interessante da Guerra Fria, parafraseando Clausewitz: «*Por extensão, pode definir-se guerra fria como uma guerra por outros meios (não mortíferos)*». E afirma «*Sem dúvida, era uma guerra*» (p. 142).

b. O certo é que a caracterização e designação de Guerra Fria se aplicou em relação a uma situação de conflitualidade muito concreta, que foi a que vigorou durante o sistema internacional bipolar heterogéneo que, depois da Guerra 1939-1945 pôs frente a frente dois blocos liderados cada um por uma superpotência que adquirira capacidade de dissuasão suficiente para impedir o confronto directo entre elas, mas à sombra da qual defenderam os seus interesses através de guerras por delegação, ou mesmo de intervenções directas nas áreas que consideravam de sua influência e onde não era previsível o confronto directo com a superpotência rival.

Por isso se pode, com rigor, definir a Guerra Fria como a situação de conflitualidade global que no sistema bipolar da segunda metade do século XX opôs as duas superpotências mundiais, potência marítima, Estados Unidos da América (EUA) e potência terrestre, União Soviética (URSS), os dois blocos que essas superpotências lideravam, bloco ocidental e bloco leste, os dois sistemas ideológicos, políticos e económicos que nesses blocos predominavam, capitalismo, liberalismo e economia de mercado no ocidente, comunismo, estatismo e economia centralizada no leste, as quais desenvolveram e aperfeiçoaram sistemas militares com uma capacidade de destruição mútua total e, exactamente por isso, nunca chegaram ao confronto armado directo.

c. Há quem considere que foi o discurso de Winston Churchill, em Março de 1946, em Fulton, EUA, já depois de ter abandonado a chefia do governo britânico, ao afirmar que «*Uma cortina de ferro desceu sobre a Europa do Báltico ao Adriático*», que assinalou o início da Guerra Fria.

Outros pensam que o seu início se deve localizar em 1947 quando, em 4 de Março, o presidente dos EUA Harry Truman discursa no Congresso e lança aquilo que se virá a chamar a doutrina Truman, que visa conter o avanço do comunismo e obtém apoio para a colocação de forças militares nos Balcãs, na Grécia e na Turquia. Ou em 5 de Junho do mesmo ano quando o secretário de estado norte-americano George Marshall lança um plano de reabilitação económica da Europa que fica conhecido como o Plano Marshall. Foi a partir desta data que começou a ser usada a designação de Guerra Fria para a ruptura entre as superpotências que se haviam aliado na Guerra 1939-1945 contra o eixo Alemanha-Itália-Japão.

d. Mas, se a ruptura que materializou o início da Guerra Fria se verifica depois da vitória dos aliados na II Guerra Mundial, é durante esta e no modo como se concretiza e formaliza o seu termo que podem encontrar-se os factos decisivos que vieram a torná-la inevitável. Podem destacar-se cinco desses factos que determinaram a Guerra Fria:

- A Carta do Atlântico.
  O presidente norte-americano Franklin Roosevelt e o primeiro ministro britânico Winston Churchill encontraram-se entre 12 e 14 de Agosto de 1941 em pleno Oceano Atlântico, a bordo de um navio de guerra, precedendo portanto a entrada dos EUA na guerra. Desse encontro saiu um documento, a Carta do Atlântico, que proclamava uma série de princípios a serem observados na perspectiva de uma derrota da Alemanha e seus aliados.
  Entre estes destaca-se o princípio sobre a descolonização, assente no respeito pelo direito dos povos a disporem de si próprios, que a Carta da Organização das Nações Unidas (ONU) viria depois a consagrar. Foi um princípio a que Churchill acabaria por ceder, contrariado, pois teria mesmo afirmado que o Reino Unido (RU) não entrara naquela guerra para vir a perder o seu império. A descolonização viria a ser uma das questões que percorreu toda a Guerra Fria pois, se bem que ambas as superpotências acolhessem, em tese, o seu princípio, faziam-no em perspectivas diferentes. Apoiavam movimentos de libertação distintos e até antagónicos, visavam atrair as colónias em vias de independência para as sua áreas de influência e estiveram mesmo por detrás de guerras por delegação, na periferia do sistema mundial, que vieram a constituir uma marca da Guerra Fria.
- A Conferência de Yalta.

De 4 a 12 de Fevereiro de 1945, quando a sorte da guerra na Europa já estava quase decidida, reuniram-se nesta estância soviética da Crimeia os responsáveis das três principais potências aliadas, Roosevelt, Estaline e Churchill. A esta cimeira devem ser associadas outras duas, uma que a precedeu em Teerão de 28 de Novembro a 1 de Dezembro de 1943 e outra que lhe sucedeu em Potsdam em 17 de Julho de 1945, pois foi o conjunto das três que arquitectou o sistema internacional europeu que se seguiria à capitulação da Alemanha.

Foi a cimeira de Teerão que, pela primeira vez, juntou os três líderes aliados, precedida por encontros preliminares a nível de ministros dos negócios estrangeiros, ou bilaterais a nível máximo, em Moscovo, Casablanca e Cairo. Ali ficou decidida a abertura da segunda frente na Europa, aliviando assim a pressão alemã na frente russa, o que vem corresponder, aliás tardiamente, ao desejo que há muito Estaline vinha manifestando. Quando em Teerão os aliados se decidiram pelo desembarque na Europa já as forças armadas soviéticas tinham recuperado a iniciativa e os exércitos do eixo estavam em retirada a leste, o que permitiu que Estaline se apresentasse numa posição forte.

O mais importante saído da cimeira de Teerão foi a decisão de o desembarque na Europa se processar nas costas da Normandia, o que correspondeu às posições dos EUA e da URSS e não no sul da Europa, nas costas da Itália e dos Balcãs, o seu ventre mole, como desejava o RU. Esta decisão veio a ser muito importante para o posterior desenvolvimento da Guerra Fria por três ordens de razões:
- tendo começado por libertar a França com a colaboração de forças da França Livre liderada por Charles De Gaulle e da resistência interna, possibilitou que a França viesse a partilhar o estatuto de potência aliada vencedora da guerra;
- deu tempo à contra-ofensiva soviética para atingir o centro da Europa e o leste da Alemanha, nomeadamente Berlim, antes dos aliados ocidentais, tornando inevitável a divisão da Europa no pós-guerra;
- reconhecendo a necessidade do apoio americano para a libertação da Europa conferiu aos EUA a oportunidade para se tornar o líder do ocidente no velho continente e aí assegurar uma presença militar permanente.

A cimeira de Yalta, a três meses da rendição incondicional da Alemanha, estabeleceu as bases para a divisão da Europa, da Alemanha e de Berlim, definiu as condições da entrada da URSS na guerra contra o Japão e aprovou o compromisso da futura criação da ONU, numa base de aceitação do princípio da segurança colectiva, caro aos americanos, que assim recuperavam as doutrinas wilsonianas do pós-I Guerra Mundial, prevalecendo sobre as pretensões de Churchill no sentido de repor o princípio do equilíbrio de poder tradicional na Europa.

O projecto de criação da ONU para não repetir os erros da Sociedade das Nações (SDN), inovaria com a criação de um Conselho de Segurança (CS), onde as cinco potências vencedoras da guerra beneficiariam de um estatuto de membro permanente e com direito a veto, assim consagrando o modelo de polícias de mundo.

A cimeira de Potsdam em 17 de Julho, dois meses depois da rendição da Alemanha, formalizou os termos da rendição alemã, mas formalizou também os compromissos de Yalta, decidindo a partilha da Alemanha e de Berlim entre as quatro potências ocupantes, EUA, URSS, RU e França. Estaline era, em Potsdam, o único líder que estivera em Yalta pois, entretanto, Roosevelt falecera em 12 de Abril e fora substituído pelo vice-presidente Harry Truman e Churchill perdera as eleições para Clement Atlee nesse mesmo mês de Julho.

Foi ainda em Potsdam que Truman terá informado Estaline de que os EUA dispunham da bomba atómica, que viriam a utilizar três semanas depois em Hiroshima e Nagasaki (6 e 9 de Agosto), abreviando o fim da guerra no extremo oriente.

Daqui podemos salientar várias decisões destas cimeiras que foram determinantes no decurso da Guerra Fria:
- estabeleceram-se as bases da divisão da Europa numa linha por onde viria a passar a cortina de ferro e que constituiu a linha da frente dos pactos militares opostos, a Organização do Tratado do Atlântico Norte (OTAN) e o Pacto de Varsóvia (PV);
- lançaram-se os fundamentos da partilha do mundo em zonas de influência, separadas por razões de ordem ideológica, que constituiria um factor de tensão e disputa permanente durante toda a Guerra Fria e estaria na base de inúmeros conflitos por delegação, ou mesmo de intervenções directas das superpotências;
- o direito de veto das cinco potências membros permanentes do CS viria a estar na base da paralisação da ONU sempre que estivessem em causa os seus interesses, que só se sentiam condicionadas pela ameaça dissuasora das potências rivais, que prevaleceu durante todo o período da Guerra Fria e subverteu o espírito da segurança colectiva.

- O vazio geoestratégico na Europa central.

  Com a iniciativa estratégica assumida pela Alemanha nazi no início da guerra, em 1939, Hitler conseguira materializar a grande ambição alemã da Mitteleuropa, isto é, de um espaço germânico dominando toda a Europa Central do Mar do Norte e Mar Báltico ao Mar Adriático e Mar Negro. Com a aliança com a Itália e a progressiva anexação da Áustria e Checoslováquia e ocupação da Polónia, parte dos países nórdicos, Benelux, França, Hungria, Bulgária, Roménia, Jugoslávia e Albânia, o projecto da Mitteleuropa estava em marcha (ver Primeira Parte, II.B.6.b. e III.B.1.c.).

  A derrota alemã viria a provocar o vazio geoestratégico de toda esta região o que facilitou a sua divisão pelas zonas de influência das potências aliadas vencedoras, depois rivais na Guerra Fria e daria lugar à política de blocos que dominou toda a sua vigência. Uma das excepções seria a Jugoslávia que apesar de ideologicamente próxima do bloco leste permaneceu neutral, assim contribuindo para que a Grécia e a Turquia pudessem juntar-se ao bloco ocidental. Por ironia, a Jugoslávia viria a ser a maior vítima do fim da Guerra Fria e por acção directa do ocidente.

- Os bombardeamentos nucleares dos EUA no Japão em 6 e 9 de Agosto de 1945.

  Os ataques a Hiroshima e Nagasaki abreviaram a rendição incondicional do Japão numa altura em que a sua derrota já estava à vista. Certamente que poupou algumas vidas de militares aliados mas muitos observadores vêem neste ataque um aviso indirecto à URSS compensando, com a nova arma de poder destruidor até então nunca sonhado, o suposto maior potencial convencional soviético na Eurásia. Salientam-se, deste acontecimento, os seguintes reflexos directos em todo o período da Guerra Fria:

  - foi o primeiro passo da escalada nuclear e de toda a estratégia da dissuasão nuclear, determinante na caracterização da própria Guerra Fria, porque impediu a confrontação directa entre as duas superpotências e os blocos que lideravam mas incentivou a proliferação de conflitos na periferia do sistema;
  - foi também o primeiro sinal da estratégia de contenção que, como à frente veremos, durante toda a Guerra Fria esteve na base do cerco com que a potência marítima envolveu a potência terrestre.

- Por último, a formação da ONU.

A ONU, que era suposto recuperar e aperfeiçoar o princípio da segurança colectiva que já presidira à formação da SDN que se seguiu à I Guerra Mundial, tinha por objectivo o lançamento das bases de uma paz duradoira assente em novos valores humanistas da liberdade, da soberania, dos direitos humanos, da autodeterminação dos povos. Era esse o espírito da Carta aprovada em São Francisco em 28 de Junho de 1945 e que entraria em vigor em 24 de Outubro do mesmo ano. Mas a própria estrutura da ONU viria a ser portadora das contradições que alimentaram a Guerra Fria:

- a consagração do direito de veto e do estatuto de membro permanente do CS aos cinco grandes conferiu uma natureza oligárquica à organização, privilegiando o poder deste órgão em prejuízo do órgão democrático que é a Assembleia Geral (AG), mas autoparalizando-se por efeito dos bloqueamentos recíprocos;
- o poder de veto, além de reconhecer o papel hegemónico das grandes potências, formalizava o sistema de blocos inerente à Guerra Fria;
- o sancionamento da divisão do mundo em zonas de influência prejudicou o processo de independência das colónias acolhido no princípio da descolonização (Art. 73º da Carta), porque fomentou rivalidades intestinas entre movimentos de libertação e permitiu apoios, mais ou menos obscuros, às potências coloniais, favorecendo a eclosão de guerras de libertação em prejuízo de processos pacíficos de transferência do poder entre colonizadores e colonizados, o que também constituiu uma imagem de marca da Guerra Fria.

e. Colocados, nestes termos, os factores que determinaram a origem da Guerra Fria, poderá pôr-se a questão de saber se houve intencionalidade de alguma das partes na sua eclosão ou se, mesmo não havendo intencionalidade, alguma das partes deve ser responsabilizada pelo surgimento ou agravamento dos factores que a geraram.

Não é fácil fazer luz sobre esta questão. Durante a Guerra Fria cada um dos blocos tendia a responsabilizar o outro pelo clima de tensão reinante e pela incapacidade de desenvolver um sistema de cooperação pacífico. Com o seu termo há tendência para proceder a análises na óptica da potência vencedora e que lhe sobreviveu, responsabilizando a outra parte, que já nem existe para contra-argumentar, por todos os seus malefícios.

Uma análise interessante e insuspeita é a do professor Joseph S. Nye, num seu livro recentemente publicado em Portugal, *Compreender os conflitos internacionais – uma introdução à teoria e à história*.

O autor, prestigiado académico e que foi membro do governo de Clinton, coloca a questão «Quem ou o quê originou a Guerra Fria?». E procura a resposta: «*Existem três principais escolas de opinião: tradicionalistas, revisionistas e pós-revisionistas. Os tradicionalistas (também conhecidos como ortodoxos) defendem que a resposta à questão de quem começou a Guerra Fria é bastante simples: Estaline e a União Soviética. No final da Segunda Guerra Mundial, a diplomacia americana era defensiva, enquanto os soviéticos eram agressivos e expansionistas. Os americanos apenas lentamente despertaram para a natureza da ameaça soviética. Que provas apresentam os tradicionalistas? Imediatamente a seguir à guerra, os Estados Unidos propunham uma ordem mundial universal e segurança colectiva através das Nações Unidas. A União Soviética não levava muito a sério as Nações Unidas porque pretendia expandir-se e dominar a sua própria esfera de influência na Europa de leste (...) Os revisionistas (...) acreditam que a Guerra Fria foi originada pelo expansionismo americano e não soviético. A prova é a de que, no final da Segunda Guerra Mundial, o mundo não era verdadeiramente bipolar – os soviéticos eram muito mais fracos do que os americanos, que se tinham fortalecido com a guerra e detinham armas nucleares, que os soviéticos não tinham (...) Em Outubro de 1945, Estaline disse ao embaixador americano Averell Harriman que os soviéticos se iam voltar para dentro para reparar os danos internos (...) Os pós-revisionistas (...) têm ainda outra explicação. Sustentam que os tradicionalistas e os revisionistas estão ambos errados, já que ninguém foi culpado pelo início da Guerra Fria. Ela era inevitável, ou quase, por causa da estrutura bipolar do equilíbrio do poder do pós-guerra (...) A bipolaridade, aliada à fraqueza dos Estados europeus no pós-guerra, criou um vazio de poder para dentro do qual foram atraídos os Estados Unidos e a União Soviética. Era inevitável que eles entrassem em conflito e, portanto (...) é inútil procurar responsabilidades*» (pp. 137 a 139). Estas três escolas citadas por Nye são escolas de pensadores norte-americanos que ele nomeia.

O historiador britânico Eric Hobsbawm toma uma posição relativamente clara nesta matéria que parece perto da escola revisionista identificada por Nye. No seu livro *A era dos extremos*, escreveu: «*(...) hoje é evidente, e era razoavelmente provável mesmo em 1945-47, que a URSS não era expansionista – e menos ainda agressiva – nem contava com qualquer extensão adicional do avanço comunista além do que se supõe houvesse sido combinado nas conferências de cúpula de 1943-45 (...) a União Soviética desmobilizou as suas tropas – a sua maior vantagem militar – quase tão rapidamente como os EUA (...) A sua postura básica após a guerra não era agressiva, mas defensiva. Contudo, dessa situação surgiu uma política de confronto dos dois lados*» (pp. 231 e 232). E, mais à frente, Hobsbawm reforça o seu pensamento: «*(...) o tom apocalíptico da Guerra Fria (...) veio da América (...) Se alguém introduziu o carácter de cruzada na* realpolitik *de confronto internacional de potências e o manteve lá, foi*

Washington. Na verdade (...) a questão não era a ameaça académica de dominação mundial comunista, mas a manutenção de uma supremacia americana concreta» (p. 236).

Henry Kissinger que, como à frente veremos, não esconde as suas críticas à estratégia da contenção dos EUA face à URSS, apesar de reconhecer que foi Guerra Fria que acabou por conduzir ao colapso do bloco soviético, pensa que o que a tornou a inevitável foi «*(...) as convicções do governo americano de adiar as discussões do mundo pós-guerra para depois da vitória*» (p. 352). Também considera que «*(...) o fosso cultural entre os dirigentes americanos e soviéticos contribuiu para a Guerra Fria emergente*» (p. 382) e recusa em absoluto que na sua origem estivesse a ameaça soviética de invadir a Europa Ocidental: «*A tão publicitada invasão soviética da Europa ocidental era uma fantasia (...)*» (p. 387).

Creio que será equilibrado admitir que situações de crise como a da Guerra Fria não são deliberadamente provocadas. Resultam de uma série de factores acumulados, quase sempre de deficientes avaliações de situações e das reacções do outro e depois trata-se de gerir a conjuntura, procurando tirar a maior vantagem dos factores favoráveis e controlar os mais perigosos.

f. A Guerra Fria foi alimentada por muitos factores de conflitualidade, por muitos antagonismos que radicalizaram posições e acentuaram a clivagem bipolar e a lógica dos blocos.

Mas devem distinguir-se cinco grandes questões que atravessaram quase todo o período da Guerra Fria e que constituíram as suas autênticas marcas caracterizadoras:

- Uma referia-se ao antagonismo ideológico. Tratou-se de um confronto entre dois blocos divididos por duas formas diferentes de encarar o mundo. De um lado o bloco ocidental, cultor do individualismo, da democracia liberal, do capitalismo, da economia de mercado. Do outro o bloco leste, adepto do colectivismo, do Estado centralizado, do comunismo, da economia planificada.

   Cada um destes modelos servia de bandeira para demarcar fronteiras, atrair aderentes e justificar opções políticas e geoestratégicas. Mas os princípios foram frequentemente violados em nome do pragmatismo dos interesses do Estado. Não raro o bloco da democracia liberal apoiou Estados assentes em ditaduras ferozes e o bloco comunista suportou governos populistas de oligarquias corruptas. O importante era atrair parceiros para as respectivas esferas de influência, particularmente quando esses parceiros dispunham de posições geográficas ou de recursos que os tornassem instrumentos de valorização geoestratégica impor-

tante. Até no campo interno o pragmatismo frequentemente se sobrepôs aos princípios, tornando-se períodos paradigmáticos da Guerra Fria o estalinismo na URSS mais longo e de repressão mais massiva e o macartismo nos EUA mais curto e de repressão mais selectiva.
- Outra foi a questão alemã. A Alemanha dividida, ocupada, posteriormente separada em dois Estados cada um deles transformado em posto avançado de um dos blocos, foi centro e símbolo da Guerra Fria. A sua capital histórica, Berlim, isolada no interior da Alemanha de leste, estava também ela dividida em três zonas de ocupação do bloco ocidental, norte-americana, britânica e francesa, e uma do bloco leste, soviética, tendo-se erguido entre a zona ocidental e a zona leste o muro de Berlim, materialização local da cortina de ferro. A Alemanha foi a linha da frente da Guerra Fria e por mais de uma vez a agudização da crise alemã, as chamadas crises de Berlim, ameaçaram passar a confrontações violentas.
- Uma terceira questão foi a partilha da Europa em blocos antagónicos, isto é, a projecção da questão alemã à dimensão regional. Foi a separação do continente europeu em zonas de influência das superpotências, cada uma delas transformada em santuário, em que qualquer ameaça de quebra de solidariedade interna constituía pretexto para a intervenção armada. Foi assim com as intervenções do PV na Hungria e na Checoslováquia e com a ameaça de intervenção da OTAN na Itália quando se admitiu que o partido comunista pudesse ganhar as eleições (Pereira, 2001, p. 47).

O mundo bipolar era fundamentalmente centrado na Europa e a cortina de ferro era uma divisão europeia. A Guerra Fria começou na Europa e acabou na Europa. Foi, no essencial uma guerra europeia, onde não se chegou à confrontação violenta entre os blocos antagónicos, mas à sombra da qual se multiplicaram as guerras violentas, por delegação, em todos os outros continentes, muitas vezes para resolver interesses de potências europeias.
- A quarta questão foi a escalada armamentista, nomeadamente do armamento nuclear. Aqueles que pensam que a situação de guerra fria é uma guerra, como Eric Hobsbawm, baseiam-se no facto de haver uma competição envolvendo armamentos, mas em que não se chega à sua utilização violenta, daí a qualificação de fria. No caso concreto da Guerra Fria das décadas 40 a 90 do século passado esta competição assumiu carácter de permanência e traduziu-se numa escalada qualitativa e quantitativa, a que até aí o mundo nunca tinha assistido.

O aperfeiçoamento armamentista tem sido uma constante ao longo da história e a evolução tecnológica sempre se reflectiu em armas e equipamentos mais destrutivos, mais rápidos, mais flexíveis, mais resistentes, com maior alcance, mais autónomos, mais sofisticados. O salto qualitativo da Segunda Guerra Mundial tinha sido já enorme, com a qualidade dos meios aéreos, dos blindados, dos mísseis, dos submarinos e porta-aviões, dos meios de comunicação e detecção e, por último, com o aparecimento da primeira bomba atómica.

A Guerra Fria prosseguiu na modernização acelerada de todos estes meios clássicos, introduzindo-lhes as componentes electrónica, informática e espacial, mas foi essencialmente a escalada nuclear que constituiu a sua marca inovadora, a arena privilegiada de competição entre as superpotências. O confronto nuclear conferiu à Guerra Fria um carácter de dissuasão absoluta, já que ambas as partes atingiram capacidade para não só se destruírem mutuamente como até para destruírem a vida no planeta. Foi a capacidade de destruição mútua que garantiu o funcionamento da estratégia da dissuasão e impediu que o confronto entre as superpotências atingisse o patamar violento, quer ao nível nuclear quer ao nível convencional.

A Guerra Fria trouxe, como novidade, o facto de pela primeira vez na história se ter assistido a uma escalada armamentista que atingiu as fronteiras do absurdo, pela sua dimensão certamente, mas acima de tudo por ter incidido em armas de não-emprego. Foi a escalada armamentista que conferiu à Guerra Fria a imagem que provavelmente a identificará no futuro, a dissuasão pelo terror, ou a paz pelo terror.

No entanto a corrida aos armamentos nucleares acabou por introduzir na lógica de blocos algumas contradições. Há quem diga que a dissuasão nuclear aproximou mais as duas superpotências uma da outra e as afastou dos seus parceiros nos blocos que lideravam, pela preocupação de partilharem em exclusividade os avanços na escalada nuclear. A França ter-se-á afastado dos EUA e da estrutura militar da OTAN quando De Gaulle decidiu criar a *force de frappe* francesa por não confiar no guarda-chuva nuclear americano e a ruptura entre a República Popular da China (RPC) e a URSS ter-se-á ficado a dever às reticências que Moscovo colocou à nuclearização militar chinesa. Claude Delmas, especialista em estratégia nuclear, escreveu em *La stratégie nucléaire*, que «(...) *a lógica nuclear aproximou mais Washington de Moscovo do que dos seus aliados europeus (da mesma forma que Moscovo reagiu mais em função de Washington do que em função de Pequim), e a política francesa, em alguns dos seus elementos, é uma expressão desta crise das alianças da era nuclear»* (p. 97).

- Por último, a quinta e última marca caracterizadora que percorreu toda a Guerra Fria foi a descolonização.

A descolonização como factor de competição entre as superpotências no quadro da Guerra Fria também foi algo paradoxal, já que, à partida, ambas as superpotências se afirmavam partidárias do fim dos impérios coloniais e apoiantes das lutas pelas independências. Acontece porém que os campos ideológicos opostos em que se situavam conferiam significados distintos aos projectos de descolonização que perfilhavam, que a traço largo se podem catalogar como revolucionário, o soviético e neo-colonial, o norte-americano.

Por outro lado as superpotências viram na dinâmica independentista e no nascimento de novos Estados um campo privilegiado de captação de parceiros para cada uma das áreas de influência. Essa competição levou a que muitas vezes apoiassem a elevação dos conflitos ao patamar violento, nas lutas pela independência ou nas guerras civis pós-independências, daí resultando uma proliferação de guerras por delegação na periferia do sistema bipolar que veio a revelar-se um fenómeno caracterizador da Guerra Fria.

Também neste particular o fenómeno se tornou perturbador da coesão interna de cada um dos blocos antagónicos. As potências coloniais do século XX eram Estados europeus, todos eles (ou quase todos) fundadores da OTAN e entenderam mal o empenhamento norte-americano, ainda que ambíguo, no apoio às independências das colónias. Já vimos como Churchill havia reagido negativamente à formulação da Carta do Atlântico imposta por Roosevelt. O Estado francês na Indochina, o Estado português durante algum tempo em África, sentiram-se traídos pela superpotência liderante do bloco em que se inseriam. E no bloco comunista a descolonização terá agravado a cisão sino-soviética, já que cada uma das potências comunistas apoiou movimentos de libertação distintos, com projectos políticos contraditórios e que por vezes se combateram no terreno.

A descolonização, dando lugar ao nascimento de novos Estados foi um contributo decisivo para a emergência do Movimento dos Países Não-Alinhados, ou Grupo dos Países do Terceiro Mundo que visava constituir-se como um parceiro intermediário na disputa bipolar. O objectivo só em parte foi conseguido pois o poder avassalador das superpotências conseguiu penetrar no movimento atraindo um ou outro dos seus membros para os blocos opostos, dividindo-o e, obviamente, enfraquecendo-o. Não deixou, porém, de ser um fenómeno a ter em conta no desenvolvimento da Guerra Fria.

O Movimento dos Países Não-Alinhados impediu que a divisão bipolar do mundo atingisse uma dimensão absoluta. Como destaca Raymond Aron, fora do eixo que vai «*(...) de Vladivostock a São Francisco passando por Moscovo, Berlim, Paris, Nova Iorque (...) uns Estados são alinhados, outros são não-alinhados (...) mas não estão agrupados em blocos. A fórmula corrente do sistema bipolar é verdadeira se nos detivermos na zona coberta pelos dois blocos (...) Não é certamente verdadeira, aplicada ao planeta inteiro considerado como um sistema*» (p. 386).

g. A Guerra Fria terá sido, então, para além de uma situação de guerra atípica, face à ameaça de resvalar para o confronto violento entre os dois blocos, uma situação de crise permanente, caracterizada pelas linhas de continuidade atrás assinaladas, mas na qual se devem destacar alguns momentos a que podemos chamar picos de crise, nos quais a confrontação violenta esteve mais perto, em alguns mesmo iminente:

- Em Abril de 1948 dá-se o primeiro bloqueio soviético a Berlim ocidental que, como já vimos, estava dividida em zonas ocupadas pelas potências ocidentais e encravada na Alemanha de leste ocupada pela URSS. Estaline terá tentado, por esse meio, responder ao lançamento do Plano Marshall e forçar negociações sobre a Alemanha, mas os EUA responderam com uma ponte aérea que rompeu o isolamento de Berlim ocidental. O bloqueio duraria até Maio de 1949.
- Quando o bloqueio estava a terminar, em Abril de 1949, é aprovada em Washington a constituição da OTAN que formaliza a constituição de um sistema de segurança colectiva contra a URSS, sob a liderança dos EUA, que assegura a permanência da sua presença militar na Europa.
No título seguinte dedicaremos um capítulo ao papel da OTAN e à sua evolução na Guerra Fria e para além da Guerra Fria.
- Em Setembro do mesmo ano a URSS faz explodir a sua primeira bomba atómica, acabando com o monopólio nuclear americano, aí se iniciando a estratégia da dissuasão nuclear.
- Ainda em 1949, em Dezembro, o Partido Comunista Chinês liderado por Mao Tze-Tung derrota as forças de Chiang Kai-Chek e toma o poder na China, assim nascendo a RPC que, aparentemente, desequilibrava a correlação de forças a nível mundial para o lado do bloco leste.

- No mês de Junho de 1950 inicia-se a Guerra da Coreia. Os EUA empenham-se directamente na guerra em nome da ONU, tendo aproveitado uma ausência temporária da URSS no CS e o facto de ainda ser o representante da China nacionalista que ocupava o lugar permanente nesse órgão para fazer aprovar uma resolução determinando a intervenção que a URSS não pôde bloquear com o seu veto. A guerra opôs directamente os EUA em apoio da Coreia do Sul e a RPC ao lado da Coreia do Norte e iria durar até Julho de 1953. Ao longo do seu percurso várias vezes se correu o risco de ascender à confrontação directa entre os Washington e Moscovo nomeadamente quando os comandos norte-americanos admitiram levar a guerra ao território chinês e empregar a bomba atómica contra a RPC.
- Em Novembro de 1952 os EUA testaram a bomba de hidrogénio dando um primeiro passo significativo para a elevação do patamar nuclear.
- Menos de um ano depois, em Agosto de 1953 é a URSS que faz deflagrar a sua primeira bomba de hidrogénio, assim demonstrando que está prestes a atingir a paridade nuclear.
- Maio de 1955 fica assinalado pela assinatura do PV, em clara resposta à OTAN. O PV, liderado pela URSS, incluía todos os países comunistas da Europa Central, com excepção da Jugoslávia e formaliza a presença de tropas soviéticas nesses países. É a institucionalização da Guerra Fria. A Albânia retirar-se-ia da organização em 1968.
- Em Outubro de 1956 verifica-se a crise do Suez. Nasser, líder egípcio, havia declarado a nacionalização do Canal do Suez, o que provocou a intervenção armada, conjunta, do RU e França, detentores da quase totalidade das acções do Canal, aos quais se juntou Israel, este por meras razões geoestratégicas. Um ultimato conjunto dos EUA e URSS trava esta ofensiva e obriga à retirada de todas as tropas estrangeiras do Egipto. Este episódio deixa dois sinais importantes no contexto da Guerra Fria:
  - primeiro, Washington afirma sem margem para dúvidas a sua liderança no bloco ocidental;
  - segundo, Nasser era um dos líderes mais importantes do Movimento dos Não-Alinhados então emergente, com o indiano Nehru, o indonésio Sukarno e o jugoslavo Tito, e os EUA receavam que este caso empurrasse os não-alinhados para a órbita do bloco leste.
- No mês seguinte verifica-se a intervenção da URSS, em nome do PV, na Hungria, para travar uma insurreição popular apoiada por sectores do próprio partido comunista.

A intervenção soviética visa afirmar a sua liderança no PV e constitui o prelúdio do que virá a ser a doutrina da soberania limitada, de Brejnev, que legitima qualquer intervenção no interior de países comunistas quando estiver ameaçada a solidariedade do bloco leste.
- Em Outubro de 1957 a URSS lança o primeiro satélite artificial, o *sputnik*, assumindo, pela primeira vez, a liderança na corrida espacial.
- Quatro meses depois, em Fevereiro de 1958, são os EUA que colocam em órbita o seu primeiro satélite artificial.
- Em Novembro de 1958 inicia-se a segunda crise de Berlim, quando a URSS tenta impor o fim do estatuto quadripartido da cidade e ameaça com novo bloqueio.
- Em Agosto de 1961, com o prolongamento da crise de Berlim o bloco leste inicia a construção do muro de Berlim, uma construção contínua de cimento, arame farpado electrificado e torres de controlo, separando as zonas ocupadas pelas potências ocidentais da zona ocupada pela URSS, que vem a constituir o símbolo material emblemático da Guerra Fria.
- No mês de Outubro de 1962 desencadeia-se a crise dos mísseis de Cuba. Os EUA tinham colocado mísseis nucleares de alcance intermédio na Turquia apontados à URSS e, em resposta, esta começara a colocar mísseis, também de médio alcance, em Cuba.

Neste país triunfara, há menos de três anos, a revolução anti-Batista e verificava-se um afastamento progressivo de Washington que até aí sempre tinha tratado Cuba como um protectorado, uma coutada e uma estância de férias e prazer para algumas famílias norte-americanas desde que, nos princípios do século XX, haviam ajudado a pôr termo à colonização espanhola na concretização do projecto de Mahan (ver Primeira Parte, III.C.1.e. e f.). Em plena Guerra Fria o afastamento de Washington traduzia-se numa aproximação a Moscovo que assim passou a dispor de um aliado em pleno hemisfério americano e a uma centena e meia de quilómetros da costa da Flórida.

A marinha americana montou um bloqueio à ilha para impedir a chegada dos navios soviéticos e o confronto directo, com a ameaça de escalada ao patamar nuclear, esteve iminente. Nunca a Guerra Fria esteve tão perto de se transformar em nova confrontação violenta global. Mas a dissuasão viria a funcionar levando a um duplo compromisso: a URSS interrompeu a colocação dos mísseis em Cuba e retirou os que já tinha instalado e os EUA retiraram os mísseis da Turquia.

- Em 1965 os EUA intervém directamente na Guerra do Vietnam, iniciando um envolvimento cada vez mais profundo e que vai durar até 1975. Acabam por sofrer uma humilhante derrota militar contra um inimigo apoiado pelo bloco leste, culminando uma fase que registou o seu mais acentuado recuo estratégico em toda a Guerra Fria.
- Entre Janeiro e Agosto de 1968 desencadeia-se a crise da chamada primavera de Praga. O partido comunista e o governo da Checoslováquia liderados por Alexander Dubcek ensaiaram um afastamento de Moscovo anunciando uma experiência autónoma a que chamavam socialismo de rosto humano. Moscovo vê aí manobras ocidentais e receia o efeito de contágio e seus reflexos na coesão do bloco leste e do PV, acabando por intervir militarmente e depor Dubcek, apesar dos protestos do ocidente. Foi a aplicação da doutrina da soberania limitada de Brejnev.
- Em Dezembro de 1979 é a URSS que se envolve militarmente na guerra civil do Afeganistão, de forma cada vez mais empenhada, até Fevereiro de 1989 e onde vem, por sua vez, a sofrer uma humilhante derrota face a uma coligação de guerrilheiros *mujahedines*, apoiados por uma complexa rede de interesses contraditórios que vão do ocidente e em especial dos EUA à RPC e à quase totalidade do mundo islâmico, onde se juntam irmãos inimigos como a Arábia Saudita, o Irão e o Paquistão.
É o período do recuo estratégico da URSS mas com consequências muito mais profundas do que o dos EUA pois vem mesmo a culminar com o fim do bloco leste, do PV e da própria URSS, que poria termo à Guerra Fria.

h. Tendo em conta os vários picos de crise que acabámos de descrever, fácil é constatar que o período da Guerra Fria não foi uniforme, nem linear. Joseph Nye destaca dois grandes períodos, as etapas iniciais até 1962 e o resto da Guerra Fria até 1989 (pp. 142 a 158). Nas etapas iniciais distingue três fases:

- A que vai de 1945 até 1947 e a que chama de início gradual, no qual se acumularam uma série de disputas que, pela forma como foram tratadas de parte a parte, terão tornado a Guerra Fria inevitável.
- A que vai de 1947 a 1949 e que denomina de declaração da Guerra Fria e identifica com o anúncio da doutrina Truman que assentou numa distorção da estratégia de contenção proposta por George Kennan, que à frente trataremos com mais detalhe.

- Por fim a que se prolonga de 1950 até 1962 que Nye considera o auge da Guerra Fria e que corresponde à chegada à paridade nuclear e ao desenvolvimento da estratégia da dissuasão.

No período do resto da Guerra Fria Joseph Nye distingue duas fases:

- De 1963 a 1978, caracterizada pelo desanuviamento gradual ou afrouxamento da tensão, mas em que se desenvolveram formas de estratégia indirecta através de inúmeras guerras por delegação, na América Latina, no Médio Oriente, em África e na Ásia.
- A partir de 1979, foi o regresso à hostilidade, de natureza diferente da década de 50, com um retorno à retórica da Guerra Fria mas em que se mantiveram contactos entre as superpotências.

3. Estratégias em confronto na Guerra Fria

a. A designação de Guerra Fria, vimos atrás, aplica-se à situação de conflitualidade que, entre os meados da década de 40 e o início da de 90 do século passado, opôs as duas superpotências ou, num sentido mais amplo, os dois blocos do sistema bipolar liderado pelas duas superpotências, EUA e URSS. E à sombra da qual muitos conflitos ocorreram entre actores menores atingindo o patamar da guerra violenta, alguns envolvendo grandes e até as superpotências. A Guerra Fria não impediu estes conflitos menores e, em certa medida, até os promoveu.

O que nos interessa aqui destacar são as grandes linhas das estratégias das superpotências na sua confrontação mútua, isto é, no quadro próprio e caracterizador da Guerra Fria.

b. No quadro geral da estratégia aplicada tal como a desenvolvemos na Primeira Parte deste livro (I.A.4.f.), duas modalidades dominaram as estratégias globais dos EUA e da URSS na sua hostilização recíproca:

- A estratégia da dissuasão nuclear, levada aos extremos através da subida dos seus patamares de armamentos a níveis que asseguravam a sua destruição mútua e até a própria vida no planeta.
- A estratégia indirecta, envolvendo várias formas:
  - guerras por delegação, em especial no interior de países do Terceiro Mundo ou entre países do Terceiro Mundo;
  - manobras diplomáticas directas ou indirectas, bilaterais ou multilaterais;
  - manobras económicas, pelo controlo de recursos, reserva de mercados, constituição de blocos ou erosão do campo do adversário;

- manobras de agitação, em especial no interior de parceiros da superpotência rival nos blocos que esta liderava.

c. Na delineação das estratégias das duas superpotências é possível detectar dois grandes objectivos que lhes foram comuns e que atravessaram todo o período da Guerra Fria:

- O primeiro consistia na preocupação de cada uma delas em não se deixar ultrapassar pela outra em matéria de tecnologia armamentista.
  Foi este objectivo mútuo que esteve na base da estratégia da dissuasão nuclear em escalada permanente, que deu o nome à doutrina da Destruição Mútua Assegurada, *Mutual Assured Destruction*, cuja sigla por que ficou conhecida, MAD, é elucidativa.
- O segundo visava impedir que qualquer região do mundo, considerada importante para uma das superpotências, passasse para o controlo da outra.
  Foi o objectivo que levou à divisão do mundo em esferas de influência e deu lugar às doutrinas dos interesses vitais dos EUA e da soberania limitada da URSS, que assentavam em fundamentos muito semelhantes e, no fundo, serviam para legitimar as intervenções militares das superpotências nas suas áreas de influência.

Com estes dois objectivos cada uma das superpotências reconhecia o papel da outra e demonstrava aceitar a inevitabilidade do mundo bipolar.

4. Traços dominantes da estratégia dos EUA durante a Guerra Fria

Há uma lógica e uma continuidade no desenvolvimento da estratégia norte-americana ao longo de toda a Guerra Fria, se bem que flexível consoante os períodos de maior ou menor agudização da crise davam lugar a uma radicalização ou desanuviamento nas relações interblocos. As grandes linhas estratégicas mantiveram-se constantes e podem ser interpretadas em três eixos dominantes, a estratégia da contenção (*containment*), a estratégia da dissuasão nuclear, a estratégia face ao Terceiro Mundo.

Vamos analisar, em separado, os contornos identificadores de cada um destes eixos.

a. Estratégia da contenção

Em Julho de 1947 o diplomata norte-americano em Moscovo e reputado sovietólogo George Kennan publicou, anonimamente, na revista *Foreign*

Affairs, subscrito por "X", um artigo com o título "The sources of soviet conduct", que consistia no desenvolvimento de um relatório em forma de telegrama enviado de Moscovo em Fevereiro de 1946 para o Departamento de Estado e que veio a ficar conhecido como o *long telegram*.

Kennan mostrava a sua preocupação com a ameaça da expansão soviética, nomeadamente em direcção à Europa Central. Considerava que esta ameaça era resultado de uma vocação ideológica, mas também de uma constante histórica russa, que vinha dos tempos do czarismo e assentava na obcecação com a segurança, o síndroma do cerco, na linha que Richard Pipes identificara no Estado patrimonial russo (ver Primeira Parte, IV.A.2.b.). Isto revelava a fragilidade soviética escondida pela sua fachada impressionante.

Kennan indicava as regiões que os EUA não podiam permitir que caíssem em mãos hostis, nomeadamente o *rimland* europeu, propondo respostas pontuais às pressões onde se fossem revelando. Mas considerava que a manobra americana devia ser eminentemente diplomática e económica, ajudando à reconstrução e retirando à URSS os seus espaços naturais de penetração. Pensava que era uma estratégia a longo prazo, que o tempo jogava a favor dos EUA e que se devia recusar qualquer tipo de cruzada. Propunha mesmo que quer as tropas soviéticas quer as norte-americanas retirassem da Europa ocupada e regressassem às suas pátrias.

O ponto mais notável do artigo de Kennan é aquele em que considerava que a paz se alcançará pela conversão do adversário o que, depois da queda do muro de Berlim, pode ser considerado premonitório.

Henry Kissinger não esconde críticas à estratégia da contenção de George Kennan, porque assentando em respostas pontuais deixava a iniciativa a Moscovo e desperdiçava tempo enquanto Washington dispunha de superioridade militar relativa conferida pelo monopólio nuclear (pp. 397 a 410). Apesar disso Kissinger reconhece que «*A contenção foi uma teoria notável (...) defendeu que o colapso de um adversário totalitário poderia ser conseguido de uma forma essencialmente benigna*», mas acrescentou que ela «*(...) proclamou a relativa fraqueza da América*» (p. 411). O autor também vem a reconhecer que foi a estratégia da contenção que «*(...) projectou a América para a linha da frente de todas as crises internacionais (...)*» (p. 616).

O certo é que, se a URSS veio a ter o fim que Kennan previa, a sua conversão à política da potência rival, a estratégia da contenção que foi aplicada pelos EUA não foi a proposta pelo diplomata. A que foi desenvolvida e deu corpo à doutrina Truman, formulada em 12 de Março de 1947 foi, de facto, uma estratégia de cruzada, oposta à idealizada por Kennan e seria mesmo por este denunciada como um desvirtuamento ao *containment* uma vez que foi militarizada.

Henry Kissinger, no livro que vimos citando, *Diplomacia*, descreve longamente o debate que a proposta de Kennan suscitou na América nos anos iniciais da Guerra Fria, entre os que a consideravam excessivamente agressiva e os que a encaravam como demasiado passiva. Os primeiros viam na contenção militar uma fundamentação para o empenhamento em confrontos militares intermináveis.

A aplicação da estratégia da contenção, da qual os nomes mais salientes foram Dan Acheson, secretário de estado da administração Truman que substituíra Marshall e Foster Dulles, secretário de estado da administração Eisenhower, que se seguiu à de Truman, veio pôr em destaque as teses geopolíticas clássicas da disputa do poder mundial entre as potências marítima e terrestre. Alguns autores não hesitam em pôr em relevo, creio que com justificada razão, que Washington tivera em boa conta as teorias de Mahan, Mackinder e Spykman (ver Primeira Parte, III.C.1. a 3.), muito em especial este último, cujas preocupações de controlo do *rimland* seguiram com rigor. Sobre esta matéria escreveu Pierre Gallois: «*Mackinder, Spykman, mesmo Mahan, deram de novo um contributo para justificar, pela análise geopolítica, a estratégia da contenção. Por uma série de pactos de assistência mútua, o* rimland *foi reconstituído, com a excepção da enorme brecha que constituía então o território da China popular. E os Estados do* rimland *deram à América a mais vasta e mais completa das redes de bases aéreas, terrestres e navais de que um país jamais dispôs (...) o chamado partido do ocidente controlava assim o espaço terrestre, marítimo e aéreo em volta da União Soviética e da China*» (pp. 300 e 301).

A rede de pactos estabelecida pela aliança ocidental liderada pelos EUA ao longo do *rimland* e de algumas ilhas no *off shore continent and islands* do leste e sudeste asiático, denuncia um autêntico cordão sanitário envolvendo os países do bloco socialista (Mapas 1 e 2):

- A OTAN, em Abril de 1949, assegurava o controlo do *rimland* europeu e o domínio do Mediterrâneo através da VI Esquadra norte-americana.
- Os Pactos de Assistência Mútua com a Austrália e Nova Zelândia (ANZUS) de 1951, com as Filipinas do mesmo ano, com o Japão de 1952, com a Coreia do Sul de 1953, com Taiwan de 1954 e a Organização do Tratado do Sudeste Asiático (SEATO) deste mesmo ano, bem como a ajuda militar à França no Vietnam e o posterior empenhamento directo dos EUA nesta guerra nas décadas de 60 e 70, associados à presença da VII Esquadra no Índico e Pacífico ocidental, garantiam o controlo do *rimland* oriental.

MAPA 1 – A teoria de Nicholas Spykman aplicada no cerco à URSS

Fonte: Gérard Chaliand et Jean-Pierre Rageau, *Atlas stratégique*, Editions Complexe, Belgique, 1994.

MAPA 2 – A teoria de Nicholas Spykman aplicada na localização das esquadras dos EUA

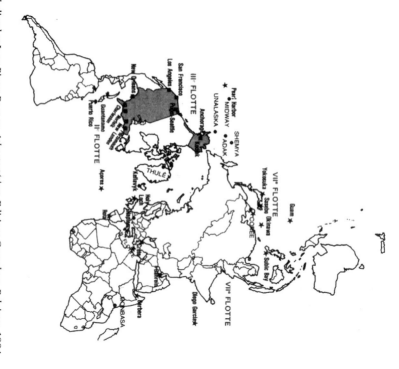

Fonte: Gérard Chaliand et Jean-Pierre Rageau, *Atlas stratégique*, Editions Complexe, Belgique, 1994.

- A Organização do Tratado do Médio Oriente (METO), mais conhecido por Pacto de Bagdad, de 1955, garantia o domínio do *rimland* do Médio Oriente e do sul da Ásia, com excepção da Índia.

Se tivermos em consideração o Plano Marshall e a importância que este teve na Guerra Fria, é legítimo afirmar que, na prática, a estratégia da contenção se traduziu na combinação da componente económica do *containment* de Kennan com a cruzada militar da doutrina Truman. Mas a componente militar acabou por predominar e dar o tom à estratégia da contenção. Por isso Eric Hobsbawm escreveu que «(...) *o tom apocalíptico da Guerra Fria (...) veio da América (...) se alguém introduziu o carácter de cruzada na* realpolitik *de confronto internacional de potências, e o manteve lá, foi Washington*» (p. 236).

b. Estratégia nuclear

Os EUA dispuseram sempre de iniciativa no campo da estratégia nuclear, quer no ramo da estratégia genética, quer no da estratégia estrutural, quer no da estratégia operacional.

Em Outubro de 1939 o eminente cientista Albert Einstein e o grupo de investigadores que liderava propõe ao governo americano o projecto para construção de uma bomba atómica, que é aprovado e cujos trabalhos se iniciam no ano seguinte. A partir de Agosto de 1942 o exército dos EUA passa a participar nesse projecto. Em 16 de Julho de 1945 dá-se a primeira explosão experimental em Los Álamos, Novo México. Vinte dias depois, a 6 de Agosto, é utilizada em combate a primeira bomba atómica, em Hiroshima, seguida três dias depois de uma outra, em Nagasaki.

Em 1946 os EUA efectuavam com êxito a primeira explosão atómica submarina no atol de Bikini, em pleno Pacífico Sul. E em Janeiro de 1950 iniciam as investigações para o fabrico da bomba de hidrogénio, fazendo explodir o primeiro engenho deste tipo em Novembro de 1952 num outro atol do Pacífico Sul, Eniwetok.

A iniciativa na decisão, concepção, produção, experiência e utilização dos engenhos nucleares para fins militares, foi sempre norte-americana e até Agosto de 1949, quando a URSS fez detonar a sua primeira bomba atómica, os EUA dispuseram do monopólio da arma nuclear. E nos tempos que de imediato se seguiram pode dizer-se que dispunham de um quase monopólio pois a sua superioridade tecnológica era enorme, nomeadamente em vectores de lançamento.

Face à evolução do armamento nuclear soviético em resposta à iniciativa americana a estratégia nuclear dos EUA vai conhecer profundas alterações conceptuais, cuja evolução se pode assim sintetizar:

- Desde o fim da Segunda Guerra Mundial e até ao início da década de 60, durante as administrações Truman e Eisenhower, nesta última com o papel decisivo do secretário de estado Foster Dulles, beneficiando da esmagadora superioridade, os EUA desenvolveram a estratégia das represálias maciças, ou da retaliação massiva (*massive retaliation*):
  - invocando uma superioridade soviética em forças convencionais assentava no princípio da dissuasão absoluta ou unilateral;
  - ameaçava com o recurso massivo ao arsenal nuclear contra recursos, incluindo cidades, caso a URSS (e depois o PV) desencadeassem qualquer agressão contra os EUA ou seus aliados.
- A partir do início da década de 60, com a administração Kennedy-Mc Namara e depois Johnson-Mc Namara, quando a URSS atinge uma situação de paridade nuclear – deflagrara a sua primeira bomba atómica em 1949, a primeira bomba de hidrogénio em 1953, apenas nove meses depois dos EUA e experimentara com êxito o primeiro míssil intercontinental em 1957 –, a dissuasão passa a ser recíproca e bilateral, dando lugar ao princípio da destruição mútua garantida (*mutual assured destruction*) com a apropriada sigla MAD. Os responsáveis norte-americanos reviam a estratégia nuclear:
  - o presidente Kennedy não aceitava os efeitos da retaliação massiva, pretendendo graduar as respostas a partir do nível mais baixo possível;
  - assim nasce a doutrina classificada por Mc Namara de resposta flexível, ou graduada, que apostava no aperfeiçoamento de patamares mais baixos de dissuasão, com armas convencionais e armas nucleares tácticas;
  - a resposta seria correspondente à agressão ou ameaça de agressão, mas evitando a automática ascensão aos extremos;
  - dentro desta doutrina destacaram-se duas reflexões importantes, uma das quais a do general Maxwell Taylor no seu livro *The uncertain trumpet*, que aceitava a preparação da guerra nuclear mas não a sua inevitabilidade e automaticidade, recomendava o reforço do patamar convencional e alertava para o risco da escalada que comportava o uso das armas nucleares;
  - a outra reflexão foi a do general Norstad que ia na mesma linha de Taylor mas acrescentando o conceito de pausa, isto é, a necessidade de identificar o acto de agressão e medir os custos da resposta; Nors-

tad defendia o eventual recurso a armas nucleares tácticas, das quais se deveria dotar a OTAN, de cujo teatro terrestre europeu era comandante máximo, ficando essas armas sob controlo americano;
- nesta linha de Norstad, Mc Namara empenhou-se na tentativa de evitar a proliferação nuclear, procurando que as armas nucleares europeias do RU e da França fossem integradas num sistema de segurança colectiva liderado pelos EUA, o que configurava a teoria do guarda-chuva nuclear americano que mereceu a recusa dos países europeus; o RU tornara-se potência nuclear na década de 50 e a França em 1960.

- Com a administração Nixon impõe-se uma estratégia que fica conhecida por doutrina Schlesinger, nome do secretário da defesa desta administração, James Schlesinger. Era a estratégia da resposta equilibrada (*countervailling strategy*):
  - aprofunda o princípio da resposta graduada mas numa lógica de aceitação da arma nuclear táctica como arma de emprego, assumindo por isso a possibilidade de os EUA se envolverem numa guerra nuclear limitada;
  - para enfrentarem a inevitabilidade da guerra nuclear os EUA deviam estar preparados para desferir o primeiro golpe, privilegiando assim a modalidade contra-forças (ver Primeira Parte, I.A.4.g.), pelo que esta estratégia também ficou conhecida por estratégia contra-forças (*counterforce strategy*).

- Foi com a administração Reagan, na década de 80, que se verificou uma nova evolução qualitativa, com o anúncio da iniciativa de defesa estratégica (*strategic defense iniciative – SDI*), que também ficou conhecida por guerra das estrelas:
  - propunha-se tornar o território americano imune a qualquer ataque soviético, o que significava retirar sentido à lógica da dissuasão e contrariava os compromissos do Tratado sobre Mísseis Anti-Balísticos (ABM), incluído no SALT I (ver Primeira Parte, I.A.4.g. e IV.F.4.h.);
  - tornado invulnerável o seu território os EUA regressariam a uma situação semelhante à do monopólio nuclear, que vigorava nos primeiros anos da Guerra Fria, uma vez que tornavam impotentes os arsenais nucleares adversários;
  - os EUA assumiam assim, sem eufemismos, uma estratégia de emprego, de primeiro-golpe e contra-forças, tornando obsoleta a dissuasão, bem expressa na chamada doutrina Weinberger, secretário da defesa da administração Reagan, assente nas noções de prontidão e sustenta-

bilidade (*readiness and sustainability*), o que significava capacidade para intervir depressa e demoradamente; «*Vitória – e não dissuasão – foi restaurada como objectivo da capacidade militar*» (Joxe, pp. 17 e 18).

Independentemente desta evolução conceptual, é possível detectar, com nitidez, algumas constantes na estratégia nuclear norte-americana ao longo da Guerra Fria:

- Manteve sempre uma superioridade material, quantitativa, em quase todos os domínios, numa desproporção de 2/1 ou superior, em mísseis de lançamento, em bombardeiros aéreos e em submarinos nucleares, isto é, no conjunto da tríade nuclear ICBM, ALBM e SLBM (ver Primeira Parte, III.E.2.c.) e nos Mísseis com Ogivas Múltiplas Independentes (MIRV); manteve também superioridade qualitativa permanente, no aperfeiçoamento daqueles meios, na miniaturização dos engenhos, na microelectrónica, nos computadores e sensores.
- Toda esta vantagem material estava de acordo com a permanente preocupação de se manterem em condições de actuar contra forças e poderem desferir um primeiro golpe. «*(...) os Estados Unidos tenderão sempre para uma estratégia contra-forças (...)*» (Couto, Vol II, p. 31).
- Procurou sempre contrariar o desenvolvimento de forças nucleares dos seus aliados, pressionando para que estes investissem no reforço dos arsenais convencionais e deixassem aos EUA o papel de guarda-chuva nuclear da Europa.

c. Estratégia face ao Terceiro Mundo

Ao contrário do que assinalámos em relação ao nuclear no confronto estratégico entre as superpotências tendo por objectivo o Terceiro Mundo, a iniciativa não pertenceu aos EUA que, em geral, agiram em reacção a iniciativas da URSS.

O Terceiro Mundo, a partir da década de 50, está muito associado ao Movimento dos Países Não-Alinhados que é, em grande parte, constituído por países que tinham saído recentemente do estatuto colonial, dominados por potências ocidentais e integradas no bloco liderado por Washington. O movimento está, desde a sua génese e apesar de se afirmar independente e neutral no contexto bipolar, impregnado de um sentimento anticolonialista que se traduz numa desconfiança recíproca com o ocidente europeu.

O Movimento dos Países Não-Alinhados nasceu em Bandung, Indonésia, numa conferência que aí teve lugar entre 18 e 24 de Abril de 1955. Fora precedida, um ano antes, por uma conferência de países asiáticos em Colombo onde o presidente indiano Nehru usou pela primeira vez a expressão não--alinhamento para marcar a equidistância entre os dois blocos. Mas se o movimento nascera em Bandung em 1955 seria nas reuniões de Belgrado e Cairo, em 1961, que se definiriam as suas aspirações e objectivos. E Tito e Nasser, presidentes da Jugoslávia e do Egipto, juntaram-se a Nehru para formarem o trio dos seus mais destacados dirigentes.

Armand Mattelart (p. 274) e Jacques Soppelsa (p. 209) assinalam que o termo terceiro mundo surgira pela primeira vez em Agosto de 1952, devendo--se a Alfred Sauvy, demógrafo, que se inspirara no conceito sociológico do terceiro estado produzido pela Revolução Francesa, maioritário mas sem voz, ignorado, explorado, desprezado, humilhado. E, por isso, o movimento fez do apoio à libertação dos povos ainda sujeitos a regimes coloniais, uma bandeira. Este objectivo prioritário dos países do Terceiro Mundo criou problemas aos EUA porque alguns dos seus parceiros na OTAN eram ainda potências coloniais e relutantes em abdicarem da totalidade (caso de Portugal) ou de parte (caso da França) dos seus impérios coloniais.

Os EUA, eles próprios nascidos de uma revolução contra a sujeição colonial eram, por princípio, um Estado e um povo anticolonialista. Era esse o espírito wilsoniano no final da Primeira Guerra Mundial e rooseveltiano que se manifestou na Carta do Atlântico e nos princípios enformadores da Carta da ONU. Mas os EUA confrontavam-se com um dilema estratégico:

- Por um lado a necessidade de manterem a coesão no bloco ocidental, na OTAN, o que passava por não confrontar excessivamente os seus parceiros que lutavam pela sobrevivência dos seus impérios e que se viam mesmo envolvidos em guerras coloniais contra movimentos de libertação, alguns dos quais contavam com apoios norte-americanos e que estavam sujeitos a frequentes condenações na ONU.
- Por outro lado a necessidade de enfrentar o avanço da URSS no Terceiro Mundo, seu concorrente na disputa da liderança no mundo bipolar e que tinha em relação à descolonização uma posição muito menos ambígua de apoio a movimentos de libertação, incluindo apoio material à sua luta armada. Os EUA não podiam perder a disputa pela conquista de zonas de influência no Terceiro Mundo, onde tinham interesses como fontes de matérias-primas, como mercados potenciais, como pontos de apoio à sua estratégia marítima global.

Chester Crocker chama a este dilema que Washington enfrentou o espírito da Guerra Fria, que traduziu assim: *«Em vez de observarmos os governos e as sociedades do sul como um elemento integral de um sistema global, temos tendência para os ignorar como apoios na geopolítica das soluções regionais (...) uma dúbia noção de que o passado envolvimento soviético nos Estados em desenvolvimento era a única razão válida para o nosso próprio envolvimento»* (p. 466).

A estratégia dos EUA para o Terceiro Mundo conheceu o seguinte faseamento:

- O período que se seguiu imediatamente ao fim da Guerra 1939-1945 foi influenciado ainda pelas posições do presidente Roosevelt, se bem que este tenha falecido poucos dias antes da rendição alemã. E Roosevelt, herdeiro do pensamento de Woodrow Wilson, «*(...) estava convencido de que este ideal (da democracia e da paz) só poderia ser atingido se cada povo fosse livre de dispor do seu destino e de se governar a si próprio (...) Tal significava que o conceito de colónia de exploração devia ser condenado (...) as suas ideias (...) foram interpretadas como uma afirmação de que a autodeterminação era um dos princípios da política aliada (...)*» (Grimal, pp. 16 e 17). Foi isto que Roosevelt fez sentir a Churchill no encontro de Agosto de 1941 de que saiu a Carta do Atlântico e que, com o acordo de Estaline, viria a enformar o Capítulo XI da Carta da ONU.
- Com o início da Guerra Fria Truman, que sucedera a Roosevelt e depois Eisenhower, privilegiaram a consolidação da aliança ocidental no espaço atlântico e os EUA não se preocuparam demasiado com os processos de descolonização já em marcha e com sucessos significativos na Ásia. O envolvimento na Guerra da Coreia, onde se confrontou directamente com a RPC, que viria a dispor de uma posição influente nos Países Não-Alinhados, é o prelúdio de uma desconfiança do Terceiro Mundo que vai aumentar.
- Na entrada da década de 60 em que se destaca a chegada de John Kennedy à Casa Branca assiste-se a um período de maior aproximação ao Terceiro Mundo, que então surgia na cena internacional com a formação do grupo dos não-alinhados. Kennedy anuncia o seu projecto da *new frontier*, que visava uma abertura ao Terceiro Mundo, para o que deveria assumir uma atitude inequívoca de apoio aos processos de descolonização, nomeadamente em África, fomentando o aparecimento de movimentos de libertação que se opusessem aos que eram apoiados pelo bloco socialista e que tinham assumido um protagonismo maior nas lutas pelas independências.

Isto não resolveria as dificuldades com o Terceiro Mundo que, maioritariamente, permaneceu mais favorável aos movimentos de libertação apoiados pelo bloco leste, mais consequente e mais liberto de compromissos com as antigas potências coloniais europeias, encaradas como perseguindo projectos neocoloniais, mas conferiu algumas pontes de penetração dos EUA no continente africano, que perdurariam.

Com a frustrada aventura americana em Cuba, na Baía dos Porcos, com o assassinato de Kennedy e o envolvimento no Vietnam, iniciar-se-ia um recuo geoestratégico que se agravaria no período seguinte.

- Com a administração Nixon-Kissinger nos finais da década de 60 e inícios da de 70 os EUA estão em clara situação de desvantagem, cada vez mais empenhados e desgastados no Vietnam e que depois alastra a outros países do sudeste asiático.

Nesta fase de recuo geoestratégico a administração norte-americana inflecte a sua estratégia para a África Austral. Kissinger considerava que os regimes brancos aí dominantes, África do Sul, Rodésia e Portugal, tinham condições para se manterem e que isso servia os interesses do ocidente (Correia, 1999, pp. 124 e 155 a 157). Acaba por ser surpreendida pela queda do regime colonial português em 25 de Abril de 1974 que vem denunciar como a política dos EUA se colocara em desvantagem perante os novos países nascentes na África Austral e a maioria dos países da Organização de Unidade Africana (OUA). Os poucos aliados que lhe restavam, o regime corrupto de Mobutu no Zaire e o regime do *apartheid* na África do Sul, acentuavam aquele recuo. O professor norte-americano John Marcum, um dos mais respeitados especialistas sobre assuntos africanos, publicou em 1976 na revista *Foreign Affairs* um artigo com o título "Lessons of Angola", em que afirma que «*Os Estados Unidos têm de se conformar com o facto de terem apoiado o anterior regime colonial e de deixarem que os seus interesses em Angola após o golpe se tornassem suspeitos e pouco convincentes para muitos africanos*» (p. 423).

É ainda durante este período que a administração norte-americana se envolve na Operação Condor, na América Latina, com uma comissão permanente na Escola das Américas na Zona do Canal do Panamá, onde se havia formado grande número dos ditadores militares dos países latino-americanos. Aí nascera, em 1962, a Conferência dos Exércitos Americanos e há uma óbvia coordenação na série de golpes de estado militares que varrem a América do Sul e na repressão generalizada das ditaduras militares. Esta série de golpes iniciara-se no Brasil em 1964 e

vai acentuar-se na década de 70, na Bolívia (1971), no Chile e Uruguai (1973), Peru (1975) Argentina e Equador (1976).
- A administração Carter com início em 1976, tentou descomprometer os EUA da Operação Condor mas vai ver acentuar-se o seu recuo geoestratégico no Terceiro Mundo, nomeadamente na África Austral e no Irão, com o derrube do regime monárquico do Xá, seu aliado, substituído por uma República Islâmica do Irão que vai passar a ser um dos seus inimigos mais radicais.
- A década de 80 é marcada pela administração Reagan que pretende inverter o recuo dos EUA no Terceiro Mundo, apoiado numa escola dos chamados neoclausewitzianos, que encaravam todas as revoluções sociais no Terceiro Mundo como hostis aos EUA devendo, como tal, ser combatidas. A classificação de neoclausewitzianos resulta da recuperação da legitimidade da guerra como continuação da política, a guerra contra-revolucionária contra o comunismo para preservar a ordem mundial (Rapoport, pp. 45, 46 e 48).

Chester Crocker define assim a doutrina Reagan: «*Foi a equipa de Reagan que elevou a ajuda aos "combatentes da liberdade" a uma florescente campanha global. Desenvolveu-se rapidamente como o principal foco da política dos Estados Unidos na Ásia do sul e na América Central (...) A sua lógica era impecável: a expansão imperial soviética criou vulnerabilidades que podiam ser exploradas com baixo custo (...) Fornecendo apoio material e moral aos insurrectos anticomunistas os Estados Unidos podiam aumentar o preço do império soviético no terceiro mundo (...)*» (p. 290). Combatentes da liberdade eram «*(...) todos os que possuíssem uma alternativa positiva ao modelo soviético (...)*» (idem), mesmo que tivessem ligações ou fossem eles próprios tenebrosos movimentos, como os *kmeres* vermelhos no Camboja, os somozistas na Nicarágua, Mobutu, a União para a Independência Total de Angola (UNITA), a Resistência Nacional Moçambicana (RENAMO) e a África do Sul do *apartheid*, ou as ditaduras militares da América do Sul envolvidas na Operação Condor, cujo apoio Reagan reactivou.

Alain Joxe salientou que «*A grande doutrina americana reaganista assumiu abertamente um objectivo mundial muito ambicioso que é o recuo da influência soviética em todo o terceiro mundo (...) os Estados Unidos vêm em todas as convulsões e revoltas do terceiro mundo o traço de uma acção diabólica de Moscovo*» (pp. 18 e 19). Aspecto em que, aliás, diferiam dos seus aliados europeus que localizavam nos conflitos que emergiam no Terceiro Mundo causas endógenas, relacionadas com a degradação das condições sociais e económicas, com a falta de perspectivas e com a desorganização do sistema do mercado.

5. Os traços dominantes da estratégia da URSS durante a Guerra Fria

Vamos procurar interpretar a estratégia soviética em três componentes fundamentais: o síndroma do cerco, a evolução da estratégia nuclear, a estratégia para o Terceiro Mundo.

Analisaremos em separado cada uma destas componentes.

a. O síndroma do cerco

A estratégia soviética na Guerra Fria foi sempre muito marcada por um sentimento que não tem a ver com o regime mas que deve ser associado à mentalidade russa, com a identidade da potência terrestre e continental, sem acesso aos oceanos navegáveis, que é o síndroma do cerco. Mas este sentimento terá sido agravado com a política do *containment* tal como foi praticada pelas administrações norte-americanas aprofundando aquilo que a teoria original de Kennan pretendia evitar. É o próprio Kissinger quem põe a questão, com toda a clareza: «*O que era, afinal, a contenção militar senão a tentativa de cercar a União Soviética de forças capazes de resistirem ao seu expansionismo?*» (p. 490). Digamos que a URSS também foi sensível às teorias de Nicholas Spykman. Este síndroma do cerco manifestou-se segundo quatro grandes eixos:

- Na Europa central, procurando impedir que a aliança liderada pela superpotência rival chegasse às suas fronteiras, mantendo aí uma zona tampão sob seu controlo político e militar. Foi o que levou à presença do exército vermelho nesses países e, em resposta à constituição da OTAN, à formação do PV.

  De acordo com o segundo grande objectivo comum às duas superpotências (ver 3.c.), a URSS empenhou-se em impedir que qualquer dos Estados dessa zona pudesse passar para a influência adversária. Foi assim que chegou à doutrina Brejnev da soberania limitada que mais não era do que a formalização de práticas anteriores e pode definir-se assim: «*A defesa das aquisições do socialismo em cada país socialista é a causa comum de todos os países deste sistema*» (Paris, p. 13). Justificava a intervenção militar dentro de qualquer país membro do PV para manter a unidade do campo socialista.

  Foi à luz deste princípio que se verificaram as intervenções na Hungria em 1956 e na Checoslováquia em 1968.

A doutrina Brejnev só viria a ser abandonada por Gorbatchev em 1989 quando o PV já estava em desagregação.
- Na Europa ocidental a estratégia soviética visava conseguir a chamada *découplage* isto é uma separação, ou uma ruptura, no seio da OTAN, entre os membros europeus e os EUA. Não pretendia que esses países mudassem de campo para a zona de influência soviética, mas que pudessem tornar-se neutrais.

Para isto procurava contar com o reforço da intervenção interna do que classificava de partidos irmãos isto é, os partidos comunistas dos países capitalistas, o que acabou por ser prejudicado pela própria doutrina Brejnev, particularmente a partir da intervenção na Checoslováquia que provocou duas dinâmicas distintas de cisão:
  - a evolução de partidos comunistas para uma maior autonomia que veio a ficar conhecido pelo eurocomunismo;
  - a dissidência de alas dos partidos comunistas fundando partidos diferentes com aproximações a Pequim, os chamados maoístas.
- Nas suas fronteiras asiáticas a URSS adquiriu alguma segurança com a vitória da revolução comunista chinesa em 1949 mas as preocupações aumentaram a partir do esfriamento das relações na década de 60, o que foi compensado com o apoio a um regime aliado na Mongólia. Nestas preocupações se inscreve também a intervenção no Afeganistão nos finais da década de 70 que, aliás, estaria na origem do recuo geoestratégico soviético que conduziria ao fim da Guerra Fria.
- Por último, a URSS procurou romper o cerco da sua confinação aos limites de uma potência continental e terrestre lançando-se num projecto de transformação, também, em potência marítima e oceânica.

A partir da década de 50 o almirante Gorshkov liderou um programa de aquisição de poder marítimo que, aliás, já contava com as frotas comercial e de pesca mais fortes do mundo, mas a que era necessário acrescentar poder naval (ver Primeira Parte, III.C.1.c.). Conseguiu instalar uma vasta rede de pontos de apoio e bases em países amigos em todos os continentes para além da Europa, América (Cuba), Médio Oriente, Mediterrâneo, Sudeste Asiático e África, assegurando assim o acesso e presença da sua frota em todos os oceanos. E dotou-se de uma importante armada, com especial destaque para os navios porta-helicópteros e submarinos nucleares, que lhe permitiam permanecer no Mar Árctico sob as camadas geladas.

A URSS logrou tornar-se uma potência marítima mas nunca tendo chegado a equilibrar o poder marítimo dos EUA.

b. Já dissemos que a estratégia nuclear da URSS raramente revelou numa iniciativa autónoma, assentando antes num conjunto de medidas de resposta às iniciativas genéticas, estruturais e operacionais norte-americanas.

O nuclear foi, por outro lado, o campo em que as duas superpotências travaram uma estratégia directa. As grandes linhas da estratégia nuclear soviética podem ser assim identificadas:

- Em 1945, com as deflagrações das bombas atómicas norte-americanas de Hiroshima e Nagasaki, de cuja posse Estaline tivera conhecimento três semanas antes na cimeira de Potsdam, Moscovo toma consciência de que sai da guerra fragilizada em relação ao seu opositor mais forte, nomeadamente pelo monopólio nuclear de que este dispunha e entendeu mesmo aquelas explosões como um aviso dirigido a si, dado que a vitória militar sobre o Japão estava praticamente assegurada pelos meios clássicos.
  A URSS decide, apesar das enormes dificuldades económicas com que saiu da guerra, desenvolver o seu próprio programa nuclear para, no mínimo, atingir a paridade com os EUA.
- Em Setembro de 1949 faz explodir a sua primeira bomba atómica, apresentando-se ao mundo como a segunda potência nuclear. Encontra-se ainda, tecnologicamente, muito atrasada em relação ao seu rival, mas retira-lhe o estatuto do monopólio nuclear, ainda que sem pôr em causa, para já, a doutrina norte-americana das represálias massivas.
  Estava-se na era estaliniana que, segundo Soppelsa, se caracterizava por uma total ausência de estratégia nuclear (p. 129). Mas quando Estaline morre em Março de 1953 a URSS aproximava-se dos EUA na tecnologia nuclear e tinha já em marcha o projecto para fabrico da bomba de hidrogénio que vem a fazer explodir em Agosto desse mesmo ano, apenas nove meses depois dos EUA.
- É na era Krutchev que se podem detectar os primeiros sinais de uma estratégia nuclear soviética formulada nos princípios da década de 60. Entretanto tinha já ultrapassado os EUA em algumas áreas tecnológicas, nomeadamente no domínio espacial:
  - colocara em órbita o primeiro satélite artificial em 4 de Outubro de 1957, o célebre *sputnik*, antecipando-se em quatro meses aos norte-

americanos que em 31 de Janeiro de 1958 lançaram para o espaço o *explorer*;
- punha no espaço em Abril de 1961 o primeiro astronauta da história, Yuri Gagarine tripulando a *vostok*, antecipando-se vinte dias ao norte-americano Alan Shepard tripulando a *freedom*.

Em Janeiro de 1960 Krutchev anuncia a doutrina Sokolovsky, nome do marechal que lhe dera forma. No campo nuclear assentava na ideia de que todo o conflito entre as duas superpotências, a ocorrer, seria necessariamente nuclear desde o início. Por isso o factor surpresa era fundamental privilegiando a modalidade de primeiro golpe, contra-forças. Baseada na convicção de que era possível vencer uma guerra nuclear, investia no reforço de forças estratégicas intercontinentais, que se tornaram o núcleo principal do exército vermelho.

- Em 1979, já na era Brejnev, o chefe de estado-maior das forças armadas, marechal Ogarkov, revê a doutrina Sokolovsky. Admite que uma guerra mundial possa não ser nuclear (pelo menos no seu início) e introduz o conceito da dissuasão em relação ao qual os soviéticos eram cépticos. Era a aceitação de que podiam não usar a arma nuclear em primeiro lugar.
- Na era Gorbatchev, a partir de meados da década de 80 e sob a liderança militar do marechal Iazov, a URSS vai assumir plenamente o princípio da dissuasão, indo mesmo mais longe, procurando situá-la no patamar mais baixo possível. É o princípio da defesa suficiente, defesa mínima, ou defesa razoável, traduzida na doutrina da segurança mínima garantida conseguida através de um equilíbrio estratégico garantido. Passava por um amplo desarmamento nuclear por forma a que nenhuma das superpotências estivesse em condições de conduzir com sucesso operações ofensivas.

Era uma estratégia de desescalada nuclear, assente na convicção de que se pode garantir a segurança mútua com um patamar nuclear mínimo e que contrariava toda a lógica nuclear até então dominante.

c. Foi na componente da estratégia para o Terceiro Mundo que a URSS revelou maior iniciativa.

O Terceiro Mundo representava a arena privilegiada na qual as superpotências se defrontaram através de modalidades de estratégia indirecta, quer pelo recurso sistemático a meios de coacção não violentos, nomeadamente os diplomáticos, económicos, ideológicos e mediáticos, quer pelo apoio a conflitos por delegação, por vezes mesmo com a sua participação directa mas sem que corressem o risco de se confrontarem directamente com forças militares da superpotência rival.

Moscovo entendeu sempre o Terceiro Mundo e, em particular, os países saídos dos impérios coloniais europeus, como áreas favoráveis à sua influência, até pelo passivo que representava para o ocidente o anterior domínio colonial e a situação de subdesenvolvimento em que deixavam os respectivos povos. A África, por exemplo, era encarada pela URSS como o ventre mole da Europa capitalista. Daqui a importância que o Terceiro Mundo assumiu na estratégia soviética:

- Desde Lenine que a URSS promovia a ideia de que o marxismo era um adversário implacável da colonização. Durante a Guerra 1939-1945 a necessidade de salvaguardar a sua aliança com o ocidente evitou que esta bandeira fosse empunhada pelos soviéticos mas, desde o começo da Guerra Fria, o anticolonialismo passou a ser um dos seus temas fortes, através do qual conseguiu bons apoios no Terceiro Mundo, inclusivamente no mundo árabe e até na América Latina.

  Moscovo contou, nesta área, com outro trunfo importante, os partidos comunistas e mesmo alguns partidos socialistas na Europa Ocidental, abertamente anticolonialistas (Grimal, pp. 143 a 146).

  Quando o Movimento dos Países Não-Alinhados nasceu em Abril de 1955, em Bandung, o fim do colonialismo foi um dos objectivos cimeiros. Henry Kissinger reconhece que os Países Não-Alinhados «*Aprenderam a colocar as superpotências uma contra a outra*», mas acrescenta que «*(...) tomavam geralmente o partido dos comunistas sem sentiram qualquer necessidade recíproca de aplicarem à União Soviética a mesma severidade moral que aplicavam aos Estados Unidos*» (pp. 489 e 490).

- Pierre Gallois, usando a imagem da disputa entre o urso (potência terrestre) e a baleia (potência marítima), escreve que «*(...) desde os princípios dos anos 50, o urso reagiu aos empreendimentos da baleia usando os únicos meios de que podia dispor: a agitação político-social, a condenação das bases em terra estrangeira, o apoio aos movimentos de libertação, o anticolonialismo e as concessões de armas aos países irmãos*» (p. 301).

- Durante as lutas de libertação nacional que se multiplicaram durante a Guerra Fria com relevo para as colónias onde as potências coloniais colocaram maiores resistências às independências, como foram os casos da Indochina no Sudeste Asiático, da Argélia no Magrebe e das colónias portuguesas, Rodésia do Sul e Namíbia na África Subsahariana, os governos coloniais procuraram alimentar a ideia de que todos os movimentos de libertação eram impulsionados pela URSS e que eram agentes do seu expansionismo no Terceiro Mundo. Pensavam colher apoios passando a mensagem de que as guerras coloniais não eram mais do que a expressão do conflito global leste-oeste.

Era uma ideia errada que ignorava factores estruturais endógenos como o nacionalismo e a natural ânsia de libertação dos povos e desprezava mesmo o facto de alguns movimentos serem apoiados pelos EUA enquanto outros, nomeadamente movimentos islâmicos, serem profundamente antimarxistas.

Este mito correspondia ao apoio aberto que Moscovo prestava aos movimentos e às lutas de libertação nacional sem os constrangimentos dos EUA e proporcionou-lhe um ambiente favorável entre os países do Terceiro Mundo que, entretanto, iam conseguindo uma posição numérica importante na AG da ONU.

- Com a formulação da doutrina Sokolovsky, em plenas eras Krutchev e Brejnev, Moscovo considerava que as lutas de libertação dos povos colonizados não era concebível sem o seu apoio, pelo que devia apresentar-se como o aliado natural dos países do Terceiro Mundo. Daí o esforço do seu empenhamento em países onde começava a ser mais notória alguma presença norte-americana, como o Corno de África, o Afeganistão e Angola (Soppelsa, p. 132).

Foi daqui que acabou por resultar o fenómeno da sobreextensão geoestratégica, cujos efeitos os EUA já haviam sofrido no Vietnam e que para os soviéticos foi particularmente sensível no Afeganistão, onde se iniciou o recuo que terminou com a implosão da URSS e a fragilização da própria Federação Russa, que ainda hoje é evidente.

6. O fim da Guerra Fria

a. É usual considerar-se que a Guerra Fria terminou em Novembro de 1989 com a queda do muro de Berlim. Alguns inclinam-se a pensar que o seu termo se deve localizar na reunificação da Alemanha, em Outubro de 1990, outros na dissolução do PV em Fevereiro de 1991, outros ainda no falhado pronunciamento de Moscovo de Agosto de 1991 que deu o golpe final na URSS que já se vinha desmembrando desde Março de 1990 com a proclamação da independência da Lituânia.

Em última análise o fim da Guerra Fria não deve ser reduzido a um acontecimento, mais ou menos localizado, mas sim identificado com um processo prolongado, que resultou do irreversível recuo geoestratégico da URSS começado a desenhar-se no Afeganistão. Ter-se-á iniciado com a política de Mikhail Gorbatchev, secretário-geral do Partido Comunista da URSS desde 1985 e que assentou a sua proposta de viragem estratégica em dois conceitos que se tornaram célebres, a *glasnot* (transparência) e a *perestroïka* (reestruturação). Tornou-se inevitável com a sucessão de factos que vão da queda do muro de Berlim à implosão da URSS.

b. A forma como terminou a Guerra Fria configurou, com nitidez, a vitória de uma parte sobre a outra, do sistema ocidental capitalista de democracia representativa e de economia de mercado sobre o leste comunista centralizado e de economia planificada, do bloco ocidental da OTAN sobre o bloco de leste do PV, da potência marítima e oceânica norte-americana sobre a potência terrestre e continental euroasiática.

Kissinger reconhece que foi o «(...) *triunfo final da versão original da teoria da contenção de Kennan: a América construíra posições de força e a União Soviética desmoronara-se a partir do interior*» (p. 692). E mais à frente reitera: «*O fim da Guerra Fria, desejado pela América durante oito administrações de ambos os partidos, era muito semelhante ao que George Kennan previa em 1947*» (p. 700). Porque, afinal de contas, com a sua derrota, a Federação Russa, herdeira da URSS como potência continental euroasiática, até veio a optar por uma aproximação ao ocidente e por um sistema político-económico semelhante ao do ocidente.

Confrontada com os dois grandes objectivos que eram comuns às duas superpotências na Guerra Fria, não se deixar ultrapassar pela outra em matéria de tecnologia armamentista e impedir que qualquer região do mundo considerada importante para uma delas passasse para o controlo da outra (ver 3.c.), não restarão dúvidas de que a URSS perdeu a Guerra Fria:

- A partir de determinada altura, pela década de 80 foi óbvia a incapacidade soviética para continuar a acompanhar o esforço armamentista e de aperfeiçoamento com novas tecnologias das forças armadas norte-americanas.
- O fim da Guerra Fria resultou exactamente da incapacidade de Moscovo manter a sua influência nos espaços tradicionais, que começou a manifestar-se no Afeganistão, depois nas repúblicas da Europa Central aliadas no PV, por fim nas repúblicas da própria URSS, na Europa de Leste e no Báltico, na Transcaucásia, na Ásia Central, muitas das quais vieram progressivamente a aproximar-se e até a integrar-se no bloco ocidental.

Uma interpretação do fim da Guerra Fria à luz da teoria dos conflitos chegará a conclusão semelhante. Vimos na Primeira Parte deste livro, inserta, no Volume I que a definição monista de Clausewitz considera que «*A guerra é um acto de violência destinado a forçar o adversário a submeter-se à nossa vontade*» (I.B.4.b.). Isto é, como se tornou comum dizer, a guerra é uma luta de vontades. Ora, no fim da Guerra Fria, uma das partes, o bloco leste no seu conjunto e particularmente a URSS, perderam a vontade de prosseguir a luta pelos seus objectivos e submeteram-se à vontade do outro.

Não é, assim, abusivo constatar, independentemente de posições ideológicas, que a Guerra Fria se saldou por uma vitória do bloco ocidental liderado por Washington sobre o bloco leste liderado por Moscovo.

Mais uma vez a potência marítima se sobrepunha à potência terrestre, as teses de Mahan e Spykman derrotavam as de Mackinder.

c. Como conclusão pode constatar-se que o desenlace da Guerra Fria culminou um percurso que se iniciara quando, acolhendo as teses da Alfred Mahan, os EUA se envolveram no projecto de se transformarem numa potência mundial:

- Com a entrada no século XX afirmavam-se como a potência hegemónica do continente americano, dando corpo à doutrina de Monroe, a América para os americanos, mas que já não tinha apenas a ver com o objectivo de desalojar os europeus do novo mundo. Era uma nova interpretação da doutrina Monroe que podemos sintetizar em a América para os norte-americanos.
- Com a I Guerra Mundial de 1914-1918 os EUA intervém pela primeira vez na Europa ao lado das potências marítimas e têm um papel decisivo na derrota da potência terrestre, conquistando o estatuto que lhe permite entrar no grupo restrito das grandes potências mundiais e começar a ter um papel central no sistema das relações internacionais.
- Com a II Guerra Mundial de 1939-1945 a nova intervenção das forças norte-americanas na Europa e o contributo que deram para a vitória dos aliados e a derrota que impuseram ao Japão no extremo-oriente, deram-lhes a oportunidade de ascender ao estatuto de superpotência, líder de todo o bloco ocidental, partilhando o mundo bipolar da Guerra Fria com a outra superpotência, a URSS.
- A vitória na Guerra Fria, anulando a concorrência da superpotência rival que desapareceu e deu lugar a uma potência em declínio, reforçou

o seu poderio absoluto, destacando-se de forma cada vez mais acentuada de todas as restantes grandes potências e conferiu-lhe o estatuto de hiperpotência, sem paralelo em toda a história da humanidade, capaz de dominar todo o planeta num sistema globalizado.

Os EUA foram, assim, a única potência que beneficiou com todas as guerras do século XX e que, com o desfecho de cada uma delas, sempre reforçou o seu estatuto de potência no contexto internacional.

CAPÍTULO B
NOVA ORDEM MUNDIAL

1. Um sistema internacional unipolar

a. O fim da Guerra Fria, encerrando um sistema mundial rigidamente bipolarizado que durara meio século, teria de dar lugar a um novo sistema que, como sempre tem acontecido, seria determinado pelos actores que saíram reforçados da forma como se pusera termo ao sistema anterior. E os EUA tinham saído vencedores da Guerra Fria e tinham reforçado o seu papel na aliança que lideravam.

A NOM ia, por isso, ter a marca decisiva dos EUA.

b. Henry Kissinger acentua o facto de a América, depois das suas intervenções nos grandes conflitos mundiais do século XX, sempre se ter confrontado com a sua própria intenção de contribuir para a construção de uma nova ordem internacional (pp. 43, 44, 702 e 703).

Depois da Primeira Guerra Mundial, em Versalhes, procurara um novo sistema assente na SDN e acolhendo um projecto do presidente americano Woodrow Wilson para a construção da paz mundial consubstanciado em catorze pontos que reflectisse o princípio da segurança colectiva. Este princípio devia substituir-se, definitivamente, ao princípio do equilíbrio do poder, assente em alianças e blocos antagónicos, tradicionalmente tão caro aos europeus mas que, na opinião de Washington, levara às várias guerras dos séculos XIX e XX. Afinal a própria América viria a ficar fora da SDN e esta nunca funcionaria como sede de uma organização mundial que garantisse a segurança colectiva internacional.

No fim da Segunda Guerra Mundial a Conferência de São Francisco definiu as linhas de uma nova estrutura mundial, a ONU, onde surgia um CS que supervisaria a manutenção da paz sob a liderança das cinco potências vencedoras da guerra, EUA, URSS, RU, França e China. Afinal prevaleceu um sistema bipolar que viria a impor um rígido equilíbrio de poder, com expressão no seio do próprio CS. A nova ordem projectada por Franklin Roosevelt e inspirada em Woodrow Wilson ficaria de novo adiada.

Com a Guerra Fria já no seu ocaso o presidente George Bush faz um discurso em Aspen, Colorado, a 2 de Agosto de 1990 – dia em que o Iraque invadiu o Koweit – que definia os fundamentos de uma nova ordem internacional.

Perante o Senado, a 19 de Setembro, Bush oficializaria a sua perspectiva do que deveria ser essa nova ordem depois de um conflito de que os norte-americanos haviam saído vencedores.

c. De então para cá muitos analistas têm-se preocupado em decifrar qual o sistema saído do fim da Guerra Fria e se, de facto, ele configura uma nova ordem mundial.

Em 1992 Adriano Moreira escrevia, com certa ironia, que «*(...) da nova ordem mundial apenas se pode dizer que acabou a antiga*» (p. 20). Onze anos depois será que se pode começar a perceber qual é a nova?

Os contornos da nova ordem anunciada por George Bush em Aspen apontavam para um mundo unipolar liderado pelos EUA. Mas quando em 1 de Outubro do mesmo ano, apenas dois meses depois, discursa na AG da ONU, é sem dúvida inspirado nos princípios wilsonianos: «*Temos uma visão de uma nova parceria das nações que transcende a guerra fria. Uma parceria baseada na consulta, na cooperação e na acção colectiva, especialmente através de organizações internacionais e regionais. Uma parceria unida por princípios, pelo cumprimento da lei e baseada numa partilha igual, tanto de custos como de obrigações. Uma parceria cujos objectivos são incrementar a democracia, a prosperidade e a paz e reduzir as armas*» (Kissinger, p. 702).

Em 19 de Novembro, em Paris, na Conferência sobre a Segurança e Cooperação na Europa (CSCE), o presidente Gorbatchev da URSS previa «*(...) uma ordem mundial mais segura e mais civilizada, fundada não sobre a força das armas mas sobre um diálogo entre iguais, o equilíbrio de interesses, a harmonia entre a soberania e a integridade da humanidade*» (Zorgbibe, 1996, pp. 14 e 15). O presidente Bush corresponderia a este apelo na sua mensagem sobre o estado da União em 29 de Janeiro de 1991, insistindo nos princípios wilsonianos: «*O que está em jogo (...) é uma grande ideia, uma nova ordem mundial, em que diferentes nações se reúnem em torno de uma causa comum, a fim de realizar as aspirações universais do homem – a paz, a segurança, a liberdade e a primazia do direito*» (idem, p. 15).

Não seria nesse sentido, porém, que se desenvolveria o sistema mundial. A constituição da grande coligação internacional que, sob a liderança dos EUA, conduziu a intervenção militar contra o Iraque com o nome de código Tempestade no Deserto, seria o primeiro sinal da emergência da América como única superpotência sobrevivente da Guerra Fria que, por um progressivo distanciamento das restantes grandes potências, iria conquistar o estatuto de hiperpotência e daria o tom a um novo sistema unipolar. Sistema que iria evoluir num ambiente internacional de crise permanente, aliás próprio das fases de transição. Gauthier de Villers assina um texto, "Les crises chroniques et leurs causes: le cas du Zaïre" no livro *Conflicts en Afrique, analyse des crises et pistes pour une prévention*, no qual cita uma definição de crise de António Gramsci que se aplica totalmente à NOM: «(...) *a crise é o momento em que o velho e o novo coabitam ainda, onde – acrescentamos nós – não se realizou a síntese que consiste na assimilação da velha ordem pela nova ordem, mediando uma acomodação desta à herança do passado*» (p. 211).

Em 1990 a NOM nascente era exactamente isto, uma total indefinição.

d. O sentido que veio a tomar o fim do sistema bipolar e a evolução da ordem mundial contrariou a generalidade das previsões dos analistas da Guerra Fria. Pode afirmar-se que, então, se confrontavam duas grandes tendências:

- Uma, perfilhada pela maioria dos autores, considerava que a lógica apontava para que do sistema bipolar resultasse um sistema multipolar. E previam até que fosse caracterizado por uma pentapolaridade cujos pólos seriam os EUA, a União Europeia (UE), a URSS, a RPC e o Japão. Perspectiva que quase recuperava as pan-regiões da Escola de Munique, com as novidades de a UE ocupar a posição que Haushofer reservava à Alemanha e aparecer a RPC como um novo centro de poder (ver Primeira Parte, III.B.1.c.).
- Outra, com algum impacto a partir da década de 60, ficou conhecida pela convergência dos sistemas. Os dois pólos do sistema tenderiam a aproximar-se, sem nunca chegarem a confundir-se. O bloco leste atenuaria a sua rigidez centralizada de economia planificada e conheceria uma abertura política, enquanto o bloco ocidental evoluiria para uma maior intervenção do Estado numa economia mais planificada e com papel reforçado em domínios da área social. Ambos encetariam uma escalada desarmamentista diminuindo os riscos de confrontação e promoveriam um abaixamento do clima de tensão no que ficou conhecido pela política da *détente*, desanuviamento, que constituía uma nova forma de encarar a coexistência pacífica, sempre acolhida com algumas reservas no ocidente. As presidências de James Carter nos EUA e, principalmente, de Mikhail Gorbatchev na URSS, pareciam dar razão aos teóricos da convergência dos sistemas. Se bem que Gorbatchev, com as suas políticas de *glasnost* (transparência) e *perestroïka* (reestruturação), desequilibrasse a convergência para um lugar geométrico muito mais perto das teses ocidentais.

Uma voz discordante era a de Raymond Aron, aliás um dos autores que mais aprofundaram os estudos sobre o sistema político mundial. O sociólogo francês previa, em 1962, que «*De acordo com os precedentes históricos, a saída para a crise presente deverá ser o império universal*» (p. 723). E acrescentava: «*A saída da crise actual é, em teoria, ou uma federação mundial, progressivamente construída por acordo entre os Estados, ou um império mundial, imposto pela vitória de um dos candidatos ao poder supremo (...) É difícil, senão impossível, conceber, no futuro próximo ou previsível, um governo mundial (...) A ideia de um império universal (...) pressupõe que um Estado ou um bloco eliminou os seus rivais e estabilizou a sua vitória integrando os vencidos numa ordem garantida pelo monopólio da violência. Na nossa época esta hipótese equivale à derrota ou capitulação dos ocidentais*» (pp. 743 e 744).

Aron terá sido um dos analistas que menos errou nas suas previsões, com esta ressalva importante: o império universal não resultou da capitulação dos ocidentais mas da capitulação do leste. O certo é que quando Aron elaborou este raciocínio as reservas que no ocidente incidiam sobre a eventualidade de um sistema unipolar do tipo império mundial suceder à bipolaridade assentavam na previsão de que seria o do império soviético.

Afinal foi um sistema unipolar dominado pelos EUA que emergiu. Talvez por isso tantos continuem a recusar catalogar o actual sistema como unipolar.

e. A pouco e pouco os analistas norte-americanos foram perdendo o pudor inicial na caracterização do sistema que emergiu do fim da Guerra Fria e do papel nele assumido por Washington.

Em 18 de Fevereiro de 1992 o *International Herald Tribune* publicava um artigo de Patrick E. Tyler, "Pentagon's new order: U.S. reign supreme", no qual se lê: «*(...) o Departamento de Defesa dos Estados Unidos na era pós-Guerra Fria, deverá assegurar que nenhuma superpotência rival será autorizada a emergir na Europa ocidental, Ásia, ou no território da anterior União Soviética. Um documento de 46 páginas que circulou nos mais elevados escalões do Pentágono (...) declara que parte da missão dos Estados Unidos será "convencer os potenciais competidores de que não devem aspirar a um grande papel ou prosseguir numa postura mais agressiva para proteger os seus interesses legítimos". O documento classificado aponta para um mundo dominado por uma superpotência cuja posição pode ser perpetuada por um comportamento construtivo e poder militar suficiente para dissuadir qualquer nação ou grupo de nações, de desafiar a supremacia dos Estados Unidos (...) O que é mais importante, diz o documento, é "o sentimento de que a ordem mundial está ultimamente encostada aos Estados Unidos", e "os Estados Unidos podem ser colocados em posição de agir independentemente quando acções conjuntas não possam ser acordadas", ou numa crise que exija resposta rápida. Oficiais da administração Bush disseram publicamente há algum tempo que desejavam trabalhar dentro da ONU, mas que reservavam a opção de agir unilateralmente ou através de coligações selectivas, se necessário, para proteger os interesses vitais dos Estados Unidos».*

Arielle Denis no *Document pour la paix et le désarmement* cita Anthony Lake, que foi conselheiro do presidente Clinton que, em 21 de Setembro de 1993, teria afirmado «*Não se trata hoje de conter, mas de consolidar a vitória, os nossos interesses e os nossos ideais obrigam-nos não apenas a empenharmo-nos, mas a dirigir (...)*» (p. 3).

Os EUA assumiam essa função directora num mundo unipolar com a consciência de que o seu poderio militar era um instrumento decisivo da sua liderança. Paul-Marie de La Gorce, director da revista *Défense Nationale*, num artigo de Março de 1993 em *Le Monde Diplomatique*, "L'OTAN et la prépondérance des États Unis en Europe", cita o general Colin Powell então chefe militar máximo dos EUA, que na *Foreign Affairs* do Inverno de 1992-93 escreveu «*Nós devemos dirigir o mundo. E não podemos dirigi-lo sem as nossas forças armadas*».

Henry Kissinger, apesar de colocar algumas reticências sobre a capacidade da América para modelar o mundo, afirma que «*O fim da Guerra Fria criou aquilo a que alguns observadores chamam mundo "unipolar" ou de "única superpotência"*» (p. 706). Mais à frente coloca alguns condicionamentos a esta unipolaridade: «*A América seria a maior e mais poderosa nação, mas uma nação com parceiros, o primus inter pares (...) O aparecimento de outros centros de poder – Europa ocidental, Japão e China – não deverá alarmar os americanos*» (p. 707).

É um pouco nesta linha de Kissinger que vai a reflexão de Samuel Huntington que, como é seu timbre, apresenta uma tese inovadora e controversa. Em 1991, nos alvores da NOM, num artigo na *Survival*, "America's changing strategic interests", definia os três principais interesses estratégicos americanos no mundo pós-Guerra Fria, que são os que aparecem usualmente assumidos pelos centros de decisão dos EUA: «*(I) manter os Estados Unidos como a primeira potência global, o que (...) significa a contenção do desafio económico japonês; (II) conter a emergência de uma potência político-militar hegemónica na Eurásia; (III) proteger os interesses americanos concretos no terceiro mundo, que estão primariamente no Golfo Pérsico e América Central*» (p. 8). Em 1999, com o artigo "The lonely superpower", na *Foreign Affairs*, introduzia o conceito de sistema uni-multipolar para caracterizar o mundo actual: «*Actualmente apenas há uma superpotência. Mas tal não significa que o mundo seja unipolar. Um sistema unipolar teria uma superpotência, grandes potências pouco significativas, e várias pequenas potências (...) A política internacional contemporânea não se inscreve em nenhum destes três modelos* (unipolar, bipolar ou multipolar). *Em vez disso é um modelo híbrido, um sistema "uni-multi-polar" com uma superpotência e várias grandes potências»* (pp. 35 e 36). Mas considera que este é um sistema intercalar transitório: *«A política global deslocou-se do sistema bipolar da Guerra Fria para um sistema unipolar momentâneo – posto em destaque pela Guerra do Golfo – e está agora evoluindo para uma ou duas décadas de sistema uni-multipolar antes de entrar num verdadeiro século XXI multipolar»* (p. 37). Mas reconhece que *«Os responsáveis americanos tendem naturalmente a actuar como se o mundo fosse unipolar»* (p. 37).

Zbignew Brzezinski, antigo conselheiro de segurança nacional do presidente Carter, em 1997, num artigo na *Foreign Affairs* "A geostrategy for Eurasia", é mais directo: *«O estatuto da América como a primeira potência mundial não será contestada por qualquer competitor isolado por mais de uma geração»* (p. 51).

No mesmo ano Josef Joffe também na *Foreign Affairs*, com o artigo "How the America does it", usa a metáfora do eixo e dos raios da roda para caracterizar o mundo unipolar: *«O eixo é Washington e os raios são a Europa ocidental, o Japão, a China, a Rússia e o Médio Oriente. Para todos (...) a sua associação com o eixo é mais importante para eles do que os laços entre si (...) os raios da grande estratégia continuam a convergir em Washington»* (pp. 21 e 22).

f. Com a afirmação cada vez mais óbvia do poder norte-americano no mundo a generalidade dos autores dos EUA que publicam nas revistas de referência, como a *Foreign Affairs* e a *International Security*, passaram a assumir a unipolaridade do sistema liderado por Washington, ou a admiti-lo implicitamente pela referência ao poder sem paralelo da hiperpotência. Por exemplo William C. Wohlforth, num artigo intitulado "The stability of a unipolar world" publicado em 1999 na *International Security*, não hesita em afirmar que o sistema é unipolar e que é importante que como tal se consolide porque é positivo para a paz e estabilidade mundial (pp. 5 a 41).

No *Atlas du Millénaire* Gérard Chaliand e Jean-Pierre Rageau afirmam que *«Os Estados Unidos são a primeira potência da história a exercer um domínio (indirecto) universal»* (p. 20) e, mais à frente, *«Pela primeira vez, os Estados Unidos dominam, isolados, o planeta (...)»* (p. 182). Isto leva a que estes autores pensem que a realidade pós-Guerra Fria se afastou das teses de Mackinder, porque o epicentro geoestratégico do mundo passou do *heartland* euroasiático para a América do Norte (p. 20). Isto é, em parte, verdade, mas deve ter-se em atenção que na sua teoria corrigida, publicada em 1943, Mackinder reconheceu a emergência do papel dos EUA no mundo e admitia que um novo *heartland* se situa no seu seio (ver Primeira Parte, III.C.2.g.).

Mas continua a haver vozes discordantes como Joseph Nye que considera que «*O mundo bipolar acabou, mas não irá ser substituído por um mundo unipolar de hegemonia americana. O mundo é economicamente multipolar e irá assistir-se a uma difusão do poder à medida que o nacionalismo aumentar, a interdependência crescer e os actores transnacionais ganharem importância*» (p. 281).

2. Momentos decisivos que determinaram a Nova Ordem Mundial

a. Hoje, quando já decorreu mais de uma década sobre o fim do sistema bipolar, é possível detectar alguns momentos que, nos últimos anos da Guerra Fria, nomeadamente a partir dos meados da década de 80, quando o declínio da URSS começava a ser evidente e se desenhavam alterações no sistema internacional, foram decisivos para o sentido que a nova ordem veio a assumir.

b. Em primeiro lugar a chegada de Gorbatchev ao Kremlin. Secretário-geral do Partido Comunista em 1985 imprimiu uma dinâmica à política externa do seu país de aproximação ao ocidente, de desarmamento e de desescalada nas tensões militares, que afastaram a ameaça de que o desenlace da Guerra Fria pudesse passar por uma confrontação violenta. Com Gorbatchev a URSS veio a reconhecer a sua desvantagem geoestratégica perante os EUA e como que aceitou a inevitabilidade da derrota na Guerra Fria. A forma pacífica como se passou da bipolaridade à unipolaridade tem muito a ver com a abdicação de Gorbatchev que, talvez por isso, conquistou altos índices de popularidade no ocidente na mesma proporção em que foi quase completamente rejeitado no seu país.

c. A queda do muro de Berlim em 1989 anunciaria o fim da bipolaridade se bem que ainda não os contornos de um sistema mundial unipolar. O fim do muro significava o fim da divisão alemã, porém essa transformação não se deu através de uma unificação dos dois Estados mas por uma absorção da Alemanha Oriental pela Alemanha Ocidental. Não se verificou uma reunificação mas uma reintegração, materializada com a mudança de campo de um importante território da Europa Central do PV para a OTAN e da sua integração na então Comunidade Económica Europeia (CEE). Este facto marcaria o final do PV e, com ele, o colapso do sistema bipolar, ainda que estivesse por definir o modelo do sistema que se lhe seguiria.

d. Seria com a Guerra do Golfo, em 1990-1991, que o novo sistema assumiria os seus contornos de unipolaridade liderada pelos EUA. Ainda que os discursos do presidente Bush, em 1990, não apontassem com clareza nesse sentido, a forma como foi conduzida a preparação e a condução da Guerra do Golfo mostrou que passara a haver uma única superpotência que liderava a cena internacional onde quer que fosse, que se sobrepunha à ONU e estava em condições de actuar em seu nome. Mostrou também, pela primeira vez, que os EUA dispunham de um superioridade militar sem paralelo e que tinham capacidade e vontade para projectar o seu poder em qualquer parte do mundo. E introduziu sinais de uma revolução nos assuntos militares que faria escola na ordem mundial unipolar.

e. Em Agosto de 1991 um grupo de dirigentes soviéticos tentou depor Gorbatchev e inverter a dinâmica que estava a conduzir à dissolução da URSS depois do termo do PV e da declaração de independência da Lituânia. Foi o golpe de Moscovo, um pronunciamento falhado que acelerou a implosão da URSS e o fim da Federação Russa como superpotência, permitindo que os EUA mantivessem a exclusividade desse estatuto que configuraria a unipolaridade do sistema. Além disso abriria o caminho para a chegada ao poder de Boris Yeltsin numa Federação Russa fragilizada, o qual sempre se rendeu ao papel liderante de Washington.

f. Por fim a Guerra dos Balcãs, com início em 1992 e que teve as sua fases mais importantes na Bósnia e na Sérvia, esta em consequência da crise no Kosovo. Seria aqui que os EUA teriam oportunidade de afirmar sem rodeios a liderança mundial, que assumiriam a dimensão de hiperpotência global sem paralelo no resto do mundo e que revelariam a disposição para se sobreporem à ONU para atingir os objectivos que se propunham. Além disso os EUA aproveitaram a guerra na Sérvia para imporem a revisão do papel da OTAN transformando-a num instrumento militar da sua liderança global, assunto que à frente veremos com mais detalhe.

3. As grandes linhas caracterizadoras da Nova Ordem Mundial

a. Independentemente das discordâncias, aliás pequenas discordâncias, mais semânticas do que sobre o conteúdo da questão, que separam alguns dos autores norte-americanos atrás citados sobre a natureza do actual sistema mundial, a verdade é que todos assumem que os EUA lideram, sem obstáculos, o sistema.

Para melhor se caracterizar, conceptualmente, o novo sistema internacional, procuraremos confrontar a realidade existente com a teoria predominante sobre esta matéria, verificar como esta acolhe aquela e retirar as possíveis conclusões.

b. Cabral Couto, na linha teórica de Raymond Aron, classifica de unipolar um sistema em que «*O poder encontra-se concentrado num único pólo*» (Vol I, p. 45), podendo, neste modelo, conceber-se três tipos distintos:

- A confederação mundial, em que vigora uma instituição de poder mundial, supraestatal, como vértice de uma pirâmide de instituições nacionais e regionais subordinadas no qual, portanto, o poder mundial se exerce de forma indirecta e descentralizada.
- O Estado universal, que corresponde a um modelo político integrado, centralizado, com instituições estatais mundiais que exercem o poder directamente sobre toda a comunidade internacional, sem estruturas estatais intermédias e sem fronteiras políticas nacionais.
- O império mundial, quando permanecem instituições estatais diferenciadas exercendo a soberania dentro das suas fronteiras, mas um Estado se sobrepõe aos demais, dominando todo o sistema, impondo as regras e arrogando-se mesmo o direito de ingerência nos assuntos internos dos outros Estados, através de formas de coacção que vão da mais benevolente suscitação, passando pelas mais duras formas de pressão, até às modalidades de intervenção mais violentas.

Não é com nenhum dos dois primeiros tipos que poderá identificar-se o sistema unipolar da NOM. Poderíamos estar perto da confederação mundial se a ONU dispusesse de órgãos eleitos universalmente exercendo uma qualquer forma de poder legislativo, executivo e judicial, ainda que filtrado por instâncias nacionais, que fosse reconhecido e aceite por todos os seus membros. Não é o caso nem para tal modelo se caminha, pelo contrário a ONU está numa fase em que perde mais poder do que ganha. Muito menos se vislumbra a hipótese de um Estado universal para o qual a ONU não está vocacionada e que passaria pelo desaparecimento das instituições tipo Estado-nação. Essa hora está longe de chegar. Mesmo a actual dinâmica que enfraquece o Estado-nação, que perde poder para cima para organizações supranacionais, para baixo através da regionalização e lateralmente pela acção de diversas multinacionais, não está propriamente a condená-lo à morte.

Quanto ao terceiro tipo escreve Cabral Couto: «*O Império Mundial seria um sistema que resultaria se um Estado viesse a governar todo o globo através da demonstração de uma força de tal forma superior e com tal ubiquidade que fosse capaz de rapi-*

damente aniquilar qualquer foco de resistência que tendesse a gerar-se no interior do sistema» (p. 48).

Huntington como vimos no texto já atrás citado "The lonely superpower", define assim o sistema unipolar: «*Um sistema unipolar teria uma superpotência, grandes potências pouco significativas, e várias pequenas potências*». E acrescenta «*Como resultado, a superpotência poderia de facto resolver importantes questões internacionais isolada, e nenhumas combinações dos outros Estados teria poder para a impedir de o fazer*» (p. 35). É uma definição que se aproxima do tipo imperial.

Em suma, conceptualmente, tendo entrado o mundo pós-Guerra Fria numa era em que vigora um sistema unipolar, o único dos três tipos incluídos no sistema com o qual se pode identificar a realidade da NOM, ou da globalização, é o do império mundial.

c. Face a este enquadramento teórico procuremos tipificar a situação que resultou do desabamento da ordem bipolar.

Em 1996 Guarino Monteiro, coronel e economista brasileiro, publicou na *Nação e Defesa* Nº 77 o texto da conferência que proferiu no Curso de Defesa Nacional ministrado no Instituto de Defesa Nacional (IDN), "A situação no Brasil e na América Latina", no qual faz a análise do novo ordenamento internacional saído da Guerra Fria chamado de NOM e põe em destaque os «*(...) aspectos que caracterizam a actual situação mundial:*

- *Existência de uma só superpotência militar.*
- *Sobrevivência de uma formidável aliança militar desprovida de inimigos definidos.*
- *Tendência à formação de "megablocos" económicos e à decorrente competição entre eles como "Estados directores".*
- *Internacionalização de mercados, de mercadorias e serviços, inclusive capital.*
- *Metamorfose política e económica dos ex-países socialistas.*
- *Latente conflito Norte/Sul, alimentado, entre outros factores, pelo facto de o "Norte", com cerca de 20% da população mundial, deter em torno de 80% da riqueza circulante no planeta.*
- *Perda do poder de barganha dos países periféricos.*
- *Prevalência das relações de mercado em âmbito mundial, mas com os Estados Unidos não deixando de priorizar as situações que possibilitem ameaças à sua segurança.*
- *Introdução, na agenda global, dos chamados "novos temas", como direitos humanos, meio ambiente e narcotráfico, que criaram condições para os centros mundiais de poder adoptarem novas atitudes nas relações internacionais em defesa de seus valores e interesses – soberania limitada, dever de ingerência, controlo das tecnologias sensíveis*» (pp. 105 e 106).

Creio que é uma caracterização rigorosa, porventura algo incompleta à qual, face à realidade de 2003, se podem acrescentar os seguintes aspectos:

- Emergência de novas confrontações de raiz ideológica, já não com base em doutrinas político-sociais, mas com base em fundamentalismos religiosos, étnicos e nacionalistas.
- Reflexos do conflito norte-sul salientado por Guarino Monteiro na pressão demográfica que se traduz no forte crescimento dos fluxos migratórios no sentido sul-norte.
- Proliferação de fenómenos secessionistas, de fragmentação de espaços políticos nacionais ou federais mas que constituíam entidades políticas autónomas, por vezes associados a dinâmicas fusionistas, isto é, tendentes a integrar ou aproximar os espaços dissidentes noutros espaços políticos.
- Surgimento de uma nova tipologia de conflitualidade que vem dando lugar à reformulação dos conceitos da guerra naquilo que se chama a revolução nos assuntos militares.
- Aumento progressivo da diferença que separa o potencial militar norte-americano dos seus imediatos seguidores, que faz com que os EUA disponham hoje e reforçarão no futuro próximo, de uma capacidade militar superior ao resto do mundo todo junto.
- Opção unilateralista da administração norte-americana nas tomadas de decisões sobre problemas globais, desvinculando-se de tratados ou compromissos internacionais que possam condicionar as suas opções e aceitando participar nas grandes organizações mundiais de segurança colectiva, nomeadamente a ONU e a OTAN, apenas na medida em que estas estejam disponíveis para apoiar os seus desígnios.

d. Perante este quadro, que é o da realidade objectiva actual e tendo em conta as definições teóricas antes apresentadas, não chocará que, apesar de não colher a unanimidade, se assuma que o sistema da NOM, para além de unipolar, é do tipo imperial.

No final da era Clinton já surgem vozes que ainda não se referiam ao império americano mas já falavam em hegemonia americana. William Pfaff em 2001, num artigo na *Foreign Affairs*, "The question of hegemony", citava os argumentos que William Kristal e Robert Kagan haviam expresso pela primeira vez na mesma revista em 1996: «*O sistema internacional de hoje não é construído em torno do equilíbrio de poder mas da hegemonia americana (...)*» (p. 223). Note-se que Pfaff é crítico em relação a este culto da hegemonia americana do qual Kristal e Kagan são grandes apologistas e pensa que «*Washington parece não perceber que o seu poder pode tornar-se uma força desestabilizadora*» (p. 229).

Já na era George W. Bush em 2002 e na mesma revista, Sebastian Mallaby subscreve um artigo com sugestivo o título "The reluctant imperialism, terrorism, failled states and the case for american empire". Aí admite a necessidade de os EUA, apesar das reservas sempre evidenciadas, deverem assumir mandatos imperiais sobre o que se chama Estados falhados. Porque, afirma, «*Os impérios nunca são planeados*» (p. 6), o que quer dizer que, para o autor, em determinados momentos se tornam inevitáveis.

Alguns meses mais tarde e ainda na *Foreign Affairs* G. John Ikenberry, com o artigo "America's imperial ambition" é já muito mais directo. Comenta a estratégia global na guerra anti-terrorista norte-americana e a reestruturação da actual ordem unipolar que podem, em última análise, enformar uma «(...) *visão neoimperial (...)*» (p. 44). Este autor destaca os sete pontos em que assenta aquela nova estratégia global:

- Primeiro, um empenhamento decisivo na manutenção de um mundo unipolar no qual os EUA não tenham competidor, quer seja um Estado isolado quer uma coligação de Estados.
- Segundo, uma nova e dramática análise das ameaças globais e da forma como devem ser combatidas, pondo a tónica em pequenos grupos terroristas, eventualmente apoiados por Estados párias, que possam ter acesso a armas de destruição maciça, incluindo nucleares.
- Terceiro, a dissuasão da Guerra Fria está ultrapassada. As novas ameaças não têm remetente e por isso não são alvos potenciais de retaliações, de segundos-golpes que são a arma da dissuasão. A única opção é a ofensiva, preemptiva ou mesmo preventiva, isto é, afastar as eventuais ameaças antes de elas se apresentarem.
- Quarto, revisão do conceito de soberania. Os países que abriguem terroristas, por opção ou por incapacidade de controlar os seus territórios, perdem efectivamente o direito à sua soberania. E o mesmo princípio se aplica aos Estados desafectos, ou desalinhados, que detenham ou se proponham deter armas de destruição maciça.
- Quinto, desvalorização das regras e tratados internacionais e das alianças de segurança colectiva, o que conduz a novas opções unilateralistas e isolacionistas, não baseadas na convicção de que os EUA devam retirar-se do mundo, mas na de que devem intervir apenas nos termos por si definidos, porque são suficientemente grandes, suficientemente fortes e suficientemente diferentes para poderem actuar isoladamente.

- Sexto, devem desempenhar um papel directo e sem constrangimentos na resposta às ameaças, porque mais nenhum Estado ou coligação tem capacidade para tal e as organizações de segurança aliadas estão a perder utilidade.
- Sétimo e último, a estabilidade internacional tem pouca importância porque não é um fim em si mesma. Os esforços para fortalecer as regras e instituições da comunidade internacional têm pouco valor real. Está-se em guerra e perante isso tudo o mais é secundário, regras internacionais, alianças tradicionais e padrões de legitimidade.

Ikenberry chama-lhe uma estratégia global neoimperial e, de facto, ajusta-se às grandes linhas que definiam os modelos imperiais da época colonial europeia. Qualquer potência imperial, na época áurea do colonialismo aplicava, explícita ou implicitamente, estas regras, nos espaços coloniais que dominava:

- Não admitia interferências ou limitações ao seu poder discricionário dentro das fronteiras desses domínios.
- As ameaças eram sempre definidas e enfrentadas de acordo com a defesa dos interesses imperiais.
- Dentro dos seus impérios privilegiavam sempre a actuação ofensiva, sem aguardarem que as ameaças se materializassem. As acções preemptivas e preventivas são a nova expressão da antiga política da canhoneira das potências coloniais.
- A questão da soberania nem sequer se colocava para os cidadãos dos territórios incluídos nos domínios imperiais, já que o império era a negação da soberania e mesmo da cidadania dos povos submetidos.
- As regras e tratados internacionais não se aplicavam dentro dos impérios, onde as relações eram marcadas por um unilateralismo absoluto do poder decisório da potência dominante.
- As ameaças internas eram confrontadas e resolvidas directamente pela potência colonial sem interferência ou participação de parceiros.
- A estabilidade interna dos impérios era mais importante do que a estabilidade internacional, não se recuando perante a eventualidade de recorrer à força para manter a ordem dentro do império.

No início deste ano de 2003 Loureiro dos Santos publicou o importante livro que constitui o terceiro volume da sua série *Reflexões sobre estratégia*, a que dá o sugestivo título *A idade imperial – a nova era*, que se enquadra a rigor na reflexão que aqui vimos fazendo. É certo que (e o autor chama a atenção para isso), já no segundo volume, *Segurança e defesa na viragem do milénio*, via os EUA transformados numa potência imperial a nível de todo o planeta (p. 31), mas é neste que, com forte e fundamentada argumentação, aprofunda esta ideia.

Logo na Introdução Loureiro dos Santos diz que «*O império mundial é a tal nova ordem porque tantos ansiavam (?) desde os finais da Guerra Fria (...)*» (p. 28). E, mais à frente, salienta que o sinal mais claro da ordem imperial é a assunção pública pela própria sede do poder imperial, os EUA, que ela existe (p. 87). Ao desenvolver esta sua reflexão põe em relevo quatro aspectos do poder de Washington que denunciam a sua natureza imperial (pp. 136 a 145):

- A estratégia nuclear, em especial o sistema de defesa anti-míssil, torna os EUA a única potência imune a qualquer represália nuclear e permite-lhe, impunemente, usar as suas armas nucleares onde quiserem.
- A opção por formas de actuação preventivas e/ou preemptivas é reveladora de que os EUA têm consciência de que nenhuma outra potência ou organização internacional tem capacidade para impedir as suas iniciativas e de que não virá a ser responsabilizado por elas.
- Divisão de tarefas estratégicas com outros parceiros a quem atribuem missões menores no quadro geoestratégico mundial, que exigem menos potencial, por exemplo missões mais vincadamente de tipo policial.
- Unilateralismo nas sua opções, tomadas de decisão e formas de actuação, colocando-se acima de todos os outros Estados ou de organizações internacionais de segurança colectiva, concedendo que gostarão de actuar acompanhados, se possível, mas se reservam o direito de actuar isoladamente, se necessário e conveniente.

Loureiro dos Santos mostra como esta opção imperial está bem presente no documento da Casa Branca definidor da estratégia de segurança dos EUA, *The National Security Strategy of the United States of America*, de 17 de Setembro de 2002, que no edifício conceptual da elaboração estratégica de Washington corresponde às Grandes Opções do Conceito Estratégico de Defesa Nacional elaborado em Portugal. Também neste documento destaca quatro pontos reveladores da opção imperial (pp. 151 a 154):

- Washington assume que exerce um poder imperial a nível planetário e que está na disposição de continuar a exercê-lo.
- A América considera a sua constituição e as suas leis as únicas fontes de legitimidade para intervenção em todo o mundo.

- Os EUA reconhecem-se como o único Estado verdadeiramente soberano enquanto todos os outros são dependentes (soberania limitada no velho conceito brejneviano), se bem que escalonados em diferentes níveis de dependência, reservando-se Washington o direito de intervir em qualquer deles.
- Washington quer e acredita que pode instalar em todo o mundo uma ordem à imagem dos EUA, assumindo a modalidade intervencionista de tipo messiânico.

Ignacio Ramonet na "Introdução" ao livro *O império contra o Iraque* retira, deste documento da Casa Branca, ilações muito semelhantes para concluir da natureza imperial do poder norte-americano, pondo a tónica na opção assumida por operações preventivas e preemptivas. Diz Ramonet que «*Os EUA não hesitarão em agir sozinhos a título preventivo*» (p. 9) porque «*(...) um império não se verga a qualquer lei que não tenha sido por si promulgada. A sua lei tem a vocação de se transformar em Lei Universal*» (p. 11). Cita o próprio presidente Bush na entrevista que concedeu a Bob Woodward «*Somos líderes do mundo. E um líder deve ter liberdade de acção*» (p. 10).

e. A lógica neoimperial assenta, então, nos mesmos fundamentos da lógica dos impérios coloniais, com a diferença de que aquela é agora aplicada à dimensão global e não se traduz em ocupação territorial, em exercício de uma soberania directa, em apropriação de matérias primas. Trata-se de um controlo indirecto, mas baseado nos instrumentos de poder de sempre, militar, económico e mediático.

Lenine afirmou que o imperialismo é o estádio supremo do capitalismo. Parafraseando o revolucionário e estadista soviético poderá dizer-se que o império é o estádio supremo do colonialismo. Richard Wright escrevia no seu clássico *Écoute homme blanc* que o imperialismo colonial assentava nos três M, militares, mercadores, missionários, ou seja, no poder das armas dos militares, no poder económico dos comerciantes e no poder mediático da fé.

Mais uma vez podemos encontrar analogias com o actual sistema unipolar, global e neoimperial. Salienta Ignacio Ramonet em *Géopolitique du chaos* que a globalização assenta em dois pilares paradigmáticos, a comunicação e o mercado (pp. 67 a 69). A comunicação actuando sobre as consciências e os comportamentos cumpre o papel dos missionários da época colonial, o mercado assegurando o poder económico executa a função dos mercadores, ambos apoiados numa máquina de guerra que assegura o poder militar em todo o mundo. Assim se cumpre a trilogia dos três M de Wright aplicada ao sistema neoimperial da NOM e da globalização. Unipolaridade geoestratégica à dimensão planetária, liberalização do mercado mundial e mundialização da comunicação são bem os paradigmas do novo império global norte-americano.

A unipolaridade imperial é a expressão geoestratégica do sistema da globalização.

4. O impacto do 11 de Setembro de 2001

a. Alguns analistas, porventura demasiado apressados na apreciação da conjuntura do 11 de Setembro de 2001 e dos ataques terroristas a Nova Iorque e Washington, chegaram a anunciar que o mundo mudara. Não parece uma conclusão correcta.

b. No livro *As lições do 11 de Setembro de 2001* dirigido por Pascal Boniface as várias participações são unânimes em concordar que é um exagero afirmar que o 11 de Setembro mudou o mundo uma vez que não provocou uma ruptura no sistema internacional.

O 11 de Setembro terá, isso sim, acentuado a unipolaridade do sistema, pelo reforço da opção unilateralista e neoimperial da administração norte-americana. Mas mesmo esta opção, materializada em gestos de desprezo pela comunidade internacional e, em muitos casos, de desrespeito por compromissos anteriormente assumidos, tão significativos como a opção pelo sistema de defesa anti-míssil que arrastou a anulação do ABM, a denúncia do Protocolo de Quioto, a recusa de um projecto de banimento de armas químicas e biológicas, o apoio incondicional à política de Ariel Sharon na Palestina, o abandono da conferência contra o racismo de Durban, a determinação em ignorar o tratado de interdição de ensaios nucleares, a sabotagem do Tribunal Penal Internacional (TPI), o boicote à convenção sobre a tortura, a ameaça de marginalização do CS da ONU na guerra contra o Iraque, tinham já sido indiciadas na campanha eleitoral de George W. Bush antes do 11 de Setembro.

c. O que o 11 de Setembro conferiu à administração Bush foi a oportunidade de concretizar muitos destes passos e, acima de tudo, de reafirmar a decisão de manter um inigualável potencial bélico, afirmando o objectivo de impedir que qualquer outro país ou grupo de países possa desafiar o seu poderio nesse domínio. O já referido documento *The National Security Strategy* não deixa margem para quaisquer dúvidas: «*As nossas forças serão suficientemente fortes para dissuadir adversários potenciais de perseguirem a intenção de conseguir uma capacidade militar capaz de ultrapassar, ou equiparar o potencial dos Estados Unidos»* (IX, p. 20).

Stephan G. Brooks e William C. Wohlforth põem em destaque em 2002, no seu artigo na *Foreign Affairs* "American primacy in perspective", esta determinação americana: «*Na área militar, os Estados Unidos preparam-se para gastar em defesa em 2003 mais do que as despesas dos 15-20 seguidores juntos (...) E a sua vantagem militar é aparentemente ainda mais qualitativa do que quantitativamente (...) dada a enorme diferença entre as despesas em investigação e desenvolvimento (R&D), nas quais os Estados Unidos gastam três vezes mais do que as seis potências seguintes juntas (...) gastam normalmente mais em R&D do que a Alemanha e a Grã-Bretanha na sua defesa global»* (pp. 21 e 22).

Voltaremos a este tema no título seguinte.

d. Loureiro dos Santos em *A idade imperial* tem, sobre esta matéria, uma posição curiosa. Por um lado considera que com o 11 de Setembro de 2001 teve início uma nova época, a do império mundial, mas por outro reconhece que ela já começara a impor-se desde o fim da Guerra Fria e o 11 de Setembro afinal veio confirmá-la, institucionalizá-la. Aliás, como vimos atrás, já no segundo volume publicado exactamente em Setembro de 2001 e, portanto, escrito antes desta data trágica, o autor se referia aos EUA como a potência imperial. Creio que o seu pensamento está bem expresso nesta passagem do seu último livro: «*Com os acontecimentos do 11 de Setembro de 2001, começou a idade imperial. Embora as alterações profundas que a caracterizam se tenham iniciado com o desmoronar do muro de Berlim, elas não se concretizaram imediatamente*» (2003, p. 85). Aliás, no mesmo livro, inclui um artigo que publicou no *Diário de Notícias* de 13 de Fevereiro de 2002 em que afirma que «*A tal nova ordem internacional que, segundo alguns, emergiria depois do 11 de Setembro, não passou de uma miragem. Em vez dela assistimos ao aprofundamento da velha ordem (já existente antes dessa data, desde o final da guerra fria), com os EUA a acentuarem o seu domínio mundial*» (p. 162).

e. O 11 de Setembro então, sem ter mudado o sistema mundial, veio reforçar a liderança dos EUA no mundo unipolar, acentuando o modelo de império mundial, reforço que impôs com a guerra no Iraque dos princípios de 2003 e certamente prosseguirá com as novas crises que aí virão. Desde a queda do muro de Berlim sempre que intervêm numa crise externa aumentam a sua rede de bases militares em todo o planeta. Onde chegam, ficam.

Depois da Guerra 1939-1945 as tropas dos EUA permaneceram na Europa e no Japão, depois da Guerra da Coreia mantiveram-se na Coreia do Sul, em Taiwan e no Sudeste Asiático, com as crises sucessivas no Médio Oriente estabeleceram bases na Bacia Mediterrânica. Com o primeiro conflito depois da Guerra Fria, no Golfo em 1991, reforçaram a sua presença na Arábia Saudita e no Koweit e com guerra nos Balcãs começaram a instalar-se em países do antigo PV. A guerra no Afeganistão e a importância que vem assumindo a bacia petrolífera do Mar Cáspio levaram a que, pela primeira vez, os EUA criassem bases militares no Cáucaso e nos países da Ásia Central que haviam pertencido à URSS e que a Rússia continua a considerar o estrangeiro próximo dentro da sua área de influência natural. Com a guerra no Iraque em 2003 anunciam a sua intenção de manter bases militares permanentes neste país.

Para além da Europa e América Latina, regiões que se inscrevem tradicionalmente na sua área de influência, Washington dispõe actualmente de bases militares espalhadas por milhares de quilómetros que se estendem desde o Médio Oriente até ao oriente asiático, muitas delas em zonas até há pouco consideradas como hostis. Em conjugação com a actividade das suas esquadras navais e com o sistema de vigilância por satélites pode dizer-se, com propriedade, que na entrada do século XXI as forças armadas norte-americanas patrulham o mundo inteiro. E de nenhuma dessas bases a América dá sinais de pretender retirar-se.

5. A Federação Russa na Nova Ordem Mundial

a. Se um dos fenómenos mais relevantes desta NOM é o desaparecimento da URSS como superpotência e a incapacidade da Federação Russa para se lhe substituir, há que ter em conta o esforço deste país para recuperar aquele estatuto.

A Rússia tentou inicialmente manter o espaço de influência da antiga URSS, através da criação da Comunidade de Estados Independentes (CEI) e da formulação do conceito de estrangeiro próximo, segundo o qual teria prioridade para intervenção nesses países em acções de manutenção da paz ou quando esta estivesse em risco. Por outro lado afirmava a sua oposição à extensão da OTAN para leste, incluindo países do antigo PV.

b. Estes objectivos da Rússia foram imediatamente frustrados com o fim da Guerra Fria, quando a unificação alemã levou à integração da antiga República Democrática Alemã (RDA) na Aliança Atlântica. Desde então a Rússia tem demonstrado não ter capacidade para impedir o progressivo avanço do ocidente e da influência norte-americana para as suas antigas áreas de influência. Ainda antes do 11 de Setembro dera-se a adesão da Polónia, República Checa e Hungria à OTAN, depois daquela data na cimeira de Praga de Novembro de 2002 foram feitos convites à Eslováquia, Eslovénia, Bulgária, Roménia e aos três Países Bálticos, Estónia, Letónia e Lituânia, estes antigas repúblicas da URSS e que não só isolam parte do território russo, Kalininegrado, como constituem um sério obstáculo para o acesso da Rússia ao Mar Báltico.

A guerra no Afeganistão, contra a Al Qaeda e o regime talibã, deu aos EUA a possibilidade de se instalarem militarmente nas antigas repúblicas turcófonas soviéticas da Ásia central, países da CEI e donde Washington poderá assegurar a defesa dos seus interesses na bacia petrolífera do Mar Cáspio. Os EUA passaram a estar militarmente instalados no coração da área de influência tradicional russa.

c. Se alguma coisa marca com tanta nitidez a unipolaridade do sistema é a actual subordinação da Federação Russa aos interesses e decisões de Washington, acabando sempre por calar os seus protestos a troco de alguma ajuda financeira ou da tolerância face à actuação russa em regiões sensíveis da Federação, nomeadamente no Cáucaso, como tem acontecido depois do 11 de Setembro quando Moscovo manifestou a sua solidariedade e disponibilidade para colaborar com Washington.

d. Depois da implosão da URSS as ameaças cisionistas com base em manifestações nacionalistas e religiosas projectaram-se no interior da própria Federação Russa, na qual o Cáucaso é a região mais sensível e a Chechénia a sua expressão mais dramática. É uma ameaça que tem reflexos em toda a federação e tem dado lugar a atentados terroristas em várias regiões e até em Moscovo. E, principalmente, tem denunciado a debilidade russa até na sua estrutura militar, da qual a componente nuclear estratégica é a única que continua a conferir-lhe um estatuto de grande potência.

A Rússia está mesmo em risco de perder o estatuto de potência liderante no *heartland* euroasiático para a RPC nas tentativas que se vão esboçando de constituição de um bloco euroasiático que pudesse compensar a crescente hegemonia norte-americana do pós-Guerra Fria, nas quais Pequim está a revelar alguma iniciativa, inclusive na aproximação às antigas repúblicas soviéticas do centro asiático. (ver Primeira Parte, III.C.2.j.).

6. A União Europeia na Nova Ordem Mundial

a. A UE é encarada como o bloco que potencialmente terá melhores condições para compensar a unipolaridade do sistema hegemonizado pelos EUA. Mas tem tardado a definir um estatuto político que lhe permita ultrapassar a mera condição de união económica e financeira.

Em termos geoestratégicos tem sido óbvia a sua conformação com uma situação de dependência em relação a Washington através da OTAN, abdicando de uma iniciativa autónoma mesmo em zonas onde a instabilidade ameaça muito mais a sua segurança do que a da América.

b. Durante vários anos a UE debateu-se com o dilema de escolher entre a possibilidade de a União da Europa Ocidental (UEO) se transformar num instrumento de defesa autónoma da União, ou manter-se como o pilar europeu da OTAN aceitando a inevitável subalternidade aos interesses norte-americanos que a lideram. Na cimeira da OTAN de Washington de Abril de 1999, em que foi aprovada a reformulação do conceito estratégico, os países europeus aceitaram definir aí, numa reunião que não era da UE, onde não estavam presentes todos os seus membros e que estava sujeita à influência preponderante de uma potência alheia à União, a Política Europeia de Segurança e Defesa (PESD), que optava pela segunda opção, isto é, a manutenção como pilar europeu da OTAN.

A UE tarda a encontrar uma política de defesa comum e dificilmente a encontrará enquanto não definir o seu estatuto político. Veremos no capítulo seguinte como a defesa europeia, exercida exclusivamente através da OTAN, torna a Europa mais dependente dos EUA e reforça a liderança global de Washington. A grande divisão na UE e que a questão do Iraque nos princípios de 2003 veio pôr em destaque é exactamente entre os parceiros mais atlantistas e os parceiros mais europeístas. A NOM, com o desaparecimento da ameaça de leste e a sombra do neoimperialismo norte-americano, aprofundou esta divisão.

c. Os EUA não deixam de encarar com preocupação a eventual emergência de uma UE alargada que se possa transformar numa potência concorrente, mas procurarão manter a sua capacidade de interferir no seu interior através de parceiros preferenciais e sempre disponíveis.

7. A República Popular da China na Nova Ordem Mundial

a. A potência que na previsão de muitos analistas pode vir a ser, num futuro próximo mas não imediato, a concorrente à partilha do poder global com os EUA é a RPC, dado o seu enorme potencial humano, a sua dimensão e posicionamento geográficos e o seu crescimento económico. E pensam que a ascensão da RPC à categoria de superpotência é uma das marcas da NOM.

A RPC é já hoje a potência mais importante na Ásia Oriental e no Sudeste Asiático, controla uma parte importante do *rimland* e tem uma posição privilegiada sobre o Pacífico Ocidental. Muitos estudiosos, nomeadamente norte-americanos, pensam que com o fim da Guerra Fria e do conflito leste-oeste que era predominantemente europeu, na NOM a centralidade global passou do Atlântico para o Pacífico e que, no Pacífico Ocidental se pode já falar numa bipolaridade partilhada entre a potência terrestre chinesa e a potência marítima norte-americana.

b. A RPC mantém um contencioso com os EUA em virtude de Taiwan que em momentos de crise surge sempre como uma das maiores ameaças à paz mundial. Depois da integração pacífica de Hong-Kong e Macau, com os estatutos de regiões políticas especiais dentro do princípio um país dois sistemas, Pequim prossegue o seu projecto irredentista de uma só China que reforçaria o seu papel de potência regional no Pacífico Ocidental.

Inversamente a RPC continua a enfrentar ameaças cisionistas, nomeadamente no Tibete e no Xinjiang islâmico. A aliança anti-terrorista pós 11 de Setembro ao lado dos EUA permitiu-lhe alcançar compreensão da hiperpotência, ainda que de conveniência conjuntural, para a luta contra os movimentos separatistas nestas repúblicas.

c. Os EUA têm evidenciado preocupação quanto à eventualidade de surgir uma nova potência liderante na Eurásia. A RPC poderá não estar vocacionada para esse papel mas pode, e parece tentar, constituir um bloco asiático com a Rússia, a Índia, o Irão e os países turcófonos da Ásia Central, que seria uma nova versão da potência terrestre controlando o *heartland*. Com a vantagem de esta ser uma potência terrestre com saída para os oceanos, principalmente para o Pacífico que será, como já referimos e parafraseando Mackinder, o novo *midland ocean* do século XXI.

Mas parece ser ainda demasiado prematuro adiantar previsões nesse sentido. A menos que surja qualquer novo imprevisto tudo indica que o mundo continuará unipolar por uns bons anos, apesar da ascensão da RPC que certamente prosseguirá.

8. O Terceiro Mundo na Nova Ordem Mundial

a. Uma última e breve referência à forma como o Terceiro Mundo encara esta NOM, terminologia que, aliás, os próprios Países Não-Alinhados acolheram nas suas reivindicações iniciais.

Em Abril de 1955 na Conferência de Bandung os Países Não-Alinhados apresentavam os dez princípios em que deveria basear-se uma nova ordem mundial. Mas era uma nova ordem em favor dos fracos, com a marca da descolonização, que não tinha nada a ver com a que em Aspen viria a ser anunciada por George Bush trinta e cinco anos depois, a nova ordem ditada pela potência dominante e com a marca da vitória na Guerra Fria.

A nova ordem mundial exigida pelo Terceiro Mundo constituía um apelo pela igualdade das raças, das nações, dos Estados, pela não-ingerência nos assuntos internos dos Estados, principalmente por parte das grandes potências, pela recusa do uso da força na resolução dos conflitos, pela cooperação no respeito pelos compromissos internacionais.

b. Paradoxalmente e com alguma amarga ironia para os países do Terceiro Mundo que tinham tido a iniciativa de recuperar a terminologia da nova ordem mundial como uma necessidade para substituir o sistema bipolar, a nova ordem veio, na sua perspectiva, a ser dirigida contra eles. A primeira intervenção militar no quadro da NOM e que a inaugura foi a Guerra do Golfo, dirigida pela hiperpotência global contra um Estado do Terceiro Mundo, iniciando um quadro de conflitualidade global que se transfere do eixo oeste-leste para o eixo norte-sul.

c. O Terceiro Mundo, que deveria constituir a preocupação prioritária de uma nova ordem que se pretendesse reguladora das assimetrias, das desigualdades e das injustiças que têm, em grande parte, estado na base da conflitualidade intra e interestatal, descobre-se nesta mesma nova ordem mais dividido, mais empobrecido, mais fragilizado, mais marginalizado, palco de mais conflitos que se tornam endémicos. Hoje, no Terceiro Mundo, distinguem-se países em vias de desenvolvimento e países subdesenvolvidos, Estados fracos e Estados falhados e, no interior de cada um deles, enormes desigualdades económicas, sociais e culturais. E, na óptica da potência hegemónica, conforme se inserem ou não na lógica dominante, há ainda os *rogue states*, Estados párias, Estados fora-da-lei, Estados marginais ou, numa terminologia menos radical, *States of concern*, isto é, Estados fontes de preocupação, que são sempre Estados do Terceiro Mundo. E é no Terceiro Mundo que se situam os Estados do eixo do mal, assim classificados pela potência directora do sistema.

Com a NOM o Terceiro Mundo, no seu conjunto, continua dependente mas com uma rede de dependências múltipla, da assistência económica, da assistência técnica, da ajuda humanitária e da ajuda militar, mas está também mais conflitual, envolvido numa teia de conflitos complexa, conflitos internos, conflitos regionais, novos tipos de guerra inseridos na revolução nos assuntos militares. Para o Terceiro Mundo o que o pós-Guerra Fria trouxe foi uma nova desordem mundial.

d. O relatório *L'Europe et l'établissement d'un nouvel ordre mondial de paix et de sécurité*, assinado por Marshall e destinado à 40.ª Sessão Ordinária da Assembleia da UEO de 15 de Maio de 1995, diz que «*A ideia de criar uma nova ordem mundial só convencerá a maioria dos países menos privilegiados se eles não tiverem a impressão de que este projecto poderá levar a um sistema hegemónico, dirigido por um clube restrito composto de países muito desenvolvidos, concebendo um modelo de neocolonialismo*» (p. 9).

É o que diz Chester Crocker, ex-secretário de estado dos EUA, no livro já citado: «*A transição para uma ordem mundial decente falhará se limitarmos o foco das nossas preocupações às partes do mundo mais desenvolvidas e ocidentalizadas. Muitas vezes o nosso debate sobre a ordem pós-Guerra Fria sugere que podemos tratar a África, América Latina, Médio Oriente e Ásia do Sul e Sudeste como desperdícios estratégicos não merecedores de atenção cuidada. Na verdade, estas regiões contém as "más-vizinhanças" do mundo, onde a turbulência política, os conflitos endémicos, as tragédias humanas massivas se concentram. Mas empurrar para os subúrbios não é uma resposta viável para os bairros efervescentes que se situam nas nossas margens*» (pp. 465 e 466).

De facto, a NOM saída da Guerra Fria está muito longe de ser a ordem de uma aldeia global, de uma casa comum e tem sido muito mais a desordem de uma casa dividida em compartimentos muito desiguais. O que, como teremos oportunidade de constatar nos títulos que se seguirão neste livro, constitui um denominador comum nas causas endémicas da conflitualidade que afecta as principais ZTC.

e. Perante uma NOM como aqui vimos caracterizando dificilmente se poderiam encontrar posições, preocupações ou objectivos comuns, num conjunto de países que, apesar da designação generalista de Terceiro Mundo, se agrupam em torno de factores tão diferenciados:

- Países produtores de petróleo, conhecidos por primeiro mundo dentro do Terceiro Mundo mas onde, na sua maioria, se aprofundam as desigualdades entre ricos e pobres e os quais, se por um lado constituem

interesse vital para a hiperpotência, por outro dispõem de trunfos negociais na cena internacional.
- Países detentores de armas nucleares, o que só por si lhes confere estatuto de grande potência independentemente de outros factores tipificadores.
- Países islâmicos que assumem uma identidade ideológico-religiosa própria dentro do Terceiro Mundo e são hoje olhados por muitos como a principal ameaça global para o ocidente.
- Países concorrentes a membros permanentes do CS numa eventual e anunciada reestruturação da ONU e que, como tal, aspiram ao reconhecimento de um estatuto de potência com influência global.
- Estados falhados onde proliferam organizações transnacionais de crime organizado, da droga, do tráfico de armas, do recrutamento de mão-de-obra clandestina, das redes de prostituição e que constituem as arenas privilegiadas onde se desenvolvem os germens da terceira guerra mundial, entre ricos e pobres, na perspectiva de Philippe Engelhard, conforme abordaremos no título seguinte no capítulo sobre o mundo enquanto ZTC global.

É por tudo isto que as várias ZTC que à frente analisaremos se situam predominantemente no Terceiro Mundo mas se distinguem muito umas das outras, certamente em virtude dos diferentes factores permanentes ditados pela geografia e pela história, mas também em virtude de distintos factores variáveis decorrentes dos graus de desenvolvimento, dos sistemas políticos, das disputas territoriais, das influências externas, entre tantos outros.

BIBLIOGRAFIA

AGUIRRE, Mariano – *De Hiroshima a los euromisiles*, Editorial Tecnos, Madrid, 1984
— "El futuro de las armas estratégicas y el balance convencional en Europa", *El acuerdo de los euromisiles*, Iepala, Madrid, 1988

ARON, Raymond – *Paix et guerre entre les nations*, Calmann-Lévy, Paris, 1962

BONIFACE, Pascal – "Nota introdutória", *As lições do 11 de Setembro*, Livros Horizonte, Lisboa, 2002

BOUTHOUL, Gaston – *A guerra*, Difusão Europeia do Livro, São Paulo, 1964

BROOKS, Stephan G. e WOHLFORTH, William C. – "American primacy in perspective", *Foreign Affairs* Volume 81 N.º 4, July/August 2002

BRZEZINSKI, Zbigniew – "La guerra fria y sus sequelas", *Politica Exterior*, Estudios de Política Exterior S.A., Madrid, 30 de VI de 1992-93
— "A geostrategy for Eurasia", *Foreign Affairs* Volume 76 N.º 5, September/October 1997

BUSH, George W. – *The National Security Strategy of the United States of America*, The White House, Washington, http://www.whitehouse.gov/nsc/nss.html, September 17 2002

CHALIAND, Gérard et RAGEAU, Jean-Pierre – *Atlas stratégique*, Editions Complexe, Belgique, 1994
— *Atlas du millénaire, la mort des empires (1900-2015)*, Hachette Littératures, Paris, 1998

CORREIA, Pedro de Pezarat – *Manual de geopolítica e geoestratégia, Vol I – conceitos, teorias e doutrinas*, Quarteto, Coimbra, 2002
— "Descolonização", *Do marcelismo ao fim do império*, Círculo de Leitores e Editorial Notícias, Lisboa, 1999

COUTO, Abel Cabral – *Elementos de estratégia*, Instituto de Altos Estudos Militares, Lisboa, 1988

CROCKER, Chester – *High noon in southern Africa – making peace in a rough neighbourhood*, W. W. Norton & Company, New York London, s/d

DELMAS, Claude – *La stratégie nucléaire*, Presses Universitaires de France, Paris, 1968

DENIS, Arielle – "Méditerranée", *Document pour la paix et le désarmement*, N.º 101, Mouvement de la Paix, Septembre 1994

DOUGHERTY, James E. e PFALTZGRAFF JR, Robert L. – *Relações internacionais as teorias em confronto*, Gradiva, Lisboa, 2003

ENGELHARD, Philippe – *La troisième guerre mondiale est commencée*, Arleá, Paris, 1999

GALLOIS, Pierre – *Géopolitique les voies de la puissance*, PLON, Paris, 1990

GORCE, Paul-Marie de La – "L'OTAN et la prépondérance des États Unis en Europe", *Le Monde Diplomatique*, Mars 1993

GORBATCHEV, Mikhail – *Perestroika*, Publicações Europa América, Mem Martins, 1987

GRIMAL – *La décolonisation 1919-1963*, Librairie Armand Colin, Paris, 1965

HOBSBAWM, Eric – *A era dos extremos – história breve do século XX 1914-1991*, Editorial Presença, Lisboa, 1998

HUNTINGTON, Samuel – "America's changing strategic interests", *Survival*, Vol. XXXIII Nº 1, London, 1991

— "The lonely superpower", *Foreign Affairs* Volume 78 Nº 2, March/April 1999

IKENBERRY, G. John – "America's imperial ambition, *Foreign Affairs* Vol 81 Nº 5, September/October 2002

JOFFE, Josef – "How the America does it", *Foreign Affairs* Volume 76 Nº 5, September/October 1997

JOXE, Alain – "La mutation stratégique américaine et la réforme au commandement interarme", *Eurostratégies américaines*, Cahier d'Études Stratégiques Nº 12, CIPES, Paris, 1987

KENNEDY, Paul – *Ascensão e queda das grandes potências*, Publicações Europa América, Mem Martins, 1990

KISSINGER, Henry – *Diplomacia*, Gradiva, Lisboa, 1996

KRAUSE, Keith – "Rationality and deterrence in theory and practice", *Contemporary security and strategy*, Macmillan Press, GB, 1999

LOREDO, Marisa – "Motivos estratégicos y políticos en la firma del acuerdo sobre supresión de fuerzas nucleares intermedias en Europa", *Anuario sobre Armamentismo 1987/88*, Editorial Debate/CIP, Madrid, 1988

MALLABY, Sebastian – "The reluctant imperialist, terrorism, failed states and the case for American empire", *Foreign Affairs* Vol 81 Nº 2, March/April 2002

MARCUM, John – "Lessons of Angola", *Foreign Affairs* Volume 55 Nº 3, April 1976

MARQUES, Viriato Soromenho – *Europa: labirinto ou casa comum*, Publicações Europa América, Mem Martins, 1993

— "Europa entre a unidade e a balcanização", *História* nº 146, Nov 1991

MARSHALL – *L'Europe et l'établissement d'un nouvel ordre mondial de paix et de sécurité*, Relatório à 40.ª Sessão Ordinária da Assembleia da União da Europa Ocidental, Assemblée de l'Union de L'Europe Occidentale, Paris, 15 Maio 1995

MATTELART, Armand – *História da utopia europeia – da cidade profética à sociedade global*, Editorial Bizâncio, Lisboa, 2000

MONTEIRO, Guarino – "A situação no Brasil e na América Latina", *Nação e Defesa* Nº 77, Instituto de Defesa Nacional, Lisboa, 1996

MOREIRA, Adriano – "O regresso dos projectistas da paz", *Portugal e o novo quadro internacional – I Seminário de Actualização dos Auditores dos CDN*, IDN, Lisboa, 1992

NYE, Joseph S. – *Compreender os conflitos internacionais – uma introdução à teoria e à história*, Gradiva, Lisboa, 2002

PARIS, Henry – "Stratégies soviétique et américaine", *Les Sept Épées* Nº 17, Fondation pour les Études de Défense Nationale, Paris, 1980

PEREIRA, Carlos Santos – *Os novos mundos da Europa*, Edições Cotovia, Lisboa, 2001

— "A R.A.M.: realidade e utopia", *Nação e Defesa* nº 104, IDN, Lisboa, Primavera 2003

PFAFF, William – "The question of hegemony", *Foreign Affairs* Vol 80 Nº 1, January/February 2001

RAMONET, Ignacio – *Géopolitique du chaos*, Éditions Galilée, Paris, 1997

— "Introdução, Uma guerra preventiva?", *O império contra o Iraque*, Campo da Comunicação, Lisboa, 2003

RAPOPORT, Anatole – "Prefácio", *Da guerra*, Perspectivas & Realidades, Lisboa, 1976

SANTOS, Loureiro dos – *Segurança e defesa na viragem do milénio, reflexões sobre estratégia II*, Publicações Europa-América, Mem Martins, 2001

— *A idade imperial a nova era, reflexões sobre estratégia III*, Publicações Europa-América, Mem Martins, 2003

SOPPELSA, Jacques – *Géopolitique de 1945 à nos jours*, Éditions Dalloz, Pris, 1993

TYLER, Patrick E. – "Pentagon's new world order: U.S. reign supreme", *International Herald Tribune*, 18 February 1992

VILLERS, Gauthier de – "Les crises chroniques et leurs causes: le cas du Zaïre", *Conflits en Afrique, analyse des crises et pistes pour une prévention*, Editions Complexe, GRIP, Bruxelles, 1997

WOHLFORTH, William C. – "The stability of a unipolar world", *International Security*, Vol 24 Nº 1, Summer 1999

WRIGHT, Richard – *Écoute homme blanc*, Calmann-Lévy Editeurs, Paris, 1959

ZORGBIBE, Charles – *O pós-guerra fria no mundo*, Papirus, Campinas SP, 1996

— "Les rélations internationales", *A convergência dos sistemas*, Apontamentos IAEM TR-5300, IAEM, Lisboa

TÍTULO II

O mundo zona de tensão e conflitos global

CAPÍTULO A
GLOBALIZAÇÃO E CONFLITOS

1. Introdução

a. Escrevemos no título anterior que a unipolaridade será a componente geoestratégica do sistema da globalização (B.3.f.). Quer isto dizer que um mundo globalizado onde reina um sistema de relações internacionais unipolar, também apresenta características de uma ZTC global.

Para se poder interpretar e compreender o mundo enquanto ZTC global partamos do conceito de que uma ZTC é uma região do mundo onde convergem uma série de factores históricos e geográficos, no sentido amplo da geografia, física, humana, política e económica, que a tornam de crise endémica e palco de frequentes conflitos, crise e conflitos que afectam o conjunto dos Estados e povos nela englobados. A questão que coloco é se no sistema actual faz sentido estender este conceito à dimensão planetária.

b. O conceito de ZTC pode colocar-se em escalas diferentes, tal significando que determinadas zonas podem ser decompostas noutras de dimensão mais reduzida. Se retomarmos, por exemplo, aquilo a que, na Primeira Parte, chamámos regiões sensíveis (III.D.5.) e que resultam da sobreposição das cinturas fragmentadas de Samuel Cohen, das fendas geoestratégicas de Jean-Paul Charnay, das zonas charneira de Eric Muraise, das zonas geopolíticas intermediárias de Pierre Célérier e das zonas de fragmentação de James Fairgreeve, podem seleccionar-se as ZTC do Mediterrâneo, da África Subsahariana, do Oriente Asiático, da América Latina, contendo cada uma ZTC diferenciadas de dimensões mais reduzidas, que se distinguem por reunirem factores de conflitualidade específicos. E assim poderemos ter:

- Os Balcãs, o Médio Oriente, o Golfo Pérsico e o Cáucaso no Mediterrâneo.
- A África Ocidental, a Grande Diagonal que vai da foz do rio Zaire até ao Corno de África ou a África Austral na África Subsahariana.
- A Ásia Central e o Sudeste Asiático no Oriente Asiático.

Será, em parte, esta a sistematização que adoptamos na análise das diversas ZTC incluídas nos títulos seguintes.

c. Se aplicarmos o mesmo critério de raciocínio mas invertendo a escala no sentido ascendente fácil é chegar à conclusão de que, com a globalização e a liderança mundial por uma única hiperpotência, há fenómenos de conflitualidade que se estendem à dimensão global, porque afectam todo o planeta e que, até certo ponto, seja qual for a zona afectada, colidem com os interesses da potência hegemónica e suscitam a sua intervenção. Num sistema de tipo império mundial o governo imperial tem tendência para interpretar qualquer conflito em qualquer ponto do mundo como um problema interno da hiperpotência e que exige a sua intervenção.

Se recuperarmos o próprio conceito de crise, ou de tensão, da autoria de Edgar Morin e que apresentámos na Primeira Parte (I.B.3.), veremos que tem aplicação directa na forma como, no título anterior, caracterizámos a globalização da NOM. Escreveu Morin que a crise «*É um aumento da desordem e da incerteza no seio de um sistema*» (p. 44). E citámos Gramsci que considerava a situação de crise uma fase de indefinição (I.B.1.c.). Ora muitos classificam o actual sistema global como a grande desordem mundial (Puig, p. 4) ou como a geopolítica do caos, título que Ramonet dá ao seu livro. Adriano Moreira destaca a incerteza da NOM quando diz que, dela, a única coisa que sabemos é que acabou a velha. Então a NOM é, de facto, um sistema, o sistema unipolar, onde cresce a desordem e a incerteza. É um mundo em crise global, na definição de Morin.

d. Mas também se pode afirmar que o mundo é uma ZTC global porque a conflitualidade à escala mundial tem muito a ver com os dois paradigmas da globalização, a comunicação e o mercado:

- Com a comunicação porque as novas tecnologias da informação põem toda a gente, a todo o momento, em contacto com tudo o que se passa em toda a parte. Nada hoje é indiferente a ninguém. E, por outro lado, os meios de comunicação são veículos privilegiados para se moldar a imagem do conflito, a sua inevitabilidade, a sua necessidade, a sua vantagem, para catalogar os bons e os maus, para captar apoios.
- O mercado está na base da definição das ameaças. As que são relevantes, que potenciam e justificam conflitos, são as que põem em causa o mercado mundial, nomeadamente os interesses económicos dominantes. Neste particular assumem papel de relevo ameaças às fontes e rotas de escoamento de matérias-primas com interesse estratégico, petróleo e gás natural, água, minerais raros.

e. Um último aspecto que justifica a caracterização do mundo como uma ZTC global é a actual imprevisibilidade das ameaças. São imprevisíveis não apenas na sua natureza e forma como se revelam, como no local onde surgem. Dado que as ameaças são hoje principalmente identificadas em função dos interesses da potência hegemónica do sistema e como esta tem interesses em praticamente todos os quadrantes do globo, os conflitos, nomeadamente os que entram no espectro das novas guerras, podem surgir onde menos se espera. Bali, Mombaça, as costas do Iémen, Nova Iorque, Moscovo, Riad, Istambul, são apenas algumas das provas mais recentes e mais evidentes de que conflitos como os do Médio Oriente, Afeganistão, Chechénia, Colômbia ou Caxemira, podem ocorrer em qualquer lado.

f. Excelente exemplo de que o mundo se tornou uma ZTC global é a guerra em curso no Iraque, porque foi desencadeada invocando ameaças à segurança global, terrorismo internacional e armas de destruição maciça, mas tinha, no fundo, motivações não expressas e também globais, o controlo de importantes fontes de petróleo, o seu mercado e a afirmação do poder mundial de Washington. Global ainda porque o conflito se reflecte em todo o mundo, na segurança, na economia, no papel da ONU, na busca de apoios à intervenção militar da coligação ou à sua condenação. Nos dias de hoje qualquer conflito onde intervenham os EUA, no Afeganistão, no Iraque, na Coreia, na Colômbia, assume dimensão global.

O teatro de operações das forças norte-americanas estende-se hoje, literalmente, à globalidade do planeta. Na generalidade dos países da Europa Ocidental, nos Balcãs e no Cáucaso, em todo o Médio Oriente e no Norte de África, no Afeganistão e nas antigas repúblicas soviéticas da Ásia Central, no Japão, na Coreia, na Tailândia, em Singapura e nas Filipinas, em várias ilhas do Índico e Pacífico, nas Américas Central, Andina e Caraíbas, em todos os oceanos com as II, V, VI e VII Esquadras, os militares dos EUA asseguram a presença da *stars and strips*. Uma simples observação do Mapa 3 revela bem como o dispositivo militar americano se ajusta a um mundo tornado ZTC global.

2. Unipolaridade na gestão dos conflitos

a. A análise geoestratégica do mundo enquanto ZTC global não pode ser separada da perspectiva que a hiperpotência liderante tem desse mundo, da identificação que dele faz com os seus interesses próprios, da forma como percepciona as ameaças e do modo como as enfrenta.

No mundo global é a hiperpotência dominante do sistema que decide da importância dos conflitos. Essa importância depende de estarem ou não em causa interesses seus dispersos por todo o mundo. Como escreve Loureiro

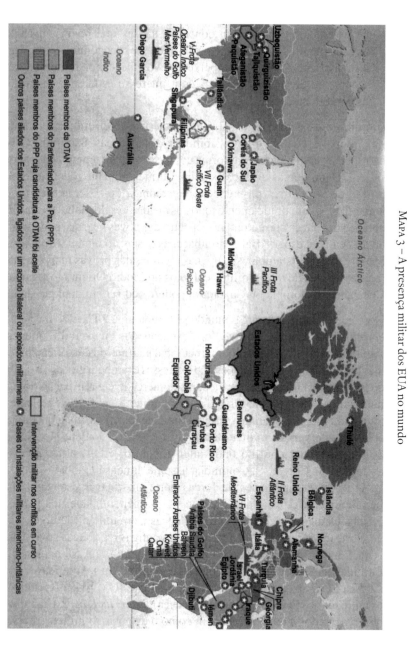

MAPA 3 – A presença militar dos EUA no mundo

Fonte: *Le Monde Diplomatique* (Ed. portuguesa), Junho 2003

dos Santos, «*O espaço de interesse estratégico dos Estados Unidos é constituído por todo o planeta*» (2003, p. 134).

O terrorismo sempre existiu, em toda a parte e em todos os tempos. Só passou a ser uma ameaça global, a merecer um combate a nível planetário, quando os EUA se viram atacados na sua própria casa.

O narcotráfico passou a ser incluído nas ameaças à segurança global e já não nas meras acções criminosas quando foi identificado com as fontes financiadoras do terrorismo mundial e quando Washington se envolveu directamente no seu combate através de meios militares.

Os próprios conflitos de baixa intensidade passaram a merecer especial atenção quando começaram a ameaçar interesses dos EUA que trataram de intervir no sentido de os solucionar de acordo com esses interesses.

b. O mundo enquanto ZTC global tem, então, uma potência directora, que classifica o bem e o mal, define as ameaças, decide a forma e o momento de as enfrentar. Comporta-se como um sistema em que a potência directora estabelece as regras, julga os prevaricadores e executa as sentenças.

Os Estados, grupos ou organizações que não se inserem no sistema ou que contrariam os interesses da hiperpotência dominante são os perturbadores, marginais, párias ou, na mais recente caracterização, o eixo do mal. Na terminologia americana são os *rogue states*, ou *states of concern*. Merecem ser combatidos, destruídos e substituídos por alternativas que aceitem o sistema. Num mundo que é uma ZTC global o eixo do mal deve ser identificado com uma ameaça global que põe em causa o sistema global.

c. Os analistas norte-americanos quando se pronunciam sobre os interesses geoestratégicos dos EUA costumam distinguir dois patamares de interesses:

- Interesses vitais, que são aqueles cuja salvaguarda pressupõe a aplicação de uma estratégia directa que justifica o recurso a todos os meios de coacção militar.
- Interesses importantes, ou desejáveis, que são os que devem ser preservados através de estratégias indirectas, portanto privilegiando meios de coacção diplomáticos, económicos, mediáticos ou o apoio a acções militares por delegação.

Das muitas elaborações escritas disponíveis é possível uma síntese dos interesses vitais dos EUA envolvendo três grandes áreas de preocupações:

- Manutenção da invulnerabilidade do território nacional e das suas instalações no exterior o que, dada a quase garantida invulnerabilidade das suas fronteiras terrestres e marítimas, tem principalmente a ver com ameaças de armas de destruição maciça, nomeadamente nucleares, lançadas de longas distâncias. Aqui se incluem as preocupações com a proliferação nuclear horizontal (ver Primeira Parte, IV.F.4.m.) e, depois do 11 de Setembro de 2001, com as ameaças terroristas de grande poder destrutivo.
- Impedir a reconstituição de blocos, nomeadamente na Eurásia, que possam constituir um desafio à hegemonia global norte-americana. Comporta a preocupação de assegurar que nenhuma potência ou grupo de potências aliadas possa desafiar a superioridade militar americana.
- Garantir o controlo das principais reservas petrolíferas e de gás natural em todo o mundo, incluindo os fluxos e rotas de escoamento terrestres e marítimas, por forma a assegurar não só a manutenção dos seus *stocks* como o controlo dos preços.

d. É à luz destes interesses, encarados isolada ou articuladamente, que deve ser equacionada a conflitualidade global no mundo actual. No documento da Casa Branca *The National Security Strategy of the United States of America*, de 17 de Setembro de 2002, que traça as grandes linhas da estratégia norte-americana para o século XXI, estes interesses mantêm-se implícitos, se bem que enquadrados numa trilogia de valores abrangente, obviamente enunciados numa perspectiva dos EUA mas que são dimensionados à escala global:

- Direitos humanos básicos, num quadro de liberdade e democracia representativa alargado a todos os países do mundo.
- Liberdade económica, pressupondo o funcionamento de acordo com as regras de uma economia de mercado, estendida à dimensão global.
- Paz, entendida no sentido da promoção de uma segurança global que passe por uma competição pacífica entre as grandes potências.

A Introdução a este documento, assinada pelo próprio presidente George W. Bush, encerra com a afirmação, sem margem para dúvidas, do papel messiânico que Washington se reserva na concretização destes valores: «*Os Estados Unidos congratulam-se com a responsabilidade de liderar esta grandiosa missão*».

Se bem que introduza alguns temas que podem parecer novidade no elenco dos interesses vitais dos EUA eles enquadram-se, com rigor, nas três grandes áreas de preocupações acima enunciados:

- A preocupação com o terrorismo, a que é dado grande destaque, tem a ver com a invulnerabilidade do território nacional. Não só porque surge depois de o espaço americano ter sido espectacularmente atingido no seu coração por uma acção conduzida por uma rede terrorista internacional, como porque equaciona a possibilidade de essa ou outras organizações terem acesso a armas de destruição maciça, nucleares ou outras, associando a ameaça terrorista à proliferação nuclear.
- A preocupação com a reconstituição de blocos que possam desafiar a hegemonia norte-americana está também presente no documento quando aí se expressa o objectivo de manter forças suficientemente poderosas por forma a dissuadir qualquer potencial adversário da intenção de ultrapassar, ou sequer igualar, o poder americano.
- As preocupações com o controlo das fontes e rotas de escoamento dos recursos petrolíferos também são óbvias, pois no documento afirma-se a vontade de reforçar a segurança energética, identificando novas regiões sensíveis como a África, a Ásia Central e a região do Cáspio.

O documento afirma uma opção pela guerra preventiva que tem em vista, de forma muito nítida, aqueles objectivos, admitindo o recurso a meios militares, a todos os meios militares se necessário, para intervir por antecipação em qualquer região do mundo contra invocadas ameaças terroristas, para eliminar previamente a ameaça de uma nova superpotência que desafie o poder de Washington, para provocar mudanças políticas e garantir a fidelidade em Estados que sejam fulcrais para o controlo das fontes e rotas de escoamento dos recursos petrolíferos.

e. O autor norte-americano Michael Klare participa no livro *O império contra o Iraque* com um texto, "Os verdadeiros propósitos de George W. Bush", no qual afirma que «(...) *logo após a sua investidura, o presidente dos Estados Unidos estabeleceu duas prioridades estratégicas: a modernização e desenvolvimento das capacidades militares norte-americanas e a aquisição de reservas petrolíferas suplementares em territórios estrangeiros (...) estes dois objectivos foram associados à guerra antiterrorista, de modo a constituir a estratégia coerente que actualmente governa a política externa estadunidense (...)*» (pp. 17 e 18). E, mais à frente, acrescenta: «(...) *as três prioridades do governo dos Estados Unidos em matéria de segurança internacional – o melhoramento das capacidades militares, a busca de novas fontes de petróleo e a guerra contra o terrorismo – fundiram-se agora num único objectivo estratégico que pode ser resumido pela seguinte fórmula: uma guerra em prol da dominação americana*» (p. 26).

As prioridades enunciadas por Klare inserem-se, muito a preceito, nos três interesses vitais dos EUA reformulados de acordo com os conceitos que presidem ao *The National Security Strategy*.

3. Conflitualidade global

a. Apesar de a generalidade dos analistas considerar que, com a revolução nos assuntos militares (ver Primeira Parte, I.B.5.), estão afastados os riscos de guerras mundiais, guerras totais ou guerras de alta intensidade, tendo dado lugar às novas guerras ou guerras de baixa intensidade, a verdade é que nem todos pensam assim.

b. Samuel Huntington, no seu célebre e controverso livro *O choque das civilizações*, considera afastado o risco de guerras entre grandes potências ou grandes blocos, como se perspectivavam durante a Guerra Fria, mas admite como possível grandes guerras intercivilizacionais que podem atingir proporções globais, porque o choque das civilizações se substitui à rivalidade entre as superpotências.

Para além de alguns conflitos menores e localizados na periferia do arco islâmico e nas fronteiras com civilizações vizinhas, admite a hipótese de uma guerra total que oporá o ocidente ao resto do mundo, com especial intensidade entre os muçulmanos e as sociedades asiáticas, de um lado e o ocidente, do outro.

Esta tese não deixa de ser também uma tese comprometida, na linha dos geopolíticos clássicos (ver Primeira Parte, em especial III.F.2.b. e c.), na medida em que se propõe alertar o poder dos EUA para as ameaças que, no pensamento do autor, o mundo islâmico pode representar para os seus interesses vitais.

Os acontecimentos do 11 de Setembro de 2001 e a crise global que se lhes seguiu e que, aparentemente, podiam reforçar esta tese parecem, pelo contrário, contrariá-la, pois tem tornado muito mais visível um conflito de sectores islâmicos contra o resto do mundo, incluindo civilizações asiáticas, do que do conjunto asiático-muçulmano contra o ocidente.

c. O autor francês Philippe Engelhard com o livro *La troisième guerre mondiale est commencée* desenvolve também a ameaça de uma guerra global, mas na base de uma tese diferente e recusa expressamente a análise de Huntington. Para ele a linha de ruptura é entre o norte e o sul, entre um norte rico e um sul pobre mas segundo uma divisão que não é linear uma vez que, se a fronteira separadora é entre a riqueza e a pobreza, um novo norte estará nascendo a sul e um novo sul a norte. É uma fractura que divide mesmo as nações, cada uma delas progressivamente confrontada com o seu norte e o seu sul internos.

Legiões de pobres, marginalizados, excluídos, concentrados na periferia dos aglomerados urbanos, garantem reservas de mobilização fácil para contingentes da economia mafiosa e do terrorismo. Ao mesmo tempo os conflitos de raiz nacionalista, religiosa ou étnica, os guetos onde se acumulam minorias diversificadas, constituem factores de perturbação que alimentam um conflito generalizado que, para o autor, poderá bipolarizar-se, opondo de um lado a hiperpotência dominante do sistema e os seus aliados e do outro todos os que se opõem e os excluídos do sistema global.

Engelhard perspectiva assim a forma que este conflito global poderá assumir: «*Não haverá, provavelmente, uma guerra aberta entre ricos e pobres, mas uma violência e uma incivilidade generalizadas. A verdadeira guerra será a que a mafia e o terrorismo desencadearão à sociedade. Os pobres fornecer-lhe-ão as tropas. Esta guerra já começou*» (p. 167).

d. Michael Klare em artigo na *Foreign Affairs* intitulado "The new geography of conflict", com tradução na revista portuguesa *Economia Pura* de Outubro 2001, defende a tese de que no século XXI os conflitos terão como base o acesso e o controlo das matérias-primas essenciais, minerais raros, madeiras, água, petróleo e gás natural. Daí uma nova cartografia dos conflitos na qual as divisões políticas e ideológicas cederam o lugar, como linhas de ruptura, às fontes e fluxos dos recursos críticos.

No Mapa 4 pode ver-se a distribuição destas novas fontes de conflitos as quais, porém, continuam a concentrar-se nas áreas sensíveis atrás referidas a abrir este título e que configuram as várias ZTC que à frente analisaremos com mais detalhe, exactamente porque as existências destes recursos constituem factores estruturantes da conflitualidade destas zonas.

4. Questões críticas num mundo ZTC global

A caracterização que se tentou produzir de um mundo tornado ele próprio uma zona de conflitualidade global permite pôr em destaque as questões que se apresentam como particularmente críticas e que poderão estar na origem do agravamento dessa conflitualidade. Pensamos que devem seleccionar-se cinco questões mais significativas.

Mapa 4 – Nova Geografia dos conflitos

Possíveis zonas de conflito de recursos

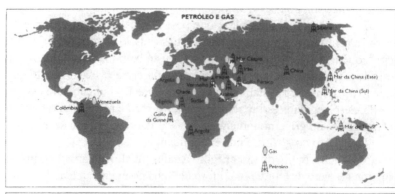

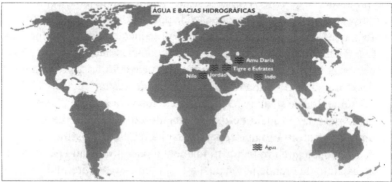

Fonte: KLARE, Michael, "A nova geografia dos conflitos", *Economia Pura*, Outubro 2001

a. Proliferação das armas de destruição maciça

A proliferação das armas de destruição maciça e, em especial, das armas nucleares constitui, compreensivelmente, um dos grandes temas de preocupação na NOM e um dos que mais evidencia quanto o mundo se tornou uma ZTC global. Desde que os cinco grandes do clube nuclear passaram a partilhar o monopólio da bomba procuraram manter esse privilégio que, entretanto, foi furado por Israel, Índia e Paquistão, como já o havia sido pela África do Sul que, com o fim do *apartheid*, abandonou o seu programa nuclear com fins militares. Criou-se assim uma distinção entre os chamados Estados possuidores e Estados não-possuidores sendo que, entre os primeiros há os assumidos e os não assumidos ou clandestinos como é o caso de Israel e foi o da África do Sul, e entre os não-possuidores devem considerar-se os que não revelam qualquer intenção de passarem a possuidores e os que, de forma mais ou menos camuflada, desenvolvem programas de nuclearização com fins militares. Quer os novos possuidores assumidos, quer os clandestinos, quer os candidatos a tornarem-se novas potências nucleares têm contado com a colaboração de parceiros do clube nuclear, ambiguidade de que nenhum deles, provavelmente, estará isento.

Este paradoxo dos Estados possuidores é, aliás, mais profundo, porque têm gerido deficientemente as suas preocupações com a proliferação, nomeadamente na forma como instrumentalizam o Tratado de Não-Proliferação Nuclear (NPT) para preservação do seu estatuto de exclusividade e não como meio da desnuclearização total, que devia ser o seu objectivo. Não avançam com o seu dever de desarmar mas pretendem impor que os não--possuidores cumpram o seu de não se tornarem possuidores, o que transforma a lógica da não-proliferação em contra-proliferação (ver Primeira Parte, IV.F.4.m.).

As perspectivas antagónicas que possuidores e não-possuidores têm sobre a proliferação nuclear, sobre as suas causas, os seus riscos, as suas consequências e a forma de a enfrentar, está bem expressa na polémica que se travou nas páginas da *Foreign Affairs* entre Jaswant Singh, então deputado, consultor principal do primeiro ministro indiano para assuntos de defesa e negócios estrangeiros e posteriormente ministro dos negócios estrangeiros do governo indiano e Strobe Talbott, ao tempo secretário de estado adjunto do governo norte-americano.

O primeiro publicou um artigo, "Against nuclear apartheid", no qual justifica o facto de a Índia se ter tornado uma potência nuclear. Para além de problemas específicos da geoestratégia indiana, como a zona onde se inscreve e o facto de se sentir ameaçada pelo eixo Paquistão-China, Singh coloca questões que se relacionam objectivamente com a proliferação:

- O NPT não está a ser cumprido pelas potências nucleares que não dão passos no sentido da desnuclearização e, pelo contrário, procuram fazer desse tratado e do Tratado de Eliminação de Testes Nucleares (CTBT) instrumentos de manutenção da sua exclusividade enquanto potências nucleares; na ausência de desarmamento universal a Índia não aceita um regime arbitrário que separa possuidores e não-possuidores.
- A arma nuclear é um factor fundamental para um Estado poder aspirar ao estatuto de grande potência e a Índia sente-se no direito de aspirar a essa condição.
- Se a posse da arma nuclear tem sido um factor de segurança entre as superpotências, nada indica que o deixe de ser na mão de outras potências; se a dissuasão funcionou no ocidente não é legítimo pensar que não funcione no sub-continente indiano.
- A Índia sempre lutou e lutará pelo desarmamento mas considera que há um princípio básico, segundo o qual ou o desarmamento é geral ou tem de ser aceite uma segurança legítima e igual para todos.

Talbot respondeu com o artigo "Dealing with the bomb in South Asia" no qual procura rebater os argumentos de Singh e põe em destaque a condenação global que a Índia e o Paquistão suscitaram por se terem tornado potências nucleares. Reconhece que o NPT também impõe aos possuidores esforços no sentido da eliminação de todas as armas nucleares mas é óbvio, em toda a sua argumentação, que encara o tratado apenas como um meio para impedir o aparecimento de novas potências nucleares.

Acresce que até ao 11 de Setembro de 2001 a ameaça nuclear era, para os EUA, a única que podia pôr em causa o primeiro dos seus interesses vitais isto é, a garantia da invulnerabilidade do seu território (ver 2.c.). Andrew Butfoy, no texto "The future of nuclear strategy" com que colabora no livro *Contemporary security and strategy*, publicado antes daquela data, salientava que face à superioridade convencional norte-americana a arma nuclear, como nivelador estratégico, é a única que pode ameaçar o território dos EUA (p. 156).

Washington inscreveu a não-proliferação como uma das componentes do seu interesse vital de preservar a invulnerabilidade territorial, mas entende a não-proliferação apenas na sua dimensão horizontal, pois não pensa respeitar, nem exige dos outros parceiros do clube nuclear, a não-proliferação vertical. Como se disse atrás preferiu optar pela contra-proliferação, isto é, impedir unilateralmente que os não-possuidores se tornem possuidores, recorrendo para isso às várias formas de coacção, desde a suscitação através de promessas de ajuda económica, técnico-científica e outras, à pressão através de medidas diplomáticas, sanções e fiscalizações, até às ameaças militares violentas.

O projecto de defesa anti-mísseis e as medidas punitivas contra os chamados *rogue states* ou, na terminologia mais recente, o eixo do mal, inscrevem-se nestas medidas militares da contra-proliferação. Um sistema de defesa anti-mísseis, tornando uma potência nuclear imune a qualquer resposta, elimina a lógica da dissuasão e tende a criar uma situação que se assemelha, em termos de lógica de emprego, à do monopólio nuclear que, de acordo com a teoria, tipifica a situação mais perigosa de instabilidade absoluta (ver Primeira Parte, I.A.4.g.), aquela em que o emprego da arma nuclear é possível, como Hiroshima e Nagasaki comprovam. Todo o mundo e a própria vida no planeta fica assim refém de uma única potência, o que é uma forma de o tornar uma ZTC global.

Mas as formulações estratégicas de todas as outras potências nucleares também têm passado pela opção nuclear.

A França e o RU são parceiros dos EUA na OTAN e aí a opção nuclear mantém-se actual, como prova a revisão do conceito estratégico na cimeira de Washington em Abril de 1999, onde se pode ler «*As armas nucleares (...) mantém-se essenciais para a preservação da paz (...) A maior garantia de segurança dos aliados é assegurada pelas forças nucleares estratégicas da aliança, particularmente as dos Estados Unidos*». Opção que foi confirmada na cimeira de Praga de Novembro de 2002.

A Federação Russa, com graves carências nos meios convencionais militares, afirma que o nuclear continua a ser uma componente decisiva do seu sistema militar, a única que lhe confere um estatuto de grande potência e lhe permite compensar a inferioridade nos outros domínios.

A RPC empenha-se decididamente no sentido de adquirir maior capacidade nuclear estratégica (mísseis intercontinentais).

Um artigo "China: the forgotten nuclear power", subscrito por Brad Roberts, Robert A. Manning e Ronald N. Montaperto na *Foreign Affairs* salienta o aumento do risco nuclear em consequência da «*(...) intercepção de três políticas em curso: a defesa de mísseis americana, a diplomacia nuclear Estados Unidos-Rússia e a modernização nuclear chinesa*» (p. 53). Destacam os autores o esforço de Pequim para se tornar uma grande potência nuclear, para o que estará a contribuir a política americana: «*(...) as decisões americanas nos próximos meses podem levar a China a iniciar um maior desenvolvimento das suas forças nucleares, incrementar a estratégia de cooperação sino-russa e pôr em risco os esforços, quer na redução de armamentos, quer na concretização de qualquer defesa de mísseis americana (...)*» (idem). Os autores advertem que tudo isto, face às desconfianças sino-indianas e indo-paquistanesas, fomentará, inevitavelmente, efeitos de proliferação em cadeia.

A contra-proliferação joga contra si própria, porque passa pelo aperfeiçoamento tecnológico de uma das partes e esta conduz sempre, mais tarde ou mais cedo, ao aperfeiçoamento das outras. A história mostra que a disputa entre o escudo e o gládio nunca se saldou pela supremacia definitiva de um deles. O desenvolvimento e aperfeiçoamento de um leva sempre ao desenvolvimento e aperfeiçoamento do outro.

Mas o risco maior da proliferação nuclear é que se venha a estender a entidades não-estaduais, a redes terroristas internacionais, a multinacionais do crime organizado, aproveitando a dinâmica da miniaturização que o avanço tecnológico possibilita. E contra estas não funciona nem a dissuasão, nem a não-proliferação, nem a contra-proliferação.

Enfim, a ameaça nuclear é, de facto, uma ameaça global, porque ainda que a zona atingida pelo eventual emprego de um engenho possa inicialmente ser limitada se for uma arma táctica, a lógica da escalada tende a ampliá-la e a propagação dos seus efeitos pela acção dos ventos, das correntes marítimas, das chuvas ácidas, tende a alastrar a todo o planeta. Na guerra nuclear já não é de um problema de conquista de território que se trata, mas de uma questão de destruição radical de estruturas que, elevada aos extremos, põe em causa a própria vida no planeta. A guerra nuclear unificou o mundo (ver Primeira Parte, III.E.1.f.) contribuindo decisivamente para que este se tornasse numa ZTC global.

b. Confrontação de blocos

A história demonstra que um sistema internacional nunca é eterno, comporta-se como um ser orgânico vivo, tem a sua génese, a sua fase ascensional, atinge o apogeu, entra em declínio e dá lugar a um outro. E a aceleração histórica, que é uma característica dos novos tempos e consequência da vertiginosa evolução tecnológica, torna estes ciclos mais rápidos e as transformações mais frequentes. A lógica de um sistema unipolar global, liderado por uma única hiperpotência, gera movimentos de reacção que até já são perceptíveis, se bem que ainda pouco consequentes (Dougherty e Pfaltzgraff, p. 170).

A possibilidade de, a curto prazo, surgir uma potência que, por si só, possa desafiar o poder dos EUA, não se coloca. A RPC, membro permanente do CS da ONU, pela sua extensão geográfica e dimensão humana, índices de crescimento económico, vontade de afirmação e proselitismo, sendo o único país que tem virtualidades para se tornar numa nova superpotência, ainda só revela capacidade para confrontar o poder norte-americano a nível regional, no leste e sudeste da Ásia.

Para Washington a maior preocupação reside na possibilidade de várias grandes potências poderem juntar-se em alianças ou blocos na busca de equilíbrios globais que poriam em causa a sua hegemonia. É a visão neo-realista segundo a qual o excesso de poder é susceptível de atrair coligações rivais (Cravinho, p. 203). E, a emergir esse bloco, será na Eurásia que mais provavelmente ocorrerá.

Analistas influentes nos círculos de reflexão americanos equacionam essa eventualidade e a forma de a obviar. G. John Ikenberry, com o artigo "America's imperial ambition" na *Foreign Affairs*, é concludente ao apresentar os «*sete elementos*» de «*(...) uma nova grande estratégia que está tomando forma em Washington*», o primeiro dos quais é «*(...) um empenhamento fundamental na manutenção de um mundo unipolar na qual os Estados Unidos não tenham competidor. A nenhuma coligação de grandes potências, sem a participação dos Estados Unidos, será permitido alcançar hegemonia. Bush fez deste ponto a peça central da política de segurança (...)*» (p. 49). É, de resto, este o sentido da passagem do documento da Casa Branca *The National Security Strategy of the United States of America* que incluímos no título anterior, quando afirma: «*As nossas forças serão suficientemente fortes para dissuadir adversários potenciais de perseguirem a intenção de conseguir uma capacidade militar capaz de ultrapassar, ou equiparar o potencial dos Estados Unidos*».

Em 1997 Zbigniew Brzezinski publicava na *Foreign* Affairs um artigo com o elucidativo título "A geostrategy for Eurasia" em que logo a abrir afirmava: «*A emergência da América como a única superpotência global faz com que actualmente seja imperativa uma estratégia abrangente e integrada para a Eurásia*» (p. 50). O objectivo é que os EUA estejam presentes nos vários equilíbrios na Eurásia para que esta não se una contra eles. São ainda influências do axioma de Mackinder de que quem domina a Eurásia domina o mundo (ver Primeira Parte, III.C.2.e. a g.).

Mas a RPC e a Rússia têm ensaiado algumas tentativas para contrariar a globalização unipolar hegemonizada pelos EUA até porque, como salienta Michael Mandelbaum no artigo "Is major war obsolete?" na *Survival*, são os mais sensíveis a essa hegemonia ocidental. Na Federação Russa elabora-se uma nova teoria geopolítica, a que se chama exactamente euroasianismo, que também recupera a perspectiva mackinderiana do *heartland* russo como centro de uma aliança entre o mundo ortodoxo e o mundo islâmico (ver Primeira Parte, III.C.2.j.). E o próprio Samuel Huntington, quando prevê os conflitos civilizacionais, admite o surgimento de alianças, ainda que aparentemente *contra natura*, que possam unir as civilizações ortodoxa, islâmica, sínica, e hindu, sob a liderança chinesa, contra o ocidente. Há sinais bilaterais e unilaterais de aproximação entre a Rússia e a RPC, a Rússia e o Irão, a RPC e a Índia, a RPC e o Irão, que indiciam um novo quadro geoestratégico. Em Abril de 1997, em Moscovo, a Rússia e a RPC assentaram numa parceria estratégica contra a ordem unipolar e o então primeiro-ministro russo Eugénio Primakov anunciou um triângulo estratégico russo-chinês-indiano. Ficou conhecido por doutrina Primakov.

Dinâmicas para a constituição destas parcerias geoestratégicas chocam-se com obstáculos estruturais como as divergências civilizacionais, ou conjunturais como a recente guerra global contra o terrorismo que permitiu a penetração norte-americana no coração da Ásia e o estabelecimento de entendimentos bilaterais com alguns dos Estados da região. Mas é sempre uma questão que, a prazo, não pode ser ignorada.

A UE constituirá a outra superpotência que, a emergir, poderia desafiar o poder dos EUA se divergisse nos objectivos globais. Mas, apesar de alguma desconfiança recíproca, de que a crise em relação ao Iraque em 2003 é o sinal mais recente, não se perfila como alternativa autónoma, porque não constitui uma entidade com uma política externa conjunta e, muito menos, com capacidade estratégica própria. Há Estados na UE que são muito mais parceiros da política externa e de defesa americana do que da política externa e de segurança comum europeia. A opção estratégica da UE tem sido a de se basear principalmente na OTAN e esta depende completamente dos EUA e é hoje um instrumento da sua hegemonia global. Washington joga no alargamento da UE a leste e à Turquia, acompanhando o recente alargamento da OTAN, porque pensa que assim diminuirá o peso do que já chama a velha Europa e se esbaterá o risco de uma geoestratégia europeia demasiado autónoma.

c. Desajustamento da ONU

Se o sistema unipolar em vez de se aproximar do modelo império mundial tivesse evoluído para um dos outros dois modelos tipificados por Cabral Couto, a confederação mundial ou o estado universal, conforme expusemos no título anterior (I.B.3.b.), teria provavelmente cabido à ONU o papel de liderança do sistema. Mas, como vimos então, não aconteceu assim e o sistema unipolar nascente cada vez foi configurando mais o modelo do império mundial, isto é, dirigido por um Estado nacional que se impôs de uma forma absoluta aos restantes, ignorando, marginalizando ou sobrepondo-se às instituições supranacionais que nem por isso deixaram de existir. E isso aconteceu por duas razões:

- Do fim da Guerra Fria sobrou apenas uma superpotência cuja superioridade face às restantes não mais parou de crescer, rapidamente atingindo o estatuto de hiperpotência, enquanto a outra superpotência perdia poder, passando a grande (em vários aspectos mesmo média) potência e sem que surgisse qualquer nova superpotência.
Os EUA, única hiperpotência, evidenciam essa sua descomunal capacidade, mas também a vontade de como tal se afirmar e exercer o poder de que dispõem, perfazendo a rigor a fórmula definidora do poder, $P=CxV$ (ver Primeira Parte, I.C.2.e.).
- Além disso é geralmente reconhecido que a ONU, nomeadamente o CS, sua instância de prevenção e regulação de conflitos, não corresponde às necessidades da actual situação mundial e não está em condições de liderar, autonomamente, um sistema unipolar.
A ONU, como a SDN sua antecessora, organizações de segurança colectiva saídas das guerras mundiais de 1939-1945 e 1914-1918, reflectiam sistemas de relações internacionais dominados pelos vencedores daquelas guerras. Mas a realidade da NOM já não é a de 1945. É a da *pax americana*, liderada pelo vencedor da Guerra Fria empenhado em afirmar essa liderança, mantê-la e reforçá-la.

Resulta daqui que a ONU só interessa e é chamada a intervir quando os EUA estão seguros de ver aí garantidos os seus interesses, sem o que o sistema funcionará à sua margem. Washington tem procurado, para as acções militares de maior envergadura em que se tem envolvido, nos Balcãs, no Médio Oriente, na Ásia Central, contar com a cobertura ou mesmo o apoio do CS por forma a transmitir uma imagem de legitimidade institucional, mas não deixa de afirmar, sem margem para dúvidas, a sua disponibilidade para actuar sem essa cobertura ou apoio. O seu direito de veto assegura a anulação de qualquer hipótese de obstaculização através de uma resolução desfavorável do CS e, na eventualidade do risco de um seu projecto de resolução poder enfrentar o veto de qualquer dos outros membros permanentes, actua dispensando uma decisão deste órgão. E então a Casa Branca acusa a ONU de estar a tornar-se irrelevante.

Nas acções de manutenção da paz da ONU tem-se verificado uma chocante diferença entre a oportunidade, volume de forças, sofisticação de meios e empenhamento político, quando estão e quando não estão em causa interesses dos EUA. Factor que tem sido também decisivo para determinar o estatuto das forças envolvidas, manutenção da paz, restabelecimento da paz, imposição da paz ou consolidação da paz, pormenor muito relevante para a sua eficácia. É frequente acções da ONU fracassarem e contribuírem mais para agravar do que para solucionar um conflito, porque as forças militares actuando em seu nome são organizadas, armadas e investidas de missões que não correspondem à situação real que enfrentam.

Nesta ordem de ideias tem sido também dúplice a aplicação do direito de ingerência humanitária, conceito que é genuinamente produto da NOM e que, pressupondo que determinadas situações limite de carências vitais além de um problema moral podem constituir uma ameaça à paz e segurança internacionais, se enquadra no novo conceito de segurança. Mas a ingerência humanitária, em que o direito de ingerência pode sobrepor-se ao direito da soberania, ambos centrais na filosofia da ONU, só pode ser legitimada se respeitar princípios fundamentais, como os valores universais visados, o mandato da própria ONU, a adequação dos meios aos fins e a imparcialidade face às decisões da entidade mandatária.

Sem o respeito pela totalidade destes princípios a ingerência corre o risco de ser utilizada como instrumento de uma entidade com capacidade para se substituir à ONU, que pode usar o seu poder para atingir objectivos próprios, arriscando mesmo transformar a ingerência humanitária em ingerência preventiva, ingerência punitiva ou ingerência correctiva, de acordo com critérios de apreciação unilaterais. Sem um papel regulador, eficaz, irrecusável, da ONU, o direito de ingerência pode constituir a cobertura para os países fortes intervirem nas questões internas dos mais fracos, se necessário recorrendo mesmo a formas sofisticadas de agressão.

A ONU sempre teve uma composição paradoxal, com um órgão democrático, a AG e um órgão oligárquico, o CS com membros de legitimidade e poderes diferentes, em que cinco membros permanentes com direito a veto se sobrepõem a dez membros não-permanentes e que não dispõem de direito de veto. Mas hoje, de entre os membros permanentes, destaca-se ainda um *primus inter pares*, a hiperpotência hegemónica do sistema, que se coloca acima da ONU, utilizando-a quando lhe é vantajoso, marginalizando-a quando é de sua conveniência. Não é suposto ver hoje a ONU a tomar uma resolução que contrarie os interesses dos EUA como não é de supor que os EUA deixem de intervir no quadro internacional por oposição da ONU. Mas também não se vê que a ONU possa intervir com um mínimo de eficácia sem a cobertura de Washington.

A evidência de que a ONU de hoje não corresponde ao actual sistema internacional colocou na ordem do dia a questão da sua reestruturação. O problema é que os esboços de projectos que têm sido tornados públicos vão no sentido do alargamento do CS, tornando-o mais representativo em termos de distribuição geográfica, eventualmente criando um terceiro estatuto de membro permanente mas sem direito a veto, o que não só não extirpará os maiores obstáculos à sua democraticidade como irá até, provavelmente, agravá-los. Mas também não se descortina como se poderá retirar o direito de veto contra o veto dos membros permanentes, o que constitui uma verdadeira quadratura do círculo.

d. Erupções fundamentalistas

Se o fim da Guerra Fria pôs termo a uma divisão bipolar do mundo que também assentava numa confrontação ideológica, de raiz político-social, a NOM viu emergir, à sombra do sistema unipolar, um caos de confrontações identitárias de base nacionalista, étnica ou religiosa, cujos radicalismos assumem expressões fundamentalistas.

O fundamentalismo é um fenómeno complexo, predominando uma certa tendência para o identificar apenas com as manifestações de sectarismo religioso. Na realidade abrange aspectos mais vastos, resultando de frustrações de natureza política, social, económica e cultural, com causas internas e externas, em que frequentemente a religião surge como um novo condimento e cimento ideológico.

Samuel Huntington no livro *O choque das civilizações* insere a questão do fundamentalismo no problema mais global dos conflitos civilizacionais que são os que, segundo ele, dominarão a conflitualidade global das próximas décadas. O fundamentalismo alimenta-se do poder esmagador do ocidente e da sua vocação para impor os seus modelos à dimensão global, confundindo modernidade e democracia com ocidentalização. Estabelece-se assim um confronto de ameaças, pois se o ocidente encara o fundamentalismo como uma ameaça também os não-ocidentais, quando perspectivam o mundo como um todo, encaram a globalização como uma ameaça porque pretende impor os valores do ocidente.

Se a emergência do fundamentalismo tem na sua origem frustrações de natureza político-social, a questão tem de ser equacionada no âmbito da explosão social, que é uma ameaça conflitual global, como o já citado Philippe Engelhard desenvolve em *La troisième guerre mondiale est commencée*. O desequilíbrio norte-sul que os relatórios anuais do Plano das Nações Unidas para o Desenvolvimento tão exuberantemente revelam, os excluídos do sistema, desempregados, refugiados, desesperados, são facilmente recrutados pelos prosélitos do fundamentalismo reivindicativo, regenerador, compensador, que por sua vez se choca com o fundamentalismo do sistema dominante.

O norte rico, desenvolvido, consumista exporta, neste mundo global da comunicação sem fronteiras, uma imagem de abundância e bem-estar que atrai a emigração que as carências, a insegurança e o desequilíbrio demográfico, em acelerado crescimento, favorecem. A pressão sul-norte é vista como um dos fenómenos que mais importância tem já na composição das sociedades ocidentais. Entretanto, enquanto a integração das minorias é difícil, vão nascendo fronteiras norte-sul a norte e a sul. As tensões resultantes dos guetos das minorias étnicas, religiosas, culturais, sociais, constituídas por comunidades maioritariamente jovens, da desumanização inerente à caótica desorganização espacial urbana e da consequente desertificação dos campos e esgotamento dos seus recursos, transporta os sectores receptivos ao fundamentalismo para o interior do próprio norte. Esta visão de Engelhard inscreve-se na teoria estruturalista de Johan Galtung, a violência estrutural como fonte da conflitualidade do sistema internacional, a nível interno dos Estados ou a nível inter-estatal (Cravinho, pp. 190 a 192).

Tudo isto constitui um terreno propício à eclosão de messianismos que estão na base do fundamentalismo com destaque para o fundamentalismo islâmico porque é o que tem revelado maior dinamismo, proselitismo e ambição política. O fundamentalismo islâmico tem sido encarado como uma resposta à incapacidade demonstrada pelos movimentos políticos laicos que lideraram as lutas anti-coloniais, para enfrentarem problemas trazidos pela independência. E é, ainda, na sua vasta complexidade, uma manifestação cultural contra o que consideram ser a humilhação imposta pelo ocidente, que este quererá perpetuar através da globalização.

A ascensão aos limites irracionais do fanatismo e do sectarismo favorece o recurso a extremismos terroristas e sacrificiais e, por isso, ao extremismo radical das manifestações fundamentalistas associa-se às vezes o terrorismo, que não sendo dele exclusivo se ajusta aos seus métodos.

Relacionado com este problema do fundamentalismo, porque o alimenta mas também dele recolhe energias, está o choque entre as dinâmicas fusionista e cisionista, que tem estado na base de conflitos em todas as latitudes.

Por um lado está a tendência para associação de Estados em grandes espaços, que revela uma dinâmica centrípeta, agregadora, fusionista, por outro uma tendência que se traduz na aspiração de independências políticas de bases identitárias, étnicas, culturais ou religiosas, que indicia uma dinâmica centrífuga, fraccionante, cisionista. É o que, no contexto da teorização das relações internacionais, tem eco na contradição entre o transnacionalismo e integracionismo de Joseph Nye e Karl Deutsch e o fraccionismo dos seus críticos como Hedley Bull (Cravinho, pp. 162 a 170). Frequentemente as duas dinâmicas convergem numa mesma área geográfica, uma vez que a aspiração cisionista dentro de uma determinada entidade política é pressionada por aspirações irredentistas de uma entidade nacional vizinha com a qual se pretende promover a fusão depois de consumada a cisão com a entidade anterior.

A dinâmica fusionista é, por vezes, inicialmente movida por interesses económicos para dar lugar a espaços de livre troca e de cooperação produtiva mas, progressivamente, alarga-se a projectos mais amplos, visando objectivos comuns de segurança e relações externas e mesmo uniões políticas. Provoca um progressivo esbatimento do tradicional papel do Estado-nação, com um maior distanciamento das populações em relação aos centros de decisão o que, em resposta, leva à busca de soluções regionalistas que traduzem efectivas descentralizações de poderes concretos colocados mais perto dos cidadãos. Assiste-se assim, actualmente, a uma dupla pressão sobre o Estado-nação que perde poderes para instâncias supranacionais de espaços ou blocos onde se integra pela dinâmica fusionista, mas perde também poderes para instâncias regionais infranacionais, não propriamente pela dinâmica cisionista mas pela dinâmica descentralizadora. Eric Hobsbawm, no livro *A era dos extremos*, vai mais longe e considera que o Estado-nação está a ser esfacelado em três sentidos, um ascendente por acção de forças supranacionais, outro descendente por acção de forças regionalistas e secessionistas e um terceiro lateral por acção de forças transnacionais (p. 22).

A dinâmica fusionista é um fenómeno que tende a verificar-se em regiões geoestratégicas dominadas por alguma homogeneidade e onde reina uma estabilidade duradoira, mas é potencialmente geradora de conflitos na sua periferia porque rompe equilíbrios anteriores, promovendo a mudança de campo de alguns parceiros periféricos atraídos pelo centro do espaço em expansão (ver Primeira Parte, IV.D.1.j.). É susceptível de ser encarado como uma ameaça para interesses de grandes potências regionais em cujas áreas de influência se incluíam esses parceiros periféricos que mudam de campo.

Com a dinâmica cisionista está relacionada a complexa questão das minorias, próprias de regiões que foram, ao longo de séculos, palco de encontros e choques de migrações e flutuações de fronteiras de impérios (ver Primeira Parte, IV.C.3.g. a i.). Os intrincados mosaicos étnicos, culturais, religiosos, que estão na base destas aspirações cisionistas, uma vez consumadas as separações são, por sua vez, geradores de novas minorias e da multiplicação, em cadeia, de sucessivas manifestações fracturantes, daí resultando aquilo a que Pascal Boniface, num artigo no *Le Monde Diplomatique*, Janvier 1999, "Danger! Prolifération étatique", chama um desafio estratégico «(...) *talvez mais perigoso* (do que a proliferação nuclear) *para a estabilidade internacional: a proliferação estatal*». E, mais à frente adverte, «*O secessionismo é a mais séria ameaça contra a paz*».

Para estas dinâmicas centrífugas concorrem também outros factores, como os recursos económicos e muito em especial os energéticos, a repartição desigual de riquezas nacionais, perversões no exercício do poder com manifestações de nepotismo e exclusão de minorias, ou a artificialidade de fronteiras saídas do desmembramento de espaços imperiais e coloniais.

Como veremos mais adiante quando analisarmos as diversas ZTC a dinâmica cisionista tem particular expressão nas chamadas regiões sensíveis, de estabilidade precária (ver Primeira Parte, III.D.5.) que se destacam como regiões de conflitualidade endémica. Conflitualidade agravada por estarem sujeitas à disputa de interesses e influências da hiperpotência global e das grandes potências regionais.

e. Terrorismo nova ameaça global

O terrorismo não é novo como forma de violência, podendo mesmo afirmar-se que é tão antigo como os conflitos que desde sempre puseram em confronto grupos humanos organizados. As formas de terrorismo e os meios utilizados foram-se aperfeiçoando tecnologicamente consoante se aperfeiçoavam os instrumentos de coacção militar. O terrorismo evoluiu da arma branca para a arma de fogo, da armadilha mecânica rudimentar para a mina comandada à distância, do engenho incendiário artesanal para o potente explosivo accionado electronicamente, do veneno medicinal e caseiro para o produto químico, biológico ou bacteriológico. O terrorismo sempre actuou sobre meios de comunicação, terrestres, navais, aéreos e telecomunicações, hoje teme-se que possa ter acesso a sistemas informatizados com capacidade para paralisar serviços vitais e causar o caos. O receio maior é que possa vir a dispor de meios de destruição maciça, incluindo a arma nuclear. O terrorismo sempre atingiu pessoas, personalidades ou anónimas, indivíduos ou grupos, de forma selectiva ou indiscriminada, mas hoje há o pânico com a amplitude das destruições que as novas tecnologias podem proporcionar. O terrorismo sempre teve como alvos estruturas, rurais ou urbanas, vias de comunicação, redes de energia, complexos fabris, sedes de poder, serviços vitais, mas essas destruições podem hoje atingir dimensões paroxísmicas.

O 11 de Setembro de 2001 não trouxe de novo o terrorismo enquanto ameaça. Mas trouxe de novo duas coisas relacionadas com o terrorismo:

- O facto de os ataques terroristas terem atingido os EUA no seu próprio território, a sede do sistema global, nos símbolos do seu poder, deitando por terra a imagem da invulnerabilidade que a hiperpotência transmitia para todo o mundo.
- O facto de esses actos terroristas terem revelado uma dimensão, um potencial, uma capacidade de concepção, preparação e organização, uma eficácia de execução, até aí nunca suspeitados e de terem sido assumidos por uma rede global, transnacional, apoiada e sediada num Estado internacionalmente isolado, rede essa com presumíveis ligações a outros Estados mas nunca abertamente assumidas.

O 11 de Setembro aparece como um acto de guerra contra a hiperpotência liderante da NOM e é assim que é assumido por esta, que decide declarar uma guerra total contra o terrorismo. É por tudo isto que o terrorismo merece ser destacado neste enunciado das questões mais críticas no mundo ZTC global.

Esta nova fase do terrorismo deve ser enquadrada naquilo a que se vem chamando uma nova tipificação da conflitualidade e que, na Primeira Parte abordámos no sub-capítulo sobre a revolução nos assuntos militares (ver I.B.5.). O terrorismo do tipo 11 de Setembro insere-se com nitidez no conceito não clausewitziano da guerra porque:

- Envolve, no topo das responsabilidades, pelo menos de uma das partes, entidades não políticas, redes multinacionais do crime organizado.
- Não visa objectivos relacionados com valores ou interesses nacionais, mas sim ligados a motivações identitárias de raízes religiosas, culturais e civilizacionais, ou com a mera intenção de provocar danos.
- Não é exclusivamente conduzida por forças armadas institucionais, mas envolve uma mescla de forças militares, guerrilheiras, terroristas, civis armados, células clandestinas, senhores da guerra, grupos religiosos, novos mercenariatos.

- Combina a utilização de meios militares clássicos com outros muito mais heterodoxos, improvisados, incluindo meios civis ou estruturas e equipamentos da vida diária, até aos sofisticados equipamentos de informática e das novas tecnologias, com a ameaça de recurso a armas de destruição maciça.
- Tudo isto dá lugar a novas doutrinas e formas de actuação que convivem com as doutrinas e processos clássicos, numa clara tipificação dos conflitos dissimétricos e assimétricos.

O poder norte-americano estendido a todo o mundo motiva em todo o mundo reacções anti-americanas, pelo que esta campanha terrorista é entendida em Washington como visando especialmente o seu país. Daí a dimensão global que assumem, quer o terrorismo quer a guerra anti-terrorista o que, paradoxalmente, acaba por contribuir para o reforço do papel dos EUA como hiperpotência global.

Os responsáveis norte-americanos, adoptando uma atitude unilateralista na leitura das relações externas, própria de um sistema unipolar, trataram de definir os campos na luta contra o terrorismo na máxima maniqueísta quem não está connosco está com os terroristas. E evidenciam a sua disposição para se substituírem à ONU na identificação dos culpados, na sua neutralização, julgamento, condenação e punição. A sua posição é a de, se possível, contar com a participação da ONU e da comunidade internacional, mas se necessário agir isoladamente.

Este novo quadro de auto-legitimação unilateralista na resolução da conflitualidade global na sequência do 11 de Setembro de 2001 atrai efeitos perversos porque dá mãos livres a todos os que, tendo manifestado apoio à América, se confrontam com problemas dentro das suas fronteiras ou nas suas áreas de influência. Os autores que colaboraram no livro *As lições do 11 de Setembro*, coordenado por Pascal Boniface, denunciam o aproveitamento feito pela Rússia (Dubien, pp. 125 a 133), pela RPC e pela Índia (Niquet, pp. 135 a 152). Ao que se poderá acrescentar o de Israel e de Ariel Sharon para se libertar das baias do acordo de paz para a Palestina e para conduzir uma verdadeira guerra de destruição dos fundamentos de um futuro Estado palestino. Muitas das formas como os Estados têm combatido o terrorismo são verdadeiras acções de terrorismo estatal que, como frisa Nacer-Eddim Ghozali no seu texto, «*Nenhuma causa poderá justificar (...)*» (p. 66).

Pascal Boniface, na "Nota introdutória" a este livro diz que «*A globalização atingiu um estádio trágico e aplica-se (...) igualmente às questões de segurança*» (p. 13). Mas a luta global contra o terrorismo não estará a incidir naquilo que são as origens do terrorismo global. O mesmo Pascal Boniface acrescenta que «*É necessário, certamente, punir os terroristas, mas também trabalhar para erradicar o ambiente no qual eles se desenvolvem (...) mais do que (...) contra golpes puramente militares, o que há necessidade é de respostas políticas para erradicar as causas das frustrações, das desigualdades (...)*» (pp. 15 e 16).

Na denúncia ao terrorismo de Estado destaca-se o livro do norte-americano Noam Chomsky *Piratas e imperadores, velhos e novos*, ao apontar a ambiguidade do termo terrorismo que só se aplica aos outros, transformando-se em diplomacia coersiva quando da iniciativa das grandes potências. O autor acusa o poder de Washington, desde há décadas e não apenas o actual, de ser o maior gerador de acções terroristas no mundo moderno, mas para quem terroristas são os Estados que ousam reagir às suas acções de agressão (pp. 186 e 187). Exactamente na mesma linha vai todo o livro do professor canadiano Michel Chossudovsky, *Guerre et mondialisation – à qui profite le 11 septembre?*.

5. Síntese conclusiva

Em conclusão, se passarmos em revista os aspectos mais salientes da conflitualidade pós-Guerra Fria desta era da globalização ou da NOM e deles quisermos fazer uma síntese:

- dos riscos inerentes à proliferação das armas de destruição maciça, nomeadamente das armas nucleares e das consequências perversas de a contra-proliferação estar a sobrepor-se à não-proliferação;
- da eventualidade de emergirem novas alianças ou blocos que visem contrariar a consolidação da unipolaridade;
- da inadequação da ONU para assumir o seu papel de instância supranacional de regulação e solução dos conflitos;
- dos efeitos das erupções fundamentalistas que tendem a envenenar a convivência intercivilizacional;
- das ameaças do terrorismo e do contra-terrorismo que vêm assumindo uma extensão à dimensão planetária;

então bem se pode constatar que a casa comum da humanidade também se tornou no palco comum da conflitualidade. Porque se o mundo encolheu com as novas tecnologias da comunicação, dos transportes, dos armamentos, porque se a liderança é global, se há ameaças globais, se há actores da conflitualidade que têm expressão global, se há meios para estender os conflitos à dimensão global então, para determinados tipos de conflitos globalizados, o mundo tornou-se uma ZTC global.

CAPÍTULO B

A OTAN NO MUNDO ZONA DE TENSÃO
E CONFLITOS GLOBAL

1. Génese e objectivos da OTAN
a. A OTAN nasce em Washington em 4 de Abril de 1949 quando foi aprovado o texto do Tratado do Atlântico Norte que entraria em vigor em 24 de Agosto seguinte.

São doze os seus membros fundadores, dois localizados na América do Norte, EUA e Canadá e dez na Europa ocidental, Bélgica, Dinamarca, França, Holanda, Islândia, Itália, Luxemburgo, Noruega, Portugal e RU.

Portugal ficou a dever a sua entrada como parceiro fundador ao arquipélago dos Açores, situado bem no meio do Atlântico norte e que já no fim da Guerra 1939-1945 desempenhara um papel importante para a liberdade de navegação marítima e aérea neste oceano. Os EUA já aí contavam com uma base aero-naval na ilha Terceira, Lages e consideravam o arquipélago como uma posição geoestratégica decisiva para a sua segurança a leste e para a projecção de forças para a Europa e toda a zona do Mediterrâneo. Se tivermos em conta a formulação teórica de Mahan quando propôs que a América se tornasse numa potência marítima (ver Primeira Parte, III.C.1.e. e f.), pode afirmar-se que os Açores representavam para o poder norte-americano, quando o espaço central é o Atlântico, o mesmo papel do Hawai quando esse espaço era o Pacífico.

O texto inicial do tratado precisava que os territórios dos vários Estados membros eram os situados na Europa e na América do Norte a norte do Trópico de Câncer, incluindo expressamente os departamentos franceses da Argélia e as ilhas sob jurisdição de qualquer das partes situadas no Atlântico a norte daquela linha (Mapa 5). A única excepção que se abria à rigorosa localização a norte do Trópico de Câncer era a zona meridional da Argélia, então francesa. A referência ao território da Argélia viria a ser retirada do tratado depois da sua independência em 1962. Se tivermos em consideração esta excepção aberta para a Argélia e a omissão de qualquer excepção para as colónias portuguesas, nem mesmo para Cabo Verde cuja posição podia ter importância para o Atlântico Norte, é fácil concluir as reservas com que, desde a fundação, era encarada na aliança a política colonial portuguesa.

MAPA 5 – Área geográfica da Organização do Tratado do Atlântico Norte quando da sua fundação

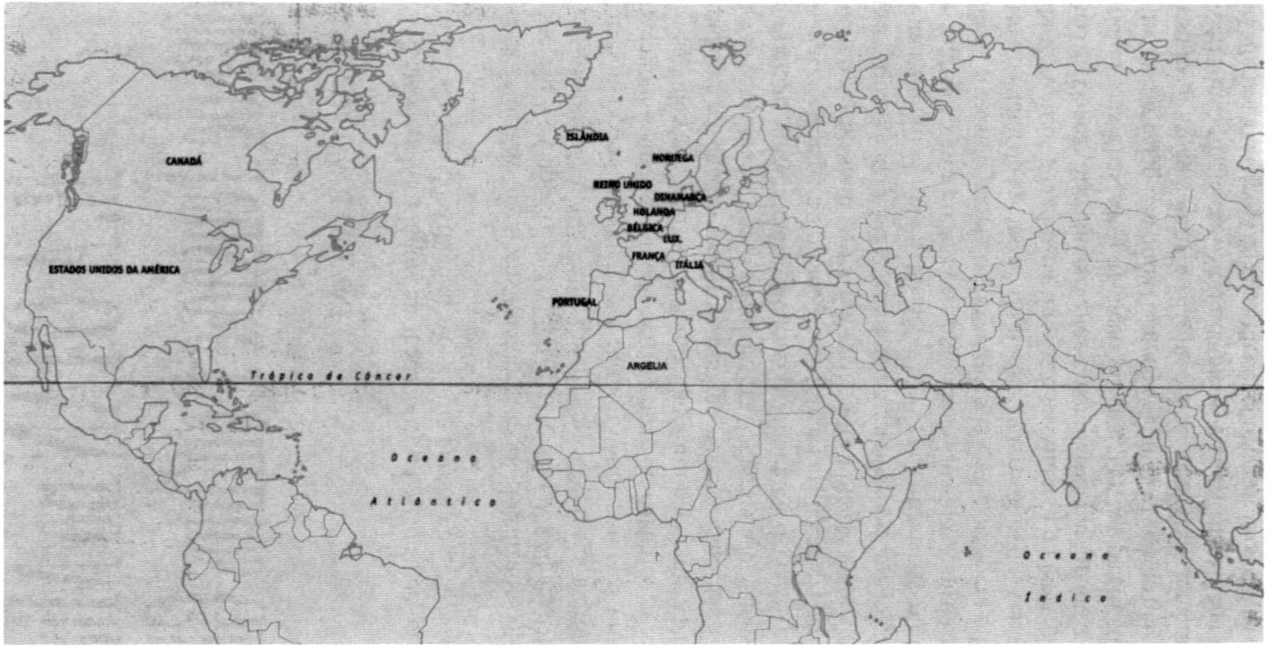

Fonte: *Janus 98*, Público e UAL, Lisboa, 1998

b. A OTAN, no seu acto fundador, proclama o respeito pelos princípios da democracia, das liberdades e do respeito pelo direito, o que desde logo encerra uma ambiguidade já que o Estado português, membro fundador, estava longe de se identificar com aqueles princípios. Era, reconhecido mesmo pelos seus parceiros, uma ditadura repressiva e violadora dos mais elementares direitos e liberdades. Os objectivos fundamentais visavam a constituição de uma aliança para a defesa colectiva dos seus membros, considerando que um ataque armado contra qualquer deles constituiria um ataque a todos eles. Sem nunca a citar no articulado do tratado era óbvio que a ameaça implícita era a expansão soviética na Europa e o objectivo era a sua contenção.

Digamos que a Aliança Atlântica tinha dois objectivos expressamente assumidos e um terceiro implícito mas não assumido:

- Os objectivos assumidos eram a contenção da expansão da URSS e a manutenção da Alemanha controlada dentro do sistema de segurança colectiva. Referimo-nos à Alemanha ocidental já que a Alemanha de leste estava incluída na zona de influência da URSS, logo no bloco adversário a conter. A República Federal Alemã (RFA) só veio a aderir à aliança em 1955 mas esse controlo foi desde o início garantido através da sua divisão em zonas ocupadas pelos EUA, RU e França.
- O objectivo não assumido era o da sua constituição como instrumento de liderança norte-americana no bloco ocidental, isto é, a assunção do papel de suporte militar de um dos pólos do sistema bipolar.

Lorde Ismay, que foi o primeiro secretário-geral da organização, cargo criado em 1952, terá afirmado que «*A Organização do Tratado do Atlântico Norte tem três funções: manter os Estados Unidos dentro, os russos fora e os alemães em baixo*» (Pereira, 2001, p. 43). Creio que, usando a mesma lógica, será mais rigoroso afirmar que as três funções da OTAN eram manter a Alemanha dentro, a URSS fora e os EUA por cima.

c. O Pacto do Atlântico, como também ficou vulgarmente conhecida, parecia querer conciliar dois princípios fundamentais das relações internacionais, por muitos, nomeadamente pelos EUA, considerados contraditórios. O princípio do equilíbrio do poder e o princípio da segurança colectiva:

- O princípio do equilíbrio do poder era o que presidia à pretensão de assegurar o seu papel a nível global. No sistema bipolar que vigorou durante todo o período da Guerra Fria e que tinha como arena principal a Europa, a OTAN garantiu o equilíbrio leste-oeste, a partilha da Europa e da Alemanha divididas pela cortina de ferro, mas comprometendo-se a actuar no quadro da ONU para a manutenção da paz e segurança internacionais.

- O princípio da segurança colectiva vigorou internamente entre os membros da aliança, através da sua natureza de organização intergovernamental em que os vários parceiros conservavam a sua soberania. Os Estados eram livres de decidir com vista aos seus interesses, mas comprometiam-se a actuar de acordo com os outros parceiros, em conjunto, no caso de qualquer deles ser atacado nos termos previstos no tratado.

No quadro da OTAN os princípios do equilíbrio do poder e da segurança colectiva não se chocavam, pelo contrário, complementavam-se, porque se orientavam para destinos diferentes, o primeiro para o exterior, o segundo para o interior.

2. Conceito estratégico da OTAN

a. O conceito estratégico da Aliança Atlântica foi sempre identificado com o dos EUA e, por isso, sofreu as mesmas evoluções que foram provocadas pelas contradições da Guerra Fria e da NOM.

b. Até 1967 a estratégia da aliança inscrevia-se na estratégia da contenção tal como foi aplicada por Truman (ver I.A.4.a.). Constituía a componente europeia do *rimland* no cerco à URSS, no qual devia vigorar uma defesa unificada e de comando centralizado norte-americano. Por outro lado, de acordo com o conceito das represálias maciças (ver I.A.4.b.), considerava-se a área da aliança, no seu conjunto, protegida pela estratégia da dissuasão do guarda-chuva nuclear norte-americano.

Foram estes dois aspectos que, em grande parte, estiveram na base da retirada da França da estrutura militar da aliança, porque o presidente Charles De Gaulle pretendia que na Europa se avançasse para um exército europeu e de comando europeu e não acreditava na protecção nuclear dos EUA – Washington não se arriscaria a sofrer represálias para proteger aliados, pensava – e decidira criar a sua própria *force de frappe*.

c. Em 1967 a OTAN reformula o seu conceito estratégico passando a assentar nos princípios da defesa avançada e da resposta flexível que os norte-americanos haviam introduzido na sua estratégia nuclear, graduando os patamares da dissuasão.

Entretanto, admitindo que num embate inicial a defesa avançada pudesse ceder face à pressão de forças convencionais do PV, a aliança admite uma estratégia de defensiva móvel, baseada em forças aeromóveis, que pudessem efectuar penetrações profundas nas posições inimigas. Era a doutrina Rogers, então comandante do Comando Aliado na Europa (ACE) e o conceito do *Follow-On Forces Attack* (FOFA).

d. A grande transformação no conceito estratégico vai resultar da decisão na cimeira de Londres, de Julho de 1990 e seria aprovada no ano seguinte, em Novembro, na cimeira de Roma. É a primeira adaptação da OTAN ao fim da Guerra Fria, ao esvaziamento do mundo bipolar que estivera na sua génese e ao desaparecimento do PV e da própria URSS, os inimigos que justificavam a sua existência. As alterações mais significativas foram:

- Admissão de uma nova gama de ameaças mais prováveis, já não as do antigo bloco leste mas derivadas da instabilidade em regiões sensíveis que podem gerar situações de crises locais na periferia da aliança.
- A eventualidade de ter de enfrentar essas crises fora-de-área, passando assim de um conceito restrito de defesa a um conceito alargado de defesa, que pode passar por intervenções fora das suas fronteiras.
- Abandono do sistema de defesa rígido baseado em grandes unidades posicionadas ou a posicionar e adopção de um sistema flexível assente em forças de intervenção rápida com grande mobilidade e autonomia, os chamados Grupos de Forças Interarmas Multinacionais, na terminologia anglo-saxónica *Combined Joint Task Forces* (CJTF).

e. A cimeira de Washington de Abril de 1999 em que se comemoravam os cinquenta anos da OTAN aprovou uma nova e a mais profunda alteração no conceito estratégico marcada por três aspectos determinantes:

- O primeiro é o facto de os EUA, depois da Primeira Guerra no Golfo e das intervenções na Bósnia e no Kosovo, terem assumido, sem ambiguidades, a liderança do sistema global e unipolar e estarem determinados a afirmar essa liderança. A América tinha deixado de ser líder de um bloco num sistema partilhado bipolarmente e passara a ser líder de um sistema global e unipolar.
  A aliança precisava de se adaptar a esta mudança de estatuto da sua potência liderante.
- O segundo resultava de estar em marcha um maior aprofundamento da UE, com a passagem de uma mera comunidade económica para uma

hipotética união política, em que um dos temas em discussão era a sua opção de defesa e segurança.
Washington receava que a UEO pudesse consolidar-se autonomamente, ameaçando a coesão da OTAN. Era o velho dilema entre a possibilidade de a Europa constituir o pilar europeu da OTAN, o que sempre a sujeitaria às decisões norte-americanas ou, com base na UEO, desenvolver um instrumento de defesa e segurança própria conferindo-lhe maior autonomia de decisão. Nas vésperas da cimeira a secretária de estado americana Madeleine Albright lançou a palavra de ordem de impedir os três D's, isto é, a desacoplagem entre os parceiros de um lado e outro do Atlântico, a duplicação de objectivos e funções da OTAN e da UE e a discriminação dentro da UE entre Estados membros pertencentes e não pertencentes à Aliança Atlântica.

- O terceiro é que a cimeira se desenrolou em plena crise da Jugoslávia/Kosovo, que tornou em factos consumados alguns aspectos mais controversos que iam ser discutidos.
Verificara-se a intervenção de forças da aliança na Jugoslávia fora da área OTAN, sem mandato da ONU e sem que qualquer Estado membro tivesse sido atacado, não estando portanto em causa o princípio da legítima defesa, contrariando assim o Art. 5º do tratado.

Foi então neste ambiente de crise envolvente, numa fase de afirmação da liderança global dos EUA, enfrentando o risco de uma maior autonomização da UE e perante um conjunto de factos consumados, que o conceito estratégico da OTAN foi revisto em Washington, vindo a ser aprovadas as seguintes inovações mais significativas:

- Possibilidade de intervenção fora-de-área, por referência expressa a acções não-Art. 5º. A OTAN deixava, explicitamente, de ser uma organização defensiva.
- Dispensabilidade de mandato do CS da ONU para as intervenções fora-de-área e sem ser em resposta a um ataque directo, o que foi assumido de forma subtil através da referência à experiência passada no Kosovo.
- Manutenção da opção nuclear como componente fundamental da defesa da OTAN e dos Estados membros.
- Definição da Identidade Europeia de Segurança e Defesa, no sentido favorável às preocupações dos EUA isto é, assumindo-se como pilar europeu da OTAN.

Surpreendente terá sido o facto de esta opção, decisiva para a UE, ter sido tomada numa cimeira da OTAN, onde estão presentes Estados que lhe são estranhos, onde nem todos os Estados da UE têm assento e onde tem um papel determinante uma potência, os EUA, que não só não pertence à UE como nem sequer é europeia. Os três D's de Madeleine Albright tinham ficado salvaguardados.

Todas estas alterações do conceito estratégico aprovadas em Washington corresponderam à satisfação, para os EUA, da totalidade dos pontos que desejavam ver aprovados, alguns dos quais tinham chegado a estar em risco.

f. A cimeira de Praga de Novembro de 2002 aprova uma nova actualização do conceito estratégico mas que não é mais do que um aprofundamento da reformulação de Washington de 1999, tendo agora em consideração as novas ameaças postas em destaque pelos acontecimentos de 11 de Setembro de 2001. É a reafirmação do papel da OTAN como instrumento militar da hiperpotência global.

No essencial o que aí se afirma é o reforço da capacidade para enfrentar ameaças venham de onde vierem, nomeadamente as colocadas pelo terrorismo e pelas armas de destruição maciça em mãos hostis. Para isso a aliança deverá dotar-se de forças de intervenção rápida e capazes de se manterem durante tempos longos e a longas distâncias.

3. Estrutura da OTAN

a. A Aliança tem mantido, ao longo dos anos, uma estrutura dirigente e funcional que não tem sofrido alterações de fundo, com excepção da estrutura de comandos. Tem, obviamente, evoluído na composição dos vários órgãos, com os sucessivos alargamentos, mas a articulação do conjunto dos órgãos tem resistido à passagem do tempo.

b. A autoridade suprema é o Conselho do Atlântico Norte composto por representantes permanentes dos países membros no qual as decisões são tomadas por unanimidade. Para debater questões mais importantes o Conselho reúne a nível ministerial, podendo ser ministros dos negócios estrangeiros, da defesa ou das finanças conforme os assuntos em apreço. As reuniões ao nível dos representantes são semanais e ao nível ministerial bianuais. O Conselho acumula a qualidade de Comité dos Planos de Defesa para discutir e decidir sobre as questões político-militares. Anualmente e por rotação o Conselho é presidido, honorariamente, pelo ministro dos negócios estrangeiros de um dos Estados membros.

Eventualmente e apenas em momentos especiais efectuam-se reuniões cimeiras a nível de chefes de Estado ou de governo.

O secretário-geral é um cargo unipessoal e plurifuncional. Dirige o Conselho do Atlântico Norte, o Comité dos Planos de Defesa e o Comité da Defesa Nuclear, além do seu próprio órgão de trabalho, o Secretariado Internacional.

c. A estrutura civil da organização é constituída pelo Secretariado Internacional e por Comissões Especializadas que se ocupam de matérias específicas as mais diversas, orçamento, armamentos, infraestruturas, economia e finanças, ciência, planos civis de emergência, comunicações, ambiente, desafios da sociedade moderna, defesa nuclear. Esta última merece particular atenção e por isso é presidida pelo secretário-geral enquanto as restantes são presididas por secretários-gerais adjuntos ou por directores de divisões ou repartições.

d. A estrutura militar é composta pela Comissão Militar e pelos comandos.

A Comissão Militar reúne em cimeiras bianuais os responsáveis militares máximos de cada Estado membro, designados, conforme os países, chefe de estado-maior general, chefe de estado-maior interarmas ou chefe de estado-maior conjunto. A continuidade da Comissão Militar é assegurada por representantes militares permanentes que reúnem com periodicidade variável.

A presidência da Comissão Militar é escolhida pela própria Comissão de entre os seus membros, por períodos de dois a três anos e tem assento no Conselho do Atlântico havendo ainda, por rotação, um presidente honorífico, chefe militar supremo de um dos Estados membros.

Da Comissão Militar dependem várias agências especializadas, relativas a comunicações e transmissões, à investigação aeroespacial, à normalização e estandardização, à formação de quadros, à pesquisa anti-submarina, à produção. É assessorada por um estado-maior internacional, integrado, com as funções normais de um estado-maior de alto comando estratégico.

e. A estrutura de comando tem sofrido, como se disse, ajustamentos frequentes, de acordo com a evolução do conceito estratégico, mas sempre cobrindo três grandes áreas, comandos para as áreas marítimas transatlânticas, comandos para as áreas terrestres europeia e norte-americana, comandos operacionais:

- A estrutura de comando inicial compreendia dois níveis de comandos, os Comandos Supremos, *Major NATO Commands* (MNC) na terminologia anglo-saxónica e os Comandos Subordinados, *Subordinate NATO Commands (SNC)*. Os Comandos Subordinados ainda comportavam três níveis, os Comandos Subordinados Superiores, *Major Subordinate Commands* (MSC), os Comandos Subordinados Principais, *Principal Subordinate Command* (PSC) e os Comandos Subordinados Sub-principais, *Sub-Principal Subordinate Commands* (Sub-PSC).
  Os Comandos Supremos da OTAN estavam assim distribuídos (Quadro 1):
  - Comando Aliado do Atlântico, *Allied Command Atlantic* (ACLANT), com sede em Norfolk, nos EUA;
  - Comando Aliado da Europa, *Allied Command Europe* (ACE), com sede em Versalhes, em 1956 transferida para Mons, Bélgica;
  - Comando do Canal da Mancha, *Allied Command Channel* (ACCHAN), com sede em Northwood, Inglaterra e jurisdição sobre as Ilhas Britânicas, o Canal da Mancha e os mares adjacentes;
  - Grupo Estratégico Regional EUA-Canadá, com sede em Washington, para defesa do espaço da aliança na América do Norte.
- Com a reformulação estratégica de 1967 não se verifica nenhuma alteração de vulto mas, com interesse particular para Portugal, foi criado o Comando Subordinado Ibero-Atlântico (IBERLANT), com sede na área de Lisboa, que acabou por se fixar em Oeiras.
- Em 1991 na cimeira de Roma, com o fim da Guerra Fria introduz-se uma alteração significativa. Desaparece o ACCHAN sendo a sua área e responsabilidades integradas no ACE. Além disso, os Comandos Subordinados foram reduzidos em cerca de 20%.
- A maior alteração na estrutura de comandos é decidida em 1997, na cimeira de Madrid. Passam a existir apenas dois Comandos Supremos, o ACLANT e o ACE, tendo cada um deles na sua dependência, Comandos Regionais e Comandos Sub-Regionais, assim articulados (Quadro 2):
  - Comando Supremo do Atlântico com sede em Norfolk do qual dependiam três Comandos Regionais, Leste em Northwood, Oeste em Norfolk, Sudeste em Oeiras e dois Comandos Operacionais, Força de Intervenção Naval para o Atlântico (STRIKFLANT) e Força de Submarinos para o Atlântico (SUBACLANT), ambos em Norfolk.
  - Comando Supremo da Europa, com sede em Mons e do qual dependiam dois Comandos Regionais: Norte em Brunssum (Holanda) com

QUADRO 1 – Estrutura de comando inicial da OTAN

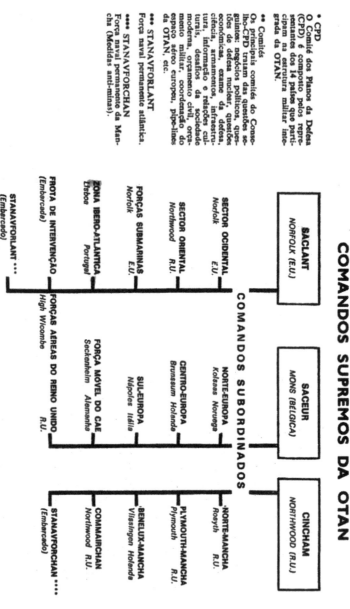

- **CPD**
O Comité dos Planos da Defesa (CPD) é composto pelos representantes dos 14 países que participam na estrutura militar integrada da OTAN.

** Comités
Os principais comités do Conselho-CPD tratam das questões seguintes: negócios políticos, questões de defesa nuclear, questões económicas, exame da defesa, ciência, armamentos, infraestrutura, informação e relações culturais, desafios da sociedade moderna, orçamento civil, orçamento aéreo europeu, pipe-lines da OTAN, etc.

*** STANAVFORLANT
Força naval permanente atlântica.

**** STANAVFORCHAN
Força naval permanente da Mancha (Medidas anti-minas).

Fonte: *Manual da OTAN*, Serviço de Informação da OTAN, Bruxelas, 1976

Quadro 2 – Estrutura de comando da OTAN reformulada em 1997

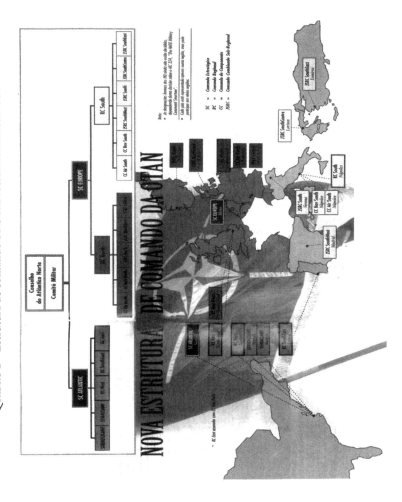

Fonte: *Notícias da OTAN*, nº 1, Bureau de l'Information et de Presse de l'OTAN, Bruxelas, Primavera 1998

três Comandos Sub-Regionais em Stavanger (Noruega), Karup (Dinamarca), e Heidelberg e dois Comandos Operacionais, Aéreo em Ramstein e Naval em Northwood; e Sul, em Nápoles, com quatro Comandos Sub-Regionais em Verona, Larissa (Grécia), Madrid e Esmirna (Turquia) e dois Comandos Operacionais, Aéreo e Naval ambos em Nápoles.
Como se verifica era uma estrutura de comandos cuja distribuição tinha a preocupação política de contemplar a generalidade dos países europeus membros da organização, dos quais apenas foram excluídos a Islândia, que não dispõe de forças armadas próprias, a França, que em 1967 se retirara da estrutura militar e o Luxemburgo.
Esta estrutura de comandos esteve em vigor até Junho de 2003.
- A cimeira de Praga de 21 de Novembro de 2002 decidiu proceder a uma nova redução de comandos, mantendo dois comandos estratégicos mas com finalidades diferentes, o que foi aprovado na cimeira de ministros da defesa de Junho de 2003. Daí saiu a actual estrutura de comandos (Quadro 3):
  - Comando Aliado de Transformação, funcional, sediado em Norfolk, responsável pela permanente transformação das capacidades militares e pela promoção da interoperacionalidade das forças da aliança;
  - Comando Aliado Operacional sediado em Mons, responsável por toda a actividade operacional, do qual dependem dois Comandos de Forças Combinadas Conjuntas: um em Brunssum com um Comando Aéreo em Ramstein, um Comando Marítimo em Northwood e um Comando Terrestre em Heidelberg; outro em Nápoles com um Comando Aéreo em Esmirna, um Comando Marítimo em Nápoles e um Comando Terrestre em Madrid; dele depende ainda um Comando Conjunto Reduzido em Oeiras.

Esta simplificação dos comandos estratégicos está relacionada com o desejo de conseguir uma maior flexibilidade na constituição de comandos operacionais eventuais que podem ser atribuídos aos comandos estratégicos. Foi dentro desta orientação que em Praga se decidiu a constituição de uma Força de Reacção Rápida (*NATO Response Force*), que poderá actuar em qualquer parte do mundo.

4. Alargamento da OTAN

a. Desde a sua fundação a Aliança Atlântica sempre evidenciou vocação para crescer, para aumentar o número de seus Estados membros, para ampliar a sua área geográfica e para estender o alcance da sua influência.

QUADRO 3 – Estrutura de comando da OTAN aprovada em 2002

Fonte: *Expresso*, 31 Maio 2003

Há alguma tendência para se debater o alargamento da OTAN apenas em torno da admissão de novos Estados. É um debate redutor porque o alargamento vai muito além disso.

b. Quando nasce a organização tem doze Estados e uma área geográfica que é bem definida no Art. 6º do tratado: é a dos territórios dos Estados fundadores, estendida aos departamentos franceses da Argélia e às ilhas dos Estados membros situadas no Atlântico a norte do Trópico de Câncer. E a sua influência não vai para além dessa área geográfica porque a aliança destinava--se a defender-se dentro das suas fronteiras.

O Art. 10º, porém, abre desde logo as portas ao alargamento a outros Estados europeus quando estipula que «*As partes podem, por acordo unânime, convidar a aderir a este tratado qualquer outro Estado europeu capaz de favorecer o desenvolvimento dos princípios do presente tratado e de contribuir para a segurança as área do Atlântico norte*».

Em 1952 dá-se o primeiro alargamento com a adesão da Grécia e da Turquia, este último um país apenas marginalmente europeu. A maior parte do seu território e mesmo a sua capital, Ancara, situam-se na Ásia e apenas uma pequena parte fica na Europa, no sudeste dos Balcãs. Mas tem uma posição geoestratégica que era vital para a OTAN no contexto da Guerra Fria por duas razões principais:

- Controlava totalmente o acesso do Mar Negro ao Mediterrâneo, através dos estreitos de Bósforo e Dardanelos, Mar Negro que era, nas suas margens norte e leste, um mar soviético e dos seus aliados.
- Era o único país da aliança com fronteiras directas com a URSS – com excepção da pequena faixa fronteiriça entre a Noruega e a URSS no norte da Escandinávia, na península de Kola, mas com muito menor interesse geoestratégico – na região do Cáucaso e constituindo um tampão entre a URSS e a região petrolífera do Médio Oriente.

Em 1955 verifica-se novo alargamento com a adesão da RFA e mais uma vez em 1982 com a adesão da Espanha.

Em 1990 a unificação da Alemanha amplia novamente a sua área geográfica, desta vez não com a adesão de novos Estados mas com a extensão territorial de um Estado membro, no caso vertente a anexação da antiga RDA. Fica assim aberto o precedente da adesão de territórios pertencentes a Estados do extinto PV.

Na continuação deste precedente na cimeira de Madrid de Julho de 1997 é endereçado convite à Polónia, República Checa e Hungria para integrarem a aliança, o que viria a verificar-se em 1999.

Da cimeira de Praga de Novembro de 2002 sai uma nova decisão de alargamento com convites dirigidos à Letónia, Estónia, Lituânia, Eslováquia, Eslovénia, Roménia e Bulgária, cuja efectiva adesão foi aprovada na cimeira de Maio de 2004. Com este alargamento concretiza-se já não apenas a extensão a Estados antigos membros do PV mas a repúblicas da extinta URSS, caso dos Estados Bálticos. E anuncia-se que as portas continuam abertas. E, de facto, na Cimeira de Estrasburgo de Abril de 2009, são admitidas a Albânia e a Croácia (Mapa 6).

Esta lógica de sucessivos alargamentos é contrariada em dois momentos, ambos relacionados com a França:

- O primeiro é em Janeiro de 1963; a independência da Argélia no ano anterior leva à supressão no Art. 6º da referência aos departamentos franceses da Argélia.
- O segundo é em 1966 quando a França se retira da estrutura militar da aliança e o comando do ACE passa de Versalhes para Mons.

c. Dissemos a abrir este sub-capítulo que o alargamento da OTAN não se resume ao aumento do número de Estados membros e, por via disso, da sua área geográfica coberta pelos Art. 5º e 6º.

Até ao fim da Guerra Fria a aliança pressupunha uma área geográfica precisa, estabilizada pelo confronto com o bloco hostil, situando-se entre eles alguns Estados neutrais, Finlândia, Suécia, Suíça, Áustria e Jugoslávia, que não era previsível aderirem a um ou outro bloco. O planeamento operacional baseava-se numa estratégia defensiva, dentro das fronteiras geográficas dos Estados membros e não identificando áreas de influência para além dessas fronteiras.

Depois da Guerra Fria, com o desmantelamento do PV e da própria URSS e o surgimento de uma zona de instabilidade nos Balcãs, tudo isto vai mudar.

Com a ratificação da estratégia da aliança na cimeira de Roma em 1991 e o abandono da sua vocação puramente defensiva para actuar dentro das fronteiras dos Estados membros em resposta a uma agressão externa, passa a admitir a actuação fora-de-área. Assim nasce a identificação do conceito de área estratégica que compreende duas modalidades:

- Área de Responsabilidade OTAN (ARO), correspondendo à totalidade dos territórios incluídos dentro das fronteiras dos Estados membros.

Mapa 6 – Evolução dos sucessivos alargamentos dos Estados membros da OTAN

Fonte: N/N – Web site: www.nato.pt

- Área de Interesse OTAN (AIO), que abrange os territórios contíguos à ARO e cuja instabilidade pode pôr em causa a segurança dos Estados membros.

O alargamento da OTAN pelo crescimento da ARO foi o que atrás analisámos. O alargamento através do conceito AIO é mais subtil, mais casuístico e menos previsível.

Como pode ler-se no texto de Tavares Nunes, "História da Aliança Atlântica: grandes períodos", com o qual o autor colabora na obra *Portugal e os 50 anos da Aliança Atlântica 1949-1999*, depois do anúncio da nova ordem internacional pelo presidente Bush «*Outros focos de instabilidade surgiam nas regiões circundantes da Europa. Um arco de crise e de conflitualidade estendia-se desde o Norte de África, passando pelos Balcãs, Médio Oriente, até à Transcaucásia*» (p. 57). Era neste arco de crise que se inscrevia a AIO, de contornos não limitados e não definitivos, que podiam ir até onde se estendesse a crise que ameaçasse a ARO.

De um conceito restrito de defesa passava-se a um conceito alargado de defesa com a admissibilidade de intervenção fora-de-área. Este alargamento vem a materializar-se com as várias intervenções nos Balcãs, na Bósnia, no Kosovo e na Macedónia que vem a tornar-se numa presença efectiva a partir dos Acordos de Dayton e com a disponibilidade para actuar no Afeganistão numa controversa interpretação do Art. 5º do tratado que só não se efectivou porque os EUA privilegiaram outros parceiros.

d. Mas há ainda uma terceira componente do alargamento, aquela que se tem materializado através das parcerias.

Na cimeira de Roma foi anunciada uma nova estrutura de cooperação com os países do extinto PV, que ficaria conhecida por *North Atlantic Cooperative Council (NACC)*, em português Conselho de Cooperação Norte-Atlântica. Na sua sequência sai da cimeira de Bruxelas de Janeiro de 1994 o conceito de Parceria para a Paz, *Partnership for Peace (PfP)*, que constitui um compromisso com Estados não-membros de consultas mútuas perante o surgimento de qualquer ameaça. Exclui-se, portanto, dos vínculos de defesa colectiva expressos no Art. 5º que continuam a ser reservados aos Estados membros.

Na cimeira de Madrid de Julho de 1997 este conceito de Parceria para a Paz iria conhecer um forte impulso:

- Surge o Conselho de Parceria Euro-Atlântico, *Euro-Atlantic Partnership Council (EAPC)*, que se substitui ao NACC.

- Forma-se o Grupo de Cooperação para o Mediterrâneo, orientado para as parcerias com os Estados da margem sul fortemente atingidos pela instabilidade interna promovida por grupos radicais e que, por via da emigração, tem fortes reflexos nos países do sul da aliança.
- É aprovado o Acto Fundador OTAN-Rússia sobre Segurança Cooperação e Relações Mútuas e criado o Conselho Conjunto Permanente OTAN-Rússia que, conferindo um papel especial de parceria à Federação Russa consegue, até certo ponto, moderar a oposição desta potência ao alargamento da aliança até às suas fronteiras. A Aliança Atlântica passa a ser um fórum no qual a Rússia participa, ainda que com um estatuto especial.
- É ainda aprovada uma Carta de Parceria OTAN-Ucrânia.

Isto é, a conjugação das parcerias e dos efeitos da AIO confere à OTAN capacidade de intervenção fora das suas fronteiras geográficas, em todas as áreas da Europa, África e Ásia que tenham reflexos nos países da aliança.

A cimeira de Praga de Novembro de 2002 dá particular relevo a estes acordos de parceria, dedicando-lhes referências individualizadas no comunicado final e comprometendo-se a reforçar esses relacionamentos.

e. Toda a formulação do comunicado da cimeira de Praga, com a admissão de que novas adesões estão previstas, com a referência às intervenções fora-de-área em qualquer parte do mundo e com a afirmação do aprofundamento das parcerias, demonstra que o alargamento da OTAN continua em curso.

5. Síntese conclusiva

a. Com a entrada na década de 90 e a brusca mutação geoestratégica resultante do termo do PV e da implosão da sua superpotência hegemónica, a URSS, a OTAN enfrentou um problema existencial uma vez que haviam desaparecido as principais razões que a justificavam. A Alemanha estava integrada e a ameaça de leste desaparecera. Esse problema existencial era, porém, apenas aparente.

Persistia a terceira razão, o papel da Aliança Atlântica enquanto instrumento militar da liderança da potência hegemónica, já não superpotência do bloco ocidental, mas hiperpotência global. Para que a aliança pudesse cumprir esse papel era indispensável um esforço de modernização e adaptação, reformulando-se conceptualmente, reestruturando os seus comandos e forças, alargando as suas áreas de responsabilidade, de influência e de parcerias.

b. A reformulação conceptual de uma organização de segurança colectiva que sempre revelara notória capacidade de adaptação às flutuações da Guerra Fria para se ajustar à nova realidade da globalização, inicia-se em 1990 na cimeira de Roma, quando as cinzas da Guerra Fria ainda estavam quentes, prossegue até 2002 em Praga e vai certamente continuar.

Durante estes anos a OTAN deixa de ser uma aliança de defesa colectiva, assume como suas as ameaças globais identificadas pelos EUA e aceita o papel de *gendarme* da NOM americana, se possível subordinada à ONU, mas à margem da ONU se conveniente e até substituindo-se à ONU se necessário.

c. A reestruturação e adaptação das estruturas de comando e das suas forças foi também uma constante. Com o fim da Guerra Fria abandona decididamente o dispositivo defensivo num conceito de defesa avançada orientada para leste, reduz os escalões de comando fixos e cria novos comandos e unidades mais flexíveis, dotadas de grande mobilidade e autonomia, capazes de intervir a longas distâncias e sobreviver durante períodos prolongados. É uma articulação apta a conjugar a defesa do espaço euro-atlântico com a capacidade de intervenção em qualquer parte do mundo.

d. O alargamento constituiu uma dinâmica constante da aliança que cresceu dos doze membros fundadores para os vinte e oito actuais, continuando aberta a novas adesões.

Assim se vem materializando o alargamento da ARO que, conjugada com a ampliação da AIO conferida pela intervenção fora-de-área e pelos acordos de parceria com Estados não-membros alonga a capacidade de intervenção da OTAN até onde ela própria ou a hiperpotência hegemónica que a lidera julgar conveniente e na forma considerada mais vantajosa.

e. Alguns pensam que a OTAN está a tornar-se dispensável porque os EUA já não precisam dela para dominarem o mundo. É o que se pode ler no texto "Has NATO become unnecessary?", assinado por Laurent Zecchini e publicado no *Guardian Weekly* de 28 de Março a 3 de Abril de 2002: «(...) *a OTAN hoje parece mal preparada para responder a quatro grandes desafios. O primeiro, concretizado pelo 11 de Setembro, que demonstrou não apenas a gravidade do terrorismo, mas também o desajustamento das alianças militares tradicionais para lidar com ele. O segundo liga-se com a emergência de uma força de defesa europeia (...) O terceiro (...) é inerente à estratégia de alargamento da OTAN. E o quarto relaciona-se com a aproximação à Rússia*». E o autor explica o porquê destes quatro pontos: «*Os ataques de 11 de Setembro revelaram a crise de identidade da OTAN enquanto os americanos tornaram claro para os seus aliados que pensam poder organizar uma resposta mais efectiva se actuarem isolados (...) os Estados Unidos não necessitam mais da OTAN quando instalam bases nos longínquos e inacessíveis territórios das antigas repúblicas da União Soviética da Ásia central (...) a OTAN, conforme se alarga, pode estar a tornar-se uma espécie de super-OSCE (...) uma força de segurança europeia poderá, em última análise, condenar a OTAN a tornar-se cada vez mais um frágil modelo de federação de segurança colectiva».*

Todos estes argumentos são, certamente, para ter em conta, mas há um, em contrário, que o autor não equaciona. É que na OTAN os EUA mantêm sob seu controlo algumas das maiores potências que se lhe seguem em capacidade militar, os Estados europeus, os quais, juntos e fora da aliança, poderiam constituir o mais sério desafio à hegemonia global americana. Não porque a Europa pudesse a curto prazo confrontar o poderio militar americano, mas porque disporia de capacidade para, face aos grandes problemas mundiais, poder decidir autonomamente. Foi exactamente isto que os EUA conseguiram evitar na revisão do conceito estratégico da Aliança Atlântica na cimeira de Washington de 1999.

Se quisermos recuperar o aforismo de Lord Ismay dos primeiros tempos da Aliança Atlântica e adaptá-lo ao momento presente, diríamos que a manutenção da OTAN se destina a manter a Europa dentro, os EUA por cima e o resto do mundo por baixo.

f. A entrada no ano de 2003, com a controvérsia em torno do desencadeamento da guerra no Iraque, dividindo radicalmente os membros europeus da OTAN, os chamados atlantistas que se dispõem a alinhar incondicionalmente com os EUA de um lado e do outro os chamados europeístas que exigem que qualquer intervenção seja previamente determinada pelo CS, mostra que há de facto uma crise no seio da organização, dando razão ao articulista do *Guardian Weekly* acima citado. Creio que esta crise, que já começara a desenhar-se antes da revisão do conceito estratégico na cimeira de Washington de 1999, era inevitável.

A NOM, o sistema unipolar do tipo Estado imperial, encontra resistências na Europa e alguns Estados europeus são muito críticos à forma unilateralista como Washington tem assumido a liderança desse sistema. A partir do momento que a OTAN deixa de ser uma instância de defesa colectiva dos Estados membros e passa a ser um instrumento militar de afirmação da hegemonia global desse Estado imperial, é natural que as reservas sobre o sistema global ecoem dentro da própria aliança. É uma das contradições com que a nova natureza da Aliança Atlântica se tem de confrontar.

BIBLIOGRAFIA

ANDRÉANI, Giles – "The disarray of US non-proliferation policy", *Survival*, 41-4, Winter 1999-2000

BONIFACE, Pascal – "Danger! Prolifération étatique", *Le Monde Diplomatique*, Janvier 1999

—— "Nota introdutória", *As lições do 11 de Setembro*, Livros Horizonte, Lisboa, 2002

BRZEZINSKI, Zbigniew – "A geostrategy for Eurasia", *Foreign Affairs* Volume 76 Nº 5, September/October 1997

BUSH, George W. – *The National Security Strategy of the United States of America*, The White House, Washington, http://www.whitehouse.gov/nsc/nss.html, September 17 2002

BUTFOY, Andrew – "The future of nuclear strategy", *Contemporary security and strategy* Macmillan Press, G.B., 1999

CHOMSKY, Noam – *Piratas e imperadores, velhos e novos, o terror que nos vendem e o mundo real*, Publicações Europa-América, Mem Martins, 2003

CHOSSUDOVSKY, Michel – *Guerre et mondialisation – a qui profite le 11 septembre?*, Le Serpent à Plumes, Paris, 2002

CRAVINHO, João Gomes – *Visões do mundo, as relações internacionais e o mundo contemporâneo*, Imprensa de Ciências Sociais, Lisboa, 2002

DOUGHERTY, James E. e PFALTZGRAFF JR, Robert L. – *Relações internacionais as teorias em confronto*, Gradiva, Lisboa, 2003

DUBIEN, Armand – "A Rússia e as consequências do 11 de Setembro de 2001", *As lições do 11 de Setembro*, Livros Horizonte, Lisboa, 2002

ENGELHARD, Philippe – *La troisième guerre mondiale est commencée*, Arleá, Paris, 1999

GHOZALI, Nacer-Eddine – "Os fundamentos jurídicos da intervenção americana", *As lições do 11 de Setembro*, Livros Horizonte, Lisboa, 2002

GRAY, Richard – "Nuclear weapons proliferation", *Contemporary security and strategy*, Macmillan Press, G.B., 1999

HOBSBAWM, Eric – *A era dos extremos – história breve do século XX 1914-1991*, Editorial Presença, Lisboa, 1998

HUNTINGTON, Samuel – *O choque das civilizações e a mudança na ordem mundial*, Gradiva, Lisboa, 1999

IKENBERRY, G. John – "America's imperial ambition", *Foreign Affairs*, Volume 81 Nº 5, September/October 2002

KISSINGER, Henry – *Diplomacia*, Gradiva, Lisboa, 1996

KLARE, Michael – "The new geography of conflict", *Foreign Affairs* Volume 80 Nº 3, May/June 2001

MANDELBAUM, Michael – "Is major war obsolete?", *Survival* Volume 40 Nº 4, Winter 1998-99

NIQUET, Valérie – "As repercussões para a Ásia dos atentados do 11 de Setembro de 2001", *As lições do 11 de Setembro*, Livros Horizonte, Lisboa, 2002

N/N – "Acto fundador sobre as relações, a cooperação e a segurança mútuas entre a OTAN e a Federação Russa", *Nação e Defesa* Nº 89, IDN, Lisboa, Primavera 99

N/N – *The Prague summit and NATO's transformation. A reader's guide*, NATO Public Diplomacy Division, Brussels

N/N – Web site: www.nato.int

N/N – *Prague Summit Declaration*, http://www.nato.int/docu/pr/2002/p02-127e.htm, 21 November 2002

NUNES, Tavares – "História da Aliança Atlântica: grandes períodos", *Portugal e os 50 anos da Aliança Atlântica 1949-1999*, Ministério da Defesa Nacional, Lisboa, 1999

PEREIRA, Carlos Santos – *Da Jugoslávia à Jugoslávia*, Edições Cotovia, Lisboa, 1995

— Os *novos muros da Europa, a expansão da NATO e as oportunidades perdidas do pós- -Guerra Fria*, Edições Cotovia, Lisboa, 2001

PUIG – *Relatório à 40.ª Sessão Ordinária da UEO*, Assemblée de l'Union de l'Europe Occidentale, Paris, 11 Maio 1994

RAMONET, Ignacio – *La géopolitique du chaos*, Éditions Galilée, Paris, 1997

ROBERTS, Brad, MANNING, Robert A. e MONTAPERTO, Ronald N. – "China: the forgotten nuclear power", *Foreign Affairs* Volume 79 Nº 4, July/August 2000

SACCHETTI, António Ferraz – "Reestruturação da NATO", *Nação e Defesa* Nº 77, IDN, Lisboa, Jan-Mar 96

SANTOS, Loureiro dos – *Segurança e defesa na viragem do milénio, reflexões sobre estratégia II*, Publicações Europa-América, Mem Martins, 2001

— *A idade imperial a nova era, reflexões sobre estratégia III*, Publicações Europa-América, Mem Martins, 2003

SCHELL, Jonathan – "The folly of arms control", *Foreign Affairs* Volume 79 Nº 5 September/October 2000

SINGH, Jaswant – "Against nuclear apartheid", *Foreign Affairs* Volume 77 Nº 5, September/October 1998

TALBOTT, Strobe – "Dealing with the bomb in South Asia", *Foreign Affairs* Volume 78 Nº 2, March/April 1999

TEIXEIRA, Nuno Severiano – "Portugal e a NATO: 1949-1999", *Nação e Defesa* Nº 89, IDN, Lisboa, Primavera 99

Vários – *Nação e Defesa* Nº 84, IDN, Lisboa, Inverno 97

Vários – *Nação e Defesa* Nº 89, IDN, Lisboa, Primavera 99

Vários – *Portugal e os 50 anos da Aliança Atlântica 1949-1999*, Ministério da Defesa Nacional, Lisboa, 1999

Vários – *O império contra o Iraque*, Campo da Comunicação, Lisboa, 2003

TÍTULO III

Bacia mediterrânica

CAPÍTULO A
MEDITERRÂNEO ALARGADO

1. Delimitação espacial

a. Quando se fala de Mediterrâneo nem todos estão a interpretar o conceito de uma maneira uniforme.

Yves Lacoste distinguiu três mediterrâneos, o euro-africano ou euro-árabe a que, mais correctamente, deveria ter chamado euro-afro-asiático e que é conhecido como o Mar Mediterrâneo, o centro-americano ou Mar das Caraíbas ou das Antilhas e o leste-asiático ou Mar do Sul da China (2001, p. 18), que até são, como veremos ao longo deste trabalho, centros de algumas das ZTC mais significativas. É necessário começar por precisar de qual deles é que estamos a tratar. Neste título é o Mediterrâneo Euro-Afro-Asiático que é objecto da nossa análise (Mapa 7).

Por outro lado este Mediterrâneo pode ser o mar interior como tal identificado, que vai do estreito de Gibraltar a oeste, ao de Dardanelos a leste, é envolvido pela costa sul da Europa greco-latina, pela costa do norte de África magrebino e pela costa ocidental da Ásia Menor turco-arábica, e inclui os mares menores da Ligúria, Tirreno, Adriático, Jónico e Egeu.

Mas pode significar também a bacia mediterrânica no seu sentido alargado que além do mar interior atrás delimitado se estende a toda a área de influência mediterrânica, incluindo o Mar de Mármara, o Mar Negro, o Mar Cáspio, o Golfo Pérsico, o Mar Vermelho, o Golfo de Gibraltar e todas as terras marginais a estes mares.

E há ainda quem inclua na bacia mediterrânica Estados que não sendo ribeirinhos são influenciados pelas civilizações que em volta dela se desenvolveram, justificando assim uma extensão para leste até à Arménia e Azerbaijão e para sul até ao Sudão e Sahara Ocidental.

É neste sentido alargado que vamos analisar a Bacia Mediterrânica, distinguindo nela quatro ZTC diferenciadas, a do Conflito Israelo-Árabe, a do Golfo Pérsico, a dos Balcãs e a do Cáucaso. E incluiremos ainda dois casos atípicos, que não configurando ZTC merecem destaque porque influenciam geoestrategicamente toda a região, o Curdistão e o Sahara Ocidental. (Mapa 8).

b. Assim entendido o Mar Mediterrâneo propriamente dito é o centro de uma região que envolve as suas várias margens, tornando-se mais uma zona

Mapa 7 – Os três Mediterrâneos

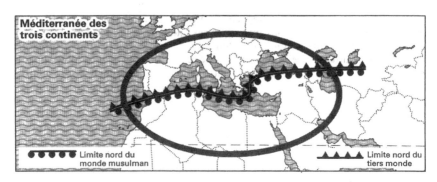

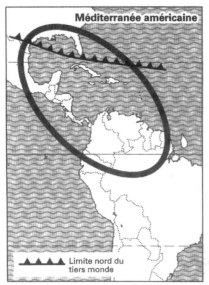

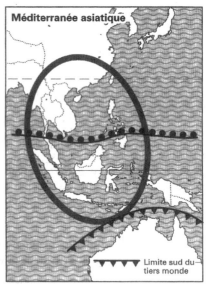

Fonte: Yves Lacoste, *Hérodote*, Nº 103, Paris, 4º Trimestre 2001.

Mapa 8 – A bacia do Mediterrâneo Euro-Afro-Asiático

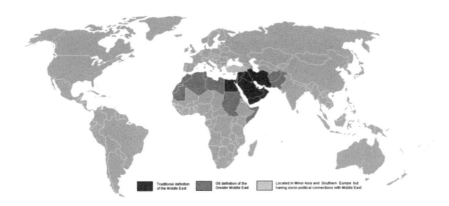

Fonte: N/N.

de união do que uma zona de separação. Aliás, a grande massa desértica que separa a África do Magrebe da África Tropical, essa sim, verdadeiramente fracturante, fez com que o conjunto do Magrebe se virasse muito mais para norte do que para sul. Daí que alguns autores sejam levados a considerar que a verdadeira divisão entre a Europa e a África não passa pelo Mediterrâneo mas pelo Sahara.

c. Muitas vezes confunde-se região mediterrânica com região do médio oriente dela excluindo a Europa mediterrânea. Pensamos que se deve fazer a distinção. Mas a própria ideia de médio oriente tem sofrido alterações ao longo dos tempos.

Quando a Europa se considerava o centro do mundo e as cartografias eram referenciadas ao meridiano de Greenwich distinguia-se o próximo oriente, o médio oriente e o extremo oriente. O primeiro e o segundo quase se confundiam na área que vai da margem oriental do Mar Mediterrâneo até ao Oceano Índico e do Mar Vermelho ao Mar Cáspio, sendo que o próximo oriente correspondia às regiões ribeirinhas do Mediterrâneo e o médio oriente às que envolviam o Golfo Pérsico, da Península Arábica até ao Paquistão. O terceiro incluía o sub-continente indiano, a Ásia oriental e o sudeste asiático. A partir do momento que a centralidade do mundo ocidental passou para a América do Norte começou a perder sentido a noção de próximo oriente e os norte-americanos incluem no médio oriente toda a região que vai do Magrebe ao Paquistão.

Hoje, para os europeus, o médio oriente tem um sentido relativamente preciso, correspondendo a uma região que vai do Nilo ao Irão, com uma zona nuclear compreendida entre a margem leste do Mediterrâneo, o Mar Vermelho e o Golfo Pérsico. De qualquer forma, todas estas designações resultam de uma perspectiva eurocentrada, até porque, para os árabes, Magrebe quer dizer ocidente, poente, em contraposiação Mackrexe, que engloba a região do Egipto ao Golfo Pérsico e significa nascente, oriente.

2. Geografia física

a. Em termos físicos a característica predominante da Bacia Mediterrânica e que contribuiu para que se tenha tornado uma zona de conflitualidade endémica é a rede de mares interiores, na maioria em comunicação uns com os outros através de passagens estreitas que se tornam obrigatórias, aguçando o apetite pelo seu controlo. Esses mares interiores e a fragmentação das terras marginais dá lugar a sucessivas penínsulas, istmos, ilhas, golfos, estreitos e canais, que lhe proporcionam uma configuração heterogénea e favorecem a instabilidade.

b. Não é, à escala mundial, uma região muito extensa e pode, em termos de geografia física, dividir-se em várias sub-regiões que, como à frente veremos, apresentam distintas expressões em termos polemológicos:

- A zona do Mediterrâneo ocidental é a que se situa para poente do estrangulamento entre a Sicília e Cartago, englobando as duas margens, norte e sul.
- A zona do Mediterrâneo oriental, para leste da Sicília e englobando também as duas margens até a fachada leste mediterrânica, estende-se a norte até ao Mar Cáspio.
- A zona da fachada leste do Mediterrâneo que se estende para nascente pelas margens do Golfo Pérsico e para sul pelas do Mar Vermelho e que corresponde ao que denominaremos por Médio Oriente.

c. É uma região onde convergem três continentes, Europa, África e Ásia e que, por isso, constitui uma zona charneira de ligação entre eles. Sendo uma zona de mares interiores, tem uma estrutura essencialmente marítima mas assume uma posição central na ilha mundial de Mackinder, o velho mundo, cruzamento das rotas terrestres que penetram nos vários continentes e que procuram atingir os grandes oceanos abertos à navegação de longo curso. Foi a sua centralidade no velho mundo que a tornou o epicentro de projectos imperiais integrando as várias margens do Mediterrâneo.

d. Ainda no domínio da geografia física, no aspecto particular da sua morfologia, é uma zona muito heterogénea. Montanhosa e arborizada na sua margem norte e na margem sudoeste do Atlas africano, predominam as terras baixas e em grande parte desérticas nas margens sudeste e leste.

Nela desaguam grandes rios que, até à era da mecanização, constituíam vias de comunicação privilegiadas, se tornaram pólos de fixação de civilizações e, por isso, contribuíram para tornar o Mediterrâneo uma zona de destino. Destacam-se o Ebro, o Ródano e o Pó na margem europeia ocidental, o Danúbio, o Dniester, o Dniepre e o Volga nas bacias dos mares Negro e Cáspio, o Tigre e o Eufrates na Mesopotâmia e o Nilo na margem africana oriental.

Zona de transição dos climas gelados do norte para os climas tórridos tropicais tornou-se convidativa à fixação quando as civilizações tenderam para a sedentarização. Como vimos na Primeira Parte deste livro, no capítulo sobre os precursores da geopolítica (II.B.), os pensadores que a partir do século V a.C e até às grandes viagens oceânicas do Renascimento europeu começaram a reflectir sobre a influência que o meio geográfico e o clima exercem sobre o exercício do poder político, sempre colocavam a zona mediterrânica como aquela que estava predestinada a dominar o mundo conhecido.

3. Geografia humana

a. A fragmentação física da região mediterrânica, compartimentada, heterogénea, reflecte-se no mosaico humano que se fixou nas suas margens. Zona de passagem, zona de chegada, zona de convergência, seria durante muitos séculos, para os ocidentais, o centro do mundo conhecido e, exactamente por isso, espaço de disputa e de conflitos pelo seu domínio.

b. As bacias do Nilo e do Tigre/Eufrates foram, pela sua fertilidade – o crescente fértil da antiguidade –, o berço das grandes civilizações do ocidente onde nasceram as primeiras sociedades urbanas que se envolveram na disputa de território, de recursos, de poder, de hegemonia.

Na Bacia Mediterrânica nasceram e depois se desenvolveram, confrontaram e interpenetraram as diversas civilizações da antiguidade, a começar pela que ficou globalmente conhecida por acádia e inclui a suméria onde nasceu a escrita e as que lhe sucederam na Mesopotâmia, a babilónica, a assíria e a mescla destas duas, a caldaico-assíria ou neo-babilónica. No vale do Nilo crescia a civilização egípcia, na Ásia Menor a hitita e em pleno Mediterrâneo a cretense. Mais tarde foram-se desenvolvendo e alastrando a civilização greco-helénica, a persa, a romana, a cartaginesa e mais tarde ainda a germânica, a árabe, a russa.

Aí nasceram e se expandiram as grandes religiões monoteístas ocidentais, o cristianismo, o judaísmo e o islamismo e aí se fracturariam em diversas tendências e sensibilidades.

O Mediterrâneo constituiria a charneira de encontro e de intercâmbio cultural destas civilizações, que se foram interpenetrando e deram lugar a bolsas de minorias formando um mosaico étnico-cultural muito heterogéneo. Esta heterogeneidade foi-se acentuando ao longo dos tempos de tal forma que hoje é teatro de alguns dos conflitos que Samuel Huntington identifica como conflitos civilizacionais, nomeadamente entre cristãos ortodoxos e ocidentais, ou entre judeus e islâmicos. É na Bacia Mediterrânica que se desenvolve uma linha divisória entre um norte cristão e um sul islâmico e se inicia uma linha separadora entre um cristianismo ocidental e um cristianismo ortodoxo. Andrea Riccardi alerta para o risco derivado do facto de o Mediterrâneo ser «(...) *o lugar onde o Islão pode tornar-se a ideologia da revolta do sul contra o norte*» (p. 100).

c. Um problema que em termos humanos se coloca hoje com muita acuidade é o do desequilíbrio demográfico entre as margens norte e sul. Um norte demograficamente estacionário e até em recessão e um sul numa fase de explosão demográfica ainda por cima pressionado pela migração sul-norte da África Subsahariana, está a tornar o Mediterrâneo um trampolim de acesso à Europa do sul contribuindo para uma alteração significativa do panorama étnico-cultural dessa região europeia.

4. Geografia política

a. A centralidade mediterrânica, o mar interior das diversas civilizações foi sempre, historicamente, convidativa a projectos imperiais de unificação das suas várias margens.

As tentativas sucederam-se, desde o projecto helénico de Alexandre o Grande, que chegou a unificar toda a Bacia Mediterrânica oriental, a partir do norte. Segue-se o projecto cartaginês de Aníbal Barca que tentou a unificação do Mediterrâneo ocidental a partir do sul e depois o projecto romano, novamente a partir do norte, que foi o único que conseguiu duradoiramente tornar o Mediterrâneo um *mare nostrum* dominado por uma única potência. Mais tarde ainda os projectos islâmicos diferenciados, o árabe que conseguiu unificar as duas margens do Mediterrâneo ocidental a partir do sul e o otomano que veio a unificar as várias margens do Mediterrâneo oriental a partir da fachada leste.

Os projectos coloniais europeus na era moderna também perseguiram este projecto de unificação das margens do Mediterrâneo agora partilhado, Espanha-Marrocos, França-Marrocos-Argélia-Tunísia-Síria, Itália-Líbia-Etiópia. O próprio RU, enquanto potência marítima dominante, tratou de consolidar algumas bases no Mediterrâneo, Gibraltar, Malta, Chipre para, a partir delas, prolongar o seu império nas margens sul e leste, para o Egipto, Palestina, Iraque, Península Arábica, controlando as passagens para o Índico no Mar Vermelho e Golfo Pérsico.

b. A fragmentação física e humana da Bacia Mediterrânica e o falhanço, ou esgotamento dos vários projectos de unificação das suas margens sob um único poder político, reflectir-se-ia na sua compartimentação política.

A fisionomia política dos Estados mediterrânicos, nomeadamente dos Balcãs e de todo o Médio Oriente é, em grande parte, resultante da forma como se verificou o desmembramento do Império Otomano, assunto a que voltaremos nos capítulos sobre o Golfo Pérsico e os Balcãs.

Seria mesmo no Mediterrâneo onde, por acção da dinâmica cisionista manifestada depois da Guerra Fria, surgiria um número significativo de novos Estados independentes, nomeadamente nos Balcãs e no Cáucaso, quando se admitia que com o fim dos impérios coloniais e o Acordo de Helsínquia de 1974 o mapa político da Europa estivesse definitivamente desenhado. Também voltaremos a estes temas em próximos capítulos.

c. O mapa político do Mediterrâneo alargado é muito complexo, com uma enorme profusão de entidades políticas, se bem que algumas delas com afinidades óbvias e até incluídas em espaços de cooperação inter-estatal. Lacoste considera que uma das características dos mares mediterrânicos é o facto de serem espaços marítimos de média dimensão rodeados por um elevado e heterogéneo número de entidades políticas que se relacionam entre si através desse mar (2001, p. 18). Um dos Estados tem vocação para afirmar a sua supremacia no mar interior e o Mediterrâneo euro-afro-asiático foi aquele onde isso se verificou com mais nitidez na era do império romano mas é, actualmente, onde essa hegemonia é menos visível. É ainda uma das regiões politicamente mais heterogéneas do mundo:

- Na Europa e com margens para o Mediterrâneo podemos contar doze Estados continentais (alguns com prolongamentos insulares) e dois Estados insulares. Mas há ainda mais um Estado que, sendo interior, é claramente de dependência e influência mediterrânica, a Macedónia.
- Na Ásia e também com margens para o Mediterrâneo, três Estados e uma entidade com estatuto para-estatal, a Autoridade Palestiniana.
- Na África do Magrebe e debruçados sobre o Mediterrâneo contam-se cinco Estados.
- Com margens para o Mar Negro há mais cinco Estados europeus e outros dois, a Moldávia e a Arménia que, sendo interiores, se inserem dentro do mesmo conjunto. E a estes podemos ainda juntar o Azerbaijão.
- Nas margens do Mar Vermelho e do Golfo Pérsico, na costa africana, na Península Arábia e no ocidente asiático incluem-se treze Estados.

À fragmentação física e humana já assinaladas podemos então juntar a fragmentação política, com quarenta e cinco entidades políticas espalhadas por diferentes continentes, por regiões distintas, com sistemas e famílias políticas diferenciadas, com níveis de desenvolvimento muito díspares.

Acresce que há ainda definições de entidades políticas por resolver e outras latentes, que poderão agravar a complexidade deste panorama geográfico-político, como são a já referida Palestina, o Sahara Ocidental, os enclaves espanhóis de Ceuta e Melilla na costa marroquina, o Curdistão, os Balcãs, regiões do Cáucaso russo e da Transcaucásia e até algumas regiões da Europa ocidental de que se destacam Gibraltar, o País Basco ou a Córsega.

d. Em paralelo com esta dinâmica cisionista que tem feito crescer o número de Estados manifesta-se a dinâmica contrária, fusionista, não só na sua componente mais radical e irredentista visando o alargamento das fronteiras estatais para espaços vizinhos, a grande Albânia, a grande Croácia, a grande Sérvia, o grande Israel, a grande Síria, o grande Marrocos, mas também na sua expressão mais moderna apontando para a constituição de espaços alargados de cooperação inter-estatal, económica, financeira, cultural e mesmo política. É nesta última dinâmica que se inscreve a UE que estendendo-se para lá da Bacia Mediterrânica interessa muito directamente a esta, a União do Magrebe Árabe e a Liga Árabe.

e. Pode, então, concluir-se que, em termos de geografia política, a Bacia Mediterrânica é, não apenas muito heterogénea e complexa, mas também muito fluida estando longe de consolidada e estabilizada.

5. Geografia económica
a. Economicamente há um evidente desequilíbrio entre o Mediterrâneo europeu e ocidental, industrializado e desenvolvido, integrado na UE e o Mediterrâneo magrebino subdesenvolvido.

É a divisão norte-sul a atravessar o Mediterrâneo que só não é mais acentuada porque aí se enfrentam o norte menos desenvolvido e o sul menos subdesenvolvido.

b. Em termos da geografia económica, para além de constituir o já referido local de encontro norte-sul, os aspectos mais salientes são os que se relacionam, de forma antagónica, com duas matérias-primas fundamentais, a água e o petróleo.

Michael T. Klare, no texto "The new geography of conflict" mostra como estes produtos são hoje fontes de conflitualidade, o petróleo com projecção global, a água doce com projecção regional e local (Mapa 4).

A bacia do Mediterrâneo continua a deter as maiores reservas de petróleo do mundo e de extracção mais fácil e económica e situa-se na principal rota do seu escoamento para os EUA, Europa e extremo-oriente.

Pelo contrário, há uma enorme carência de água doce na zona do Mediterrâneo oriental, com os recursos concentrados em poucas bacias hidrográficas que as tornam objecto de disputa permanente e são trunfos geoestratégicos poderosíssimos para quem as controla. Damian R. S. d'Abadie publicou um interessante artigo na *Nação e Defesa* Nº 101, "The new security, the environment and the Mediterranean: links and challenges", no qual integra o problema da carência de água doce na margem sul, o ouro azul como lhe chama, com os problemas da agricultura e da concentração urbanística associada à pressão demográfica. A agricultura é uma actividade económica importante a sul e é a que absorve a maior parte dos recursos aquíferos. Por outro lado há hoje, à volta do Mediterrâneo, mais de cem cidades com população superior a cem mil habitantes e a própria concentração urbana é fomentadora de consumos e desperdícios de água.

No texto na *Hérodote* Nº 103 "L'eau, le pouvoir, la violence dans le monde méditerranéen" Jacques Béthemont salienta que seis dos países da Bacia Mediterrânica, Malta, Israel, Egipto, Líbia, Tunísia e Argélia, se confrontam já com situações de penúria. E acrescenta que «*No quadro dos países mediterrânicos (...) o risco de conflitos comprovados concentra-se em três bacias internacionais, o Nilo, o Eufrates e o Jordão*» (p. 189).

6. Caracterização polemológica

a. Yves Lacoste escrevia em 1998 na edição da *Hérodote* dedicada a esta região que «*(...) O Mediterrâneo (...) é hoje a mais longa e sem dúvida a principal zona de tensões geopolíticas no plano mundial*» (p. 3). O autor emprega aqui o termo geopolítica num contexto que, de acordo com a caracterização conceptual que desenvolvemos na Primeira Parte (ver II.A.5. e IV.A.1.), se aplicaria melhor o termo geoestratégia, pois é ao ambiente de conflitualidade que se refere. Posteriormente, na mesma revista mas já em 2001, no último número desse ano, o autor reforça esta ideia: «*A zona geopolítica mediterrânica é, não só aquela em que hoje os conflitos são mais numerosos em todo o mundo, face à sua dimensão e à sua população, como foi a partir desta zona que se organizou e lançou o ataque espectacular contra os Estados Unidos (...) Parece, pois, mais do que nunca, que é em torno do Mediterrâneo e seus prolongamentos para leste que se situa, hoje, a principal zona de tensão no plano mundial*» (p. 16).

É certo que na parte final da Guerra Fria duas outras zonas concentravam também grande parte da conflitualidade mundial, o Pacífico ocidental e a

América Latina, curiosamente ambas envolventes dos dois outros mediterrâneos. Também a África a sul do Sahara sobressaiu no final do século XX como uma das zonas de maior conflitualidade. Mas o Mediterrâneo euro-árabe recupera, depois do fim da Guerra Fria, o pouco recomendável estatuto de principal ZTC do mundo. Quando se escrevem estas linhas, a situação no Iraque, na Palestina e em toda a zona do Golfo Pérsico está a dar, mais uma vez, razão a Yves Lacoste.

O facto de Lacoste dizer que o Mediterrâneo é a maior zona de conflitos de hoje não quer dizer que tal seja um fenómeno recente. Pelo contrário, tem sido através dos séculos palco dos maiores e mais perigosos conflitos regionais e todos os conflitos mundiais têm passado por ali. Nunca nenhum conflito mundial da era moderna, Guerra 1914-1918, Guerra 1939-1945, Guerra Fria e guerra global contra o terrorismo, deixou de afectar o Mediterrâneo Euro-Afro-Asiático.

b. O que sobressai na conflitualidade no Mediterrâneo é a sua complexidade. É norma que uma ZTC seja dominada por um conflito que se sobrepõe aos demais e se torna o paradigma caracterizador dessa zona. Não é assim na Bacia Mediterrânica, onde se cruzam vários conflitos qualquer deles merecedor das maiores atenções da comunidade internacional, apesar de alguns serem localizados e apenas afectarem uma parte da região, enquanto outros atravessam e se entrelaçam em toda ela. A tensão norte-sul, o conflito israelo-árabe, as disputas pelo controlo das reservas petrolíferas, o fundamentalismo religioso, o afrontamento entre a cristandade e o islão, o Irão e a proliferação de armas nucleares, o terrorismo global da Al Qaeda são alguns desses conflitos transversais. O problema curdo, a tensão greco-turca nomeadamente em Chipre, a crise nos Balcãs, a guerra do Iraque, o Sahara Ocidental, as guerras no Cáucaso, são mais localizados.

Esta complexidade justifica que individualizemos, em capítulos separados, várias ZTC que nos parece razoável distinguir nesta zona mais vasta que é a do Mediterrâneo alargado.

c. Podem destacar-se os seguintes factores ou sintomas de maior instabilidade e conflitualidade que contribuíram para o relevo do Mediterrâneo como ZTC na época recente, desde a Guerra 1939-1945:

- No Mediterrâneo situava-se a fronteira sul entre a OTAN e o PV durante a Guerra Fria o que o tornava uma das áreas mais sensíveis no conflito leste-oeste. Daqui resultava a proliferação de bases militares, com pro-

eminência da Aliança Atlântica e de meios navais, de que se destaca o poder da VI Esquadra dos EUA. Ambas as superpotências apostaram forte na atracção de aliados influentes na região, nomeadamente no Médio Oriente, e quando se verificaram rupturas bruscas de alianças, como a do Egipto com a URSS em 1972 e do Irão com os EUA em 1979, foram entendidas como desaires geoestratégicos importantes para os respectivos blocos.
- Divergências entre Estados europeus, nomeadamente a hispano-britânica em torno de Gibraltar, nos Balcãs e a greco-turca, esta por diversas disputas territoriais e mais centrada na questão de Chipre.
- Agudização de tensões entre Estados árabes e/ou muçulmanos por razões de liderança regional, mas também por disputas territoriais e por motivações ideológico-religiosas.
- O conflito israelo-árabe com epicentro na Palestina mas que afecta todo o mundo islâmico e tem particular incidência no Médio Oriente.
- Desconfianças entre as margens norte e sul, com um passivo histórico da recente colonização europeia de que ainda restam vestígios na disputa hispano-marroquina, mas que actualmente incidem mais na migração sul-norte em consequência dos desequilíbrios económico e demográfico. A NOM terá transferido o eixo da tensão mundial do sentido leste-oeste para o sentido norte-sul do qual o Mediterrâneo está na linha da frente.
- Instabilidades internas com as mais diversas motivações, nacionalistas, autonomistas, religiosas, irredentistas e que proliferam em toda a Bacia Mediterrânica.
- Disputas pelo controlo das fontes petrolíferas e de gás natural e suas rotas de escoamento, que os EUA elegeram como um dos seus interesses vitais justificando a sua intervenção armada quando os mesmos possam estar em risco.
- Tensões em torno da questão da água doce que, para além de escassa, está mal distribuída em especial na margem sul e na fachada leste. Jacques Béthemont, no texto já citado, salienta que «(...) *a fraqueza dos índices hídricos, os níveis de tensão fazem da hidropolítica mediterrânica ao mesmo tempo um objectivo estratégico e uma fonte de preocupação em que a gravidade se acentuará no futuro, de tal forma que se assiste às escalas regional e nacional a tensões e conflitos, enquanto se perfila à escala internacional o risco de eventuais guerras pela água*» (pp. 175 e 176).

- Por último, desde o fim da Guerra Fria aí se situam alguns dos Estados que a hiperpotência global classifica de *rogue states*, Estados párias ou, na terminologia mais recente, o eixo do mal, Iraque, Irão, Líbia, Síria, alvos prioritários de eventuais futuras intervenções militares de grande envergadura de que o Iraque é o exemplo mais actual.

Como causa e consequência de todos estes factores a Bacia Mediterrânica tornou-se uma das regiões mais armadas do mundo, onde se situam os Estados maiores compradores de armamentos. Uma referência especial para a proliferação de armas de destruição maciça com relevo para as nucleares, porque aí estão presentes, com soberania territorial directa ou pela projecção de poder militar, todas as potências nucleares com excepção da RPC e da Índia e alguns dos Estados que se perfilam como prováveis novas potências nucleares.

d. Seguindo o pensamento de Lacoste nos textos já citados podemos considerar que, polemologicamente, os três subconjuntos físico-geográficos em que se pode dividir a Bacia Mediterrânica (ver 2.b.), se distinguem bem uns dos outros:

- No Mediterrâneo ocidental é mais sensível a conflitualidade norte-sul.
- No Mediterrâneo oriental a conflitualidade mais evidente e preocupante situa-se na margem norte.
- Na fachada leste do Mediterrâneo isto é, no Médio Oriente, há uma maior mistura e emaranhado de conflitos.

Analisaremos em separado a conflitualidade em cada um destes subconjuntos.

e. Charles Zorgbibe no livro *O pós-Guerra Fria no mundo*, chama a atenção para as «*(...) novas tensões norte-sul, das quais o Mediterrâneo se torna o epicentro*» (p. 29). E é no subconjunto ocidental, do estrangulamento entre a Sicília e Cartago até Gibraltar que assume maior dimensão.

Estas tensões encontram motivações em factores de ordem psicológica recentes pois foi aí que se desenvolveu a colonização europeia tardia do norte de África, só abandonada depois da Segunda Guerra Mundial, em alguns casos passando por guerras de libertação muito traumáticas. Os eixos Espanha-Marrocos, França-Marrocos, França-Argélia, França-Tunísia e Itália-Líbia ainda estão presentes nas memórias de ambos os lados e, no primeiro caso, ainda nem sequer estão completamente solucionados, mantendo-se Ceuta e Melilla como focos de tensão norte-sul.

Para além do passivo desta herança histórica ainda mal digerida o conflito norte-sul projecta-se no subconjunto ocidental da Bacia Mediterrânica, onde é mais nítido o contraste entre o desenvolvimento a norte e o subdesenvolvimento a sul, segundo três ameaças:

- A primeira relaciona-se com a degradação ambiental e é principalmente percebida na margem sul.

O Mar Mediterrâneo está sujeito a uma forte pressão ecológica com particular incidência nos recursos piscícolas de que os países do sul são mais dependentes. Economicamente mais frágeis não dispõem de frotas pesqueiras oceânicas como os países da margem norte e recorrem mais à pesca costeira, mais afectada pela poluição. São os países do norte os responsáveis pela sobre-exploração e esgotamento dos recursos, de tal forma que a Bacia Mediterrânica se tornou importadora de peixe. Damian d'Abadie diz que 80% da capacidade piscícola foi destruída pela poluição (p. 41). Alguns países como Marrocos e Tunísia têm no turismo a principal fonte de receitas. Se bem que nos países na margem norte o turismo também seja uma actividade económica muito importante, a economia global não está tão dependente das receitas do turismo como a dos seus vizinhos do sul. Este turismo, em grande parte assente na beira-mar, nas praias, é muito sensível à poluição ambiental e marítima.

Os povos da costa africana vêem nos da margem norte os grandes responsáveis pela degradação ambiental. É aí que se situam os complexos industriais ribeirinhos e os grandes rios como o Ebro, o Ródano, o Pó, atravessam zonas altamente industrializadas e vão descarregar no Mediterrâneo enormes caudais de poluentes (d'Abadie, p. 41). Os países do norte são responsáveis pela maioria do transporte marítimo altamente poluidor e são os utilizadores da energia nuclear que está instalada e circula pelas sua águas, para fins pacíficos e para fins militares, tornando-o uma das zonas mais vulneráveis a uma potencial catástrofe nuclear. O sociólogo francês Bernard Ravenel, na revista *Les conflits verts*, afirma que «*O Mediterrâneo é o mar mais nuclearizado do mundo*» (p. 99) e d'Abadie também reconhece que a questão nuclear é um contencioso norte-sul no Mediterrâneo (p. 44).

Por fim, a degradação ambiental repercute-se nas reservas de água doce que, como vimos quando abordámos os factores da geografia económica,

é um factor geoestratégico muito mais escasso e sensível a sul do que a norte.
- A segunda ameaça refere-se à pressão demográfica e esta é principalmente percebida a norte.

O Magrebe regista, há anos, uma verdadeira explosão demográfica e cada vez tem menos capacidade infra-estrutural e económica para a enfrentar. A população vem duplicando em cada trinta anos e nenhum país tem possibilidade de satisfazer as suas próprias necessidades alimentares nem de corresponder à busca de trabalho de uma população activa em acelerado crescimento.

Esta população activa desempregada, na quase totalidade jovem, com ambição por uma vida melhor e dotada de espírito de aventura, está disponível para a emigração, para procurar um futuro mais favorável noutras paragens. Foi sempre assim em toda a parte e em todas as épocas. O destino natural desta emigração é a margem norte, que enfrenta uma estagnação e até mesmo um recuo demográfico, onde em épocas de crescimento económico há carência de mão-de-obra e que, através da globalização da informação, exporta a imagem da sociedade de consumo, de abundância, de bem-estar, que é convidativa.

Este fenómeno migratório, quando mal gerido, potencia a formação de minorias imigradas e tende a criar *guetos* e bolsas de excluídos, as ilhas do sul no hemisfério norte de que nos fala Philippe Engelhard (ver II.A.3.c. e 4.d.). Em períodos de recessão económica em que o desemprego cresce nos extractos originários é susceptível de um aproveitamento político gerador de tensões sociais e de manifestações de racismo e xenofobia que favorecem radicalismos e projectos extremistas.

- A terceira ameaça reside no fundamentalismo religioso e é percebida tanto a norte como a sul.

Já no título anterior, quando abordámos o mundo enquanto ZTC global, nos referimos ao fenómeno dos fundamentalismos, em especial da sua expressão religiosa (ver II.A.4.d.). O fundamentalismo islâmico, aquele a que no ocidente se dá mais destaque é, como se disse, um fenómeno complexo, com motivos e incidências sociais, culturais, religiosas e políticas.

As suas motivações anti-ocidentais, ou melhor, anti-civilização cristã ocidental, têm raízes históricas fundadas na humilhação colonial, que se prolongam nas censuras às classes políticas dirigentes do pós-independência. Estas são acusadas de terem seguido modelos ocidentalizados que não conseguiram resolver os problemas concretos das sociedades islâmicas. Portanto também se alimenta na luta contra o subdesenvolvimento, a corrupção, a má gestão política.

Mas o fundamentalismo islâmico é, principalmente, uma resposta à globalização forçada segundo padrões ocidentais. É uma afirmação de identidade, uma guerra santa, uma alternativa islâmica à NOM cristã. Contra os paradigmas da globalização, democracia liberal e mercado, opõe regimes teocráticos baseados na lei corâmica e na austeridade. Afirma-se marginal em relação ao sistema global. É também uma reacção à frustração das derrotas humilhantes do mundo árabe face a Israel, que encara como uma ponta de lança do ocidente instalada no coração do mundo islâmico.

Esta ameaça é sentida a norte, como uma infiltração do sul, já instalada no seu seio através dos *guetos* das comunidades islâmicas, mas também a sul, onde é encarada como nova modalidade de tomada de poder, que já funcionou no Irão e no Afeganistão e esteve muito perto de vingar na Argélia. A sul ultrapassa o quadro interno de cada Estado e assume uma dimensão inter-estatal que, aliás, se manifesta de forma contraditória. Por um lado provoca a desconfiança entre Estados vizinhos onde o fundamentalismo assume graus preocupantes e que, quando as relações são conflituais acolhem, ou são acusados de acolher dissidentes recíprocos, mas por outro motiva colaborações inter-estatais para o combater a nível regional, pois são fenómenos em relação aos quais as fronteiras políticas são porosas.

f. No Mediterrâneo oriental a conflitualidade manifesta-se, essencialmente, na margem norte e tem particular acuidade nos Balcãs e no Cáucaso, que à frente estudaremos como ZTC diferenciadas.

Interessa, no entanto, destacar neste subconjunto mediterrânico o papel de relevo da Turquia, que sendo também um país balcânico pela sua componente europeia é fundamentalmente um país asiático com influência cultural na Europa balcânica e caucásica, herança do império otomano que se prolongou durante séculos e do qual a Turquia foi o centro:

- Depois de, em 1453, ter conquistado Constantinopla derrotando o Império Romano do Oriente, o Império Otomano viria a estender os seus domínios até aos Balcãs chegando aos arredores de Viena no século XVII, na margem sul até ao Egipto e, na fachada leste, pela península arábica e até ao Cáucaso. Este império, com algumas flutuações, perdurou até à derrota turca na Primeira Guerra Mundial de 1914-1918.

- País islâmico mas não árabe, Estado laico desde as reformas de Mustafá Kemal Atatürk posteriores à queda do Império Otomano, aproximou-se do ocidente através da OTAN e é candidato à UE.
- Controlando as saídas do Mar Negro para o Mediterrâneo através dos estreitos de Bósforo e Dardanelos – o Mar de Mármara entre estes dois estreitos é um mar turco – tem constituído sempre um tampão eficaz contra as ambições russas de expansão para sul e ocidente. Em plena Guerra Fria formava, juntamente com a Grécia, a fronteira sul da OTAN com o PV e tinha fronteira directa com a URSS, no Cáucaso. A adesão da Turquia à OTAN e não ao PV foi um trunfo decisivo para a primeira na Guerra Fria, conseguindo um equilíbrio nos Balcãs e uma nítida vantagem no Médio Oriente.
- Actualmente tem fronteiras com as duas regiões europeias que depois da Guerra Fria têm sido palco dos conflitos mais graves, Balcãs e Cáucaso, que tanto contribuem para caracterizar o Mediterrâneo oriental como o subconjunto que se destaca pela conflitualidade na sua margem norte.

Voltaremos a referir a importância da Turquia na alínea seguinte sobre o subconjunto da fachada leste do Mediterrâneo, que é onde o seu papel geoestratégico assume maior relevância.

g. O Médio Oriente, dissemos atrás, é o subconjunto mediterrânico onde se mistura um complexo emaranhado de factores de conflitualidade. Alguns dos conflitos que aqui perduram assumem uma maior dimensão e expressão na caracterização polemológica da Bacia Mediterrânica, como o confronto israelo-árabe, o problema curdo, o Golfo Pérsico e merecerão tratamento em capítulos separados.

É este subconjunto que, associado à bacia do Nilo, configura a zona sensível do Médio Oriente, a que Samuel Cohen chamou cintura fragmentada, Eric Muraise denominou região charneira e Pierre Célérier classificou de zona geopolítica intermediária. E era também nele que Charnay pensava quando definiu as fendas geoestratégicas (ver Primeira Parte III.D.5.).

Quando dissemos atrás que no Mediterrâneo se encontra o centro da ilha mundial de Mackinder (ver A.2.c.) era nesta zona mais precisa que estávamos a pensar, pois é nela que convergem os três continentes, Europa, África e Ásia e sobressaem outros factores mais distintivos do Mediterrâneo enquanto ZTC, os cinco mares interiores, os estreitos de saída para o Oceano Índico, as principais fontes de recursos petrolíferos, as maiores carências de água doce. Nela convergem também as três grandes civilizações, islâmica, cristã ocidental e cristã ortodoxa e o núcleo político da comunidade judaica e se situa o berço das três religiões monoteístas ocidentais, cristianismo, judaísmo e islamismo.

Por fim, é esta região que torna o Mediterrâneo uma zona de interesse vital para a hiperpotência mundial e justifica, no pós-Guerra Fria, a permanência da VI Esquadra norte-americana. Aliás, historicamente, esta região foi sempre considerada decisiva para as potências que tiveram aspirações ao domínio global, Grécia e Roma na antiguidade, França e RU a partir do século XIX.

Jacques Soppelsa destaca o facto de esta região ter conhecido, no último quartel do século XX «(...) *cinco grandes choques geopolíticos*» (p. 252):

- O primeiro foi a retirada britânica, no princípio dos anos 70, que significou o termo definitivo de situações de tipo colonial na região e levou ao aparecimento de quatro novas entidades estatais, Bahrein, Qatar, Emiratos Árabes Unidos e, posteriormente, Oman.
- O segundo foi a Guerra de Yon Kipour de 1973, um dos sucessivos episódios do conflito israelo-árabe, que deu origem à crise petrolífera e aos seus reflexos na economia mundial e introduziu o petróleo como uma nova arma nos conflitos.
- O terceiro foi no Irão em 1978-1979, que deu origem à primeira revolução islâmica e introduziu o radicalismo religioso na vida política regional, transformando um poderoso aliado dos EUA e um Estado islâmico benevolente com Israel num dos mais radicais inimigos destes Estados.
- O quarto foi a Guerra Irão-Iraque, entre 1980 e 1988, um dos últimos conflitos clássicos do século, que teve por motivos, entre outros, disputas de carácter fronteiriço e pôs em relevo as divisões profundas que continuam a verificar-se no mundo islâmico, com óbvias vantagens para Israel que este não deixa de aproveitar.
- Por último a Guerra do Golfo de 1990-1991, que mais uma vez começa por um conflito de tipo clássico, a anexação do Koweit pelo Iraque, mas acabou por se transformar na primeira das guerras da NOM, com os EUA a assumirem-se como hiperpotência global liderando uma grande coligação internacional em nome da ONU. Colocou na zona meios militares poderosíssimos e conduziu a guerra na base da estratégia aérea, recorrendo aos mais modernos e sofisticados meios tecnológicos, aí ensaiando pela primeira vez doutrinas de uma guerra assimétrica que viriam a inserir-se na revolução nos assuntos militares. Esta guerra pôs, mais uma vez,

em destaque as fracturas nos mundos árabe e islâmico e reforçou o papel da Arábia Saudita como principal aliado de Washington no mundo árabe.

Quando abordámos a região do Mediterrâneo oriental dissemos que depois da Guerra Fria e do desaparecimento do confronto leste-oeste é na fachada leste que mais se destaca a importância da Turquia como potência regional. Essa importância deriva dos seguintes aspectos:

- A Turquia é membro da Organização da Conferência Islâmica (OCI) onde é encarada com alguma desconfiança pelos seus parceiros, não apenas pela sua aproximação ao ocidente cristão e aos EUA, mas também pela sua ligação geoestratégica a Israel. Celebrou em 1997 um Pacto de Segurança Israelo-Turco que alterou radicalmente o equilíbrio de forças regional e é visto pelos parceiros na OCI como uma traição.
  Este antagonismo turco-árabe assente em ressentimentos e acusações recíprocas de traição é antigo. Quando da revolta árabe de 1916 que contribuiria para o fim do Império Otomano e deu lugar à sua parcial repartição por potências coloniais europeias, os turcos registaram-na como uma traição árabe.
- O desmembramento do Império Otomano deixou feridas nas relações com os actuais Estados árabes e muçulmanos, que perduram.
  A Síria tem sido um dos Estados com quem as relações são mais difíceis. Para além de problemas relacionados com a água e com os curdos que á frente abordaremos, a Síria é encarada pela Turquia como tendo sido um dos centros dinamizadores da revolta árabe contra o Império Otomano. Mas há um problema maior, uma disputa territorial clássica em torno da cidade portuária e áreas adjacentes de Alexandrette, Iskenderun para os turcos, um passivo da herança colonial. Cidade central na região de Hatay, planície costeira, é de grande importância geoestratégica e, desde a antiguidade, constituiu a melhor porta da zona do Golfo Pérsico para o Mediterrâneo. Pertencia à Síria quando da colonização francesa posterior à Guerra 1914-1918 e inscreve-se no seu espaço natural, mas em 1939 a França cedeu-a à Turquia, o que a Síria considera abusivo e ilegal, pois a independência da Síria já tinha sido reconhecida em 1930 se bem que só em 1946 se tivesse formalizado.
  A Província de Alexandrette/Iskenderun permanece, assim, uma cunha turca encravada em território sírio e hoje assume ainda maior importância pois constitui um terminal para os oleodutos e gazodutos que vêm da região do Cáspio.

- O Pacto Israelo-Turco começou a ser negociado desde 1994 e permite a Israel uma penetração no mundo islâmico, pela abertura do espaço aéreo turco aos seus aviões, cercando pelo norte a Síria, o Líbano e o Iraque e aproximando-se do Irão, podendo ameaçar o desenvolvimento do programa nuclear neste país. A aliança com a maior potência militar regional, Israel, reforça a posição da Turquia, equilibrando a eventual constituição de um eixo adverso Síria-Iraque-Irão e retira significado à Arábia Saudita como aliado preferencial dos EUA.
  Esta aliança militar das duas maiores potências militares do Médio Oriente e parceiros de confiança de Washington, conjugada com a presença da VI Esquadra da marinha americana, confere aos EUA um poder colossal nesta zona sempre considerada um seu interesse vital. E dá à Turquia trunfos muito importantes para manter a sua política contra a luta de libertação curda.
  A cumplicidade das relações israelo-turcas tem também antecedentes históricos. As primeiras terras para instalação de judeus na Palestina foram obtidas por Theodore Herzl, o considerado pai do sionismo, em 1898, por concessão do sultão Abdulamid II quando a Palestina estava integrada no Império Otomano.
  Recentemente as relações israelo-turcas têm sofrido uma acentuada degradação face às tensões no Médio Oriente, com uma aproximação de Ancara a Teerão e com a Turquia assumindo-se como um aberto apoiante da causa palestiniana, o que representa uma significativa viragem no quadro geoestratégico regional.
- A Turquia dispõe ainda de uma posição geográfica privilegiada, controlando a montante as bacias do Tigre e do Eufrates e mantendo nas suas mãos a regulação dos seus caudais hídricos, que constituem a grande parte dos recursos da Síria e do Iraque. O facto de o controlo turco destas bacias se situar em região curda, através de uma rede de barragens aí localizadas, aliás como as suas reservas petrolíferas, está na base da importância que para a Turquia assume a questão curda, que analisaremos em capítulo separado.

Por último e para concluir esta caracterização polemológica do subconjunto do Médio Oriente importa destacar o reforço da importância que esta região assumiu com o 11 de Setembro de 2001. Toda ela foi recentrada nas preocupações dos EUA depois de terem sido mais atraídos para os Balcãs,

América Andina e Sudeste Asiático. Na base do retorno a esta região do Mediterrâneo pode destacar-se:

- O facto de a rede terrorista Al Qaeda, responsável pelos atentados de 11 de Setembro, se apresentar com fortes ligações à Arábia Saudita, pondo em risco a posição desta monarquia islâmica como um dos principais aliados americanos no Médio Oriente, compensando as difíceis relações com o Iraque e o Irão. O Golfo Pérsico passa assim a ser encarado por Washington, na sua globalidade, como uma peça do eixo do mal e a intervenção militar no Iraque terá algo a ver com a necessidade de aí instalar um regime fiel que substitua a Arábia Saudita e sirva de rampa de lançamento para intervenções futuras no Irão.
O anunciado objectivo da Al Qaeda em 11 de Setembro era obrigar os EUA a abandonarem as suas bases nas terras sagradas do Islão, nomeadamente na Arábia Saudita, mas a resposta norte-americana foi o reforço da sua presença na região.
- As preocupações com os reflexos que a evolução da conflitualidade na região terá nos preços do petróleo e, por arrastamento, na economia mundial, reforça a prioridade da região como área de interesse vital para Washington, logo como alvo potencial de intervenção militar.
- A ameaça de proliferação de armas de destruição maciça, nomeadamente de armas nucleares que, face ao alheamento a que tem sido votado o TNP, torna os eventuais futuros possuidores, alguns deles situados na região, alvos prioritários para acções de contra-proliferação.
- O agravamento do conflito israelo-palestiniano, resultante do aproveitamento que o governo de Ariel Sharon tem feito da luta global contra o terrorismo para reduzir a cinzas o que ainda restava dos Acordos de Oslo e, com a benevolente condescendência de Washington, conduzir uma guerra sem quartel contra a Autoridade Palestiniana e reinstalar a administração israelita nos territórios ocupados.
Outro dos objectivos visados pela Al Qaeda seria castigar o apoio norte-americano a Israel, mas o que os seus efeitos perversos estão a fomentar é o abandono do papel de Washington como mediador do conflito na Palestina, o seu total alinhamento com Israel e o fortalecimento geoestratégico do Estado judaico.

Vimos atrás que nenhum destes casos é novo, todos constituem factores estruturantes da ZTC do Mediterrâneo mas, com o 11 de Setembro de 2001, assumiram uma nova acuidade.

CAPÍTULO B
CONFLITO ISRAELO-ÁRABE

1. Introdução

a. Quando, no capítulo anterior, ao tratarmos a ZTC do Mediterrâneo Alargado, o caracterizámos polemologicamente, distinguimos três subconjuntos a um dos quais chamámos fachada leste e identificámos com o Médio Oriente (A.6.d.). Neste subconjunto podemos ainda separar duas ZTC que se distinguem ainda que assentem sobre alguns factores que lhes são comuns. Mas há outros factores que influenciam mais marcadamente uma do que outra e, por isso, merecem tratamento separado.

Uma dessas zonas é a que se situa mais rigorosamente sobre a margem oriental do Mar Mediterrâneo e que tem por centro a Palestina, coração do conflito israelo-árabe. A outra desenvolve-se em volta do Golfo Pérsico e a ela dedicaremos o capítulo seguinte.

b. Na Introdução Geral com que abrimos esta Segunda Parte deste Manual de Geopolítica e Geoestratégia comprometemo-nos a tratar aqui da caracterização de ZTC através do estudo dos seus factores estruturantes e não da análise circunstancial dos conflitos que conjunturalmente nelas têm ocorrido. Mas acrescentámos que casos há em que certos conflitos resultantes da conjugação desses factores permanentes se tornam, eles próprios, causa da conflitualidade regional endémica, passando a constituir-se como factores estruturantes decisivos para se compreender a ZTC em que se inserem. Daqui que se torne indispensável compreender também a evolução desses mesmos conflitos.

O conflito israelo-árabe é um destes casos e, neste sentido, é mesmo paradigmático. Todo o Médio Oriente e não só, mesmo toda a margem sul da Bacia Mediterrânica, é profundamente influenciada pelo conflito israelo-árabe. Mas este assume maior relevância na fachada leste porque aí se situa o seu centro espacial, a Palestina e se desenvolve o conflito central, a guerra israelo-palestiniana.

c. É isto que justifica a abordagem do conflito israelo-árabe neste capítulo distinto ainda que, frequentemente, venha a ser referido nos restantes capítulos inseridos no Mediterrâneo alargado porque é, de facto, um factor da conflitualidade que atravessa toda a região.

2. Geografia física

a. Não há muito a dizer sobre o aspecto geográfico-físico desta região para além do que já foi referido no conjunto da Bacia Mediterrânica, mas pode destacar-se que é uma área de reduzida dimensão, que vai do Canal do Suez até à fronteira da Síria com a Turquia, nela incluindo portanto a península egípcia do Sinai.

b. É relativamente pouco acidentada com excepção das montanhas libanesas que se prolongam pelo litoral oeste da Síria.

Maioritariamente desértica fora da sua faixa litoral, por isso árida e seca, tem como única bacia hidrográfica significativa o rio Jordão, sendo o problema da água, como veremos mais adiante, um dos grandes factores de conflitualidade. Apenas o nordeste da Síria é atravessado por um rio subsidiário de outra bacia hidrográfica importante, aliás a mais importante de todo o Médio Oriente, o Eufrates, que irriga um vale agricolamente muito fértil mas com um aproveitamento pela Síria condicionado por ter as suas nascentes na Turquia onde um complexo sistema de barragens regula os seus caudais.

Neste particular da sua morfologia a região libanesa constitui excepção, com as suas montanhas muito arborizadas, os célebres cedros do Líbano e a fertilidade do vale de Bekaa cavado entre elas.

c. O aspecto mais relevante da geografia física desta zona é a sua posição, na margem da única passagem marítima do Mediterrâneo para o Índico, o Canal do Suez, que depois se prolonga pelo Mar Vermelho. O Canal do Suez, agora completamente controlado pelo Egipto tem constituído um objectivo importante em todos os conflitos que se têm travado na região. O Egipto só conseguiu o controlo tranquilo da zona do canal depois de ter aceitado o acordo de paz com Israel em Maio de 1979.

Mas se o Canal do Suez é a única via de acesso ao Mar Vermelho para os países exteriores à região, alguns dos Estados ribeirinhos têm acesso directo a este mares a sul do canal onde assume um papel de relevo o golfo de Aqaba, uma saída apertada entre terras do Egipto (Sinai), Israel, Jordânia e Arábia Saudita, país que incluímos na zona do Golfo, mas que tem na que agora abordamos uma indiscutível influência.

3. Geografia humana

a. Estamos perante uma região com uma densidade populacional média, especialmente concentrada na zona litoral, variando entre os cerca de 50 h/

Km² da Jordânia e os 400/Km² do Líbano. Isto sem contar com a zona específica do Sinai, quase desértica.

b. É uma população maioritariamente árabe mas algo heterogénea na sua composição, produto das civilizações que aí se cruzaram e dos impérios que até lá se estenderam.

Dois Estados são, neste particular, exemplares. Um é o Líbano, que em parte deve a essa heterogeneidade etno-cultural a sua independência em relação à Síria, espaço a que historicamente pertence. Se bem que maioritariamente árabe o povo d Líbano também inclui uma mistura de descendentes de fenícios, gregos, romanos, turcos, o que tem influência na sua diversidade cultural.

O outro é Israel. O seu espaço era até muito recentemente habitado por uma maioria árabe. No princípio do século XX a comunidade judaica, que também invoca a Palestina como berço da sua nacionalidade e para lá começara a regressar nos meados do século XIX, não ultrapassava os cinquenta mil. É uma comunidade originariamente europeia oriunda de países diversos, assentando a sua identidade mais numa base cultural e religiosa do que étnica. A diáspora judaica convergiu para o actual Israel a partir do final da I Guerra Mundial e antes da II Guerra Mundial eram já trezentos mil. De então para cá nunca parou de aumentar, ao mesmo tempo que vai pressionando a expulsão dos árabes, tendo-se tornado, actualmente, maioritária, cerca de 80% se não se contarem os palestinianos árabes refugiados no estrangeiro próximo. As migrações e os refugiados constituem alguns dos mais preocupantes factores da conflitualidade da regional.

Na Síria há ainda a considerar a presença de uma importante minoria curda, no extremo nordeste do país, representando cerca de 7% da população síria. Sendo menos numerosa do que as comunidades curdas da Turquia, Irão e Iraque, não pode deixar de ser tomada em consideração até porque constitui um factor de perturbação com os Estados seus vizinhos, nomeadamente com a Turquia. Reservamos à questão curda um capítulo próprio a incluir mais à frente.

c. Além de ser maioritariamente árabe a população é também, naturalmente, maioritariamente muçulmana, de tendência sunita, onde não se têm implantado regimes teocráticos mas actuam grupos fundamentalistas especificamente orientados para a luta contra Israel. Também no aspecto religioso o Líbano e Israel constituem excepção.

Israel é um Estado judaico, sob influência de grupos fundamentalistas radicais, onde há minorias cristãs e islâmicas com peso cada vez menor.

O Líbano é culturalmente mais complexo. Repartido quase por igual entre cristãos e muçulmanos com uma pequena maioria destes, os muçulmanos dividem-se em xiitas, sunitas e druzos, estes em clara minoria e os cristãos em maronitas, católicos e ortodoxos, com vantagem para os primeiros.

Esta divisão cultural libanesa tem sido um trunfo com que Israel tem jogado para manter a instabilidade neste vizinho e impedir aí um apoio sólido aos palestinianos.

d. Está implícito no que atrás dissemos que a herança histórica deixou as suas marcas na conflitualidade regional.

As várias civilizações que se desenvolveram, fixaram e misturaram nesta região angular do crescente fértil que envolve o deserto arábico, inóspito e árido, foram atraídas para uma terra acolhedora que se tornou ponto de encontro das comunidades humanas que se iam sedentarizando nos vales dos rios Nilo, Tigre e Eufrates. As civilizações foram dando lugar a impérios para os quais a fachada leste do Mediterrâneo se transformou no espaço em que as suas fronteiras e ambições expansionistas se chocavam.

O Egipto dos faraós, sem nunca ter revelado projectos imperiais, procurou aí posições seguras contra as ameaças orientais hititas e persas e é nessa era que se dá o primeiro êxodo judaico que vai descobrir na Palestina a terra prometida. O império acádio estendeu até aí as suas fronteiras, bem como o helénico e o romano. Posteriormente o império cristão bizantino deixou aí a sua marca, rendido no século VIII pelo império árabe dos abássidas que tornaram todo o Médio Oriente, incluindo estas margens do Mediterrâneo, o núcleo do seu califado. Na fase final deste período a zona foi alvo das incursões das cruzadas cristãs vindas da Europa que também deixaram algumas raízes, até serem expulsos por Saladino que unificou o califado. Mais recentemente foi o império otomano que dominou a região, desde o século XVI até à Guerra 1914-1918.

Centro da ambição de todos estes impérios que aí foram deixando marcas encontrava-se a zona que mais modernamente veio a ser conhecida por grande Síria, constituída por toda a faixa mediterrânica entre a Anatólia Turca e o Canal do Suez. Nela se desenvolveu o povo fenício que se expandiu por todo a Bacia Mediterrânica, formando colónias de fixação e comércio segundo o modelo grego clássico, que dispunham de total autonomia política mas mantinham laços culturais e sentimentais com as metrópoles de origem. É a esta grande Síria que corresponde a ZTC teatro do actual conflito israelo-árabe.

e. Questão importante que se destaca no factor da geografia humana é a dos refugiados palestinianos.

Consoante tem aumentado a imigração judaica em Israel e a instalação de colonatos na Cisjordânia e em Gaza, tem crescido o número de refugiados, forçados a abandonar terras ou acossados pelo desemprego e pela violência. São mais de quatro milhões dispersos por campos de refugiados nos territórios ocupados da própria Palestina e por países vizinhos e do Médio Oriente em geral, nomeadamente na Jordânia, Síria e Líbano.

A Resolução 194 de 11 de Novembro de 1948 da AG da ONU reconhece o seu direito de regresso mas é assunto que Israel nem quer discutir, pois poria em risco a actual maioria da comunidade israelita. É um dos aspectos mais sensíveis do conflito israelo-árabe e a que Israel parece querer aplicar soluções do tipo *apartheid* que vigoraram na África do Sul.

4. Geografia política

a. É a componente que nesta ZTC assume o papel de principal factor de conflitualidade, ao contrário da sua vizinha zona do Golfo Pérsico em que o factor determinante é a geografia económica, nomeadamente o petróleo.

Por isso o conflito israelo-palestiniano, expressão reduzida e concentrada do conflito israelo-árabe que é fundamentalmente uma disputa por território, por soberania, por fronteiras, por segurança, objectivos típicos dos conflitos clássicos, assume neste contexto um papel destacado.

b. Os Estados da região, as entidades políticas e as próprias contradições no seio delas são, em grande parte, resultado da sua anterior integração no Império Otomano e da forma como este se desmoronou com a derrota turca na Guerra 1914-1918.

Durante o domínio turco alguns destes territórios já dispunham de certa autonomia face a Istambul e estavam sujeitos à influência estreita de países cristãos do ocidente, como era o caso do Egipto. A França e a Inglaterra conseguiram fazer valer os seus interesses e construir o Canal do Suez, concluído em 1869 e que mantiveram sob seu controlo, assegurando a presença numa posição geoestrategicamente decisiva na ligação entre o ocidente e o extremo oriente. A partir de 1882 o Egipto, se bem que formalmente incluído no Império Otomano, era protegido por uma forte presença militar do RU. E também as ameaças às comunidades cristãs no Líbano e na Palestina tinham provocado a frequente intervenção das armadas francesa e britânica contra os turcos, em plena época da diplomacia da canhoneira.

c. Na Guerra 1914-1918 a aliança franco-britânica estava bem posicionada para procurar enfraquecer a aliança germano-turca envolvendo-a pela retaguarda isto é, pelo mundo árabe incluído no Império Otomano. E fizeram-no com sucesso. Uma das regiões que foram fulcrais na revolta árabe, na traição árabe como lhe chama a Turquia, foi exactamente a região da Grande Síria que se pretendia o pólo do nacionalismo árabe, centro do califado de Saladino. Não era a única a invocar essa condição.

Com o desmoronamento do Império Otomano as potências ocidentais vencedoras da guerra, com destaque para a França e a Inglaterra, decidiram a partilha desta região e da zona árabe do Golfo Pérsico em várias entidades políticas, que a SDN viria a consagrar em 1922 atribuindo-lhes estatutos de soberania mitigada tuteladas por estas potências. O Egipto ficara sob mandato britânico, estatuto que já aí vigorava *de facto* desde 1882, bem como a Palestina e a Jordânia, além do Iraque que, por se inscrever na zona do Golfo Pérsico, trataremos no capítulo seguinte. A Síria, que alimentando o projecto da Grande Síria se tornara a maior ameaça para os interesses franco-britânicos foi a que saiu mais fragilizada dessa partilha. Ficava dependente da França com o estatuto mais restritivo de colónia, era-lhe retirada toda a zona sudoeste, o Líbano que ficou sob mandato francês e, mais tarde, perdia também a área de Alexandrette, onde se situava o porto mais importante em toda a Ásia Menor e que a França cedia à Turquia.

d. É o mandato britânico da Palestina que está, em grande parte, na origem do conflito israelo-árabe que desde então nunca deixou de se agravar.

Já dissemos que até à Primeira Guerra Mundial a presença judaica na Palestina era reduzida, cerca de cinquenta mil pessoas distribuídas por vários colonatos, pela cidade de Jerusalém, centro multicultural e por Telavive, cidade portuária genuinamente judaica. Mas os ingleses, para captarem o apoio das comunidades judaicas incluindo as da Alemanha, acenavam com a Palestina, indo ao encontro do projecto da organização sionista fundada por Theodor Herzl em 1887. É neste contexto que surge a Declaração Balfour, em 1919, ministro dos Negócios Estrangeiros britânico, prometendo aos judeus um lar judaico na Palestina.

Mas como os ingleses também precisavam de captar o apoio árabe, então não menos importante, prometiam a independência das suas terras como recompensa da colaboração contra os turcos, alimentando a velha aspiração de uma grande nação árabe independente e unida.

e. Como mandatária Londres apresenta um plano para a partilha da Palestina entre árabes e judeus inspirado na Declaração Balfour, prevendo a constituição de um Estado judaico a norte e de um Estado árabe a sul, a manutenção de Jerusalém como cidade livre sob administração internacional e o estabelecimento de um corredor entre Jerusalém e Telavive sob controlo britânico.

Era um plano claramente penalizador para os árabes que com cerca de um milhão e duzentos mil habitantes ficavam com quase tanto espaço como os menos de trezentos mil judeus e deixando a estes o controlo de zonas essenciais na bacia do rio Jordão. Os árabes recusaram este plano que nunca foi para diante.

f. Os mandatos da SDN às potências administrantes era, naturalmente, transitório e com prazos estabelecidos. Mas nenhum deles terminou na data prevista e os respectivos países só viriam a ver reconhecida a sua plena independência depois da Guerra 1939-1945:

- O mandato britânico sobre o Egipto deveria ter terminado em 1922 mas manteve-se, *de facto*, até 1945.
- O estatuto colonial francês na Síria devia ter expirado em 1930. Sobreviveu até 1946.
- No Líbano o mandato francês que estava fixado até 1941 só terminou em 1945.
- A Jordânia que tivera a independência marcada para 1928 só viu o mandato britânico concluído, *de facto*, em 1946.

Foi, portanto, em 1945-1946 que o actual mosaico da geografia política da fachada leste do Mediterrâneo ficou concluído e que perdura até hoje nas fronteiras então reconhecidas. Com uma excepção, a Palestina. O mandato da SDN ao RU datava de 1922 e o plano de partilha não vingara. Era um caso adiado que depois da Guerra 1939-1945 passaria para as mãos da ONU e se tornaria o centro da conflitualidade israelo-árabe.

Depois do Acordo de Oslo de 1994 foi reconhecida a Autoridade Palestiniana (AP), estatuto de transição para um Estado Palestiniano independente, mas que permanece bloqueado perante uma conjuntura internacional que não o favorece. À frente detalharemos esta questão.

g. Foi ainda nesta zona do Médio Oriente que surgiram alguns projectos unitários tentando modelos federais ou confederais de Estados árabes que pudessem servir de embrião a uma futura entidade política representativa da nação árabe.

Um dos líderes deste projecto que contou com o prestígio que conquistou no mundo árabe e mesmo em todo o Terceiro Mundo foi o presidente do Egipto Gamal Abdel Nasser. Em 1958 formou com a Síria a República Árabe Unida (RAU), que ficava claramente sujeita a uma hegemonia egípcia. Egipto e Síria constituíam duas regiões autónomas mas a capital da RAU ficava no Cairo e o presidente era Nasser. O Yemen veio a juntar-se a este projecto numa confederação com a RAU a que chamaram Estados Árabes Unidos, mas que nunca passou do papel. Esta primeira tentativa de constituição de uma união política árabe frustrou-se em 1961 quando um golpe militar na Síria levou esta a romper com a RAU.

Em 1971 com nova mudança de poder na Síria repete-se a tentativa de constituição agora de uma Federação das Repúblicas Árabes com o Egipto e a Líbia, projecto falhado à partida até porque já não contava com a presença tutelar de Nasser falecido em 1970 e substituído por Anwar el-Sadat.

O velho e nunca conseguido projecto de união política do mundo árabe continuaria adiado e a divisão dos árabes manter-se-ia como a maior das uas fragilidades.

5. Geografia económica

a. Afirmei e repito que numa ZTC alargada onde o petróleo é um factor decisivo, como é a Bacia Mediterrânica, esta zona mais restrita da sua fachada leste, centro do conflito israelo-árabe, o principal factor de conflitualidade se relaciona com a geografia política.

Há, no entanto, dois aspectos relacionados com os recursos que devem ser equacionados, um de relevância menor e indirecta, o petróleo, outro de maior incidência, a água doce.

b. As fontes petrolíferas actualmente conhecidas na região importam mais pela sua posição do que pela capacidade produtiva. Localizam-se na península do Sinai, Egipto e no noroeste da Síria no seu território curdo.

São os poços de petróleo do Sinai que conferem valor a esta língua desértica, para além de controlar a margem oriental do Canal do Suez. São estas as razões porque tem sido objecto de frequentes incursões militares de Israel que só a ela renunciou depois do Acordo de Camp David com o Egipto, em 1979.

Os campos petrolíferos da Síria situando-se no seu extremo nordeste, na região curda, aliás como os da Turquia e muitos dos do Iraque e do Irão, contribuem para que a questão curda seja um fenómeno que atravessa a geografia política de todo o Médio Oriente.

Não é significativa a produção petrolífera dos países da zona central do conflito israelo-árabe e não é este recurso que tem estado na base dos conflitos que aqui se tornaram endémicos. Mas pode dizer-se que o petróleo tem influenciado indirectamente a conflitualidade local. Estando no Médio Oriente, no seu conjunto, as maiores reservas mundiais de petróleo e sendo, por tal motivo, uma área de interesse vital para os EUA, estes necessitam aí de aliados fiéis. Israel tem desempenhado esse papel e por isso sempre que se agudiza o conflito com os seus vizinhos árabes o Estado judaico conta com o apoio norte-americano que em momentos mais críticos foi decisivo para impedir a sua derrota militar. Washington nunca permitirá uma derrota de Israel face a qualquer Estado árabe e tudo fará para impedir uma aliança árabe alargada contra Israel.

A tolerância e até o apoio norte-americano à transformação de Israel em potência nuclear e a sua frontal oposição a que tal possa acontecer com qualquer Estado muçulmano da região deve ser compreendida à luz desta lógica.

c. O problema dos recursos em água doce, ao contrário do petróleo, é mais complexo e uma causa directa da conflitualidade israelo-árabe.

Já salientei que a bacia do rio Jordão é alvo de disputa no Médio Oriente e que Israel é já um dos seis países da Bacia Mediterrânica que enfrentam uma situação de penúria em recursos de água potável (A.5.b.). Mas, para além da carência, o problema tem a ver com a sua distribuição e com a forma como Israel usa os recursos aquíferos como arma de discriminação e de pressão sobre os palestinianos.

Segundo Jacques Béthemont, no artigo na *Hérodote* já citado, o rio Jordão é a principal fonte hidrográfica na zona envolvente da Palestina, recebendo contributos de afluentes vindos do Líbano, Síria, Jordânia e Israel. Israel contribui apenas para cerca de 23% do seu caudal mas é de longe o maior utilizador e controla ainda todo o Lago de Tiberíades, também chamado Mar da Galileia, donde bomba água que canaliza para todo o país, sem quaisquer condicionamentos externos. Para além do vale do Jordão os poços existentes por todo o território dominado por Israel são utilizados como arma económica contra os palestinianos. As perfurações de novos poços está sujeita a autorização que só é conferida a israelitas e que as levam mais fundo do que os velhos poços dos palestinianos que assim se vão esgotando e secando. Acresce que os poços dos palestinianos ausentes, forçados a refugiarem-se, são confiscados.

A restrição de consumos é fixada só para os palestinianos mas eles próprios se vêm obrigados a uma auto-restrição dado os elevados preços que lhes são cobrados enquanto os agricultores israelitas, nomeadamente os dos colonatos, têm direito a subvenções para a água. O sector agrícola israelita, que só emprega 2,5% da população e apenas gera 3% do PIB, consome 60% da água canalizada.

No ano 2000 Israel contava com cerca de seis milhões e duzentos e trinta mil habitantes que consumiam, em média, face aos recursos disponíveis, 282 m^3 por habitante, o que já é considerado um nível crítico. Mas, por exemplo na Faixa de Gaza, cada judeu consumiu 400 m^3 por ano enquanto cada árabe consumiu 70 m^3. Béthemont, a quem devo estes dados, diz que «(...) *a água, monopolizada e mesmo desperdiçada, é um instrumento de opressão sobre a comunidade palestiniana*» (p. 197).

A Síria é outro Estado da ZTC onde o problema da água se coloca com grande acuidade porque se vê numa situação de extrema dependência. O seu principal abastecedor é o Eufrates cujo caudal é controlado pela Turquia e aí reside um dos contenciosos com o vizinho do norte. Outras reservas importantes são as dos Montes Golã e Lago Tiberíades controlados por Israel e foco do conflito israelo-sírio. A água é, para Damasco, um factor muito sensível e de extrema dependência do exterior.

Em Israel diz-se que a próxima guerra na Palestina será por causa da água.

6. Caracterização polemológica

a. A conflitualidade actual nesta zona específica do Médio Oriente, radicando em todos os factores físicos, humanos, políticos e históricos que acabamos de destacar, começou a desenhar-se com o desmembramento do Império Otomano, em 1918, mas é a partir da Segunda Guerra Mundial que assume a natureza endémica de que hoje enferma.

As promessas cruzadas e contraditórias dos ingleses durante a Guerra de 1914-1918 a árabes e judeus para conquistarem o seu apoio contra os turcos, lançaram as sementes do conflito. O plano de partilha elaborado durante o seu mandato da SDN rejeitado pelos árabes pelas vantagens desproporcionadas que conferia aos judeus (ver 4.e.), espoletaria revoltas armadas esporádicas, tanto de árabes contra a progressiva instalação de judeus como de judeus que queriam acelerar a retirada dos ingleses.

b. Com o final da Guerra de 1939-1945 e a criação da ONU termina o mandato britânico e esta organização assume a responsabilidade pela questão palestiniana. Com a Resolução 181 da AG de 29 de Novembro de 1947 apresenta-se um novo plano de partilha que tem o apoio das duas superpotências, EUA e URSS, mas que recebe a imediata rejeição de todos os Estados árabes da ZTC, Síria, Jordânia e Egipto que vêm, com alguma razão, um enorme desequilíbrio em favor dos judeus, face à proporção das comunidades árabe e judaica na Palestina (Mapa 9):

- Na área atribuída aos árabes residiam, então, setecentos e quarenta e nove mil árabes e nove mil duzentos e cinquenta judeus enquanto na área reservada aos judeus havia um claro equilíbrio entre as duas comunidades, quatrocentos e noventa e sete mil árabes e quatrocentos e oitenta e nove mil judeus.
- Entregava a Israel o estratégico porto de Aqaba no Mar Vermelho que lhe permitia evitar o problemático Canal do Suez controlado pelo Egipto.
- Conferia a Israel um controlo quase total sobre o Lago Tiberíades e sobre o curso do rio Jordão, uma enorme vantagem sobre esse recurso tão sensível na região como é a água doce (Mapa 9).

Entretanto algumas organizações sionistas radicais tinham iniciado acções terroristas, quer sobre os britânicos para os obrigar ao abandono quer contra os palestinianos para os expulsar das suas terras.

Numa altura em que se libertavam dos mandatos coloniais os árabes viam, no plano da ONU para constituição do Estado de Israel, as bases para o prosseguimento do colonialismo europeu por outros meios.

c. Em Maio de 1948 os judeus proclamavam a constituição do Estado de Israel na Palestina o que ia dar lugar à primeira guerra aberta do conflito israelo-árabe.

Vários Estados árabes recem-independentes, Egipto, Iraque, Jordânia e Síria, em coligação, atacam Israel mas saem derrotados. A guerra terminaria em 1949. Os britânicos ainda estavam presentes na Palestina mas não intervieram e aproveitaram para se retirarem definitivamente. Israel explora a vitória e amplia o seu território muito para além do projecto da ONU. A Jordânia anexa a Cisjordânia e Jerusalém oriental enquanto o Egipto fica a administrar a Faixa de Gaza. A zona que o plano de partilha da ONU previa para a Palestina fica dividida por Israel, Egipto e Jordânia (Mapa 9). Outra consequência importante desta guerra foi a destruição das estruturas da sociedade palestiniana, há séculos radicada na região e o início do seu êxodo maciço das terras ocupadas por Israel, para Gaza, para a Cisjordânia e para a Jordânia, onde vão

Mapa 9 – Evolução da partilha da Palestina

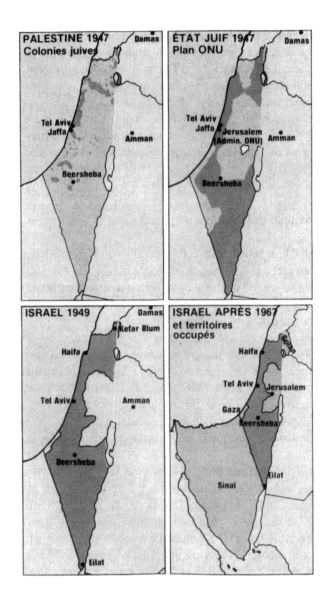

Fonte: Gérard Chaliand et Jean-Pierre Rageau, *Atlas stratégique*, Editions Complexe, Belgique, 1994.

ficar concentrados em campos de refugiados. Mais ainda, os apoios cruzados do ocidente a Israel e do bloco leste aos árabes vão tornar o conflito israelo-árabe parte do conflito leste-oeste.

Começa aqui a desenhar-se a combinação do projecto sionista de Theodor Herzl do Grande Israel, o regresso à terra prometida, o Estado judaico como lar nacional dos judeus, com a influência do conceito ratzeliano do espaço vital (ver Primeira Parte, II.6.b.) e as preocupações de fronteiras seguras dentro de um espaço hostil.

d. Em 1952 a revolução egípcia, com o derrube da monarquia de Faruk demasiado corrupta e comprometida com o ocidente, torna o Egipto um actor central no mundo árabe que se acentua quando um dos jovens oficiais revolucionários, Gamal Abdel Nasser, assume a presidência.

O Estado egípcio decide, em 1956, a nacionalização do Canal do Suez, como desfecho de um ambiente de crise com o ocidente, crise que contém vários recortes, a oposição de Nasser à formação do Pacto de Bagdad, o seu protagonismo no mundo árabe contra Israel, o apoio à luta de libertação argelina, a aproximação ao bloco leste com o reconhecimento da RPC e, como causa imediata, o rompimento com os EUA e RU das negociações para construção da mega barragem de Assuão, no rio Nilo, cujo projecto acabou por ser entregue a Moscovo. Nos finais de Outubro desse ano a França, o RU e Israel formam uma coligação militar que intervém no Canal do Suez, inicialmente com um ataque de Israel através do Sinai seguido pelo desembarque de forças aerotransportadas franco-britânicas, mas que nunca chegaram a apoderar-se do canal. Um ultimato conjunto de Washington e Moscovo na sequência de uma resolução aprovada na AG da ONU obriga à retirada das forças invasoras. Entretanto o Egipto já bloqueara o trânsito no canal afundando alguns navios.

O Canal do Suez passava assim para as mãos do Egipto com alguns anos de antecedência, uma vez que o contrato de exploração previa o seu termo em 1968 e Nasser ganha um enorme prestígio no mundo árabe, que ainda vem a reforçar quando se torna um dos mais destacados líderes fundadores do Movimento dos Países Não-Alinhados.

e. Em 1964 o crescente nacionalismo palestiniano promove uma conferência da qual sai a decisão de constituir a Organização de Libertação da Palestina (OLP), movimento amplo e frentista que assume a liderança pela construção de um Estado independente palestiniano e procura centrar o conflito israelo-árabe na sua dimensão mais reduzida, mas também mais objectiva, de um conflito israelo-palestiniano.

A OLP assumirá, nesta luta, um papel de liderança.

f. Em 1967 desencadeia-se uma nova guerra israelo-árabe, que vem a ficar conhecida pela Guerra dos Seis Dias. Israel toma a iniciativa, em resposta ao projecto sírio-jordano de alterar o curso do rio Jordão. É o problema da água a sobressair na conflitualidade israelo-árabe.

Nos dois primeiros dias as tropas israelitas atacam e ocupam a Faixa de Gaza e o Sinai e chegam ao Canal do Suez que o Egipto volta a bloquear afundando navios. O canal manter-se-ia encerrado à navegação até 1975. Nos dois dias seguintes ocupa toda a Cisjordânia e Jerusalém oriental, então controlados pela Jordânia. Nos dois últimos dias vira-se para norte e ocupa os montes Golã, da Síria, com importante valor estratégico não só pelo controlo dos seus recursos aquíferos como porque constitui uma linha de alturas que confere domínio sobre as planícies do norte de Israel e das que na Síria se estendem até Damasco.

Os Estados árabes, apanhados de surpresa, não conseguiram coordenar qualquer resposta militar articulada e viram os seus exércitos sucessivamente derrotados. Israel amplia mais uma vez o seu espaço vital, alarga as suas fronteiras de segurança e consolida o controlo sobre os recursos aquíferos (Mapa 9). Um novo êxodo de refugiados palestinianos dos agora chamados territórios ocupados, Cisjordânia, Faixa de Gaza, Sinai e Montes Golã, fazem com que os territórios já anteriormente ocupados na sequência da Guerra de 1949 passem a ser vistos como facto consumado.

A Guerra dos Seis Dias tem ainda como consequência a inclusão mais clara do conflito israelo-árabe no conflito leste-oeste uma vez que os países árabes rompem com os EUA e RU que acusam de terem apoiado Israel e aproximam-se de Moscovo, transferência de influências em que Nasser já fora pioneiro, enquanto Israel rompe relações com a URSS e aumenta a sua dependência dos EUA. A Síria viria a tornar-se, com o regresso do partido Baas ao poder em 1971, o principal parceiro regional da URSS que aí viria a dispor mais tarde da sua única base naval no Mediterrâneo, em Lataquia, na sequência de um Tratado de Cooperação e Amizade assinado em 1980.

Desta guerra resultarão ainda alguns dos factores que se tornarão nos problemas de mais difícil solução do conflito israelo-palestiniano e mesmo do israelo-árabe, como são os territórios ocupados nos quais Israel promove a construção de colonatos judaicos, Jerusalém e os refugiados.

O CS da ONU aprovou a Resolução 242 de Novembro de 1967 que exige a retirada de Israel dos territórios ocupados durante conflito e o respeito pela integridade territorial de todos os Estados da região e, em contrapartida, o reconhecimento de Israel pelos Estados árabes. É uma resolução que passa a ser um marco no conflito israelo-árabe, sempre invocada, mas que contém alguma ambiguidade que Israel tem sabido explorar. Por um lado ignora o direito a um Estado palestiniano e só se refere a estes enquanto refugiados, por outro, impondo a retirada dos territórios ocupados mas não de todos os territórios ocupados, permite que Israel, quando retira de alguns dos territórios afirme o cumprimento da resolução ainda que manifestamente recuse desocupar outros.

g. Com esta nova derrota árabe os palestinianos começam a convencer-se de que a solução dos seus problemas tem de passar principalmente pelas suas mãos. A OLP reforça a sua estrutura, com base no partido *Fatah* de Yasser Arafat e decide lançar-se na guerrilha contra Israel que vê assim o conflito transferido para o interior dos territórios por si administrados e mesmo das suas fronteiras. Yasser Arafat é eleito presidente da OLP em 1969.

Mas a OLP vai tornar-se também um problema para os países árabes, nascendo assim uma nova dimensão do conflito. A OLP tem os seus órgãos directivos na Jordânia, cuja população é maioritariamente palestiniana e torna-se aí um poder *de facto*, encarado pelo governo jordano como um perturbador. Mas também a Síria, que nunca abandonou a ambição da Grande Síria, vê na constituição de um Estado palestiniano um obstáculo a esse projecto.

Em Setembro de 1970 a Jordânia desencadeia uma feroz repressão contra a OLP que fica conhecida como o Setembro Negro o que leva a OLP a transferir as suas estruturas e grande parte dos seus refugiados para o Líbano. Sobressaem aqui os jogos e influências cruzadas que denunciam a complexidade da conflitualidade regional. Israel terá apoiado o rei da Jordânia nesta repressão e expulsão da OLP mas contou com a oposição dos sectores judaicos mais radicais que consideravam que o interesse de Israel passava pela manutenção da OLP na Jordânia, não só porque fragilizava um vizinho incómodo como também porque alimentava o argumento de que a Jordânia é a verdadeira pátria dos palestinianos, que tem sido defendido por Israel e retira aos palestinianos refugiados o direito de reivindicarem o regresso à Palestina ocupada.

h. Em Outubro de 1973 vai deflagrar uma nova guerra israelo-árabe. Ficou conhecida como a Guerra de Yon Kipour por se ter verificado na data mais sagrada do calendário religioso judaico, exactamente as festas de Yon Kipour. A Síria e o Egipto desencadeiam um ataque simultâneo com o objectivo de recuperarem os seus territórios ocupados desde 1967, Golã e Sinai e conseguem algum êxito inicial. Com o apoio dos EUA Israel consegue inverter a situação e sair mais uma vez vitorioso, mantendo as fronteiras de 1967.

Esta guerra viria a ter, mais uma vez, importantes consequências que ultrapassavam a ZTC:

- Em primeiro lugar sobre a política energética, de tal forma que também ficou conhecida pela guerra do petróleo. Os países produtores, nos quais o Médio Oriente tem um papel decisivo, triplicam os preços do crude que terá repercussões tremendas em toda a economia mundial. O controlo do Médio Oriente torna-se fulcral para as grandes potências industrializadas e os EUA colocam toda a região entre os seus interesses vitais.
- O Egipto, então já sob a presidência de Anwar el-Sadat, vai iniciar uma reaproximação a Washington e aceita abrir conversações com Israel com quem vem a assinar o Acordo de Camp David em 1979. É um terramoto no mundo árabe que qualifica Camp David como uma traição mas o Egipto, a troco do reconhecimento do Estado de Israel, obtém a devolução do Sinai e conquista o papel de mediador entre os árabes e Israel e de parceiro dos EUA na região. Em contrapartida vê crescer a contestação interna, com o reforço de movimentos fundamentalistas islâmicos que se envolvem em actos violentos, com destaque para os irmãos muçulmanos que estarão na base ao espectacular assassinato do presidente Sadat numa cerimónia militar.

i. Entretanto a OLP vira a Jordânia resignar a quaisquer direitos sobre a Cisjordânia e reconhecê-la como pertencente à Palestina e, em 1975, obtinha o estatuto de observador na ONU. Mas era agora acusada de perturbador no Líbano. O Líbano é um Estado frágil, artificialmente constituído na sequência da derrocada do Império Otomano e que a Síria sempre reivindicou como estando inscrito na sua zona de influência. Tudo o que se passa no Líbano preocupa a Síria. A sociedade libanesa é, como atrás já assinalámos, pouco coesa, repartida quase a meio entre cristãos e muçulmanos mas com estas comunidades divididas em tendências hostis.

Militarmente era um Estado com reduzido poder que se confrontava com a máquina militar da OLP, mas onde também actuava uma poderosa milícia cristã apoiada por Israel. Em 1975 inicia-se uma feroz guerra civil que provoca a intervenção síria com mandato da Liga Árabe. A guerra civil é devastadora e vai dar lugar à emergência de alguns actores fundamentalistas islâmicos mais radicais, uma mescla de libaneses e palestinianos, o Hamas, o Hezbollah e a Jihad Islâmica os quais, fugindo ao controlo da OLP, virão a desempenhar um papel cada vez mais importante na luta contra Israel.

Em 1982 Israel intervém no sul do Líbano indo assim contribuir para aumentar a situação caótica que aí se vivia. A OLP é o seu principal alvo e quando as milícias cristãs juntamente com o exército israelita a ameaçam em Beirute, vê-se de novo obrigada a transferir-se, então para a Tunísia, muito distante da Palestina. Ficaram para a história os massacres das milícias cristãs com a colaboração de forças israelitas nos campos de refugiados de Sabra e Chatila, onde morreram centenas de palestinianos desarmados. Os israelitas permaneceram em Beirute cerca de dez semanas, em combates muito intensos e, depois da expulsão da OLP, retiraram da capital libanesa mas ficaram a ocupar a chamada zona de segurança, que é uma faixa de cerca de 40 Km de profundidade, paralela à fronteira com Israel, num total de 800 Km^2, correspondendo a 8% da superfície total do Líbano.

Israel alargara, mais uma vez, as suas fronteiras de segurança e a área dos territórios ocupados.

j. O desespero dos palestinianos nos territórios ocupados, sem vislumbrarem qualquer hipótese de solução para os seus dramas, torna-se um barril de pólvora e um excelente incentivo ao recrutamento dos sectores mais radicais. A OLP estabelece um acordo com o Hamas e em 1987 dá-se um enorme levantamento popular, a *intifada* ou guerra das pedras, a mais chocante expressão de uma guerra dissimétrica que opõe o mais sofisticado e poderoso exército do Médio Oriente, o de Israel, ao desarmado povo palestiniano obrigado ao sacrifício dos mártires transformados em bombas humanas. Mas há uma bipolarização entre a OLP, mais moderada, que aceita encetar uma via diplomática e os grupos radicais do Hamas e da Jihad Islâmica que optam pelo recurso à guerra santa.

A Primeira Guerra do Golfo de 1991 vai deixar a OLP numa situação difícil. Os EUA conseguiram reunir uma grande coligação para desalojar o Iraque do Koweit, na qual se integraram Estados árabes, nomeadamente a Síria e a Arábia Saudita, com a condição de Israel ser dela excluída. Mas o Iraque era um dos principais apoiantes da OLP que, por isso, se mantém do lado de Bagdad. Os EUA prometiam, para conseguir o apoio árabe, que a questão palestiniana e a busca de uma solução justa entraria na agenda uma vez resolvida a questão do Koweit.

k. Em Outubro de 1991 inicia-se em Madrid uma Conferência de Paz para o Médio Oriente assente no princípio da troca de paz por território o que, inicialmente, se traduzia na troca do reconhecimento do Estado de Israel pela devolução dos territórios ocupados. Seguem-se conversações para um acordo entre Israel e os palestinianos, moderadas pela Noruega, que vêm a terminar no chamado Acordo de Oslo assinado em Washington em Setembro de 1993 e ratificado no Cairo em Maio de 1994, pelo presidente da OLP Yasser Arafat e pelo primeiro ministro israelita Itzhak Rabin.

O acordo estabelece o reconhecimento mútuo entre o Estado de Israel e a OLP, posteriormente substituída pela AP, com os seus órgãos legislativos e executivos eleitos e dele resulta uma declaração de princípios sobre a autonomia palestiniana. A OLP retirava da sua carta fundadora o artigo que reclamava a destruição do Estado de Israel e o governo israelita deixava de se opor à criação do Estado da Palestina.

A AP deveria assumir, progressivamente, um controlo limitado da Faixa de Gaza e das principais cidades da Cisjordânia, que era dividida em três tipos de zonas, consoante o grau de autonomia de que os palestinianos viriam a dispor (Mapa 10):

- Zona A, na qual a AP assumia a responsabilidade civil e policial mas o exército israelita pode intervir no quadro de patrulhas conjuntas. Englobava oito cidades representando 17% do território e 20% da população.
- Zona B, sob administração civil palestiniana mas sob controlo militar unilateral de Israel. Representa 24% da área rural.
- Zona C, sob controlo exclusivo de Israel. Representa 59% da área total e nela ficam incluídas zonas consideradas estratégicas para Israel, onde predominam os colonatos, todas as estradas principais para ligação entre os colonatos e todos os pontos de controlo da água, reservatórios e condutas principais.

Para além desta partilha da Cisjordânia Israel continuaria também a ocupar um terço da Faixa de Gaza, onde mantinha os seus colonatos. A AP via a sua soberania condicionada e reduzida a um território fragmentado, sem ligação entre as várias parcelas, dispersas por áreas controladas por forças militares hostis e com um potencial sem paralelo na região. Era um acordo transitório para um período de cinco anos, no termo do qual deveria ser negociada a soberania total e definitiva da AP sobre a Cisjordânia e Faixa de Gaza. Alguns dos temas mais delicados como os refugiados, Jerusalém e os colo-

MAPA 10 – Acordo de Oslo

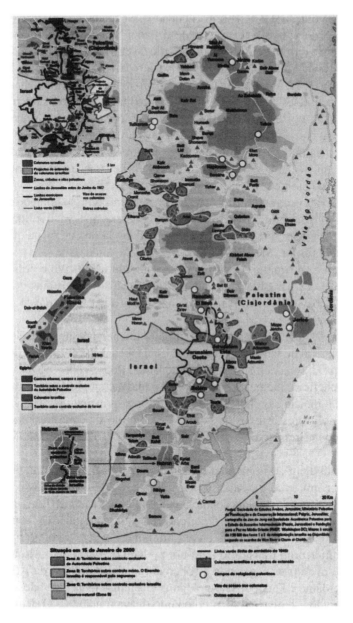

Fonte: *Le Monde Diplomatique* (Edição portuguesa), Fevereiro 2000.

natos ficavam adiados. O acordo tinha outra fragilidade, não previa nenhum mecanismo de arbitragem imparcial.

Tratava-se, sem dúvida, de um acordo leonino para Israel, que mantinha o direito de protecção dos israelitas residentes em território controlado pela AP enquanto esta não tinha qualquer direito sobre os seus nacionais em território israelita. E era um presente envenenado para a AP que ficava com o encargo de, sem exército e com uma frágil polícia, reprimir e acabar com a *intifada* nos territórios por si controlados, afinal aquilo que Israel, com todo o seu potencial militar, não conseguira. Mesmo assim era Israel que, nomeadamente depois do assassinato de Itzhak Rabin em Novembro de 1995, ia sistematicamente protelando a sua aplicação.

A violência intensifica-se um pouco por toda a região, Israel, territórios ocupados, Líbano e em Maio de 1996 o partido conservador Likud ganha as eleições em Israel e põe em causa o princípio de paz por território, substituindo-o pelo de paz por paz, fazendo depender qualquer acordo da aceitação do que chama o triplo não, não a um Estado palestiniano, não à devolução dos montes Golã, não à divisão de Jerusalém. Eram, obviamente, condições inaceitáveis para os árabes e um recuo em relação aos modestos avanços já conseguidos. A questão dos Golã vinha pôr em causa uma opção dos EUA, que eram já o principal mediador e que pretendiam colocar no centro do processo de paz um acordo entre Israel e a Síria o qual, por arrastamento, traria a resolução da questão palestiniana. Foram-se sucedendo negociações, com sucessivas alterações das posições israelitas derivadas das mudanças de governo, nas quais a Casa Branca se empenhava cada vez mais, mas sem resultados concretos. Wye Plantation em Outubro de 1998, Charm-el-Cheik em Setembro de 1999, Washington em Dezembro do mesmo ano, Genebra em Março de 2000, Camp David em Julho seguinte, Paris e de novo Charm-el--Cheik em Outubro, registaram fracassos sucessivos. Clinton não conseguira o objectivo de terminar o seu mandato com uma solução para o conflito israelo-palestiniano e israelo-árabe assente no estatuto definitivo para a Cisjordânia e Gaza prevista no Acordo de Oslo.

l. Com o impasse em que se entrou a situação radicalizou-se, regressou a *intifada*, intensificaram-se os atentados suicidas e a repressão militar israelita subia em flecha, com incursões e ataques sistemáticos à AP e suas instalações, assassinatos selectivos dos seus dirigentes. Neste contexto e perante a incapacidade da AP e da sua estrutura policial se confrontarem com a máquina militar israelita, são os grupos extremistas do Hamas, da Jihad Islâmica e outros que se apresentam como alternativas e mantém a iniciativa da violência anti-israelita, com emboscadas a patrulhas militares, ataques a colonatos e, principalmente, com espectaculares e mortíferos atentados bombistas suicidas.

A pressão do Hezbollah na zona de segurança do sul do Líbano também aumentou o que levou Israel a retirar em Maio de 2000, mantendo no entanto em seu poder a região de Shebaa, reivindicada pelo Líbano e pela Síria e que é estrategicamente importante porque por aí passam os afluentes da nascente do rio Jordão. Entretanto a Síria continua a manter as suas forças militares no Líbano.

Os Acordos de Oslo são hoje letra morta, prossegue a instalação de colonatos israelitas nas áreas ocupadas, a presença militar de Israel nas zonas que haviam passado para o controlo da AP tornou-se rotina. Israel iniciou a construção de um muro fortificado entre o território que considera nacional e a Cisjordânia, que visa tornar os territórios ocupados até 1967 um facto consumado mas vai mais além, pois o seu perímetro penetra na Cisjordânia envolvendo as concentrações de colonatos mais próximos da fronteira. É uma nova modalidade de ampliação das zonas ocupadas. Mas é aos palestinianos que se continua a exigir cedências para que o processo de paz possa ser retomado e, depois de se ter destruído o seu frágil instrumento de autoridade e reduzido a zero o poder executivo, exige-se como condição para o prosseguimento de negociações que reprima a acção dos grupos extremistas com uma força de que não dispõe.

m. Com a invasão e ocupação do Iraque em Março de 2003 novamente se ouve da parte dos EUA e do RU, auto-mandatados para redesenhar o mapa político do Médio Oriente, a promessa de que ao derrube do regime de Saddam Hussein se seguirá a regulação da situação na Palestina e o regresso ao processo de paz. Anuncia-se agora um roteiro da paz, um *road map* apadrinhado pelo quarteto constituído pelas ONU, UE, EUA e Federação Russa, apontando para a convivência de dois Estados completamente soberanos, Israel e Palestina, que estaria em condições de vigorar em 2005 e que, no fundo, repõe os fundamentos dos Acordos de Oslo da troca de paz por território. O plano pressupõe a sua aplicação em três fases, a primeira centrada na renúncia à violência, a segunda na realização de eleições palestinianas e a terceira na normalização das relações entre Israel e os Estados árabes, mas alguns dos problemas mais delicados, como os relacionados com os colonatos, os refugiados e o estatuto de Jerusalém, se bem que enunciados, ainda ficam dependentes de negociações posteriores. A AP já deu a sua concordância e pretende ver este processo acelerado, mas a aprovação de Israel ainda é algo condicionada. As promessas lembram as de 1991 de que, afinal, apenas resultaram o aumento da violência e o reforço das posições israelitas em prejuízo dos palestinianos.

Entretanto o controlo norte-americano no Iraque e a explícita ameaça ao Irão e à Síria servem à maravilha a estratégia de Israel que, actualmente, tem três grandes objectivos:

- Consolidar os alargamentos territoriais sucessivamente conquistados desde 1949 e o controlo dos recursos aquíferos edificando passo a passo o Grande Israel.
- Substituir os Acordos de Oslo.
- Manter o estatuto de única potência nuclear no Médio Oriente.

O Pacto de Segurança Israelo-Turco concluído em 1997, os acordos de boa-vizinhança de Israel com o Egipto e a Jordânia, a neutralização do Iraque, configura um quadro de isolamento da Síria e do Líbano que não tardará a reduzir a influência síria. E este quadro aliado à presença norte-americana no Afeganistão, à domesticação do Paquistão, ao reforço da presença de militares dos EUA na bacia do Mar Cáspio, materializa o cerco ao Irão. É uma perspectiva global favorável a Israel que tem na geoestratégia de Washington no Médio Oriente um instrumento à medida dos seus interesses. Como favorável lhe é a guerra geral contra o terrorismo que invoca para a eliminação sistemática dos dirigentes e estruturas palestinas. A ambiguidade na qualificação de terrorismo, que exclui o terrorismo de Estado, atinge a maior expressão na Palestina e Noam Chomsky no seu último livro *Piratas e imperadores, velhos e novos*, denuncia veementemente esta hipocrisia. É, porém, uma situação que, como já atrás assinalámos (ver A.6.g.), se vem alterando significativamente no ano de 2010 com o afastamento de Israel e da Turquia e a aproximação desta ao Irão e à Síria. Presentemente é Israel que caminha para o isolamento causando sérios incómodos ao apoio dos EUA.

Israel enfrenta um problema complicado que é o crescimento demográfico árabe. Com a tendência actual um Grande Israel terá, dentro de dez anos, uma maioria árabe e a manutenção de um Estado judaico terá de passar por um qualquer sistema de tipo *apartheid*. Por isso é-lhe vital travar o regresso dos refugiados e tudo fazer para promover o aumento do êxodo de palestinianos. O desemprego, as restrições da água, as destruições das estruturas físicas e sociais, a repressão violenta, tudo deve ser interpretado à luz desta preocupação. Dominique Vidal no livro *O império contra o Iraque*, com o texto "Alarmantes quimeras do governo de Sharon", lembra que este repete, desde a Primavera de 2001, que «*A guerra da independência de 1948 ainda não acabou*» (p. 159). E acrescenta Vidal: «*O único "trabalho" que ainda não acabou, para empregarmos a linguagem da direita israelita, é a expulsão dos palestinianos, incompletamente realizada há 55 anos*» (idem).

n. Como conclusão, o conflito israelo-palestiniano permanece a questão central da conflitualidade israelo-árabe. No seu conjunto isto é, a questão palestiniana e a mais ampla questão das relações entre árabes e judeus, não terá nenhuma hipótese de pacificação enquanto não forem encaradas, como condições *sine qua non*, soluções sólidas para os problemas que subsistem como maiores factores de conflitualidade:

- Constituição de um Estado da Palestina integralmente soberano dentro de fronteiras acordadas e reconhecidas por todos os vizinhos, o que terá de passar por compromissos entre as fronteiras anteriores a 1967 do Plano de Partilha da ONU e as fronteiras posteriores a 1967 correspondentes a situações *de facto* resultantes da guerra.
- Devolução dos territórios ocupados por Israel nas várias fases do conflito o que, para além dos territórios palestinos que se inserem na questão anterior, envolve os montes Golã, possibilitando o acesso da Síria às margens do rio Jordão e do lago Tiberíades.
- O estatuto da cidade de Jerusalém que Israel ocupa na totalidade e declarou capital do Estado judaico, enquanto palestinianos e árabes em geral reclamam a partilha da cidade santa, de acordo com o plano da ONU de 1947, ou a passagem de Jerusalém oriental para o controlo do Estado da Palestina.
- Questão dos colonatos que Israel quer preservar e aumentar projectando mesmo anexar a região onde se inscrevem, enquanto a AP, apoiada pela comunidade internacional, exige o seu termo.
- Regresso dos cerca de quatro milhões de refugiados às suas terras de origem de acordo com as resoluções da ONU que Israel pretende contornar dada a ameaça de desequilíbrio demográfico atrás apontada.
- A partilha dos recursos aquíferos e do controlo das suas condutas proporcionando um acesso equilibrado e pondo fim ao seu monopólio por parte de Israel e à total dependência em que se encontram os palestinianos, que impede qualquer projecto de independência económica e política.

- Reconhecimento por todos os Estados árabes do direito de Israel à segurança dentro das suas fronteiras legitimamente reconhecidas, o que não será possível sem um plano de paz global em que os pontos anteriores sejam contemplados.

Já no mês de Outubro de 2003 personalidades palestinianas e do Partido Trabalhista de Israel, na oposição, encontraram-se em Genebra e assinaram um acordo que não tem peso institucional mas tem significado político, que acolhe a quase totalidade destas questões. É o reconhecimento de que é por aí que tem de passar a solução dos conflitos israelo-palestiniano e israelo-árabe.

CAPÍTULO C
GOLFO PÉRSICO

1. Geografia física
a. A ZTC do Golfo Pérsico é a posição central do Médio Oriente e da fachada leste do Mediterrâneo. É uma sub-região que se desenvolve em torno do Mar Arábico, também conhecido por Golfo Pérsico e que se prolonga pelo Golfo de Oman com saída para o Oceano Índico (Mapa 11).

b. É aqui que convergem alguns dos mais destacados factores da geografia física que fazem do Mediterrâneo e do Médio Oriente uma zona paradigmática de tensão e conflitos. Situada bem no centro da ilha mundial tal como foi identificada por Mackinder a grande massa terrestre dos continentes europeu, africano e asiático, rodeada de mares interiores, cortada pelas várias rotas de passagem terrestre e marítima entre estes três continentes e os oceanos que os banham e, por conseguinte, recheada de pontos de passagem obrigatória cujo controlo confere poder, o Golfo Pérsico é uma verdadeira zona-charneira do velho mundo.

c. Apesar de relativamente pouco extensa é morfologicamente bastante heterogénea. Na zona central são as planícies irrigadas dos vales dos rios Tigre e Eufrates, a histórica Mesopotâmia que foi um dos pólos que atraíram a sedentarização nos alvores da civilização urbana do Neolítico e que se tornam pantanosas nos cursos finais dos rios. Para ocidente e sudoeste desta região estendem-se as planuras desérticas da Península Arábica. Para norte erguem-se as áridas serranias curdas e para leste e sudeste a região de Zagros nas montanhas iranianas que, na antiguidade, constituíam a difícil zona de transição entre o Mediterrâneo e o oriente asiático.

Além do Tigre e Eufrates não se encontram aí grandes bacias hídricas, ausência particularmente notória na Península Arábica.

O clima é também variado, tórrido e seco nos desertos arábicos, gelado e agreste nas montanhas curdas e iranianas, quente e húmido nas planícies iraquianas.

d. A região do Golfo Pérsico sempre se distinguiu, historicamente, por um factor que continua hoje a ser geoestrategicamente importante, a posição privilegiada controlando as grandes rotas transcontinentais. A visão geoes-

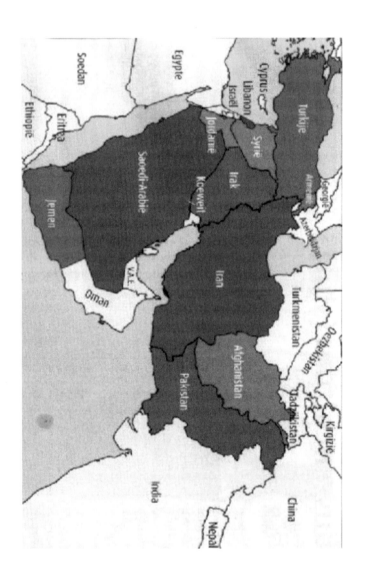

MAPA 11 – Golfo Pérsico

Fonte: N/N.

tratégica de Afonso de Albuquerque quando Portugal se tornou a potência marítima do Índico nos princípios do século XVI levara-o a instalar bases navais em Ormuz e Oman, então como hoje pontos-chave para o domínio da navegação para oriente.

Particularmente importantes são os estrangulamentos nas saídas do Mar Vermelho em Aden e do Golfo Pérsico em Ormuz, controlo que os ingleses mantiveram até 1971, mesmo depois do fim do seu império colonial. Importância que se mantém na actualidade quando o controlo das rotas marítimas do petróleo do Médio Oriente para o Pacífico assumiu um papel geoestratégico capital.

2. Geografia humana

a. As características físico-geográficas atrás descritas são pouco convidativas à fixação humana fora do crescente fértil e daí uma densidade populacional relativamente escassa.

Porém, a riqueza das reservas petrolíferas e o papel que este produto assumiu nas sociedades modernas acabaram por atrair para a região, nos tempos recentes, muitos emigrantes, nomeadamente asiáticos, que assim vieram contribuir para o aumento demográfico dos Estados produtores, as chamadas petromonarquias. As taxas demográficas variam dos mais baixos índices de 10 h/Km^2 na Arábia Saudita, até aos 100 h/Km^2 no Koweit. Este emirato, o Qatar e os Emiratos Árabes Unidos, viram as suas populações mais do que duplicadas com a imigração.

b. Todos os povos originários são maioritariamente árabes, com excepção dos do Irão de maioria persa e dos curdos de raiz indo-europeia e com alguma identidade com os persas. O Irão, exactamente pelo seu posicionamento na rota ancestral das migrações entre a Bacia Mediterrânica e o extremo oriente e Ásia central, tornou-se uma zona central de fixação de etnias das mais diversas proveniências, tendo hoje cerca de 50% de população não persa.

c. Sendo uma região que se desenvolve em torno dos berços das três religiões monoteístas do ocidente, cristianismo, islamismo e judaísmo, vem a tornar-se o pólo da consolidação e expansão do islamismo. Considerando-se que o islão, estendendo-se do ocidente africano até ao sudeste asiático, tem o seu centro e a sua periferia, é no Golfo Pérsico que se encontra o seu centro, o núcleo, o verdadeiro coração do mundo muçulmano. Na Arábia Saudita situam-se os lugares sagrados simbólicos, Meca a cidade berço e Medina, pólos de atracção das grandes peregrinações anuais vindas de todo o mundo islâmico. No Iraque estão as cidades santas da minoria xiita Kerbala e Najaf.

Mas o facto de ser uma região civilizacionalmente homogénea de acordo com a caracterização de Huntington, não deixa de ser heterogénea e até muito conflitual dentro do espaço islâmico. Porque é nela que se chocam os grandes grupos islâmicos de raízes étnicas diferenciadas, árabes, turcos, curdos, persas e indianos (do Paquistão), que ao longo da história têm tido uma convivência difícil. E porque também é por aí que passa o grande cisma entre sunitas e xiitas que tem por origem a legitimação dos descendentes do profeta Maomé. Como pólos das duas tendências temos exactamente a Arábia Saudita sunita e o Irão xiita, separados por um Iraque dividido entre sunitas e xiitas. E estes são os três grandes actores políticos da ZTC.

Esta fractura religiosa tem sido um dos principais factores da conflitualidade regional. Foi no Golfo Pérsico que com a revolução islâmica do Irão dos finais da década de 70 do século passado surgiu a primeira república teocrática moderna, que deu origem a regimes fundamentalistas de base religiosa e que tendem a proliferar.

d. É historicamente uma fronteira de impérios e uma zona de atracção para a expansão desses impérios. Na antiguidade o primeiro império conhecido, o Acádio, teve aí a sua zona de implantação durante os últimos milénios da era pre-cristã e, já na era clássica, quer na expansão para ocidente de impérios orientais, como o Persa de Ciro e Dario, quer na expansão para oriente dos impérios ocidentais, como o Helénico e o Romano, o Golfo Pérsico foi sempre uma área alvo. Posteriormente o Califado Árabe Abássida, na era correspondente à Idade Média europeia, teve o centro cultural em Bagdad, no século XIII o Império Mongol expandiu-se por toda a Ásia e atingiu a bacia do Tigre e Eufrates, seguindo-se o Império Otomano que também se alargou até ao Golfo Pérsico. O mosaico humano da ZTC é produto do cruzamento de todas estas expansões imperiais.

3. Geografia política

a. Como zona de características específicas inserida no Médio Oriente e no Mediterrâneo alargado o que sobressai na geografia política do Golfo Pérsico é a rivalidade entre três Estados predominantes com modelos políticos distintos, mesmo antagónicos e frequentemente em conflito:

- A ocidente a Arábia Saudita, uma monarquia absoluta de tipo feudal rígido, assente numa estratificação familiar, sede do islamismo sunita e onde se situam os símbolos maiores do islão, centro das maiores peregrinações mundiais, Meca e Medina. Tem sido um aliado privilegiado do ocidente e dos EUA, obstáculo para se assumir como potência liderante regional.

O pós-11 de Setembro de 2001 e as raízes sauditas de muitos dos dirigentes e activistas da Al Qaeda parecem susceptíveis de prejudicar os seus laços de proximidade com Washington.

- A oriente o Irão, potência regional historicamente influente, é o centro da tendência xiita e rival religioso da Arábia Saudita dentro do espaço islâmico. Tornou-se a primeira república islâmica depois da revolução dos finais da década 70 do século passado que derrubou a monarquia persa da dinastia Pahlevi.

Se até essa data o Irão e a Arábia Saudita rivalizavam como pretendentes ao estatuto de aliado preferencial dos EUA, de seus polícias no Médio Oriente, a partir da revolução islâmica essa rivalidade passou a assentar em posições antagónicas face à hiperpotência dominante. O Irão passou a ser um dos seus maiores inimigos, um *rogue state*, um dos pilares do eixo do mal.

- Entre a Arábia e o Irão situa-se o terceiro Estado com pretensões a potência regional, o Iraque. República laica que assentava no domínio de um grupo tribal e de um partido político, o Bahas, tem uma base religiosa mais heterogénea que os seus vizinhos dividida entre sunitas e xiitas e atravessa, depois da intervenção militar anglo-americana de Março de 2003, um período de indefinição política.

Herdeiro das mais antigas civilizações da Mesopotâmia sofreu ocupações sucessivas, mais recentemente e até à Guerra 1914-1918 a do Império Otomano e, com o desmembramento deste, do RU com mandato da SDN, que formalmente terminou em 1932 mas se manteve, *de facto*, até ao final da Guerra 1939-1945. A Turquia considera o Iraque um dos centros da revolta árabe que levou ao fim do Império Otomano o que os iraquianos exibem como uma bandeira da libertação árabe.

As suas saídas para o Golfo Pérsico estranguladas em Chatt-el-Arab entre o Irão e o Koweit estão, até certo ponto, na base das guerras em que se envolveu com estes vizinhos no final do século passado. Na sequência da invasão do Koweit e da Primeira Guerra do Golfo em 1991 já exercia apenas uma soberania limitada sobre grande parte do seu território nacional. Resoluções punitivas e cautelares da ONU impuseram Zonas de Exclusão Aérea (ZEA) a norte, na região curda e a sul, na região xiita. Daqui resultava ser o único dos Estados com uma minoria curda significativa em que esta gozava de uma autonomia política efectiva.

Actualmente, com a nova era aberta na ZTC com a intervenção militar norte-americana, tudo aponta para que Washington queira fazer do Iraque a base da sua presença no Médio Oriente, com um estatuto que se assemelhará a um regresso ao sistema de protectorado.

b. Os Estados de menor dimensão da região situados na periferia da Península Arábica, com sistemas políticos e confissões religiosas identificados com a Arábia Saudita vivem, de certa forma, na órbita desta e têm menor peso político regional. Com excepção da República do Yemen são um conjunto de monarquias absolutas, emiratos conhecidos por petromonarquias dado deverem a sua existência às riquezas petrolíferas, muito conservadoras, de independência recente. Com a queda do Império Otomano estes emiratos tinham passado para a administração britânica só se tendo tornado independentes em 1971, quando o RU decidiu abandonar definitivamente a região. Sete deles associaram-se nos Emiratos Árabes Unidos e os outros, Koweit, Qatar e Oman, mantiveram-se separados.

Com a revolução islâmica do Irão sentiram-se ameaçados até porque há disputas antigas em torno da soberania de algumas ilhas do golfo, o que reforçou a sua aproximação e dependência à Arábia Saudita e EUA.

c. Os países do Golfo Pérsico, na sua totalidade, independentemente do modelo de Estado, nunca conheceram regimes próximos das democracias de tipo ocidental. Têm assentado sistematicamente em governos autoritários, por vezes ferozes ditaduras, sem respeito pelos direitos humanos fundamentais e com interpretações muito peculiares do Estado de direito.

d. Sem estarem propriamente inseridos no conjunto do Golfo Pérsico alguns outros Estados do Médio Oriente não deixam de fazer sentir aqui a sua influência política. É o caso da Turquia, de que já falámos, mas também da Síria que tem aspirações a potência regional e do Egipto que no tempo de Nasser tentou a unificação com a Síria e o Yemen na RAU, projecto que deveria servir de modelo para uma futura união árabe, um novo califado dos tempos modernos, mas que teve curta duração.

Pela negativa, em relação a este conjunto de predominância muçulmana, não pode ainda deixar de se considerar a influência de Israel, única motivação que por vezes consegue fazer convergir as posições dos Estados árabes ou muçulmanos muito vocacionados para a divisão. Israel e por arrastamento a Palestina, também contam na política do Golfo Pérsico.

e. Por último, presentes na geografia política desta ZTC estão também algumas das principais potências mundiais. Com o fim do Império Otomano não desapareceram as apetências imperiais por este centro do mundo.

Na Guerra 1914-1918 o Império Otomano esteve do lado germânico o que foi aproveitado pelos árabes para cativarem apoios franco-britânicos para a sua luta pela independência. Com a derrota da Alemanha e da Turquia o império desfez-se e, das suas ruínas, nasceram os Estados árabes modernos do Médio Oriente, alguns deles de construção artificial, com fronteiras definidas pelas potências mandatadas pela SDN. Como entretanto estava a revelar-se a riqueza petrolífera da região a França e o RU, através dos mandatos da SDN, conseguiram manter o controlo político sobre os novos Estados. Ainda se estava em plena era colonial.

O Golfo Pérsico ficou na área de influência britânica que assim manteve o controlo dos pontos estratégicos essenciais para uma potência marítima. As visões imperiais sobre o Golfo Pérsico não tinham desaparecido e, hoje, o império global norte-americano inclui-o nas zonas decisivas dos seus interesses vitais. Os acontecimentos de 2003 aí estão para comprová-lo.

4. Geografia económica

a. A economia do Golfo Pérsico é o petróleo. Sendo uma característica extensiva ao conjunto da região do Médio Oriente, é particularmente marcante nesta ZTC e é isto que o torna uma região de interesse vital para a hiperpotência mundial.

b. Os Estados da região, nomeadamente os da península arábica e o Iraque, dispõem de mais de dois terços das reservas mundiais conhecidas. Mas esta região além de ser a maior produtora mundial de petróleo, domina as saídas das grandes rotas marítimas por onde as ramas são escoadas para o extremo oriente e para a costa do Pacífico dos EUA.

Tratando-se de economias extremamente dependentes do petróleo são muito vulneráveis. Nomeadamente as chamadas petromonarquias são aquilo a que se pode classificar de Estados a prazo, que durarão apenas enquanto durarem as reservas petrolíferas. E a pressão do aumento progressivo do consumo sobre as reservas, que se vão esgotando, é cada vez maior, dividindo-se a estimativas entre as mais optimistas que admitem que possam durar até 2037 e as mais pessimistas cujas previsões apontam para o esgotamento em 2026.

Países como a Arábia Saudita, os Emiratos Árabes Unidos, o Koweit e Oman, têm as suas exportações dependentes, entre 80 e 95%, do petróleo. E têm beneficiado da influência que, com destaque para a Arábia Saudita, mantém na Organização dos Países Produtores de Petróleo (OPEP), que lhes permite controlar o preço das ramas consoante aumentam ou reduzem as quantidades que colocam no mercado mundial.

É um papel que podem vir a perder com as mudanças que os EUA parecem interessados em promover com a Guerra no Iraque de 2003 e com a projecção que vêm adquirindo as reservas petrolíferas do Mar Cáspio e da África ocidental.

c. A água é também um recurso sensível na região do Golfo Pérsico, mas por razões inversas. Porque é escasso, mas também porque, para além de ser escasso é, como atrás já assinalámos, controlado em grande parte pela Turquia, colocando o Iraque, cuja agricultura tem um peso importante na sua economia, na sua dependência. A bacia do vale do Tigre e do Eufrates é a zona mais fértil da região que esteve na base da fixação das primeiras comunidades que aí foram desenvolvendo e mantendo economias assentes na agricultura. A água é também um factor decisivo na conflitualidade no Golfo Pérsico.

5. Caracterização polemológica

a. É comum dizer-se que a conflitualidade no Golfo Pérsico cheira a petróleo. É verdade, mas apenas em parte.

Como escrevemos quando nos referimos à conflitualidade na fachada leste do Mediterrâneo alargado isto é, no conjunto do Médio Oriente, o que a distingue é a complexidade e o emaranhado de factores que estão na sua origem. O petróleo é um dos factores permanentes e um dos mais influentes, mas não é o único. E alguns dos que apontámos como caracterizadores da conflitualidade no Médio Oriente são específicos da ZTC do Golfo Pérsico.

b. Citámos Jacques Soppelsa para pôr em relevo os cinco grandes choques geopolíticos do Médio Oriente no final do século XX (A.6.g.), a retirada britânica, a crise petrolífera resultante da Guerra de Yon Kipour, a revolução islâmica do Irão, a Guerra Irão-Iraque e a Guerra do Golfo de 1990-1991, aos quais hoje podemos acrescentar as consequências do 11 de Setembro de 2001 com destaque para a intervenção dos EUA no Iraque. Todos têm incidência muito directa no Golfo Pérsico.

Pode seleccionar-se uma série de motivações perduráveis que tornam o Golfo Pérsico uma zona de conflitualidade endémica e que têm sido postos em evidência por todos os conflitos que nela se têm desenrolado desde a Guerra Mundial de 1939-1945:

- Em primeiro lugar, obviamente, a questão dos recursos petrolíferos que atraíram para a região a atenção e a cobiça das maiores potências e a tornaram uma das áreas de interesse vital para a actual hiperpotência dominante do sistema unipolar.
- Depois as disputas inter-estatais pela liderança regional entre ditaduras que não hesitam em sacrificar as populações aos interesses particulares e de grupos dominantes, mas que também envolvem velhas disputas territoriais resultantes das fronteiras herdadas da descolonização ou dos mandatos da SDN e que têm frustrado todas as tentativas de unidade política da grande nação árabe.
- As lutas religiosas entre tendências antagónicas no interior do islamismo, com expressões radicais fundamentalistas, em especial entre sunitas e xiitas.
- A questão curda, que é transversal em relação a vários Estados da ZTC e que merece tratamento mais alargado pelo que será objecto de capítulo separado.
- O conflito israelo-árabe que estando mais centrado na Palestina, portanto algo periférico em relação a esta ZTC, tem nela uma influência directa, como vimos no capítulo anterior.
- Mais recentemente a proliferação de armas de destruição maciça, com Estados suspeitos de terem em curso programas nucleares colocados pelos EUA na lista dos *rogue states* e do eixo do mal.

c. Se bem que o Golfo Pérsico não se encontrasse na linha da frente no conflito leste-oeste que marcou toda a Guerra Fria esta penetrou e repercutiu-se nesta ZTC. Região identificada com o Terceiro Mundo, com o bloco dos Países Não-Alinhados esteve, durante esse período e no seu conjunto, mais próxima do bloco ocidental que chegou a manter essa faixa do *rimland* bem controlada através do Pacto de Bagdad. Este começaria a romper-se em 1959 com a saída do Iraque quando a revolução republicana derrubara a monarquia hashemita e desmoronar-se-ia em 1979 com a vitória da revolução islâmica no Irão. Mas não provocou uma mudança de campo, da área de influência ocidental para a de leste.

Os países que no Médio Oriente mais se deixaram atrair para as áreas de influência de um e outro bloco eram algo periféricos em relação ao Golfo Pérsico mas fazem aí sentir a sua influência. A Síria aproximou-se da URSS que dispôs aí da sua única base naval no Mediterrâneo, enquanto a Turquia era membro da OTAN e Israel era um aliado fiel dos EUA e da generalidade dos países ocidentais. O Egipto chegou a ser um parceiro importante da URSS no tempo de Nasser nas décadas de 50 e 60 mas passou a alinhar com o bloco ocidental depois do acordo com Israel em Camp David, em 1978, sob a liderança de Sadate.

Entre os Estados da ZTC do Golfo Pérsico a fractura leste-oeste manifestou-se num Estado mais pequeno, o Yemen, que conheceu uma guerra civil entre o norte, ideologicamente mais próximo do bloco leste e o sul, apoiado pelo ocidente.

d. A revolução iraniana de 1979 assinalaria a entrada da ZTC na era da conflitualidade moderna. Eric Hobsbawm chama-lhe «(...) *de longe a maior de todas as revoluções dos anos 70, e que entrará na história como uma das grande revoluções sociais do século XX*» (p. 442), mas uma das suas maiores consequências é geoestratégica, pela profunda alteração que vem provocar naquela sensível zona do *rimland*.

A Pérsia da monarquia da era Pahlevi era um sólido aliado do ocidente no mundo islâmico, pilar do Pacto de Bagdad. Em 1953 o primeiro ministro Mohamed Mossadegh confrontou as potências ocidentais com a nacionalização da indústria petrolífera mas acabou destituído pelo Xá que cedeu às pressões dos seus aliados e protectores. Vinte e cinco nos depois a República Islâmica do Irão, saída da revolução islâmica, rompe com o ocidente mas, apesar de ocorrer em plena Guerra Fria, não vai mudar de campo na divisão bipolar. A Pérsia foi sempre um adversário da Rússia e da URSS, um tampão à sua ambição de atingir os mares quentes do sul e o novo regime teocrático não era propício a uma aproximação ao ateísmo soviético. O início do fim da URSS com a Guerra no Afeganistão, teria um forte contributo do Irão.

Mas a nova república iraniana afastar-se-ia radicalmente dos EUA tornando-se um dos seus maiores inimigos, dando o golpe de misericórdia no Pacto de Bagdad que se transformara em Organização do Tratado Central (CENTO) depois da saída do Iraque em 1959 e era muito importante para o bloco marítimo ocidental.

O Irão tornar-se-ia na primeira experiência de uma república teocrática islâmica radical, que o ocidente ia encarar como o novo perturbador regional. Uma das acusações que no islão se fazia à monarquia do Xá incidia, para além da ditadura feroz e classista assente em gritantes distorções sociais, na ocidentalização dos costumes. Por isso a revolução islâmica tornar-se-ia uma bandeira da anti-ocidentalização, contra a expansão e dominação do ocidente.

A revolução islâmica tem as suas raízes na cisão religiosa no interior do mundo islâmico e nas contradições políticas e sociais da nação persa, mas é também uma resposta à ambição das grandes potências de controlarem uma região geoestrategicamente muito sensível, pela sua posição e, muito em especial, depois de se ter tornado a maior reserva petrolífera mundial.

e. Ainda a revolução iraniana estava quente e o novo regime mal consolidado, quando rebenta a guerra Irão-Iraque, em 1980 e que vai perdurar durante quase toda a década. Foi uma das últimas guerras clássicas de tipo clausewitziano, rigidamente inter-estatal, mas de que nunca se conheceram com muita nitidez os objectivos. Viria a terminar sem qualquer resultado significativo para qualquer dos lados. Os Estados, os detentores do poder político, os regimes políticos, as fronteiras, estavam no fim da guerra como estavam no seu início. Só que ambos os lados estavam mais pobres, mais fracos e com umas centenas de milhares de cidadãos a menos.

A rivalidade Irão-Iraque assentava em velhos sintomas de conflitualidade que se haviam agravado depois da revolução iraniana:

- Questões étnicas, entre comunidades persas e comunidades árabes, que ao longo da história se confrontaram e tinham na fronteira entre os dois Estados a linha da frente. Aqui se podem inserir problemas relacionados com a comunidade curda que, afectando ambos os Estados, sempre serviu de instrumento desestabilizador de um contra o outro (e contra outros na região).
- Problemas religiosos, entre as tendências sunita e xiita no interior do islão. A revolução iraniana introduzira um conflito entre um Estado teocrático, o Irão e um Estado laico, o Iraque e além disso o proselitismo religioso e revolucionário do Irão terá tentado expandir-se para o sul xiita do Iraque confrontando-se com a comunidade sunita dominante. Mas os xiitas iraquianos não terão correspondido ao aceno iraniano.
- Disputas territoriais entre Estados vizinhos que aspiram à hegemonia regional no Médio Oriente. Uma das fragilidades que se apontam ao

mundo muçulmano é a ausência de uma potência liderante havendo vários Estados que alimentam essa ambição e entre eles precisamente o Irão e o Iraque. Esta disputa envolve reivindicações territoriais, como a zona do Khuzistão, fronteiriça e rica em petróleo e principalmente a zona do Chatt-el-Arab, na embocadura do Golfo Pérsico. O Iraque tem aí a sua única saída para o mar, estrangulada entre o Koweit e o Irão, a que se junta um conflito permanente pela soberania sobre algumas ilhotas importantes para o controlo do golfo. Um acordo conseguido em Argel em 1975 entre o Iraque e a Pérsia foi denunciado pelo Iraque no princípio da guerra.

O Iraque terá pensado que as fragilidades e a anarquia que o Irão atravessava na sequência da revolução o favoreciam mas confrontou-se com o fervor revolucionário popular com que não contava.

- Uma última motivação que influenciou o desencadeamento da guerra foi a permanente interferência das grandes potências. Os EUA apoiaram o Iraque numa estratégia de contenção do Irão que se perfilava como a grande ameaça para os seus interesses regionais, pelo efeito de contágio que poderia exercer sobre outros estados do Golfo Pérsico, em particular na Arábia Saudita. Apoio que se traduziu em solidariedade política com o regime de Saddam Hussein, mas também no fornecimento de armamentos e no financiamento e transferência de tecnologias para a sua aquisição, inclusivamente de armas químicas e biológicas que chegaram a ser utilizadas contra os curdos.

Outra potência externa atenta ao desenrolar dos acontecimentos era Israel, inimiga de ambos os contendores e interessada no seu desgaste mútuo.

O mundo árabe e islâmico, esse mais uma vez se dividiu nos apoios a um e outro lado.

Sendo uma guerra cujos objectivos nunca foram claros certo é que os dois grandes dilemas da época, conflito leste-oeste e conflito israelo-árabe, estiveram ausentes. Teve na sua base um conjunto factores constantes na conflitualidade regional e, no essencial, estiveram presentes dois mitos falhados, o mito iraniano do apelo à unidade do islão xiita e o mito iraquiano do apelo à unidade da nação árabe.

f. Acaba a Guerra Irão-Iraque em Julho de 1988 e, dois anos depois, em Agosto de 1990, começa a Guerra do Golfo com a invasão do Koweit pelas tropas do Iraque. Mais uma vez são detectáveis motivações que se confundem com factores permanentes da conflitualidade na ZTC:

- Em primeiro lugar a disputa inter-estatal, herança da artificialidade das fronteiras e do ainda recente domínio colonial. O Koweit é um Estado artificial, nascido da retirada britânica, que o Iraque reivindica como província iraquiana e que, situando-se no Chatt-el-Arab, constitui obstáculo à ampliação da saída do Iraque para o Golfo Pérsico.
- Por outro lado o Koweit é uma monarquia muito chegada à Arábia Saudita que mantém uma velha disputa com o Iraque pela liderança do espaço árabe na região do golfo. Como aliado da Arábia Saudita o Iraque vê no Koweit um intérprete dos interesses dos EUA na região. É o factor externo a jogar o seu papel.

Aliás o factor externo manifestar-se-ia na Guerra do Golfo de forma pouco linear pois com a invasão do Koweit o Iraque passou a representar uma ameaça para os Estados da região, fomentando alianças contra-natura em que chegaram a colocar-se do mesmo lado Israel, o Irão, a Síria e a Turquia. Foi isso que permitiu a formação da grande coligação liderada pelos EUA sob mandato da ONU, mas que não sobreviveria à operação Tempestade no Deserto e ao seu objectivo imediato que se limitava à expulsão das tropas iraquianas do Koweit. A coligação contou com governos árabes e muçulmanos mas não com os povos árabes e islâmicos que, em geral, se manifestaram por Saddam Hussein e o elegeram como símbolo da resistência ao ocidente e a Israel. Nenhuma organização islâmica apoiou a coligação. O factor do conflito israelo-árabe não deixou de estar presente.

- Acrescente-se o factor petróleo, decisivo nesta Guerra do Golfo. Foram as disputas pelos lençóis petrolíferos a causa imediata da invasão do Koweit. Joseph Nye nota que «*O Iraque repousava ao lado de uma mina de ouro – o Koweit – com enormes excedentes de petróleo e uma população reduzida*» (p. 213), o que poderia ajudá-lo a recuperar da situação económica calamitosa em que ficara depois da guerra com o Irão. Os receios de que o Iraque pudesse prosseguir a ofensiva e vir a controlar os campos sauditas e a maioria das reservas do Golfo Pérsico forçaram a intervenção dos EUA. Washington confirmou o valor dos recursos petrolíferos na sua doutrina dos interesses vitais.
- Por último outro factor com influência decisiva foi a proliferação das armas de destruição maciça, com destaque para a arma nuclear.

O Iraque já era então apontado como um candidato a potência nuclear e fora objecto de um ataque aéreo preventivo de Israel, em 1981, que destruiu a estação nuclear de Osirak. Israel não quer perder o monopólio nuclear no Médio Oriente e conta o apoio dos EUA. A Guerra do Golfo deu início à estratégia da contra-proliferação nuclear em prejuízo da não-proliferação nuclear.

A preocupação de não alterar o equilíbrio inter-estatal regional, os perigos que poderiam resultar de um vazio de poder no Iraque e a instabilidade que se propagaria às regiões curdas no interior de outros Estados, fizeram com que a Tempestade no Deserto se ficasse pelo objectivo da expulsão das tropas iraquianas do Koweit e não pusesse em causa o regime no Iraque. Era esse, aliás, o mandato da ONU que possibilitara a coligação internacional. O Iraque sobreviveu mas como um Estado fragilizado, sujeito a sanções económicas e a limitações na sua produção petrolífera, obrigado pelo CS a desarmar e com a soberania condicionada nas ZEA permanentemente patrulhadas pelos aviões do RU e dos EUA. Isto proporcionou aos curdos iraquianos uma autonomia que não viam reconhecida em nenhum outro país e que era encarada com desconfiança nos restantes Estados onde há minorias curdas importantes.

O Iraque continuou sujeito a sucessivas intervenções armadas dos EUA e RU que se podem considerar como o prolongamento da Tempestade no Deserto. Em 1994 a operação Ataque no Deserto na sequência de um desentendimento entre facções curdas que tinha levado à intervenção iraquiana, em 1997 a operação Trovão no Deserto a pretexto de desinteligências de Bagdad com a comissão de inspectores da ONU e que se repetiu em 1998 com a operação Raposa no Deserto. Saddam Hussein saíra sistematicamente reforçado internamente destas crises e consolidara a sua imagem de líder árabe na luta contra o ocidente que parecia preferir manter esse tumor de fixação do que arriscar no seu derrube.

Em 1999 na *Foreign Affairs* Daniel Byman, Kenneth Pollack e Gideon Rose publicaram um artigo, "The rollbak fantasy", no qual descreviam as várias hipóteses, suas vantagens e inconvenientes, que se equacionavam em gabinetes do Pentágono para o derrube de Saddam Hussein. Eram três as opções em apreço:

- A primeira, chamada opção aérea, passava pelo empenhamento massivo de meios aéreos norte-americanos em apoio de uma forte acção terrestre de facções iraquianas rebeldes capazes de derrubar Saddam Hussein.
- A segunda, opção enclave, compreendia um apoio aéreo limitado dos EUA a forças ligeiras e flexíveis dos rebeldes iraquianos, para consti-

tuírem bolsas de resistência nas ZEA e a partir daí desafiarem o poder de Bagdad.
- A terceira, opção afegã, admitia a criação de santuários de rebeldes iraquianos em países vizinhos como bases de acções de guerrilha.

Todas estas hipóteses foram recusadas, porque os inconvenientes que apresentavam se sobrepunham às vantagens, acabando Washington por optar pela manutenção da contenção que vigorava desde 1991, que podia variar entre uma contenção mais global e uma contenção mais selectiva.

g. A situação no Golfo Pérsico viria de novo a saltar para o centro das atenções depois do 11 de Setembro de 2001.

Quando este trabalho está a ser concluído ainda está em pleno desenvolvimento a Segunda Guerra do Golfo mas é já possível detectar os factores permanentes de conflitualidade regional que, mais uma vez, estão na sua origem:

- Em primeiro lugar ressalta o problema do fundamentalismo religioso que esteve na origem das acções terroristas da Al Qaeda contra Nova Iorque e Washington. Os EUA acusam o Iraque, ainda que não provem, de ligações à Al Qaeda e anunciam o objectivo de redesenhar o mapa político do Médio Oriente para retirar esses pretensos apoios à organização terrorista.
Kenneth Polack assina em 2002 um novo texto na *Foreign Affairs*, "Next stop Baghdad", no qual advoga a intervenção considerando que o derrube de Saddam Hussein é a segunda fase da guerra contra o terrorismo iniciada no Afeganistão.
- Depois é o problema das armas de destruição maciça de que o Iraque é acusado de ser possuidor, real ou potencial e da sua eventual disponibilização a grupos terroristas internacionais. O Iraque como futura potência nuclear é uma ameaça, pretexto invocado pelos EUA e que levou à nomeação pelo CS das comissões de inspecção cujo trabalho foi interrompido com a Segunda Guerra do Golfo. Seis meses depois do seu início o pretexto das armas de destruição maciça continuava por confirmar e começava a virar-se contra Londres e Washington. Hoje tornou-se óbvio que a invocação das armas de destruição maciça não passou de um pretexto artificialmente inventado.
- Há ainda, mais uma vez, o factor petróleo, mas que se apresenta agora de forma mais complexa. Os EUA querem já não impedir o risco de o Iraque poder dominar a produção na região mas controlar directamente os

recursos petrolíferos do Iraque, como compensação para o seu previsível afastamento em relação à Arábia Saudita, passando a dispor de maior capacidade para regular os preços do petróleo e retirar poder à OPEP. Aliás a própria Arábia Saudita, a Síria e o Irão são já apontados como objectivos futuros no redesenho da geografia política do Golfo Pérsico. Mas o factor petróleo, que se confunde com o factor das influências externas, manifesta-se também pelas rupturas verificadas entre antigos apoiantes da coligação da Tempestade no Deserto, EUA e RU de um lado, França, Alemanha e Rússia do outro. Está em causa o controlo exclusivo pelos EUA do petróleo do Golfo Pérsico, mas também a tentativa de compensar as suas ambições de controlar as reservas do Mar Cáspio. É a ameaça que se desenha de uma instalação militar definitiva de Washington no Golfo Pérsico depois de, com a Guerra do Afeganistão se ter instalado, pela primeira vez, nos Estados turcófonos da Ásia central.

- Outro factor presente nesta Segunda Guerra do Golfo, também relacionado com a influências externas, é o da identificação dos *rogue states* ou do eixo do mal, contra os quais a hiperpotência hegemónica se sente no direito de desencadear guerras preventivas. O Golfo Pérsico é a zona do mundo onde Washington localiza alguns dos *rogue states* acusados de fundamentalistas, de apoiantes do terrorismo internacional, de aspirantes à detenção de armas de destruição maciça e, como tal, situados no centro das suas preocupações bélicas nos próximos tempos. O Iraque reunia, para os EUA, todas estas ameaças, ainda que as provas não tenham surgido nem antes nem depois da invasão. Mas a administração republicana de George W. Bush era composta por políticos de formação messiânica e fundamentalista que, ainda na oposição, já tinham decidido que uma vez dominando a Casa Branca e o Pentágono tinham de instalar em Bagdad um governo pró-americano.

Esta é, das várias ZTC do mundo, uma daquelas em que o factor externo tem maior peso. Os EUA não conseguiram reconstituir, para a Segunda Guerra do Golfo, a grande coligação de 1991, porque faltou o mandato do CS. Mesmo alguns dos seus mais fiéis aliados, como a Turquia e a Arábia Saudita, se bem que por razões diversas, não apoiaram a invasão. O único país que se submeteu, porque desde 1991 tem sido um verdadeiro protectorado de Washington, foi o Koweit.

- Por último um outro factor está presente Segunda Guerra do Golfo é o conflito israelo-árabe. Causa e efeito da conflitualidade regional em todo o Médio Oriente, Israel pressionou Washington para intervir no

Iraque e em outros Estados árabes que lhe são mais desafectos e aproveita a oportunidade para aumentar a sua pressão contra a AP.

Uma atenta observação do mapa da região mostra como, depois da ocupação militar do Iraque pelos EUA, o Irão, provavelmente o Estado que Washington mais receia na região, ficará completamente cercado por vizinhos com maciça presença militar americana, Koweit, Iraque e Turquia a ocidente, Turquemenistão a norte, Afeganistão e Paquistão a leste. O pretexto da guerra contra o terrorismo que gostaria de ver alargada à Síria e ao Irão serve por inteiro a geoestratégia israelita.

h. A guerra no Iraque de 2003 terá, provavelmente, introduzido um novo factor de conflitualidade na ZTC do Golfo Pérsico, a ocupação militar estrangeira. Já desde 1991 os EUA mantinham uma presença militar no Koweit que, no entanto, era desejada pelo poder político aí reinante e, por isso, não pode ser designada de ocupação. Essa presença foi determinante para o desencadeamento da invasão no Iraque em Março de 2003 porque com as dificuldades inesperadas que a coligação anglo-americana encontrou na Arábia Saudita e na Turquia, o Koweit tornou-se a única base de ataque terrestre ao Iraque.

A presença militar anglo-americana no Iraque assumindo uma natureza diferente, de força de ocupação, acrescenta novos factores à conflitualidade regional, não apenas porque cria condições propícias a um clima de instabilidade interna que pode ser a reprodução ampliada da guerra assimétrica que se vive em Israel e nos territórios ocupados da Palestina, como configura a materialização do cerco à Síria e ao Irão onde as guerrilhas iraquianas contarão provavelmente com apoios e encontrarão refúgios, o que constituirá pretexto para futuras intervenções dos EUA nestes países, aliás já anunciadas.

O Irão está já sujeito a enorme pressão e o pretexto é de novo a arma nuclear, projecto que é acusado de perseguir, provavelmente com fundamento e para o qual conta com apoios de Estados já possuidores. É uma crise que recoloca a visão unilateral do NPT, exclusivamente orientada para a não-proliferação horizontal, que volta a sobrepor à não-proliferação a contra-proliferação e que denuncia a cumplicidade com Israel cujo arsenal nuclear não é contestado.

CAPÍTULO D
CURDISTÃO

1. Um conflito esquecido

a. A questão curda atravessa transversalmente as ZTC em que subdividimos o Médio Oriente. Um pouco à semelhança do conflito israelo-árabe deu lugar a um quadro conflitual que, sendo produto de um conjunto de factores que se cruzam no Médio Oriente, acabou ele próprio por se tornar uma causa da conflitualidade regional.

O problema curdo justifica, por isso, um tratamento separado dentro do conjunto do Mediterrâneo alargado até porque não diz apenas respeito nem ao Golfo Pérsico nem à zona fulcral do conflito israelo-árabe. Afecta simultaneamente ambas e até as ultrapassa.

b. Durante muito tempo a questão curda foi incluída no conjunto daquilo a que é vulgar chamar-se os conflitos esquecidos. Assim se designam os conflitos que se arrastam durante prazos alargados, em zonas chamadas cinzentas que não são de interesse vital para os principais actores da cena internacional e por isso não revelam interesse em neles se envolverem, que não perturbam o equilíbrio do sistema mundial e que são mantidos a um nível chamado de baixa intensidade sem que signifique poucos sacrifícios humanos. Pelo contrário, são conflitos que por se prolongarem no tempo, vão apodrecendo perante a indiferença da comunidade internacional mas que muitas vezes atingem elevadíssimos níveis de destruição material, de depredação de recursos e de sofrimento humano, em particular das populações civis.

São os conflitos esquecidos e a forma como são encarados e tratados pela comunidade internacional que justificam que continue a dividir-se a Terra em mundo que interessa e mundo que não interessa, mundo útil e mundo dispensável o que, no actual sistema global, não põe em causa a unipolaridade, até porque é a hiperpotência liderante do sistema quem define o que é útil e interessa e o que é dispensável e não interessa.

c. Por vezes os conflitos tidos como esquecidos não preenchem todos estes requisitos e o caso curdo é, nesse particular, paradigmático porque afecta uma zona que os EUA consideram de seu interesse vital. O que significa que alguns conflitos são esquecidos porque interessa mantê-los esquecidos para não se ter de enfrentar os problemas que estão na sua origem.

A questão curda, que durante muito tempo tem sido mantida como um conflito esquecido, porque está inscrita numa zona central nas preocupações mundiais assume protagonismo nos picos de crise nessa zona. Foi assim durante a primeira Guerra do Golfo de 1991, voltou a ser assim no momento em que se escreve este trabalho, com a Guerra do Iraque de 2003.

Digamos, então, que o conflito em torno da questão curda tem sido intermitentemente esquecido.

2. Geografia física

a. O território a que se pode chamar Curdistão isto é, terra do povo curdo, situa-se bem no centro do Médio Oriente, na confluência de zonas tão sensíveis como são a Ásia Menor turca, o Cáucaso, a fachada leste do Mediterrâneo e o Golfo Pérsico. Porém, mais do que de um Curdistão que não existe politicamente dada a inexistência de um Estado curdo, deve falar-se de vários curdistões que são os territórios dos vários Estados da região que historicamente são berço das comunidades curdas e onde estas são maioritárias na Turquia, Irão, Iraque, Síria e, com menor significado, na Arménia.

É a este somatório de curdistões que chamaremos ZTC do Curdistão e que está contido dentro dos limites assinalados no Mapa 12.

b. Estamos perante uma área extensa, cerca de 500.000 Km² de terras interiores, o que se traduz numa das suas principais características e, porventura, maior fragilidade. Implantada num conjunto geográfico com profusão de mares interiores o Curdistão não tem acesso a nenhum deles.

Como região interior é uma área onde se cruzam passagens terrestres obrigatórias, entre o Golfo Pérsico e o Mediterrâneo, a Ásia Menor e o Cáucaso e isto constitui um dos seus maiores trunfos.

c. Zona planáltica, com áreas de difícil acesso entre as montanhas do Taurus turco e do Zagros iraniano, desce para sul para as planícies do Tigre e Eufrates na Mesopotâmia iraquiana.

Desta variedade morfológica resulta uma grande amplitude térmica que chaga a variar entre os 40^0 positivos e os 40^0 negativos.

É na zona do Curdistão turco que se encontram as nascentes dos rios Tigre e Eufrates, as grandes e quase exclusivas fontes aquíferas da região e cujos cursos superiores se estendem pelos curdistões sírio e iraquiano, o que confere a toda a região curda um enorme valor geoestratégico.

MAPA 12 – Curdistão

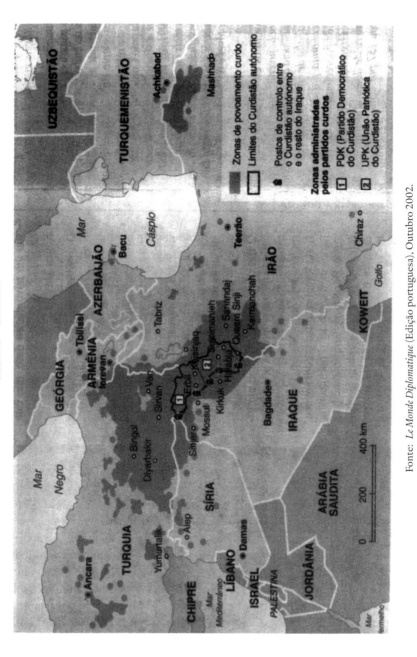

Fonte: *Le Monde Diplomatique* (Edição portuguesa), Outubro 2002.

3. Geografia humana

a. De origem indo-europeia o povo curdo não é nem turco, nem árabe, nem persa, se bem que seja com este último que tem maiores afinidades por ser, presumivelmente, descendente dos medos.

Está fixado na sua região há cerca de cinco mil anos tendo desenvolvido a sua cultura própria, com língua e costumes diferenciados dos seus vizinhos. Constituindo essa identidade cultural uma das fontes do seu nacionalismo tem sido objecto de forte repressão, marcadamente na Turquia, onde a sua língua está proibida e o próprio termo curdistão banido, bem como qualquer manifestação de identidade nacional.

Esta repressão a que os curdos têm estado sujeitos tem forçado a sua dispersão, havendo hoje vastas regiões da Anatólia, o Curdistão turco, quase desertificadas e fortes comunidades curdas dispersas por outras zonas do Médio Oriente e mesmo em diáspora no centro da Europa.

b. Esta instabilidade reflecte-se negativamente na escolaridade. Associada à proibição da língua curda nas escolas do Curdistão turco, os curdos evitam a matrícula das suas crianças nas escolas oficiais o que está na origem de uma forte taxa de analfabetismo estimada em cerca de 50%.

Esta política de desidentificação cultural forçada tem motivado uma resposta dos curdos nomeadamente através de uma campanha informativa com sede na diáspora europeia, que tem tido sucesso e na qual os turcos têm perdido terreno. Refugiados curdos na Europa criaram uma estação de televisão com estúdios em Bruxelas, a Medya – TV, com transmissões por satélite para todo o Curdistão, mas principalmente orientadas para as zonas turca e iraquiana e para as regiões de maior concentração de emigrantes na Europa. A estação tem um enorme impacto cultural e os repórteres visitantes no Curdistão anotam a proliferação de antenas parabólicas em todas as cidades e aldeamentos curdos. A orientação política das emissões é muito identificada com o partido curdo turco PKK (ver sub-capítulo seguinte, 4. Geografia política) e o Estado turco tem tentado, sem sucesso, travá-las. Constitui, sem dúvida, um elemento importante de coesão nacional e de identidade cultural de toda a comunidade curda.

c. Em virtude das sistemáticas perseguições e bloqueios ao seu recenseamento enquanto comunidade com identidade própria e da sua dispersão por vários Estados é muito difícil a quantificação da nação curda. No entanto tem-se como certo que os curdos são a maior nação do mundo sem Estado próprio e o quarto maior grupo étnico do Médio Oriente. As estimativas demográficas divergem chegando a variar entre os trinta e os dez milhões. É provável que o valor mais correcto se situe no intervalo mais perto do primeiro do que do segundo.

A sua comunidade mais importante é a da Turquia, cerca de metade do total do povo curdo o que representará 20% da população recenseada como turca. 1/4 dos curdos são do Curdistão iraniano onde representarão 12% da população recenseada e 1/5 do Curdistão iraquiano, com forte peso, cerca de 20%, no total do Iraque. A comunidade curda da Síria é mais reduzida, à volta de 4% o que significará 7% da população aí recenseada e muito mais reduzida ainda a da Arménia que não representará mais de 1% da população total. Importante é também a comunidade curda em diáspora, com especial significado para a emigrada na Alemanha.

d. O povo curdo é essencialmente campesino, pastoril e agrícola. No entanto a repressão sobre muitas aldeias isoladas tem forçado a desertificação e muitos se têm visto coagidos a refugiarem-se em centros urbanos. Essa instabilidade tem levado, por outro lado, a frequentes migrações maciças entre o Curdistão turco e o Curdistão iraquiano. Desde que, depois de 1991, se consolidou alguma autonomia no Curdistão iraquiano, muitas populações do Curdistão turco foram aí procurar refúgio o que fez, perversamente, aumentar as incursões militares turcas além fronteiras.

e. Os curdos professam, maioritariamente, um islamismo de tendência sunita, mas não são radicais e, salvo alguns grupos minoritários, não são considerados fundamentalistas. As suas comunidades inscrevem-se no que se chama um islamismo laico.

4. Geografia política

a. O Curdistão não existe enquanto Estado próprio e os curdos encontram-se divididos por cinco Estados, Turquia, Irão, Iraque, Síria e Arménia, neste apenas uma franja com pequeno significado. As comunidades curdas nos vários Estados têm importância nos respectivos contextos políticos.

Acresce que onde há comunidades curdas existem problemas internos e persistem situações conflituais entre os vários Estados, apresentando-se a questão curda como um factor importante e contraditório dessa conflitualidade inter-estatal:

- Por um lado todos os Estados utilizam a questão curda nos vizinhos como forma de pressão, apoiando-a na casa alheia, mas reprimindo-a em casa própria.
- Por outro lado unem-se ou, pelo menos, concordam, quando se trata de recusar a hipótese de reconhecimento de uma entidade política curda dentro das próprias fronteiras e, por maioria de razão, transfronteiriça.

b. A inexistência de um Estado do Curdistão é, em parte, uma traição do ocidente quando do desmembramento do Império Otomano e os curdos sentem isso. Foi a única entidade nacional que não viu satisfeita a sua reivindicação do direito a constituir um Estado dentro de fronteiras definidas, enquanto outros Estados foram artificialmente constituídos porque tal interessava às potências europeias que ficaram mandatadas pela SDN para administrar os novos países. Eric Hobsbawm refere «(...) *a região de fronteira entre a Turquia, Irão, Iraque e Síria, onde os curdos tentaram em vão conquistar a independência que o presidente Wilson incautamente os exortara a exigir em 1918*» (p. 354).

O Tratado de Sèvres de 1920 que definiu o novo mapa do Médio Oriente previa um Estado independente do Curdistão, mas quando em 1923 o RU e a França negociaram em Lausane com a nova Turquia de Ataturk este conseguiu inviabilizar esse projecto.

c. Em 1944 verificava-se, no Curdistão persa, a primeira tentativa para a constituição de uma entidade política curda com a declaração da República Curda do Mahabad, nome de uma importante cidade no norte desta região. Era um projecto que tinha o apoio da URSS mas que só duraria até 1945 pois a monarquia persa pôs-lhe rapidamente termo.

Foi no Curdistão iraquiano que a autonomia curda conseguiu maior sucesso o que é encarado com alguma desconfiança pelos Estados vizinhos. O Irão, por exemplo, receia uma tentativa de reedição da República Curda do Mahabad que deve ser rejeitada. A experiência autonómica do Curdistão iraquiano vem desde 1974 mas conseguiu maior implantação desde 1991, depois da Primeira Guerra do Golfo, quando o Iraque viu a sua capacidade de intervenção regional condicionada com a formação das ZEA. Esta autonomia permitiu um relativo desenvolvimento político em relação aos das outras parcelas curdas. Com a guerra em curso no Iraque em 2003 a administração norte-americana procura atrair os curdos a uma maior participação na política iraquiana, atenuando as aspirações separatistas, mas é cedo para concluir sobre o real efeito desta experiência, para já transitória.

No Irão, desde a revolução islâmica, também têm sido reconhecidos alguns direitos da comunidade curda cuja identidade cultural é promovida mas sem que chegue a qualquer modalidade de autonomia política.

d. Os próprios curdos têm contribuído para a inviabilização da unificação nacional, uma vez que não têm dado passos concretos para uma unidade política. Não há um partido político transversal unindo a nação curda e, pelo contrário, têm formado partidos dentro dos vários Estados por onde estão dispersos, formalizando o reconhecimento da sua divisão. E tal tem constituído um importante factor de fragilização de um projecto político unificado porque os próprios partidos se têm deixado instrumentalizar em lutas internas e inter-estatais:

- Na Turquia existe um partido curdo, o Partido dos Trabalhadores do Curdistão (PKK) cujo líder Abdullah Oçalan se encontra presentemente preso. Tinha por projecto a formação de um Congresso Nacional Curdo, transestatal, para lutar por um Curdistão independente. Era considerado pelos aliados da Turquia, nomeadamente os EUA, um movimento terrorista e mesmo na Alemanha, onde há uma importante comunidade curda-turca, foi proibido.
Ilegalizado o PKK na Turquia a causa curda era aqui apoiada por outro partido, não-curdo, o Partido Democrático do Povo (HADEP) que, por isso mesmo, foi ameaçado de dissolução. Em 1994 forma-se um outro movimento cívico, o Movimento Nova Democracia (YDH) que também defende os direitos do povo curdo.
- No Iraque há dois partidos curdos, o Partido Democrático do Curdistão (PDK) e a União Patriótica do Curdistão (UPK). O primeiro, dirigido por Massoud Barzani é tolerado pela Turquia porque se opõe mais radicalmente ao PKK turco e era elogiado pelo governo de Saddam Hussein com quem manteve, frequentemente, ligações, desde que se tratasse de combater o seu rival UPK. Este, nascido de uma cisão no PDK em 1975, é liderado por Jalal Talabani, tem melhores ligações com o PKK e por isso é hostilizado pelo governo de Ancara, nunca teve contactos com Bagdad mas, em contrapartida, é apoiado pela Síria.
Houve frequentes tentativas de conciliação dos dois partidos curdos iraquianos que, em 1986, formaram a Frente Nacional Curda, de pouca duração, unidade que procuraram recuperar durante a Primeira Guerra do Golfo face à repressão de Bagdad e às perspectivas que se abriram de maior autonomia. Em 1992 realizaram em conjunto eleições para um

Conselho Legislativo da Região Autónoma Curda do Iraque, do qual saiu um governo de coligação de composição paritária. Mas esta coligação rompeu-se em 1994.

Na sequência da constituição do Conselho Legislativo reuniu-se um congresso com toda a oposição iraquiana, curdos, xiitas e Congresso Nacional Iraquiano, denominado Congresso Saladino, que aceitou uma solução tipo federal transitória, reconhecendo a autonomia do Curdistão iraquiano.

Em Setembro de 1998 estabeleceu-se um novo acordo, mediado pelos EUA, entre os dois partidos curdos iraquianos, que dividiam entre si áreas de influência, o PDK controlando a região mais a norte na fronteira com a Turquia e deixando ao UPK o controlo da região leste na fronteira com o Irão.

- No Irão há apenas um partido curdo, o Partido Democrático do Curdistão no Irão, que defende um Curdistão unificado e independente mas não promove a luta armada. Há deputados curdos no parlamento iraniano mas não representam este partido, tendo nele assento como independentes. O Irão aceita e reconhece a identidade cultural curda mas recusa qualquer solução autonómica para o Curdistão iraniano.

Na sequência do acordo entre o PDK e o UPK de Setembro de 1998, realizou-se em Bruxelas uma reunião para lançamento do Congresso Nacional Curdo, no qual participaram cerca de vinte organizações dos vários países onde há comunidades curdas e da diáspora, projecto que tinha por objectivo desempenhar um papel semelhante ao da OLP. Mas o PDK, refém dos seus compromissos com a Turquia e da sua incompatibilidade com o PKK acabaria por não participar e o projecto frustrou-se.

5. Geografia económica

a. O território do Curdistão, implantado numa região maioritariamente montanhosa, árida, habitado por populações campesinas, tem uma economia de subsistência assente na agricultura e pastorícia. Mas, paradoxalmente, é nele que estão os principais recursos económicos dos Estados que politicamente dominam a região e, daí, a intransigente recusa em aceitarem qualquer projecto independentista.

A negação de um Curdistão independente tem uma componente económica.

b. É no território curdo da Anatólia que se situam os poços de petróleo da Turquia, a zona curda da Síria abriga a quase totalidade dos recursos petrolíferos deste país, no Curdistão iraquiano estão quase 50% das reservas de petróleo do Iraque e, no Curdistão iraniano, a percentagem sendo inferior, é ainda significativa. Mas os curdos não controlam nem exploram nenhum dos poços petrolíferos dos vários países e beneficiam muito pouco dessa riqueza. Apenas no Curdistão iraquiano, em virtude das sanções económicas a que o país ficou sujeito depois da Primeira Guerra do Golfo, a Resolução 986/1995 da ONU obrigava a que no âmbito do programa petróleo por alimentos 13% das receitas do petróleo iraquiano fossem destinados aos curdos. Depois da invasão anglo-americana do Iraque em 2003 e com o fim das sanções económicas a situação está por esclarecer.

c. O Curdistão turco é ainda rico em outras matérias-primas consideradas estratégicas, como fosfatos, crómio, ferro e carvão, mas o seu parque industrial é muito reduzido e não são os curdos que aproveitam dos seus próprios recursos.

d. Aspecto muito significativo na geografia económica do Curdistão tem a ver com a localização no Curdistão turco das nascentes hidrográficas do Tigre e Eufrates e das grandes barragens que controlam os caudais destes rios, fulcrais não só para a própria Turquia que tem, em território curdo, mais de 20% das suas terras férteis, como também para a Síria e o Iraque, nomeadamente deste último dado que a fertilidade de toda a Mesopotâmia depende da irrigação destes rios. São ainda aquelas barragens que fornecem a maior parte da energia eléctrica consumida na Turquia.

Este trunfo geoestratégico poderosíssimo nas mãos da Turquia, que já atrás pusemos em destaque, constitui um pesado *handicap* para as aspirações nacionalistas curdas.

e. Um aspecto curioso do factor económico do Curdistão, mais concretamente no Curdistão iraquiano, resulta da sua posição, a cavaleiro nas grandes rotas oeste-leste e norte-sul o que está, em grande parte, na base dos conflitos entre PDK e UPK. Estamos a referir-nos à cobrança das taxas de portagens nos postos fronteiriços das estradas por eles controladas que rendem receitas muito avultadas e constituem as suas maiores fontes de rendimentos. A disputa territorial entre os dois partidos é uma disputa pelo controlo destas posições estratégicas.

6. Caracterização polemológica

a. As revoltas nacionalistas curdas datam praticamente desde o Acordo de Lausane em 1923, mas travaram-se sempre dentro das fronteiras dos Estados, sem um movimento unificador da luta comum e, muitas vezes, até opondo entre si os vários partidos curdos. Isto tem constituído uma das suas maiores fragilidades e dela os respectivos Estados têm sabido tirar o conveniente proveito.

b. A Turquia, onde existe a mais forte e organizada comunidade curda, desde 1921 que se confronta com a sua luta nacionalista contra a qual conduz uma sistemática política de repressão, policial e militar. O governo recorreu frequentemente a uma estratégia de terra queimada forçando as populações à fuga e concentrando-as em aldeias estratégicas, controladas por milícias curdas fiéis a Ancara, forma clássica de retirar apoio às guerrilhas e evitar o contágio que a dispersão dos curdos facilitaria. É a chamada estratégia da detenção vigiada.

Os militares turcos, a instituição mais intransigente contra a autonomia curda, desempenham um papel determinante em todas as decisões políticas na Anatólia.

O PKK intensificou a luta armada em 1984 combinando acções de guerrilhas e sabotagem – o partido chama-se a si próprio *guerrilhero* –, pretendendo-se líder de um amplo movimento curdo na luta por um grande Curdistão independente, papel que nunca lhe foi reconhecido. Foi apoiado inicialmente pela Síria, URSS e Grécia, mas hostilizado pela generalidade dos parceiros da Turquia na OTAN, nomeadamente os EUA que o apodavam de terrorista. O PKK mantém boas relações com a OLP o que contribui para a aproximação entre a Turquia e Israel. Os primeiros *guerrilheros* do PKK terão sido treinados pela OLP nos campos do Líbano.

O PKK procura alargar a sua área de influência e de intervenção a toda a Anatólia, até à fronteira norte com a Arménia, onde se encontram as minorias curdas neste país do Cáucaso.

A partir de 1993 o líder do PKK Oçalan começou a moderar as suas reivindicações, afirmando-se disposto a depor as armas se a Turquia reconhecesse a existência de uma questão curda e estivesse disposta a abrir-se ao diálogo. Mas a Turquia não fez qualquer cedência e continuou com acções militares de grande envergadura no Curdistão iraquiano para onde o PKK transferira grande parte das suas bases, beneficiando da ZEA imposta ao Iraque depois da Primeira Guerra do Golfo. O PKK contava aí com o apoio do UPK mas com a hostilidade do PDK, sempre pronto a apoiar a Turquia e que controla a região fronteiriça. Por tudo isto a posição do PKK era nitidamente desfavorável.

Com a criação da ZEA a Turquia invocava o vazio jurídico para justificar a criação de uma zona de segurança que isola as guerrilhas do PKK aí refugiadas. Os turcos têm desenvolvido esforços no sentido de, aproveitando esta situação indefinida, rectificar a fronteira norte com o Iraque, por forma a conseguir melhores garantias de impermeabilidade, o que tem sido sempre recusado pelo Iraque.

A Turquia invoca outro antecedente para justificar as suas incursões em território iraquiano. Em 1984 Ancara e Bagdad haviam celebrado um Acordo de Perseguição Encarniçada, no prosseguimento da colaboração que já mantinham desde os anos 70 contra os curdos, que mutuamente lhes permitia perseguir grupos armados até 5 Km no interior do território do país vizinho. Mas este acordo caducara em 1988.

Com a prisão em Fevereiro de 1999 de Abdullah Oçalan numa conjura em que estiveram envolvidos serviços secretos da Turquia, Israel, EUA e, algo paradoxalmente, da Grécia, o PKK resolve rever os seus objectivos, anunciando a renúncia ao terrorismo e passando a reivindicar uma mera autonomia dentro de uma federação turca, pelo menos temporariamente, reconhecendo as condições desfavoráveis para projectos mais ambiciosos. Mas mesmo antes da sua prisão Oçalan já condenara publicamente o terrorismo em Dezembro de 1998.

Nos últimos tempos, antes da Segunda Guerra do Golfo, a questão curda na Turquia encontrava-se numa situação de impasse. A revisão dos objectivos estratégicos do PKK e a renúncia do terrorismo mas não a outras formas de luta armada significavam o reconhecimento pelos curdos de uma conjuntura desfavorável à conquista do objectivo supremo que passa pela independência. Mas também os turcos reconheciam que, apesar da esmagadora superioridade militar, apesar do quadro geoestratégico posterior a 1991 lhes permitir acossar o PKK nos seus refúgios no Iraque, apesar da prisão de Oçalan, não conseguiam resolver o problema pela via militar.

Em Junho de 2002 a Turquia levantou o estado de excepção que vigorava no Curdistão turco o que revela a convicção de um maior controlo da situação. Todo o comportamento do Estado e das forças armadas turcas face à invasão anglo-americana do Iraque de Março de 2003 demonstra como a questão curda e não apenas a curdo-turca, persiste com uma obsessão para Ancara, país onde, sem sombra de dúvida, os curdos têm sofrido a mais feroz e continuada repressão.

c. No Iraque o conflito em torno da questão curda é mais complexo e contraditório, dadas as condições específicas deste país desde 1991. Os curdos iraquianos têm desfrutado de maior autonomia mas o seu território tem constituído um espaço onde se verifica um vazio de poder, o que favorece que aí se misturem e choquem os problemas das várias regiões curdas e, acima de tudo, favorece o confronto dos dois partidos curdos iraquianos. Os guerrilheiros destes partidos, os *peshmergas* (combatentes curdos) como são chamados, combatem frequentemente entre si, mesmo pela via armada, na defesa de interesses e influências próprias e desviam-se do objectivo principal que devia ser a luta pelo Curdistão no seu todo.

O UPK nasceu, como já assinalámos, de uma cisão no seio do PDK em 1975 e a disputa entre ambos, para além de diferenças programáticas, tem a ver com rivalidades pessoais dos seus dirigentes, de tal forma que, com algum sentido depreciativo, se chama à área de influência do PDK Barzanilândia e à zona de influência do UPK a Talabanilândia.

Na Guerra Irão-Iraque os curdos iraquianos, nomeadamente do UPK, foram particularmente sacrificados, objecto de ataques com armas químicas de Saddam Hussein, uma das acusações mais graves que justamente lhe é dirigida. Mas que, na altura, foi de certo modo abafada.

Depois da Primeira Guerra do Golfo em 1991 e como consequência da maior autonomia real de que começaram a desfrutar, intensificou-se a luta entre o PDK e o UPK. Mas aumentaram também as preocupações turcas porque o vazio de poder criava condições para as movimentações do PKK turco em zonas de refúgio no norte do Iraque e as forças armadas turcas sentiam-se atraídas para preencher esse vazio. As intervenções militares turcas no norte do Iraque, por vezes de longa duração, passaram a ser rotina.

Depois de 1991 os EUA, sempre tão comedidos e mesmo contrários às reivindicações curdas, financiaram a formação de milícias no Curdistão iraquiano, o que foi mal recebido na Turquia e acabou por contribuir para a guerra civil entre o PDK e o UPK que eclodiu em 1994. Esta mudança de atitude de Washington compreende-se no contexto das hipóteses que começaram a ser equacionadas para o derrube do regime de Saddam Hussein, algumas das quais passavam pelo apoio a levantamentos curdos ou pela utilização do território curdo como base para levantamentos de coligações mais amplas de grupos oposicionistas a Bagdad. Tudo isto preocupava Ancara que rejeitava qualquer experiência curda no estrangeiro que servisse de precedente para o Curdistão no seu conjunto.

Em 1994, quando se agudizou o conflito entre o PDK e o UPK que se prolongou pelos anos de 1995 e 1996, Barzani pediu a intervenção do exército iraquiano e Saddam Hussein não perdeu tempo. Naquele conflito quer Saddam quer a Turquia privilegiaram sempre o PDK e Barzani, porque consideravam o UPK de Talabani mais radical e mais perto do PKK turco. Com o apoio de Bagdad o PDK ficou em vantagem e Hussein aproveitou para reforçar as suas posições militares e destruir instalações da oposição do Congresso Nacional Iraquiano nessa região. O exército turco também aproveitou para fazer uma nova incursão contra o PKK, aliás a pedido do PDK, que alegava apoios de Oçalan a Talabani. A Turquia pensa que se mantiver o PDK como aliado este pode desempenhar um papel de tampão contra as incursões do PKK a partir de bases no Iraque.

Os EUA também invocaram este conflito como pretexto para nova intervenção no Iraque, lançando a operação da força aérea Ataque no Deserto, que se inscreveu na série de acções que se seguiram à Tempestade no Deserto de 1991.

A Segunda Guerra do Golfo, com a invasão do Iraque de Março de 2003, veio confirmar e culminar todos os cruzamentos de influências e contradições presentes no Curdistão iraquiano. Foi um problema que condicionou o apoio da Turquia à abertura da frente norte e os EUA acabaram por contar com as milícias curdas, por si anteriormente apoiadas, para o controlo dessa região. O problema curdo vai, seguramente, condicionar a solução para o Iraque e a Turquia está atenta, receando soluções que possam ter efeitos de contágio perversos no Curdistão turco. Permanece, para a Turquia, inaceitável qualquer solução que passe pelo desmembramento do Iraque e pela individualização política do Curdistão iraquiano. E, aqui, a Turquia conta com a solidariedade dos seus inimigos históricos, Irão e Síria.

d. O posicionamento da comunidade internacional face à questão da conflitualidade no Curdistão tem sido de grande ambiguidade e, muitas vezes, de comprometedor silêncio, contribuindo para que permaneça como um conflito esquecido.

É uma questão incómoda nos equilíbrios das alianças.

Os EUA, por influência dos seus principais aliados na região, Turquia e Israel, opõem-se à criação de um Estado curdo independente mas admitem sistemas de tipo autonómico em Estados onde há minorias curdas.

A UE tem sido mais sensível e tem mesmo invocado este problema nas difíceis negociações para a adesão da Turquia. Mas também não apoia uma independência do grande Curdistão.

É interessante constatar como o livro de Henry Kissinger *Diplomacia*, que se debruça com detalhe sobre todas as questões da conflitualidade actual e se refere largamente ao Médio Oriente, não dedica uma palavra à questão curda. Até o *Guia do Mundo 2000* que tem uma secção dedicada aos Territórios Não Autónomos ou Dependentes, omite em absoluto o Curdistão, apenas dedicando algumas breves referências à questão curda nas entradas relativas aos vários Estados onde há comunidades curdas.

e. Tem de se reconhecer que também os dirigentes curdos não têm contribuído para suscitar apoios externos, muito desacreditados por darem uma imagem de perseguirem interesses pessoais. Entre os curdos o seu prestígio tem decaído, acusados de ao longo de todos estes anos de luta os resultados serem muito escassos e nunca terem conseguido unificar todos os curdos.

Recentemente formou-se o Congresso do Curdistão para a Democracia (KADEK) que defende uma viragem estratégica em consonância com a viragem do PKK. Propõe o fim da guerrilha e a participação na democratização interna nos Estados onde há comunidades curdas, considerando que por essa via, pela via democrática, poderão atingir os seus objectivos políticos. Como os conseguirão conciliar com os interesses geoestratégicos dos Estados dominantes, face aos recursos petrolíferos e aquíferos do Curdistão, permanece a grande questão em aberto.

CAPÍTULO E
SAHARA OCIDENTAL

1. O último conflito colonial

a. Conflito que permanece esquecido e em relação ao qual tudo tem sido feito para manter no esquecimento é o que tem lugar no Sahara Ocidental, administrado por Marrocos sem reconhecimento internacional e a cuja administração se opõe a Frente Popular de Libertação de Saguia al Hamra e Rio de Oro (POLISÁRIO), através de uma resistência política e militar que se prolonga há trinta anos. Luta que se iniciou contra a presença colonial espanhola e prosseguiu depois contra a ocupação marroquina.

É um conflito que tem todos os condimentos de uma luta de libertação nacional mas que, como todas as lutas de libertação, ultrapassa as fronteiras da potência administrante e do território administrado na medida em que se cruzam apoios externos que afectam as relações inter-estatais.

b. A questão do Sahara Ocidental é considerada o último caso residual da colonização europeia em África, e que se tornou um modelo atípico na medida em que a actual potência colonial não é já europeia, mas africana. A manutenção deste território com um estatuto de tipo colonial resistiu à fase final da descolonização acelerada com o 25 de Abril de 1974 em Portugal.

Permanece como um conflito esquecido porque não se inscreve numa zona particularmente sensível para o equilíbrio do sistema mundial e porque não afecta os interesses vitais das grandes potências, nomeadamente dos EUA. Acima de tudo porque não possui petróleo ou, pelo menos, ainda não se descobriu que detenha reservas petrolíferas. Além disso o ocidente está interessado em manter boas relações com Marrocos, um país chave no Magrebe à entrada do Mediterrâneo, país islâmico que tem privilegiado as boas relações com os EUA e a OTAN.

c. Importa incluir o Sahara Ocidental neste trabalho, no conjunto da ZTC do Mediterrâneo alargado, por constituir um caso paradigmático de um conflito esquecido, mas também por uma outra razão. É que se trata de um caso que apresenta muitas semelhanças com o que se passou em Timor-Leste que foi para Portugal uma preocupação maior. Durante largos anos Timor-Leste também se manteve como um conflito esquecido que se deixou apodrecer sem a interferência da comunidade internacional, até que surgiram dois factores de grande impacto que o colocaram no centro das atenções e contribuíram para que se impusesse a solução do seu contencioso com a Indonésia. Esses factores foram o petróleo do mar de Timor e o massacre no cemitério de Santa Cruz em 12 de Novembro de 1991, cujas imagens os *media* de todo o mundo transmitiram repetidamente e tiveram um forte impacto na opinião pública mundial.

Das semelhanças entre os casos de Timor-Leste e do Sahara Ocidental, destacam-se:

- Colonizações pouco empenhadas que as metrópoles coloniais, ainda que por razões distintas, não colocaram no centro das suas preocupações. A Espanha porque aceitara o princípio das ONU da autodeterminação para os territórios não autónomos sob sua administração, Portugal porque tinha a sua atenção centrada nos territórios mais ricos, menos distantes, em África, onde enfrentava guerras de libertação nacional.
- Nenhuma destas colónias percorrera o ciclo da descolonização, tomada de consciência, luta de libertação, transferência do poder, independência, consolidação da identidade nacional (ver, à frente, IV.E.3.), iniciando-se os processos de descolonização tardiamente, sem que os alicerces estivessem lançados e engolindo etapas.
- Quase ausência de lutas de libertação contra as potências coloniais europeias. Em Timor-Leste nunca atingiu o patamar da luta armada e no Sahara Ocidental só o atingiu nos últimos meses da presença espanhola.
- Precipitação da fase da transferência do poder que apanhou os nacionalistas impreparados para tomarem em mãos os destinos do país quando as potências coloniais se dispuseram a transferir a soberania.
- Interferências de potências regionais que perturbaram e inviabilizaram a transferência do poder dos colonizadores para os colonizados.
- Abandono das potências coloniais, aqui com algumas *nuances*, pois se Portugal foi forçado a abandonar perante a pressão militar de uma potência regional, a Indonésia que contou com o apoio dos EUA e da Austrália, a Espanha abandonou sem pressão e por sua livre iniciativa.
- Invasão de potências regionais vizinhas que a coberto de forte potencial militar ocuparam e anexaram os territórios. As lutas de libertação nacional deixam de ter como objectivo as administrações coloniais europeias e transferem-no para as potências regionais ocupantes. Também neste pormenor se detectam algumas diferenças pois enquanto Portugal não

aceitou a invasão e a denunciou à ONU, a Espanha entregou o território às potências vizinhas.

São, como se verifica, chocantes as semelhantes dos dois processos. Mas houve uma diferença importante: o Sahara Ocidental não dispõe do trunfo petróleo e nunca saltou para as *manchettes* da comunicação social e por isso nunca deixou a condição de conflito esquecido.

2. Geografia física

a. O Sahara Ocidental situado no noroeste do continente africano, no extremo ocidental e atlântico do deserto do Sahara, não dispõe de uma posição geográfica que lhe confira, por esse motivo, protagonismo geoestratégico (Mapa 13).

No tempo da expansão marítima renascentista foi ponto de apoio importante às navegações de longo curso aí se situando o Cabo Bojador cuja passagem por Gil Eanes constituiu um marco das navegações portuguesas.

Não é ponto de passagem obrigatória, não controla rotas essenciais, nem está próximo de zonas de disputa mundial por constituírem interesses vitais para as maiores potências. É, no contexto global e mesmo no contexto mediterrânico, uma zona periférica.

Situado no conjunto do chamado Magrebe prolonga o espaço marroquino e isso constituirá a sua maior fragilidade geográfica.

b. É um território extenso, cerca de 266.000 Km^2, muito extenso até se considerada a sua exígua população. Tem uma longa costa oceânica mas é quase totalmente desértico, de solo rígido e não arenoso e só na costa dispõe de alguns centros populacionais urbanos com significado.

Quase completamente plano, árido, sem vegetação, não dispõe de cursos de água nem poços permanentes, mas apenas alguns lagos subterrâneos.

3. Geografia humana

a. Até muito recentemente foi uma zona de trânsito de tribos nómadas que foram adquirindo familiaridade e identificação com o espaço e tendendo a fixar-se nele. Os actuais saharauís são uma mescla de antigas migrações yemenitas, de tuaregues do deserto, de berberes norte-africanos e de árabes.

b. Historicamente os saharauís intitulam-se herdeiros dos almorávidas, povo de tradições guerreiras próprias dos pastores nómadas, que dominaram

Mapa 13 – Localização do Sahara Ocidental no Continente Africano

Fonte: *Atlas geográfico*, ME da RPA, 1982

o norte de Marrocos, parte do Magrebe e o sul da Península Ibérica, o que terá contribuído para que o seu património cultural se fosse diferenciando do árabe típico. De facto, consideram-se étnica e culturalmente diferentes dos seus vizinhos e cultivam essa diferença.

c. Religiosamente são muçulmanos, tolerantes, não radicais e recusando desvios fundamentalistas. Também aqui se manifesta a diferença cultural, nomeadamente em relação às mulheres, a quem não é imposto o uso do véu. E adoptaram a monogamia como padrão familiar distanciando-se assim da poligamia dominante nas sociedades muçulmanas.

d. A sua quantificação demográfica não é fácil, porque durante o período colonial houve migrações para Marrocos e, depois do termo da administração espanhola e da invasão marroquina, muitos cidadãos de Marrocos fixaram-se no Sahara Ocidental reivindicando raízes saharauís.

A única referência oficial é o último censo espanhol realizado em 1973 mas que resultou de um recenseamento eleitoral e apenas quantificou os eleitores chegando ao número de setenta e três mil quatrocentos e noventa e sete e não a totalidade do universo populacional. Nos finais do século passado estimava-se que este pudesse situar-se entre os cento e setenta e os duzentos e cinquenta mil, mas um número exacto não é possível enquanto não se acordar nos pressupostos que permitem qualificar um indivíduo como nacional saharauí.

O *Guia do mundo 2000*, que inclui uma boa monografia sobre o Sahara Ocidental, refere que a Frente POLISÁRIO calcula a existência de um milhão de saharauís dispersos pelo território nacional ocupado por Marrocos, pelos campos de refugiados de Tindouf na Argélia, pela Mauritânia e por Marrocos, o que parece um tanto contraditório com as posições que assume quanto ao recenseamento, em que pretende valorizar o efectuado pela administração espanhola em 1973.

Esta indefinição tem contribuído para arrastar indefinidamente o referendo e favorece quem deseja manter tudo sem alteração. Este constitui o maior problema para uma solução da questão do Sahara Ocidental.

4. Geografia política

a. Os saharauís reivindicam que até à colonização espanhola, nos finais do século XIX, já havia uma nação ainda que não um Estado saharauí, porque faltava a componente territorial. A cultura nómada não concebia a fronteira fixa, mas identificava um espaço tradicional. Daqui que os saharauís recusem que o seu território fosse um espaço vazio, uma terra de ninguém, que os espanhóis invocaram para justificar a ocupação colonial em 1884.

A verdade é que se estava nas vésperas da Conferência de Berlim onde se ia proceder à partilha colonial da África pelas potências europeias e o argumento legitimador da posse colonial era a ocupação *de facto*. Aquela invocação espanhola tem de ser entendida à luz deste contexto.

O certo é que, mesmo durante o período em que a Espanha colonizou parte de Marrocos, o Sahara Ocidental, então conhecido como Rio de Oro, era uma colónia espanhola separada. As suas fronteiras foram estabelecidas em 1912 por negociações directas entre a Espanha e a França que partilhavam o domínio colonial no Magrebe ocidental.

b. A partir de 1961 a Espanha aceitou as resoluções da ONU sobre a descolonização e reconheceu que administrava territórios não-autónomos, comprometendo-se, implicitamente, com o princípio da autodeterminação. Aliás, já em 1956 se retirara do chamado Marrocos espanhol, com excepção das praças de Ceuta e Melilla e do enclave de Ifni, no sul. Este último seria devolvido a Marrocos em 1969 mas permaneceram sob administração de Madrid as duas praças da costa mediterrânica.

A presença colonial de Espanha em Rio de Oro intensifica-se em 1963 quando são descobertas as importantes jazidas de fosfatos. Esta presença manter-se-ia até 1975 e foi a forma como se concluiu que, em grande parte, explica o conflito que persiste.

c. O quadro geográfico-político envolvente também não é alheio ao conflito no Sahara Ocidental:

- Há muito, desde a Idade Média, que Marrocos tem aí ambições hegemónicas, a construção do Grande Marrocos que se deveria estender até ao rio Senegal englobando parte da Argélia e do Mali e toda a Mauritânia. O Sahara Ocidental é o centro espacial deste ambicioso projecto.
- Há zonas fronteiriças entre a Argélia e Marrocos mal definidas desde o tempo em que ambos eram colónias francesas, que são ricas em recursos minerais e isto tem originado conflitos armados entre os dois Estados, como foi a chamada Guerra das Areias, em Outubro de 1963. No contencioso mais recente a Argélia é o apoio mais importante da Frente POLISÁRIO.

- Em relação à Mauritânia Marrocos conteve as suas ambições expansionistas e, em 1970, ambos os países tinham assinado um tratado de amizade.

d. O Sahara Ocidental compreende duas regiões, a Saguia al Hamra a norte, onde se situa a capital Al Aiun e o Rio de Oro no centro e sul, onde se situa o centro urbano mais importante, Dakhla, antiga Villa Cisneros (Mapa 14).

Com a ocupação marroquina a quase totalidade da população refugiou-se numa faixa de terreno cedida pela Argélia no ângulo do extremo leste onde Argélia, Marrocos e o Sahara Ocidental se encontram, a região de Tindouf, onde os saharauís se mantém em campos de refugiados auto-administrados e sobrevivem com a ajuda internacional. Estes campos estão dispersos e divididos administrativamente de acordo com as regiões do Sahara Ocidental de onde as tribos são originárias, assim mantendo a coesão das comunidades e embriões da administração que poderão ser transferidos para o território pátrio no momento oportuno.

Aí têm as suas escolas a funcionar, os centros culturais e as bases de guerrilheiros, por forma a manterem vivo o culto nacionalista.

Em Maio de 1997 estimavam-se entre cento e sessenta e cento e setenta mil o número de saharauís refugiados nos vários campos de Tindouf.

5. Geografia económica

a. Desta breve caracterização física fácil é concluir que o Sahara Ocidental é um país pobre. Daí a fraca densidade populacional e a reduzida ambição que suscitou à exploração colonial. A Espanha apoderou-se do território em 1884 mas só em 1959 começou a preocupar-se com ele.

Não era um território que constituísse um importante fornecedor de matérias-primas nem mercado compensador para os produtos transformados nas metrópoles, que compunham a lógica do sistema colonial.

b. A grande riqueza do Sahara Ocidental eram e são, os riquíssimos bancos pesqueiros de toda a sua longa costa marítima, considerados dos mais fecundos do mundo.

Estes bancos pesqueiros, que se prolongam pela costa da Mauritânia, são procurados pelas frotas europeias, nomeadamente pela portuguesa, mas muito em especial pela forte frota espanhola.

c. Em 1963 foram descobertas as jazidas de fosfatos de Bu Craá na região de Saguia al Hamra, que se transformaram num importante trunfo económico.

MAPA 14 – Sahara Ocidental

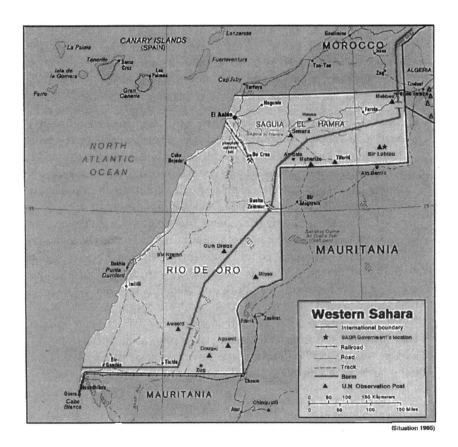

Fonte: Solidaridad Internacional, Fundacion Española para la Cooperación.

Outros recursos que se admite existirem são ainda e apenas riquezas potenciais, o ferro, o urânio e mesmo o gás natural e o petróleo.

Esta ausência de recursos que motivem a cobiça alheia é, certamente, um dos aspectos que contribuem para que este conflito se mantenha no esquecimento da comunidade internacional.

6. Caracterização polemológica

a. Se bem que a Espanha tenha ocupado a região que é hoje o Sahara Ocidental em 1884 invocando o pretexto do espaço vazio, o que os saharauís contestam, inicialmente limitou-se à fixação em alguns centros costeiros como Al Aiun que viria a ser a capital administrativa e Villa Cisneros, na importante baía do Rio de Oro, excelente porto de pesca. Estas praças espanholas eram objecto de frequentes surtidas armadas indígenas. Em 1936 em colaboração com os franceses com quem partilhavam a colonização de Marrocos, asseguram o domínio sobre todo o território do Rio de Oro.

O controlo do espaço, na maioria desertificado, continuou a ser difícil, face à rebeldia saharauí que em 1958 inicia um levantamento generalizado que os espanhóis, mais uma vez com a participação de tropas francesas, procuram neutralizar. Daqui resultou uma mais efectiva ocupação militar mas também a cedência ao Marrocos sob mandato francês da região mais a norte, Tarfaya.

b. Entretanto já se iniciara o processo de independências das colónias e países sob mandato da ONU do Magrebe, Líbia em 1953, Marrocos e Tunísia em 1956 e prosseguiria com a Mauritânia em 1960, enquanto na Argélia a França se confrontava com uma terrível guerra de libertação que terminaria com a independência em 1962. Os saharauís pensavam ter também chegado a sua hora.

A Espanha acolhe a Resolução 1514 da ONU reconhecendo que domina territórios não-autónomos. A ONU recomenda passos no sentido da independência do Sahara Ocidental mas a descoberta das jazidas de fosfatos em Bu Craá faz com que Madrid não se empenhe muito nesse sentido.

Em 1967 surgia o primeiro sinal de que os ventos da descolonização também chegavam ao Sahara Ocidental, com a formação da Organização de Vanguarda para a Libertação do Sahara que se lança numa campanha de consciencialização cívica, pacífica, mas que não deixa de ser violentamente reprimida. Os dirigentes saharauís apercebem-se de que só a passagem à luta armada pode alterar a posição do governo espanhol e, em 10 de Maio de 1973, formam a Frente POLISÁRIO que inicia a luta armada de libertação nacional com um ataque a um posto militar espanhol.

c. O governo de Franco tem ao seu lado, na Península Ibérica, o exemplo da ditadura portuguesa com a qual se identificava ideologicamente mas que enfrentava graves problemas com a prolongada guerra colonial em África e Madrid não está disposta a correr os mesmos riscos quando já tem de enfrentar os problemas dos nacionalismos internos, com destaque para o País Basco. Por isso, em 1973, Franco anuncia aceitar o princípio do referendo no Sahara Ocidental.

O 25 de Abril de 1974 em Portugal vai acelerar este processo. O governo espanhol compreende, e bem, que a guerra colonial foi um dos grandes motores que alimentou a revolta dos militares portugueses e receia o perigo do contágio. Aliás alguns jovens oficiais espanhóis, unidos na União Militar Democrática (UMD), anunciaram as primeiras ameaças que Franco não hesitou em reprimir duramente.

Josep Sánchez Cervelló no seu livro *A revolução portuguesa e a sua influência na transição espanhola (1961-1976)*, destaca no capítulo "A descolonização do Sara e o processo político canário" a influência que o 25 de Abril teve na evolução no Sahara Ocidental. Escreve o autor: «*As suas repercussões* (do 25 de Abril em Portugal) *foram muito intensas em todo o processo descolonizador posterior, podendo-se detectar a sua influência tanto na actuação espanhola como na conjuntura regional, bem como na própria acção da Frente POLISÁRIO*» (p. 402). E acrescenta: «*As autoridades de Madrid, vendo que o golpe português tinha como causa imediata o problema colonial, compreenderam rapidamente a potencialidade de conflito que acarretava o Sara, e a reboque dos acontecimentos de Lisboa iniciaram uma viragem na orientação administrativa*» (idem).

É assim que em Maio de 1974 Franco aprova um estatuto de autonomia para o Rio de Oro e em Agosto seguinte anuncia um referendo para Setembro de 1975. Com a perspectiva das independências das colónias portuguesas Franco não queria que a Espanha ficasse isolada como única potência colonial europeia remanescente.

d. Há uma outra reflexão no livro de Cervelló que merece atenção porque ajuda a compreender porque é que sempre houve interesse em manter o conflito no Sahara Ocidental no esquecimento.

Com o processo revolucionário que se seguiu ao 25 de Abril em Portugal Washington inquietou-se com as eventuais dificuldades que a OTAN pudesse vir a encontrar em Portugal, receios que vieram a revelar-se infundados até porque o novo poder em Lisboa nunca pôs em causa a sua permanência na aliança. Isto reforçou o papel geoestratégico que Marrocos poderia assumir, em alternativa, na fachada atlântica, papel que Marrocos há muito mostrava interesse em jogar.

Perante este cenário era importante para o ocidente reforçar as posições marroquinas no contexto regional o que explica as cedências de Madrid nos meses que se seguiriam. E, cedendo no Sahara Ocidental, Madrid procurava contrapartidas para as suas ambições de preservar as praças Ceuta e Melilla que Marrocos pedira à ONU para integrar na lista dos territórios não-autónomos e onde começavam a verificar-se incidentes violentos.

e. A reivindicação por Marrocos dos direitos históricos sobre o Sahara Ocidental levou a AG da ONU a solicitar um parecer ao Tribunal Internacional de Justiça (TIJ) de Haia, que lavrou um acórdão em 16 de Outubro de 1975 afirmando que nada conferia qualquer laço de soberania territorial entre o Sahara Ocidental e Marrocos ou Mauritânia.

Mas Rabat já aumentara a sua pressão criando, em Fevereiro de 1975, a Frente de Libertação e Unidade (FLU) com base em saharauís residentes em Marrocos que haviam lutado contra a Espanha na Guerra do Ifni e que se integravam no exército marroquino.

Entretanto Madrid afirmara, em Março de 1975, a sua pressa em abandonar o território procurando esvaziar a luta armada que lhe era dirigida, quer pela Frente POLISÁRIO quer pela FLU, esta apoiada pelo exército regular marroquino. A Argélia, preocupada com o agravamento da situação, também concentrava tropas na região de Tindouf, acumulando-se graves hipóteses de regionalização do conflito.

f. Madrid decide iniciar conversações com Marrocos e Mauritânia indiciando a disposição de deixar cair o compromisso do referendo para o qual já realizara o recenseamento em finais de 1974.

Apesar disso Marrocos jogou uma cartada de força iniciando a chamada marcha verde em Outubro de 1975, logo que tomou conhecimento do acórdão desfavorável do TIJ. Colunas de civis, centenas de milhares, reivindicando-se como saharauís mas empunhando bandeiras de Marrocos (a marcha era uma grande mancha verde em movimento), invadiram o Sahara Ocidental seguidos de batalhões do exército a pretexto de garantirem a sua segurança. Foi o primeiro acto para alterar o mosaico demográfico que se tornaria o obstáculo maior a um acordo sobre o recenseamento prévio ao referendo. Iniciou-se aqui o bloqueio a qualquer solução.

O CS da ONU condenou esta invasão e exigiu a retirada em resoluções de 22 de Outubro e 6 de Novembro de 1975, mas sem efeito prático.

Em 14 de Novembro de 1975, poucos dias antes da morte de Franco, terminava em Madrid uma conferência tripartida entre os governos de Espanha, Marrocos e Mauritânia, com um acordo para a retirada espanhola e divisão do Sahara Ocidental entre estes dois Estados, traindo os anseios dos saharauís e os compromissos do referendo e ignorando o acórdão do TIJ e as resoluções da ONU.

g. Como reconhece Cervelló, *«(...) na questão do Sara a influência portuguesa foi visível pela importância que teve na aceleração do processo descolonizador (...) sobressaiu igualmente o medo de que o corpo expedicionário espanhol se contagiasse, numa guerra subversiva, e pudesse efectuar um golpe à portuguesa»* (p. 406). E, mais à frente, o autor salienta que *«(...) havia motivos para isso porque a politização do contingente espanhol no Sara já havia começado (...)»* (idem). Cervelló cita Luís Otero, um dos militares que mais se destacaram como dirigentes do UMD, que afirmara *«Nós na UMD tínhamos um núcleo importante no Sara para além do capitão Bernardo Vidal, activíssimo, que fora enviado para lá por castigo. Havia outros que estavam muito enraizados no território e que tinham assumido, inclusivamente antes da compreensão clara do problema da democracia, o problema da descolonização e o respeito pela vontade dos seus habitantes»* (idem).

Estes sectores militares, segundo Cervelló, não se conformaram e criticaram duramente a forma como Madrid se demitiu do problema do Sahara Ocidental sem respeito pela vontade das suas populações e como cedeu a Marrocos (p. 408).

Cervelló chama a atenção para um aspecto curioso. A influência da experiência portuguesa, da guerra colonial, do 25 de Abril, não se exerceu apenas sobre o governo e militares espanhóis mas também, indirectamente, sobre a Frente POLISÁRIO: *«A influência da revolução portuguesa e do seu processo descolonizador também pairou sobre a Frente POLISÁRIO. Não foi em vão que, em 1974-75, se desmembrou o último império colonial africano, e em todo este processo desempenhou um destacado papel a Argélia, o principal aliado do movimento nacionalista sarauita, desde 1974. Assim os polisários decalcaram a retórica anti-colonial dos movimentos de libertação que combatiam Portugal, sediados em Argel (...) apesar dos reiterados esforços da administração espanhola para travar com a POLISÁRIO um diálogo formal, esta recusou-se, exigindo previamente que fosse reconhecida como único e legítimo represen-*

tante do povo sarauita. Além disso, após o 25 de Abril, e vendo que os resultados da táctica utilizada pelos movimentos de libertação de Angola, Moçambique e Guiné-Bissau tinha sido decisivo na negociação com o governo de Lisboa, incrementaram as acções de força contra o exército espanhol, esperando assim obrigar a Espanha a transferir directamente para eles a soberania do território» (pp. 408 e 409).

h. Com a retirada espanhola o Sahara Ocidental foi dividido entre a Mauritânia e Marrocos, cabendo a este a parte de leão. A linha divisória era o Trópico de Câncer, a Mauritânia ficava com o sul, 1/3 do total e Marrocos com o centro e o norte, onde se incluem todas as zonas com significado geoestratégico, as jazidas de fosfatos de Bu Craá, a capital Al Aiun, o principal porto pesqueiro e centro urbano de Villa Cisneros e a sua baía.

A Frente POLISÁRIO prossegue a guerra de libertação contra os novos ocupantes e em 27 de Fevereiro de 1976 declara a independência da República Árabe Saharauí Democrática (RASD) a qual vai sendo reconhecida por muitos países, cerca de setenta com assento na ONU mas apoiada por cerca de cento e vinte, entre os quais se contam todos os Estados vizinhos com excepção de Marrocos e Mauritânia e pela grande maioria dos países da OUA, da qual se torna membro efectivo em 1984, vindo mesmo a ocupar uma das vice-presidências em 1986.

i. A repressão marroquina contra a luta da Frente POLISÁRIO é particularmente brutal e vai contar com o apoio dos EUA, nomeadamente no fornecimento de equipamento militar, com destaque para os meios aéreos. No mundo árabe Marrocos é apoiado apenas pela Arábia Saudita enquanto a Frente POLISÁRIO recebe solidariedade generalizada e apoio militar directo da Argélia, a que mais tarde se junta também o da Líbia.

Em 1979 a Mauritânia, que estava a pagar um alto preço por um território que não lhe trazia quaisquer proveitos, resolve abandonar o Sahara Ocidental reconhecendo a RASD e os direitos da Frente POLISÁRIO. Marrocos aproveitou mais este espaço vazio e estendeu a ocupação à totalidade do país.

Dava-se, entretanto, o grande êxodo dos saharauís para os campos de refugiados na zona disponibilizada pela Argélia em Tindouf.

j. A eficácia dos ataques da Frente POLISÁRIO que fora construindo um exército que ultrapassava os meros grupos guerrilheiros iniciais, levou Marrocos a enveredar pela construção do célebre muro, uma extensa linha fortificada paralela à fronteira e alguns quilómetros para o interior, constituída por grandes barreiras de areia separadas por fossos, conjugadas com redes de arame electrificadas e por fortins, afastados mas com capacidade de apoio mútuo. A partir desta linha de controlo lançava acções de perseguição aos grupos saharauís infiltrados.

Como era um conflito que não afectava os equilíbrios bipolares da Guerra Fria, que não punha em causa interesses vitais das grandes potências, convinha ao ocidente, em cuja área de influência se desenrolava, mantê-lo no esquecimento para não hostilizar Marrocos.

k. A partir de 1985 a ONU decidiu chamar a si a busca de soluções negociadas com a colaboração da OUA.

Definiu um plano de paz aceite pelas duas partes tendo por base a aceitação da autodeterminação a ser expressa num referendo, mas que se processará num contexto que é desfavorável à Frente POLISÁRIO, na medida em que o referendo será conduzido pela administração marroquina, com a presença de milhares de colonos marroquinos e do exército marroquino. Ou seja, é um referendo em território ocupado.

Este plano acabou por não ter resultados práticos e em Agosto de 1988 Perez de Cuellar, secretário-geral da ONU, apresenta um novo plano de paz insistindo no referendo mas precedido de um cessar-fogo imediato e da retirada das tropas marroquinas. Muito menos desvantajoso para a Frente POLISÁRIO foi também aceite por ambas as partes e, em Janeiro de 1989, realizaram-se pela primeira vez conversações directas, em Marrakech, território marroquino e com a presença do rei Hassan II.

Os combates praticamente terminaram na sequência destas conversações e o CS decide-se por enviar uma força de manutenção da paz para monitorar o cessar-fogo, formalmente iniciado em 1991 e para supervisionar o referendo marcado para 1992. Era a Missão das Nações Unidas para o Referendo do Sahara Ocidental (MINURSO) que seria comandada entre Abril de 1996 e Junho de 1997 por generais portugueses.

Entretanto a Argélia, a braços com graves problemas de segurança interna, reduzia o seu apoio à Frente POLISÁRIO.

l. Entrar-se-ia então na saga interminável de um referendo sistematicamente adiado, típica de um conflito esquecido e para o qual não há empenhamento no encontro de solução. O referendo não avançava porque não se conseguia acordo sobre as bases do recenseamento que deveria definir o universo eleitoral. A POLISÁRIO insiste que a única legitimação da identidade de cidadão saharauí é a dos recenseados em 1973 e seus descendentes. Rabat pretende invocar o facto consumado da marcha verde de 1975 cujos participantes são actualmente residentes no Sahara Ocidental.

Em Março de 1992, já com o novo secretário-geral da ONU Bouthros-Ghali o referendo é adiado com reconhecimento público do impasse, conversações frequentemente reiniciadas e interrompidas, incidentes militares e constantes ameaças de quebra do cessar-fogo. Em 1994 o processo é retomado, marcada nova data para o referendo em Maio de 1996, mas que será mais uma vez adiado.

m. Em Agosto de 1996 há novas rondas de negociações em Genebra e Rabat, mas de novo sem resultados. E Marrocos vai levar a cabo algumas iniciativas que prejudicam todo o processo negocial e denunciam intenções de não abrir mão dos territórios do Sahara Ocidental. O rei Hassan II anuncia, em Outubro, um projecto de divisão de Marrocos em regiões administrativas, num total de dezasseis regiões entre as quais inclui três do Sahara Ocidental, uma delas anexando a sua faixa norte à faixa sul de Marrocos. A Frente POLISÁRIO considera isto como um facto consumado que pretende inviabilizar o referendo.

Mas o secretário-geral da ONU, então já Kofi Annan, mostra querer resolver a questão e aposta fundo com a nomeação de James Baker, antigo secretário de estado norte-americano, para seu representante especial para a resolução do conflito no Sahara Ocidental. A nomeação de um representante com este peso é um indício de que a missão não pode falhar. Em Junho de 1997 Baker tem reuniões separadas, em Londres, com representantes de Marrocos, Frente POLISÁRIO, Argélia e Mauritânia e, no mesmo mês, em Lisboa, consegue a primeira ronda de conversações conjuntas a que se seguem uma segunda ronda em Julho em Londres, uma terceira ronda novamente em Lisboa no mês seguinte e uma quarta ronda em Houston, Texas, em Setembro. Esta intensa actividade diplomática identifica os principais problemas, legitimidade dos potenciais votantes, regresso dos refugiados e troca de prisioneiros e Baker parece empenhar-se na realização do referendo que vem a ser marcado pelo secretário-geral para fins de 1999. Afinal viria a ser mais uma vez adiado e as esperanças alimentadas com a nomeação de James Baker começavam a esfumar-se.

n. Em Julho de 1999 morria o rei de Marrocos Hassan II e o seu filho e sucessor Mohammed VI não parece quebrar o impasse. Uma nova previsão de referendo para 2000 volta a frustrar-se e, neste mesmo ano, em Fevereiro, é o próprio secretário-geral que admite que o referendo jamais se realize, reconhecendo fragilidades no plano de 1991, nomeadamente por não contemplar qualquer mecanismo que obrigue as partes a cumprir o eventual resultado do referendo.

Em Julho de 2001 é conhecido um novo plano da ONU que por proposta do próprio James Baker deixa cair para já o projecto de referendo limitando-se a oferecer à Frente POLISÁRIO a autonomia por um período de transição no interior do reino de Marrocos, mas sob administração de uma Autoridade para o Sahara Ocidental, solução inspirada na da Palestina. Por outro lado propõe uma solução para o referendo mais próxima das reivindicações de Marrocos mas, paradoxalmente, a POLISÁRIO aceita-a e é Rabat que a recusa.

o. Uma brochura publicada pelo Instituto de Estudos Estratégicos Internacionais da autoria de Fernanda Faria, *Politiques de sécurité au Magrebe*, refere-se ao conflito do Sahara Ocidental como «*(...) seguramente o caso mais grave e o mais importante (...)*» de todo o Magrebe e considera que a via do referendo foi sistematicamente bloqueada por Marrocos que mostra só o aceitar se tiver a certeza de o ganhar (p. 17). Mas a autora avança uma tese interessante sobre as razões porque interessa a Marrocos manter este conflito esquecido e em lume brando: «*A questão do Sahara permitiu ao rei ocupar as forças armadas com assuntos que não sejam políticos e afastá-las do centro do poder; paralelamente o soldo dos militares aumentou de forma considerável (...)*» (p. 27). E não tem dúvidas de que «*(...) para Marrocos o processo de paz no Sahara Ocidental só pode levar à confirmação da marroquinização do território (...)*» (p. 28).

p. O impasse no conflito do Sahara Ocidental vai perdurar e não é previsível que se altere a sua natureza de conflito esquecido. As grandes obras sobre a conflitualidade mundial do pós-Guerra Fria, de Kissinger, Hobsbawm ou S. Nye, pura e simplesmente ignoram-no. A hiperpotência reguladora da conflitualidade global não o inclui na sua agenda de preocupações.

A UE gostaria de ver um problema nas suas proximidades resolvido, reconhece razões à Frente POLISÁRIO, mas não está interessada em criar obstáculos às suas relações com Marrocos. O único país que tinha reconhecido a RASD fora a Jugoslávia, mas esse já não existe. Em Espanha e na América Latina há um sentimento de solidariedade com os saharauís, que poderá vir a ser o único Estado no mundo árabe com o castelhano como língua oficial.

Mas o Estado espanhol também não pode agravar as relações com Marrocos em virtude das questões pendentes de Ceuta e Melilla.

Os únicos apoios com que a Frente POLISÁRIO continua a contar são dos seus parceiros do Magrebe mas o mais directamente empenhado, a Argélia, está muito virado para os conflitos internos e com imensas dificuldades económicas. E o apoio da Líbia é pouco credível.

A solução do Sahara Ocidental terá de passar por uma das três hipóteses, integração total em Marrocos, independência total ou autonomia no seio do reino marroquino. Na conjuntura actual aquela que parece mais viável é a da autonomia mas essa, provavelmente, apenas se limitará a adiar o problema.

CAPÍTULO F
BALCÃS

1. Geografia física

a. Chama-se Balcãs à península meridional da Europa central, entre os mares Adriático, Jónico, Egeu, Mármara e Negro, designação que nasce da presença turca na região quando a sua maior parte estava integrada no Império Otomano. Balcãs, em turco, quer dizer montanha, e foi esse o nome que os turcos deram às montanhas que dominam a região e que depois estenderam à área da península integrada no império, mas que não foi rígida ao longo dos séculos, alterando-se com a flutuação da fronteira europeia do próprio império que passava exactamente pelos Balcãs. A partir de 1918, depois da implosão do Império Otomano com a derrota turca na Guerra 1914-1918, Balcãs passou a designar toda a península do Mar Adriático ao Mar Negro.

Se os limites a sul, a oeste e a leste são facilmente demarcados, correspondendo às águas daqueles mares interiores subsidiários do Mediterrâneo que bordejam as suas margens, já a norte é mais difícil a sua delimitação, dada a tendência para fazer coincidir esse limite com as fronteiras políticas dos Estados chamados balcânicos. Se não se atendesse às fronteiras políticas dir-se-ia que o limite norte passa pelo paralelo 46°N que une, *grosso modo*, os extremos norte do Mar Adriático, a ocidente e do Mar Negro, a oriente. Mas assim estaria a cortar-se alguns países caracterizadamente balcânicos, como a Eslovénia, a Croácia e a Roménia. Mais correcto será então fazer coincidir esse limite com as fronteiras norte destes países. Sobrevive ainda uma dúvida em relação à Hungria que alguns consideram dever ser incluída nos Balcãs mas outros preferem excluí-la. A Hungria situa-se na área de influência balcânica, influenciou e foi influenciada pela conflitualidade nos Balcãs e deve, numa perspectiva polemológica, ser neles incluída (Mapa 15).

Na ZTC dos Balcãs incluímos ainda a miríade de ilhas que proliferam pelas suas costas, nomeadamente no Mar Egeu e no Mar Jónico e que também contribuem para a conflitualidade regional.

b. A característica mais saliente e com maior valor geoestratégico da geografia física dos Balcãs reside na posição. Constitui uma plataforma de ligação entre três continentes, Europa, Ásia e África e é esse o papel que tem desempenhado ao longo da história, como ponto de intercâmbio de culturas e de disputa de impérios.

MAPA 15 – Os Balcãs

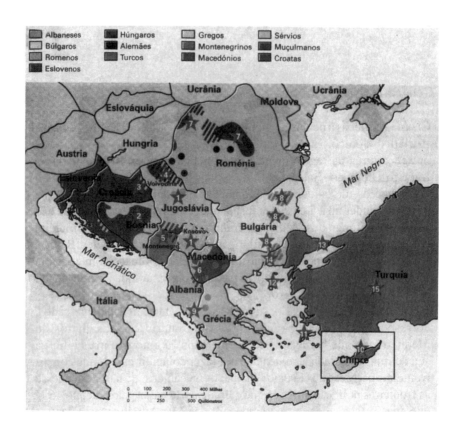

Fonte: *Le Monde Diplomatique* (Edição portuguesa), Maio 1999.

Os Balcãs constituíram a primeira porta para a expansão de culturas europeias e foi também o primeiro ponto de chegada à Europa de culturas asiática e africana. E esse papel manteve-o até muito recentemente. Os conflitos da última década do século XX ainda foram reflexo desse intercâmbio cultural e religioso.

É a sua posição no continente europeu que, acima de tudo o mais, tem feito dos Balcãs o seu mais duradoiro teatro de conflitualidade, ponto de convergência de sucessivas invasões, de antagónicos projectos imperiais que aí se têm confrontado. Tem sido uma permanente linha da frente, bem em evidência durante toda a Guerra Fria que fez das fronteiras greco-búlgara e turco-búlgara a linha de contacto entre a OTAN e o PV, uma das mais sensíveis do mundo.

c. A configuração física da península balcânica é a de uma região tipicamente fragmentada. Compacta na sua parte norte e continental, as suas costas marítimas são imensamente recortadas, com pequenas e grandes penínsulas, istmos prolongados, enseadas, baías e grandes golfos proporcionando excelentes portos de mar, estreitos canais e consequentes passagens obrigatórias de ligação entre os mares interiores. Nos mares Adriático, Jónico e Egeu multiplicam-se ilhas e arquipélagos, algumas separadas da costa ou entre si por estreitos canais e cujas soberanias são disputadas e objecto de conflitualidade nomeadamente entre a Grécia e a Turquia.

São aspectos que geram difíceis demarcações de fronteiras terrestres e marítimas e que conferem vantagem a quem detém o controlo dos pontos dominantes.

d. A morfologia da península balcânica é também heterogénea, alternando as acidentadas cadeias montanhosas com grandes extensões de planície.

É dominada pela grande bacia do Danúbio que vindo da zona onde nascem alguns dos grandes rios europeus, além deste o Ródano e o Reno, corta ao meio quase toda a península balcânica de ocidente para oriente desaguando no Mar Negro. Os Balcãs são, assim, o ponto de chegada dessa verdadeira via de comunicação transeuropeia que ao longo dos séculos sempre ligou os países da Europa central e meridional.

O Danúbio separa duas grandes cadeias orográficas, os Cárpatos a norte e os Balcãs, a sul que ajudam a explicar, pela sua compartimentação e pelos obstáculos que levantam à circulação, a difícil unidade política regional. A profusão de pequenas comunidades nacionais tem algo a ver com isto. São montanhas muito arborizadas, com abundância de água, capazes de favorecer boas condições de refúgio para a resistência prolongada contra invasores externos por parte de quem está familiarizado com a região.

De um lado e do outro dos Cárpatos, as grandes planícies húngara e moldava, ambas na bacia do Danúbio, constituem excelentes portas de entrada nos Balcãs abertas a norte e a nordeste.

2. Geografia humana

a. Sem partilharmos as teses deterministas segundo as quais a geografia física explica tudo o resto, natureza humana, processo histórico, modelos de desenvolvimento, opções políticas, não podemos deixar de considerar que o meio influencia o homem e as sociedades que nele se implantam. Como rezam as teses possibilistas, o meio põe e o homem dispõe.

Mas a geografia humana dos Balcãs, para além da influência das características físico-geográficas do meio, é consequência da permanente afluência, circulação, fixação, permuta, dos povos que aí confluíram ao longo dos séculos, exactamente por se tratar da plataforma intercontinental que atrás salientámos.

b. Os Balcãs começaram por ser a base de partida da primeira expansão imperial europeia, a de Alexandre da Macedónia no século IV a.C, que levou a civilização helénica ao norte de África à Ásia Menor, ao Médio Oriente e à Ásia Central e que, por outro lado, acolheu as influências das civilizações não-europeias com que contactou.

Ao desmembramento do efémero império helénico sucede-se a incorporação no Império Romano. São os romanos que vão ser aculturados pela civilização grega mas politicamente os Balcãs romanizam-se.

A partir do século IV d.C as chamadas invasões bárbaras trazem os povos eslavos do nordeste que se instalam nos Balcãs para ficar e se vão tornar o grupo humano identificador da parte norte da península. Daqui vai resultar a fragmentação do Império Romano sobrevivendo o Império do Oriente, bizantino, que vai perdurar até ao século XIV. Tem por centro os Balcãs e o seu limite passa pelo noroeste da península.

No século XI dá-se o primeiro grande cisma no cristianismo em que o império bizantino opta pela via ortodoxa. Esta clivagem entre católicos e ortodoxos também atravessa os Balcãs.

No século XIII, quando o império oriental mongólico desce das estepes russas também esteve às portas dos Balcãs e chegou a invadir a Hungria, mas a sua permanência foi de curta duração.

A partir do século XIV é o início da expansão turca com o progressivo alastramento do Império Otomano. Dá-se uma miscigenação étnica mas fundamentalmente uma penetração religiosa islâmica. Essa expansão é travada a norte pelos austríacos, fronteira depois consolidada com a formação do Império Austro-Húngaro, que vem a constituir a linha da frente entre os dois impérios e que atravessava os Balcãs de oeste a leste. Na península passavam a confrontar-se duas grandes religiões, islamismo e cristianismo, mas este dividido em duas tendências irreconciliáveis, católicos e ortodoxos.

c. Zona de choque de sucessivas expansões, fronteira de impérios, de confrontos de civilizações e religiões, os Balcãs viriam a reflectir tudo isto numa peculiaridade que lhe conferiria a característica mais destacada do seu factor humano, o mosaico de minorias.

Excluindo alguns casos, que constituem excepções, todos os Estados e regiões que vêm a emergir do fim do Império Austro-Húngaro e do Império Otomano serão Estados étnica e culturalmente heterogéneos. As excepções serão a Eslovénia a norte, quase totalmente eslava, cultura germânica e católica, a Albânia a sudoeste, com uma grande maioria de albaneses e islâmicos e a Grécia a sul, em que predomina a raiz grega de confissão ortodoxa. Em todos os outros, principalmente nos que constituíram a Jugoslávia, há grupos étnicos e religiosos dominantes mas bolsas de minorias com identidade própria e, dentro destas, outras bolsas mais pequenas de novas minorias. É um fenómeno complexo de tipo caixas chinesas e que, resultando directamente da geografia humana, se traduz num dos mais permanentes factores de conflitualidade.

d. Neste aspecto da geografia humana e com repercussões no aspecto político diz-se, com razão, que a ex-Jugoslávia, na sua heterogeneidade étnica, cultural, religiosa, política, era uma síntese dos Balcãs. Com uma mistura de eslavos, estes maioritários, de húngaros, turcos, albaneses, gregos, falavam-se quatro línguas, servo-croata, esloveno, macedónio e albanês além de outras menos representativas, professavam-se três religiões, cristã ocidental (católica, protestante e uniata), cristã ortodoxa e muçulmana, usavam-se duas escritas, latina e cirílica e a federação compreendia seis repúblicas, Eslovénia, Croácia, Bósnia, Sérvia, Montenegro e Macedónia. Tito dizia que a Jugoslávia tinha seis repúblicas, cinco nações, quatro línguas, três religiões, dois alfabetos e um só partido. O partido era o Partido Comunista dos Jugoslavos e a verdade é que quando com o fim da Guerra Fria os partidos comunistas perderam força a Jugoslávia se desfez.

3. Geografia política

a. Decorrendo directamente da posição geográfica, das fronteiras dos impérios, das migrações forçadas, da disputa por espaços nacionais, a geografia política tornou-se um dos factores de maior instabilidade e que ajuda a perceber a permanente conflitualidade regional.

b. O Império Romano correspondeu ao período em que os Balcãs estiveram unificados, não numa mesma nação porque isso nunca aconteceu, mas dentro de um mesmo espaço político, sem que pelo seu interior passasse uma linha divisória e de confronto, real ou potencial.

No século IV da era cristã, quando já se começavam a fazer sentir as pressões bárbaras, a fronteira do império recuou para o Danúbio e dá-se a primeira divisão dos Balcãs. Com a queda do Império Romano do Ocidente, no século V, sobrevive o Império Romano do Oriente, bizantino, mas a sua fronteira sofre um novo recuo na parte noroeste dos Balcãs, dividindo a meio o que viria a ser o território da futura Jugoslávia.

Até à conquista turca e inclusão no Império Otomano de toda a região bizantina dos Balcãs vão-se verificando flutuações da fronteira norte, por influência da pressão austríaca que vem a desembocar no Império Austro-Húngaro da Casa de Habsburgo.

c. Com a invasão dos Balcãs pelos turcos, no século XIV e a progressiva expansão do Império Otomano os Balcãs ficam, quando do seu apogeu no século XVI, na sua quase totalidade inseridos neste império, com excepção do extremo noroeste, correspondente à actual Eslovénia e parte da Croácia, que se mantiveram dentro do Império Austro-Húngaro. E isso teve reflexos na influência cultural e religiosa que prevaleceu nessas regiões.

Esta divisão conflituosa entre os dois grandes impérios iria perdurar mas com variações fronteiriças. No princípio do século XIX vai chegar aos Balcãs a fronteira de um novo império, o napoleónico, que só atinge as margens do Adriático mas vai deixar uma forte influência ideológica.

No período final do Império Otomano, a partir do século XIX quando se inicia o seu recuo estratégico que aliás também se processa noutras paragens como o Médio Oriente, algumas nações começam a desfrutar de ampla autonomia produto de lutas constantes contra o domínio turco. Os sérvios são pioneiros nesta luta pela afirmação da sua identidade desde os primeiros anos do século XIX e vêm reconhecido, no Congresso de Berlim de 1879, o reino sérvio. Então a soberania turca na Sérvia já pouco mais era do que formal.

Também a Grécia intensifica a sua revolta em 1821 e vê reconhecida a independência em 1829. Em 1877 era a Roménia que conquistava a independência. A Bulgária, que também já gozava de larga autonomia desde os finais do século XIX formalizou a independência em 1908. Este efeito de dominó, das sucessivas autonomias que iam esvaziando a soberania turca estendeu-se mesmo à região insular com Creta a conquistar a autonomia em 1898. Pode dizer-se que, em 1878, estavam formados os núcleos nacionais que dariam lugar ao mosaico político que se viria a desenhar nos Balcãs, apenas com a excepção da Albânia que só se tornou independente em 1912. E para a aceleração da desintegração do Império Otomano nos Balcãs também contribuíra a agitação interna na Turquia, onde um grupo de jovens oficiais desencadeara um golpe em 1908, aliás com adesões nas próprias guarnições nos Balcãs, o que contribuíra para a fragilização de um regime tradicionalmente centralizado.

d. Em 1918, com a derrota dos impérios centrais, Austro-Húngaro e Otomano, na Primeira Guerra Mundial, vai-se completar, na maioria dos casos apenas formalizar, o processo das independências dos Balcãs. A Hungria autonomiza-se da monarquia dualista da Casa de Habsburgo que partilhava com a Áustria e é proclamada em Belgrado a formação do Reino dos Sérvios, Croatas e Eslovenos, dando assim unidade política aos eslavos do sul, jugoslavos na língua servo-croata, que foi reconhecido no Tratado de Versalhes e ia ao encontro do pensamento do presidente norte-americano Woodrow Wilson para a região. Mas só em 1929 o reino vem a assumir o nome de Jugoslávia. A Turquia, como remanescente do grande Império Otomano apenas iria reter, nos Balcãs, uma pequena parcela ao sudeste da Trácia, mas que tem um enorme valor geoestratégico pois permite o controlo absoluto dos estreitos de Dardanelos e Bósforo que asseguram a ligação entre o Mediterrâneo e o Mar Negro e garantem o Mar de Mármara como mar turco.

Este quadro geográfico-político vai durar algumas décadas e sobrevive à Segunda Guerra Mundial com ligeiras alterações de fronteiras.

O período que mediou entre as duas guerras mundiais foi de grave crise económica nos Balcãs, que já se arrastava desde o final do Império Otomano, também reflexo da crise mundial das décadas de 20 e 30 o que fez emergir uma série de regimes centralizados e ditatoriais. A ascensão nazi na Alemanha teve aí repercussão e quando começa a Segunda Guerra Mundial, em 1939, os Estados do nordeste, Hungria, Roménia e Bulgária, são aliados da Alemanha hitleriana. Estes alinhamentos vieram a ter consequências na conflitualidade que se seguiu.

e. Com o final da Segunda Guerra Mundial, em 1945, a principal alteração que se verificou foi no interior da Jugoslávia que passa a República Socialista Federativa da Jugoslávia, agrupando seis repúblicas, Eslovénia, Croácia, Bósnia, Sérvia, Montenegro e Macedónia e duas regiões autónomas dentro da República da Sérvia, Voivodina e Kosovo. Mas a federação não resistiu ao fim da Guerra Fria e ao desmoronamento do sistema bipolar em relação ao qual, aliás, mantivera uma posição de neutralidade e até de liderança na constituição do Movimento dos Países Não-Alinhados.

A Jugoslávia constituía, já o dissemos, uma verdadeira síntese balcânica onde o problema das minorias etno-culturais se destacava e foram as aspirações nacionalistas que estiveram na base do desmembramento progressivo da federação, sujeita a um efeito de dominó, todo ele processado num clima de extrema violência e que marcou a última década do século XX. A antiga Jugoslávia deu lugar às repúblicas independentes da Eslovénia, Croácia, Bósnia (esta num modelo confederal), Macedónia e Sérvia-Montenegro, sendo esta última a única que preservava a unidade eslava de antigas repúblicas jugoslavas associadas, ainda que precária. Desfez-se em 2006.

A instabilidade dos Balcãs continua a ser a instabilidade da sua geografia política. E é esta proliferação estatal, este emaranhado de bolsas de minorias dentro dos Estados e ultrapassando fronteiras estatais, que originou o termo balcanização, que se usa para significar pulverização de entidades políticas dentro de um determinado conjunto geográfico. O conceito de balcanização contém sempre, implícito, um pressuposto de conflitualidade.

f. Todo este quadro geográfico-político balcânico, com as suas frequentes flutuações, foi permanentemente influenciado por intervenções de potências externas, nomeadamente pelos principais actores da cena internacional. Os Balcãs estiveram sempre incluídos no mundo que interessa.

Durante o longo período dos grandes impérios centrais foram óbvias as influências da Áustria e da Turquia e as consequências do conflito entre ambas para a criação e multiplicação das contradições que estão na base da conflitualidade regional endémica que aí se instalou. Ressalta o enquistamento das bolsas de minorias sempre activas nas pressões para o redesenho do mapa político. Já na parte final deste período não pode ignorar-se a influência da França napoleónica que tendo estendido até aí as fronteiras do seu império, ainda que fugazmente, deixou as ideias revolucionárias que permaneceram e alimentaram a rebeldia dos povos balcânicos contra a dominação turca. Durante todo o século XIX os Balcãs foram palco das disputas pelo equilíbrio de poder entre as potências europeias, RU, França e Rússia.

A Segunda Guerra Mundial introduziu a influência do eixo germano-italiano cujas forças ocuparam a totalidade da península balcânica e se confrontou com a influência de britânicos e soviéticos no apoio que deram aos movimentos guerrilheiros na Jugoslávia e na Grécia.

Depois de 1945 intensificou-se a influência externa com a península dividida entre membros do PV, Hungria, Roménia, Bulgária e Albânia, membros da OTAN, Grécia e Turquia e um Estado neutral, a Jugoslávia. A Albânia abandonou o PV em 1968 e tornou-se, mais do que neutral, marginal em relação ao sistema europeu.

Com o fim da Guerra Fria foram ainda as influências externas, com relevo para a Alemanha, a Áustria e o Vaticano, que contribuíram para o processo trágico que envolveu todo o desmoronamento da Jugoslávia e que deu lugar ao actual mosaico geográfico-político.

Com o processo de alargamento decidido em Atenas em Abril de 2003 a UE, de que até então apenas a Grécia era membro, penetra na região norte dos Balcãs com a admissão da Eslovénia e Hungria. Ainda é aí, porém, que a dinâmica de alargamento depara com maiores obstáculos, nomeadamente em relação a Estados da antiga Jugoslávia, mas também com a Turquia, Roménia e Bulgária a aguardarem a sua oportunidade.

4. Geografia económica
a. Não é, decisivamente, o factor económico que faz dos Balcãs uma ZTC endémica. Não se encontram aqui os grandes recursos estratégicos que tornam regiões objecto de disputa ou que motivam as grandes potências para ambicionarem mantê-las sob apertado controlo ou nas suas áreas de influência.

Petróleo e gás natural apenas a Roménia e, em menor grau, a Albânia detêm, mas não atingem níveis que justifiquem atenções especiais.

b. Os Balcãs são mesmo considerados, no contexto europeu, uma das zonas mais pobres apenas ultrapassada neste passivo pela região caucásica. O alargamento mais amplo da UE poderá vir, a prazo, a modificar o panorama económico regional.

Veremos à frente, quando pusermos em relevo os aspectos que mais contribuem para a caracterização polemológica regional, que a Bósnia aparece com frequência em lugar de destaque, verdadeiro centro nevrálgico histórico e actual da conflitualidade nos Balcãs, mas por razões que se relacionam muito mais com os factores humano e político do que com o factor económico. Não deixa, no entanto, de ser oportuno referir que, por exemplo nas várias entradas monográficas do *Guia do Mundo 2000*, a Bósnia é o único país dos Balcãs que é referido como possuidor de grandes recursos naturais, com destaque para reservas minerais (p. 70). Provavelmente tal não será completamente estranho à atracção que a região exerce sobre todos os seus vizinhos.

c. A verdadeira importância internacional dos Balcãs no campo da geografia económica resulta do factor determinante que destaca a região como ZTC, a posição.

É que o seu posicionamento, associado à sua configuração, nomeadamente o estrangulamento das saídas do Mar Negro para o Mediterrâneo, confere-lhe uma importância decisiva no controlo das rotas marítimas do petróleo oriundo do Cáucaso. Esta importância tende a aumentar com a crescente valorização das bacias de hidrocarbonetos do Mar Cáspio cujos escoamentos são actualmente objecto de acesa disputa mas que não deixarão de passar, em grande escala, pelo Mar Negro e Mediterrâneo.

5. Caracterização polemológica

a. O constante reajustamento da geografia política dos Balcãs, os avanços e recuos das fronteiras dos impérios, a consolidação dos espaços nacionais e/ou religiosos e originando bolsas de minorias, ocorreu sempre num clima de conflitualidade, entre impérios inimigos, entre invasores e naturais, entre identidades nacionais e religiosas originárias, entre estas e as minorias e entre os próprios grupos minoritários. O mapa político dos Balcãs é simultaneamente causa e consequência de um clima de violência permanente, de guerras externas, de revoltas, de conflitos internos, de conspirações e resistências. Quando Yves Lacoste põe em destaque que no subconjunto do Mediterrâneo oriental a conflitualidade se manifesta essencialmente na margem norte (A.6.d.), é certamente na zona dos Balcãs que está a pensar.

Esta violência tem expressão actual, configurou mesmo um dos conflitos mais dramáticos e prolongados do pós-Guerra Fria, o qual tem causas próximas nas várias guerras do século XX mas vai encontrar raízes mais profundas nos séculos anteriores.

b. Procurei pôr em relevo, na evolução da geografia política, que a partir dos séculos XV e XVI os Balcãs se encontraram praticamente divididos entre o Império Austro-Húngaro e o Império Otomano, mas as disputas fronteiriças, os avanços e recuos da linha da frente, foram constantes. A Hungria, por exemplo, que no século XIV tinha estendido o seu poder às zonas que actualmente correspondem à Bósnia, Sérvia e parte da Roménia e Bulgária, é integrada na Casa de Habsburgo no século XV e no seguinte perde de novo aqueles territórios para o Império Otomano. Manterá, porém, o território correspondente à Croácia enquanto a Eslovénia está subordinada ao outro ramo da Casa de Habsburgo, a Áustria.

No avanço do século XVI os turcos chegaram a cercar Viena em 1529 o qual mantiveram com intermitências até 1683, sem nunca terem chegado a conquistar a capital austríaca. O fim do cerco a Viena marca o início do recuo geoestratégico turco nos Balcãs.

Estas frequentes mudanças de mãos entre as potências dominantes e as influências hegemónicas foram decisivas na formação das identidades próprias de cada um dos futuros países, dos antagonismos que entre eles se foram cavando e das contradições no interior de cada um.

c. O sul dos Balcãs nunca foi atingido pelas fronteiras do Império Austro-Húngaro mas foi sujeito a outras pressões:

- A Albânia foi um caso especial de identificação com os turcos e manteve-se à parte das frequentes flutuações mas nunca deixou de alimentar ambições irredentistas quanto às áreas vizinhas onde estavam fixadas minorias albanesas e muçulmanas.
- A Grécia inicia no século XVIII uma rebelião contra o domínio turco, nas montanhas, que intensifica no século seguinte a partir de 1821, contando com apoios diversos de potências ocidentais e da Rússia, que se mantinham em guerras intermitentes com os turcos e sempre ambicionaram, uns e outros, substituir-se-lhes nos Balcãs. Os gregos conseguiram uma mais larga autonomia em 1815 e viram reconhecida a independência em 1829.
- A Macedónia, invocada por gregos e búlgaros como berço da nacionalidade, constituiu sempre uma região de disputa entre estes países, disputa a que se juntou a Sérvia mesmo durante a ocupação turca e se prolongou depois da queda do império até aos nossos dias.
- A Roménia e a Bulgária, as regiões balcânicas mais a leste, foram sempre objecto de intervenções e mesmo invasões russas, teatro natural das incursões destes contra os turcos e foram frequentes as perdas e ganhos territoriais com a Rússia. Mas contaram com o apoio da Rússia quando se tratou da sua luta pela emancipação do Império Otomano.

- A Sérvia e a Bósnia, regiões que são cortadas desde o século V pela linha divisória das religiões cristãs ocidentais e cristã ortodoxa e por onde passou, durante mais tempo, a linha da frente entre o Império Austro-Húngaro e o Império Otomano, foram sujeitas a ocupações antagónicas e frequentemente viram os seus territórios partilhados constituindo o centro nevrálgico da conflitualidade balcânica.

d. Nos princípios do século XIX o avanço do império napoleónico para o sudeste europeu chegou aos Balcãs, onde se reflectiu a sua guerra contra os austríacos, mas não desalojou os turcos. Permaneceu aí poucos anos, apenas na faixa costeira ilírica e dálmata mas o suficiente para os seus ideais revolucionários alimentarem sectores nacionalistas que lutavam pelas independências. A Sérvia terá sido a região onde a mensagem revolucionária francesa teve maior acolhimento mas a própria revolta grega, na sua fase final que leva à independência, tem o contributo da sua influência.

No século XVIII iniciara-se o recuo estratégico do império turco e sucederam-se as rebeliões no seu interior que vieram a dar lugar às sucessivas autonomias e independências dos Estados balcânicos. Estas lutas ficaram conhecidas no ocidente europeu por questão oriental e constituiu fonte de tensões entre as potências exteriores, RU, França e Rússia, pela conquista de influências depois de duzentos e cinquenta anos de partilha entre austríacos e turcos.

e. A entrada no século XX vai agudizar a questão balcânica e esta vai constituir a causa imediata da Primeira Guerra Mundial.

Com o recuo turco a Bósnia caíra, em 1878, sob domínio austro-húngaro que a Sérvia, que nesse ano vira o seu papel reforçado com a conquista de uma independência *de facto*, contesta. A maior parte da população da Bósnia é sérvia, se bem que uma boa percentagem de religião muçulmana. Em 1908, confirmando os receios sérvios, a Áustria anexa a Bósnia e agora mobiliza a contestação conjunta de sérvios, eslovenos e croatas. Estes dois últimos estavam integrados no Império Austro-Húngaro mas a parte não sérvia da população bósnia é de origem croata, também com uma percentagem de confissão islâmica.

f. Em Outubro de 1912 constituíra-se a Liga Balcânica juntando a Sérvia, Montenegro, Grécia e Bulgária contra a Turquia no apoio à independência dos países europeus que ainda se encontravam sob domínio turco, no que ficou conhecido por Primeira Guerra Balcânica. Terminaria em Maio de 1913 com a vitória da liga que vê reconhecida a independência de todos os países balcânicos. A Turquia ficaria reduzida nos Balcãs à pequena parcela que hoje ainda detém.

No mês seguinte rebenta a Segunda Guerra Balcânica, agora entre os parceiros da liga que haviam derrotado a Turquia. É uma luta pela Macedónia que coloca a Sérvia e a Grécia contra a Bulgária. Termina em Agosto com o Tratado de Bucareste dividindo a Macedónia entre a Sérvia e a Grécia. A Macedónia iria perdurar como mais um ponto de conflito assente na geografia política. Latente está também o velho projecto irredentista da Grande Sérvia que evoluiria para a formação da Jugoslávia.

g. Na sequência da anexação da Bósnia pelos austríacos verifica-se o assassinato do príncipe herdeiro da Áustria Francisco Fernando, de visita a Sarajevo, capital da Bósnia, por patriotas sévios bósnios, em 28 de Junho de 1914. É o incidente que marca o início da Primeira Guerra Mundial desencadeada com a declaração de guerra do Império Austro-Húngaro à Sérvia em Julho seguinte. Os Balcãs dividem-se entre as coligações que vêm a ser lideradas pela Alemanha e pela aliança franco-britânica. Os vários países balcânicos entram na guerra ambicionando vantagens territoriais no redesenho das fronteiras que o seu termo, necessariamente, determinará.

Ironia da história, os impérios centrais que durante duzentos e cinquenta anos se guerrearam estão aliados na Guerra 1914-1918 e, com a sua derrota, vão consolidar-se as independências dos Estados por cujo controlo sempre lutaram. E origina um facto que vai ter a maior importância futura. Os eslavos dos Balcãs declaram a sua junção política no Reino dos Sérvios Croatas e Eslovenos que em 1929 o monarca Alexandre I proclama como Reino da Jugoslávia, isto é, dos eslavos do sul.

A Jugoslávia era bem causa e efeito da Primeira Guerra Mundial e, mais uma ironia, nascia da junção de países que tinham estado incluídos nos dois impérios derrotados na guerra. Mas os antagonismos no interior do novo Estado iriam prosseguir.

h. A evolução da generalidade dos Estados balcânicos para ditaduras centralizadas no período entre as duas guerras mundiais provocou movimentos de resistência um pouco por todo o lado, em que mais uma vez se destacaram a Sérvia e a Grécia.

Quando o eixo Berlim-Roma se lança na conquista da Europa, em 1939, os Balcãs estão, obviamente, incluídos nos seus planos. A Hungria, a Roménia e a Bulgária já estavam antes sob forte pressão alemã, tornam-se seus aliados e vão participar na guerra ao seu lado. A Albânia fora já anexada pela Itália. A Jugoslávia e a Grécia são invadidas e ocupadas e, em 1941, os Balcãs estão totalmente ocupados pelas forças do eixo, com excepção da pequena faixa da Turquia que permaneceu neutral até 1945. Isto constituía um certo revês para a Alemanha que não conseguia o controlo dos acessos ao Mar Negro. A ocupação dos Balcãs vinha, pela primeira vez, concretizar o projecto da Mitteleuropa de Friedrich Naumann, colocando sob controlo alemão toda a Europa do meio entre o Mar Báltico e o Mar Adriático (ver Primeira Parte, II.B.6.b.).

O projecto do controlo dos Balcãs tem como motivação principal, mais uma vez, o factor posição, pois é a partir daí que os alemães estabelecem o flanco sul quando abrem a frente leste em direcção a Estalinegrado e à importante região petrolífera do Cáucaso. A posterior contra-ofensiva soviética a partir de 1943 também visará os Balcãs que, na sua parte nordeste, virão a integrar-se no bloco leste no período da Guerra Fria.

i. Quando da ocupação alemã dos Balcãs verificam-se vários focos de resistência organizada, nomeadamente na Albânia, Sérvia e Grécia, mantendo a região em estado de guerra civil permanente, o que foi importante no contexto global da guerra porque obrigou a Alemanha a manter aí algumas divisões que não pôde desviar para outras frentes. Mas a forma como essa resistência se desenvolveu, muito em particular na Jugoslávia, influenciou os anos do pós-guerra, recuperando os velhos antagonismos entre sérvios e croatas que eram muito anteriores à constituição da Jugoslávia. Apesar de haver uma identidade cultural servo-croata e uma raiz étnica eslava comum, as divisões nos Balcãs separaram sempre conflitualmente estas duas comunidades, desde o cisma do Império Romano do Oriente. A Croácia esteve quase sempre integrada no espaço de influência católica e austríaca. A Sérvia, fiel à igreja ortodoxa, manteve a sua rebeldia dentro do Impérios Otomano. Ambos disputaram o controlo da Bósnia alimentando projectos conflituantes da Grande Sérvia e da Grande Croácia. Acima de tudo a Croácia sempre receou a vocação da Sérvia para se tornar uma potência regional hegemónica nos Balcãs e em especial na Jugoslávia, até porque dispunha de fortes minorias sérvias em todos as repúblicas jugoslavas.

A verdade é que é a Sérvia que na Jugoslávia vai liderar a resistência à ocupação nazi, mas o principal líder da resistência será um croata, Josep Bros Tito. No seio da Jugoslávia, para além da guerra entre ocupantes nazis e a resistência nacionalista, há uma outra guerra civil entre jugoslavos. Dois grupos extremistas, um predominantemente croata e colaboracionista com os alemães, os *ustasa*, outro maioritariamente sérvio, nacionalista apoiado pelas facções monárquicas, os *tchetniks*, combatem-se ferozmente e deixarão feridas profundas para o futuro. Um outro movimento de resistência vai ter uma dinâmica unificadora do nacionalismo jugoslavo, são os *partizans* dirigidos por Tito e tendo por estrutura central o partido comunista. É a resistência dos *partizans*, apoiada pelos aliados, que acaba por se impor e toma o poder com a derrota das tropas do eixo.

j. Com o fim da guerra em 1945 os Balcãs vão reflectir os complexos equilíbrios da Guerra Fria permanecendo na linha da frente da conflitualidade prevalecente. Os países do nordeste que tinham sido aliados da Alemanha, inseridos no espaço que foi objecto da contra-ofensiva soviética caem rapidamente na órbita do bloco leste e serão mais tarde incluídos no PV quando da sua criação em 1955. Na Grécia e na Turquia travam-se intensas lutas internas entre facções favoráveis ao ocidente e a leste, com antagónicas interferências externas, acabando por triunfar os sectores afectos ao ocidente e vindo ambos a aderir à OTAN no primeiro alargamento em 1952. A linha da frente entre os dois novos blocos inimigos que se confrontam durante a Guerra Fria passa, mais uma vez, pelos Balcãs. A Albânia, geograficamente descentrada neste contexto, também adere inicialmente ao PV, do qual se vem a desligar em 1968 assumindo um estatuto de neutral marginalidade em relação ao sistema bipolar europeu.

Intransigentemente neutral, mas numa neutralidade activa, manter-se-ia a Jugoslávia, depois da guerra transformada em República Socialista Federativa da Jugoslávia. Esta neutralidade, apesar de ser dominada por um regime político-ideológico próximo do bloco leste, conferiu-lhe um papel de destaque no movimento dos não-alinhados, perdurou até ao fim da Guerra Fria e contribuiu para o clima de certa estabilidade que os Balcãs conheceram durante todo esse período.

k. Com alguma ironia esta mesma Jugoslávia que com a Áustria e a Suíça constituíram como que tampões entre os dois blocos na Europa central e fora um factor de equilíbrio, viria a ser a maior vítima do fim da Guerra Fria e, mais uma vez, com a influência perversa de potências externas. Com o apagamento do partido comunista, cimento da federação como lhe chamara Tito, era a própria federação que se esvaziava.

O processo cisionista começara com a morte de Tito em Maio de 1980. A opção por uma presidência colegial dos presidentes das seis repúblicas com um exercício rotativo para substituir Tito revelou-se precária e só abreviou a dissolução.

A contestação à unidade política começa por se manifestar no interior da Sérvia, acusada de alimentar uma ambição hegemónica dentro da federação e onde se situava a capital federal, Belgrado. Atribui-se a Tito a afirmação de que uma Jugoslávia forte teria de passar por uma Sérvia fraca. A verdade é que, sob sua influência, apesar de na generalidade das repúblicas proliferarem fortes minorias sérvias, com relevo para a Croácia e Bósnia, foi a Sérvia a única república onde foram demarcadas regiões autónomas em função das minorias, o Kosovo com grande influência de muçulmanos albaneses e a Voivodina, com bolsas croatas, romenas e, principalmente húngaras com estatutos de quase repúblicas. Era uma forma de fragilização da Sérvia e isso veio a ter profundas repercussões futuras (Mapa 16).

É precisamente no Kosovo, que os sérvios consideram como o berço da sua nacionalidade e seu principal centro espiritual e religioso mas que as constantes transferências populacionais haviam transformado numa região de maioria muçulmana, que se verificaram os primeiros tumultos separatistas em 1981. No início da Segunda Guerra Mundial o Kosovo ainda tinha quase 50% de sérvios apesar das migrações albanesas e êxodo de sérvios que o domínio turco e italiano tinham favorecido. Em 1980 a desproporção já era de quase 90% favorável aos muçulmanos e a Albânia fazia sentir a sua ambição irredentista de constituição da Grande Albânia, por anexação das regiões de forte presença albanesa no Kosovo e Sandzak sérvios, na Macedónia ocidental, no sul do Montenegro e no Epiro grego. A Sérvia responde aos tumultos no Kosovo com severas restrições às autonomias regionais o que faz renascer nas várias repúblicas os fantasmas de uma ameaça centralizadora e hegemónica sérvia.

Em 1990 verificam-se eleições nas várias repúblicas com vitórias de partidos nacionalistas que levam ao aparecimento de projectos confederais, em que a Eslovénia e a Croácia foram pioneiras. Estes projectos são contestados noutras repúblicas, nomeadamente na Sérvia e Montenegro, mas contaram com apoios externos, muito em especial da Alemanha e do Vaticano, que até pressionam no sentido de independências totais, apesar das reticências iniciais da UE e dos EUA. O Vaticano via aí a possibilidade de reforçar o seu papel em países de maioria católica na fronteira com o espaço ortodoxo e a Alemanha estava em fase de alargamento da sua zona de influência na Europa

MAPA 16 – Ex-Jugoslávia

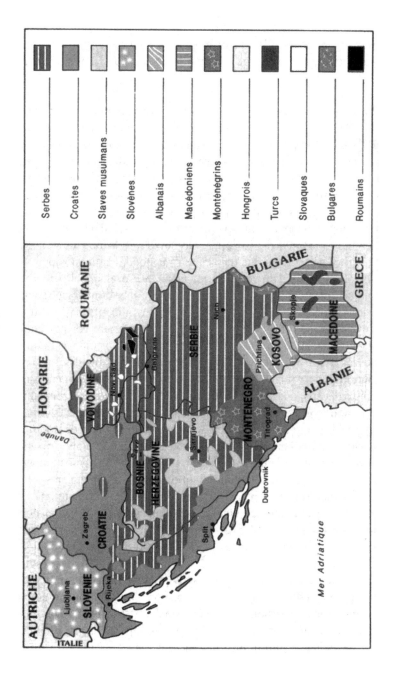

Fonte: Gérard Chaliand et Jean-Pierre Rageau, *Atlas stratégic*, Éditions Complexe, Belgique, 1994.

central, à Áustria, à Polónia e à República Checa, zona em que historicamente se inscreviam a Eslovénia e a Croácia. Eram ainda efeitos da herança do Império Austro-Húngaro.

A Jugoslávia era um barril de pólvora nos Balcãs e houve quem ateasse o fogo.

1. Os projectos secessionistas das repúblicas jugoslavas do norte, por motivações identitárias etno-religiosas, arrastaram uma série de conflitos em cadeia.

Em primeiro lugar conflitos de minorias, resultantes das constantes transferências populacionais e das migrações que as flutuações imperiais forçaram. A Eslovénia era uma república identitariamente uniforme, de cultura germânica e religião católica, sem minorias significativas. A Croácia, ao contrário, era de cultura servo-croata, historicamente sujeita à influência austríaca, maioritariamente católica, mas com importantes minorias sérvias na Krajina e na Eslavónia ocidental e oriental. A independência de uma república por razões identitárias justificava idênticas aspirações nas minorias dentro das repúblicas ou, em alternativa, soluções federativas ou integracionistas em repúblicas vizinhas com as quais se ligavam identitariamente. A palavra de ordem que se fazia ouvir, nomeadamente entre as minorias sérvias, era a de que se a federação é dissolúvel então também as repúblicas o são. Quando num espaço heterogéneo uma minoria quer tornar-se uma maioria no seu próprio espaço dá sempre lugar ao aparecimento de novas minorias. Era a lógica das caixas chinesas a manifestar-se com todos os seus efeitos perversos. Em 25 de Maio de 1991 a Eslovénia e a Croácia proclamavam as independências pondo fim à federação jugoslava e desencadeando guerras civis internas contra o exército federal, mais breve na Eslovénia e mais demorada e trágica na Croácia onde se reacenderam velhos ódios de *ustasas* e *tchetniks*.

Mas as consequências mais dolorosas haviam de se repercutir na Bósnia. Se a Jugoslávia era uma síntese balcânica a Bósnia era uma síntese jugoslava, república partilhada por croatas católicos, sérvios ortodoxos e por uma forte e maioritária comunidade servo-croata de confissão muçulmana. Estes reivindicavam uma independência da república sob sua liderança, os croatas preferiam uma integração na já independente Croácia e os sérvios dividiam-se entre uma república sérvia da Bósnia e uma adesão à Sérvia. O conflito resvalou para uma guerra trágica e prolongada, com sangrentas limpezas étnicas e que terminou com uma intervenção militar da OTAN, objectivamente dirigida contra os sérvios e, posteriormente, com a negociação de um acordo de paz que viria a concluir-se com o Acordo de Dayton em Novembro de 1995, de que saiu uma complexa confederação reflectindo os precários equilíbrios (Mapa 17).

A solução política encontrada para a Bósnia foi a de uma república constituída por duas entidades, uma Federação Croato-Muçulmana de um lado e uma República Sérvia da Bósnia do outro, cada uma com a sua constituição, governo, parlamento, polícia, forças armadas e com instituições da república unificada, presidência colegial, parlamento bicamaral, tribunal constitucional, banco central. A divisão territorial é também complexa, mesclada, correspondendo às regiões etno-culturalmente diferenciadas. Acaba por consagrar uma divisão territorial identitária e justificar as anteriores limpezas étnicas. Entretanto a Bósnia manteve-se controlada por uma Força de Aplicação dos Acordos de Paz das Nações Unidas (IFOR), depois substituída por uma Força de Estabilização (SFOR), que assegura este equilíbrio precário.

A Macedónia também declarava a sua independência em Setembro de 1991 facto que desencadearia um novo foco de instabilidade, reavivando as velhas tensões entre a Sérvia, a Bulgária e a Grécia e principalmente as desconfianças desta última que não aceitava uma república reclamando o nome de Macedónia, designação que historicamente reivindicava para o território grego que tinha sido o berço da civilização helénica. Chegou-se a uma solução de compromisso ficando a nova república independente com o nome oficial de Antiga República Jugoslava da Macedónia.

Mas o nascimento do novo Estado ainda sofreria as consequências das ambições albanesas que incluíam no projecto da Grande Albânia a região noroeste da Macedónia de predominância muçulmana, o que para além de ameaçar a integridade macedónica punha em alerta a Grécia receosa de que o irredentismo albanês alastrasse às minorias muçulmanas da Macedónia e Epiro gregos.

A influência geoestratégica da Macedónia, plataforma giratória e de passagem no coração dos Balcãs, entre a Jugoslávia, a Bulgária, a Albânia e a Grécia, corredor de acesso do interior balcânico aos mares Egeu e Jónico, eterno pomo de discórdia regional, vinha mais uma vez à superfície.

m. O ciclo dos conflitos em cadeia resultante do desmembramento da Jugoslávia e da associação de duas dinâmicas contraditórias, o cisionismo centrífugo das aspirações das minorias e o fusionismo centrípeto provocado pela atracção das repúblicas consideradas mães-pátrias dessas minorias, ia fechar-se com o regresso ao Kosovo.

MAPA 17 – Acordo de Dayton

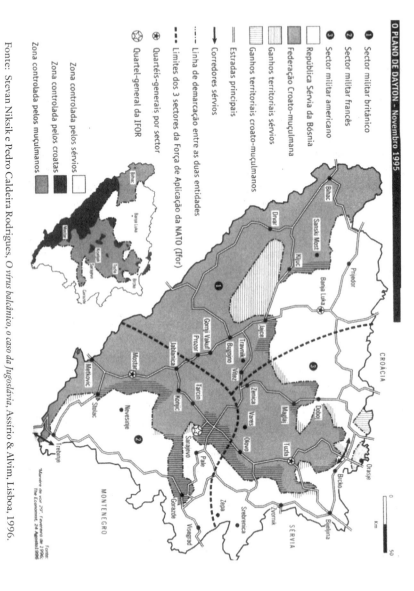

Fonte: Stevan Niksik e Pedro Caldeira Rodrigues, *O vírus balcânico, o caso da Jugoslávia*, Assírio & Alvim, Lisboa, 1996.

Os muçulmanos do Kosovo, organizados no Exército de Libertação do Kosovo (UCK), iniciam uma luta armada pela independência apoiados pela Albânia, à qual a Sérvia responde com uma poderosa intervenção militar. Por trás das reivindicações independentistas era possível detectar um projecto de integração na Albânia, cujo apoio não seria inocente e visava mesmo alargar-se às áreas de minorias muçulmanas no Sandzak sérvio, no Montenegro, na Grécia e na Macedónia. Constituía uma ameaça de desestabilização regional alargada.

Travou-se mais uma guerra feroz, com acusações mútuas de limpezas étnicas e novas vagas de refugiados, que provocou nova intervenção da OTAN contra a Sérvia, na sequência de um ambíguo acordo assinado em Rambouillet e que assegurava a autonomia do Kosovo no interior da República Sérvia. O Kosovo viria também a ficar sob controlo de uma Força de Manutenção da Paz das Nações Unidas no Kosovo (KFOR) que ainda aí se mantém. A intervenção militar da OTAN verificou-se quando estava em processo de revisão o seu conceito estratégico, em Abril de 1999 e constituiu o facto consumado que deu à aliança cobertura para intervir fora-de-área e sem mandato da ONU que o novo conceito estratégico consagrou. O Kosovo esteve na origem da viragem conceptual da OTAN, como acentuámos no Título II (ver II.B.2.e.).

A guerra no Kosovo ainda se estendeu à Macedónia onde os guerrilheiros albaneses locais tinham óbvias ligações ao movimento de independentista kosovar, mas aí foi possível controlá-la.

n. Da antiga Federação Jugoslava que assegurara quatro décadas e meia de relativa estabilidade nos Balcãs restava a União da Sérvia-Montenegro, mas mesmo esta não isenta de alguns focos de controvérsia, com sectores do Montenegro a ameaçarem com uma ruptura total, o que seria preocupante para a Sérvia que ficaria privada dos acessos ao Adriático e se tornaria num Estado interior completamente isolado. A separação, após referendo, consumar-se--ia pacificamente em 2006.

Todo o desmembramento da Jugoslávia foi um processo conflitual trágico e extremamente violento que se mantém latente na actual estabilidade precária e vigiada em que as contradições de fundo não estão solucionadas. E foi um processo todo ele marcado por constantes intervenções externas.

Já salientámos o papel activo que a Alemanha, a Áustria e o Vaticano desempenharam no desencadeamento do conflito, mas não pode esquecer-se a responsabilidade passiva da UE e dos EUA e a incapacidade da ONU para, no início, impedir o seu agravamento. Todos estes actores externos, bem como os países do espaço ortodoxo, com relevo para a Rússia, concordavam que era vantajoso para a paz na Europa que a Jugoslávia se mantivesse unida no período sensível em que ainda apenas se esboçava a nova ordem a sair do fim da Guerra Fria. Mas nada fizeram para travar as pressões externas e ajudar a conciliar as contradições internas que incendiaram os Balcãs.

Todos os Estados balcânicos vizinhos da Jugoslávia desempenharam o seu papel e fizeram sentir a sua influência em apoios cruzados e antagónicos. A Hungria, recuperando velhas cumplicidades colocou-se a favor da Eslovénia e da Croácia e tentou mesmo intervir na Voivodina sérvia onde há significativas minorias húngaras. A Roménia apoiou a Sérvia sem se comprometer demasiadamente, bem como a Grécia que, para além da solidariedade religiosa ortodoxa, receava efeitos em cadeia da Macedónia e do Kosovo e o reforço da influência turca em apoio dos sectores muçulmanos. A Bulgária também estava atenta na Macedónia interessada em impedir que os seus efeitos penetrassem nas suas fronteiras. Da Albânia já vimos o protagonismo que teve na crise do Kosovo e na ameaça de crise na Macedónia. Em nome da construção da Grande Albânia, da unificação de todas a terras albanesas, surgiu mais recentemente o Exército Nacional de Libertação Albanês (AKSH) que ameaça constituir um instrumento de desestabilização de toda a região. A Turquia jogou com as influências de que ainda dispõe na região, nomeadamente no apoio aos muçulmanos da Bósnia e da Albânia.

Deve também assinalar-se a interferência de vários Estados islâmicos ou de facções islâmicas organizadas em alguns Estados árabes, principalmente dos seus sectores mais radicais na Argélia, no Irão, no Afeganistão, que participaram directamente ao lado dos muçulmanos bósnios contra sérvios e croatas. Quiseram assim contribuir para a emergência de um Estado independente de maioria muçulmana no continente europeu.

A Rússia esteve sempre presente em todas as sucessivas crises e conflitos procurando apoiar as posições sérvias, principal intérprete do mundo ortodoxo na antiga Jugoslávia. Por seu intermédio tentou garantir alguma da influência que sempre exerceu no espaço balcânico. Mas encontrava-se ainda em plena fase de recuo geoestratégico marcado pela derrota na Guerra Fria e acabava sempre por ceder aos avanços dos EUA.

Os Balcãs, com o alargamento da OTAN a vários dos seus Estados, Hungria em 1999, Eslovénia, Roménia e Bulgária em 2004, Albânia e Croácia em 2009, juntando-se assim à Grécia e Turquia e com a presença efectiva das suas tropas em Estados da ex-Jugoslávia são hoje, em parte, um protectorado dos EUA, o primeiro da fase imperial norte-americana a que se seguiu o do

Afeganistão e, agora, o do Iraque. Deixaram de ser uma plataforma fulcral da expansão da influência russa para ocidente e passaram a ser uma plataforma de projecção da influência norte-americana para leste.

o. Todo o processo polemológico dos Balcãs, que atravessou os séculos e se acentuou nos finais do século XX, foi resultado do cruzamento de vários factores persistentes de conflitualidade, factores geográfico-físicos dominados pela posição, factores geográfico-humanos derivados da herança histórica e do mosaico etno-cultural e com destaque para as bolsas de minorias, factores geográfico-políticos resultante de uma proliferação estatal, fronteiras frágeis e pouco consolidadas sujeitas a pressões cisionistas e fusionistas que perduram.

A precária estabilidade actual é algo artificial porque garantida pela presença de forças estrangeiras de manutenção da paz. As esperanças da ONU de que possam atenuar-se os antagonismos nacionais e religiosos por forma a dar lugar a Estados e sociedades cosmopolitas têm sido contrariadas pelos sucessivos processos eleitorais efectuados depois dos processos de paz que têm reforçado os partidos de base identitária, quer nacionalista quer religiosa.

Os Balcãs, presumivelmente, vão perdurar como ZTC.

CAPÍTULO G
CÁUCASO

1. Geografia física

a. O Cáucaso é o extremo sudeste europeu. Uma região algo atípica no velho continente e que, por isso, o imaginário de muitos cidadãos europeus não enquadra no seu conjunto. Durante muito tempo o ocidente tendia a situar no Mar Negro a fronteira meridional entre a Europa e a Ásia e a considerar o Cáucaso como um mundo estranho. Ainda hoje há quem considere que a linha divisória entre os dois continentes passa pelo cume da cordilheira caucasiana, sendo Europa a Ciscaucásia e Ásia a Transcaucásia. Como veremos a geografia política acabou por juntar todo o Cáucaso no mesmo continente e os próprios habitantes dos Estados da Transcaucásia se consideram europeus. Neste caso particular a geografia física subordinou-se às geografias humana e política.

Sendo periférico em relação à bacia mediterrânica, numa perspectiva alargada em que esta se estende para leste até ao Mar Cáspio (ver III.A.1.a.), o Cáucaso inscreve-se neste espaço geoestratégico e constitui, dentro dele, uma ZTC bem identificada.

É comum chamar-se ao Cáucaso os Balcãs de leste porque, de facto, muitos factores caracterizadores dos Balcãs são aplicáveis ao Cáucaso e vice-versa, com destaque na geografia humana e na geografia política. Constataremos que todos têm, exactamente como nos Balcãs, influência decisiva na persistência da conflitualidade desta ZTC que, tragicamente, se vem agravando desde o fim da Guerra Fria.

b. Trata-se de uma estreita faixa continental, cerca de 450.000 Km2, apertada entre o Mar Negro a ocidente e o Mar Cáspio a oriente e cujos limites, norte e sul, podem ser definidos pelas linhas imaginárias que unem as margens norte e sul daqueles mares interiores. Há quem lhe chame um istmo, designação forçada e pouco rigorosa, pois une dois continentes e não uma massa continental a uma península mas tem, em relação aos istmos, a característica comum de ser uma zona de passagem obrigatória.

Se o nome Balcãs resulta da designação que os turcos davam às montanhas que dominam aquela península, também Cáucaso deriva do nome turco da cadeia montanhosa que vai do Mar Negro ao Mar Cáspio. Estas montanhas atingem 5.642m no Monte Elbrus, o mais elevado da Europa e dividem o Cáucaso em duas regiões, Norte ou Ciscaucásia e Sul ou Transcaucásia, com características bem diferenciadas mas influenciando-se mútua e intimamente. É curioso – e sem qualquer explicação visível – que a designação de Transcaucásia é corrente, mas já o não é a de Ciscaucásia, sendo preferentemente usada a de Cáucaso do Norte, ao contrário do que acontece com a Cisjordânia versus Transjordânia, ou a Cisalpina versus Transalpina, que se tornaram comuns. Aqui usaremos, indiferentemente, as designações Transcaucásia e Cáucaso do Sul ou Ciscaucásia e Cáucaso do Norte, ainda que reconheçamos que Ciscaucásia e Transcaucásia, são conotações eurocentradas, "para cá do Cáucaso" e "para lá do Cáucaso".

    c. As duas margens nos mares Negro e Cáspio e a cadeia montanhosa são os traços salientes da geografia física do Cáucaso. Os mares porque o encaixam, as montanhas porque o dividem e contribuem para alguma diversidade num espaço tão limitado. A norte das montanhas e nas margens a paisagem é subtropical, com extensas savanas e algumas regiões desérticas, em contraste com as alturas geladas, as encostas cobertas de florestas e os férteis vales encaixados nas montanhas do interior. Daí também as diferenças ambientais e de clima, ameno na Transcaucásia, tropical na Ciscaucásia e agreste nas montanhas.

    O relevo e a floresta proporcionam excelentes refúgios e a cordilheira foi sempre zona de acolhimento para grupos humanos perseguidos na permanente disputa por terras e poder. Característica que continua actual como bem vem demonstrando a guerrilha chechena. A Garganta de Pankisi, no nordeste da Geórgia e na fronteira com a Chechénia é, neste aspecto, emblemática. Área muito acidentada e com vales profundos, de acesso muito difícil e isolada do resto da Geórgia, tornou-se um coito de redes da economia marginal que fogem ao controlo de Tbilissi, onde a guerrilha chechena dispõe de apoios de retaguarda, estruturas de abastecimento, campos de treino e refúgio, em ligação com os movimentos rebeldes da Ossétia do Sul e da Abecázia que lutam contra a integração na Geórgia.

    d. O factor posição é um trunfo estratégico, ou um *handicap* conforme os casos, de todas as zonas de passagem que, obviamente, conferem vantagens mas também impõem servidões e atraem cobiças. O Cáucaso, pela sua posição, tornou-se um espaço sempre visado pelas extensões imperiais que, desde a Antiguidade, o cruzaram em todas as direcções, transversalmente entre os mares Negro e Cáspio, longitudinalmente entre o interior continental e as margens do Índico. Zona de fronteira, da Rússia com a Turquia e o Irão, entre a Europa e a Ásia, na Guerra Fria entre os blocos leste e ocidental, entre alianças antagónicas, entre zonas de influência das superpotências é, para a Rússia, uma posição chave para o acesso ao Oceano Índico e ao Médio Oriente.

Para a UE e os EUA tem sido uma região periférica que, recentemente, ganhou importância por duas razões:

- A valorização da bacia do Cáspio como reserva de hidrocarbonetos cujas rotas de escoamento com destino ao ocidente, através dos portos do Mar Negro e do Mediterrâneo, atravessam o Cáucaso, de certa maneira recuperando a antiga rota da seda da qual foi posição-chave.
- A guerra contra o terrorismo global, na qual o Cáucaso constitui uma plataforma privilegiada no acesso ao Afeganistão e à Ásia Central, mas também ao Golfo Pérsico e ao Médio Oriente.

O Cáucaso é, no seu conjunto, uma zona de charneira que assume, na actual conjuntura mundial, uma importância crescente.

2. Geografia humana

a. Eis uma área de reflexão em que os paralelismos do Cáucaso com a região sua homóloga do outro lado do Mar Negro, os Balcãs, são óbvios. A reduzida dimensão e a posição de passagem, onde ao longo de séculos confluíram impérios, expedições, invasões, tornaram esta ZTC um dos mais complexos mosaicos humanos do mundo e que se ajusta mal às fronteiras estatais que a política foi delineando.

b. A sua população tem as mais diversas origens, a começar pelos autóctones a que chamaremos, para simplificar, os caucasianos, historicamente referenciados desde as lendas gregas. Conhecem-se vestígios de fixação humana anterior ao Neolítico. Com os fluxos migratórios e as grandes expedições imperiais da Antiguidade, povos de todas as paragens euro-asiáticas foram chegando. Os impérios persas vindos do sul a partir do século VI a.C, Aqueménida, Sassânida, Parto, estenderam-se até à Transcaucásia e deixaram aí raízes. No século IV a.C o Império Helenístico de Alexandre o Grande alargou-se até à Índia e o seu limite norte chegou à Arménia. Depois, sucessivamente, os romanos instalaram-se nas suas franjas a norte e a sul, mas já as vagas turcas, os árabes e as hordas mongóis conseguiram dominar toda a região.

c. Destas e doutras migrações, dos seus cruzamentos, suas sínteses e descendências, resultou uma heterogeneidade humana tal que se distinguem hoje, no Cáucaso, cerca de 100 povos diferentes. Só no Daguestão, na margem caspiana da Ciscaucásia, contam-se dezenas de comunidades e no Azerbaijão, seu prolongamento na Transcaucásia, há 70 minorias étnicas. Os georgianos eram menos de 1/3 da população da Geórgia quando integrava a Abecázia e a Ossétia do Sul e os arménios são um povo em diáspora. Algumas minorias mantiveram características identitárias e culturais próprias que vão resistindo às dinâmicas integradoras até porque a integração política e social nunca foi total.

Em termos linguísticos há grupos predominantes, como o turcófono e o indo-europeu, mas a fragmentação é enorme, referenciando-se mais de 40 línguas e dialectos, alguns apenas falados em pequenas aldeias.

As grandes religiões dominantes são o cristianismo ortodoxo e o islamismo, mas tanto um como outro comportam tendências distintas e até minorias com influências pagãs. Paradoxalmente, a maioria dos povos da Ciscaucásia nas fronteiras com a Rússia cristã é muçulmana, onde a excepção são os ossetas, enquanto na Transcaucásia, vizinha da Turquia e do Irão, muçulmanos, a maioria, com excepção do Azerbaijão, é cristã. A Arménia é apontada como o primeiro Estado cristão do mundo. Os núcleos de minorias religiosas activas, associados às minorias étnicas e culturais, contribuem para convivências difíceis, tanto mais quanto aí se reflecte o fundamentalismo islâmico radical, com maior incidência no norte do que no sul. Mas no sul há o sensível problema da forte comunidade azeri no norte do Irão, entre 15 a 20 milhões, o dobro da população do próprio Azerbaijão e cerca de 1/4 da população iraniana. De tendência xiita, de que o Irão é centro de um proselitismo militante, Baku receia os seus efeitos dentro das suas fronteiras, onde o xiismo também domina.

d. No século XIX, com a incorporação no Império Russo, o quadro humano sofreu profunda alteração com o afluxo de comunidades russas e ucranianas, factor de desequilíbrio em muitas regiões onde os eslavos se tornaram maioritários e ocuparam os lugares de maiores privilégios. Na Adígua chegaram a ser 3/4 do total da população, metade na Chirquísia-Carachai, 1/3 na Ossétia do Norte e no Cabardino-Balcária. E a reunião de todo o Cáucaso no mesmo espaço político favoreceu outras migrações internas, aumentando as bolsas de minorias que, quando a unidade política se desfez no final do século passado, desencadearam as inevitáveis dinâmicas cisionistas.

O colaboracionismo com os exércitos nazis invasores na II Guerra Mundial esteve na base de deportações maciças de carachais, cabardinos, balcários e chechenos o que acentuou, temporariamente, os desequilíbrios étnicos regionais. Os alemães jogaram com as divisões e antagonismos para atraírem colaborações, o que demonstra a importância polemológica do factor humano no Cáucaso. Quando Krutchev procedeu à política de desestalinização aquelas comunidades foram autorizadas a regressar às suas terras de origem, entrando em conflito com os que, entretanto, se haviam instalado e abrindo novas feridas que nunca mais cicatrizaram.

e. O actual agravamento da conflitualidade em Nagorno-Karabakh, na Abecázia, na Chechénia e na Ossétia do Sul, para falar apenas nos casos mais divulgados e que se arrastam sem soluções à vista ou com soluções não consolidadas, está na origem de mais de um milhão de refugiados e deslocados que se concentram, em condições humanas muito precárias, nas repúblicas vizinhas e ainda na Rússia, Turquia e Irão, transportando consigo novas tensões.

O Cáucaso é, por estas razões, alvo das atenções de organizações internacionais, como a ONU, a OSCE, a UE, mas o problema dos deslocados e refugiados ultrapassa a mera dimensão humanitária, reflectindo-se em outros aspectos, políticos, económicos, de segurança. Se estes êxodos foram consequência da conflitualidade regional a verdade é que, hoje, nenhuma solução para a conflitualidade é possível sem ter em consideração os deslocados e refugiados.

3. Geografia política

a. O quadro da geografia humana atrás desenhado deixa pistas para se avaliar a complexidade da geografia política do Cáucaso. De facto, nesta ZTC a geografia política é muito mais consequência de factores derivados da sua geografia humana do que da geografia física. Desta apenas se destaca a cadeia montanhosa que separa a Transcaucásia da Ciscaucásia que constituem subconjuntos geográfico-políticos bem diferenciados e que, sendo a fronteira natural entre a Europa e a Ásia, não é fronteira política pela inclusão dos países transcaucasianos na Rússia e, mais tarde, na URSS. O que confirma que a geografia política se impôs à geografia física, contrariando as teses deterministas de alguns teóricos geopolíticos.

b. Vimos que o Cáucaso, no seu conjunto, nunca foi alvo de incorporação nos grandes impérios da Antiguidade, mas que as suas franjas foram atingidas por essas expansões que vieram a influenciar a sua geografia política.

A barreira montanhosa do Cáucaso terá constituído o obstáculo que travou as expedições vindas do sul, que ocuparam parte da Transcaucásia mas que raramente atingiram o Cáucaso do Norte.

A Arménia e a Geórgia chegaram a conhecer efémeras experiências de autonomia política intercaladas com anexações nos projectos imperiais que se sucederam. A Geórgia, colonizada durante a diáspora grega do século VI a.C, transformou-se num reino autónomo, sensivelmente na mesma altura em que os arménios, que se haviam instalado na região no século anterior, constituíam a sua própria identidade política. Na mesma época o Azerbaijão era parte da Grande Pérsia, que também pressionava as regiões georgianas e arménias. Com a era helenística e a divisão do império, depois da morte de Alexandre, a Grande Arménia foi centro de uma satrápia que se estendeu do Mar Negro ao Cáspio e, para SW, até ao Mediterrâneo e que veio a desaparecer com as vagas turcas. No século VII o domínio árabe estendeu-se a toda a Transcaucásia mas entre os séculos VIII e X os arménios e georgianos libertaram-se desse domínio e a Geórgia chegou mesmo a desfrutar de alguma hegemonia política em todo o espaço a sul da cadeia montanhosa entre o Mar Negro e o Mar Cáspio. O Azerbaijão integrara-se mais facilmente no espaço árabe e, nos séculos IX e X constituiu uma província do Califado Abássida com sede em Bagdad. Depois sucederam-se as vagas mongóis e do Império de Tamerlão e, posteriormente, toda a Transcaucásia passou a ser palco permanente das disputas entre turcos e persas.

c. A persistente ameaça de sul levou georgianos e arménios, que permaneceram maioritariamente cristãos, a procurarem no vizinho do norte para além das montanhas, a Rússia, ansiosa por estender a sua influência para sul, a protecção que a sua pequenez requeria. No século XVIII Catarina II da Rússia assinou tratados de protecção com os cristãos da Transcaucásia, novos aliados nas guerras russo-persas e russo-turcas.

A Ciscaucásia era uma zona de interesse para o grande vizinho russo do norte e, quando a czarina formalizou os tratados de protecção na Transcaucásia, já começara a estender-se para ali desde o século XVII, na ambição de controlar os mares Negro e Cáspio. Era a estratégia de expansão em todos os azimutes e que veio a materializar-se no império da Grande Rússia euroasiática. O avanço russo mudaria radicalmente o panorama geográfico-político do Cáucaso que perduraria até finais do século XX.

Nesta sequência reside a génese do quadro geográfico-político liderado pela Rússia que dominaria todo o Cáucaso a partir do século XIX, que ficava, pela primeira vez, unificado e integrado numa mesma entidade política. Mas mantinha identidades e estatutos diferenciados das diversas parcelas que, na realidade, nunca constituíram verdadeiras nações, o que haveria de influenciar decisivamente toda a conflitualidade regional.

 d. A Rússia czarista, na sua expansão, adquiriu características de um império colonial, com anexações territoriais violentas, ocupação militar, decisões políticas centralizadas, aculturação forçada, sistema económico determinado pelos interesses da sede do império, privilégio dos povos russos sobre as comunidades dependentes. Mas era um modelo colonial atípico face aos restantes impérios europeus da época, dada a continuidade territorial.

Com a revolução soviética e o fim da monarquia, coincidindo com o termo do Império Otomano, os países da Transcaucásia pensaram ter chegado o momento da sua independência. Mas a Arménia, Geórgia e Azerbaijão acabaram agrupadas dentro da URSS, na Federação Soviética da Transcaucásia, mais tarde dissolvida e vindo cada uma das repúblicas a ficar com o estatuto de República Socialista Soviética. Era uma solução com contradições genéticas incontornáveis, pois a Geórgia tinha dentro das suas fronteiras duas Repúblicas Autónomas, Abecázia e Adjária e uma Província Autónoma, Ossétia do Sul, o Azerbaijão tinha a República Autónoma de Nakichevan com a qual não dispunha de continuidade territorial e, no interior, a República Autónoma de Nagorno-Karabakh, enquanto a Arménia reclamava regiões de maioria arménia incluídas nas repúblicas vizinhas, Nagorno-Karabakh no Azerbaijão e Djavakhésia na Geórgia. Reflectia-se na Transcaucásia a complexa arquitectura político-administrativa da URSS e da Federação Russa, com Repúblicas Soviéticas, Territórios, Repúblicas Autónomas e Províncias Autónomas.

Toda a Ciscaucásia se manteria integrada na República Socialista Federativa Soviética da Rússia mas dividida por oito entidades políticas distintas, o Território (*Krai*) de Krasnodar e as Repúblicas Autónomas Socialistas Soviéticas de Adíguia, Carachevo, Chirguísia, Cabardino-Balcária, Ossétia do Norte, Chechénia-Ingúchia e Daguestão. Divisão que sofreu alterações durante a era soviética, pois a partir de 1957 Chirguísia e Carachevo passaram a constituir uma única república autónoma. As fronteiras, por vezes, separam comunidades étnico-culturais, outras vezes reúnem comunidades distintas e de difícil convivência, parecendo visar a dispersão ou submissão de minorias rebeldes. Regimes autoritários apenas adiavam a explosão das hostilidades, como o futuro viria a demonstrar.

e. O fim da URSS pôs termo a este equilíbrio, ainda que precário e, por sua vez, esta integração nunca consolidada contribuiu para o fim da URSS. Terá sido nos extremos opostos da URSS, no sentido dos meridianos, os Países Bálticos a norte e os Estados da Transcaucásia a sul, que a *perestroika* denunciou as contradições decorrentes da complexa geografia política soviética. Em 1991, com o fracasso do chamado golpe de Moscovo e o fim da URSS, o Azerbaijão, a Arménia e a Geórgia declaram-se independentes, levando a reivindicações separatistas em cadeia das respectivas repúblicas e regiões autónomas e, dentro destas, das diversas minorias, naturalmente apoiadas por ambições irredentistas de repúblicas vizinhas.

Nagorno-Karabakh já em 1988, através de eleições internas, votara pela integração na Arménia com queixas de perseguição política e discriminação étnica, económica e religiosa, pelo governo de Baku. Com o desmembramento da URSS declararia a sua independência em Setembro de 1991 e, actualmente, a Arménia ocupa o enclave e o corredor de ligação de Lachin. Há quem admita que a solução pode passar pela integração de Nagorno-Karabakh e de Lachin na Arménia, por troca com o território de Meghri, no sul da Arménia, que asseguraria ao Azerbaijão continuidade territorial com o actual enclave de Nakichevan. Esta solução seria, porém, muito fragilizadora para a Arménia, pois retirava-lhe a única fronteira com o Irão e deixava-a completamente encravada entre a Geórgia, Azerbaijão e Turquia, três Estados com quem mantém relações difíceis e diferendos conflituais e se aliam na hostilidade a Erevan. Daqui a inevitável dependência da Arménia para com a Rússia, que compensa o cerco dos seus vizinhos.

A Geórgia enfrenta a dissidência cisionista da Abecázia onde, por sua vez, a minoria georgiana opta por manter a ligação à Geórgia ou, em alternativa, à Rússia. A Ossétia do Sul pretende unir-se à Ossétia do Norte e integrar-se na Federação Russa. Esta situação de conflito latente resvalou em 2008 para a guerra aberta com a intervenção militar da Rússia nos dois enclaves e as declarações unilaterais de independência que se mantém num impasse internacional. É mais um campo de análise em que podemos encontrar âncoras nos Balcãs pois desde o apoio do Ocidente à declaração unilateral da independência do Kosovo que se desenhava uma resposta russa no Cáucaso. Na Adjária as contestações são mais de natureza regionalista do que cisionista. Em Djavakhétia manifestam-se ambições de ligação à Arménia.

A Rússia, fragilizada desde a implosão da URSS, tenta preservar a sua influência no que passou a chamar o estrangeiro próximo ou seja, os novos Estados independentes ex-membros da URSS. Inicialmente conseguiu atrair os três Estados da Transcaucásia à CEI mas posteriormente só a Arménia aderiu à Organização do Tratado de Segurança Colectiva (CSTO), enquanto a Geórgia e o Azerbaijão se deixavam seduzir por uma maior aproximação ao Ocidente. Os acontecimentos militares na Abecázia e Ossétia do Sul em Agosto de 2008 não são estranhos a estes jogos de influências na geografia política regional.

Mas a vaga cisionista não atingiu apenas a Transcaucásia, estendendo-se à Ciscaucásia. A Chechénia, historicamente o parceiro mais rebelde e que mais obstáculos colocou à integração no império russo, declarou a independência em 1991, que a Rússia não aceitou e nenhum país do mundo reconheceu. A Ingúchia aproveitou para se separar da Chechénia vindo a ser reconhecida como república autónoma dentro da Federação Russa e logo entrou em disputa com o vizinho da Ossétia do Norte pela região de Prigorodny. O Daguestão também enfrentaria pressões separatistas, nomeadamente dos lesguianos, na fronteira sul com o Azerbaijão. É um *puzzle* labiríntico (Mapa 18).

f. A Chechénia reivindica a liderança da formação ou recuperação do velho projecto da Federação dos Povos do Cáucaso, que retoma em 1991 quando se desmembra a URSS, que deveria englobar os países da Ciscaucásia e da Transcaucásia, acolhendo os projectos autonomistas das várias regiões. Inicialmente com sede em Grozni, o objectivo é um futuro Estado multiétnico do Cáucaso com capital em Sukhumi, na Abecázia.

Seria, porém, o voluntarismo da Chechénia, ao declarar a independência e estender a instabilidade às repúblicas vizinhas, que estilhaçaria o projecto federal. Nenhuma república, quer do norte quer do sul, apoiara a independência chechena e, pelo contrário, as do norte pronunciaram-se pela manutenção na Federação Russa. A Federação do Cáucaso reconheceria o seu próprio fim em 1994.

A Rússia, como escreveu o próprio Putin, então primeiro ministro, em artigo que o *Diário de Notícias* de Portugal publicou em 11 de Dezembro de 1999, associava o projecto da Federação do Cáucaso à ambição irredentista chechena de construir a Grande Itchkhéria, correspondendo a um Estado que agrupasse toda a Ciscaucásia e algumas regiões actualmente integradas em Estados da Transcaucásia, como a Abecázia e a Ossétia do Sul. Projecto inaceitável para Moscovo, não só pelo antecedente que poderia propagar-se, pelo efeito de dominó, aos tártaros, backhires e à bacia do Volga, como ainda porque separaria a Rússia da Transcaucásia que regressaria às zonas de influência da Turquia e da Pérsia.

MAPA 18 – Cáucaso

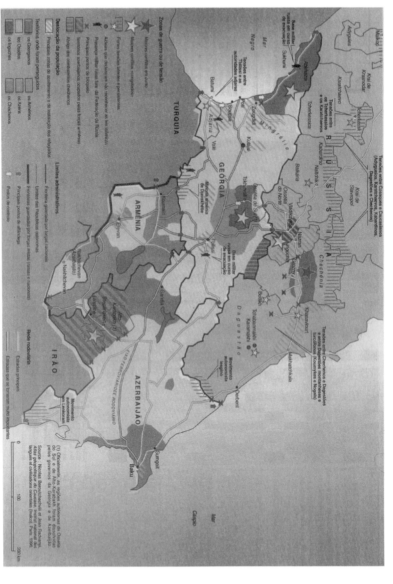

Fonte: *Le Monde Diplomatique* (Edição portuguesa), Outubro 2000

g. Esta complexidade político-geográfica é ainda agravada por influência de interesses e manobras de potências exteriores, o que faz com que a política externa se traduza aqui num jogo de manobras de bastidores, de interferências cruzadas e compromissos de conveniência. Os Estados da Transcaucásia vivem sob a pressão permanente das potências regionais vizinhas e é exactamente com aquelas que partilham fronteiras comuns que as relações são mais difíceis, a Geórgia com a Rússia, a Arménia com a Turquia, o Azerbaijão com o Irão. Por isso procuram alianças com as potências mais hostis aos vizinhos próximos, na lógica de que o inimigo do meu inimigo meu amigo é, formando-se teias complexas de cumplicidades triangulares, Rússia-Arménia-Irão de um lado, Turquia-Geórgia-Azerbaijão do outro.

Quanto aos EUA, que desde o fim da Guerra Fria denunciavam interesse pelo Cáucaso iriam, pela primeira vez na história, tornar-se um actor activo na politica regional desta ZTC, privilegiando as relações com a Geórgia e com o Azerbaijão, através do seu aliado tradicional que é a Turquia, conseguindo atraí-los a um agrupamento regional com a Ucrânia, Moldávia e Uzbequistão, o chamado GUUAM que visa, com o apoio de Washington, libertar as antigas repúblicas soviéticas da pressão hegemónica de Moscovo.

A UE, na lógica da posição da Europa Ocidental para quem o Cáucaso foi sempre um estranho distante, uma região periférica na transição para a Ásia, tem mantido distanciamento. Mas começou a reorientar as suas atenções para esta ZTC tendo mesmo nomeado, em Julho de 2003, um representante especial para o Cáucaso do Sul. Ao contrário dos EUA reconhece, ainda que informalmente, o papel de mediador da Rússia para tratar com os Estados caucasianos, isto é, aceita que a região se insere na esfera de influência russa. Verdade é que a Geórgia, Arménia e Azerbaijão também se distanciam da UE, não manifestam interesse pela adesão e apenas vêem nela uma potencial ajuda para superar dificuldades.

Ao contrário da UE o Conselho da Europa, única organização a que os três Estados pertencem, apesar de ser uma instância pouco influente na Europa, tem tido um papel importante nas tentativas de promoção da estabilidade democrática nos Estados do Cáucaso do Sul.

h. Obviamente que toda esta situação, em países que não têm tradição do modelo democrático ocidental, convida a governos fortes e Moscovo não descarta o trunfo de apoiar regimes repressivos para procurar neutralizar as ameaças do exterior. E Washington, fora das suas fronteiras e mais ainda depois do 11 de Setembro, também prefere a estabilidade à liberdade. A chamada revolução de veludo, ou revolução rosa, na Geórgia, em 2003, que com o apoio dos EUA levou ao actual poder em Tbilissi, foi encarado como um precedente liberalizador que poderia influenciar mudanças na Arménia e Azerbaijão, mas são mudanças mais aparentes do que reais. Continuam a vigorar regimes presidenciais e policiais, Estados frágeis em que a soberania dificilmente chega à totalidade do país e está ausente dos territórios onde há reivindicações cisionistas, em zonas onde há fortes minorias étnico-religiosas ou em áreas que, por acção de clãs e grupos mafiosos da criminalidade internacional organizada, se tornaram terras-sem-lei.

i. Em conclusão, a geografia política na ZTC do Cáucaso mantém-se muito fluida, há demasiados actores e factores a interferirem e não são optimistas as perspectivas de estabilização num futuro previsível, devendo permanecer como o principal factor da conflitualidade regional.

4. Geografia económica

a. O facto de o Cáucaso ter sido, historicamente, uma zona alvo das expansões imperiais não se deve apenas ao factor posição. A verdade é que, sendo no conjunto uma região pobre, os vales e as faldas das montanhas caucasianas são férteis, favoráveis à agricultura e à pastorícia e, portanto, convidativas à fixação humana. Mas essa fertilidade não se distribui equitativamente, é maior na Transcaucásia do que na Ciscaucásia, o que faz também das montanhas do Cáucaso uma divisória norte-sul na Europa, mas que contraria a lógica dominante do sul pobre e do norte rico. A Transcaucásia era, no seu conjunto, uma região agrícola e pecuária que tinha na Rússia um mercado vasto e garantido e cuja economia foi fortemente abalada com a implosão da URSS e o fracasso da CEI.

A Geórgia tinha algumas potencialidades económicas no turismo, nas margens do Mar Negro, mas era na Abecázia que se situavam as grandes estâncias de veraneio, merecendo epítetos como a pérola ou a Riviera do Mar Negro. É também esta a região que possuía as maiores reservas de carvão do Cáucaso e a sua capital, Sukhumi, é o melhor porto na costa leste do Mar Negro. As preocupações com que a Geórgia encara a independência unilateral da Abecázia também têm razões económicas.

b. Entre os grandes factores económicos da conflitualidade regional estão os hidrocarbonetos e as actividades com eles relacionadas. A exploração do petróleo é antiga, teve sempre significado na economia da URSS e, em

1940, atingia 40% da produção soviética. Recentemente a sua importância foi reforçada com as vastas reservas detectadas na bacia do Mar Cáspio, cujo transporte para ocidente não dispensa a travessia do Cáucaso.

Há petróleo e gás na Adíguia e na Chechénia mas a grande riqueza energética do Cáucaso situa-se no Azerbaijão e Baku tem utilizado estes recursos para conseguir apoios no ocidente, em especial dos EUA, que assegurem a sua independência face a Moscovo. O próprio presidente Aliev não esconde que usa o petróleo como uma arma que lhe garanta capacidade de manobra face à Rússia.

Os recursos petrolíferos arrastam ainda um outro aspecto sensível e gerador de conflitos regionais. É que continua por definir o estatuto internacional da bacia do Cáspio, nomeadamente a divisão das águas territoriais, os direitos sobre a exploração dos recursos, a protecção ambiental, que envolve todos os Estados ribeirinhos caucasianos, Rússia, Azerbaijão e Irão, mas também os da outra margem, Cazaquistão e Turquemenistão.

A sensibilidade do factor petrolífero no Cáucaso não deriva apenas da detenção das reservas, mas também do seu escoamento. Como região interior, o transporte para os terminais oceânicos é assegurado por oleodutos e gasodutos a disputa em torno dos seus traçados é vital na geografia económica regional. O destino natural para ocidente, onde se situam os maiores clientes, passa pelos terminais do Mar Negro, pelo que as condutas têm de atravessar toda a ZTC. Por onde, eis a questão e o centro da disputa.

No tempo da URSS em que toda a região estava inserida num mesmo espaço político, o problema não se colocava ou, pelo menos, as disputas eram resolvidas por um poder fortemente centralizado, a região estava em paz e os pipelines atravessavam quer a Ciscaucásia, Baku-Novorossisk, quer a Transcaucásia, Baku-Tbilissi-Soupsa (BTS). O fim da URSS quase coincidiu com a valorização das reservas do Cáspio e com a necessidade de aumentar a capacidade de escoamento, assistindo-se à ofensiva dos EUA para assegurarem uma posição na exploração desses recursos e na definição dos traçados de novos pipelines. Entre muitos projectos a grande disputa travava-se entre o do norte, um novo Baku-Novorossiski, passando pela Chechénia e apoiado pela Rússia, e o do sul, Baku-Tbilissi-Ceyan (BTC), com o apoio dos EUA. Além da pressão de Washington, já de si um trunfo importante para a Turquia, a Rússia teve de enfrentar a instabilidade crescente na Chechénia que obrigou a rever o traçado do oleoduto do norte para contornar a Chechénia, aumentando a sua extensão. O BTC acabou por sair favorecido assumindo uma posição claramente privilegiada com uma capacidade de escoamento três vezes superior ao total dos outros dois já em funcionamento. A Geórgia goza neste particular de um trunfo muito importante pois por ela passa qualquer alternativa ao escoamento do petróleo e gás da bacia do Cáspio que queira evitar a Rússia. A verdade é que constitui um factor do qual são altamente dependentes as economias de todos os Estados Transcaucasianos (Mapa 19).

c. Com a grave situação económica resultante da implosão de uma economia centralizada e de planificação integrada, como era a da URSS, da instabilidade inerente a uma conflitualidade persistente e da generalização de Estados que não controlam as zonas periféricas e favorecem a corrupção, o que prospera são as economias clandestinas e criminosas que, aliás, sempre tiveram no Cáucaso um bom mercado. Nas várias repúblicas, quer nas independentes da Transcaucásia quer nas da Federação Russa da Ciscaucásia, proliferam as redes de grupos que, com maior ou menor condescendência estatal, se aproveitaram das privatizações das grandes empresas estatais, da paralisação económica e das facilidades conferidas pela instabilidade política, para imporem as suas próprias regras.

O Cáucaso é a porta do trânsito de dinheiro sujo, do álcool clandestino para a produção de vodka, do comércio subterrâneo de produtos derivados do petróleo, do contrabando do caviar, do tabaco, da droga, de armas incluindo componentes de ADM, de seres humanos. Estes negócios estão nas mãos de máfias poderosas, com tentáculos na Rússia e nas repúblicas do Cáucaso, dominadas por clãs locais com larga influência nas instâncias do poder. A troco de apoios políticos Moscovo arrendou aqueles negócios aos senhores da guerra que dominam os negócios e a política. Entretanto o desemprego é galopante, pelo que o recrutamento de jovens desempregados e disponíveis para as aventuras destas grandes empresas do crime organizado, é fácil.

Há regiões no Cáucaso, em particular nas zonas mais inacessíveis das montanhas, que se tornaram feudos de organizações criminosas que fogem ao controlo dos Estados e se regulam por decisões próprias e pela lei do mais forte. A já referida Garganta de Pankisi é um paradigma, verdadeiro paraíso das máfias criminosas com ligações aos rebeldes separatistas e ao terrorismo internacional.

A criminalidade transnacional organizada, uma das actividades mais florescentes da era da globalização e considerada uma das maiores ameaças à paz e segurança internacionais, tende a perdurar no Cáucaso, onde proliferam vastas áreas fora-da-lei, à deriva nas rotas da droga entre a Ásia Central e

MAPA 19 – Rede de oleodutos e gasodutos

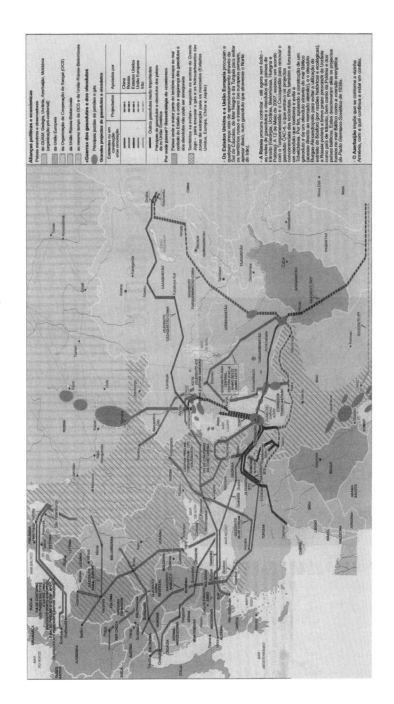

Fonte: *Le Monde Diplomatique* (Edição portuguesa), Outubro 2000

a Europa e entre o maior fornecedor de armas clandestinas, a Rússia e o maior mercado, o Médio Oriente.

d. A UE tenta entrar no jogo entre a Rússia e os EUA. Empenhou-se em dois grandes projectos, o *Transport Corridor Europe-Caucasus-Central Asia* (TRACECA), que procura actualizar, de acordo com as modernas tecnologias de transportes, a histórica rota da seda, e o *International Oil and Gás Transport to Europe* (INOGATE), de interesse vital porque a UE é o maior cliente do petróleo e gás natural da bacia caspiana. A UE é também já o principal parceiro comercial dos três Estados da Transcaucásia cuja integração, porém, não passa de uma eventualidade a longo prazo. Mas a hipótese de adesão da Turquia daria a estes países fronteiras directas com a UE e, certamente, valorizaria as vantagens económicas da sua posição geográfica.

5. Caracterização polemológica
a. O Cáucaso, no seu conjunto e pela conjugação dos diversos factores que acabámos de interpretar, apresenta-se como uma região caracterizada por um clima de conflitualidade persistente, mas que se agravou na última década e meia, detectando-se causas e consequências comuns, ainda que com algumas especificidades numa ou noutra área bem definida. Por isso faz sentido falar de uma ZTC do Cáucaso que, no entanto, comporta dois sub-conjuntos, o do Cáucaso do Norte ou Ciscaucásia e o do Cáucaso do Sul ou Transcaucásia.

Na caracterização da conflitualidade geral iremos encontrar, predominantemente, influências das contradições etno-religiosas, mais visíveis no sub-conjunto norte, e do complexo mosaico político com as inerentes dinâmicas cisionista e fusionista, mais saliente no sub-conjunto sul. Mas também depararemos com o factor físico da posição, os factores económicos dos recursos energéticos e da criminalidade organizada, os factores humanos das migrações e das minorias, os factores políticos da fragilidade dos Estados e das interferências externas.

Nicole Gnesotto, no Prefácio a *The South Caucasus: a challenge for the EU*, publicado pela UE, escreve que «(...) *a região apresenta praticamente todos os desafios à segurança que tipificam o período pós-Guerra Fria: a transformação dos novos Estados independentes saídos do sistema soviético; conflitos regionais e movimentos separatistas muitas vezes tendo como pano de fundo uma disputa religiosa; o difícil processo de democratização em estados fracos; as florescentes actividades de redes mafiosas e de contrabandos variados dirigidos por organizações criminosas; a infiltração de redes ligadas ao terrorismo internacional; a segurança dos pipelines de petróleo e gás; os riscos ecológicos e o massivo subdesenvolvimento económico, etc.»* (p. 7). Creio que é um quadro que cobre os diversos tipos de conflito que caracterizam esta ZTC e é uma boa base de partida para a sua abordagem analítica.

b. As contradições e tensões que os factores geográfico-humano e geográfico-político foram gerando, os primeiros desde um passado mais longínquo, desde a Antiguidade, os segundos desde um passado mais recente, pelos séculos XVII e XVIII, alimentaram um clima de conflitualidade endémica que, por sua vez, também foi acentuando aquelas contradições.

Os avanços, as invasões, as passagens dos sucessivos impérios, não foram meras paradas militares, foram campanhas guerreiras devastadoras, quase sempre com enormes custos materiais e humanos, que dividiram povos e deixaram marcas profundas de enorme violência. Essas marcas prolongam-se pelos nossos dias.

Os caucasianos, tanto os do norte como os do sul, criaram uma aura de guerreiros, de bandidos de honra como lhes chama Alexandre Adler num texto incluído num dossier sobre o Cáucaso no *Courrier International*, instauraram a tradição da *vendetta*, da vingança, do ajuste de contas, do compromisso de honra independente de apreciação ética ou moral, própria das sociedades fechadas em clãs rivais.

c. A actual conflitualidade na ZTC do Cáucaso evidencia todas as características de um conflito regional, que começou a tomar forma com as conquistas russas que se prolongaram pelos séculos XVIII e XIX e com as diferentes formas como as várias nações caucasianas se posicionaram face à anexação russa. Há quem a compare a uma longa guerra colonial que dura ininterruptamente há 150 anos, porque tem sintomas típicos de um processo de descolonização que se agudizou com o fim da Guerra Fria e que é mais palpável na Transcaucásia.

Ao tornarem-se independentes os novos Estados do Cáucaso do Sul iriam agravar as tradicionais más relações entre eles, dando lugar a um quadro conflitual intenso e violento, no qual se cruzam vários planos:

- O primeiro é o conflito com a Federação Russa, a antiga potência imperial cuja influência pretende preservar, mas que tem incidências diferenciadas em cada uma das antigas repúblicas soviéticas transcaucasianas. A Arménia, pelo seu isolamento face à Turquia, inimigo histórico, mantém-se mais dependente de Moscovo e é o único Estado do Cáucaso que integra a CSTO, liderada pela Rússia e que inclui também a Bielorússia,

Cazaquistão, Quirguistão, Tadjiquistão e Uzbquistão. Erevan e Moscovo têm interesses estratégicos convergentes face aos vizinhos muçulmanos. Com o Azerbaijão e a Geórgia as relações da Rússia foram sempre mais tensas, apesar de a sua integração no espaço russo no século XIX ter derivado da busca de protecção contra a insegurança causada pelas permanentes ameaças dos vizinhos turco e persa, a sul. Moscovo joga em relação a ambos com atitudes dúbias face aos problemas internos e separatistas que enfrentam, para impor a sua presença e valorizar o seu papel numa região que pretende manter como área de sua influência. A Geórgia, mais dependente do que o Azerbaijão, acabou por ter de recorrer à ajuda militar russa como força de interposição de paz em nome da CEI e que acabou por ser decisiva nas cisões da Abecázia e Ossétia do Sul.

- O segundo plano é o dos conflitos inter-estatais, herança de velhas ambições irredentistas nunca solucionadas. Com as independências regressaram os problemas das fronteiras traçadas pelo antigo poder imperial e das reivindicações separatistas, que depressa degeneraram em guerras violentas. São sequelas típicas de um processo de descolonização. O caso mais grave é o de Nagorno-Karabakh vigorando presentemente um cessar-fogo precário. Mas o que é potencialmente mais perigoso, podendo transbordar para todo o sub-conjunto transcaucasiano, é o da Djavekhésia que, se ascender ao patamar violento entre a Geórgia e a Arménia alastrará, seguramente, ao Azerbaijão, não apenas por solidariedade com a Geórgia mas pela oportunidade de inverter a seu favor o actual impasse em Nagorno-Karabakh. E não deixará de envolver a Turquia e a Rússia.

  Os antagonismos entre os três Estados têm impedido a formação de instituições regionais de segurança e cooperação que pudessem contribuir para a solução pacífica da conflitualidade a nível regional, mas em 2008 iniciaram-se conversações russo-turcas visando lançar uma Plataforma de Estabilização e Cooperação Caucasiana (CSCP), com a participação da Arménia e Azerbaijão e tendo como objectivo primeiro a resolução do conflito de Nagorno-Karabakh. Caso tenha sucesso pode constituir um precedente auspicioso.

- O terceiro plano é o dos conflitos internos, essencialmente relacionados com as dinâmicas cisionistas motivadas por reivindicações autonomistas das minorias. Nagorno-Karabakh para além do conflito inter-estatal é também uma guerra interna do Azerbaijão, como a Abecázia, Ossétia do Sul, Adjaria e Djavekhésia foram guerras internas que explodiram violentamente na Geórgia assim que foram declaradas as independências, ou estão em vias de explodir, dando lugar a conflitos reivindicativos das minorias em cadeia, numa lógica de caixas chinesas típica dos processos cisionistas. Contam com solidariedades étnicas dos vizinhos, da Arménia face ao Nagorno-Karabakh e à Djavekhésia, da Ossétia do Norte face à Ossétia do Sul os quais, pelo seu lado, alimentam ambições fusionistas.

Mas a dimensão interna comporta ainda frequentes golpes de estado, rebeliões armadas ou guerras civis, próprios de Estados fracos em que o exercício da soberania mal ultrapassa a sede do poder político. Há casos de situações caóticas perto da anarquia geral, tornando-se territórios férteis para os mais diversos poderes paralelos, arbitrários e violentos.

- O quarto e último plano é o das pressões dos vizinhos a sul, Turquia e Irão, que sempre disputaram à Rússia a influência na Transcaucásia. A Arménia é o Estado que se sente mais ameaçado pelas constantes ambições e agressões turcas e que tem presente a memória de alguns dos maiores genocídios dos tempos modernos. Recentemente, a partir de 2008, tem-se verificado algum degelo entre Ancara e Erevan que, a prosseguir, pode contribuir para uma melhoria significativa do clima conflitual sub-regional.

Para o Azerbaijão, a importante comunidade azeri e a influência xiita dentro das suas próprias fronteiras, tornam muito preocupante um eventual conflito no Irão. Baku sabe que as guerras russo-persas dos séculos XVIII e XIX tiveram sempre origem na disputa pelo território azeri e, por outro lado, Teerão desconfia do velho projecto do Grande Azerbaijão que inclui o território azeri do Irão.

Não pode deixar ainda de se ter em conta as relações entre a Turquia e o Irão, extremamente sensíveis quando este é, actualmente, um alvo declarado do intervencionismo dos EUA que têm na Turquia o principal aliado regional. É um quadro periférico em relação à ZTC do Cáucaso, mas que não deixa de a afectar directamente.

d. Na Ciscaucásia as características da conflitualidade são diferentes e, em geral, a sua interpretação vai sempre convergir num ponto, a Chechénia. É aqui que se cruzam reivindicações cisionistas de minorias, violência de raiz económica relacionada com a criminalidade organizada, conflitos de origem identitária religiosa a que os seguidores de Samuel Huntington chamarão conflitos civilizacionais e se confundem com o terrorismo global da Al Qaeda. Analisemos cada um destes aspectos em separado:

- As reivindicações cisionistas dos chechenos nascem com a integração na Rússia, que nunca aceitaram e sempre combateram, normalmente de forma violenta. Foram os últimos a submeterem-se à conquista russa do Cáucaso e têm feito questão de liderar a resistência, isoladamente ou com a bandeira da federação caucasiana. Têm tentado estender a luta armada aos territórios vizinhos, nomeadamente ao Daguestão onde há uma forte comunidade chechena, mas quase sempre sem êxito, o que tem constituído um trunfo estratégico para a Rússia porque o Daguestão é, para muitos analistas, a região chave da Ciscaucásia. Mas os choques entre as dinâmicas cisionista e fusionista alastraram à Ingúshia que se separou da Chechénia e entrou em guerra com os vizinhos da Ossétia do Norte pela disputa da zona fronteiriça de Prigorodny.

A cisão chechena leva à intervenção militar russa em larga escala, numa espiral de violência nunca antes conhecida e de que não se adivinha o fim, que é controversa no seio da própria Rússia, até pela incapacidade que Moscovo tem revelado para conseguir uma solução militar, reacendendo os fantasmas do Afeganistão. Mas o Kremlin receia o efeito de dominó que levou à desintegração do PV e da URSS e que pode repetir-se na própria Federação Russa. A Chechénia entrou no caos, a resistência refugiou-se nas montanhas e passou à guerrilha e atentados bombistas, estendendo-a a outras repúblicas da Ciscaucásia e à Rússia. O conflito resultante da dinâmica cisionista assumiu uma dimensão regional.

- Nas origens da opção militar do Kremlin para a Chechénia há quem detecte um conjunto de causas associadas, como a vocação autoritária de Yeltsin junto de quem ganhara peso o partido da guerra, que não é alheio a interesses ligados às organizações mafiosas da Chechénia com prolongamentos na própria Rússia.

As organizações da criminalidade organizada encontram nesta guerra um paraíso, pelo vazio do poder que gera e que estende aos territórios vizinhos da Ciscaucásia e da Transcaucásia, criando vastas extensões de terras-sem-lei onde as multinacionais do crime proliferam, prosperam e dominam. Criminalidade internacional organizada e terrorismo global andam intimamente associados e têm no coração do Cáucaso excelentes bases de retaguarda. A região de Pankisi é o mais flagrante modelo destes santuários onde reina o poder das máfias e se acolhem dirigentes dos

vários movimentos rebeldes caucasianos, do norte e do sul e, suspeita-se, do terrorismo internacional.
- A conflitualidade na Ciscaucásia e no seu epicentro checheno tem, certamente, raízes religiosas, pelo antagonismo entre muçulmanos e cristãos ortodoxos. E a conjugação da erupção do fundamentalismo islâmico com a radicalização da guerra acentuou a importância do factor religioso. A Ossétia do Norte constitui um enclave cristão no conjunto muçulmano da Ciscaucásia e é olhado pelos seus vizinhos como ponta-de-lança da Rússia, logo como o perturbador regional. O factor religioso pode ser o rastilho que faça transbordar o conflito à generalidade da Ciscaucásia e, até, motivar apoios internacionalistas muçulmanos da OCI, o que mais uma vez reaviva, para Moscovo, a traumatizante memória do Afeganistão. Na perspectiva huntingtoniana o choque de civilizações também passa pela Ciscaucásia.
- Afeganistão, Sudão, Somália, entre outros, são exemplos recentes de que Estados fracos, fundamentalismo religioso, criminalidade organizada e terrorismo, formam misturas explosivas. A Chechénia é o mais recente membro deste clube e a resistência chechena remeteu-se a uma estratégia assimétrica de guerrilha, atentados bombistas e outras acções identificáveis com o terrorismo global, que começaram a ser associadas à vasta rede islâmica com ramificações internacionais.

Num livro publicado em Portugal, *Orgulho imperial – porque está o ocidente a perder a guerra contra o terrorismo*, o autor, Michael Scheuer, ex-funcionário superior da CIA, analista e especialista em terrorismo islâmico, identifica as acções mais espectaculares da resistência chechena, que terá reforçado e aumentado a letalidade das suas acções depois do 11 de Setembro de 2001, com a Al Qaeda. Destaca uma longa série de atentados entre eles o do Teatro Drubovka de Moscovo em Outubro de 2002, o do Hospital Militar de Mozdok em Agosto de 2003 e o da escola de Beslan em Setembro de 2004, ambos na Ossétia do Norte. Hoje podemos nós acrescentar-lhes os mais recentes atentados no metro de Moscovo em 29 de Março de 2010.

O terrorismo propaga uma guerra inicialmente localizada na Chechénia em círculos cada vez mais extensos, ao resto da Ciscaucásia e ao conjunto do Cáucaso numa lógica regional, à Federação Russa numa expressão nacional e, por fim, à dimensão mundial por acção do terrorismo global. O Kremlin explora esta identificação com a Al Qaeda para conseguir a condescendência internacional para a sua guerra, também ela implacável, na Chechénia.

As acções terroristas de autoria chechena tiveram o efeito de mudar alguma opinião pública russa que passou a apoiar a urgência da acção militar, recuperando o estigma contra a *vendetta* chechena cuja memória remonta à colaboração com os invasores nazis e exigindo um castigo exemplar aplicado a um povo colectivamente classificado como terrorista.

e. Apesar da sua localização marginal face à Europa o Cáucaso não esteve ausente dos grandes conflitos europeus do século XX. A I Guerra Mundial e o seu desfecho, com o desmembramento do Império Otomano, o fim da Rússia czarista e a emergência da URSS traduziu-se, no Cáucaso, numa mistura de guerras clássicas, lutas de independência e campanhas expansionistas.

Com a II Guerra Mundial a região foi teatro da ofensiva alemã contra a URSS. Guerra clássica de conquista, com a particularidade de a frente caucasiana ter como principal objectivo os recursos petrolíferos. E fez emergir uma malha complexa de acções de guerra irregular, de um lado a resistência popular contra o invasor nas áreas ocupadas pelos alemães e, do outro, o colaboracionismo com os invasores contra o poder soviético, que justificou as deportações de 1941.

Excêntrica em relação ao Oceano Atlântico a ZTC caucasiana não deixou de constituir uma das linhas da frente do conflito leste-oeste onde o PV e a OTAN estiveram em contacto durante a Guerra Fria. A Geórgia e Arménia, como Repúblicas Soviéticas da URSS eram membros do PV e a Turquia era, e é, membro da OTAN. A linha da frente passava também pelo Pacto de Bagdad, pedra decisiva na estratégia de contenção norte-americana porque lhe conferia o controlo do *rimland* e travava a ambição soviética de estender a sua influência ao Médio Oriente ao Oceano Índico. A Pérsia, na fronteira com o Azerbaijão, teve aí um papel fulcral até à queda da monarquia do Xá em 1979 (ver III.C.5.c. e d.).

f. Com o fim da Guerra Fria e a entrada na NOM e no sistema da globalização, o surgimento de um novo actor na ZTC do Cáucaso, a hiperpotência global, gera um novo confronto entre Moscovo e Washington.

Atraídos pelas vantagens que a posição do Cáucaso é susceptível de proporcionar à sua geoestratégia no Médio Oriente e Ásia Central (ver 1.d.), os EUA passaram a olhá-lo como objectivo onde devem estar presentes, desafiando a tradicional mas fragilizada influência russa e passando, nesta ZTC, da estratégia do *containment* à do *roll back*, ou seja, já não apenas travar a influência russa mas fazê-la recuar e instalar-se em sua substituição. A Geórgia e o Azerbaijão, interessados em libertar-se do asfixiante abraço do urso russo, correram solícitos às ofertas de protecção de Washington. Os EUA já têm tropas na Geórgia onde treinam o novo exército e este país é já o terceiro na lista dos que recebem maior ajuda norte-americana por habitante, depois de Israel e do Egipto. É de prever a presença militar norte-americana a longo prazo.

A estratégia da Rússia visava responder à penetração norte-americana. O plano era simples, os novos Estados, como membros da CEI, deviam aceitar que a segurança nas fronteiras com o Irão e Turquia se mantivesse a cargo de tropas russas que, consequentemente, aí manteriam bases militares. Além disso a Rússia deteria o monopólio do transporte do gás e do petróleo do Cáspio para os mercados mundiais. As negociações dos Estados do Cáucaso do Sul com as grandes potências e organizações internacionais, EUA, UE, OTAN, seriam estabelecidas através de Moscovo. Era, enfim, a manutenção do estatuto de soberania limitada que, na era Brejnev, vigorava com os Estados do PV. Mas a aplicação deste plano falhou, nomeadamente porque a Geórgia e o Azerbaijão, através da adesão ao GUUAM, procuraram apoios na Turquia, nos EUA e na OTAN. A Rússia respondeu com o CSTO do qual aqueles dois Estados Transcaucasianos estão ausentes. A Arménia, ao contrário, mais fragilizada pela sua interioridade e pela vizinhança hostil, mantém relações mais estreitas com a Rússia.

A conflitualidade no Cáucaso é a versão século XXI do grande jogo, agora entre a Rússia e os EUA, complementar do idêntico fenómeno que se desenvolve na Ásia Central e que é tratado com mais detalhe no Título V (ver V.B.3.g. e 5.b.).

A penetração dos EUA na ZTC arrastou a OTAN, uma humilhação para a Rússia. A Geórgia e Azerbaijão, candidatos à integração, são participantes activos no programa de parcerias desde 1990 e já se realizaram manobras da OTAN no Cáucaso do Sul em 2003. O Azerbaijão já colabora militarmente com a OTAN no Kosovo e no Afeganistão. É uma óbvia pressão sobre as fronteiras da Rússia em todas as frentes, que põe em evidência a fragilidade que Moscovo atravessa mas, seguramente, regressará ao palco da confrontação quando Moscovo dispuser de outra capacidade de afirmação na cena internacional. Moscovo viu-se obrigado a aceitar este recuo na Transcaucásia, que considera temporário e conjuntural, para preservar espaço de manobra na Ciscaucásia e contar com a benevolência ocidental na sua guerra na Chechénia. O 11 de Setembro de 2001 aliviou o clima de tensão entre Moscovo e Washington porque, com os ataques da Al Qaeda aos EUA e a declaração da guerra global contra o terrorismo, a Rússia, invocando este mesmo combate, sentiu-se com mãos livres para actuar na Chechénia. A guerra com a Geórgia e o apoio às independências da Abecázia e Ossétia do Sul que começaram com uma provocação do presidente georgiano Mikheil Saakashvili, tem todos os sinais de uma resposta de Moscovo às ambições dos EUA de penetrarem no seu estrangeiro próximo.

Estabeleceu-se, assim, um quadro conflitual com dois eixos cruzados, que não sendo de confrontação directa configuram estratégias indirectas com interesses antagónicos, um eixo norte-sul Rússia-Arménia-Irão e um eixo oeste-leste EUA-Turquia-Geórgia-Azerbaijão com aproximações à OTAN. O que denuncia que as bases no Cáucaso do Sul têm um papel de muito maior alcance na actual geoestratégia dos EUA. Numa eventual guerra com o Irão, que já fez parte dos projectos neoconservadores norte-americanos, proporcionará excelentes posições de retaguarda para fechar o cerco a Teerão, já materializado através das suas bases no Iraque, na Turquia, no Afeganistão e no Paquistão. E, ao mesmo tempo, serviriam de tampão ao eventual apoio da Rússia ao Irão. Só que a Rússia parece já o ter percebido e vai jogando os seus trunfos.

A Transcaucásia é, na actual conjuntura, uma posição geoestratégica de importância transcendente, quer para a Rússia quer para os EUA, o que mostra que continua a ser palco da conflitualidade global.

g. A UE, que desde sempre, encarou o Cáucaso como uma zona fora das suas preocupações de segurança, aceitando a sua inserção na área de influência russa, passou a olhar de outra forma para a região quando é apontada como zona *pivot* do terrorismo internacional e incluiu-a no perímetro dos seus interesses estratégicos. No documento "Uma Europa segura num mundo melhor", considerado um pré-conceito estratégico da UE e que foi publicado na revista *Nação e Defesa*, Javier Solana, responsável pela política externa e de segurança europeia, reconhece que «*Devemos interessar-nos mais pelos problemas do sul do Cáucaso, que a seu tempo será também uma região vizinha*» (p. 240), o que revela uma nova atitude.

De facto, com o alargamento da UE para leste e com o agravamento da situação militar no Cáucaso, no Médio Oriente e no Golfo Pérsico, onde as avaliações estratégicas da UE e dos EUA muitas vezes divergem, Bruxelas não pode mais alhear-se do que se passa nesta ZTC.

BIBLIOGRAFIA

ABADIE, Damian R. S. d' – "The new security, the environment and the Mediterranean: links and challenges", *Nação e Defesa* Nº 101, IDN, Lisboa, Primavera 2002

ANAN, Kofi – *Relatório do secretário-geral da ONU*, 24 Setembro 1997

BASS, Warren – "The triage of Dayton", *Foreign Affairs* Volume 77 Nº 5, September/October 1998

BETHEMONT, Jacques – "L'eau, le pouvoir, la violence dans le monde méditerranéen", *Hérodote* nº 103, Paris, 4º Trimestre 2001

BYMAN, Daniel, POLLACK, Kenneth and ROSE, Gideon – "The rollback fantasy", *Foreign Affairs*, Vo. 78 Nº 1, January/February 1999

CERVELLÓ, Josep Sánchez – *A revolução portuguesa e a sua influência na transição espanhola (1961-1976)*, Assírio & Alvim, Lisboa, 1993

CHALIAND, Gérard et RAGEAU, Jean-Pierre – *Atlas stratégique*, Editions Complexe, Belgique, 1994

— *Atlas du millénaire, la mort des empires (1900-2015)*, Hachette Littératures, Paris, 1998

CHOMSKY, Noam – *Piratas e imperadores, velhos e novos, o terror que nos vendem e o mundo real*, Publicações Europa-América, Mem Martins, 2003

CHOSSUDOVSKY, Michel – *Guerre et mondialisation, à qui profite le 11 Septembre?*, Éditions Écosociété, Montréal, 2002

CIERCO, Teresa e FREIRE, Maria Raquel – "Regional security and the Nagorno-Karabakh conflict", *Nação e Defesa* Nº 110, IDN, Lisboa, Primavera de 2005

CORREIA, Pedro de Pezarat – "Papel do ocidente na busca da paz no Médio Oriente", *Nação e Defesa* Nº 72, IDN, Lisboa, Outubro/Dezembro 1994

— *Manual de geopolítica e geoestratégia, Vol. I – conceitos, teorias, doutrinas*, Quarteto, Coimbra, 2002

CUCÓ – *La méditerranée orientale*, Rapport, Assemblée de l'Union de l'Europe Occidentale, Document 1465, Paris, 24 Mai 1995

DAMOISEL, Mathilde e GENTÉ, Régis – "Nem guerra nem paz na Abecázia", *Le Monde Diplomatique* edição portuguesa, Outubro 2003

DJILAS, Alekson – "Imagining Kosovo, a biased new account fans western confusion", *Foreign Affairs* Volume 77 Nº 5, September/October 1998

EGELAND, Jan – "The Oslo accord: multiparty facilitation through the norwegian channel", *Multiparty mediation in a complex world*, United States Institute of Peace Press, Washington, 1999

ENCEL, Frédéric – "Israel – Turquie un nouvel axe géostratégique", *Hérodote* Nº 90, Paris, 3º Trimestre 1998

ENGELHARD, Philippe – *La troisième guerre mondiale est commencée*, Arleá, Paris, 1999

FARIA, Fernanda – *Politiques de sécurité au Magreb, les impératifs de la stabilité intérieure*, Instituto de Estudos Estratégicos Internacionais, Lisbonne, 1994

FINO, Carlos – *A guerra em directo*, Editorial Verbo, Lisboa, 2003

FISK, Robert – "Mentiras da guerra no Kosovo", *Le Monde Diplomatique*, Agosto 1999

GASPAR, Carlos – "A Rússia e a segurança europeia", *Nação e Defesa* Nº 110, IDN, Lisboa, Primavera de 2005

GORCE, Paul Marie de la – "A história secreta de Rambouillet", *Le Monde Diplomatique*, Maio 1999

GRANGUILLOME, Jesus Contreras – *Mexico apoya al pueblo saharauí en su lucha por la independencia total*, Editorial Mexicana, México, 1987

GRIMBERG, Carl – *História universal*, Publicações Europa-América, Lisboa, 1965/1969

GUEDES, Armando Marques – *A guerra dos cinco dias*, IESM e Prefácio, Lisboa, 2009

HOBSBAWM, Eric – *A era dos extremos – história breve do século XX 1914-1991*, Editorial Presença, Lisboa, 1998

HUNTINGTON, Samuel – *O choque das civilizações e a mudança na ordem mundial*, Gradiva, Lisboa, 1999

KALICKI, Jan H. – "A encruzilhada do Cáspio", *Economia Pura*, Outubro 2001

KHANNA, Parag – *O segundo mundo*, Editorial Presença, Lisboa, 2009

KISSINGER, Henry – *Diplomacia*, Gradiva, Lisboa, 1996

KLARE, Michael T. – "The new geography of conflict", *Foreign Affairs* Volume 80 Nº 3, May/June 2001

— "Washington quer vencer em todas as frentes", *Le Monde Diplomatique*, Maio 1999

KOLKO, Gabriel – "Lições de uma guerra, Kosovo sucesso militar fracasso político", *Le Monde Diplomatique*, Novembro 1999

LACOSTE, Yves – *Questions de géopolitique – l'islam, la mer, l'Afrique*, La Découverte, Paris, 1988

— "Méditerranée: nations en conflits", *Hérodote* Nº 90, Paris, 3º Trimestre 1998

— "La Méditerranée", *Hérodote* Nº 103, Paris, 4º Trimestre 2001

MALCOLM, Noel – "Is Kosovo real? The battle over history continues", *Foreign Affairs* Volume 78 Nº 1, January/February 1999

MANDELBAUM, Michael – "A perfect failure, NATO's war against Jugoslavia", *Foreign Affairs* Volume 78 Nº 5, September/October 1999

MINASSIAN, Gaïdz – "La sécurité du Caucase du Sud", *Politique Étrangère* 4/2004, Institut Français des Relations Internationales, Paris, Hiver 2004-2005

NEZAN, Kendal – "Le malheur Kurde", *Le Monde Diplomatique*, Octobre 1996

— "L'injustice faite aux kurdes", *Le Monde Diplomatique*, Mars 1999

NIKSIK, Stevan e RODRIGUES, Pedro Caldeira – *O vírus balcânico, o caso da Jugoslávia*, Assírio & Alvim, Lisboa, 1996

N/N – *Guia do mundo*, Trinova Editora Lisboa, 1998

N/N – *The South Caucasus, a regional and conflict assessment*, Swedish Agency for International Development Cooperation, Stockholm, August 30, 2002

NYE, Joseph S. – *Compreender os conflitos internacionais – uma introdução à teoria e à história*, Gradiva, Lisboa, 2002

PAIXÃO, Quintela – "O Médio Oriente: caracterização, factores de instabilidade e perspectivas futuras", *Nação e Defesa* Nº 73, IDN, Lisboa, Janeiro-Março 1995

PEREIRA, Carlos Santos – *Da Jugoslávia à Jugoslávia, os Balcãs e a nova ordem europeia*, Edições Cotovia, Lisboa, 1995

— *Os novos muros da Europa* – Edições Cotovia, Lisboa, 2001

PÉROUSE, Jean-François – "Terre brûlée au Kurdistan", *Le Monde Diplomatique*, Mars 1995

PINTO, Maria do Céu Ferreira – "O fundamentalismo islâmico", *Nação e Defesa* Nº 79, IDN, Lisboa, Julho-Setembro 1996

POLLACK, Kenneth M. – "Next stop Baghdad", *Foreign Affairs*, Vol 81 Nº 2, March/April 2002

PUTIN, Vladimir – "Chegará a hora das negociações", *Diário de Notícias*, Lisboa, 11 de Dezembro de 1999

RADVANYI, Jean – "Porque Moscovo relançou a guerra na Chechénia", *Le Monde Diplomatique* edição portuguesa, Novembro 1999

— Dossier sobre o Cáucaso, *Le Monde Diplomatique*, Outubro 2000

— "O Cáucaso perturbado por conflitos mal extintos", *Le Monde Diplomatique*, Outubro 2004

RAMONET, Ignacio – "O lamaçal", *Le Monde Diplomatique*, Maio 1999

RAVENEL, Bernard – "Pollution en Méditerranée: le nord contre le sud", *Les conflits verts*, GRIP, Bruxelles, 1992

RICCARDI, Andrea – *Santo Egídio, Roma e o mundo*, Círculo de Leitores, Lisboa, 1999

RODRIGUES, Miguel Urbano – *Nómadas e sedentários na Ásia Central*, Campo das Letras, Porto, 1999

SAÏD, Edward W. – "A traição dos intelectuais", *Le Monde Diplomatique*, Agosto 1999

SAMARY, Catherine – "Explosão ou confederação", *Le Monde Diplomatique*, Maio 1999

SCHEUER, Michael – *Orgulho imperial; porque está o ocidente a perder a guerra contra o terrorismo*, Edições Sílabo, Lisboa, 2005

SOLANA, Javier – "Uma Europa segura num mundo melhor", *Nação e Defesa* Nº 106, IDN, Lisboa, Outono-Inverno de 2003

SOPPELSA, Jacques – *Géopolitique, de 1945 à nos jours*, Editions Dalloz, Paris, 1993

UNGER, Brooke – "A survey of the Balkans", *The Economist*, January 1999
Vários – *O império contra o Iraque*, Campo da Comunicação, Lisboa, 2003
Vários – *Collier's encyclopedia*, Macmillan Educational Company, New York, 1990
Vários – *The new encyclopedia britanica*, The University of Chicago, Chicago, 1990
Vários – *L'état du monde 2001*, La Découverte, Paris, 2000
Vários – Dossier sobre o Cáucaso, *Courrier International*, 21-27 Octobre 1999
Vários – *The South Caucasus: a challenge for the EU*, Chaillot Papers nº 6, Institute for Secutrity Studies, European Union, Paris, Décembre 2003
Vários – *Regional security in the South Caucasus: the role of NATO*, Central Asia-Caucasus Institute, Washington, 2004
VERRIER, Michel – "Les atouts de la guérilla kurde en Turquie", *Le Monde Diplomatique*, Décembre 1997
— "Quelle stratégie pour le kurdistan?", *Le Monde Diplomatique*, Février 1999
— "Paisagens curdas antes da batalha", *Le Monde Diplomatique*, Edição portuguesa Outubro 2002
ZIVKOVIC, Andreja – "O protectorado, instrumento de domínio", *Le Monde Diplomatique*, Julho 1999
ZORGBIBE, Charles – *O pós-Guerra Fria no mundo*, Papirus, Campinas SP, 1996

TÍTULO IV

África Subsahariana

CAPÍTULO A
UMA ZONA DE TENSÃO E CONFLITOS
À ESCALA CONTINENTAL

1. Introdução
a. Dedicamos o Título IV à África Subsahariana e não à África na sua globalidade porque consideramos que, numa caracterização polemológica, a África a norte do Sahara se deve incluir na Bacia Mediterrânica. Damos assim alguma razão aos que pensam que, geograficamente, o que separa a África da Europa é muito mais o deserto do Sahara do que o Mar Mediterrâneo. O Sahara é maior obstáculo à circulação e divide o que é comum chamar-se a África branca da África negra.

Também em termos polemológicos, enquanto os conflitos da África magrebina são identificáveis com os da Bacia Mediterrânica, os da África Subsahariana têm uma identidade própria que distingue esta ZTC.

b. A África Subsahariana é a única ZTC que assume uma dimensão continental, onde não há regiões susceptíveis de serem excluídas de um contexto de conflitualidade endémica e onde esta apresenta sinais de homogeneidade. Mas distinguem-se zonas com especificidades próprias que justificam análises mais detalhadas. É uma divisão controversa e que permite abordagens diferentes.

O *L'état du monde*, por exemplo, é demasiado detalhado e admite dez zonas diferentes. Parece-me uma compartimentação excessiva que as identificações polemológicas não justificam. Nós preferimos distinguir três ZTC, a África Ocidental na qual incluiremos todo o saliente noroeste para ocidente do Sudão conhecida como a barriga do continente africano, a Grande Diagonal dos Conflitos Africanos que atravessa o continente da foz do rio Zaire (ou Congo) até ao Corno de África e tem como *pivot* a região dos Grandes Lagos e, por fim, a África Austral que compreende a área a sul dos paralelos de Angola e Moçambique.

c. Dividiremos, assim, este título sobre a África Subsahariana em cinco capítulos, o primeiro dos quais é este que a aborda numa perspectiva de conjunto, outros três referidos a cada uma daquelas ZTC em particular e o último que será uma breve abordagem sobre a descolonização. A herança colonial e a descolonização são factores que surgirão como constantes e dos mais importantes na caracterização polemológica e são, em geral, não só deficientemente conhecidos como tendenciosamente equacionados, pelo que consideramos útil uma reflexão sobre eles. O capítulo sobre a descolonização é um resumo de um trabalho que publiquei no livro *Do marcelismo ao fim do império* do qual constitui o Capítulo III "Descolonização", incluído no primeiro volume da obra *Revolução e democracia*, expurgado do que é mais específico do processo de descolonização das colónias portuguesas e que não se justifica numa abordagem teórica e generalista que é a que se ajusta a este livro.

2. Geografia física

a. A primeira característica que ressalta da uma observação da África Subsahariana é a sua configuração compacta, uma grande massa de terra contínua e homogénea, principalmente se comparada com a heterogeneidade e fragmentação da zona anteriormente analisada, a Bacia Mediterrânica e com algumas das que se seguirão, Sudeste Asiático e América Latina (Mapa 20). Quando Samuel Cohen, na década de 80, reviu a divisão do mundo em zonas geoestratégicas e geopolíticas e considerou a África a sul do Sahara uma terceira cintura fragmentada, não era na sua fragmentação física e humana que estava a pensar mas, muito mais, na sua fragmentação política (ver Primeira Parte, III. D. 4. h.).

Com uma costa marítima de recorte regular, sem profusão de penínsulas, istmos, cabos, baías, arquipélagos costeiros que definam pontos de passagem obrigatória e águas territoriais de controlo disputado, não é a geografia física que faz da África Subsahariana uma zona conflitual. Neste particular a excepção é a zona dos Grandes Lagos ou vale do Grande Rift, zona fragmentada interior e que por isso mesmo é, como veremos, uma das regiões de maior conflitualidade endémica do continente.

b. A sua posição a sul da Europa foi um factor geoestratégico decisivo quando algumas potências europeias, entre as quais Portugal foi pioneiro, se lançaram no projecto de atingir o extremo oriente pelo mar. Ainda não existia o Canal do Suez pelo que a via marítima impunha o contorno do continente africano. Daí a sucessão de feitorias de apoio à navegação que se foram implantando ao longo da costa.

Mas a África era também uma posição atractiva para o mundo árabe cujo centro se situava no prolongamento da África sahariana na Ásia, a península arábica.

Quando ambição colonial europeia se orientou para o continente americano a África manteve importância como apoio à navegação e, posterior-

MAPA 20 – O Continente Africano

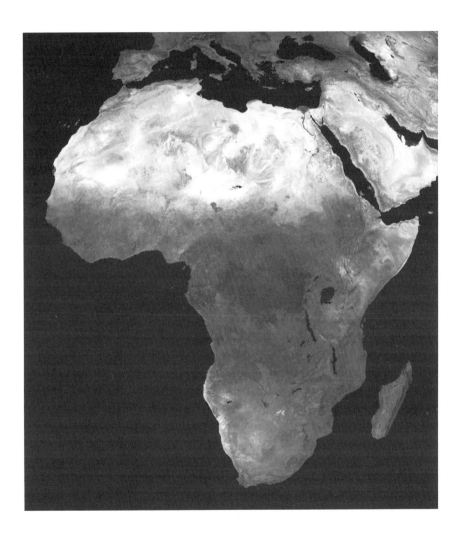

Fonte: N/N.

mente, como base de recrutamento de escravos. Os europeus encararam sempre a África como a extensão natural da sua área de influência e por isso Haushofer a incluiu na Euroáfrica quando dividiu o mundo em pan-regiões (ver Primeira Parte, III. B.1.c.).

Durante a Guerra Fria a posição da África Subsahariana permaneceu relevante e a URSS chegou a considerar que ela era o ventre mole da Europa que se fragilizaria se perdesse o seu controlo.

c. A África Subsahariana está dividida a meio pela grande floresta tropical do Congo que, juntamente com os desertos do Sahara e do Calahari constituem quase metade da superfície do continente e são inóspitas à fixação humana. A floresta tropical é, depois da do Amazonas, a segunda maior reserva florestal do mundo.

Esta distribuição paisagística está ligada à variação climática, de extremos, em que a humidade equatorial separa duas grandes regiões de aridez desértica, o Sahara e o Corno de África a norte, o Calahari a sul. Por sua vez a estes extremos climáticos associam-se as calamidades naturais que em África atingem dimensões de catástrofe, as secas no Sahel e Corno de África e as inundações nas zonas baixas costeiras. Neste panorama climático há uma excepção, o extremo da África Austral com um clima mediterrânico, o que explica ter sido a primeira região de fixação europeia.

d. A aridez de grandes extensões africanas confere importância decisiva às grandes bacias hidrográficas que foram os pólos da fixação humana. Uma visão de conjunto faz ressaltar quatro grandes bacias hidrográficas dominadas por rios de grande extensão e caudal e respectivos afluentes:

- Na África Ocidental destaca-se o Níger e o seu prolongamento, o Senegal, que delimitam uma região costeira muito irrigada.
- O Nilo, o mítico rio africano, o mais extenso do mundo, através de cujo vale os antigos egípcios penetraram na África negra, liga os Grandes Lagos ao Mediterrâneo.
- O Zaire, ou Congo, o rio da floresta tropical constitui a maior bacia hidrográfica do continente. Grande número dos seus afluentes são, só por si, grandes rios.
- O Zambeze, cuja bacia quase atravessa a África tropical do ocidente até ao Oceano Índico, alimenta algumas das maiores barragens artificiais do continente como Kariba e Cabora-Bassa.

Deste conjunto de bacias hidrográficas dois aspectos merecem destaque:

- Primeiro, com excepção do Níger/Senegal todas as restantes nascem na região dos Grandes Lagos o que reforça a relevância desta área na geografia física de África. As nascentes destes rios atraíram os grandes exploradores europeus a partir dos meados do século XIX e foram os seus cursos que orientaram as suas rotas de penetração.
- Segundo, a posição privilegiada de Angola beneficiária de duas destas bacias hidrográficas, o Zaire e o Zambeze, que a torna o país africano mais rico em recursos hídricos, trunfo geoestratégico a considerar.

e. Orograficamente predominam as grandes extensões de planície ou planálticas. A excepção é a grande cadeia montanhosa que se estende de norte para sul na África Oriental, desde a Etiópia até à África do Sul e que tem os pontos mais elevados nos picos do Kilimanjaro e do Quénia, mais uma vez nas proximidades da região dos Grandes Lagos.

3. Geografia humana

a. Pensa-se que a África Subsahariana, provavelmente na sua vertente oriental ou meridional, talvez na região dos Grandes Lagos, poderá ter sido o berço da humanidade. Em termos geoestratégicos isto apenas interessa como curiosidade porque se o humanóide se expandiu a partir daí não foi na África Subsahariana que se verificaram os grandes saltos civilizacionais.

b. A raça negra que se foi espalhando pela África, constituindo um grande grupo humano, é etnicamente tão heterogéneo como o grupo branco europeu ou o amarelo asiático.

Foi-se fixando com maior densidade nas zonas costeiras e nas bacias dos maiores rios e lagos, dando lugar a uma notória distorção na densidade populacional. As regiões mais inóspitas, desérticas e florestais, eram percorridas por tribos nómadas de pastores de gado, que tendiam a emigrar para regiões mais amenas e férteis onde entravam em conflito e acabavam por se misturar com os grupos sedentários de agricultores. O mosaico humano da África Subsahariana é produto desta mistura. Alguns grupos mantiveram-se e mantêm-se à margem de contactos com o exterior, como os bosquímanes do Calahari ou os pigmeus da floresta congolesa.

c. A expansão árabe no Magrebe e o proselitismo islâmico, seu fermento ideológico, estiveram na origem das primeiras migrações externas na África

Subsahariana. Os árabes desceram ao longo das duas faixas costeiras e penetraram no interior usando dois trunfos, o comércio e o islão. A oeste expandiram-se pela África Ocidental até à costa norte do Golfo da Guiné, hoje em grande parte islamizada e a leste chegaram mais a sul, até ao norte de Moçambique, se bem que com menor implantação do islão.

A segunda migração externa foi a europeia. Inicialmente apenas através da fixação de pequenas comunidades nas feitorias de apoio à navegação oceânica e à exploração de algumas riquezas mais aliciantes, como o ouro, ou de entrepostos para o recrutamento e comércio de escravos. Só mais tarde se transformou numa migração em larga escala e de fixação. Os primeiros a fixarem-se foram os holandeses no extremo sul do continente, em meados do século XVII, dando origem à comunidade *boer* que tanta influência viria a ter na conflitualidade regional.

Nos finais do século XIX intensificar-se-ia a vaga das migrações europeias consequência dos projectos coloniais europeus. A revolução norte-americana e as independências dos países da América Latina tinham encerrado os impérios coloniais naquele continente e a revolução industrial exigia matérias-primas e mercados para os produtos acabados. África, o prolongamento para sul da Europa, garantia estes dois objectivos.

A migração europeia começou com as grandes explorações sertanejas que procuraram marcar presença e antecipar domínios coloniais. Estava em marcha a preparação da Conferência de Berlim, que se iniciou em 1884 e procederia à partilha colonial do continente pelas potências europeias cuja posse deveria passar pela prova da ocupação efectiva. Seguiram-se as conquistas militares, a penetração e fixação no interior, com maior expressão a sul do Equador.

Com a colonização entrou a cristianização, a multiplicação de missões católicas e protestantes que disputavam a captação de fiéis entre os povos colonizados. Passaram então a conviver três grandes formas de culto religioso, a animista tradicional nas suas variadas formas de expressão, o islamismo com maior implantação a norte e o cristianismo principalmente no centro e sul, de que resultaram alguns sincretismos religiosos peculiares, animista-muçulmano e animista-cristão. Mas a questão religiosa nunca foi o principal factor de conflitualidade na África Subsahariana.

No século XX, na época áurea da colonização até à década de 60, a emigração europeia sofreu um grande impulso chegando a atingir alguns milhões, com relevo para a África Austral, mas uma percentagem significativa não foi uma transferência permanente, tendo regressado às metrópoles com as independências das colónias.

Algum significado teve também a migração asiática, nomeadamente indiana e paquistanesa, que se estabeleceu na África Oriental. Em grande parte radicou-se e permaneceu para além das independências.

d. Anteriormente a presença europeia e árabe tinha dado lugar a um fenómeno inverso, uma emigração forçada, através do esclavagismo.

A falta de dados objectivos traduz-se numa grande disparidade sobre os números da razia humana que a África sofreu com a exportação de escravos. Sem aprofundarmos esta questão, até porque não é este um espaço apropriado, mas baseando-nos numa fonte credível, Marc Ferro e a sua *História das colonizações*, registe-se que o tráfico árabe saariano que antecedeu o europeu no seu início mas foi depois seu contemporâneo, terá atingido os cerca de quatro milhões entre os séculos XVI e XIX e o tráfico europeu atlântico, entre 1600 e 1900 terá chegado aos cerca de onze milhões e meio (nota 1, p. 143). Este tráfico incidia em jovens do sexo masculino, portanto em plena idade produtiva e reprodutiva, pelo que é fácil constatar a tragédia que tal representou para a demografia de um continente já fracamente povoado. Ferran Iniesta, no texto "Africa negra: entre la modernidad y la invención cultural" publicado na revista *Politica Exterior*, diz que os números da exportação de escravos variam de uma avaliação minimalista de dez milhões que terão chegado à América, até um cálculo maximalista de duzentos milhões que partiram de África. Esta disparidade comprova a impossibilidade de chegar a valores rigorosos mas deixa um registo chocante sobre o que foram os efeitos trágicos da empresa esclavagista: «*O que efectivamente tem importância capital é compreender que se a África subsahariana dispunha – em cálculos muito baixos – de 95 milhões de habitantes em 1550, em 1900 só alcançava os 90 milhões de indivíduos no primeiro censo colonial: neste período, o resto das regiões do mundo tinha quadruplicado a sua população (...) Esse foi o maior empobrecimento de umas culturas que até ao século XVI se encontravam em ascensão*» (p. 9). Mas foi também gerador de tensões ancestrais que perduraram para além dela, entre comunidades, grupos humanos e estratos sociais que colaboraram com os esclavagistas e aqueles que foram por eles mais duramente atingidos.

e. A população originária, de baixa densidade e com uma distribuição desigual, concentrava-se no litoral e nas regiões mais férteis do interior.

A colonização europeia dera lugar aos primeiros sinais de concentração urbana, que se acentuou depois das independências com a conflitualidade que alastrou um pouco por todo o continente. Associada esta tendência ao actual crescimento demográfico explosivo que o prestigiado sociólogo guineense Carlos Lopes diz ser o mais elevado do mundo e no ano 2000 se cifrava em 2,4% ao ano (1997, p. 70), alguns estudos apontam para um crescimento urbano nas décadas de 1950 a 1980 de 600%. Tal acarreta, obviamente, um efeito perverso na desertificação do interior e nas distorções sociais, constituindo um dos factores mais sensíveis da conflitualidade regional. Mas o crescimento da natalidade em África é contrariado por alguns índices de elevada mortalidade precoce, resultante de tragédias humanas como as guerras endémicas, a mortalidade infantil, a fome, as doenças. Dos vinte e cinco países do mundo com maior crescimento da SIDA, vinte e quatro são de África.

Este fenómeno da concentração urbana está também relacionado com as legiões de deslocados e refugiados, consequência de conflitos internos e inter-estatais, concentrados em campos perto dos maiores centros urbanos. Pode tratar-se de um fenómeno temporário mas está intimamente ligado à permanência dos conflitos e à insegurança nas terras de origem.

f. A explosão demográfica conjugada com a insegurança generalizada e a paralisação de muitas estruturas económicas e sociais contribuiu para que os africanos se integrassem no fenómeno demográfico que caracteriza a passagem do século XX para o XXI, a pressão sul-norte. Digamos que, com o fim da colonização europeia, com o regresso das caravelas, os europeus não regressaram sós. Há hoje uma emigração maciça da África Subsahariana para países da UE juntando-se, aliás, a uma idêntica emigração dos povos do Magrebe.

4. Geografia política

a. Pode afirmar-se, com razão, que a actual geografia política de África é resultado da ocupação colonial e da divisão de fronteiras definida na Conferência de Berlim. Isto leva, por vezes, a considerar-se que a África Negra não tem história nem conheceu formas de organização política antes da colonização. Nesse sentido pré-colonização é sinónimo de pré-história. É uma autojustificação do colonialismo, mas isso é falso.

Se a geografia política nascida na Conferência de Berlim deu lugar à actual geografia política de África destruiu, por sua vez, a geografia política que a precedeu.

b. Quando os europeus começaram a chegar à África negra ainda estavam eles próprios a sair da Idade Média, em fase de formação dos seus Estados--nação e foram encontrar sociedades politicamente organizadas, reinos e repúblicas com relações de poder entre governantes e governados, com limites de áreas de soberania e de influência, com relações entre comunidades, mais pacíficas ou mais conflituais. Eram também embriões de Estados em formação, alguns até com projectos imperiais mais alargados, que se foram sucedendo, como o Gana, o Mali e o reino do Gao, na África Ocidental, os reinos nilóticos no Sudão, o Grande Zimbabwe e o reino de Monomotapa na África Oriental. Os europeus relacionaram-se com eles, aliaram-se a uns contra outros, reconheceram mesmo algumas entidades políticas. Mas, depois, o colonialismo devastou essas estruturas.

c. As características geográficas africanas favoreciam os grandes projectos espaciais extensivos e foram esses que alimentaram as ambições das metrópoles coloniais. A França investiu no império da África Ocidental do Mediterrâneo ao Golfo da Guiné, o RU traçou o projecto do Cabo ao Cairo e Portugal empenhou-se no da costa à contra-costa ligando Angola a Moçambique, configurado no célebre mapa cor-de-rosa.

Estes projectos entraram em conflito uns com os outros, nomeadamente o britânico e o português que se cruzavam no fértil *hinterland* da bacia do Zambeze e deu lugar ao ultimato inglês a Portugal de 1890. Com a Conferência de Berlim surgiram novos pretendentes à partilha de África, Alemanha, Itália, Bélgica e Espanha, que não tinham passado colonial ou não o tinham em África. A revolução industrial ditava as suas leis.

As fronteiras coloniais foram definidas na Conferência de Berlim ou sujeitas a ajustamentos, negociações e arbitragens entre as potências coloniais, de acordo com as regras aí estabelecidas. Eram fronteiras artificiais, no que não constituía novidade pois raros Estados no mundo correspondem rigorosamente a fronteiras naturais mas, pior do que isso, eram fronteiras arbitrárias, traçadas ao abrigo dos interesses de potências estranhas, sem respeito pelos direitos e realidades políticas, humanas e sociais dos povos radicados, muitas vezes dividindo conjuntos políticos, étnicos e mesmo familiares, no sentido sociológico africano da família alargada, da tribo.

Basil Davidson, no seu importante livro *O fardo do homem negro*, chama a atenção para os tribalismos pré-coloniais que eram formas de nacionalismos, estruturas da sociedade civil e que foram destruídos pelo colonialismo, para o que contribuiu em grande parte a forma como as fronteiras foram desenhadas (pp. 19 a 21).

d. A partir dos finais do século XIX e até à década de 60 do século XX a África Subsahariana foi, então, um continente homogéneo em termos de geografia política. Com as excepções da Etiópia e Libéria que já eram independentes, era formado por territórios sob domínio colonial europeu que, apesar dos diversos modelos coloniais, tinham traços comuns uniformizadores, como a ausência de soberania dos povos naturais submetidos a um estatuto de sujeição, subordinação a uma metrópole distante, processo de desidentificação nacional e cultural, depredação de recursos. Deve distinguir-se o caso especial da África do Sul que a partir de 1910 deixara de ser oficialmente uma colónia mas se inseria na lógica dos territórios dominados pelas minorias brancas, com a diferença de não depender de uma metrópole colonial longínqua. Tornara-se na União Sul-Africana, domínio da coroa britânica, da qual se separaria em 1961 ao passar a República da África do Sul (RAS). É um fenómeno que, como veremos no capítulo sobre a África Austral, teve influência decisiva em toda a conflitualidade no extremo sul do continente.

Este quadro geográfico-político conheceu algumas flutuações por disputas entre as potências coloniais, muitas vezes na sequência das guerras mundiais em que se envolveram. Com a derrota na Guerra Mundial de 1914-1918 a Alemanha perdeu as suas colónias em benefício das potências vencedoras, mas a natureza do sistema regional não se alterou.

e. A primeira grande ruptura neste sistema homogéneo dar-se-ia depois da Guerra Mundial de 1939-1945, com o nascimento da ONU e a lógica bipolar da Guerra Fria que aceleraria o processo de descolonização.

Ainda nos finais da década de 50 três colónias tomaram a dianteira e foram pioneiras nas independências africanas que o RU e a França anunciaram a disposição de reconhecer, Ghana e Sudão do império britânico, Guiné-Conakri do império francês. Na década de 60 seria a grande vaga das independências das colónias inglesas, francesas e belgas e que iria tornar o sistema regional heterogéneo.

Com exclusão da África Austral todos os territórios da África Subsahariana passaram a constituir o bloco dos Estados com a maioria negra no poder. As excepções eram a Guiné-Bissau e o Djibuti, a primeira colónia de Portugal que recusava o princípio da autodeterminação, a segunda no Corno de África que permaneceria colónia francesa até 1977. Mas este bloco penetrava na África Austral porque a vaga independentista estendera-se ao Malawi, à Zâmbia e aos antigos protectorados britânicos enclaves na RAS, Botswana, Suazilândia e Lesotho.

Em oposição a este bloco permanecia o bloco dominado pelas minorias brancas na África Austral, constituído pela RAS, a Namíbia sob mandato desta, as colónias portuguesas de Angola e Moçambique e a Rodésia, pertencente ao império britânico e cuja minoria branca se revoltou contra Londres e declarou unilateralmente a independência para impedir o acesso da maioria negra ao poder. Marginalmente e sem grande significado no contexto global, também Cabo Verde e São Tomé e Príncipe, colónias portuguesas, se mantinham alinhados com este último bloco.

f. A segunda ruptura no sistema dar-se-ia na sequência do 25 de Abril de 1974 em Portugal e atingiria o bloco dominado pelas minorias brancas. Em 1975 dava-se a independência das colónias portuguesas com reflexo quase imediato na Rodésia e, a prazo mais dilatado, na Namíbia e RAS. A Rodésia cedia o lugar ao Zimbabwe em 1980 com a maioria negra no poder, a Namíbia chegaria à independência em 1990 e na RAS o *apartheid* extinguia-se em 1994. Esta segunda ruptura e a inerente conflitualidade analisá-la-emos com mais pormenor no capítulo sobre a África Austral.

O sistema heterogéneo dualista da África Subsahariana dava lugar de novo a um sistema homogéneo mas agora, ao contrário do que vigorara até à finais da década de 50, composto por Estados soberanos e independentes. Esta homogeneidade não quer dizer identidade de regimes políticos, de legitimidades e práticas governativas. Pelo contrário, neste particular a heterogeneidade é acentuada e volátil, sendo frequentes e tendo-se mesmo vulgarizado as alterações de poder através de golpes de Estado violentos, alguns dando lugar a guerras civis mais ou menos prolongadas que muitas vezes apenas significam alterações nas oligarquias no poder e não nos modelos de regimes políticos. Este tem sido um dos principais factores da conflitualidade na África Subsahariana.

g. A primeira e a segunda rupturas verificam-se em plena Guerra Fria e esta entra no continente africano com cada uma das superpotências procurando atrair os novos Estados para as suas áreas de influência. Foi conseguido, em parte, por um e outro bloco, mas nenhum Estado africano entrou para qualquer deles, antes se afirmando solidário com o grupo dos países do Terceiro Mundo e não alinhados. Apesar de uns se terem tornado parceiros preferenciais do bloco ocidental e outros do bloco leste nenhum se tornou verdadeiramente um Estado de democracia liberal e capitalista ou um Estado se democracia popular e socialista. Salvo algumas, poucas, excepções em que houve tentativas mal conseguidas de aproximação a um e outro modelo, a regra foi a instalação de regimes personalizados, clientelares, policiais, em que o poder mudava de mãos entre clãs dominantes. A perversidade das zonas de influência do mundo bipolar levou até a que no ocidente, que proclamava os princípios da liberdade e dos direitos humanos, se apoiassem ditaduras ferozes algumas até dirigidas por figuras grotescas de governantes piratas e no leste, defensor da justiça social, se apoiassem regimes corruptos de capitalismo selvagem.

Obviamente que a herança colonial também tem a ver com isto, com a ausência de um processo evolutivo na formação de estruturas e de uma consciencialização política, com a falta de participação e de preparação de quadros, com as contradições que o sistema colonial gerou. A liquidação que o colonialismo provocara no desenvolvimento evolutivo das estruturas políticas tradicionais sem lhes proporcionar alternativa que não fosse a sujeição ao regime colonial, fez com que na transferência do poder do processo de descolonização os nacionalistas optassem por modelos de tipo europeu, ocidental ou de leste, que não correspondiam às realidades locais.

Alguns autores clássicos que abordaram a colonização e a descolonização em África como Frantz Fanon e Richard Wright, põem em evidência casos em que a transferência do poder foi feita através de negociações dirigidas pelos dirigentes coloniais e que não passaram por processos revolucionários de lutas de libertação, dando lugar a uma sucessão para estruturas à imagem e semelhança das sociedades europeias e que mais não eram do que tentativas de deixar modelos neo-coloniais. Poucas destas tentativas perduraram.

Alguns dos processos de transferência do poder resultantes de lutas de libertação revolucionárias tentaram instalar modelos socialistas de tipo soviético sem disporem de estruturas sociais, políticas e culturais preparadas para os acolherem. Pouco depois das independências dava-se o colapso do modelo no próprio Estado de referência e os novos Estados, sem terem ainda absorvido o modelo socialista, procuraram fazer uma rápida conversão para um capitalismo liberal.

Todas estas indefinições contribuíram para que surgissem poderes personalizados, oligárquicos e clientelares, cujo modelo se generalizou. Os regimes coloniais eram ditaduras mesmo quando nas metrópoles vigoravam democracias e a herança político-cultural que deixaram na transferência do poder foi a da violência, do despotismo, do centralismo burocrático e policial. Carlos Lopes regista: «*O que a primeira vaga de Estados pós-coloniais conseguiu foi, no fundo, uma africanização do autoritarismo colonial*» (1997, p. 137).

Vale a pena sobre esta matéria seguir o que diz Basil Davidson: «*A crise da sociedade africana (...) É, prioritariamente, uma crise das instituições*» (p. 19). O autor centra a sua crítica na criação do Estado-nacionalismo, tendo como referência o Estado-nação europeu mas cuja realidade era diferente porque não surgiu na sequência de um idêntico processo histórico nem assentou num espaço limitado por fronteiras coerentes. E acrescenta: «*Este Estado-nacionalismo parecia ser uma libertação e na realidade foi dessa forma que se iniciou. Mas não teve continuidade como libertação (...) A libertação serviu assim para gerar a sua própria negação. A libertação deu origem à alienação*» (pp. 19 e 20).

Para Davidson o Estado africano actual corresponde a um modelo patológico de tribalismo clientelar que não tem nada a ver com o tribalismo nacionalista pré-colonial e que assenta numa rede de interesses cujas rivalidades semeiam o caos, internamente, mas com tendência para se tornar regional (p. 21). A mesma ideia expressa Carlos Lopes num outro livro, *Compasso de espera, o fundamental e o acessório na crise africana*: «*(...) o drama da África actual é em grande parte o drama dos seus regimes e estruturas políticas na base de um determinado tipo de Estado nacional, com ideologias e sistemas que envelheceram (...)*» (pp. 59 e 60).

h. Já dissemos que a geografia política da África independente assenta nas fronteiras que dividiam as colónias desde a Conferência de Berlim. Tem sido uma questão controversa e há quem pense que constitui um factor de conflitualidade interna e inter-estatal.

Foi uma deliberação tomada pela própria OUA invocando o princípio jurídico do *uti possidetis* (como possuis podes continuar a possuir) que já regulara a demarcação das fronteiras na independência dos Estados da América Latina nos princípios do século XIX. Quando da sua formação em 1963, em Addis Abeba, a OUA inscreveu na sua Carta, nos artigos 2º e 3º, o princípio do respeito pela integridade territorial de cada Estado. No ano seguinte a primeira cimeira de chefes de Estado no Cairo aprovou uma resolução intitulada "Litígios entre Estados africanos a propósito das fronteiras", na qual «*Declara solenemente que todos os Estados membros se empenham em respeitar as fronteiras existentes no momento em que ascenderam à independência*».

Reconhece-se que esta afirmação de princípio contém alguma dose de sabedoria e prudência pois surge numa altura em que a maioria dos africanos ainda lutavam pela independência e importava não desviar as preocupações para lutas entre eles, quando o importante era unirem esforços numa luta comum contra os ocupantes coloniais. Adiavam a solução do problema para um quadro de Estados independentes. Sabe-se, porém, que problemas de fronteiras raramente se resolvem pacificamente, porque o que se disputa é o que tem valor e quem o possui não está disponível para o ceder. A verdade é que, como diz Basil Davidson, «*As fronteiras coloniais inadequadas para uma África independente tornaram-se sagradas*» (p. 117) e estiveram na base do Estado-nacionalista que carecendo, de facto, de raízes históricas e sociológicas, tinha algum significado recente como produto de uma luta anti-colonial comum dentro de um mesmo espaço geográfico. O autor reconhece que o invocado nacionalismo africano é produto do anticolonialismo que fomentou uma coesão mas que não é, necessariamente, nacional.

As fronteiras continuarão a ser um factor de instabilidade, mais um herdado da colonização. Algumas dificilmente resistirão aos conflitos actuais em Estados mais aberrantes, como é o caso da República Democrática do Congo (RDC) nas suas fronteiras nos Grandes Lagos, que escapam ao controlo da capital, Kinshasa, a mais de 1.200 Km de distância e separada pela floresta tropical. Alguns Estados, pela sua extensão geográfica e pela ruptura e insegurança dos sistemas de circulação terrestres, assemelham-se a autênticos arquipélagos de cidades, separadas por vazios terrestres desertificados, cuja ligação é exclusivamente aérea.

i. Pensa Basil Davidson que para contrariar os efeitos perversos do Estado-nacionalista artificial os africanos deveriam ter optado por modelos federais de transição, que permitissem um futuro redesenho consensual das fronteiras e a recuperação de coesões anteriores ao colonialismo. Certo é que projectos federativos estão na ordem do dia em todo o mundo e também em África. Vão introduzir novas tensões entre as dinâmicas fusionista e cisionista, uma constante da conflitualidade global. Para já visam mais a cooperação económica do que a associação política.

Alguns Estados emergem como candidatos a potências regionais. Pelas suas riquezas naturais, pelo potencial militar, pela estabilidade política, pela capacidade de intervenção externa, a Nigéria na África Ocidental, o Uganda na região dos Grandes Lagos, a RAS na África Austral, surgem como protagonistas e os líderes mundiais reconhecem-lhes esse papel. Angola sai fortalecida de dezenas de anos de conflitos e tende a ver reconhecido o estatuto de potência liderante na África sub-equatorial.

A nível global do continente a OUA, na sua génese, teve por objectivo apoiar as independências. Conquistadas estas procurou afirmar-se como um fórum africano de relações internacionais e de regulação de conflitos mas com sucesso quase nulo. Em Julho de 2001 nasce, para a substituir, a União Africana (UA), com novas instituições, influenciada pela UE. Os seus objectivos, principalmente políticos e económicos, são ambiciosos para a actual realidade do continente e ainda não deu passos concretos que permitam avaliar as suas potencialidades.

j. A África também chegaram os ventos da globalização política que procuram instalar a nível mundial o modelo liberal da democracia partidária e representativa. Com maior ou menor sucesso têm-se registado consultas eleitorais mas por vezes têm sido as próprias eleições a desencadear novos conflitos.

A legitimação da democracia em África é complexa e alguns pensam que será frágil se não tiver em conta a realidade africana combinando uma representatividade partidária, precariamente implantada, com uma representatividade tradicional consolidada. E dificilmente se poderão efectuar eleições genuinamente democráticas em países onde milhões de deslocados e refugiados impedem recenseamentos credíveis.

Começa a haver tendência para no ocidente e na ONU se privilegiar a estabilidade em desfavor da democracia. Depois de consolidada a estabilidade interna e regional serão possíveis formas de legitimação democrática, enquanto que processos eleitorais frágeis não têm conduzido, só por si, à estabilização política. A benevolência com os actuais parceiros privilegiados do ocidente tem algo a ver com esta opção.

5. Geografia económica

a. Também em termos de geografia económica a África Subsahariana é muito contraditória. Imensamente rica em recursos naturais compreende os países que se situam entre os mais pobres do mundo e cujas populações vivem, na maioria, muito abaixo dos padrões que definem o limiar da pobreza. Como disse o presidente Obasanjo da Nigéria, a África é o terceiro mundo do Terceiro Mundo. No seu conjunto é um peão menor na economia global e por isso os seus conflitos suscitam pouca atenção aos decisores mundiais.

Estes dados caracterizadores não são, porém, lineares. O continente é, de facto, rico e todas as matérias-primas que Michael Klare identifica na sua nova geografia dos conflitos, petróleo e gás natural, água doce, madeiras exóticas e minerais preciosos, se encontram aí em apreciáveis quantidades, mas de forma muito mal distribuída. Há vastas regiões completamente desprovidas de recursos, por exemplo na área do Sahel mas há bolsas de riqueza ostensiva, a maior parte das vezes ligadas às oligarquias politicamente dominantes. São distorções que, sem dúvida, geram conflitualidade. Diz Michael Klare que *«Todos estes fenómenos – aumento da concorrência pelo acesso às principais fontes de petróleo e gás natural, crescente disputa pela partilha das reservas de água e guerras internas pelas exportações de matérias-primas, deram lugar a uma nova geografia dos conflitos, uma cartografia reconfigurada na qual os fluxos de recursos, mais do que as divisões políticas e ideológicas, constituem as grandes linhas de ruptura»* (p. 52).

b. As contradições económicas actuais ainda se ressentem do que foi a lógica do sistema económico colonial, produção e exploração de matérias-primas destinadas a serem transformadas nas metrópoles coloniais, importação dos produtos acabados destinados ao mercado interno, exportações, importações e transportes em regime de monopólio assegurado por empresas metropolitanas. Algumas das poucas empresas industriais transformadoras que começaram a instalar-se nos últimos anos do colonialismo tinham quadros técnicos metropolitanos e estrangeiros, estando aos naturais reservada a mão-de-obra não qualificada. Nos campos as melhores terras foram compulsivamente atribuídas aos colonos para exploração de grandes empresas capitalistas que produzissem culturas destinadas à exportação também tecnicamente asseguradas por quadros coloniais, relegando as culturas tradicionais de subsistência para os solos menos produtivos e longe dos centros urbanos.

Com a descolonização e a implosão deste sistema, com o êxodo maciço de capitais e técnicos, toda esta estrutura faliu e não havia nada para a substituir. Gauthier de Villers, com o texto "Les crises chroniques et leurs causes" no livro *Conflicts en Afrique, analyse des crises et pistes pour une prévention*, afirma : «*Pode dizer-se que a colonização (sucedendo à economia esclavagista) mergulhou as sociedades africanas numa crise estrutural que nunca ultrapassaram*» (p. 205).

Os conflitos que explodiram por todo o continente foram, por um lado, produto deste colapso, mas por outro lado contribuíram para ele, provocando a desertificação do interior, a concentração urbana e a destruição das economias de subsistência tradicionais quando, como muito bem salienta Carlos Lopes, «*(...) a autosuficiência alimentar é, e deveria ser, um objectivo a longo prazo fundamental do continente*» (1997, p. 72). Ao contrário, apesar dos baixíssimos índices, os produtos internos são maioritariamente encaminhados para a compra de armamentos e para as contas pessoais de chefes políticos e militares.

África passou a viver da ajuda externa mas de uma ajuda frequentemente criticada por economistas e sociólogos porque visa mais os interesses geo-estratégicos dos dadores do que a solução dos problemas locais e, por outro lado, destina-se mais a solucionar situações de crise conjunturais do que a contribuir para criar estruturas para enfrentar o futuro. Carlos Lopes, que dedica um capítulo do seu livro a esta questão, chama-lhe «*(...) a ajuda politi-*

zada, aquela que serve os interesses daquele que dá em vez de satisfazer os desejos daquele que recebe» (1997, p. 87).

c. Os países produtores de petróleo constituem em África excepções nas preocupações das grandes potências, com destaque para os EUA e França. São áreas onde investem em força e onde disputam as suas influências. Salientam-se duas importantes zonas petrolíferas, a do litoral ocidental entre a Nigéria e Angola e a do interior no Sudão e no Chade.

A influência que o petróleo tem nas conflitualidades regionais em que cada um destes pólos se inscreve analisá-la-emos nos capítulos respeitantes a cada uma dessas ZTC. Aqui limitamo-nos a salientar que, como diz Michael Klare, onde há petróleo há conflitos com interferências externas, fatalidade a que a África não escapa.

d. As madeiras exóticas abundam na grande floresta tropical da bacia do rio Zaire, o único pulmão africano.

É uma reserva económica e ecológica importante e, se bem que a pressão depredadora ainda não seja tão forte como no Amazonas ou na Indonésia, é um factor gerador de conflitualidade regional a ter em conta no futuro, até porque envolve vários Estados onde se manifestam dinâmicas cisionistas.

e. Já o problema dos minerais raros tem sido mais actual e tem chamado a atenção por alimentar alguns conflitos recentes e em curso.

Certas regiões de África são muito ricas em minerais preciosos e exóticos, nomeadamente a bacia do rio Orange na RAS, o alto curso do rio Zaire em Angola e RDC e a região das nascentes do Níger. Diamantes e ouro são em muitas regiões de fácil extracção e colocação em mercados clandestinos, por isso propícios a alimentarem redes económicas criminosas. O difícil controlo de zonas longínquas no interior africano por Estados a braços com conflitos internos, torna algumas zonas convidativas a explorações descontroladas e atraiu aventureiros de todas as paragens.

O surgimento destes recursos como factor de conflitos é de finais do século passado, quando movimentos insurreccionais os descobriram como fonte de financiamento dos seus exércitos. Depois do fim da Guerra Fria e com a cessação das ajudas externas, passaram a orientar-se para a ocupação de zonas mineiras com que sustentavam os seus movimentos. Nestes casos as riquezas mineiras surgiram como instrumentos de conflitos em curso.

Casos há em que a exploração das riquezas minerais é o único objectivo dos conflitos desencadeados por grupos marginais ou senhores da guerra, sem objectivos políticos e apenas visando o controlo e exploração desses recursos. Inscrevem-se na revolução nos assuntos militares (ver Primeira Parte, I.B.5.) em que a África Subsahariana tem sido fértil.

f. O problema da água doce está intimamente associado ao da terra.

Não há na África Subsahariana, como há no Médio Oriente, conflitos por disputa da água. Mas a carência de água em algumas regiões, de autêntica seca endémica e a sua abundância noutras, promove fenómenos humanos que degeneram em conflitos. O êxodo de áreas secas e desérticas e a afluência a terras férteis onde a água abunda leva a excedentes demográficos, a choques étnicos e tribais, a disputas pela terra. Veremos que é um factor decisivo na conflitualidade na região dos Grandes Lagos.

E é um problema que tende a agravar-se. O avanço da desertificação no Sahel e no Corno de África aumenta a pressão sobre as zonas irrigadas e a água doce vai aumentar de importância como factor de conflitualidade na África Subsahariana. Escrevia Romano Prodi presidente da Comissão Europeia em artigo no *Diário de Notícias* de 11 de Julho de 2003 que, em África, «(...) *a falta de água potável e de equipamentos sanitários causa mais mortes do que os conflitos armados*».

g. Um problema que se generalizou e decorre directamente do êxodo de estrangeiros que se seguiu às independências foi a ruptura das redes comerciais de distribuição interna dando lugar a complexos circuitos de comércio paralelo e clandestino. Colidem com os quadros estatais oficiais e minam a autoridade dos Estados e as próprias soberanias, porque são transnacionais, fogem ao pagamento de impostos e abafam os sistemas oficiais ou legais que não podem com eles competir.

Estas redes são potenciadoras de ameaças reais à segurança, porque muitas vezes acolhem ou escondem multinacionais do crime organizado. Sob a capa de se destinarem a suprir algumas carências do mercado legalizado em artigos de necessidade corrente, na realidade cobrem toda gama de comércio e serviços, das armas à droga, da prostituição à migração clandestina, do petróleo às pedras preciosas, das empresas de segurança aos serviços de informações.

h. A lógica da globalização que conduz à criação de espaços económicos alargados também chegou à África Subsahariana com as dificuldades derivadas das debilidades dos sistemas produtivos e das redes clandestinas em que assenta grande parte do comércio interno e regional. Algumas desta organizações sobrepõem-se com Estados a integrarem mais do que uma:

- A pioneira foi a Comunidade para o Desenvolvimento da África Ocidental (CEDEAO), criada em 1978, englobando dezasseis países e na qual a Nigéria tem um papel de potência regional.
- Em 1980 surgiu a Conferência para a Coordenação e Desenvolvimento da África Austral (SADCC), com nove países de maioria negra que visavam libertar-se da dependência asfixiante do poder económico da RAS do *apartheid* no que, aliás, teve pouco sucesso. Após sucessivos alargamentos com o fim do *apartheid* e a admissão da RAS em 1994 passou a Comunidade para o Desenvolvimento da África Austral (SADC) com catorze países, dos quais a RAS é o motor económico.
- O Mercado Comum da África Oriental e Austral (COMESA) nasce em 1994. Inclui vinte e dois países de todo o continente com exclusão do Magrebe, da África Ocidental, da Somália, do Botswana e da RAS.
- Em 1998 foi criada a Comunidade Económica e Monetária da África Central (CEMAC), integrando seis países do Golfo da Guiné e penetrando no interior até ao Chade.
- Em 1999 os países do Sahel associaram-se à Líbia na Comunidade dos Estados Sahelo-Sahara (COMESSA), também num total de seis.
- Mais recentemente, na dinâmica da fundação da UA e alargada a todo o continente, foi criada a Nova Parceria para o Desenvolvimento Africano (NEPAD).

Tem sido a partir destes espaços de cooperação económica que se tem tentado constituir algumas células de prevenção e regulação de conflitos, assunto que abordaremos mais à frente.

i. Em síntese, o factor geográfico-económico não é dos mais influentes na conflitualidade da África Subsahariana mas também não é, de forma nenhuma, um factor desprezível.

6. Caracterização polemológica

a. Uma análise polemológica da África Subsahariana depara-se, à partida, com uma contradição. É uma região que desde a ocupação colonial tem estado sempre envolvida em conflitos com participação de europeus mas nunca foi identificada com uma região geoestrategicamente importante.

Recordemos que Haushofer a incluía na Pan-Região Euroáfrica mas na órbita da Europa, Cohen a desvalorizou na sua primeira versão da divisão do mundo em regiões geopolíticas e geoestratégicas, os marxistas de leste a classificaram como o ventre mole da Europa e Huntington só com reservas a distinguiu como um dos conjuntos civilizacionais.

No entanto no final do século XX a África Subsahariana era, em todo o mundo, o espaço onde se verificava o maior número de conflitos violentos e com mais elevados custos e sacrifícios para as populações. A edição de 1998/99 da revista *Strategic Survey*, no seu habitual caderno sobre África refere que, em 1998, dos quarenta e cinco países dessa região vinte estavam envolvidos em conflitos ou directamente afectados por eles. Vários autores do já citado livro *Conflicts en Afrique...* adiantam como número de mortes nas guerras africanas nos últimos trinta a quarenta anos, à volta de oito milhões (pp. 8 e 17). O secretário-geral da ONU, Kofi Annan, em artigo no *Diário de Notícias* de 9 de Junho de 1998 escrevia que desde 1970 haviam eclodido em África mais de trinta guerras, a maioria de natureza interna e que delas haviam resultado oito milhões de refugiados e deslocados.

b. Durante todo o longo período que se iniciou com a chegada dos europeus à África Subsahariana no século XV e vai até à década 70 de século XX podemos distinguir aí três grandes tipos de conflitos:

- Os de resistência ao ocupante europeu. Assumiam várias formas e foram evoluindo, consoante a evolução da presença europeia. Começaram por ser formas de resistência ao recrutamento de escravos, depois de resistência à penetração para o interior, resistência à colonização e a todas as violências inerentes, resistência à discriminação racial e social do *apartheid* assumido ou camuflado. Como diz Marc Ferro «(...) *em África a resistência à colonização teria começado com a própria colonização – desde que esta foi sentida como uma agressão, como uma opressão*» (p. 236).
Estas resistências tiveram duas fases de maior intensidade, nos finais do século XIX e princípios do século XX, quando os projectos coloniais impuseram a penetração mais profunda no interior e a submissão total das populações e depois da Guerra 1939-1945, quando os movimentos nacionalistas se lançaram nas lutas armadas de libertação pela descolonização.
- Entre os ocupantes. As potências coloniais estenderam ao continente africano as guerras entre si e nelas envolveram os povos africanos uns contra os outros, opondo até, por vezes, grupos do mesmo conjunto

etno-cultural artificialmente separados pelas fronteiras coloniais, em conflitos que, de todo, não lhes diziam respeito.

Houve conflitos entre os ocupantes para assegurarem posições vantajosas na Conferência de Berlim e, posteriormente, pela defesa de interesses das potências coloniais, das quais assumiu especial relevo a guerra anglo-boer na África do Sul.

Estes conflitos atingiram expressão máxima na Guerra 1914-1918 que passou do teatro de operações europeu ao africano nas fronteiras entre as colónias alemãs e as colónias dos aliados ingleses, franceses, portugueses e belgas.

- Conflitos internos entre africanos. Para além dos conflitos próprios e independentes da ocupação europeia, referimo-nos aos conflitos derivados da forma como os africanos se posicionaram face ao ocupante europeu.

Os africanos dividiram-se perante o tráfico de escravos, surgindo aparelhos negreiros africanos que colaboravam com os traficantes e que deixaram estigmas para o futuro. Mas também se fraccionaram entre os que resistiam ao colonizador e os que colaboravam aberta ou camufladamente com ele, muitas vezes grupos mais fracos no panorama regional e que procuravam, através dessa colaboração, recuperar privilégios, superar inferioridades ou até vingarem-se de anteriores humilhações.

A colonização foi um instrumento de fractura duradoira entre os povos colonizados e há quem defenda a tese de que ela deu lugar a uma situação de guerra civil permanente. Guerra civil que, em muitos casos, se prolongou para além das independências.

c. O fim da Guerra 1939-1945 e o início da Guerra Fria alteraria o panorama geral dos conflitos na África Subsahariana:

- A aceleração do processo de descolonização e a primeira vaga de independências provoca a primeira grande ruptura e põe termo à homogeneidade da geografia política regional criando dois blocos antagónicos mas que não entram em conflito directo. Confrontam-se, porém, estratégias indirectas, com os países independentes de maioria negra no poder apoiando a luta armada dos movimentos de libertação nas colónias que permanecem sob domínio das minorias brancas e estas fomentando e apoiando acções desestabilizadoras nos Estados recem-independentes, com estruturas políticas e sócio-económicas muito débeis e, por isso, muito vulneráveis.

- Nas colónias em que as potências coloniais procuram resistir à vaga descolonizadora as lutas de libertação intensificam-se elevando-se ao patamar da luta armada, na qual a guerrilha e a contra-guerrilha são opções operacionais que se generalizam.
- Este período vai também coincidir com a entrada da Guerra Fria no continente. A África Subsahariana não era uma região de interesse vital para nenhuma das superpotências mas era uma zona propícia ao desenvolvimento das suas estratégias indirectas. O bloco leste e a URSS tinham aí um flanco vulnerável do bloco ocidental e o apoio a movimentos de libertação surge com naturalidade. O bloco ocidental dividiu-se entre apoios às potências coloniais, em geral não assumidos, e apoios a movimentos de libertação. Em algumas colónias os exércitos coloniais confrontaram-se com mais do que um movimento de libertação apoiados por diferentes actores da Guerra Fria. A OUA e o Movimento dos Países Não-Alinhados não conseguiram impedir que a lógica da Guerra Fria atingisse a África. A projecção da Guerra Fria na África Subsahariana dividiu o continente em zonas de influência de um e outro bloco, intensificou algumas guerra civis e deixou as sementes de alguns dos conflitos devastadores que se seguiram às independências.

    d. A segunda grande ruptura vai afectar principalmente a África Austral e alterar o quadro conflitual dessa ZTC em termos que analisaremos à frente no respectivo capítulo. Mas também teve reflexos no quadro global da África Subsahariana que a partir de 1994 está na totalidade constituída por Estados independentes com a maioria negra no poder. Mas não acabaram os conflitos internos. Pelo contrário, em muitos casos mudaram de natureza mas até se intensificaram, sendo detectáveis as raízes profundas das tensões e conflitos que permanecem:

- Em primeiro lugar as fronteiras artificiais herdadas do traçado colonial, a opção pelo Estado-nacionalismo segundo a tese de Basil Davidson, incapaz de gerar coesão e governabilidade dentro delas.
- Em segundo lugar as divisões e antagonismos étnicos, agudizados pelas desconfianças geradas por alguns alinhamentos anteriores com as potências coloniais, mas também decorrentes de separações que aquelas fronteiras impuseram, originando solidariedades transfronteiriças.
- Depois a fraca estratificação social, com a sucessiva destruição, primeiro das estruturas tradicionais, depois das estruturas coloniais, sem nada deixarem em sua substituição.

- Por último o baixo índice produtivo, a destruição de infra-estruturas e modelos económicos que não sobreviveram ao fim da lógica colonial, o vazio criado e a carência de quadros qualificados, impedindo uma saída rápida da situação de subdesenvolvimento crónico.

e. A estas causas remotas juntam-se alguns *handicaps* mais recentes e que estão na origem da intensificação dos conflitos:

- A expansão demográfica, a consequente pressão sobre um mercado de trabalho em regressão que não lhe dá resposta, a que se junta a incapacidade de governantes em definirem políticas orientadas para a solução dos grandes problemas, desbaratando a esperança aberta com a independência e dando lugar à marginalidade, base de recrutamento para grupos armados.
- A associação de Estados frágeis e governos centralizados, caindo no poder pessoal, clientelismo e nepotismo. Eric Suy, na "Introduction" ao já referido livro *Conflits en Afrique...* assinala que «(...) as crises africanas parecem, na maior parte, ter as mesmas raízes: a natureza do Estado africano (...)» (p. 10). Acrescenta que o Estado é muitas vezes encarado como um bem pessoal, um património do clã, da tribo, ou dos dirigentes político-militares.
Surgiu em África a designação de entidades caóticas ingovernáveis em que a impotência do Estado para controlar territórios e populações leva a que regiões, centros urbanos, sectores produtivos importantes caiam nas mãos de grupos guerrilheiros ou mafias apoiadas em economias criminosas e paralelas.
- Conflitos herdados da Guerra Fria, guerras civis alimentadas do exterior e que se prolongaram depois das independências com base nos mesmos alinhamentos ideológicos, clientelares ou mesmo em fidelidades pessoais.
- Contradições na ajuda externa condicionada pelo imediatismo, pela necessidade de acorrer a situações de calamidade e catástrofe, adiando uma ajuda estruturante capaz de lançar os pilares de uma estratégia de desenvolvimento regional. A ajuda tem originado efeitos perversos de incompetências, oportunismos e corrupção que alimentam desequilíbrios, competições e revoltas.
- A disseminação de armamentos ligeiros de uma forma descontrolada que chegam à generalidade da população, de grupos antagónicos, de sectores marginais. A arma tornou-se uma moeda de troca barata. Os países exportadores de armamentos têm aqui uma grande responsabilidade

moral pois encontraram em África um mercado excelente para os seus *stocks* excedentes e ultrapassados.

f. Estes conjuntos de causas, mais remotas e mais recentes, estão na base daquilo que tem caracterizado a conflitualidade na África Subsahariana na era pós-colonial, a sua multiplicidade, a sua heterogeneidade e a sua complexidade. Podemos hoje distinguir conflitos de natureza muito distinta, alguns bem inseridos na revolução nos assuntos militares:

- Resultantes de dinâmicas cisionistas pondo em causa a decisão da OUA de respeito pelas fronteiras herdadas do colonialismo, por vezes com apoio das antigas potências coloniais. A maior parte das vezes são invocadas razões identitárias, étnicas ou religiosas, ou razões económicas, regiões ricas que pretendem reservar para si os recursos que entram nos cofres do Estado centralizado. O Catanga foi um caso exemplar, imediatamente a seguir à independência do Congo, mas outros há que derem lugar a conflitos prolongados, alguns ainda por resolver, como no Sudão iniciado em 1966, o do Biafra na Nigéria em 1967, o de Cabinda em Angola iniciado coma a independência em 1975, o de Casamansa no Senegal desde 1983.
- Como sempre a estas dinâmicas cisionistas aparecem frequentemente associadas dinâmicas fusionistas, tentativas de correcção de fronteiras ou de anexação por potências vizinhas. Cabinda suscita a cobiça da RDC e da República Popular do Congo (RPCo), a Guiné-Bissau olha com interesse para Casamansa, às intenções separatistas no leste da RDC não são alheias ambições do Uganda, Ruanda e Burundi.
- Guerras civis internas originadas por disputas pelo poder entre facções políticas frequentemente na sequência de golpes de estado militares. Generalizaram-se um pouco por toda a África Subsahariana, consequência da fragilidade dos Estados e dos regimes despóticos e muitas vezes corruptos, cuja natureza não mudava com a alternância dos detentores do poder apoiados na força militar.

Algumas mais não são do que o prolongamento de lutas internas herdadas da era colonial e a elas não escaparam as antigas colónias portuguesas de Angola, Moçambique e Guiné-Bissau. Entre os que prosseguem na actualidade salientam-se a RDC, o Sudão, a Libéria, a Serra Leoa. Noutros países como os Camarões, o Ruanda, o Burundi, a Somália, a RPCo, as situações estão longe de pacificadas e os conflitos podem reacender-se a qualquer momento.

- Conflitos inter-estatais quer por disputas territoriais quer por desinteligências governamentais, quer ainda por apoios a facções rebeldes em países vizinhos, assumindo estes particular expressão no Corno de África, com as guerras entre a Somália e a Etiópia desde finais da década de 70 e entre a Etiópia e a Eritreia no ano 2000, mas também a guerra entre Angola e RAS de 1975 a 1991, entre o Uganda e a Tanzânia em 1979 e entre o Senegal e a Gâmbia em 1980.
- Alguns têm características de conflitos civilizacionais segundo a tese de Samuel Huntington, onde é visível o antagonismo cristão-islão no Sudão, na Nigéria e na Costa do Marfim.
- Outros inscrevem-se nos conflitos de novo tipo visando o controlo de recursos por senhores da guerra mais ou menos identificados com lideranças políticas, destacando-se a disputa por zonas diamantíferas ou outros materiais raros. São exemplos flagrantes o conflito angolano na sua fase final, o da Libéria, Serra Leoa e no extremo leste da RDC.
- Tendência visível nos tempos mais recentes é a da regionalização dos conflitos isto é, mesmo surgindo como conflitos internos a artificialidade das fronteiras e as solidariedades étnicas, tribais e religiosas leva a que neles se venham a envolver países vizinhos até porque se sentem ameaçados pelas perturbações do outro lado da fronteira. É fenómeno que, como também já vimos, remonta às guerras coloniais. Os conflitos em Angola, nos Grandes Lagos, na África Ocidental e, com particular destaque, na RDC, deixaram rapidamente de ser guerras meramente internas e envolveram Estados vizinhos alguns transformando-se mesmo em guerras inter-estatais.
- Os conflitos a que chamámos de novo tipo e que se inscrevem na revolução nos assuntos militares são, em geral, conflitos prolongados, de baixa intensidade, envolvendo tecnologias militares ultrapassadas. Muitas vezes objectivos políticos são secundários ou mesmo inexistentes, dando lugar a objectivos identitários, ao controlo de recursos ou a interesses de redes do crime internacional organizado. Não são os governos ou forças armadas institucionais os alvos prioritários, mas as populações civis provocando vagas de refugiados cujos dramas atingem proporções inimagináveis.

Estes conflitos de novo tipo deram em África lugar ao aparecimento de novos actores, por exemplo exércitos de guerrilheiros transformados em forças armadas profissionalizadas e suportadas por economias clandestinas, mas também novos mercenariatos de empresas de segurança multinacionais. Os Estados africanos têm sido, desde as independências, palco privilegiado de actuação de mercenários, com intervenção directa e até com iniciativa em golpes de estado e guerras internas. A Military Professional Ressources Incorporated (MPRI), a Executive Outcomes (EO), a Sandline, entre outras, encontraram em África terreno favorável à intervenção e aos negócios.

g. Estes conflitos não punham em causa, em geral, os interesses vitais das grandes potências, nomeadamente da hiperpotência mundial do mundo unipolar. Porém, com os acontecimentos do 11 de Setembro de 2001 nos EUA e o anúncio da guerra global contra o terrorismo internacional algumas zonas do Terceiro Mundo saltaram para o primeiro plano das suas preocupações. Mas a África Subsahariana foi das regiões menos atingidas por essas preocupações. Por isso a tendência tem sido para deixar apodrecer os conflitos locais até um ponto em que terminem por exaustão de uma ou de ambas as partes. A OUA sempre mostrou incapacidade para se apresentar como fórum de solução e a ONU tem tido outros problemas mais importantes para os membros permanentes do CS. Algumas intervenções da ONU com empenhamento de meios e de vontades muito abaixo das necessidades resultaram em verdadeiros fracassos, como na RDC, em Angola, na Somália ou no Ruanda.

Alguns líderes africanos concluíram que depois da segunda grande ruptura da década de 70 chegara a hora de os africanos se ocuparem da sua segurança e tentaram experiências criando organismos regionais de segurança colectiva como o Grupo de Monitorização do Cessar-Fogo da CEDEAO (ECOMOG), o Grupo dos Países da Linha da Frente (GPLF) e, posteriormente a Célula de Segurança da SADC e o Bloco dos Grandes Lagos. Estas experiências têm revelado pouca eficácia e assentam no poderio militar de alguns dos seus membros que se estão a tornar potências regionais como a RAS, Angola e a Nigéria.

Por iniciativa de algumas grandes potências que mais recentemente têm disputado a influência no continente, França e EUA, têm sido avançados projectos de constituição de forças de segurança regionais compostas por unidades militares dos próprios Estados africanos. Os EUA lançaram a Iniciativa de Reacção a Crises Africanas (ACRI) que depois foi extinta e substituída pela African Center for Security Studies (ACSS). Da iniciativa francesa nasceu o Reforço das Capacidades Africanas de Manutenção da Paz (RECAMP). Portugal optou por uma posição de apoio a pedidos caso a caso, podendo participar na organização, equipamento e preparação de forças multinacionais dos Países de Língua Oficial Portuguesa (PALOP) mas sem se envolver directamente com meios de combate próprios.

h. Em conclusão, a complexidade da conflitualidade na África Subsahariana não permite perspectivas optimistas. Se bem que algumas zonas tenham mostrado desenvolvimento recente favorável, como a África Austral, outras dão sinais de que os conflitos vão perdurar.

Os grandes problemas situam-se nas fragilidades e contradições da geografia política e nos atrasos e subdesenvolvimento das geografias humana e económica. O problema é global porque, como escreveu Luc Reychler em "Les conflicts en Afrique: comment les gérer ou les prévenir?" com que participa no livro *Conflicts en Afrique...*, com a disseminação de armamentos, a fragilidade dos Estados, a extensão dos territórios e a desertificação do interior, com a crise moral onde impera a desconfiança, o desespero, a falta de perspectiva no futuro, com a crise social que resulta da pobreza, da ignorância, da doença, criou-se em África um ambiente favorável aos conflitos (pp. 53 e 54).

Enquanto a África Subsahariana não passar para o primeiro plano das preocupações da comunidade internacional o actual nível de conflitualidade perdurará e, com ela, a maior tragédia humanitária do planeta neste início do século XXI.

CAPÍTULO B
ÁFRICA OCIDENTAL

1. Geografia física
a. A ZTC da África Ocidental é a que corresponde à parte do saliente oeste do continente, a barriga da África, entre o Sudão, o Deserto do Sahara, o Atlântico e a costa norte do Golfo da Guiné.

É uma região que comporta duas áreas bem distintas, a do Sahel, interior e a do litoral, mas que evidenciam complementaridades numa análise geoestratégica e, por isso, as incluímos na mesma ZTC.

Em relação às restantes ZTC que incluímos neste trabalho esta situa-se entre a margem sul da Bacia Mediterrânica e a Grande Diagonal dos Conflitos Africanos que estudaremos no capítulo seguinte (Mapa 21).

b. Trata-se de uma área continental, compacta na qual, para além de algumas ilhas costeiras resultantes de deltas de rios apenas se inclui um Estado insular, o de Cabo Verde.

A sua posição foi vital para os europeus quando se lançaram nas navegações oceânicas pois fornecia bons pontos de apoio quer para as rotas do extremo oriente quer para as da América do Sul. A posterior abertura do Canal do Suez retirou-lhe importância na primeira destas rotas mas isso coincidiu com o início do ciclo da colonização africana passando a África Ocidental a interessar como zona de destino e já não apenas como zona de passagem, se bem que este aspecto permanecesse nas rotas para a América do Sul e para a África equatorial e meridional.

Já antes da colonização o factor posição da África Ocidental servira as potências europeias na instalação de entrepostos para a busca do ouro e, muito em especial para o tráfico de escravos.

c. No aspecto paisagístico são bem distintas as duas áreas complementares, a do Sahel, desértica, muito seca e árida influenciada pelo deserto do Sahara e a costeira, arborizada, húmida que é a extensão da floresta tropical ao longo da costa norte do Golfo da Guiné. A separação entre estes dois conjuntos é feita pela bacia do Rio Níger e pelo seu prolongamento para ocidente, o Rio Senegal. A região compreendida entre estes rios e o Atlântico é de costas baixas e pantanosas e cortada por muitos pequenos rios. Esta configuração física recortada não será estranho ao facto de ser esta a região do continente

MAPA 21 – África Ocidental

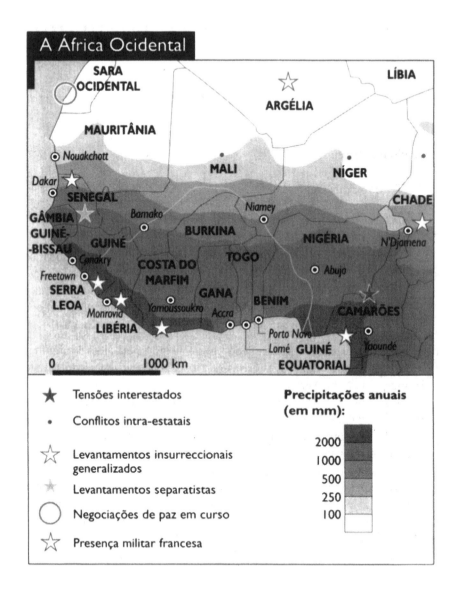

Fonte: Pascal Boniface, *Atlas das relações internacionais*, Plátano, Lisboa, 1999.

de maior repartição política, com muitos Estados de reduzida extensão, contrariando a tendência africana para Estados de grande dimensão. A quebrar a monotonia árida de toda a extensão do Sahel refira-se o Lago Chade onde desagua o Rio Chari.

É no geral uma região plana e de baixas altitudes. Não há nenhuma cadeia de montanhas a separar o norte do sul ou o leste do oeste e as poucas zonas montanhosas localizam-se na periferia, os Montes Tibesti no norte do Chade, que atingem 3.000 m e alguns maciços no sul e no sudeste nos Camarões, Nigéria e Guiné (o Futa Jalon), acima dos 1.500 m.

De toda esta configuração física resulta um trânsito tradicional fácil que tornou as migrações uma constante.

2. Geografia humana
a. A África Ocidental, nomeadamente a sua região costeira é, desde os alvores da história, uma zona de fixação humana e aí floresceram algumas das mais antigas civilizações africanas como a Nok na região da actual Nigéria central. Foi mesmo base de migrações para outras regiões africanas admitindo-se que os bantus sejam daí originários, da região do actual Camarões, donde terão partido para a África do sudeste.

b. A facilidade que a geografia proporciona ao deslocamento tradicional, a pressão exercida pela agressividade do clima do interior que forçou a emigração para o litoral, as fugas provocadas pela captura de escravos e, posteriormente, pela penetração colonial, tudo contribuiu para uma grande miscigenação étnica em que muitos grupos se juntaram e conviveram muitas vezes sem perderem a sua identidade própria. Mas também sobreviveram antagonismos ancestrais e muitos deles ressurgem ciclicamente e estão na base da emergência de conflitos actuais.

Por exemplo na Nigéria, o país mais populoso de África actualmente estimado em cerca de cento e trinta milhões de habitantes, contam-se cinquenta a cem grupos étnicos e linguísticos diferentes. E a Guiné-Bissau, um dos países mais pequenos, conta com cerca de trinta grupos étnicos.

c. As clivagens na geografia humana são bem vincadas no aspecto religioso como resultado das colonizações árabe-muçulmana e europeia-cristã e das suas amálgamas com os cultos animistas originários.

A África Ocidental foi a região onde o islamismo mais se implantou na África Subsahariana. A partir da ocupação árabe do Magrebe, das viagens e fixação de comerciantes e do proselitismo religioso muçulmano, o islão tornou-se aí a maior religião. Um dos grandes agentes dessa expansão foi o povo libanês (os sirianos como são conhecidos em alguns sítios), que se misturaram com as populações locais e ainda hoje se estima atinjam cerca de cento e vinte mil, o que tem significado pela ligação que alguns mantém com grupos islâmicos radicais do coração do islão.

A penetração posterior do cristianismo com a colonização europeia veio concorrer com o islamismo mas nunca o ultrapassou. A maior fixação europeia no litoral criou uma certa divisão de áreas de influência, o cristianismo predominando na área costeira e o islamismo no interior.

As clivagens e as solidariedades religiosas são um factor importante na conflitualidade da ZTC, contribuem para a actual tendência de regionalização dos conflitos e há sinais de radicalização preocupantes. Na Nigéria, maior país muçulmano da África negra, Estado federal, alguns estados do norte optam pela sharia, a lei islâmica e estendem a sua influência ao Burkina Faso, ao Mali e à Costa do Marfim. Mas na mesma Nigéria nota-se uma ofensiva das igrejas evangélicas do litoral sul, tentando contrariar a crescente influência islâmica. Esta clivagem religiosa na Nigéria sobrepõe-se a uma clivagem étnica antiga com alguns dos maiores grupos, ibos e yorubas cristãos de um lado e hausas muçulmanos do outro, que há muito se hostilizam e às vezes violentamente.

Em alguns países do Sahel como no Chade os velhos antagonismos têm base religiosa, os muçulmanos nómadas do chamado norte branco de tribos berberes ou árabes, contra os animistas e sedentarizados do sul negro.

3. Geografia política

a. Era uma das regiões africanas em que estavam em marcha certas formas de organização política, algumas envolvendo mesmo projectos alargados de domínio imperial, antes da chegada dos europeus e da sua penetração para o interior, de que viria a resultar a partilha colonial. O Gana, o Mali, o Songhai, são alguns dos principais registos históricos imperiais na África pré-colonial que se desenvolveram entre o Sahel e o Golfo da Guiné.

b. Com a partilha colonial dos finais do século XIX esta foi a região que a França inscreveu no seu grande projecto do Mediterrâneo ao Golfo da Guiné. Depois de ter imposto a sua influência ou ocupação em Marrocos, Argélia, Tunísia e Mauritânia a França definiu os contornos da África Ocidental Francesa (AOF), toda a zona a que chamava o Sudão Ocidental, ou Sudão Francês e que incluía o Sahel a ocidente do Sudão e as áreas costeiras das bacias dos rios Senegal e Níger.

De facto toda esta região veio a estar incluída no império colonial francês desde a Conferência de Berlim até à década de 60 do século XX, com algumas excepções na zona costeira, Gâmbia, Serra Leoa, Gana e Nigéria que foram colónias britânicas, Guiné-Bissau e o arquipélago de Cabo Verde colónias portuguesas e Togo e Camarões que passaram pela curta experiência colonial alemã até à Guerra 1914-1918, sendo depois divididas pela França e Inglaterra.

Nesta vasta área da AOF sobressaíam as duas jóias da coroa da colonização africana gaulesa, o Senegal e a Costa do Marfim que, depois das independências, haveriam de permanecer como marcos dos interesses franceses em África.

c. O quadro geográfico-político do período colonial justifica uma referência à Libéria que constitui, com a Etiópia, as duas excepções de Estados independentes na África Subsahariana antes da Guerra 1939-1945.

É um caso muitas vezes invocado como uma experiência pioneira dos EUA no sentido da libertação política dos negros africanos, mas que visava também resolver o problema dos primeiros escravos libertos na América e explorar as reservas de uma matéria-prima importante na época, a borracha. Cerca de vinte mil libertos, cujas raízes eram das mais diversas regiões africanas, à sombra de uma constituição elaborada nos EUA e sob protecção militar da armada norte-americana fundaram, em 1822, uma colónia chamada Libéria, num território da Serra Leoa comprado ao RU, que controlava a região, chamaram à sua capital Monróvia (Monroe era o nome do então presidente dos EUA) e até a bandeira era inspirada na *strips and stars* americana. A independência formal foi declarada em 1847.

O caso tinha um precedente. Por volta de 1800 o RU fundara a cidade de Freetown no território a que os portugueses haviam chamado Serra Leoa, aí criando uma base naval para instalarem antigos escravos e seus descendentes fugidos do continente americano e que aportavam às costas inglesas. Porém a Serra Leoa permaneceu como colónia inglesa quando a Libéria foi declarada independente.

Na realidade a Libéria foi inicialmente uma colónia americana governada por negros vindos do exterior mas, pouco a pouco, foi-se consolidando como Estado independente. No princípio do século XX, quando os movimentos pan-africanos e pan-negros iniciaram a luta pela libertação africana, a Libéria constituiu um farol e serviu de base à divulgação da mensagem, até porque muitos dos líderes independentistas vinham das comunidades negras do continente americano.

O estrato original dos liberianos vindos dos EUA e que fundaram o país tem sido sempre o núcleo das elites que têm detido o poder.

d. Numa região de colonização predominantemente francesa seria uma colónia britânica, o Gana, a pioneira das independências no pós-Guerra 1939-1945. Deve-se a um dirigente ganês, Kwame N'Krummah, um dos maiores líderes africanos, seguidor do pan-africanismo e que se tornou o primeiro presidente da primeira república da África Subsahariana a atingir a independência em 1957.

Na sua sequência e tornada irreversível a dinâmica das independências a França promove o referendo de Setembro de 1958 propondo a criação de uma União Francesa em que os territórios coloniais passassem a dispor de uma ampla autonomia política. A única colónia a rejeitar é a Guiné-Conakri que chega à independência nesse mesmo ano. Mas o projecto da União não vingaria e, em 1960, todas as restantes colónias francesas da AOF seriam independentes dentro das antigas fronteiras coloniais.

e. Estava desenhado o mosaico da actual geografia política da África Ocidental. Excepções que perdurariam mais algum tempo foram as colónias portuguesas de Cabo Verde e Guiné-Bissau. Havia uma complementaridade entre estes dois países, ainda que na fase final do regime colonial constituíssem colónias separadas. O povoamento de Cabo Verde fora, em parte, feito a partir da Guiné, a maioria da classe média guineense era de origem cabo-verdeana – os guineenses de raça mista eram chamados de caboverdeanos mesmo se nascidos na Guiné – o dialecto popular, o crioulo era comum e o movimento de libertação que lutou e conquistou a independência dos dois territórios, o Partido Africano para a Independência da Guiné e Cabo Verde (PAIGC) era, como o seu nome sugere, comum a ambos os países.

O presidente e fundador do PAIGC Amilcar Cabral que se tornaria um dos mais respeitados líderes nacionalistas africanos nascera na Guiné-Bissau mas oriundo de uma família de Cabo Verde e lançara a luta armada de libertação na Guiné-Bissau. A independência de Cabo Verde deve-se, em grande parte, à luta que os caboverdeanos travaram nas matas da Guiné-Bissau.

f. O que ressalta na geografia política da África Ocidental é a disparidade espacial entre as grandes extensões dos Estados do Sahel, na linha da generalidade dos Estados africanos e as pequenas dimensões da maioria dos Estados costeiros entre o Rio Níger e o Atlântico. É, como já apontámos, consequência da geografia física, os primeiros estendidos pelas planícies desérticas ou de savana, os outros apertados numa região florestal compartimentada pelos muitos e pequenos rios que correm em direcção ao oceano. Mas também resulta da geografia humana, escassa e com tradição nómada no interior, densa e sedentária no litoral. Na proliferação estatal da África Ocidental alguns Estados justificam uma referência particular:

- A Nigéria, pela sua dimensão espacial e humana, pela riqueza das suas jazidas petrolíferas e pelo potencial militar tornou-se a grande potência regional. Apesar da permanente instabilidade interna é o parceiro privilegiado da comunidade internacional na regulação dos conflitos na região. Note-se que numa zona predominantemente francófona a potência regional é um Estado anglófono e aliado preferencial dos EUA, o que não é despiciendo num continente onde a conflitualidade não é alheia à disputa entre franceses e americanos pelo alargamento das suas influências.
- O Senegal e a Costa do Marfim foram, durante muito tempo, apontados pela França como países modelo da descolonização das suas colónias africanas, mas acabaram por dar mostra de alguma fragilidade quando desapareceram da cena política os seus líderes carismáticos, Leopold Senghor e Houphouêt Boigny. São exemplos de casos frequentes na África Subsahariana de regimes políticos demasiado identificados com os seus líderes e que entram em convulsão quando estes desaparecem.
- O Chade, situado no interior do Sahel, constitui um país *pivot* na transição entre o Magrebe a norte e a África negra a sul, entre a África Ocidental e a África Oriental, entre a África islamizada e a África cristianizada, entre os povos nómadas e pastores e os sedentários e camponeses. Essa posição central conferiu-lhe um papel importante depois da independência como base de instalação de tropas francesas para intervenção nos vários conflitos na África francófona por forma a assegurar interesses da França. O Chade pôde, assim, assumir um papel importante de tampão à influência de dois países vizinhos e que preocupam os EUA e a Europa, a Líbia e o Sudão que não descuram as oportunidades de marcar presença no contexto africano.

Juntamente com a República Centro Africana (RCA) o Chade joga ainda um papel de relevo de ligação da África Ocidental com a Grande Diagonal dos Conflitos Africanos e a região dos Grandes Lagos.

g. Por fim uma referência às experiências de transição para democracias de tipo liberal que se iniciaram na África Ocidental depois da Guerra Fria. Foi uma região pioneira nessas transformações na África Negra e dos cinco países que em 1991 evoluíram para regimes multipartidários e já conheceram alternâncias pacíficas do poder dois são desta região, Cabo Verde e Benin e um terceiro das suas imediações, São Tomé e Príncipe.

Temos, no entanto, de os considerar excepções e mesmo alguns países onde os sistemas democráticos pareciam mais consolidados como o Senegal, o Gana, a Costa do Marfim e a Nigéria, consultas eleitorais têm levado a situações bem menos pacíficas. Noutros países as experiências resultaram em verdadeiros fracassos tornando-se tristes exemplos de Estados falhados, arenas de lutas entre senhores da guerra, casos da Guiné-Bissau, da Serra Leoa e da Libéria, o que tem arrastado algum descrédito local para os modelos democráticos de tipo ocidental mal assimilados.

4. Geografia económica

a. A maior parte das economias da África Ocidental assenta ainda nas culturas tradicionais ou herdeiras das economias coloniais de exploração de matérias-primas locais para a exportação, como as madeiras, a borracha, o cacau, o café, as oleaginosas e as pescas nos territórios florestados do litoral, ou o algodão nos territórios mais áridos e de savana no interior.

Mas os produtos que têm interesse geoestratégico e que contribuem para a conflitualidade regional são o petróleo e os minerais raros.

b. O ouro e o tráfico de escravos foi o que atraiu os árabes e os europeus para a África Ocidental. A escravatura fez a sua época, o ouro continua a ter o seu papel na economia mundial e a ele se juntaram outros minerais preciosos, nomeadamente os diamantes, tornando-se um factor económico fundamental para a compreensão da conflitualidade da região.

O país com maiores reservas de ouro era o Gana que na era colonial se chamava mesmo a Costa do Ouro, mas outros países como a Mauritânia, a Guiné e o Mali têm produção significativa.

Nos tempos mais recentes os diamantes tornaram-se um factor de conflito decisivo porque a fácil exploração de minas a céu aberto fez das regiões diamantíferas um alvo apetitoso para os senhores da guerra ou movimentos insurreccionais que aí encontraram forma fácil de financiarem a compra de armamentos. A facilidade do transporte e a perversidade do comércio internacional facilitavam essa exploração e rentabilização. A República da Guiné, a

Libéria, a Serra Leoa, a RCA formam uma rede em que as áreas diamantíferas, situadas em zonas fronteiriças, constituem factores visíveis de regionalização dos conflitos.

Mas os minerais estratégicos desta região não se limitam ao ouro e aos diamantes. Também o ferro, a bauxite, mesmo o urânio, associados à fragilidade dos Estados para o seu controlo, tornam a região objecto das preocupações internacionais.

c. O país grande produtor de petróleo é a Nigéria, que pode tornar-se a curto prazo o terceiro ou quarto maior produtor mundial e que é também um contributo decisivo para o papel que o país atingiu como potência regional. A bacia petrolífera de que a Nigéria é o maior beneficiário penetra nos espaços de soberania de Estados vizinhos, Benin e Camarões.

O petróleo, para além dos reflexos que tem nas preocupações e interferências das grandes potências mundiais é também um factor de instabilidade interna, porque beneficia desigualmente as diversas regiões e porque grande parte das receitas favorece personalidades e grupos clientelares através de redes de nepotismo e corrupção, mas ignora as populações mesmo as das áreas produtivas.

Um Estado que dispõe de reservas que só agora começam a ser exploradas é o Chade, o que vai, a breve prazo, aumentar a importância do país para além daquela que lhe é proporcionada pela geografia política.

No Senegal é suposto haver petróleo na região de Casamansa, fronteira e objecto de litígio com a Guiné-Bissau, o que não deve ser ignorado quando se equaciona a conflitualidade nesta sub-região.

d. Os vários países da África Ocidental agruparam-se na CEDEAO cujos resultados, semelhantemente aos dos outros espaços alargados de cooperação económica em África, têm sido escassos. Foi, porém, a partir da CEDEAO que se procurou constituir uma organização regional de prevenção e resolução de conflitos, ECOMOG, à qual nos referiremos no sub-capítulo seguinte.

5. Caracterização polemológica

a. A região da África Ocidental foi, no período pré-colonial, palco dos conflitos próprios de um espaço onde se sucederam experiências estatais antagónicas e ambições expansionistas de tipo imperial.

As primeiras penetrações não-africanas de árabes e de europeus e as empresas escravocratas que lhes estavam associadas tiveram aqui especial incidência com as consequências conflituais resultantes da resistência à captura e comércio de negros e de clivagens com os clãs e chefes locais que colaboravam com os recrutadores negreiros.

b. Durante a época colonial instalou-se o clima geral de domínios e resistências entre colonizadores e colonizados que o próprio sistema gerou, de disputas entre as potências coloniais e de rupturas nas sociedades originárias, mas esta não terá sido a zona da África Subsahariana onde o conflito da era colonial atingiu maior dimensão. E também não foi aqui que as lutas armadas de libertação, quando se chegou a esta fase do processo de descolonização, ganharam maior expressão. Como a maior parte do território estava colonizado pela França e, em menor dimensão, pelo RU e estas duas potências aceitaram o princípio do direito à autodeterminação, a transferência do poder pôde manter-se ao nível negocial prevenindo uma radicalização que resvalasse para a luta armada.

A excepção foi o pequeno território da Guiné-Bissau, colónia portuguesa. Lisboa recusara-se a reconhecer o direito à independência das suas colónias, intensificara a repressão em resposta às reivindicações nacionalistas e tornou inevitável ascensão da luta de libertação ao patamar da luta armada que se iniciou em 1962. O PAIGC encabeçou essa luta em representação dos povos da Guiné e Cabo Verde mas que se confinou ao território da Guiné. O PAIGC revelou-se um dos movimentos guerrilheiros de maior sucesso na luta de libertação e dele emergiu uma elite dirigente na qual se destacava Amilcar Cabral que, pela sua dimensão política, humana, militar e intelectual, se tornou uma referência do nacionalismo africano.

A guerra na Guiné-Bissau assumiu contornos de conflito regional pelo apoio que os vizinhos, Senegal e Guiné-Conakri davam ao PAIGC e por algumas tentativas portuguesas de intervenção nos territórios vizinhos.

c. Durante a Guerra Fria alguns Estados da região aproximaram-se mais do bloco soviético e outros do bloco ocidental mas não se pode dizer que o conflito leste-oeste tenha sido uma componente decisiva na conflitualidade regional. Aliás, com excepção da Nigéria, os conflitos na África Ocidental só se agudizaram depois da Guerra Fria.

A guerra colonial aproximou o PAIGC do bloco leste mas o movimento também contou com apoios no ocidente, pelo que é legítimo dizer que as guerras por procuração próprias da Guerra Fria não atingiram a África Ocidental.

d. Algo surpreendentemente depois das independências, quando os conflitos se propagaram em cadeia por toda a África Subsahariana, a África Ocidental seria das mais atingidas. Podemos distinguir nestes conflitos três tipos dominantes, conforme alguns factores sobressaem em relação aos demais, sendo possível uma tipificação polemológica que não exclui que outros factores sejam comuns a todos eles:

- Os que são dominados por factores identitários, étnicos, tribais ou religiosos. Para eles contribuíram o choque entre populações islamizadas e cristianizadas, as fronteiras herdadas do colonialismo dentro das quais as identidades nacionais eram deficientemente assumidas. Visam frequentemente objectivos cisionistas ou são nesse sentido aproveitados aos quais, como já vimos, estão muitas vezes associadas dinâmicas fusionistas fomentadas por Estados vizinhos.
- Os que resultam de vícios e fragilidades estatais assentes em regimes pessoais, militares e autocráticos, alimentando redes clientelares muitas vezes corruptas e provocando revoltas internas. São lutas pelo poder que conduzem ao vazio, ao caos e originam Estados falhados.
- Os que se inscrevem na revolução nos assuntos militares, envolvendo grupos armados de senhores da guerra, organizações marginais do crime organizado, empresas multinacionais de segurança. Tendo em comum com o tipo anterior o facto de darem lugar a situações caóticas de Estados falhados não visam a conquista do poder mas o controlo de recursos minerais facilmente exportáveis, com os quais financiam grupos armados e engordam as contas bancárias dos dirigentes.

e. O primeiro grande conflito ocorreu na maior potência regional, a Nigéria. Entre 1967 e 1970 reacendem-se velhos antagonismos entre os hausas muçulmanos do norte e os ibos e yorubas cristãos do sul, que se envolvem numa guerra brutal que ficou conhecida pela Guerra do Biafra, porque os ibos chegaram a declarar a independência desta região.

Não por acaso o início do conflito coincidiu com a descoberta das riquíssimas jazidas de petróleo e o Biafra abrange grande parte da região petrolífera. Era, então, um conflito a que, predominantemente identitário, não era estranho o factor económico.

O diferendo identitário nunca ficou solucionado e actualmente multiplicam-se ameaças da sua reposição com a radicalização de estados muçulmanos do norte a imporem a lei islâmica. Também se agrava a ameaça derivada do factor petrolífero com regiões onde o produto abunda exigindo maior participação nas receitas e as suas populações reivindicando compensações pelas consequências nefastas que suportam na agricultura, nas pescas, no ambiente, sem partilharem dos benefícios.

Outro conflito identitário atingiu o Chade desde os anos 60 e tornou-se endémico se bem que de menor intensidade, com o norte branco e muçulmano opondo-se ao sul negro animista e cristão. A futura exploração de petróleo na área do Lago Chade poderá arrastar outro tipo de conflito porque aí colidem interesses externos da Líbia e da França. O país, que é a principal base de forças francesas para intervenção na resolução de conflitos na África francófona, tem sido alvo de frequentes incursões líbias.

f. Dois conflitos mais recentes de naturezas diferentes são os do Senegal e da Costa do Marfim, dois Estados modelo da descolonização francófona e que assentaram muito no carisma pessoal dos seus líderes fundadores. Com o desaparecimento da cena política de Senghor e Boigny veio a instabilidade:

- No Senegal o problema é mais uma questão de fronteiras que no tempo colonial fora ajustado entre a França e Portugal, envolvendo a região de Casamansa, na fronteira sul com a Guiné-Bissau e com cujos povos a norte do Rio Cacheu existe identidade cultural. Há uma ambição separatista a que Bissau não é indiferente, até porque Casamansa é uma província rica, provavelmente com petróleo, mas uma eventual autonomia do Casamansa é susceptível de trazer problemas à unidade territorial da Guiné-Bissau. Interferências recentes do Senegal no vizinho do sul estão ligadas ao diferendo sobre Casamansa.
Os problemas do Senegal transcendem o Casamansa porque Dacar não esconde ambições sobre a Gâmbia, a paradoxal antiga colónia britânica que penetra no Senegal ao longo das margens do Rio Gâmbia. Um grande projecto da Senegâmbia, liderado por Dacar, poderá envolver a Gâmbia e a Guiné-Bissau. As interferências do Senegal na Guiné-Bissau com a conivência do governo de Bissau cruzam-se com ligações da Gâmbia aos independentistas de Casamansa procurando contrariar a hegemonia senegalesa. O conflito tem, portanto, uma dimensão regional.
- A Costa do Marfim durante muito tempo um modelo de estabilidade e com influência noutros países foi surpreendida por perturbações internas em fins de 1999 e por revoltas no norte, onde há uma importante implantação muçulmana. Os rebeldes apoiados por militares conseguiram o controlo de algumas cidades que a fragilidade do governo central

não conseguiu impedir. A intervenção militar francesa trouxe uma solução precária que pode agravar-se a qualquer momento.

A Costa do Marfim é também afectada pela conflitualidade nos seus vizinhos Libéria, Guiné-Conakri e Serra Leoa, apesar de não ter fronteira com esta última. A seguir veremos porquê.

g. Os conflitos no conjunto das Guinés, Libéria e Serra Leoa resultam de uma amálgama de factores que incluem a fragilidade dos Estados e a disputa pelo controlo de recursos económicos por grupos marginais e senhores da guerra, sem objectivos políticos visíveis:

- Na Guiné-Bissau, país pobre em recursos, rebentou um conflito em 1998 que levou ao derrube de Nino Vieira. Foi consequência da falência do Estado e de lutas ao nível da cúpula no poder que se vinham agravando desde 1980 quando a elite dirigente, onde predominavam os chamados caboverdeanos, foi expulsa do poder que detinha desde a independência. O golpe de 1998 denunciou ligações à Gâmbia inscritas nos jogos de bastidores acima descritos.

  O vazio do Estado em Bissau persiste e as fracturas étnico-sociais, com extensões ao Senegal e Guiné-Conakri, ameaçam a estabilidade das fronteiras políticas e podem conduzir a um conflito regional de maiores proporções.

- Os casos da Serra Leoa e da Libéria, países com heranças históricas semelhantes, também radicam na fragilidade dos Estados e em disputas internas pelo poder, mas têm como causas maiores as riquezas auríferas e diamantíferas da zona que se situa na fronteira onde convergem o leste da Serra Leoa, o norte da Libéria e o sudoeste da Guiné-Conakri, que acaba também por se ver envolvida neste conflito. Zona que, pela influência negativa que aí desempenhou o presidente da Libéria Charles Taylor, é conhecida pela taylorilândia.

  A situação interna na Libéria e na Serra Leoa há muito era de tensão entre a oligarquia política dominante dos libertos (ver 3.c.) instalados no litoral e os originários empurrados para o interior. Recentemente a Libéria entra em perturbação no início da década de 90 envolvendo vários golpes e assassinatos políticos e tornando-se o desestabilizador regional com interferências cruzadas da Costa do Marfim e Burkina Faso, de um lado e da Nigéria, Serra Leoa e Guiné-Conakri, do outro. Entretanto na Serra Leoa um movimento guerrilheiro com ligação a Taylor revela-se como um grupo de malfeitores, com o sistemático assassínio e mutilação de civis e tendo como maior objectivo as riquezas diamantíferas.

A Serra Leoa e a Libéria são hoje Estados destroçados tendo a intervenção da comunidade internacional conseguido afastar Charles Taylor da presidência da Libéria, o que era considerado condição *sine qua non* para a solução da conflitualidade regional.

As redes mafiosas que tecem estes conflitos são obscuras, exactamente porque envolvem o tráfico de diamantes e suspeita-se que possam ir das maiores empresas de comercialização das gemas sediadas na Europa até à Al Qaeda, dos movimentos separatistas do Casamansa até ao Hezbollah no Líbano, de vários dirigentes políticos regionais até responsáveis militares da ECOMOG ou da Executive Outcomes, que participam em acções de manutenção da paz.

h. As tentativas de buscar soluções através de organizações regionais de segurança levaram a ECOMOG à intervenção na Libéria desde o início do conflito, mas sem resultados satisfatórios. A ECOMOG tem o problema da subordinação à liderança da Nigéria, que está longe de ser considerada um parceiro isento, neutral e credível. Ela própria se confronta com graves problemas internos e o funcionamento do seu sistema democrático não a recomenda como fiscal da transparência noutros países. Os militares nigerianos, em particular os seus chefes, são suspeitos de interesses materiais nos conflitos onde intervém e de serem sensíveis à atracção dos diamantes. Daqui que a pacificação da ZTC viva dependente deste dilema, não pode deixar de contar com a potência regional, a Nigéria, de quem depende a estabilidade, mas terá de passar pela normalização política interna da Nigéria que não é previsível a curto prazo, pois é um dos Estados da África negra mais sensível ao conflito civilizacional islâmico-cristão.

i. A guerra na Serra Leoa, as atrocidades aí cometidas, a evidência da sua regionalização e as suspeitas da ligação às redes terroristas internacionais levaram à intervenção da ONU, com uma força militar de manutenção da paz, a Missão da ONU para a Serra Leoa (UNOMSIL). Chegou a ser a mais volumosa missão de paz da ONU mas revelou-se um caso paradigmático de missão falhada, pela desadequada organização e equipamento face à situação que tinha de enfrentar. Tropas da UNOMSIL, incluindo unidades inteiras, chegaram a ser presas pelos bandos guerrilheiros que as humilharam e se apropriaram dos seus equipamentos e armamentos. O resultado, mais do que ineficaz, foi negativo.

A situação acabou por ser compensada por uma intervenção directa de forças do RU que desalojaram os guerrilheiros e proporcionaram ao governo a possibilidade de recuperar algum controlo do país e um mínimo de operacionalidade das suas forças armadas.

CAPÍTULO C
GRANDE DIAGONAL DOS CONFLITOS AFRICANOS

1. Geografia física

a. A ZTC da África Subsahariana que incluímos na designação de Grande Diagonal dos Conflitos Africanos é a que vai desde a foz do Rio Zaire a sudoeste, até ao Corno de África a nordeste e na qual se inscrevem os conflitos mais graves que o continente enfrenta na entrada do século XXI (Mapa 22).

É uma ZTC que se interpõe entre a da África Ocidental e a da África Austral, que estudaremos no capítulo seguinte.

Neste conjunto é possível detectar duas subdivisões que, aparentemente, pouco têm a ver uma com a outra em termos de conflitualidade, a da foz do Zaire e a do Corno de África, mas que são associáveis por serem ambas muito influenciadas pela área *pivot* de toda esta zona, os Grandes Lagos.

Incluímos Angola nesta ZTC porque a sua fronteira norte e o enclave de Cabinda são indissociáveis do que se passa na RDC, o Estado central. Mas Angola também não pode desligar-se da conflitualidade na África Austral e por isso desempenha, de certo modo, o papel de plataforma onde convergem factores de conflitualidade das duas ZTC.

Papel algo semelhante desempenha, na transição para a África Ocidental a RCA com estreitas ligações ao norte da RDC.

b. Fisicamente há três particularidades geográficas que predominam na influência ao ambiente de conflitualidade que aí persiste:

- A primeira é a grande floresta tropical que se estende da costa ocidental até aos Grandes Lagos, com vastas áreas que a densidade da vegetação e os terrenos pantanosos da enorme bacia hidrográfica do Rio Zaire tornam impenetráveis. As ligações terrestres são muito difíceis deixando uma enorme zona central isolada e inóspita.
- A segunda é a região dos Grandes Lagos, o Grande Rift, epicentro geográfico da ZTC. Região planáltica, fértil e convidativa à fixação humana e que se identifica mais com a vertente oriental do continente do que com a ocidental.
- A terceira é a faixa envolvente do Corno de África, prolongamento oriental do Sahel, ameaçada pelo avanço da desertificação. É uma zona plana e desértica, com excepção dos maciços da Etiópia que atingem quase 4.000 m de altitude.

Mapa 22 – A Grande Diagonal dos Conflitos Africana

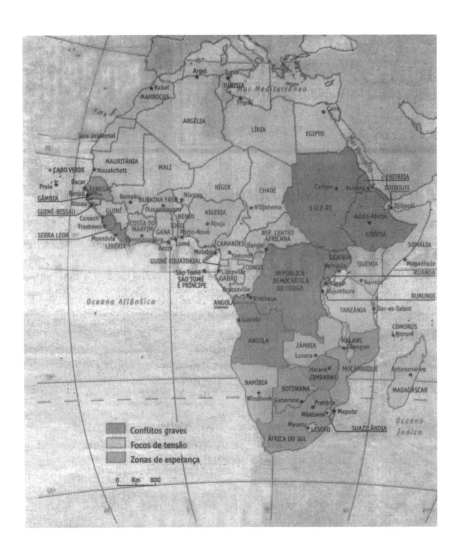

Fonte: *Público*, 21 de Maio de 2000.

c. Posicionalmente corta obliquamente a África Subsahariana, charneira entre a África Ocidental, a África Oriental e a África Austral. Em termos geoestratégicos a sua posição mais importante é a nordeste, o Corno de África, que domina a saída do Mar Vermelho para o Oceano Índico. O estreito de Aden constituiu sempre, nomeadamente depois da abertura do Canal do Suez, uma posição cobiçada pelas potências marítimas.

d. Toda a região central e sudoeste se destaca pela riqueza hidrográfica num continente globalmente carente de água. Aí se localizam as nascentes e os cursos superiores dos grandes rios africanos com excepção do Níger e engloba toda a vasta bacia do Rio Zaire. A esta riqueza hídrica estão associados os Grandes Lagos, na fractura do Grande Rift, que se prolonga pela África Oriental.

Angola é neste particular muito beneficiada, partindo do seu planalto central os tributários das bacias do Zaire e do Zambeze e ainda dois rios secundários importantes que desaguam no Atlântico, Cuanza e Cunene.

e. Climaticamente é também uma zona muito heterogénea, variando dos climas secos, áridos e quentes do Corno de África que regista algumas das mais altas temperaturas do planeta, até às regiões também quentes mas húmidas e de forte pluviosidade da floresta tropical. Em contrapartida os planaltos, de arborização média e clima continental dos Grandes Lagos, do alto Zaire ou do centro angolano, são convidativas à fixação do homem.

2. Geografia humana

a. Os principais problemas relacionados com a geografia humana enquanto factor de conflitualidade regional estão intimamente associados à geografia física. Isto é, a exiguidade de áreas propícias à vida do homem em contraste com a agressividade da maior parte do território leva à concentração em áreas restritas e, consequentemente, a lutas pela terra. A região dos Grandes Lagos destaca-se neste contexto e a conflitualidade daí decorrente reflecte-se em toda a diagonal, para sudoeste através da RDC, para nordeste através do Sudão.

Ainda que a foz do Zaire e o Corno de África não tenham directamente a ver com este factor demográfico acabam por sofrer a ressonância das vibrações dos Grandes Lagos. O problema humano dos Grandes Lagos é o que mais importa compreender como factor da conflitualidade regional.

b. Os conflitos nos Grandes Lagos são encarados como uma disputa entre hutus e tutsis e vários grupos menores que são suas ramificações. Mas esta divisão não é, segundo alguns especialistas, uma diferenciação étnica.

Há muitos séculos que vários grupos convergiram para a região, atraídos pelas condições físicas favoráveis, uns vindos da África Central e Austral, outros vindos do nordeste nilótico. Uma maioria ter-se-á tornado agricultora enquanto a minoria se dedicava à pastorícia. Hoje identifica-se a minoria de pastores de gado com os tutsis e a maioria dos agricultores com os hutus. Não há, então, uma diferença étnica, nem de classes sociais, nem de castas, mas sim comunitária isto é, estratificaram-se em comunidades distintas e hostis e os tutsis, com a vocação guerreira própria dos povos de tradição pastoril e nómada, apesar de minoritários, tornaram-se a elite dominante. Começou aí a hegemonia das comunidades hamitas, como são conhecidos os povos pastoris da África Central e Oriental herdeiros das tradições bantus.

c. Esta região dos Grandes Lagos transformou-se na de maior concentração populacional de toda a África chegando a atingir quase 300 h/Km2. E a disputa pela terra é uma constante.

A animosidade é histórica e durante o período colonial foi alimentada pela administração belga que promoveu a minoria tutsi favorecendo o seu acesso ao ensino, à administração e às forças de segurança, apoiando-se nela para o domínio da maioria hutu. Estes viram a sua promoção social limitada ao apoio das igrejas e os religiosos foram praticamente os únicos que ascenderam socialmente. Assim se compreenderá porque se encontram muitos religiosos hutus na liderança dos massacres que tiveram lugar na década de 90 contra os tutsis.

d. A conflitualidade entre as duas comunidades tem originado vagas de genocídio de que nenhuma delas está isenta. E a fuga aos massacres e perseguições traduz-se em migrações maciças, forçadas. Contam-se por milhões os refugiados em toda a extensão da diagonal, mas têm maior expressão os da região dos Grandes Lagos que flutuam entre os vários países, Ruanda, Burundi e RDC, ignorando as respectivas fronteiras e dando lugar a comunidades diferenciadas em confronto permanente. Por exemplo, no leste da RDC, na região do Lago Kivu, distinguem-se:

- Os banyaruandas, comunidades de maioria hutu, originárias do Ruanda há muito instaladas na região.

- Os banyamulenges, comunidades predominantemente tutsis, oriundas do Burundi também há muito aí fixadas.
- Os interhamwe, grupo diferenciado na base de hutus ruandeses, de migração mais recente e que constitui uma milícia armada.

Estes grupos mantém ligações com as comunidades dos países de origem, combatem-se mutuamente e a hostilidade agravou-se com a chegada maciça de refugiados de meados da década de 90.

Registe-se que as guerras generalizadas que ocorreram na RDC na década de 90, que levaram à queda de Mobutu, ao posterior levantamento contra Laurent Kabila e se transformaram em conflitos regionais, tiveram todas origem nesta região.

e. O factor humano num e noutro extremo da grande diagonal manifesta-se de maneira diferente e não resulta da excessiva concentração populacional como nos Grandes Lagos.

Para sudoeste ao longo da bacia do Rio Zaire, com pequena densidade populacional nada comparável à dos Grandes Lagos, multiplicam-se grupos humanos distintos na linha da heterogeneidade da África Subsahariana, mas o factor humano não é causa de conflitualidade. Na maioria são uma mescla de povos bantus aos quais mais tarde se juntaram não bantus que se foram dispersando nas florestas e, dadas as dificuldades de ligação, preservaram as suas identidades próprias. Patrícia Magalhães Ferreira, no livro *O conflito na região dos grandes lagos*, refere que os etnólogos identificam no Zaire entre duzentos a trezentos grupos étnicos diferentes e como não há uma centralidade sócio-política porque o centro é uma região pantanosa, florestal e impenetrável, a dinâmica é centrífuga, dispersiva, com destino às várias periferias (p. 139).

Nenhum dos Estados desta região representa uma nação dentro das suas fronteiras políticas, podendo vir a sê-lo no futuro como tem acontecido ao longo da história moderna desde a criação do Estado-nação, em que tem sido o Estado a dar lugar à nação e não o contrário. Os Estados em África ainda são demasiado recentes para que as nações já pudessem ter-se consolidado.

f. Na extensão para nordeste o factor humano tem expressão completamente diferente. O mosaico humano é resultado da emigração árabe ao longo da costa oriental africana e da sua proximidade com a península arábica que se estende na outra margem do Mar Vermelho e do Golfo de Aden.

Temos assim uma região onde, ao longo de séculos, se misturaram negros e árabes, aos quais também se terão juntado minorias asiáticas vindas do sub-continente indiano, que sempre evidenciaram vocação para emigrarem para a África Oriental.

Aqui o factor humano volta a ser causa importante da conflitualidade pelas fracturas religiosas entre islamizados e cristianizados, bem presentes na guerra no Sudão.

g. O problema religioso é complexo em toda a grande diagonal e é de difícil caracterização. Zonas predominantemente cristianizadas, nos Grandes Lagos e na bacia do Rio Zaire, partilham influências católicas e protestantes com vastos sectores animistas originando sincretismos mal definidos. Muita da promoção cultural e social foi efectuada pelas missões religiosas, católicas e protestantes, criando também por essa via algumas diferenciações identitárias.

No Corno de África a penetração árabe deu lugar à influência islâmica que no Sudão até assumiu uma tendência fundamentalista, com ligações ao islamismo de Estado do Irão. A conflitualidade regional radica nas rupturas com as comunidades cristãs e animistas do sul. A Somália é um país quase totalmente islamizado, atingindo cerca de 98% da população, mas já na Etiópia sobressai a ancestral tendência cristã-copta, um enclave cristão no seio de uma região maioritariamente islamizada.

3. Geografia política

a. No período pré-colonial existiu nesta zona uma multiplicidade de reinos centralizados, o Congo, o Luba e o Lunda na bacia do Zaire, ou o Ruanda e o Burundi na bacia do Grande Rift, com os quais os primeiros exploradores sertanejos europeus entraram em contacto.

Neste contexto distinguia-se já a Etiópia, um reino cristão com o qual os europeus tentavam contactar na sua ambição de atingirem o oriente por terra. Talvez seja um dos motivos que fez com que a Etiópia nunca fosse colonizada, a excepção que permaneceu num continente que chegou a ser, na totalidade, partilhado pelas potências coloniais europeias.

b. Com o despertar das ambições coloniais europeias em África depois do fim dos impérios americanos, a região dos Grandes Lagos seria o alvo das empresas de penetração dos exploradores europeus, atraídos pelas nascentes dos maiores rios, Nilo, Zambeze e Zaire e pelas riquezas que as velhas lendas diziam aí abundarem. Exploradores portugueses, ingleses, franceses, belgas, financiados por Sociedades de Geografia que proliferavam nas capitais europeias, procuravam marcar presença que viria a ser decisiva para negociar a partilha na Conferência de Berlim.

A grande diagonal africana viria ser dividida por forma a contemplar todos os principais candidatos europeus a potências coloniais. Portugal, França, Bélgica, RU, Alemanha e Itália, todos viriam a receber a sua fatia do bolo.

A moderna geografia política desta ZTC deriva desta partilha. Inicialmente contrariou os projectos português da costa à contra-costa e britânico do Cabo ao Cairo mas, com os reajustamentos derivados da derrota alemã na I Guerra Mundial, o RU conseguiu ver concretizado o seu grande projecto imperial quando passou a administrar o Tanganica.

c. Da Conferência de Berlim a Alemanha surgia como nova potência colonial recebendo uma região a que chamou África Oriental Alemã (AOA) composta pelos territórios do Tanganica e do Ruanda-Urundi, que são hoje a Tanzânia, o Ruanda e o Burundi. Em 1910 uma Conferência Anglo-Germano-Belga demarcou as fronteiras entre o Congo Belga e a AOA e dividiu as comunidades hutus e tutsis ficando parte delas incluídas no Congo Belga, a oeste do Lago Kivu. É a origem dos banyamulenges e banyaruandas. Com a derrota alemã na I Guerra Mundial o Ruanda-Urundi foi integrado no Congo Belga.

A Bélgica prosseguiu a política alemã de se apoiar na minoria tutsi promovendo os seus membros e facilitando o seu acesso à administração pública e às forças de segurança, em detrimento dos hutus mantidos num duplo estatuto de sujeição. Supremacia política tutsi que era anterior à administração colonial, através de monarquias por eles dominadas e que conviveram com o regime colonial. A monarquia tutsi burundesa sobreviveu mesmo à independência até 1966. Tudo isto contribuiu de forma significativa para as desconfianças entre as duas comunidades e para a violência que sempre tem caracterizado as suas relações.

d. A partilha colonial da Conferência de Berlim criara no centro de África um aborto político cujos efeitos perversos se prolongam até hoje, o Congo Belga. Reuniu numa mesma entidade política um espaço imenso sem continuidade territorial, dividido pela região pantanosa central da floresta tropical e pela bacia do Rio Zaire, porque o monarca belga quis retirar proveito de dois trunfos, a saída para o Atlântico na foz do Zaire e o controlo da riquíssima e extensa região dos Grandes Lagos, do Kivu ao Shaba.

A anexação do Ruanda-Urundi depois da derrota alemã ampliou este paradoxo. A Bélgica procurou resolver dois problemas, o excesso populacional nos Grandes Lagos e a carência de mão-de-obra nas regiões mineiras e agrícolas no Shaba e Casai, através de transferências forçadas de populações que agudizaram os antagonismos étnicos. A exigência belga da saída para o Atlântico separou territorialmente Cabinda de Angola, tornando-se um enclave mas continuando a pertencer administrativamente à colónia portuguesa, alimentando equívocos que estão na base das actuais reivindicações independentistas em Cabinda, que não assentam em razões de geografia humana mas de geografia política e económica.

Uma vez independente a pretensamente federativa RDC, durante a presidência de Mobutu com a designação de República do Zaire, foi governada como se de um feudo pessoal se tratasse.

A enormidade do Congo, com as suas riquezas no interior leste e a sua capital e elite dirigente no extremo ocidental, tornou o país um equívoco, uma ficção, ingovernável, em que se acumulam ambições cisionistas ou irredentistas de Estados vizinhos. Muitos observadores pensam que os conflitos que perduram na região dos Grandes Lagos só se solucionarão com um reformulação das fronteiras, o que poderia constituir uma grave precedente em África.

e. No Corno de África a geografia política apresenta-se com diferentes cambiantes:

- O Sudão, o maior país de África em extensão, tem vivido num certo isolamento regional por o seu regime islâmico, no poder desde 1989, ser identificado com o fundamentalismo islâmico iraniano. Tem, desde o ano 2000, feito um esforço para romper esse isolamento, com algum sucesso nas suas aproximações a norte e a sul. Os EUA já o retiraram da lista dos Estados párias quando, depois do 11 de Setembro de 2001, se verificou uma ruptura entre o presidente Omar Bashir e o líder religioso Hassan al-Turabi e o governo se disponibilizou para colaborar na luta contra o terrorismo global. O Sudão corre o risco de uma cisão entre o norte islâmico e o sul animista e cristão, perspectiva que contaria com o apoio dos EUA mas que inquieta os Estados africanos, nomeadamente o Egipto, que receia ver o controlo das águas do alto Nilo partilhado por vários países.
- A Etiópia, mais velho Estado independente de África e que nunca foi colonizada, foi teatro de uma cisão territorial com a separação da Eritreia, única excepção que contrariou o princípio da OUA.

Colónia italiana desde a Conferência de Berlim e até 1941 quando da derrota da Itália no norte de África na II Guerra Mundial, a Eritreia foi incorporada no império britânico. Em 1950 a ONU declarou a sua integração na Etiópia, velha aspiração deste país que assim conseguia saída para o Mar Vermelho e o controlo do estreito de Adem. Mas os diferentes percursos históricos eram inconciliáveis e a integração nunca foi pacífica. Em 1993 a Eritreia tornou-se independente e o conflito entre os dois países, com fronteiras mal definidas, tornou-se cíclico. Desde Dezembro de 2001 uma comissão internacional procura demarcar fronteiras consensuais.

- Diferente estatuto é o do Djibuti, única colónia que os franceses possuíram nesta região geoestrategicamente importante e que, sendo actualmente um país independente, é quase um protectorado da Etiópia à qual assegura, depois da cisão da Eritreia, a saída para o mar.
- A Somália é o paradigma na região do Estado falhado sem um poder reconhecido desde 1991. O território e as suas populações estão sujeitos ao arbítrio de clãs, de líderes religiosos, de senhores da guerra, de grupos marginais e nenhuma intervenção, da ONU, da OUA, de países vizinhos, de organizações humanitárias internacionais, tem tido sucesso contra a anarquia. A ausência de Estado tem favorecido algumas evoluções cisionistas e hoje a Somália é um país fraccionado em entidades políticas não reconhecidas. No noroeste a Somalilândia declarou a independência e o extremo nordeste do Puntland declarou-se região autónoma. No sudoeste as regiões de Bay e Bakool também mantém uma administração separada e no sul vários clãs constituíram o Conselho de Reconciliação e Restauração da Somália (SRRC) que conta com apoios na Etiópia, Quénia e EUA.

f. Uma última e breve referência a Angola no quadro da geografia política desta ZTC, na qual se inscreve pela influência da sua proximidade com a RDC. Todo o norte e nordeste de Angola e, muito em particular, o enclave de Cabinda serão afectados por uma eventual implosão da RDC. Mas o problema de Cabinda, a que também não é alheia Brazaville, apesar dos problemas causados por se tratar de um enclave, deriva mais do factor geográfico-económico do que da geografia política.

Angola também se inscreve na ZTC da África Austral e pode estar a desenhar-se uma divisão de tarefas entre Angola e a RAS, em que esta se assume como potência regional na África Austral e aquela como potência regional no extremo sudeste da Grande Diagonal dos Conflitos Africanos.

4. Geografia económica

a. O panorama económico com incidência directa na conflitualidade na Grande Diagonal dos Conflitos Africanos é dominado por seis grandes questões, o petróleo, os minerais raros e preciosos, a água, as madeiras exóticas, os transportes e, pela negativa, a extrema pobreza do Corno de África. Abordaremos cada uma em separado.

b. Existem duas grandes regiões petrolíferas com óbvia influência nos conflitos da região:

- A primeira situa-se na região costeira do sudoeste da diagonal, inscreve-se na bacia petrolífera da África Ocidental e abrange as faixas litorais atlânticas da RPCo e do noroeste de Angola.
  Apesar de ricos em outros recursos o petróleo constitui a grande fonte de receitas destes países. Em Angola as maiores reservas situam-se no enclave de Cabinda cuja especificidade geográfica alimenta disputas em torno da soberania, mas é o petróleo que alimenta as reivindicações sobre o território. Reivindicações que assumem um carácter cisionista através de movimentos independentistas, mas que têm também uma componente fusionista. Os apoios da RPCo e RDC aos grupos separatistas não são inocentes, pois encobrem ambições anexionistas sobre o enclave e os seus recursos.
- A outra, de descoberta e exploração mais recente, localiza-se no sudoeste do Sudão, região petrolífera do interior africano. Situando-se nas imediações da área de conflitualidade mais intensa que opõe forças rebeldes cristãs-animistas do sul ao governo islâmico central, está sujeita à vulnerabilidade da grande extensão dos oleodutos que levam as ramas até Porto Sudão, 1.600 Km atravessando as zonas onde a guerrilha está mais activa.

Admite-se que também na região leste da RDC, nas margens do Lago Kivu, haja petróleo e gás natural, com continuidade para o Ruanda e Burundi. A ser assim seria mais um factor a acrescentar à sensibilidade de toda esta zona transfronteiriça cuja conflitualidade já é alimentada pelas suas riquezas minerais.

c. As riquezas minerais da África Subsahariana espalham-se por toda a região. Mas destaca-se a zona dos Grandes Lagos e foi a fama destas riquezas que despertou o interesse dos primeiros exploradores europeus que penetraram no interior africano no século XIX e dos vários projectos coloniais quando se tratou de delimitar fronteiras.

É comum chamar-se ao território que constituía o Congo Belga e é hoje a RDC um escândalo geológico e é em particular o seu extremo leste que justifica este epíteto. O Shaba, ou Catanga, é uma das províncias mais ricas o que explica as várias tentativas separatistas, algumas alimentadas do exterior pela França e pela Bélgica e das quais o principal agente foi, exactamente, uma grande empresa mineira dos tempos coloniais, a União Mineira do Alto Catanga. Ouro, diamantes, cobre, níquel, cobalto e, mais recentemente, materiais indispensáveis às novas tecnologias das comunicações, dos telemóveis, dos microprocessadores, das fibras ópticas, da aeronáutica espacial, da microcirurgia, encontram-se na região do Lago Kivu. Destaca-se um dos minerais mais cobiçados da actualidade, o coltan, cuja designação resulta de uma liga de columbite e tantalite. A presença estrangeira nos conflitos na região explica-se à luz destas riquezas.

Os filões mineralógicos, principalmente os diamantíferos, estendem-se pelo território angolano limítrofe com o sudeste da RDC, ao longo dos afluentes da margem esquerda do Rio Zaire que correm paralelamente para norte e definem a bacia do alto curso deste rio. Os diamantes angolanos, de fácil extracção à superfície, foram o alvo principal das ambições da UNITA e de Jonas Savimbi e seus apoiantes, a principal fonte de financiamento da sua poderosa máquina militar quando, a partir de 1992, por ter recusado os resultados eleitorais, perdeu os principais apoios externos, inclusivamente o dos EUA. Os diamantes permitiram a Savimbi sobreviver e alimentar o seu exército durante dez anos.

d. Algumas regiões, ricas em recursos hídricos, são favoráveis à agricultura, mas não têm tido aproveitamento conveniente para responder às necessidades das suas populações. Pelo contrário, as comunidades rurais do interior onde essas zonas abundam são, paradoxalmente, as que vivem em situação de maior pobreza e carência total. Ao escândalo geológico acrescenta-se o escândalo social e humano que faz de uma das regiões mais ricas da terra o espaço habitado por algumas das populações mais pobres.

Esta situação, factor óbvio de conflitualidade, tem várias explicações, que vão da política das antigas potências coloniais cuja lógica privilegiava as culturas extensivas destinadas à exportação em prejuízo das economias de subsistência familiar, às guerras endémicas que geram insegurança e isolaram e desertificaram vastas extensões, até ao nepotismo dos governantes dos Estados independentes que se apropriaram das riquezas nacionais como se patrimónios privados se tratassem. Algumas zonas dos planaltos angolanos, congoleses e da região dos Grandes Lagos, que poderiam ser decisivas na autosuficiência alimentar, estão hoje transformadas em campos de refugiados e deslocados, na periferia de alguns centros urbanos onde chega a ajuda externa por via aérea. Há um círculo vicioso que é indispensável romper, porque o caos económico, social e políticos gera conflitos e os conflitos perpetuam a carência.

e. O isolamento e desertificação do interior é simultaneamente causa e consequência da falência das redes de transportes, hoje um dos maiores problemas da economia africana. Algumas das zonas potencialmente mais ricas, em petróleo, em minerais, na agro-pecuária, situam-se no interior longínquo onde não chegam as estradas, os caminhos de ferro, as vias fluviais, porque são vulneráveis, as infra-estruturas estão destruídas e a grande maioria se tornou intransitável.

f. A grande mancha da floresta tropical é rica em madeiras exóticas. É um factor económico algo paradoxal pois se por um lado constitui um recurso – trata-se da segunda maior mancha florestal do mundo – por outro constitui um obstáculo à ligação terrestre entre o litoral atlântico e as regiões mineiras dos Grandes Lagos. A fragilidade das ligações da capital da RDC em Kinshasa, no extremo sudoeste do país, com os Grandes Lagos, tende a que esta região se aproxime da vertente oriental da África.

g. Em contraste com as riquezas naturais do centro e sudoeste da grande diagonal está o seu extremo nordeste no Corno de África.

Região quase totalmente dependente da agricultura e pastorícia é gravemente afectada pelo avanço do deserto do Sahel, com as populações da Etiópia e da Somália sujeitas à catástrofe das fomes cíclicas e tornadas mais vulneráveis aos senhores da guerra.

O conflito etíope-eritreu que se arrasta, tem também uma componente económica, na medida em que a independência da Eritreia retirou à Etiópia todos os seus acessos ao Mar Vermelho. Alguns observadores pensam que a Etiópia alimenta o objectivo de recuperar o porto de Assab, no sudeste da Eritreia e ligado por estrada a Addis Abeba.

h. Por último uma referência ao Uganda, que é encarado como uma excepção pela comunidade internacional mais desenvolvida e pelos seus centros de decisão económico-financeiros. Isto tem importância na forma como o país se perfila como regulador dos conflitos regionais.

País predominantemente agrícola, tem feito um esforço para se abrir a outros sectores da economia, agro-industrial e turismo, aderindo aos padrões liberais que fazem do país um modelo para o Banco Mundial na África negra, porque regista a mais alta taxa de crescimento.

Gozando de alguma estabilidade política interna conta com a compreensão dos EUA, que aceitam que em África a democracia se possa condicionar à estabilidade, tornando-se fiável numa região tão conturbada como a dos Grandes Lagos. Fiabilidade que usa com alguma impunidade para intervir nos Estados vizinhos, muitas vezes em troca de proventos económicos, como acontece na RDC.

5. Caracterização polemológica

a. Ao longo dessa extensa diagonal os conflitos têm expressões distintas, causas diferenciadas, muito dificilmente se podendo relacionar alguns deles. No limite será, por exemplo, abusivo tentar identificações entre o conflito na Somália e o de Cabinda. Mas numa questão a generalidade dos observadores está de acordo. Há um lugar geométrico central na ZTC a partir do qual a conflitualidade se propaga para sudoeste e para noroeste e esse lugar é a região dos Grandes Lagos e, por extensão, a RDC.

Frantz Fanon, um dos clássicos autores africanos que mais veementemente denunciaram o colonialismo e o neocolonialismo derivado de alguma descolonização, terá afirmado que a África tem a forma de um revólver e o Congo é o gatilho (De Witte, p. 25). É uma observação curiosa e perspicaz porque, de facto, o continente africano tem, *grosso modo*, o formato de um revólver com o cano apontado para baixo no qual o Congo ocupa a posição do gatilho. E a esta imagem acrescentava Fanon que, quando o gatilho (o Congo) dispara, o revólver (a África) explode.

Em relação à Grande Diagonal dos Conflitos Africanos esta previsão de Fanon tornou-se, tragicamente, premonitória. A explosão do Congo atingiu todos os vizinhos mais próximos, dos Grandes Lagos a Angola.

b. A conflitualidade moderna tem nesta ZTC, como em toda a África, raízes nos regimes coloniais. Mas estes não explicam tudo. Há causas anteriores e outras mais recentes já da era pós-colonial.

Tomemos como exemplo paradigmático um dos conflitos actuais de efeitos mais trágicos, o que no Ruanda e Burundi, alastrando para a RDC, opõe hutus e tutsis. É um conflito regional e identificável com a especificidade dos Grandes Lagos. O antagonismo violento entre as duas comunidades é anterior à ocupação colonial, havendo registos que permitem afirmar que remontam ao século XVI, época em que se verificaram grandes migrações no continente e desde quando a minoria tutsi se foi impondo como mais agressiva, guerreira e ambicionando submeter a maioria hutu. O colonialismo alemão e belga alimentou este antagonismo utilizando a minoria, a quem proporcionava privilégios, para dominar a maioria. Favoreceu a promoção de quadros tutsis que se tornaram uma elite administrativa, cultural e nas forças de segurança, até que eles próprios sentiram chegada a hora do processo histórico da descolonização e então o colonizador alimentou os velhos ódios dos hutus contra as elites tutsis, minando qualquer hipótese de unidade nacional.

Os processos de transição para as independências, no início da década de 60, não foram idênticos nos dois países. Enquanto no Burundi a monarquia tutsi sobreviveu à independência e só mais tarde seria derrubada por um golpe militar mas liderado pelos próprios tutsis, no Ruanda os hutus revoltaram-se contra a liderança tutsi ainda antes da independência e contando com o apoio belga. Estas revoltas já traziam a marca dos massacres e dos êxodos para países vizinhos para onde transferiam os focos de instabilidade.

No vizinho Uganda o colonizador promoveu algumas elites locais que ascenderam à administração e às forças militares e de segurança e que depois da independência se mantiveram como grupos dominantes. O poder ugandês tem tido sempre uma componente militar que lhe tem proporcionado hegemonia regional e capacidade de interferência em todos os azimutes, Congo, Ruanda/Burundi, Sudão e Tanzânia.

No Congo Belga as demarcações das fronteiras coloniais a leste foram, desde a origem, um factor de conflito passando pelo interior de ambas as comunidades hutu e tutsi. Quando, com o fim da Guerra 1914-1918, o Ruanda e o Burundi foram integrados no Congo Belga estas contradições não foram eliminadas mas agravadas, porque o poder colonial forçou deslocamentos maciços de populações das regiões mais populosas para outras onde havia mais carência de mão-de-obra.

c. Com as independências no início da década de 60 o gatilho do Congo Belga seria dos primeiros a disparar. As convulsões violentas iniciaram-se com as tentativas neocoloniais belgas que levaram ao assassinato de Patrice Lumumba, primeiro-ministro eleito e que puseram em evidência a ilusória identidade nacional do paradoxal Congo. As interferências belgas e as cisões alimentadas do exterior estão denunciadas em pormenor no livro de Ludo De Wite *O assassinato de Patrice Lumumba*. O Catanga e o Casai passaram por tentativas separatistas fomentadas pelos interesses neocoloniais belgas representados pela União Mineira do Catanga. O Catanga chegou a declarar uma independência efémera, no que terá sido o primeiro conflito interno africano onde surgiram mercenários a apoiar facções políticas em luta pelo poder, prática que viria a vulgarizar-se e a tornar-se um factor da conflitualidade regional a ter em conta.

Durante as mais de três décadas da ditadura de Mobutu, que chegou ao poder através de um golpe militar e contou com o apoio do ocidente, a República do Zaire conheceu um período de ilusória tranquilidade interna mas as rebeliões, lideradas por antigos companheiros de Lumumba, mantinham-se latentes na região dos Grandes Lagos, onde a autoridade do poder central dificilmente chegava.

d. Na década de 60 em que se verificou a primeira grande ruptura no sistema político da África Subsahariana a instabilidade no Congo repercutira-se em Angola:

- Depois dos acontecimentos do 4 de Fevereiro de 1961 em Luanda que assinalam o início da luta armada e nos quais terão participado elementos do Movimento Popular de Libertação de Angola (MPLA) e da União dos Povos de Angola (UPA), depois transformada em Frente Nacional de Libertação de Angola (FNLA), este último desencadeou uma vaga de terrorismo sistemático no norte de Angola, com apoios directos no Congo.
- A experiência separatista do Catanga seria apoiada por Portugal a partir de Angola que tinha no seu líder apoiado pela Bélgica, Moisés Tshombé, um aliado. Quando chegou ao seu termo os *gendarmes* catangueses, a estrutura militar de Tshombé, refugiaram-se no leste de Angola passando a actuar como forças auxiliares do exército português na guerra colonial, os chamados fiéis e constituindo uma permanente ameaça para Mobutu.
- Também Cabinda e as suas riquezas petrolíferas estavam na mira da nova RDC que nesta preocupação tinha a concorrência da RPCo com sede em Brazaville.

O conflito do Congo transbordara para o interior de Angola e assumira contornos regionais. Mobutu, porém, manteve sempre alguma ambiguidade em relação à política colonial portuguesa, até porque era um aliado do ocidente na Guerra Fria, com boas relações com a França e EUA e, em Cabinda, tinha de contar com os interesses destes países na exploração petrolífera. Por outro lado tinha necessidade de exportar o cobre do Catanga através do Caminho de Ferro de Benguela (CFB), trunfo importante com que o governo português soube jogar.

Mobutu desempenhou ainda um papel importante na divisão entre os movimentos de libertação angolanos iniciais, apoiando abertamente a FNLA e hostilizando o MPLA, alimentando essa cisão que tanto viria a influenciar a violência que marcou a transferência do poder, a independência e a fase posterior em Angola. O que se passou neste país em 1974-1975 tem aqui, em grande parte, a sua génese. Kinshasa tinha-se tornado o centro da desestabilização regional e seria a partir daí que os EUA, através da *Central Inteligence Agency* (CIA), tentaram impedir o sucesso do Acordo de Alvor em que Portugal negociou a independência de Angola com os três movimentos de libertação, FNLA, MPLA e mais a UNITA que se formara em 1965. Washington tentou, com o apoio no terreno de tropas do Zaire, da RAS e de mercenários portugueses, que na independência o poder ficasse nas mãos de uma coligação FNLA-UNITA, enquanto o MPLA era apoiado pelo bloco leste com a participação no terreno de tropas cubanas. Foi o período em que a Guerra Fria e o confronto leste-oeste esteve mais aceso na conflitualidade da grande diagonal. John Stockwell, o director da CIA que liderou pessoalmente este projecto com o nome de código Operação Iafeature, relata com detalhe este conflito regional no seu livro *A CIA contra Angola*.

A Operação Iafeature fracassou e, com a tomada do poder em Luanda pelo MPLA, o centro de gravidade do conflito angolano deslocar-se-ia para o sul. A instabilidade que assolou Angola depois da independência, foi muito determinada pela posição *pivot* que ocupa entre as ZTC da Grande Diagonal dos Conflitos Africanos e da África Austral, mas teve mais a ver com esta última e analisá-la-emos no capítulo seguinte.

e. Na vertente nordeste a conflitualidade é de natureza diferente mas a região dos Grandes Lagos continua a ser fulcral. O Sudão fora juntamente com o Gana uma das primeiras colónias a ascender à independência, em 1956 e desde logo surgiu um conflito civilizacional, muçulmanos contra cristãos, mas também muçulmanos contra muçulmanos e cristãos contra cristãos.

Em 1983, depois da revolução islâmica no Irão, Kartum aproxima-se de Teerão e o regime sudanês instaura a lei islâmica. Entre os anos de 1991 e 1996 o Sudão dá abrigo a Ben Laden, quando este foi obrigado a abandonar a Arábia Saudita, mas em 1996 expulsou-o e o chefe da Al Qaeda transferiu-se para o Afeganistão. Acentua-se a cisão a sul do Exército Popular de Libertação do Sudão (SPLA) de John Garang e cria-se uma frente rebelde agrupando cristãos do sul e muçulmanos do norte, a Aliança Nacional Democrática (NDA). Hostilizado pelo Egipto a norte, pelo Uganda a sul e pela Etiópia a leste, que apoiam John Garang, mas principalmente pelos EUA pela sua ligação ao Irão, Kartum torna-se o grande perturbador regional. O Sudão está presente em todos os conflitos internos dos países vizinhos e todos os vizinhos estão presentes no conflito interno do Sudão, o mais antigo do continente africano.

Depois do 11 de Setembro de 2001 com a ruptura entre o líder político Bashir e o líder religioso Al-Turabi o Estado sudanês inicia um afastamento do Irão procurando aproximar-se dos EUA. Ambos comungam a preocupação com o vazio de poder na Somália, que pode tornar-se um paraíso para o terrorismo internacional.

f. Ainda mais para nordeste o conflito entre a Etiópia e a Eritreia é o único assumidamente inter-estatal. Mas não deixa de ter algumas raízes no período colonial. A Eritreia fora colónia italiana desde a Conferência de Berlim e serviu de base a Mussolini para tentar anexar a Etiópia. Chegou a invadir o país mas nunca conseguiu colonizá-lo. Com a derrota da Itália na Guerra 1939-1945 a ONU declarou, em 1950, a Eritreia parte da Etiópia que assim assegurava saída para o mar.

A Eritreia adquirira, porém, uma identidade própria e muitos eritreus nunca se conformaram com a anexação. Em 1993 consegue, através de um referendo, a independência. Em 1998 rebenta a guerra entre os dois Estados e reacende-se em 2000, para muitos incompreensível tanto mais que os dois líderes tinham sido companheiros na luta contra o regime marxista etíope de Mengistu.

Não havendo aqui um conflito civilizacional, nem étnico, nem por recursos naturais, o seu factor determinante é a geografia política. É, acima de tudo, um conflito por fronteiras e por soberania. A Etiópia tem o problema do acesso ao mar e há quem não aceite a separação da Eritreia. O porto de Assab é um objectivo do governo de Addis Abeba que visa também o controlo de toda a região do Corno de África onde a situação de anarquia na Somália é preocupante para todos os vizinhos.

Desde Dezembro de 2000 vigora um acordo de paz entre os dois Estados, acordo precário porque precária é a estabilidade em toda a região.

g. O extremo geográfico do Corno de África é também a situação limite da conflitualidade. É a anarquia generalizada e nem sequer assenta em factores estruturais muito visíveis, podendo antes dizer-se que radica no absoluto fracasso do Estado.

A Somália há muito se debate entre duas dinâmicas opostas. Uma dinâmica expansionista, visando territórios vizinhos para ocidente, Ogadou na Etiópia, para norte o Djibuti e para sul a região fronteiriça do Quénia. E uma cisionista de que são expressão as várias fracturas que atrás destacámos no sub-capítulo da geografia política (3.e.).

No tempo colonial a Somália, que depois da abertura do Canal do Suez desfrutava de uma posição geográfica importante no controlo do Golfo de Adem e das rotas marítimas para o oriente, foi partilhada pela França (hoje o Djibuti independente), o RU e a Itália, mas a conflitualidade actual tem pouco a ver com este passado. Depois de uma série de guerras civis pela disputa do poder a partir do início da década de 80, os conflitos actuais não visam o poder político, opõem grupos de bandidos armados, senhores da guerra que inviabilizam acções da ONU ou de apoio humanitário.

A Somália é, actualmente, o caso típico do perturbador regional por ausência de poder de um Estado falhado, suscitando intervenções dos vizinhos na tentativa de controlar o caos do espaço vazio. Mas na mesma lógica de toda a conflitualidade na grande diagonal está também sujeita a influências do exterior, nomeadamente da Etiópia. No norte a Somalilândia e a nordeste a Puntland têm o apoio da Etiópia, interessada em especial na Somalilândia onde o importante porto de Berbera, ligado directamente por estrada a Addis Abeba, compensa o bloqueio aos portos na Eritreia. No sul a Etiópia também apoia o SRRC e há indicações de que forças militares etíopes estarão presentes nesta autoproclamada região autónoma, presença que poderá ser incentivada por Washington. A anarquia e o vazio de poder na Somália fomentam esta dinâmica cisionista e fazem dela uma apetecível base para organizações terroristas como a Al Qaeda. É uma das possíveis próximas arenas da guerra dos EUA contra o terrorismo global.

O vazio do poder associado à posição na costa do Golfo de Adem evidencia outra fragilidade, que se relaciona com a ascensão da pirataria marítima. As costas da Somália contam-se entre as que somam maior número de ataques piratas em todo o mundo, com absoluta impunidade.

h. A situação na Grande Diagonal dos Conflitos Africanos conheceria uma evolução profunda a partir da década de 90 e, mais uma vez, teria origem nos factores estruturantes da região dos Grandes Lagos.

Após sucessivas insurreições e golpes de estado militares no Ruanda e no Burundi em que nem sempre a fractura entre tutsis e hutus era muito nítida, mas que acabavam sistematicamente em massacres generalizados e que alternavam com tentativas eleitorais que por sua vez geravam novas rebeliões, a situação conheceria uma agravamento súbito. Os presidentes dos dois países e altas personalidades dos dois governos morrem quando o avião em que seguiam é atingido por um míssil perto de Kigali, capital do Ruanda. Segue-se uma vaga de genocídios neste país, primeiro vitimando tutsis, depois hutus, com as consequentes levas de refugiados com destino a leste, às margens do Lago Kivu no Zaire, onde se juntam às comunidades rivais banyamulenges e banyaruandas. O Uganda procura impor a imagem de potência regional e pôr ordem no conflito, mas sem sucesso.

Então já Mobutu estava em perda perante os seus protectores ocidentais. Acabara a Guerra Fria e com ela o interesse naquele pouco recomendável bastião anticomunista em África. O governo de Angola começara a conquistar simpatias no ocidente que reconhecera a legitimidade dos resultados eleições de 1992 e condenara a UNITA por não ter aceite a derrota e ter respondido com o regresso à luta armada. E, acima de tudo, Mobutu tinha ligações obscuras com o Sudão e opunha-se ao Uganda, afectando os interesses norte-americanos na região. A era de Mobutu terminava. O caos no Ruanda e no Burundi ainda lhe proporcionou um último fôlego oferecendo o seu país para base a acções humanitárias ou de imposição da paz, mas a proposta não resultou até porque a intervenção estrangeira nos Grandes Lagos acumulava fracassos. O que Mobutu pretendia era ajuda para eliminar a rebelião interna das Forças Democráticas para a Libertação do Congo-Zaire (AFDL) lideradas por Laurent Kabila, que dava os primeiros sinais exactamente na província de Kivu e era apoiada pelo Uganda, Ruanda e Burundi. Foi nos Grandes Lagos que se iniciou a grande marcha que derrubou Mobutu.

A AFDL contava com outro apoio importante, Angola. O regime de Mobutu há muito que acolhia no Zaire forças da UNITA e da Frente de Libertação do Enclave de Cabinda (FLEC), em rebelião contra Luanda desde a independência e tropas de Savimbi combatiam ao lado das de Mobutu. Luanda aproveitou a oportunidade para intervir militarmente no Zaire em apoio de Kabila e aí dar combate à UNITA. Com as tropas de Luanda entravam também os refugiados catangueses que há décadas aguardavam esta oportunidade. Kabila entrava em Kinshasa em Maio de 1997, sete meses depois de as suas tropas terem partido dos Grandes Lagos e o Estado recuperava o nome inicial de República Democrática do Congo. Explorando o sucesso desta intervenção

Luanda colaboraria também na mudança do poder em Brazaville ajudando o seu aliado Denis Nguesso a depor Pascal Lissouba, outro apoiante da FLEC e da UNITA. O conflito regional atingiria a sua maior dimensão desde os Grandes Lagos até à foz do Rio Zaire e Angola, que desde 1961 lutara com êxito contra Portugal, contra o Zaire e contra a maior potência militar africana, a RAS, todos apoiados pela maior potência mundial, os EUA, quase se vira obrigada a conquistar o estatuto de potência militar regional. Em 2002, a sua vitória militar sobre a UNITA reforçaria esse estatuto.

i. O fim do regime de Mobutu, o grande perturbador regional, deveria abrir caminho a uma solução para a conflitualidade na ZTC. Não foi assim. As causas são mais profundas.

No essencial Kabila não resolveu os problemas com os refugiados hutus e tutsis dentro das suas fronteiras, nomeadamente das milícias hutus responsáveis pelos massacres de 1994 no Ruanda, que se mantinham armadas e faziam incursões no outro lado da fronteira. Fora uma condição para o apoio do Uganda, Ruanda e Burundi que não viam cumprida e, por isso, apoiaram nova rebelião na RDC, agora contra o seu anterior aliado e uma vez mais a partir dos Grandes Lagos. A guerra reiniciava-se em 1998.

Entretanto os apoios externos iam dividir-se. O Uganda e o Ruanda intervém em apoio de três facções rebeldes distintas, que por vezes se combatem entre si e as tropas ugandesas e ruandesas chegam mesmo a controlar largas fatias do território congolês. Movidos também por interesses materiais vão recolhendo fartos benefícios das zonas mineiras que controlam. A norte a RCA também apoia os rebeldes. Ao contrário Kabila contava com apoio de tropas de três aliados, Angola, Zimbabwe e Namíbia, também estes materialmente compensados com a extracção de recursos minerais. Apesar de haver uma condenação geral dos Estados africanos contra estas intervenções estrangeiras as acusações visavam principalmente o Uganda e o Ruanda, considerados causadores do que já se chamava a Primeira Grande Guerra Africana e que envolvia nove países. A RAS tenta colocar-se numa posição neutral mas o próprio Nelson Mandela, com a autoridade que lhe é reconhecida, acaba por justificar a intervenção de Angola, Zimbabwe e Namíbia por terem sido pedidas pelo governo de Kinshasa face às violações do Uganda e Ruanda. A Zâmbia, fronteira à região em conflito, toma idêntica atitude. Hoje todos receiam o chamado efeito Congo, pelas repercussões na instabilidade em vários países de África. A actualidade dava razão a Franz Fanon. O disparo do gatilho do Congo fizera explodir o revólver africano.

j. Laurent Kabila foi assassinado em Janeiro de 2001 num golpe palaciano que pareceu não visar uma tentativa de golpe de estado. Seu filho Joseph Kabila foi designado presidente pelas forças dominantes do regime mas nada alterou, quer nos alinhamentos internos, quer nos externos.

Os factores estruturantes da conflitualidade dos Grandes Lagos, da geografia física, da geografia humana, da geografia política e da geografia económica, permanecem. O Conselho Nacional de Segurança dos EUA considerava, em Dezembro de 1998, o conflito na RDC o mais perigoso que desde sempre tivera lugar em África, porque contém o risco de poder originar guerras entre vários Estados africanos. A RDC, talvez o caso mais aberrante de geografia política em África, pode implodir suscitando ambições irredentistas de vizinhos visando principalmente as suas regiões mais ricas. É, de novo, nos Grandes Lagos, que esta ameaça é mais real, porque a repartição do espólio não seria pacífica.

As tentativas de negociação sobre a RDC sucedem-se desde Julho de 1999 mas têm falhado sistematicamente. Em Março de 2002 as tropas de Angola e Namíbia retiraram-se, mas as do Zimbabwe permanecem salvaguardando os seus interesses na exploração de madeiras e minerais que lhe foram facultados pelo governo da RDC. Em Outubro do mesmo ano retiram-se os militares do Ruanda mas o Uganda adia a sua retirada do nordeste do país. Recentemente, já no ano de 2003, a guerra voltou a agravar-se na área do Kivu e com ela as acções de genocídio. Em Junho a França, Alemanha, Bélgica o RU decidiram enviar uma força para Bunia, na margem do Lago Kivu, a Operação Artemisa, a que poderá juntar-se Portugal. Seria a primeira iniciativa no quadro de uma nova geoestratégia da UE para a resolução de conflitos, actuando autonomamente em resposta a um apelo da ONU. A Europa sabe que, na previsão de Fanon, do disparo do Congo e da explosão de África, a Europa não sairá incólume.

CAPÍTULO D
ÁFRICA AUSTRAL

1. Geografia física
a. Não é fácil delimitar geograficamente a África Austral porque nos confrontamos com as mais variadas interpretações. Uma abordagem restritiva tende a limitá-la à área de maior influência política e económica da RAS desde o tempo do *apartheid*, ou seja a própria RAS, Namíbia e antigos protectorados do RU, o Botswana, a Suazilândia e o Lesotho. É esta a opção do *L'état du monde*.

Quando, em 1994, com a independência da Namíbia e o fim do *apartheid* na RAS, estes Estados e mais as Ilhas Maurícias aderiram à SADCC e esta passou a SADC, a tendência passou para uma interpretação alargada incluindo na África Austral todos os Estados da SADC estendendo-se, a norte, até à Tanzânia. Mas a SADC prosseguiu o alargamento com a admissão em 1998 da RDC e das Ilhas Seychelles, penetrando claramente na África Central e África do Pacífico e descaracterizando a designação de África Austral.

A delimitação espacial que interessa neste trabalho tem a ver com um nexo de conflitualidade, geoestratégico isto é, procura-se identificar zonas em que os conflitos tenham uma coerência regional, nas quais se façam sentir causas e efeitos comuns ainda que com intensidades diferentes.

Chamamos, assim, ZTC da África Austral à região do sul de África onde, depois da primeira grande ruptura geográfico-política da década de 60, se inscrevia o bloco de territórios dominados pelas minorias brancas e que seria depois a mais afectada pela segunda grande ruptura da década de 70, que estaria na base da agudização dos conflitos que se estenderiam até ao final do século XX.

Assim sendo incluímos a RAS, Botswana, Lesotho, Suazilândia, Namíbia, Moçambique, Zimbabwe e Angola. Consideramos dever incluir também a Zâmbia e o Malawi que atingiram a independência na década de 60 e não integravam o bloco da minoria branca, mas geograficamente integram aquele conjunto e têm um passado comum com o Zimbabwe com o qual, no tempo colonial, constituíam a Federação das Rodésias e Niassalândia. E que foram envolvidos na prolongada conflitualidade em Angola e Moçambique desde as guerras de libertação (Mapa 23).

Angola não pode polemologicamente excluir-se desta ZTC mas com a particularidade de, como vimos no capítulo anterior, se inscrever também na

MAPA 23 – África Austral

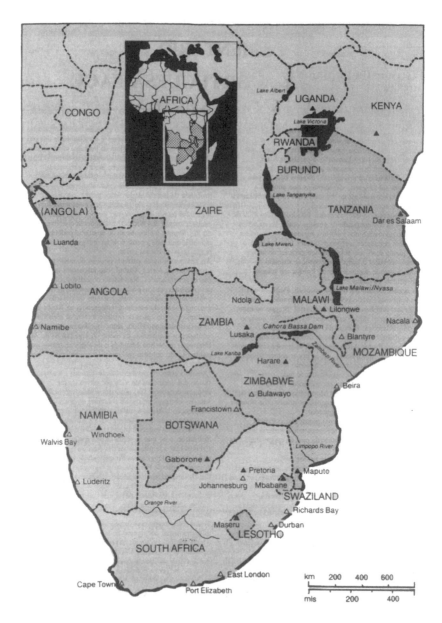

Fonte: *Terra Solidária*, Nº 10, CIDAC, Lisboa, Novembro-Dezembro 1997.

grande diagonal, devendo ser-lhe reconhecido um importante papel de *pivot* entre as duas.

A Tanzânia está numa posição periférica mas por vezes é indispensável fazer-lhe referência pela influência que exerceu na ZTC.

b. A geografia física tem, enquanto factor de conflitualidade na África Austral, uma importância menor.

Os grandes acidentes geográficos do continente a sul do Sahara, os desertos, a floresta tropical, as grandes bacias hidrográficas, a bacia do Rift, as maiores cadeias montanhosas, pouco afectam a África Austral. A franja sul da floresta tropical e a bacia do Rio Zaire atingem Angola mas na medida em que este país se inclui na ZTC da Grande Diagonal dos Conflitos Africanos e não na da África Austral. Os Grandes Lagos chegam ao Malawi e Moçambique através do Lago Niassa e só o Rio Zambeze é um factor influente na zona.

c. A abertura do Canal do Suez retirou algum peso posicional à costa sul do continente na rota da Europa para o extremo oriente. Mas a instabilidade do Médio Oriente tem ocasionado frequentes bloqueios no canal pelo que se mantém a importância como alternativa às grandes rotas marítimas.

A configuração é a da generalidade do continente africano, compacto, regular, costas sem recortes, sem obstáculos às comunicações.

d. No quadro paisagístico contrasta a vertente ocidental do sul de Angola, da Namíbia e do norte do Botswana, o deserto do Calahari carente de água, com as bacias do Zaire e do Zambeze fartas em água e proporcionando alguns importantes aproveitamentos hidroeléctricos nas barragens de Cambambe, Kariba e Cabora-Bassa.

O clima é factor importante porque sendo em muitas áreas dos planaltos irrigados ameno, de tipo mediterrânico, é convidativo para os europeus e explica a sua fixação, o que viria a constituir o principal factor da conflitualidade regional. Os emigrantes não foram atraídos apenas pelo clima, obviamente, mas o ambiente favorável jogou um papel decisivo.

2. Geografia humana

a. Se o factor físico-geográfico é de importância secundária já a geografia humana assume papel destacado. Porventura, em paralelo com a geografia política, é o que tem reflexos mais directos na conflitualidade regional.

A sua maior incidência é na RAS mas, dado o papel central deste país como maior potência regional que é, os seus efeitos projectam-se em toda a ZTC.

E se na RAS grande parte dos conflitos tiveram uma dimensão racial, todos os problemas, ameaças e suspeições, acabam por ser justificadas, devida ou indevidamente, pela questão racial.

b. Na sua migração para o leste e o sul da África o grupo bantu havia ocupado toda a região meridional, tornando-se dominante. As lutas pelo poder e pelas terras travaram-se entre diferentes facções étnicas ou tribais bantus. Alguns grupos mais fracos como os bosquímanes, fixados no interior do deserto do Calahari abrangendo parte do Botswana, da Namíbia e do sul de Angola, foram submetidos mas preservaram a sua identidade.

Foi com os bantus que a fixação dos primeiros europeus se chocou.

c. Os pioneiros europeus no contacto com os povos da África Austral através de feitorias aí instaladas para apoio à navegação, foram os portugueses no final do século XV. O seu objectivo era ainda o extremo oriente, apenas iniciando uma incipiente fixação visando várias formas de comércio, nomeadamente de escravos, nas costas de Angola e Moçambique.

Em meados do século XVII chegaram à região do Cabo os primeiros colonos holandeses instalados pela Companhia das Índias Orientais, que se fixaram e começaram a dedicar-se à agricultura e à criação de gado, atraindo outros compatriotas. Foi o início da comunidade *boer* (fazendeiros em holandês) que em meados do século XVIII começou a chamar-se *afrikander*, marcando uma separação em relação à sua origem europeia e assumindo-se como africanos brancos. A sua fixação e actividade económica assentaram, desde o início, numa rígida discriminação racial e na exploração do trabalho dos negros em regime escravo. Era a semente de um problema que iria dominar toda a conflitualidade regional.

Nos princípios do século XIX, em plena expansão e afirmação como grande potência marítima, os ingleses chegam ao sul de África, plataforma decisiva no apoio à navegação para a Índia e cujo clima convidava a fixarem-se. Portadores de ideias mais liberais que germinavam na Europa depois das revoluções burguesas na Inglaterra e em França, quando estavam em marcha as revoluções na América depois da independência da América do Norte e se começava a pôr em causa a escravatura, os ingleses confrontaram-se com a rigidez da discriminação *boer*.

A pressão britânica obrigou os *boers* à fuga para o interior norte, que se inicia em 1834 e fica conhecido pelo *great treak* (grande migração), em que cerca de catorze mil *afrikanders* se vão instalar na região do Transval, vencendo a resistência dos bantus de etnia xhosa e expulsando-os.

d. Ali reside a origem do *apartheid* que tanto iria influenciar a conflitualidade na África Austral. Era, no fundo, um sistema que assegurava o domínio político e económico da minoria sobre a maioria, compartimentando a sociedade, discriminando as pessoas e as comunidades pela cor da sua pele. Mas que também gerou fracturas entre os brancos, comunidade *afrikander* contra a de origem britânica e entre os negros, os mais irredutíveis contra os conformados que colaboravam com o sistema.

O *apartheid* separa ainda dois grupos étnicos intermédios, que não estando sujeitos à violenta discriminação dos negros também não beneficiavam dos privilégios dos brancos, exactamente porque eram classificados como não-brancos, os *coloured*, mistos ou mulatos e os asiáticos, nomeadamente indianos. Estes grupos intermediários eram olhados com desconfiança pelos *afrikanders* e pelos negros, porque queriam distanciar-se destes para ascenderem ao estrato superior, mas eram rejeitados por aqueles. Os mais conscientes participaram activamente na luta contra o *apartheid*. É curioso assinalar que foi na África do Sul que Ghandi, líder e símbolo maior da luta pela independência da Índia, iniciou a sua campanha de desobediência cívica, de resistência pacífica e não-violenta contra a discriminação racial e o domínio colonial e que viria a influenciar os tempos iniciais da luta do Congresso Nacional Africano (ANC) e de Nelson Mandela.

e. A África Austral foi, de longe, a zona da África Subsahariana de maior fixação branca atingindo, no final dos regimes colonial e do *apartheid*, um total de mais de seis milhões. Atraíra mais colonos do que toda a restante África Subsahariana junta. As condições climatéricas a isso convidaram.

Sem atingirem a dimensão da RAS, no final do período colonial as populações de origem europeia em Angola, Moçambique e Rodésia chegaram às duas a três centenas de milhares em cada colónia. A percentagem de mistos era significativa, principalmente nas colónias portuguesas onde a discriminação racial era menos rígida.

f. O aspecto religioso não constituiu factor directo de conflitualidade. Convivem tendências animistas tradicionais com os cultos cristãos de confissão católica e protestante e com algumas expressões sincréticas cristã-animista. O islamismo penetrou ligeiramente no norte de Moçambique, entre os brancos da RAS há um importante colónia judaica e os indianos dividem-se entre islamizados e hindus.

Indirectamente, porém, sem se apresentar como projecto de poder, a religião não deixou de ter influência nos conflitos porque as missões religiosas, protestantes e católicas, foram veículos importantes na promoção cultural dos negros, compensando as lacunas que estes encontravam no ensino oficial. Muitos dos líderes nacionalistas e anti-*apartheid* saíram de escolas das missões e estas mantiveram ligações aos movimentos de libertação.

g. Com o fim dos regimes coloniais a grande maioria dos brancos e muitos quadros mistos e negros abandonaram os países recem-independentes, na quase totalidade com destino às antigas metrópoles. No regresso das caravelas, bem caracterizado por João Paulo Guerra, os colonos não regressavam sós. Acompanhavam-nos muitos dos antigos colonizados.

Este fenómeno é, em parte, consequência e causa de conflitualidade. Causa porque o vazio em quadros e estruturas contribuiu para o agravamento das condições sociais que por sua vez alimentou os conflitos. Mas também consequência porque alguns dos que abandonaram, não todos porque muitos nunca aceitariam viver no novo país governado pela maioria negra, fugiam da violência instalada, da insegurança, das dificuldades nos cuidados de saúde, na educação dos filhos, no seu próprio emprego.

A segregação gerada pelos sistemas coloniais e de *apartheid* continua presente na conflitualidade da África Austral. O sistema foi encerrado ao nível da superestrutura política da RAS mas em grande parte subsiste nas estruturas económicas e sociais, nas escolas, nas estruturas de saúde, nos clubes privados, nos complexos desportivos. E são as camadas negras que continuam a ser atingidas pelos altos índices de analfabetismo, de desemprego, de marginalidade, de doença. A SIDA atinge na África Austral o mais elevado índice de todo o mundo e entre os mais afectados estão os negros da RAS e do Botswana, que até são dos países que registam índices económicos mais favoráveis.

Hoje a população na África Austral é predominantemente jovem, acompanhando as taxas do crescimento demográfico em África. Mas os efeitos perversos combinados das doenças, das guerras, das migrações, dos deslocados, da desertificação, da fome, da mortalidade infantil, podem afectar negativamente as perspectivas de crescimento demográfico.

3. Geografia política

a. Com a Conferência de Berlim de 1885 a África Austral fora partilhada entre três potências coloniais:

- O RU ficou com a parte de leão, África do Sul, protectorados de Bachuanalândia (hoje Botswana), Basutolândia (actual Lesotho) e Suazilândia

e Federação das Rodésias e Niassalândia (hoje Zâmbia, Zimbabwe e Malawi). Em 1910 a África do Sul transformava-se em União Sul-Africana, integrando as antigas colónias do Cabo, Natal, Orange e Transval, mas mantinha-se como domínio britânico.
- Portugal ficava com Angola e Moçambique vendo frustrado o seu projecto da costa à contra-costa apresentado no mapa cor-de-rosa, com o qual pretendia unificar todo o território da costa ocidental de Angola à costa leste de Moçambique.
- À Alemanha, potência sem tradição colonial, cabia o Sudoeste Africano (hoje Namíbia) e o Tanganica (actual Tanzânia).

Com a derrota na Guerra 1914-1918 a Alemanha perdeu as suas colónias tendo o império britânico recebido o Tanganica e ficando o Sudoeste Africano sob mandato da SDN e administrado pela União Sul-Africana. Depois da II Guerra Mundial a União Sul-Africana manifestou à ONU interesse em anexar o Sudoeste Africano, mas foi-lhe recusado.

b. Desde os finais do século XIX que o lugar da África do Sul no contexto geográfico-político da África Austral era de excepção porque, apesar de domínio do RU, era o único território que, numa África colonizada, tinha um estatuto autónomo.

Depois do *great treak* de 1834 a comunidade *afrikander* no Orange e Transval tinha aumentado e em 1852 e 1854 estas colónias declaram a independência, dizimando ou expulsando os negros perante a passividade dos ingleses, administradores das colónias. Só em 1867, com as descobertas das minas de ouro no Transval, os ingleses passaram a preocupar-se do que veio a resultar, em 1899, a Guerra Anglo-Boer que duraria até 1901 e terminaria com a vitória inglesa.

Com a proclamação da União Sul-Africana em 1910 o país começa a orientar-se para o sistema de discriminação racial depois institucionalizado no *apartheid* através de uma legislação segregacionista radical:

- Em 1913 o *Native Lands Act* atribuía 93% das terras mais férteis aos agricultores brancos e 7% aos negros que representavam 75% da população. Os negros ficavam remetidos aos chamados bantustões, autênticas reservas de mão-de-obra para serviço dos brancos.
- Em 1923 o *Native Urban Area Act* limitava a possibilidade de os negros viverem nas cidades brancas.
- Na mesma data o *Native Affairs Act* regulava a exploração do trabalho negro.

Quando em 1948 os nacionalistas *afrikander* conquistaram o poder e institucionalizaram o regime do *apartheid*, mais não fizeram do que oficializar uma situação *de facto* anterior.

c. O quadro acima descrito era o da geografia política na África Austral até 1961, quando se dá a ruptura no sistema homogéneo com as primeiras independências na África Subsahariana. O sistema passa a heterogéneo separando os Estados independentes e os territórios dominados por minorias brancas e a linha divisória passa pela África Austral:

- O bloco das maiorias negras é constituído pela Tanzânia, independente em 1961, Zâmbia e Malawi em 1964, Botswana e Lesotho em 1966 e Suazilândia em 1968.
- O bloco das minorias brancas, União Sul-Africana, Namíbia por esta administrada, colónias portuguesas de Angola e Moçambique e Rodésia, cuja minoria branca, recusando aceitar um governo de maioria negra, declarou unilateralmente a independência em 1965, entrando em rebelião com a metrópole britânica e instaurando um regime inspirado no *apartheid* sul-africano.

Mas nenhum destes blocos podia ser considerado totalmente homogéneo no seu interior:

- No bloco de maioria negra a Tanzânia, a Zâmbia e o Malawi eram Estados totalmente independentes enquanto Botswana, Lesotho e Suazilândia, enclaves no espaço da minoria branca, estavam muito dependentes da União Sul-Africana. Apesar de formalmente independentes eram, na realidade, Estados de soberania limitada.
- No bloco das minorias brancas a União Sul-Africana era um Estado independente internacionalmente reconhecido, a Rodésia era uma colónia em rebelião cuja independência não era reconhecida pela comunidade internacional, a Namíbia estava sob um estatuto de tipo colonial mas não assumido pela potência administrante e Angola e Moçambique eram reivindicadas por Portugal como províncias de um Estado unitário com sede em Lisboa, mas que a comunidade internacional recusava a reconhecer outro estatuto que não o de colónia.

A União Sul-Africana, pressentindo os ventos da história, antecipou-se a qualquer projecto de independência para a maioria negra promovido pelo RU e, em 1961, separa-se de Londres declarando-se República da África do Sul e tentando anexar a Namíbia, o que a ONU impede, revogando em 1966 o mandato que lhe conferira. Em 1968 a ocupação foi declarada mesmo ilegal e em 1969 exigida a sua retirada.

Com a crescente representação do Terceiro Mundo na ONU Portugal, a RAS e a Rodésia passam a ser alvo de permanente condenação política.

d. A segunda ruptura no sistema, na década de 70, na sequência do 25 de Abril de 1974 em Portugal, verifica-se no bloco das minorias brancas:

- Moçambique e Angola tornam-se independentes em 1975 e a Rodésia dá lugar ao Zimbabwe em 1980, passando todos a integrar o bloco de maioria negra.
- A RAS mantém a ocupação da Namíbia, apesar da Resolução 435 de 1978 do CS/ONU que reconhece o direito à independência do povo deste território e exige de Pretória passos nesse sentido. A RAS fica isolada como Estado de minoria branca passando a ser alvo da hostilização de toda a África e, em particular, da África Austral cujos países se associam no GPLF.

O agravamento da conflitualidade desde os meados da década de 70 até à de 90 tem nas variações da geografia política o seu factor determinante.

e. A heterogeneidade do sistema extinguir-se-ia em 1994:

- Depois de guerras prolongadas e processos negociais complexos a RAS apercebe-se da inevitabilidade do fim do regime do *apartheid*. Em 1989 Frederik De Klerk assume a presidência e em 1990 é legalizado o ANC que liderava a luta anti-*apartheid* e outros partidos políticos menos representativos, como o Partido Comunista aliado do ANC. São libertados dirigentes nacionalistas presos há dezenas de anos entre eles Nelson Mandela, líder carismático do ANC e do nacionalismo africano.
- Em 1990 a Namíbia vê reconhecida a sua independência e a Organização do Povo do Sudoeste Africano (SWAPO), que liderara a luta de libertação, ganha as eleições.
- Em 1994 realizam-se eleições na RAS com a vitória do ANC e de Nelson Mandela. O *apartheid* político na África Austral fica definitivamente ultrapassado. Mas os seus reflexos na conflitualidade regional perdurariam.

f. Enquanto em muitos países da África Subsahariana a geografia política foi negativamente marcada pelo poder pessoal de muitos líderes que encararam o poder como um feudo particular ou de clã, a RAS também é marcada pelo poder carismático de um líder, Nelson Mandela mas que, ao contrário de outros, usa o seu carisma para reforçar a democracia, a harmonia racial e o funcionamento das instituições. A viragem na RAS deveu muito à personalidade de Mandela que, em 1999, terminado o seu mandato, se retirou pacificamente do poder mas que permanece como figura moral tutelar, não apenas na RAS mas em toda a África Austral.

Não há na África Austral, como nas outras ZTC africanas, nenhum caso gritante de Estado falhado. O que vem suscitando maior preocupação é o Zimbabwe que tendo começado por ser uma esperança de estabilidade é, presentemente, o único que ameaça poder entrar em colapso.

g. A RAS é, sem dúvida, a maior potência regional porque reúne vários trunfos, político, militar, económico, prestígio internacional. Mas essa liderança não é pacificamente aceite, nomeadamente pelo Zimbabwe e algumas dificuldades de relacionamento entre Pretória e Harare podem radicar no ressentimento de Mugabe face ao protagonismo conquistado por Mandela. E Pretória também não mostra muita vocação para exercer um mandato de potência regional, hesitando em intervir no exterior ao contrário, por exemplo, da Nigéria na África Ocidental, parecendo privilegiar uma magistratura de influência dos seus líderes.

h. O facto de esta ser a região do continente onde o colonialismo e o *apartheid* mais resistiram, teve como consequência ter sido também aquela em que os movimentos de libertação conduziram uma luta armada mais prolongada, o que veio a ter reflexos no quadro dos regimes políticos pós-independências, nos quais esses mesmos movimentos tiveram e continuam a ter papel destacado.

Na maioria dos países, Moçambique, Angola, Zimbabwe, Namíbia, RAS, o poder, mesmo depois de consultas eleitorais, permanece sob controlo dos movimentos que lutaram pelas independências. No caso de Angola, com mais do que um movimento de libertação, a disputa pelo poder depois do fim do regime colonial, quer através das armas quer através dos votos, teve esses movimentos por protagonistas.

Mas os movimentos de libertação não são exactamente partidos políticos. Escrevi em 1996 no livro *Angola – do Alvor a Lusaka* que «Os movimentos *de libertação não são partidos políticos, consoante a concepção que no ocidente se tem de partidos, construídos na lógica do seu próprio percurso histórico. Os movimentos de libertação são organizações frentistas, hierarquizadas, militarizadas, muito mais orientadas para objectivos e motivadas por romantismos revolucionários, do que por razões programáticas ou ideológicas. Quando atingem os objectivos das suas lutas e se transformam em estruturas de poder, o confronto com o pragmatismo das realidades sobrepõe-se às motivações românticas, tantas vezes recheadas de uma boa dose de utopia. É o choque da geração da utopia, que Pepetela tão bem tratou no romance a que deu exactamente esse título. E, então, há tendência para, nessas organizações frentistas, passarem a confrontar-se diferentes concepções ideológicas, ou meramente programáticas e darem lugar à emergência de diferentes tendências políticas, potencialmente geradoras de novos alinhamentos, quiçá mesmo de novos partidos»* (p. 185). Creio que isto se mantém válido e que a geografia política na África Austral, as superestruturas do poder nos vários Estados, reflecte as contradições que resultam da transformação de movimentos de libertação em partidos políticos, factor que é susceptível de continuar a contribuir para a conflitualidade interna dos Estados.

i. A RAS é uma referência no quadro geográfico-político da ZTC, até pela forma como conseguiu traçar o seu processo de transição do *apartheid* para um regime de maioria negra, que muitos receavam tivesse de ser extremamente violento, pelos ressentimentos que a própria violência do *apartheid* gerara. Este sucesso deve-se, em grande parte e como já destacámos, à dimensão do líder da transição que foi Nelson Mandela.

É importante para o conjunto da África Austral e até do continente africano que o processo na RAS não descarrile. Mas está longe de estar consolidado, apesar do trabalho desenvolvido pela Comissão de Verdade e Reconciliação, presidida pelo bispo anglicano Desmond Tutu que procurou, através do autoreconhecimento dos excessos de violência do *apartheid* e da luta de libertação, exorcizar os ódios e abrir as vias para uma convivência racial. O problema é que as estruturas de uma sociedade que durante muitas décadas asseguraram despoticamente o poder de uma minoria, ainda não foram alteradas e, apesar das mudanças na superestrutura política, as relações do antigo poder real se mantém. Algumas vozes acusam que depois do *apartheid* a RAS continua a ser um país branco com um chefe de Estado negro. Joe Slovo, que foi até morrer secretário-geral do Partido Comunista da África do Sul, aliado do ANC na luta anti-*apartheid* e no governo, cidadão sul-africano de origem europeia, previu que com a vitória nas eleições o ANC poderia conquistar o governo mas não o poder, porque este dependeria do controlo da economia.

Sectores mais radicais da minoria branca ainda não se consideram derrotadas e sonham com futuras dificuldades da maioria no poder para reconquistarem privilégios perdidos. Outros elaboram projectos cisionistas de regiões onde os *afrikanders* estão mais implantados. Em 1997 surgiram notícias de um plano para a criação de uma república *boer afrikander* independente no Transval, na zona a noroeste de Joanesburgo e Pretória. Projectos que actualmente parecem inviáveis, numa conjuntura de crise regional são susceptíveis de mobilizar alguns estratos mais inconformados.

4. Geografia económica

a. A África Austral é, no contexto do continente africano, uma região economicamente rica em recursos naturais o que contribuiu para que tivesse sido uma zona de fixação dos imigrantes brancos.

Os principais recursos são os da generalidade da África Subsahariana, petróleo, madeiras, minerais e metais raros e estratégicos. Para além disso, com excepção do deserto do Calahari, é farta em recursos hídricos e o clima, nos planaltos centrais, favorece a agricultura e a pecuária.

Por outro lado é aí que se encontra o único país industrializado de África, a RAS, o que faz dela a maior potência económica do continente

b. O único produtor de petróleo é Angola mas neste particular, como as suas jazidas se encontram no noroeste do país, inscreve-se na ZTC da Grande Diagonal dos Conflitos Africanos. Não deixa, porém, de ser um factor que reforça a posição de Angola na África Austral.

Recentemente foram descobertos recursos petrolíferos no Botswana, mas ainda não estão a ser explorados.

c. Os minérios raros são a grande riqueza da África Austral, devendo distinguir-se algumas áreas de mais elevada concentração:

- Na bacia de alguns afluentes da margem esquerda do Rio Zaire, nomeadamente nos rios Cuango e Casai no nordeste de Angola, muito rica em diamantes. Em Angola, mais para o centro-sul, há ainda muitas reservas mineiras por explorar.
- A zona costeira ocidental da Namíbia e RAS, com cobre, diamantes, metais não ferrosos e uma reserva de urânio perto de Walvis Bay, o importante porto da Namíbia.

- A zona central da Zâmbia, chamada a cintura do cobre, mas ainda com ferro, carvão e minérios não ferrosos. A cintura do cobre prolonga-se para norte, pela província do Shaba (Catanga) da RDC.
- A mais rica e extensa destas concentrações mineiras vai da região de Tete em Moçambique, pelo interior, até ao alto curso do Rio Orange, na RAS e aqui se situam as maiores reservas mundiais de ouro e diamantes, mas também manganês, carvão, cobre, ferro, outros minerais não ferrosos e urânio. No Botswana, que se inscreve nesta concentração, há ainda muitos recursos minerais por explorar.

A descoberta das riquezas mineiras na África Austral data de 1867, na bacia do Rio Orange que atravessa a RAS da região do Lesotho até desaguar no Atlântico na fronteira entre a RAS e a Namíbia, e do seu afluente o Rio Vaal, vindo de nordeste de perto da fronteira com a Suazilândia. Esta descoberta foi consequência do *great treak* de 1834 quando os *boers*, sob pressão inglesa, atravessaram o Rio Orange para norte e se instalaram no Transval e em Orange, nas margens do Vaal. Mas foi também esta descoberta que chamou a atenção dos ingleses para a região. Até então não se tinham preocupado com a autonomia de que os *boers* aí gozavam e com as campanhas de limpeza étnica (como hoje se chamariam) em marcha contra as populações bantus.

Foi portanto esta riqueza mineira que esteve na origem da política de violenta segregação racial *boer*, posteriormente da guerra anglo-boer de 1989-1902 e que mais tarde alimentaria a guerra civil em Angola na década de 90. Os recursos mineiros da África Austral foram sempre um factor determinante na conflitualidade regional.

d. Factor importante na geografia económica da África Austral, com incidência nos conflitos, é a terra e as actividades produtivas com ela relacionadas, madeiras, agricultura e pecuária.

A zona mais rica em madeiras exóticas é o noroeste angolano, nomeadamente Cabinda, que se insere na floresta tropical e já abordámos no capítulo referente à Grande Diagonal dos Conflitos Africanos.

A África Austral é agricolamente a região mais rica do continente, bem irrigada, com os planaltos do interior beneficiando de um clima continental favorável. O planalto central de Angola, o Zimbabwe, algumas áreas de Moçambique nas margens do Lago Niassa e nos vales do Zambeze e do Limpopo, o Botswana e a RAS, têm boas potencialidades na agro-pecuária. Sob os regimes coloniais e do *apartheid* a apropriação das terras férteis pelos brancos e o desalojamento dos negros constituiu uma pedra essencial da lógica desses regimes e gerou factores de conflitualidade permanentes que, em alguns casos, se prolongam para além das independências.

Com a declaração da União Sul-Africana em 1910 não tardaram as medidas legislativas para assegurar aos brancos o domínio das boas terras condenando os negros a trabalhar para os brancos (ver 3.b.). Estas leis só viriam a ser revogadas em 1994, ainda antes da transferência do poder para o ANC, o que motivou a oposição de grande parte dos fazendeiros brancos que ameaçaram resistir violentamente.

A política colonial assentava na posse da terra fértil pelos colonos e na manutenção dos negros como reserva de mão-de-obra. António Vicente Ferreira, alto comissário em Angola no período do Estado Novo, numa comunicação ao II Congresso da União Nacional, em 1944, expressava com rigor esta política colonial de expulsão dos indígenas das melhores terras para serem atribuídas aos colonos e que não era exclusiva das colónias portuguesas (Correia, 1999, pp. 110 e 111).

Em Angola e Moçambique, depois das independências, o problema da restituição das terras não se colocou porque se verificou o abandono generalizado dos colonos dedicados à agricultura e pecuária de exportação. Mas teve outras consequências perversas e, associadas aos efeitos da guerra generalizada, originou a desertificação e paralisação da actividade agro-pecuária, mesmo da de subsistência, com reflexos graves nas economias familiares e no abastecimento local.

Já nos países em que a presença europeia permaneceu, como o Zimbabwe, o problema da terra transformar-se-ia no mais grave factor de conflitualidade interna. Quando da independência, em 1980, os sete milhões de agricultores pretos, representando cerca de 63% da população, praticavam uma agricultura de subsistência em 40% do território cultivável, enquanto quatro mil e quinhentos agricultores brancos dividiam os outros 60% das melhores terras, produzindo tabaco e milho destinados à exportação. Estas exportações dos agricultores brancos representavam 50% do PNB e 40% das exportações.

A correcção desta injustiça óbvia não está, tudo o indica, a ser conduzida da melhor maneira, utilizada como instrumento de intervenção político-partidária do governo e estando a transferência da terra para os negros a resultar no colapso da produção. A agricultura comercial é vital para a economia do Zimbabwe, um país de imensas riquezas que era a segunda potência económica da África Austral mas que ameaça implodir violentamente com graves reflexos no exterior, nomeadamente na RAS, onde esta experiência é seguida com atenção pelos negros que aspiram a uma justa repartição das terras, mas com preocupação pelos brancos que receiam a perda dos seus privilégios. Reflexos que se podem estender ao Botswana onde a agricultura e pecuária tem grande peso na economia e é, em 80%, controlada por brancos.

O problema das terras no Zimbabwe é, actualmente, a maior ameaça à estabilidade na ZTC. O presidente Mugabe parece contar com apoio dos seus chefes militares e provoca indecisões nos governos de países vizinhos que, no entanto, manifestam compreensão para esta política. Ao contrário norte-americanos e europeus, com destaque para os ingleses, condenam firmemente a acção do governo de Mugabe e ameaçam com sanções.

Vários agricultores sul-africanos prevendo que problemas semelhantes possam surgir no seu país estão a tentar negociações com países vizinhos, como Angola, Moçambique, Zâmbia, Malawi e Botswana, para instalarem fazendas de antigo modelo colonial, em boas terras disponibilizadas pelos respectivos governos. São questões susceptíveis de virem, a prazo, a criar novos focos de conflito.

e. O equilíbrio económico da RAS é vital para toda a África Austral onde tem o papel de pólo dinamizador. Mas é um problema sensível porque a estrutura económica ainda assenta na lógica do *apartheid* e o seu brusco desmantelamento conduziria a rupturas e ao colapso económico e social.

O certo é que a clivagem social na RAS continua a separar brancos e negros e é uma ameaça potencial aos avanços de desmantelamento do *apartheid* político. A pobreza na RAS, bem como o desemprego, que atinge níveis da ordem dos 40%, são determinados pela cor da pele. Estes flagelos alimentam a marginalidade e esta a criminalidade. E a criminalidade tem reflexos na economia, afasta investimentos, provoca fuga de capitais. É um círculo vicioso difícil de romper. Diz-se que o crime é, hoje, a indústria mais próspera na RAS, assumindo contornos de uma guerra civil larvar, da qual a maior vítima é a comunidade negra.

f. Em 1980, quando os países governados por maiorias negras se opunham à RAS do *apartheid* e apoiavam a independência da Namíbia, criaram a SADCC. Era um organismo de cooperação económica, agrupando nove países, Angola, Botswana, Lesotho, Malawi, Moçambique, Suazilândia, Tanzânia, Zâmbia e Zimbabwe. Em 1990, com a independência da Namíbia este novo Estado aderiu ao SADCC.

O seu objectivo fundamental era a busca de formas de desenvolvimento em conjunto que levasse à progressiva diminuição da dependência da economia regional em relação à RAS. Mas a teia de contradições e fragilidades dos seus Estados devastados por guerras internas e pela desestabilização promovida pela própria RAS, nunca permitiu esses intentos. A economia dos Estados membros não parava de se degradar.

Mas a RAS também via agravar-se uma crise económica que contribuiu para o fim do *apartheid*. Com o fim deste regime, em 1994, a RAS, juntamente com as Ilhas Maurícias, entram para a comunidade que passa a doze membros e muda a designação para SADC. Em 1998, com a adesão da RDC e das Ilhas Seychelles, alarga-se para os actuais catorze membros. Ironicamente deixa de ser uma organização contra o poder hegemónico da RAS e passa a depender da liderança económica da RAS. Na era da globalização, com a tendência para a constituição de espaços económicos alargados, uma SADC de sucesso pode vir a ser a organização africana capaz de ter relações privilegiadas com os EUA e a UE. A forma como isto for conseguido, se o for, em benefício de interesses neocoloniais ou em benefício das sociedades africanas sempre desfavorecidas, terá certamente reflexos no agravamento ou apaziguamento da conflitualidade regional.

5. Caracterização polemológica

a. A África Austral foi sempre teatro de conflitos. Foi violenta a chegada dos povos bantus vindos do norte e do ocidente do continente, como o foi a posterior instalação dos europeus, o recrutamento de escravos, a penetração no interior, a exploração colonial e os regimes de *apartheid*.

Os três tipos de conflitos que no Capítulo A distinguimos como tendo marcado a África Subsahariana até à década de 70, resistência ao ocupante europeu, entre ocupantes e entre africanos, todos assolaram a África Austral desde a conquista europeia:

- A resistência à penetração no interior na segunda metade do século XIX e princípios do século XX foi constante em Angola, no Tanganica, em Moçambique, na África do Sul. A História de Portugal documenta bem as chamadas campanhas de África ou campanhas de ocupação e as guerras coloniais da segunda metade do século XX foram seu corolário.
- As guerras entre ocupantes coloniais sucederam-se, a Guerra Anglo-Boer de 1899-1902 e depois as projecções africanas da Guerra 1914-1918, opondo no sul de Angola e norte de Moçambique portugueses e alemães e no sul do Sudoeste Africano ingleses e alemães.

- Em todas estas campanhas os africanos dividiram-se e lutaram entre si, ou porque estivessem em campos diferentes, ou porque fossem compulsivamente incorporados nos exércitos coloniais inimigos.

A Segunda Guerra Mundial não teve na África Austral as mesmas consequências porque as potências coloniais estavam, então, todas do mesmo lado. Mas não deixou de criar fissuras internas na África do Sul onde o Partido Nacional *afrikander* apoiou o nazismo alemão.

b. A ZTC foi particularmente atingida com a ruptura do sistema homogéneo na década de 60 quando a África Austral ficou dividida em dois blocos antagónicos e se iniciaram as guerras coloniais. O palco principal foram as colónias portuguesas por Lisboa recusar o direito à autodeterminação e independência, mas estendeu-se à Rodésia e à RAS que tentavam preservar o sistema do *apartheid*. Às propostas de negociação dos movimentos de libertação em busca de soluções políticas, os regimes brancos responderam com a repressão policial e militar e a subida ao patamar violento da luta de libertação tornou-se inevitável. Estas guerras assumiriam uma natureza complexa na qual eram detectáveis quatro componentes distintas, se bem que complementares:

- A primeira componente era a luta de libertação nacional. Inviabilizada a opção pela resistência cívica o ANC inicia a luta armada na RAS em 1960 e em 1961 começa a guerra em Angola na qual dois movimentos de libertação, UPA/FNLA e MPLA, combatem o regime colonial português. Em 1964 inicia-se a guerra de libertação em Moçambique conduzida pela Frente de Libertação de Moçambique (FRELIMO). Em 1966 o conflito assume a sua maior dimensão regional: a SWAPO inicia a luta armada na Namíbia contra o ocupante sul-africano, em Angola abre-se a frente leste e surge um terceiro movimento de libertação, a UNITA, inicia-se a guerra na Rodésia com a União Nacional Africana do Zimbabwe (ZANU) e a União Popular Africana do Zimbabwe (ZAPU) contra o regime branco.
- A segunda componente era a guerra civil. As forças coloniais integravam militares africanos, compulsivamente recrutados para as forças regulares ou voluntariamente integrados em forças auxiliares, que combatiam contra os seus compatriotas dos movimentos de libertação. E estes, por vezes divididos em facções opostas, algumas dissidentes dos movimentos originais, combateram entre si, chegando alguns a aliar-se às forças coloniais ou do *apartheid* contra os outros.

As guerras civis que se prolongaram depois das independências começaram aqui.
- Os conflitos atingiram, desde o início, uma dimensão regional. Não apenas porque alastraram em superfície como porque houve conluios e acções coordenadas para além das fronteiras territoriais. Os países vizinhos do bloco de maioria negra apoiaram, aberta ou camufladamente, os movimentos de libertação e, onde havia mais do que um movimento os apoios eram diferenciados conforme os interesses. Movimentos de libertação de diferentes territórios estabeleceram laços de solidariedade, apoiaram-se mutuamente e criaram estruturas de coordenação de uma luta que se tornou comum.

    Os regimes coloniais e do *apartheid* responderam coordenando as suas actividades, actuando com forças militares nos territórios de outros e apoiando grupos dissidentes nos países vizinhos independentes. Chegaram mesmo a estabelecer uma aliança militar nos anos 70, a Operação Alcora da qual Kaulza de Arriaga desvenda os contornos no seu livro *Guerra e Política* (pp. 246 e 247).
- A África Austral foi a ZTC da África Subsahariana mais penetrada pela Guerra Fria e pelo conflito leste-oeste que se manifesta logo no início das guerras coloniais, com os EUA e a URSS a apoiarem movimentos de libertação rivais. Com o prolongamento das guerras o apoio do ocidente tornou-se mais ambíguo, condescendente com Portugal que era aliado na OTAN e com a RAS que se pretendia intérprete dos interesses ocidentais em África, enquanto a URSS e o bloco leste foram mais coerentes e empenhados no apoio aos movimentos de libertação.

    No início da década de 70 a administração americana de Nixon e Kissinger acabaram mesmo por concluir que os regimes brancos na África Austral tinham condições para perdurar e que isso era do interesse do ocidente. Quando, em 1974, se dá a ruptura no sistema da África Austral esta já era objecto das ambições das superpotências para a incluírem nas suas zonas de influência.

Entretanto a RAS acrescentara à complexidade do conflito uma nova dimensão, a nuclear. Sem se assumir como tal adquirira a necessária tecnologia, procedera com êxito a ensaios e tornara-se, nos fins da década de 60, a única potência nuclear da ZTC e de toda a África, perante a benevolência das potências ocidentais de quem terá recebido apoios clandestinos.

c. Na sequência da ruptura da década de 70, com as independências de Moçambique, Angola e, mais tarde, do Zimbabwe, o quadro conflitual manteve a sua fisionomia geral, mas agravou-se. A RAS sentiu o perigo que ameaçava isolá-la ainda mais e decidiu jogar tudo na sobrevivência do sistema do *apartheid*, lançando aquilo a que chamou a Estratégia Nacional Total, projecto que passava pela constituição de uma constelação de Estados cooperantes, que lhe permitissem conter Angola e Moçambique que identificou como as maiores ameaças. Mas a viragem da situação no Zimbabwe, em 1980, retirou-lhe o principal parceiro nesta constelação que era a Rodésia. Pretória deixa cair a Estratégia Nacional Total e decide-se por levar a desestabilização ao interior de Angola e Moçambique, enquanto vê crescer as lutas de libertação no seu interior e na Namíbia. Angola, Botswana, Moçambique, Tanzânia e Zâmbia formam o GPLF, a que depois se juntou o Zimbabwe, para se oporem à estratégia da RAS.

O quadro das quatro componentes do conflito atrás descrito sofre a seguinte evolução:

- A luta de libertação nacional terminara em Angola, em Moçambique e depois no Zimbabwe, mas intensificava-se na RAS e Namíbia.
- A guerra civil prosseguia no interior da RAS e Namíbia e sofria um radical agravamento em Angola e Moçambique com a UNITA e a Resistência Nacional Moçambicana (RENAMO), criada depois da independência com o apoio da Rodésia e RAS, a levarem ao extremo as guerras contra os respectivos governos, contando com apoios e empenhamentos directos de Washington e Pretória.
- O conflito regional transformou-se numa guerra aberta entre o GPLF e a RAS, com esta a efectuar operações militares profundas nos países vizinhos, em maior grau em Angola onde as suas tropas chegaram a ocupar durante longos meses a faixa meridional.
  Neste conflito regional envolveram-se outros Estados situados fora da ZTC, como o Zaire no norte de Angola e em Cabinda, o que realça a posição charneira de Angola entre as ZTC da Grande Diagonal dos Conflitos Africanos e da África Austral.
- A dimensão do conflito leste-oeste viu-se também subitamente agravada desde a fase da transferência do poder em Angola, em 1975, sendo um dos factores que mais contribuiu para o colapso do acordo que Portugal negociou no Alvor com os três movimentos de libertação. A luta feroz pela conquista do poder em que FNLA, MPLA e UNITA se envolveram

antes da independência, contou com apoios regionais cruzados mas também com apoios antagónicos das superpotências. Os EUA coordenaram superiormente a Operação Iafeature, envolvendo FNLA e UNITA e a intervenção directa de tropas do Zaire, da RAS e mercenários portugueses, enquanto a URSS apoiou o MPLA e a intervenção no terreno de forças militares cubanas. O MPLA acabou por garantir o poder em Luanda, declarando a independência em 11 de Novembro de 1975, data que fora acordada no Alvor. Anunciou uma posição de neutralidade face aos blocos mas passou a beneficiar dos favores do bloco leste.

O conflito leste-oeste também teve expressão, se bem que menos visível, em Moçambique, na Namíbia e na RAS. Foi uma época em que a África Austral figurou como um teatro central da Guerra Fria.

d. O panorama conflitual da ZTC sofreria nova mutação com o fim da Guerra Fria no início da década de 90. Com o desaparecimento desta componente na complexidade conflitual as duas superpotências passaram a colaborar na busca de soluções pacíficas para as guerras civis e para o conflito regional. Em 1990 terminava a guerra na Namíbia com a independência deste país e davam-se os primeiros passos para pôr termo ao *apartheid* e ao conflito na RAS. Em 1991 e 1992 com os acordos de paz de Bicesse e Roma parecia terem-se também esgotado as guerras civis em Angola e Moçambique e, com elas, todo o conflito regional na África Austral.

Em Angola, porém, onde a ONU falhou clamorosamente na sua missão de manutenção da paz, a UNITA, derrotada nas eleições, traiu os acordos e reiniciou a guerra civil que se agravou, atingindo vários centros urbanos, o que até aí nunca tinha acontecido. O centro de gravidade da guerra civil em Angola, na sua fase final, passou do sul para o norte, inscrevendo-se na ZTC da Grande Diagonal dos Conflitos Africanos, onde já a tratámos.

e. O conflito regional na ZTC da África Austral, nos termos em que se desenvolveu desde a década de 60, estava extinto. Mas persistem algumas preocupações que têm a ver com novas formas de conflitualidade.

O principal foco de preocupação é, presentemente, o Zimbabwe. A questão das terras ameaça reavivar o conflito racial, mas os problemas são mais profundos e têm a ver com o próprio funcionamento do Estado. Alguns sectores políticos contestam a forma como Mugabe tem conduzido a questão e este aproveita o problema das terras, muito sensível, para intensificar a repressão interna.

Mas o conflito sobre as terras no Zimbabwe também ameaça ultrapassar as fronteiras, com especial risco para a RAS onde esta questão é sensível e o fim do *apartheid* ainda não a resolveu.

Na RAS a ameaça principal é de outra ordem, é a criminalidade generalizada que se suspeita manipulada por sindicatos internacionais do crime organizado, tendo como objectivos principais o roubo de automóveis, o tráfico de droga e a lavagem de dinheiro. O país, aliás como toda a região, está saturado de armas ilegais, o que também é uma herança de um passado recente e a imagem de um Estado negro incapaz de conter a escalada da violência favorece alguns interesses saudosistas do passado. O crime alimenta-se do desemprego, das dificuldades económicas, das migrações clandestinas, mas por outro lado o investimento, a reconstrução, o desenvolvimento, ressentem-se com a escalada da criminalidade violenta. A segurança e a paz dependem da forma como se conseguir romper este círculo vicioso.

f. Importa ter em conta as disputas e rivalidades entre os países com pretensões a potências regionais.

A RAS é o candidato natural e até se aponta como futuro membro permanente do CS/ONU numa eventual reformulação deste órgão. A sua superioridade é esmagadora em todos os domínios e só no militar Angola, que durante décadas superou ameaças apoiadas pelas maiores potências, se tornou um concorrente.

A RAS desfez-se do seu arsenal nuclear o que denuncia a hipocrisia das grandes potências. O sistema do *apartheid*, internacionalmente condenado, munira-se de armas nucleares mas o ocidente só se preocupou quando o poder ia passar para as mãos da maioria negra. Mas foi o próprio novo poder que teve a iniciativa de destruir esse armamento.

Pretória tem exibido pouca vocação para intervir no exterior na resolução de conflitos. Mas quando, em 1998, um levantamento militar no Lesotho pôs em causa a estabilidade neste país encravado na RAS, aceitou intervir com um contingente militar que integrou tropas do Botswana, a pedido do governo do Lesotho mas contra a opinião do monarca.

Parece haver um entendimento entre Pretória e Luanda, uma repartição de tarefas enquanto potências regionais militares face à emergência de conflitos. Pretória mais orientada para a África Austral enquanto Luanda se preocuparia com o flanco sudoeste da grande diagonal.

Em 1996 foi criado o Órgão para a Política, Defesa e Segurança da SADC que substituiu o Comité Militar do GPLF, entretanto extinto. Mugabe, assumiu a presidência daquele órgão mas a situação no Zimbabwe levanta reticências à sua capacidade para desempenhar esse papel. Pela primeira vez, porém, a situação na África Austral é a menos preocupante de toda a África Subsahariana.

CAPÍTULO E
DESCOLONIZAÇÃO

1. Colonização e descolonização
a. Muitos dos autores clássicos que trataram da problemática colonial, com relevo para Frantz Fanon e o seu célebre *Os condenados da terra*, Henri Grimal em *La décolonization 1919-1963* ou François Luchaire com o livro *Droit d'outre mer*, situam o início da descolonização numa colónia ou num conjunto de colónias com afinidades regionais e sujeitas à mesma potência colonial, quando começa a manifestar-se o desejo de independência dos povos colonizados a culminar um longo processo que resulta da acumulação de diversas reivindicações. É esta a perspectiva de dirigentes nacionalistas das colónias portuguesas como Mário Pinto de Andrade, Amilcar Cabral e Agostinho Neto.

Fanon diz que «(...) *o combate anticolonialista não se inscreve de repente numa perspectiva nacionalista* (...) *Durante muito tempo o colonizado dirige os seus esforços para a supressão de certas injustiças: trabalho forçado, sanções corporais, desigualdades nos salários, limitação dos direitos políticos, etc.* (...) *Este combate* (...) *vai* (...) *desembocar* (...) *na reivindicação nacional* (...)» (p. 145). E François Luchaire conclui o mesmo: «*A primeira reivindicação da sociedade colonizada é, em geral, paz e justiça* (...) *Depois vem a igualdade dos indivíduos* (...) *A terceira reivindicação* (...) *é a autonomia* (...) *O somatório destas aspirações conduz ideologicamente ao desejo de independência*» (pp. 18 e 19). Para Henri Grimal «(...) *a fonte* (...) *da descolonização encontra-se no nacionalismo colonial* (...) *inicialmente alimentado essencialmente pela ideia da desigualdade e pela aspiração de lhe pôr fim* (p. 392) (...) *a ruptura dos laços de sujeição* (...) *não foi mais do que uma das etapas da descolonização* (...)» (p. 395).

O pensamento dos dirigentes das colónias portuguesas é bem expresso por Amilcar Cabral, citado por Norrie Mac Queen no livro *Decolonization of Portuguese Africa*, para quem «(...) *a descolonização era um processo contínuo mais do que um simples acontecimento e cujo alcance transcendia a formal transferência do poder* (...)» (p. 21).

Marc Ferro, em *História das colonizações – das conquistas às independências – secs XIII-XX*, faz uma leitura semelhante da descolonização enquanto processo prolongado e cumulativo e vai mesmo mais longe na identificação das suas origens ao considerar que «(...) *em África a resistência à colonização teria começado com a própria colonização, desde que esta foi sentida como uma agressão, como uma opressão*» (p. 236). De acordo com este historiador, colonização e descolonização marcharam a par, constituindo movimentos opostos, de acção e reacção, de um mesmo fenómeno. Fanon chamou-lhe «*Uma dinâmica resultante do encontro de duas forças congenitamente antagónicas (...)*» (p. 32).

A descolonização não se limita, portanto, a uma mera mudança de soberania como se é inclinado a considerá-la na visão da potência colonial. É um fenómeno muito mais longo e complexo, em grande parte do qual convive, em conflito, com a colonização, enquanto não é assumido como tal pelo colonizador que durante esse período está ainda unicamente preocupado em preservar o estatuto colonial.

b. Do que atrás se expõe resulta aquilo a que tenho chamado os três vícios de perspectiva com que o ex-colonizador tende a observar o fenómeno da descolonização:

- Primeiro, trata-se de uma perspectiva condicionada, porque a ex-potência colonial, não participando na globalidade do percurso, não está preparada para o interpretar em toda a sua complexidade. Tem dificuldade em reconhecer que uma parte significativa do período colonial é decisivamente influenciada pelo projecto de descolonização que o colonizado pôs já em marcha.
- Segundo, é uma perspectiva distorcida, porque o ex-colonizador, influenciado pelo sentimento de superioridade que herda da relação colonial, tende a conduzir as suas análises colocando-se no centro do processo como se a sua marcha tivesse dependido exclusivamente da sua vontade e dos seus interesses, esquecendo que, neste contexto, o protagonista é o colonizado e não o colonizador. O mesmo vício que faz com que o ex-colonizador interprete a independência como uma dádiva que concedeu ao antigo dominado, incapaz de perceber que ela foi acima de tudo uma conquista do colonizado à qual o colonizador só cedeu quando já não dispunha de capacidade para se lhe opor.
- Terceiro, é uma perspectiva redutora, que decorre das anteriores e leva o ex-colonizador a confundir a globalidade da descolonização com a fase da transferência do poder, que é a única em que colabora. Isto é, confunde a parte com o todo, sendo levado a esquecer que a transferência do poder teve antecedentes que a condicionaram e vai por sua vez condicionar as fases subsequentes e que todas elas, antecedentes e subsequentes, configuram o percurso da descolonização na qual só o colonizado está empenhado desde o início.

Estes vícios, ainda que não assim sistematizados, aparecem bem denunciados por Richard Wright no livro *Écoute, homme blanc*.

Em qualquer caso e seja qual for o ponto de vista, o certo é que não há reflexão sobre a descolonização sem nela incluir a colonização, porque uma não é entendível sem a outra. Sem colonização não haveria descolonização e esta é sempre condicionada por aquela. Colonizações diferentes dão lugar a diferentes processos de descolonização.

2. Colonizações

a. O fenómeno da colonização esfuma-se na memória dos tempos, com a colonização grega da Antiguidade Clássica, a primeira que como tal foi entendida. Tratou-se frequentemente da fundação de novas comunidades de cidadãos gregos emigrados em terras desabitadas, que com a mãe-pátria apenas mantinham elos culturais e afectivos, mas que davam origem a entidades políticas com vocação para se tornarem independentes.

Diferente foi logo a seguir a experiência romana que já nasceu da conquista e não da emigração, segundo modelos muito mais próximos do que viriam a ser os impérios coloniais das potências europeias que, depois dos descobrimentos marítimos, se instalaram nos continentes asiático, americano e africano.

Mas mesmo estes foram muito diversos, porque diferentes foram as épocas históricas, as condições geográficas e os meios humanos em que se desenvolveram e os objectivos que visavam. Se inicialmente eram mais dominados por objectivos geoestratégicos orientados para a afirmação de poder, com a Revolução Industrial vieram a predominar os objectivos económicos, a exploração de recursos e do baixo custo da mão-de-obra servil. Alguns aspectos há, porém, comuns a todas as experiências coloniais modernas e que permitem traçar um quadro geral de identificação de uma relação colonial.

b. A colonização está intimamente associada à ocupação de uma terra distante por grupos de cidadãos partidos de uma metrópole com a qual não há continuidade territorial e em relação à qual mantém um estatuto de dependência política, jurídica, económica, cultural e militar. Rudolf Kjellén, no seu livro *Der staat als lebensform*, no capítulo II dedicado à Geopolítica (O Estado como império), faz uma interpretação da colonização numa perspectiva geopolítica relacionada com o espaço vital: «(...) *os Estados cheios de vitalidade cujo espaço é limitado, têm como imperativo categórico alargar o seu território através da colonização, da anexação ou conquista de diversos tipos (...) produto da necessidade natural* *e essencial de crescimento de que depende a sobrevivência desses Estados»* (pp. 81 e 82) E mais à frente, já no capítulo III dedicado à Etnopolítica (O estado como povo), considera que a lógica da política da expansão colonial é «(...) *a política de roubo das grandes potências (...)»* (p. 153).

Considera Philippe Moreau Defarges na sua *Introduction a la géopolitique* que, para o colonizador, «(...) *ter colónias, é dispor de mercados, de matérias-primas, é ser grande e respeitado»* (p. 111). Esta relação de dependência é o traço dominante da relação colonial e, quando cessa, esgota-se o estatuto colonial ainda que se mantenham alguns laços de relacionamento.

Estes estatutos de dependência colonial correspondiam a características relativamente bem identificadas, na área política, militar, económica ou sócio-cultural.

c. Politicamente o estatuto colonial caracterizava-se por estruturas de poder e decisão instaladas a partir da metrópole, com base em quadros dela oriundos, segundo um estatuto jurídico-institucional estabelecido pela mesma metrópole destinado a preservar esta situação. As populações locais eram mantidas em regime de menoridade e marginalidade cívica, rigidamente controladas por um apertado funcionalismo administrativo hierarquizado e inscrito no aparelho de Estado dependente da metrópole. O colonizado foi transformado num estrangeiro na sua própria pátria.

Havia algumas *nuances* entre os vários modelos coloniais consoante as potências, das quais se distinguiam a política de sujeição, dominante até à II Guerra Mundial, em que a colónia era um mero espaço de exploração, a política de assimilação ou de associação, anunciada pela França e por Portugal a partir dos anos 50, baseadas numa pretensa, mas não real, integração da colónia no todo nacional centrado na metrópole e a política de autonomia perfilhada pelo RU depois da Guerra 1939-1945 e que aceitava uma progressiva emancipação das colónias.

Outra distinção se poderá fazer entre colónias de exploração, de plantação ou de enquadramento e colónias de fixação ou de povoamento. Nas primeiras a metrópole limitava a emigração de nacionais, reduzida ao deslocamento temporário de quadros, políticos, administrativos e económicos. Correspondiam, normalmente, à política de autonomia. Nas segundas a metrópole fomentava a ida de excedentes populacionais, a comunidade dela oriunda tornava-se proporcionalmente significativa e tendia para uma política de assimilação. Mas a formação de uma grande comunidade colona e mestiça que por sua vez tomava consciência de ser uma camada intermédia mas também explorada pela metrópole vinha, por seu lado, alimentar reivindicações autonómicas de outro tipo.

d. Militarmente a colónia assentava numa situação de ocupação militar a partir da metrópole, ainda que em grande parte o contingente de base fosse recrutado entre a população local o que, face ao enquadramento metropolitano, não lhe alterava a natureza. O dispositivo militar era reforçado com contingentes metropolitanos sempre que a situação, interna ou internacional, se deteriorava. Fanon chama a atenção para o facto de que «*Nas colónias, o interlocutor válido e institucional do colonizado, o porta-voz do colono e do regime de opressão é o polícia e o soldado (...)*» (p. 34). A força armada foi, frequentemente, a par do quadro administrativo, o instrumento da dura repressão a que o colonizado estava sujeito.

e. A economia era o sector mais vincadamente caracterizador do sistema, assente na exploração sistemática de um território e seus habitantes por outro situado no exterior. Esta exploração, a apropriação das riquezas, compreendia dois grandes modelos globais e ambos chegaram a coexistir. A exploração directa, pela empresa estatal e a exploração indirecta, através de grandes companhias concessionárias, nacionais ou estrangeiras.

José Manuel Zenha Rela, num interessante livro de 1992 de análise prospectiva da economia angolana, *Angola, entre o presente e o futuro* que, infelizmente, o recomeço da guerra depois das eleições veio a tornar prematuramente desactualizado, invocando Franz Heimer refere-se aos «*(...) mecanismos de dominação colonial (...) característicos de todas as situações coloniais (...): apropriação de terras (...); implantação de um sistema de recrutamento de força de trabalho (...); imposição de culturas obrigatórias (...); imposição fiscal (...); desmembramento absoluto das redes comerciais locais (...)*» (pp. 27 e 28).

A colónia era uma reserva de matérias-primas e, sujeita a regimes de excepção e exclusividade, exportava esses produtos para a metrópole a preços por esta impostos, onde eram transformados e devolvidos à colónia como produtos acabados, também a preços que a metrópole definia.

O colonialismo moderno aparece, assim, intimamente associado à Revolução Industrial e à necessidade de matérias-primas sendo a economia colonial uma das suas molas decisivas. Frantz Fanon invoca Jules Ferry, que afirmava ser a política colonial filha da política industrial.

A exploração colonial foi um factor fundamental para o surto de desenvolvimento europeu da era industrial. Fanon chama, cruamente, a atenção para o facto de que «*O bem-estar e o progresso da Europa foram construídos com o suor e os cadáveres dos negros, dos árabes, dos índios e dos amarelos*» (p. 93). Nas metrópoles invocava-se, frequentemente, o surto de desenvolvimento que o colonizador promoveu nas colónias mas Marc Ferro denuncia uma realidade diferente: «*A diferença entre o nível de vida da Europa e o das suas colónias, pelo menos na Ásia, era, à partida, da ordem de 1 a 1,5 (...) Para os colonizados a deterioração sobreveio brutalmente com os efeitos da Revolução Industrial e o imperialismo (...) a desproporção de níveis de vida passou de 1,9 para 1, por volta de 1860, a 3,4 por volta de 1914 e a 5,2 por volta de 1950 (...) esta desproporção, em perpétuo crescimento, mostrou ser o efeito das mudanças estruturais que a colonização implicava e da mudança, também, das relações de força*» (pp. 38 e 39).

f. No campo sócio-cultural o colonialismo caracterizou-se pela redução do colonizado a um estatuto marginal, raiando mesmo a desumanização, a sua classificação mais como uma coisa do que como um ser humano.

Os regimes jurídicos de indigenato que persistiram, *de facto*, mesmo para além da sua abolição legal, correspondiam, na prática, a medidas efectivas de uma violentíssima e insultuosa discriminação. Neles se incluem métodos de trabalho forçado, mais ou menos camuflado, recrutamento e deslocamento de mão-de-obra para tarefas que não correspondiam à preparação e vocação natural dos deslocados, transferência e desapossamento de terras, culturas obrigatórias em sistema de latifúndio e monocultura com prejuízo do cultivo de subsistência, licenças de circulação, discriminação racial, castigos corporais, desaculturação e privação de identidade nacional.

Esta componente sócio-cultural do colonialismo não desaparecia e era até agravada quando se pretendia atenuá-la através de uma pretensa acção civilizadora, paternalista, em que o indígena era sempre considerado como uma criança grande. Invocavam-se então regimes de excepção, como sistemas proteccionistas, mas que afinal se destinavam a perpetuar uma estratificação social que assegurava a sobrevivência do modelo colonial. São esclarecedoras as palavras de Armindo Monteiro, que foi Ministro das Colónias de Salazar e que César Oliveira cita no seu livro *Portugal, dos quatro cantos do mundo à Europa; a descolonização (1974-1976)*: «*(...) colonizar (para o Estado Novo) (...) é essencialmente tratar do negro (...) este é a grande força de produção, o abundante e dócil elemento de consumo que a África oferece. Para ele têm de ir as mais extremosas atenções: para que o seu número aumente, para que a sua saúde melhore, para que o seu poder de trabalho se acrescente com novos conhecimentos, para que o seu bem-estar cresça e o nível moral da sua vida se eleve, para que as suas necessidades se multipliquem. Tratando-o como se ele fosse um precioso reservatório de energia, teremos servido melhor que de outro modo a causa da civilização»* (p. 33).

g. Um sistema assim configurado justifica que se diga, como Melo Antunes, no texto com que participa na *História de Portugal* dirigida por João Medina que *«(...) o colonialismo foi, historicamente, o mais injusto e o mais degradante dos sistemas de organização política e social»* (p. 198). Sistema que assentava no que Richard Wright chamou os «*3 M do imperialismo, Missionaries, Military and Mercenary (...) missionários brancos, militares brancos, mercadores brancos»* (p. 191). É o mesmo que, por outras palavras, escreve Eduardo Lourenço em *O fascismo nunca existiu*: *«O colonialismo (...) é (...) objectivamente, um estatuto de privilégio histórico, social, político e cultural, usufruído pela minoria branca»* (p. 83). No livro *Por favor preocupem-se!*, Almeida Santos dedica o derradeiro capítulo ao problema da colonização/descolonização, matéria em que não lhe falta autoridade. Com larga experiência em Moçambique foi, após o 25 de Abril de 1974, Ministro da Coordenação Interterritorial dos primeiros governos provisórios e participou nas negociações para a transferência do poder de todas as colónias africanas. Neste livro, também reconhece que *«(...) os regimes coloniais foram todos violentos e injustos»* (p. 385). A denúncia da violência e da injustiça colonial atravessa toda a obra de Frantz Fanon.

h. Apesar de alguns equívocos que o salazarismo introduziu na teorização sobre a colonização portuguesa, pretendendo que um modelo ultramarino se diferenciava do modelo colonial, para tentar preservar o império quando a descolonização já era irreversível, a realidade do modelo português inscrevia--se nos modelos anteriormente descritos.

O Acto Colonial, que definia a política colonial do Estado Novo e foi incluído na Constituição da República reflectia esta conceptualização de colónia. Dizia expressamente que *«É da essência orgânica da Nação Portuguesa desempenhar a função histórica de possuir e colonizar domínios ultramarinos (...) os domínios ultramarinos de Portugal denominam-se colónias e constituem o Império Colonial Português (...) As funções legislativas dos governadores coloniais (...) são sempre exercidas sob fiscalização da metrópole (...)»*. Com este Acto Colonial, a política do Estado Novo tornara-se muito mais centralizadora do que a da I República.

Num texto de sua autoria no *Portugal contemporâneo* Rui Ferreira da Silva chama a atenção para o modelo económico contido na Lei do Condicionamento Industrial das Colónias de 1936, revelador de um relacionamento colonial típico e põe em destaque as palavras de Salazar na mesma época: *«(...)*

que as colónias produzam e vendam na metrópole as matérias-primas e com o preço destas lhe adquiram os produtos manufacturados (...)» (p. 107).

O mesmo autor, em artigo na revista *História*, salienta as posições coloniais do regime expressas em 1944 por António Vicente Ferreira, que fora o primeiro Alto Comissário em Angola do Estado Novo, na sua comunicação ao II Congresso da União Nacional que já referimos no capítulo anterior (4.d.). Vicente Ferreira preconizava medidas para concretizar a política já aprovada na Câmara Corporativa, para «(...) *os indígenas dos planaltos angolanos deverem, pouco a pouco, ser relegados para as zonas de clima tropical onde a mão-de-obra escasseia (...) Para conseguir esta transferência, sem segregação violenta, três meios devem bastar: 1. não fornecer trabalho aos indígenas nas zonas de colonização europeia; 2. fornecer-lhes trabalho e maior paga, nas zonas de clima megatérmico, onde vigora o regime de latifúndio; 3. incitar os sobas a transferirem as suas povoações para fora das zonas de povoamento branco (...)»* (p. 26).

Estas medidas espelham o que foi sempre a política rural das colónias portuguesas, perfeitamente adequada ao modelo colonial: desapossamento das terras mais produtivas para as atribuir aos colonos, desprezo pelas culturas de subsistência, recrutamento e deslocamento de mão-de-obra para as culturas obrigatórias de latifúndio, trabalho forçado em regime de contratado ou correccional.

Figuras gradas e com responsabilidade no regime, como Marcello Caetano ou Kaulza de Arriaga nunca esconderam uma visão racista da superioridade do branco sobre o negro, assim justificando o seu entendimento de que a África devia ser dirigida por brancos, enquanto os negros deveriam ser meros produtores enquadrados por europeus.

Em 1954, já bem depois da II Guerra Mundial, Marcello Caetano pronuncia-se sobre o papel que, em sua opinião, devia ser reservado aos africanos nas colónias, de que é exemplar a citação que Aniceto Afonso inclui na *História contemporânea de Portugal*, Volume *Estado Novo II*: «*Os negros em África devem ser olhados como elementos produtores enquadrados ou a enquadrar numa economia dirigida por brancos*» (p. 216). Mas Caetano, enquanto professor de direito de reconhecido mérito, tinha perfeita consciência da natureza colonial do regime, pelo que a adaptação semântica a que recorreu enquanto governante só pode ser encarada como uma conveniente cedência do jurista ao político. Em 1944, escrevia no seu *Tratado elementar de direito administrativo*, Vol I: «*A Nação Portuguesa compreende, além da comunidade inicial, fixada no extremo ocidente da Europa, outras comunidades constituídas por irradiação da Metrópole em territórios dispersos pelo mundo mas também sujeitos à soberania exercida pelo seu governo: são as colónias*». E logo a seguir dava a definição de colónia: «*(...) comunidade formada por dois ou mais grupos étnicos de civilização diferente, estabelecida em parte do território do estado geograficamente separada da Metrópole, e governada por representantes do governo metropolitano (...)*» (p. 129). Era uma definição geral, que correspondia fielmente à que faria vencimento na ONU mas o professor, quando a elaborou, tinha certamente no pensamento as colónias portuguesas, de tal maneira o conceito se lhes ajustava.

De Kaulza de Arriaga é paradigmático o pensamento que consta nas suas controversas lições de estratégia no Instituto de Altos Estudos Militares. Os desajeitados esclarecimentos posteriores no seu livro *Guerra e política* apenas acentuaram a sua perspectiva racista e colonialista.

Os esforços para iludir a natureza colonial do império português do século XX só se colocaram quando Portugal pressentiu os ventos da descolonização e quis travá-los com habilidades terminológicas, mas não resultaram, porque a transformação das colónias em províncias ultramarinas assentava numa ficção em que nem os próprios autores acreditavam.

3. Descolonização, um processo faseado

a. Dissemos a abrir este capítulo que o início da descolonização se verifica quando se começa a manifestar o desejo de independência dos povos colonizados, o qual surge no culminar de um longo processo, em resultado da acumulação de diversas reivindicações. E recusámos a perspectiva redutora do colonizador que tende a confundir descolonização com a mera transferência do poder. O que quer dizer que a descolonização é um processo prolongado, complexo e faseado. Pensamos que é possível detectar cinco fases distintas, tomada de consciência, luta de libertação, transferência do poder, independência e consolidação da identidade nacional. São distintas mas não são compartimentos estanques, pois cada uma delas é influenciada pela forma como se processou a anterior e vai influenciar a seguinte.

Marc Ferro chama pré-história do movimento de libertação africano toda a resistência das populações no período pré-colonial, primeiro contra a instalação europeia, depois contra o tráfico de escravos e, mais tarde, já no final do século XIX, contra a penetração estrangeira para o interior e sua posterior fixação. Se está mais ou menos aceite que o colonialismo em África começa após a Conferência de Berlim de 1885, então é depois dessa data que se pode situar o início do ciclo descolonizador. De facto, não tardará muito a esboçar os primeiros passos.

b. No princípio do século XX começava a germinar a ideia da libertação da África. Teve como dinamizadores, numa manifestação que tem algo de redentora, personalidades afro-americanas das Caraíbas descendentes de escravos que, séculos antes, tinham sido exportados para as Américas e que mais cedo haviam conquistado uma relativa emancipação que agora procuravam estender à terra das suas raízes. Chocavam-se desde a origem duas tendências, o pan-africanismo cuja figura mais conhecida era o padre William Du Bois e o pan-negrismo, mais radical, dirigido por Marcus Garvey. Para Ferro «*O movimento pan-africano, ou pan-africanismo, desempenhou um papel de motor na emancipação das populações do continente negro (...)*». E acrescenta «*(...) ele é, por excelência, a ideologia da descolonização na África Negra (...) é proveniente do início do Século XX, da Conferência de Londres de 1900*» (p. 306).

Os quatro primeiros congressos pan-africanos que se realizam entre 1919 e 1927 ainda são prioritariamente orientados para temas relacionados com questões humanitárias. O III Congresso, em 1923, efectua a sua segunda sessão em Lisboa e a ele assistem representantes da Liga Africana, que um grupo de estudantes das várias colónias portuguesas havia fundado na capital portuguesa em 1920.

Entretanto nascem em algumas colónias associações que publicam jornais e revelam preocupações predominantemente culturais, com a justiça e a igualdade de direitos, inscrevendo-se no movimento a que Mário Pinto de Andrade chama de protonacionalismo (p. 77). É um período em que a resistência dos povos colonizados não pode ainda ser classificada como luta de libertação nacional com o conteúdo que posteriormente assumiu. Faltava-lhe uma definição clara de objectivos e um carácter sistemático que caracteriza uma luta de libertação. Ainda que, por vezes, a oposição entre colonizado e colonizador já tivesse conteúdo de sentido nacionalista, pela recusa do invasor estrangeiro, enquadrava-se frequentemente em disputas tribais com os colonizadores a apoiarem uma das partes, ou em formas de resistência às medidas coersivas de implantação do sistema colonial, como o recrutamento e transferência de mão-de-obra, a usurpação de terras, as culturas obrigatórias, a cobrança de impostos, os castigos corporais.

A este período tenho chamado fase da tomada de consciência. Corresponde à acção de algumas elites culturais, que vão aprofundando o sentimento nacionalista e se organizam em núcleos que serão embriões de futuras estruturas políticas.

Colonizado e colonizador já se situam em posições antagónicas e mesmo conflituantes em relação à dinâmica descolonizadora em fermentação.

O colonizador, ainda empenhado no aprofundamento do projecto colonial, procura ignorá-la e quando tal já não é possível tenta contrariá-la, reprimi-la e neutralizá-la. Está assim a participar no processo de descolonização pela negativa, enquanto o colonizado está já nele empenhado pela positiva e vai em breve assumi-lo como um desígnio vital.

c. Da Guerra 1939-1945 e da vitória dos aliados resultam vários factores que estão na origem do avanço das reivindicações nacionalistas e independentistas e do acolhimento com que vão contar a nível internacional. Lúcio Lara abre o seu livro *Um amplo movimento...*, afirmando que «*A primeira e segunda guerras mundiais (...) exerceram profundas influências no continente africano (...)*» (p. 1):

- O primeiro factor foi a Carta do Atlântico, negociada entre o presidente norte-americano Franklin Roosevelt e o primeiro-ministro britânico Winston Churchill, em Agosto de 1941. Nela se definiam os grandes princípios em que deveria assentar a ordem mundial do pós-guerra, entre os quais a vaga fórmula libertação de todas as tiranias. Mas, em termos muito mais objectivos, afirmava o direito ao autogoverno para todos os povos e nações. Churchill terá reagido negativamente argumentando que o RU não se tinha envolvido na guerra para ver dissolver-se o seu império e procurando limitar a aplicação destas cláusulas aos povos sujeitos à tirania nazi-fascista das potências do eixo. Mas Roosevelt foi firme na exigência da sua aplicação aos impérios coloniais europeus, recuperando os objectivos do seu antecessor Woodrow Wilson que já tentara fazer vingar os mesmos princípios depois da I Guerra Mundial, nas negociações de Versalhes, mas sem êxito, porque a hora da descolonização asiática e africana ainda não tinha soado. E Roosevelt dispunha então de um argumento muito mais forte, pois os EUA ainda não tinham entrado na guerra e a sua eventual entrada dependia de ver assegurados alguns pressupostos que a Carta do Atlântico contemplasse.
- Um segundo factor foi a participação na guerra como, aliás, já sucedera em 1914-1918, de centenas de milhares de homens das colónias incorporados nas forças aliadas. Refere o embaixador José Calvet de Magalhães no seu trabalho *Portugal e as Nações Unidas – A questão colonial (1955-1974)*, que «*Nas fileiras dos exércitos aliados vitoriosos participaram nada menos que 500 mil africanos e 2 milhões de indianos*» (p. 7). Depois da guerra, face às tentativas dilatórias das potências coloniais para contrariarem as reivindicações nacionalistas, concluíram que tinham combatido na guerra

pela liberdade mas não pela sua própria e era por esta que agora se dispunham a lutar. A guerra constituíra a pedra final na edificação da sua tomada de consciência.
- Um terceiro factor, que Philippe Defarges destaca, foi a vaga inicial das vitórias japonesas no extremo-oriente que acaba por influenciar os povos da «(...) *Ásia dominada, colonizada, que vendo a supremacia branca lançada por terra, obteria, a seguir à guerra, e não sem conflitos sangrentos, a independência*» (p. 125). A África também foi sensível a esta imagem do estilhaçar do mito da invencibilidade do homem branco, sendo este um dos aspectos que Lúcio Lara inclui na afirmação acima transcrita.
- Um quarto factor reside no facto de a vitória na guerra ter dado origem a um novo quadro geoestratégico, bipolar, em que as duas superpotências hegemónicas de cada um dos blocos antagónicos, as grandes vencedoras da guerra, ainda que com motivações diferentes, se afirmaram empenhadas no apoio aos movimentos de independência e ao termo dos regimes coloniais quando os povos colonizados sentiram chegado o momento de reivindicarem a fatia que lhes cabia pelo contributo para a vitória comum.

d. Todos estes factores vieram a contribuir para que a Carta da ONU, instrumento jurídico mundial que formalizava o resultado da Guerra 1939-1945 aprovado em Junho de 1945, dedicasse todo um capítulo, o XI, aos Territórios Não-Autónomos. O Artigo 73º é claro: «*Os membros das Nações Unidas que assumiram ou assumam responsabilidades pela administração de territórios cujos povos não tenham atingido a plena capacidade de se autogovernarem (...) aceitam (...): (...) b. Desenvolver a sua capacidade de autogoverno, tomar em devida conta as aspirações políticas dos povos e auxiliá-los no desenvolvimento progressivo das suas instituições políticas (...) e. Transmitir regularmente ao secretário-geral a título de informação (...) dados estatísticos e outros de natureza técnica relativos a condições económicas, sociais e educacionais nos territórios pelos quais são responsáveis (...)*».

Logo em Outubro desse mesmo ano de 1945 reunia-se na cidade inglesa de Manchester o V Congresso Pan-Africano do qual saiu um apelo vigoroso a todos os povos da África colonizada, para que se empenhassem na luta pela independência. E dirigia uma advertência clara às potências coloniais: «*Se o mundo ocidental está ainda determinado a governar a humanidade pela força, os africanos, em última instância, poderão ver-se obrigados a fazer apelo à força, no esforço que desenvolvem para conquistar a liberdade (...) Nós estamos decididos a ser livres (...) Nós exigimos para a África negra a autonomia e a independência*».

Acolhendo expressamente, na sua Carta, o princípio da descolonização, a ONU dera passos para a sua concretização.

Em 27 de Novembro de 1952 era aprovada a Resolução 742 (III) definindo os critérios que, no âmbito do Artigo 73º, permitiam caracterizar os territórios como autónomos ou não-autónomos e, em 16 do mês seguinte, com a Resolução 636 (VIII), reafirmava e reforçava essa interpretação ao determinar que «*Os Estados membros da Organização devem reconhecer e favorecer a realização, no que se refere às populações de territórios não-autónomos e territórios sob tutela colocados sob sua administração, o direito dos povos a disporem de si próprios (...) tendo em conta os princípios e o espírito da Carta das Nações Unidas (...) os Estados membros da Organização que têm a responsabilidade de administrar territórios não-autónomos e territórios sob tutela tomarão medidas práticas (...) para preparar as referidas populações para a autonomia completa ou a independência*».

e. Entrava-se no patamar seguinte do ciclo descolonizador, a fase da luta de libertação.

A luta de libertação, como ressalta das posições expressas no Congresso de Manchester, pode assumir formas várias, manter-se ao nível da organização e pressão política ou passar ao patamar violento da luta armada, consoante a reacção da potência colonial às iniciativas nacionalistas. Da parte do colonizado predomina a preocupação inicial de a manter dentro do patamar político e é pelo combate político que ela se inicia. É a resposta violenta do colonizador a esse combate político que eleva a luta de libertação ao patamar da luta armada

A intransigência e a resposta através de medidas punitivas, policiais e administrativas, por vezes mesmo militares, às propostas organizativas dos grupos nacionalistas das colónias, leva os movimentos de libertação a radicalizarem a sua luta passando à preparação da luta armada. Uma análise desapaixonada e descomprometida mostra, irrefutavelmente, que o desencadeamento das guerras coloniais foi da inteira responsabilidade dos governos coloniais.

Os movimentos de libertação tomavam frequentes iniciativas e dirigiram repetidas propostas aos governos das metrópoles esforçando-se para que a luta pela independência se mantivesse dentro dos limites do patamar político. Mas chocavam-se com a intransigência colonial até se confrontarem com a inevitabilidade dos ventos da história. E foi a ameaça ou o desencadeamento das guerras coloniais que permitiu essa percepção.

É da essência da guerra que a mesma não pode ser desligada da política que serve. Todos aceitam e fazem mesmo questão de, com frequência, invocar aquilo a que Raymond Aron chamou a fórmula de Clausewitz, segundo a qual a guerra é a continuação da política por outros meios. Uma guerra que procura servir a manutenção de uma política colonial só pode ser uma guerra colonial. Por outro lado quando um povo, no seu combate pela libertação do jugo colonial, é forçado a passar ao patamar da luta armada, está-se perante um conflito que resulta da radicalização da disputa entre colonizado e colonizador. A este conflito, polemologicamente, chama-se guerra colonial e foi essa a natureza que assumiram as lutas de libertação nacional quando elevadas ao patamar da luta armada.

Ao tornar-se inevitável, como produto da forma como alguns governos coloniais se posicionaram face às primeiras fases da descolonização, a guerra colonial viria a transformar-se no ponto central de todo o processo de descolonização, e seria ela a decidir os contornos que as fases subsequentes adquiririam, com todas as consequências trágicas que acarretou. Os Estados coloniais não podem furtar-se ao ónus da responsabilidade pelos condicionamentos, incontornáveis, que as guerras coloniais introduziram nas fases subsequentes, da transferência do poder, da independência e mesmo na consolidação da identidade nacional. Muita da conflitualidade pós-independências no continente africano resulta das formas como a fase da luta de libertação fora conduzida.

f. Portugal tinha sido admitido na ONU em 14 de Dezembro de 1955 e iria aí confrontar-se com um quadro jurídico e político que era claramente prejudicial às suas intenções imobilistas em matéria colonial. Argumentava que deixara de ter colónias ou de administrar territórios não-autónomos, porque todos os territórios de além-mar sob tutela portuguesa passavam a fazer parte integrante de Portugal.

Para ultrapassar o impasse provocado pelos países que boicotavam a prestação destas informações, nomeadamente Portugal, a AG da ONU aprovou, em 12 de Setembro de 1959, através da Resolução 1467 (XIV), a constituição de uma comissão especial de seis países, o Comité dos Seis, para examinarem o cumprimento do Artigo 73º e a obrigatoriedade de prestação das informações nos termos da alínea e). Esta comissão elaborou o chamado Relatório dos Seis que definiu os princípios que deviam guiar os Estados membros na aplicação daquele artigo.

Em 14 de Dezembro de 1960 a AG aprova a Resolução 1514 (XV), intitulada Declaração sobre a Concessão da Independência aos Países e Povos Coloniais, que proclamava a «(...) *necessidade de se eliminar rápida e incondicionalmente, o colo-*

nialismo em todas as suas formas e manifestações; e para tal declara que: (...) 4. Devem terminar todos os tipos de acções armadas ou medidas repressivas, sejam quais forem, dirigidas contra os povos dependentes, para permitir a estes povos exercer pacífica e livremente o seu direito à independência completa, e a integridade do seu território nacional deve ser respeitada (...)».

g. Outra instância que também se transformou numa tribuna importante na produção de princípios sobre a descolonização foi a OUA.

A Carta da OUA inscrevera, entre os seus objectivos, «(...) *eliminar de África o colonialismo, sob todas as suas formas (...)*». E entre os princípios orientadores, lê-se "*Respeito pela soberania e integridade territorial de cada Estado (...) Devotamento sem reservas à causa da emancipação total dos territórios ainda não independentes (...)*».

Na sua assembleia fundadora em Addis Abeba de 22 a 25 de Maio de 1963 aprova a primeira resolução que «*Convida (...) as potências coloniais a tomar medidas para assegurar a aplicação imediata da declaração sobre a concessão da independência aos países e povos coloniais (...) Decide intervir (...) junto das grandes potências para que cessem sem qualquer excepção, todo o apoio ou ajuda (...) a todos os governos colonialistas (...) e particularmente ao Governo Português que conduz em África uma verdadeira guerra de genocídio (...) Decide a ruptura das relações diplomáticas e consulares entre todos os Estados africanos e o governo de Portugal (...)*»

h. Se bem que as posições da OUA não tivessem a repercussão e os efeitos práticos que tinham as da ONU não deixavam de ser incómodas para os Estados que punham obstáculos à independência das colónias. Por outro lado constituía um espaço de concertação de posições de um grupo com importância numérica na AG da ONU, ao qual em geral se juntava o grupo dos países asiáticos e que funcionava como antecâmara para discussão das resoluções que eram aí posteriormente aprovadas.

i. Com a era da presidência Nixon nos EUA e, particularmente, do seu secretário de estado Henry Kissinger, na entrada na década de 70 a diplomacia norte-americana inflectia a sua política e tornava-se mais tolerante com os obstáculos à política de descolonização.

Norrie Mac Queen afirma que tal inflexão se apoiou num memorando secreto do Conselho Nacional de Segurança dos EUA de Janeiro de 1970 segundo o qual «(...) *os regimes brancos da África Austral estavam destinados a manter-se. O crescente significado estratégico da região requeria por isso relações amigáveis com Lisboa*» (p. 55).

José Freire Antunes no seu livro *Os americanos e Portugal* dá frequentes e significativas pistas desta viragem da política externa americana. Nixon, aconselhado por Kissinger, «*Dava assim corpo às promessas de solidariedade activa que fizera aos dirigentes de Pretória e de Lisboa (...) Durante 1970 (...) a reorientação de Washington em favor das minorias brancas tornara-se gritante. A estratégia de Nixon e de Kissinger visou, no essencial, fortalecer a África do Sul como uma potência delegada e tutelar da estabilidade na região*» (pp. 120 e 121). As consequências desta política nos conflitos na África Austral depois das independências de Moçambique e Angola seriam óbvias e funestas.

John Stockwell, o responsável da CIA no Zaire que coordenou o apoio norte-americano à FNLA e UNITA na guerra civil de Angola no período da pré-independência, também denuncia esta mudança diplomática dos EUA para a África. No livro *A CIA contra Angola* escreve que «*Com o advento da administração Nixon em 1969, uma importante revisão da política americana em relação à África Austral (...) supervisionada pelo então conselheiro da Casa Branca Henry Kissinger, pôs em questão a profundidade e permanência da determinação dos negros e rejeitou uma vitória dos negros em qualquer altura*» (pp. 48 e 49).

Não deixa de ser curioso constatar que Kissinger, que no seu livro de maior fôlego, *Diplomacia*, passa em revista toda a política externa mundial desde a independência dos EUA, com especial ênfase para o século XX e, obviamente, centrada na diplomacia norte-americana, não faz a mínima referência às suas iniciativas relativas à política colonial portuguesa, nem sequer a Portugal, cujo nome nem consta do índice remissivo.

Vários autores apontam o dedo a esta política da era Nixon para mostrar como foi natural e inevitável que os movimentos de libertação, antes e depois das independências, desconfiassem da política norte-americana e se inclinassem mais para o apoio que lhes era concedido pelo bloco leste. É esclarecedor o que escreveu o prestigiado professor John Marcum na revista *Foreign Affairs* de Abril de 1976, no artigo "Lessons of Angola": «*Os Estados Unidos têm de se conformar com o facto de terem apoiado o anterior regime colonial (em Portugal) e de deixarem que os seus interesses em Angola, após o golpe, se tornassem suspeitos e pouco convincentes para muitos africanos*» (p. 423).

Muito do que de trágico se passou posteriormente nas fases da transferência do poder, da independência e de consolidação da identidade nacional, tem a ver com este erro estratégico dos EUA aqui tão cruamente denunciado pelo professor Marcum.

j. Quando a potência colonial reconhece a inevitabilidade de aceitar o direito dos povos das colónias à autodeterminação e independência e se dispõe a entrar em negociações para passar à fase da transferência do poder procura, inicialmente, colocar-se na posição de que está a fazer uma cedência e a impor condições. Os movimentos de libertação, pelo contrário, pensam que conseguiram uma vitória e contrapõem as suas exigências. Se a luta de libertação atingiu o patamar da luta armada entra-se num círculo vicioso para o qual não há saída:

- A potência colonial pretende que os movimentos aceitem um cessar-fogo como condição prévia para negociar o futuro estatuto para a colónia.
- Os movimentos, inversamente, exigem que o colonizador comece por lhes reconhecer o direito à independência como condição para negociarem o cessar-fogo.

Este bloqueio prejudica as negociações mas a potência colonial, que aceitou negociar por não estar em condições de suportar um prolongamento e agravamento da guerra, encara a necessidade de negociações com cada vez maior premência.

A guerra imposta pela recusa de negociar torna-se agora a grande condicionante para que as negociações sejam possíveis. Mas é acima de tudo uma condicionante para a potência colonial que isolada, sob pressão internacional e interna, acaba por ser quem tem de ceder para que o círculo vicioso se rompa. Os movimentos de libertação queriam partir para as negociações com a garantia de que o direito à independência lhes era reconhecido. Aceitavam negociar a forma da transição mas não o princípio.

k. Na "Introdución" ao livro *Conflictos, tensiones...* cita-se Amilcar Cabral como tendo afirmado, em relação à luta de libertação nas colónias, que «*A etapa mais difícil (viria) depois da vitória sobre o colonialismo*» (p. 8). Os acontecimentos posteriores capricharam em dar-lhe razão.

A política colonial, privilegiando o preenchimento dos aparelhos administrativo e produtivo, mesmo nos níveis menos qualificados, à custa de quadros brancos e recusando uma transferência gradual e pacífica do poder, bloqueara a formação e promoção de quadros locais aptos a assumir as funções do Estado. José Manuel Zenha Rela, no livro já aqui citado, coloca a questão com muita clareza: «*Este tipo de colonização, de carácter voluntarista, assente no típico imigrante sem formação e sem qualificação, que transporta para Angola um conceito de pequeno branco ou branco pobre, estranho a África e mesmo à colonização portuguesa, bloqueou o acesso aos naturais, para quem restaram os trabalhos ainda menos qualificados de empregados domésticos, serventes da construção civil e dos serviços de transporte e estivadores (...)»* (pp. 36 e 37).

Por outro lado a violência que atingiu níveis anormais nas fases da transferência do poder e da independência afugentou a grande maioria dos estrangeiros, originando o vazio de quadros.

Os novos dirigentes vinham de longos anos de clandestinidade e exílio, com um conhecimento desactualizado das realidades que os aguardavam. Regressados aos seus países encontraram sociedades complexas com grandes áreas rurais num estádio primitivo de evolução e com uma economia de subsistência, envolvendo zonas urbanas de razoável dimensão com algumas indústrias e um sector de serviços de média tecnologia. Os primeiros anos foram de experimentação do exercício do poder do Estado, enquanto as economias se degradavam aceleradamente.

Muito do que se passou nos novos países independentes na fase a que chamei de consolidação da identidade nacional deve ser compreendido à luz desta realidade que esteve na base da falência do Estado, do colapso económico, da degradação dos serviços básicos, todos eles factores directos da violência. Associados aos factores da conflitualidade regional que procurámos identificar nos capítulos anteriores teremos o quadro em que o fenómeno colonização/descolonização contribuiu para a caracterização polemológica das várias ZTC da África Subsahariana.

1. Esta leitura do fenómeno da descolonização põe em destaque a persistência da violência. As guerras coloniais apenas foram a expressão mais visível de um processo todo ele violento. Fanon salientava que a descolonização é sempre um fenómeno violento, porque violenta fora também a colonização a que está intimamente associada. E, nesta constatação, é acompanhado pela generalidade dos estudiosos destas matérias. A violência está presente em todas as fases em que colonização e descolonização convivem:

- A violência da repressão administrativa e policial na fase da tomada de consciência.
- A violência dos vários conflitos que se cruzaram na guerra colonial na fase da luta armada de libertação.
- A violência na fase da transferência do poder, com o prosseguimento das guerras civis e as intervenções armadas nos quadros dos conflitos regional e leste-oeste.

- A violência na fase da independência, conduzida por regimes militares saídos dos movimentos de libertação.
- Por fim, a violência da fase da consolidação da identidade nacional com a continuação dos conflitos herdados das fases anteriores.

A violência foi uma constante e atingiu a sua expressão máxima nos países que foram vítimas de invasões estrangeiras armadas. Porque foi nos países sujeitos a agressões externas nas fases da transferência do poder e da consolidação da identidade nacional, que as independências assumiram contornos que podem classificar-se de trágicos.

É nesta constante da violência na colonização e na descolonização, as duas faces da mesma moeda, que encontramos a herança colonial de conflitualidade que tantas vezes foi invocada na caracterização polemológica das várias ZTC da África Subsahariana.

BIBLIOGRAFIA:

AFONSO, Aniceto – *História contemporânea de Portugal*, direcção de João Medina, Ed. Multilar, Lisboa

ANDRADE, Mário Pinto de – *Origens do nacionalismo africano*, Publicações Dom Quixote, Lisboa, 1997

ANSTEE, Margaret Joan – *Órfão da Guerra Fria – radiografia do colapso do processo de paz angolano 1992/93*, Campo das Letras, Porto, 1997

ANTUNES, Melo – "A descolonização portuguesa: mitos e realidades", *História de Portugal*, Direcção de João Medina, Vol XIV, Ediclube, Amadora, 1993

ARRIAGA, Kaulza de – *Guerra e política*, Ed. Referendo, Amadora, 1987

CHALIAND, Gérard et RAGEAU, Jean-Pierre – *Atlas stratégique*, Editions Complexe, Belgique, 1994

— *Atlas du millénaire, la mort des empires (1900-2015)*, Hachette Littératures, Paris, 1998

CHEGE, Michael – "Memorias de Africa", *Política Exterior* Nº 30 VI, Estudios de Política Exterior SA, Madrid, 1992-93

CHIPMAN, John (director) – "Africa", *Strategic Survey*, International Institute for Strategic Studies, Oxford University Press, London, 1996/97, 1997/98, 1998/99, 1999/2000, 2000/2001, 2001/2002

CHOMSKY, Noam – *Piratas e imperadores, velhos e novos, o terror que nos vendem e o mundo real*, Publicações Europa-América, Mem Martins, 2003

COHEN, Saul Bernard – *Geografia y politica en un mundo dividido*, Ediciones Ejercito, Madrid, 1980

CONNELL, Dan and SMYTH, Frank – "Africa's new bloc", *Foreign Affairs* Volume 77 Nº 2, March/April 1998

CORREIA, Pedro Pezarat – *Descolonização de Angola – A Jóia da Coroa do Império Português*, Editorial Inquérito, Mem Martins, 1991, e Ler & Escrever, Luanda, 1991

— *Angola - Do Alvor a Lusaka*, Hugin Editores, Lisboa, 1996

— "Descolonização", *Do marcelismo ao fim do império, Vol 1, Revolução e Democracia*, Círculo de Leitores e Editorial Notícias, Lisboa, 1999

DAVIDSON, Basil – *O fardo do homem negro*, Campo das Letras, Porto, 2000

DEFARGES, Philippe Moreau – *Introduction a la Géopolitique*, Éditions du Seuil, Paris, 1994

FANON, Frantz – *Os condenados da terra*, Editora Ulisseia, Lisboa, s/d

FERREIRA, Patrícia Magalhães – *O conflito na região dos Grandes Lagos*, Instituto Superior de Ciências Sociais e Políticas, Lisboa, 1998

FERRO, Marc – *História das colonizações – das conquistas às independências – secs. XIII-XX*, Editorial Estampa, Lisboa, 1996

GRIMAL, Henri – *La décolonisation 1919-1963*, Librairie Armand Colin, Paris, 1965

GUERRA, João Paulo – *Descolonização Portuguesa – O Regresso das Caravelas*, Publicações Dom Quixote, Lisboa, 1996

HEIMER, Franz Wilhelm – *O processo de descolonização em Angola 1974 -1976*, A Regra do Jogo, Lisboa, 1980

INIESTA, Ferran – "Africa negra: entre la modernidad y la invención cultural", *Política Exterior* Nº 40 VIII, Estudios de Política Exterior SA, Madrid, Agosto/Septiembre 1994

KISSINGER, Henry – *Diplomacia*, Gradiva, Lisboa, 1996

KJELLÉN, Rudolf – *Der staat als lebensform*, S. Hirzel Verlag, Leipzig, 1917

KLARE, Michael – "The new geography of conflict", *Foreign Affairs* Volume 80 Nº 3, May/June 2001

LARA, Lúcio – *Um amplo movimento...* Vol. 1 (até Fev. 1961), Edição Lúcio e Ruth Lara, Luanda, 1997

LOPES, Carlos – *A transição histórica na Guiné-Bissau*, Ed. Instituto Nacional de Estudos e Pesquisas, Bissau, 1987

— *Compasso de espera, o fundamental e o acessório na crise africana*, Edições Afrontamento, Porto, 1997

LOURENÇO, Eduardo – *O fascismo nunca existiu*, Publicações Dom Quixote, Lisboa, 1976

MACQUEEN, Norrie – *The decolonization of Portuguese Africa*, Longman, London and New York, 1997

MAGALHÃES, José Calvet de – *Portugal e as Nações Unidas – a questão colonial (1955-1974)*, Instituto de Estudos Estratégicos Internacionais, Lisboa, 1996

MARCUM, John – "Lessons of Angola", *Foreign Affairs* Nº 3, Washington, April 1976

MAROLLES, Alain de – "El Africa negra, un continente en regressión", *Política Exterior* Nº 30 VI, Estudios de Política Exterior SA, Madrid, 1992-93

N/N – *Guia do mundo*, Trinova Editora Lisboa, 1998

NYE, Joseph S. – *Compreender os conflitos internacionais – uma introdução à teoria e à história*, Gradiva, Lisboa, 2002

OLIVEIRA, César – *Portugal, dos quatro cantos do mundo à Europa, a descolonização (1974--1976)*, Edições Cosmos, Lisboa, 1996

RELA, José Manuel Zenha – *Angola, entre o presente e o futuro*, Escher e Agropromotora, Lisboa, 1992

SANTOS, António de Almeida – *Por favor preocupem-se!*, Editorial Notícias, Lisboa, 1998

SILVA, Rui Ferreira da – "As colónias: da visão imperial à política integracionista", *Portugal contemporâneo* Vol IV, Publicações Alfa, Lisboa, 1990

SOPPELSA, Jacques – *Géopolitique, de 1945 à nos jours*, Editions Dalloz, Paris, 1993
STOCKWELL, John – *A CIA contra Angola*, Ulmeiro, Lisboa, 1979
Vários – *Collier's encyclopedia*, Macmillan Educational Company, New York, 1990
Vários – *The new encyclopedia britannica*, The University of Chicago, Chicago, 1990
Vários – *Conflicts en Afrique, analyse des crises et pistes pour une prévention*, Éditions Complex, GRIP, Bruxelles, 1997
Vários – *L'état du monde 2001*, La Découverte, Paris, 2000
WITTE, Ludo De – *O assassinato de Patrice Lumumba*, Caminho, Lisboa, 2001
WRIGHT, Richard – *Écoute, homme blanc*, Calmann-Lévy, Editeurs, Paris, 1959

TÍTULO V

Oriente asiático

CAPÍTULO A
INTRODUÇÃO

Ao contrário do método seguido nos títulos anteriores não vamos elaborar uma abordagem da zona asiática no seu conjunto, ou sequer do oriente asiático enquanto ZTC alargada. Porque dificilmente se encontraria uma lógica abrangente dos vários focos de conflitualidade do continente. Seleccionámos duas ZTC, aquelas que nos parecem mais representativas porque nelas convergem uma série de factores que lhes conferem maior actualidade no quadro polemológico mundial. Não sendo viável esgotar as ZTC susceptíveis de estudo nas várias áreas alargadas, a nossa preocupação continua a ser a de destacar as que consideramos mais significativas, de maior impacto actual, logo seleccionáveis como estudos de caso.

As duas ZTC que justificaram a nossa escolha são, em quase todos os factores de análise, distintas:

- Uma é continental, interior, situada em pleno *heartland*, tendo o Afeganistão como centro da conflitualidade, na qual predomina o factor geográfico-humano, nomeadamente a sua componente religiosa. Vamos chamar-lhe ZTC da Ásia Central.
- A outra é marítima, costeira e insular, sector importante do *rimland*, centrada no Mar do Sul da China que Yves Lacoste identifica como o Mediterrâneo do Oriente, onde sobressai a influência do factor geográfico-físico nas suas várias facetas, mas com destaque para a configuração e a posição. Chamamos-lhe ZTC do Sudeste Asiático.

Perguntar-se-á, então porquê incluí-las no mesmo título? E poderia responder-se com o facto de se inscreverem no mesmo continente, o que só em parte corresponde à verdade, porque outras regiões asiáticas como o Médio Oriente tiveram tratamento diferente. Há um outro relacionamento entre estas duas ZTC que, esse sim, responde melhor à questão. Reside no facto de ambas se integrarem na área de influência da RPC, uma potência incontornável numa análise polemológica do continente asiático. Como salientámos no Título I a RPC é uma potência em ascensão no quadro mundial, a que se perfila com maiores hipóteses de, a médio prazo, vir a partilhar o poder global com os EUA e é já a maior potência asiática. Há mesmo quem pense que na Ásia oriental e no Pacífico ocidental se pode falar de uma bipolaridade regional partilhada pela potência terrestre chinesa e pela potência marítima norte-americana (Ver I.B.7.a.).

O crescente protagonismo chinês é um fenómeno que, já o temos referido, preocupa Washington. O artigo que o influente analista norte-americano Zbignew Brzezinski publicou na *Foreign Affairs* em 1999, "A geostrategy for Eurasia", expressa as preocupações que, em seu entender, a hiperpotência mundial deve ter com a Ásia, particularmente com a RPC, para preservar a liderança mundial. O autor chama a atenção para o facto de a RPC ser o centro de uma grande região a que chama a grande China e ilustra essa preocupação com um mapa englobando, na grande China, a ocidente parte significativa da Ásia Central até perto do Mar Cáspio e a oriente grande parte do sudeste asiático (p. 60). É toda a esfera de influência chinesa onde figuram as duas ZTC que vamos analisar e que justifica a inclusão de ambas num mesmo título deste trabalho.

Importa reter, porém, que a RPC se posiciona, geoestrategicamente, de forma diferenciada em relação a cada uma destas ZTC, que estão nos extremos opostos da sua esfera de influência:

- Na Ásia Central está numa atitude defensiva, enfrentando o proselitismo expansionista islâmico e procurando travar a dinâmica cisionista que atinge regiões como o Tibete e o Xinjiang.
- No Sudeste Asiático está numa atitude ofensiva, liderando aquilo a que Samuel Huntington, em *O choque das civilizações*, classifica como a afirmação asiática (pp. 120 a 128), animada por uma dinâmica fusionista de recuperação de territórios que haviam fugido ao seu controlo, Hong-Kong, Macau, Taiwan, arquipélagos do Mar do Sul da China.

CAPÍTULO B
ÁSIA CENTRAL

1. Geografia física

a. A visão eurocentrista segundo a qual o oriente é a Ásia, tinha tendência para subdividir o continente asiático em três subconjuntos, o próximo oriente que correspondia à Ásia Menor e península arábica até ao Golfo Pérsico, o médio oriente até à Índia e o extremo oriente ou Ásia do Pacífico. Se recordarmos, por exemplo, as divisórias longitudinais das Pan-Regiões de Haushofer (ver Primeira Parte, III.B.1.c.), verificamos que é assim que o geopolítico alemão compartimenta a Ásia, incluindo o próximo oriente na Pan-Região Euroáfrica, o médio oriente na Pan-Região Russa e o extremo oriente na Pan-Região da Zona de Coprosperidade Asiática ou Oriental.

Nesta perspectiva a Ásia Central corresponderia ao médio oriente.

Para o *L'État du monde*, com uma tendência que é a sua para uma maior pormenorização isto é, para uma divisão em regiões homogéneas de menor dimensão, a Ásia central reduz-se às antigas repúblicas asiáticas e turcófonas da URSS. É uma compartimentação excessiva só compreensível porque a inclui no que distingue como o espaço pós-soviético, dominada por uma perspectiva geográfico-política.

Na *Collier's encyclopedia*, na entrada "Central Asia" (Vol. 5, p. 648), encontramos uma delimitação dominada por uma coerência cultural. Para além das antigas repúblicas asiáticas da URSS inclui também o Xinjiang, província chinesa mais ocidental predominantemente muçulmana e o Afeganistão a norte do Hindukush, o maciço ocidental do Himalaia. É o conjunto que, segundo o autor, era erradamente designado por Turquestão.

No essencial e aqui estão todos de acordo, é uma Ásia do interior, mas distinta de outras regiões do interior asiático, russas, mongóis, chinesas, indianas, por ser predominantemente muçulmana.

Como neste trabalho privilegiamos uma compartimentação regional segundo um nexo de conflitualidade isto é, segundo uma lógica que confere algum coerência às ZTC, seguiremos uma via ligeiramente distinta da *Collier's*. Mas esta parece-nos uma boa base de partida porque, não é de mais repetir, o factor mais influente da ZTC da Ásia Central é o religioso.

Esta ZTC tem como centro o Afeganistão cuja conflitualidade, ao longo da história e com destaque para os anos mais recentes, a tem dominado.

Para além do Afeganistão nela incluiremos as cinco repúblicas turcófonas da antiga URSS, Turquemenistão, Uzbequistão, Cazaquistão, Tadjiquistão e Quirguistão, o Xinjiang província do extremo ocidental chinês e o Caxemira, zona em disputa entre o Paquistão, a Índia e a RPC (Mapa 24).

No essencial é uma zona que corresponde à franja sul do *heartland*, aquilo a que, na sua teoria básica de 1919 Mackinder chamou *tableland* (ver Primeira Parte, III.C.2.f.), zona sempre em disputa entre quem pretende atingir o *rimland* das monções a partir do *heartland*, ou dominar o *heartland* a partir do *rimland*.

b. O aspecto mais saliente no contexto físico-geográfico deriva da sua posição e esta está associada à sua interioridade. É, aliás, a única ZTC que incluímos neste trabalho e que é completamente interior. E na sua interioridade destaca-se a centralidade do Afeganistão. Historicamente instável, sujeito a pressões internas e a interferências externas, toda a região envolvente tem sido afectada pela instabilidade afegã.

A interioridade e a centralidade constituíram, durante séculos, um factor de valorização da Ásia Central porque controlava as rotas terrestres que desde a antiguidade pre-cristã ligavam a Europa e o Médio Oriente ao oriente asiático, mas também as que das estepes russas procuravam atingir os mares quentes do Oceano Índico.

A partir do século XVI este factor foi-se desvalorizando com as descobertas das rotas marítimas que passaram a ligar a Europa e as costas asiáticas. Em abono da verdade desvalorizou-se a grande rota leste-oeste, a velha rota da seda, mas o centro asiático manteve a sua importância posicional como zona de passagem entre o interior e as zonas costeiras do sul onde entroncava nas rotas comerciais oceânicas.

Mais recentemente esta importância posicional é reforçada com a descoberta das ricas reservas de petróleo e gás natural na bacia do Mar Cáspio cujas rotas de escoamento em boa parte atravessarão a Ásia Central.

c. A morfologia da região condiciona o trânsito terrestre e valoriza aquilo a que se chama pontos de passagem obrigatórios. Zona de transição entre as grandes planícies do *heartland* russo e o maciço montanhoso do Himalaia, Mackinder chamou-lhe *tableland*. A conjugação das duas características, zona de passagem e zona de difícil acesso, obriga a que o trânsito se faça em pontos bem delimitados cujo controlo é disputado e está na origem de lutas permanentes.

MAPA 24 – Ásia Central

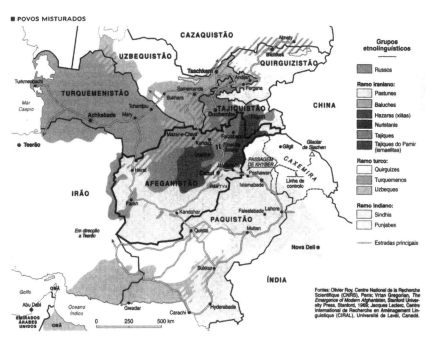

Fonte: *Atlas da globalização*, Le Monde Diplomatique, Campo da Comunicação, Lisboa, 2003.

O sul da ZTC da Ásia Central é dominado pelos contrafortes do Himalaia, óbvio obstáculo mas em cujos vales se encontram as regiões mais férteis, irrigadas e convidativas à fixação humana. Pelo contrário o norte é constituído por uma ampla faixa de terras planas, desérticas, semidesérticas ou de estepes áridas, menos propícias à vida do homem e que durante séculos foram dominadas por tribos nómadas que controlavam o trânsito das grandes caravanas. Aí o maior obstáculo é o clima e as enormes flutuações das temperaturas, entre o frio gélido do inverno e o calor tórrido do verão.

Recordemos que Halford Mackinder, sempre especialmente atento a esta região quando, em 1943, publicou a sua teoria corrigida, encolheu os limites do *heartland* e pôs em relevo a existência de um manto de espaços vazios, o cinturão de areia que envolve o *heartland*, no qual incluía as zonas desérticas do centro asiático (ver Primeira Parte, III.C.2.g.). Grande parte da ZTC da Ásia Central situa-se nesse cinturão.

2. Geografia humana

a. O factor que mais contribui para a identidade da região é de natureza cultural e religiosa. A Ásia Central é habitada por uma esmagadora maioria de populações muçulmanas, independentemente das suas origens étnicas. A expansão do islamismo foi aí travada pelos grandes espaços civilizacionais cristão-ortodoxo, sínico e hindu, mas penetrou-os e contornou-os, vindo a consolidar-se em algumas zonas do sudeste asiático. É uma zona onde o arco islâmico está em contacto com as outras civilizações, contactos nem sempre pacíficos. A interminável guerra de Caxemira é a expressão mais visível deste conflito civilizacional.

A tendência islâmica predominante é sunita, em oposição ao xiismo do vizinho Irão que nunca conseguiu expandir-se para oriente apesar dos fortes contactos comerciais que sempre manteve. Recentemente o Afeganistão foi sede de um fundamentalismo sunita muito mais radical do que o xiita no Irão e que está na origem dos conflitos mais recentes.

b. Outra componente cultural que é expressão de identidade regional é a língua. Os povos da Ásia Central são maioritariamente turcófonos isto é, falam línguas que têm uma raiz turca mas que são diferentes da que é hoje falada na Turquia. Os próprios uígures do Xinjiang chinês são turcófonos.

Já etnicamente há uma grande diversidade de origens que entretanto se foram misturando, até pelo facto de cinco dos Estados terem permanecido durante muitos anos num mesmo espaço político dominado pelos russos. Podemos distinguir dois grandes grupos:

- Um, maioritário, os radicados, onde predominam povos de origem turquemana, uzbeque, tadjique, hazara, pachtun, persa e uígure, alguns dos quais definem as identidades nacionais dos respectivos países.
- Outro de fixação mais recente, os imigrados, russos, ucranianos, alemães, chineses, que se estabeleceram com os domínios políticos da Rússia e da China.

c. Neste contexto da geografia humana e um pouco à semelhança do que concluímos em relação à Bósnia na ZTC dos Balcãs, o Afeganistão é uma síntese da Ásia Central e a conflitualidade que tem assolado o país é resultado dessa síntese.

Os grupos humanos mais importantes do Afeganistão são extensões de nacionalidades de Estados vizinhos tendo como resultado influências externas persistentes, dos pachtuns do Paquistão, dos uzbeques do Uzbequistão, dos tadjiques do Tadjiquistão, dos hazaras do Irão.

Os conflitos internos estiveram algo esquecidos quando os povos vizinhos se encontravam, na sua maioria, reunidos num mesmo espaço político, o império russo e depois a URSS e foi em consequência da ruptura neste espaço que a conflitualidade se agravou. Com a intervenção soviética nos finais da década de 70 os vários povos afegãos uniram-se contra a elite no poder que consideravam ocidentalizada e movida por interesses não islâmicos. Mas a unidade multi-étnica dos mujahedines do povo, aliás com fortes apoios externos, seria meramente conjuntural. As divisões étnicas e tribais ressurgiriam depois da retirada soviética, colocando de um lado os pachtuns, maioritários e que constituiriam o grosso dos talibans e do outro a Aliança do Norte, onde predominavam uzbeques e tadjiques.

3. Geografia política

a. A caracterização que atrás esboçámos da geografia física regional contribui para se compreender porque é que a Ásia Central foi sempre uma região atractiva para os projectos expansionistas dos grandes impérios. É a importância do factor posição projectada na geografia política.

Milton Bearden assinou um interessante artigo em 2001 na *Foreign Affairs* com o sugestivo título "Afghanistan, graveyard of empires", só por si elucidativo. A característica de cemitério de impérios é regional e não exclusivamente afegã mas o autor salienta que foi aí que se esgotou a expansão do império helénico de Alexandre o Grande em 327 a.C, que o império mongol atingiu os seus limites no século XIV, que durante os séculos XIX e XX a potência terrestre russa e a potência marítima britânica se confrontaram por três vezes nas guerras afegãs, o grande jogo como então ficou conhecido em que o RU, a maior potência mundial da época, sempre veria frustrado o seu objectivo de se instalar no *heartland*. Seria ainda o Afeganistão o cemitério do império russo depois prolongado pela URSS cuja intervenção militar esteve na origem do seu recuo geoestratégico e que culminaria com a derrota na Guerra Fria (Mapa 25).

b. O Afeganistão encontrava-se, até meados do século XX, numa situação político-geográfica singular. Desde meados do século XIX um pequeno país, pequeno no contexto regional, vê-se entalado entre grandes impérios, todos eles com ambições expansionistas e que ameaçam engoli-lo:

- A norte o império czarista russo que nos meados do século anexara as regiões turcófonas do Cazaquistão, Turquemenistão, Uzbequistão, Tadjiquistão e Quirguistão, todas elas com afinidades com o Afeganistão pelos prolongamentos etno-culturais que atrás salientámos. Depois de constituída a URSS estas repúblicas vieram sucessivamente a integrar-se nela, constituindo inicialmente e em conjunto o chamado Turquestão Soviético mas separando-se, nos anos 30, em cinco repúblicas autónomas dentro da URSS.
- A sul o império britânico englobando então a Índia e Paquistão, que sempre ambicionou expandir-se para norte e consolidar-se no coração da Ásia para impedir o acesso da Rússia ao Oceano Índico.
- A leste a China, em processo difícil de unificação e por isso preocupada com o proselitismo expansionista islâmico e, acima de tudo, com ameaças cisionistas no seu extremo ocidental.
- A ocidente a Pérsia, a menos extensa de todas as potências envolventes mas com uma ambição tradicional orientada para leste, tendo os exércitos de Dario chegado, na antiguidade, a dominar na Ásia Central.

Acresce que no Afeganistão, onde as comunicações terrestres são rudimentares e prejudicadas pelo acidentado do terreno, sempre se sentiu dificuldade na afirmação de um poder central.

c. Este quadro geográfico-político seria profundamente influenciado pelo final da Guerra 1939-1945, que envolvera directamente todo o continente asiático com participação activa de todos os seus colossos estatais, URSS, China, Japão, Índia e Paquistão, estes dois últimos através do RU em cujo império

MAPA 25 – O grande jogo na Ásia Central

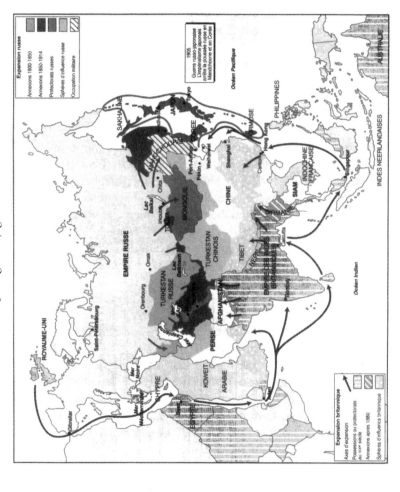

Fonte: Gérard Chaliand et Jean-Pierre Rageau, *Atlas du millénaire*, Hachette Littératures, Paris, 1998.

estavam integrados. O Afeganistão não entrara directamente no conflito mas funcionou como centro de espionagem e intriga internacional, o que levou a que fosse chamado de Suíça da Ásia Central.

Com o final da II Guerra Mundial a independência da Índia e do Paquistão em dois Estados separados daria lugar ao problema do Caxemira, território reivindicado por ambos e cuja disputa tem reflexos regionais.

d. O fim da Guerra Fria e o desmembramento da URSS torna o mosaico político regional mais complexo, com os novos Estados da Ásia Central:

- O Turquemenistão é o berço das maiores reservas de petróleo e gás natural da bacia do Mar Cáspio e por isso alvo de especiais pressões das grandes potências mundiais. É aquele que, culturalmente, se encontra mais próximo da Turquia que também não descura oportunidades que permitam a sua abertura à Ásia Central.
- O Uzbequistão transformou-se num Estado-chave na região. País de maior densidade populacional, a URSS já o havia proclamado farol dos povos do oriente, assim denunciando a importância que lhe conferia no contexto da Ásia Central e, desde os finais do século XX, tem sido a principal porta de entrada da geoestratégia dos EUA, apresentando-se como líder no combate ao fundamentalismo islâmico. Desde 1996 que os EUA têm efectuado exercícios militares conjuntos no país, desde 1999 que têm tropas especiais estacionadas e desde o 11 de Setembro de 2001 tornou-se uma base fundamental das forças americanas que actuam no Afeganistão, em cujo destino político os uzbeques têm muita influência.
- O Cazaquistão é o mais extenso e o de menor densidade populacional destes Estados já que grande parte do seu território é desértico. Serve de tampão entre a Rússia e as restantes repúblicas e é, de todas, aquela em que se fixou maior percentagem de cidadãos de origem eslava. Além disso foi, no tempo da URSS, uma das repúblicas que dispôs de armas nucleares e nela se situa ainda a base experimental de Baikonour, que continua a ser vital para o programa nuclear russo. É produtor de petróleo e está na rota dos oleodutos do Cáspio para a RPC e para ocidente. Por tudo isto a Rússia esforça-se por manter o Cazaquistão na sua área de influência, o que se choca com a sua progressiva aproximação ao ocidente e, em particular, aos EUA.
- O Quirguistão é o Estado mais frágil do conjunto das ex-repúblicas soviéticas e o que revela maior dependência da Federação Russa que aí mantém tropas em permanência.

- O Tadjiquistão é também um Estado que influencia e é influenciado por tudo o que ocorre no Afeganistão mas, internamente, tem sido sistematicamente abalado por lutas entre clãs e senhores da guerra.

Comum a todos eles é a característica de permanecerem Estados fracos e, por isso, sujeitos ao poder pessoal de líderes reciclados das antigas repúblicas soviéticas. Mas contam com apoios nas grandes potências que, ao risco de democracias que podem fugir ao seu controlo, preferem a garantia da estabilidade de regimes autocráticos. Sobrepõem a segurança à democracia que é, paradoxalmente, uma marca da globalização.

Acresce que as fronteiras inter-estatais são muito porosas e há clãs, movimentos religiosos e insurreccionais, cujas cumplicidades, afinidades, interesses, atravessam as várias repúblicas desde o tempo da integração na URSS, pelo que nenhuma delas é alheia ao que se passa nas restantes.

e. O fim da Guerra Fria e a derrota da URSS no Afeganistão, que lhe está associada, não trouxe estabilidade para este país. Pelo contrário.

Desde sempre um Estado politicamente instável, a instabilidade agravou-se com a deposição do monarca Zahir Shah em 1973 e motivou a intervenção soviética que, em plena Guerra Fria, o incluía na sua área de influência e via ameaçado pelo Irão e Paquistão, então na órbita dos EUA. Com a saída soviética as várias facções mujahedines entraram em disputa pelo poder, talibans com base nos pachtuns contra a Aliança do Norte de uzbeques e tadjiques. Os apoios externos que paradoxalmente se haviam juntado contra os soviéticos dividem-se e transformaram o país num caos.

Com a intervenção dos EUA, em 2001, na sequência do 11 de Setembro, os talibans foram expulsos do poder mas o novo Estado sobrevive apoiado nas forças militares de ocupação da OTAN e só controla verdadeiramente Cabul. O Afeganistão continua um Estado falhado onde os clãs, os senhores da guerra e os líderes religiosos disputam o poder e mantém o papel de perturbador regional, que tem sido sempre o seu.

f. Importante no contexto político-geográfico regional continua a ser, como temos vindo a sublinhar, o das potências periféricas que envolvem a ZTC da Ásia Central. Para além da Rússia, cujo papel já referimos abundantemente e que é herdeira da URSS, anterior parceiro activo na região, deve considerar-se ainda o Irão e a Turquia:

- No final da década de 70 a Revolução Islâmica no Irão dá origem ao primeiro Estado teocrático da era moderna que se torna um modelo que outros vão tentar seguir. Influenciou directamente a guerra no Afeganistão contra a URSS mas, com a saída desta, seria ultrapassado pelo regime dos talibans ainda mais radicalizado.
- A Turquia viu reforçada a oportunidade de alargar a sua influência na região. O seu passado histórico e a sua influência cultural através da turcofonia alimenta algumas velhas ambições de afirmação nas antigas repúblicas soviéticas, o que constitui um desafio à Rússia, que viu sempre na Turquia uma ameaça à sua hegemonia num espaço que inclui no seu estrangeiro próximo e na sua área de influência.

Três outras potências desempenham um papel mais relevante porque, para além de serem periféricas, têm partes dos seus territórios incluídos na ZTC. Como Estados são periféricos em relação à ZTC, mas têm eles próprios regiões periféricas que se incluem na ZTC. Referimo-nos à RPC e ao seu estremo ocidental, o Xinjiang e à Índia e Paquistão que disputam o território de Caxemira e que também envolve a RPC (Mapa 26):

- O Xinjiang é uma região autónoma da RPC com uma população original uígure, turcófona e islâmica. Os uígures chamam-lhe o Turquestão Oriental, o que tem significado. Pequim tem feito um esforço para compensar a maioria uígure e as suas aspirações cisionistas através de uma política de forte migração chinesa que hoje quase equilibra os uígures. Com as independências das antigas repúblicas soviéticas da Ásia Central os independentistas do Congresso Nacional do Turquestão Oriental receberam um novo fôlego de que resultou a criação de uma Frente de Unidade Nacional Revolucionária do Turquestão Oriental. Mas Pequim aproveitou o 11 de Setembro de 2001 para apoiar a guerra contra o terrorismo internacional, com o qual identificou a dinâmica destes movimentos separatistas.
- O Caxemira é um complexo problema de geografia política que tem a sua génese na herança colonial britânica. O fim do império colonial na Índia deu lugar a dois Estados assentes nas diferentes identidades religiosas das populações, a Índia de maioria hindu e o Paquistão de maioria muçulmana. Algumas regiões eram de difícil identificação numa base religiosa, a partilha assentou na opção dos líderes tradicionais e o Caxemira foi um caso paradigmático. Situado no extremo norte do antigo império britânico, em plena Ásia Central podia, sem que consti-

Mapa 26 – Caxemira e Xinjiang

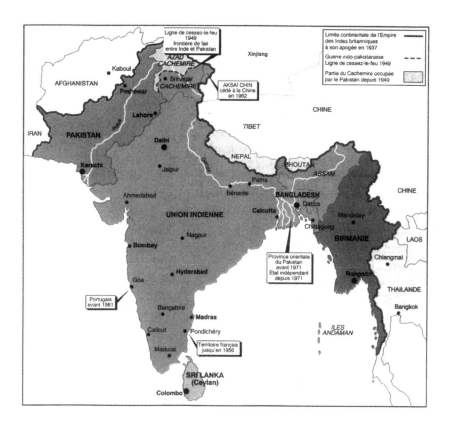

Fonte: Gérard Chaliand et Jean-Pierre Rageau, *Atlas du millénaire*, Hachette Littératures, Paris, 1998.

tuísse uma aberração geográfica, ser integrado em qualquer dos novos Estados.

O estado regional de Caxemira tinha sido criado em 1846 e a maioria da população era muçulmana mas o marajá era hindu. Com o fim da dominação colonial em 1947 prevaleceu a opção do marajá e o Caxemira foi incluído na Índia, o que deu lugar a uma imediata contestação armada dos muçulmanos apoiados pelo Paquistão. A intervenção da ONU permitiu chegar a um cessar-fogo em 1949 que se tem revelado precário, pois levou à demarcação de uma linha divisória entre a parte norte e uma faixa ocidental controlada pelo Paquistão e a parte sul controlada pela Índia, mas ambos continuam a reivindicar a totalidade do território. Entretanto entra em cena um terceiro actor, a RPC, que anexou uma faixa no oriente da zona indiana e à qual o Paquistão cedeu a parte nordeste da sua zona. Uma solução tornou-se ainda mais difícil.

Presentemente o Caxemira encontra-se, *de facto*, dividido entre o Paquistão, a Índia e a RPC e o futuro poderá passar por múltiplas soluções, integração total na Índia ou no Paquistão, muito pouco provável, partilha definitiva e integração nos Estados pretendentes com uma demarcação de fronteiras aceite por todos, ou constituição de um Estado independente do Caxemira unificado.

Através do Paquistão e da questão religiosa o problema do Caxemira está intimamente associado à ZTC da Ásia Central.

g. Finda a Guerra Fria e tendo-se entrado na era da globalização Washington vai iniciar a sua penetração numa área do mundo que até aí lhe estava vedada. Repete-se o grande jogo entre a potência terrestre, que continua a ser a Rússia e a potência marítima, agora os EUA, numa altura em que a conjuntura favorece a potência marítima. Veremos à frente que dois factores contribuíram decisivamente para atrair os norte-americanos à Ásia Central, a importância dos hidrocarbonetos na bacia do Mar Cáspio e o 11 de Setembro de 2001 e como ambos se conjugaram para tornar o Afeganistão o principal alvo da guerra contra o terrorismo global.

Nos últimos anos da Guerra Fria Washington já colocara o Afeganistão nas suas preocupações, como teatro da estratégia indirecta, apoiando os mujahedins contra Moscovo. E pouco depois do seu termo tratara de aproveitar o desmembramento da URSS para se aproximar de algumas repúblicas turcófonas, o que conseguiu com relativo êxito com o Uzbequistão. Mas o Afeganistão era um parceiro incómodo e mais ainda quando se tornou sede da organização terrorista Al Qaeda de Ben Laden e quando os talibans conquistaram o poder. A sua estreita ligação ao Paquistão, cuja aliança tradicional com Washington se reforçara com a Revolução Islâmica no Irão, deixava os EUA numa situação ingrata.

Certo é que apesar dos protestos da Rússia e da RPC os EUA estão hoje presentes na Ásia Central, o seu pretenso papel de estabilizador regional cresce e essa presença está para durar. Esta constitui, porventura, a mais significativa alteração na geografia política desta ZTC.

h. A Ásia Central é uma área de convergência de entidades políticas de grandes dimensões e aí reside, provavelmente, a razão para não ser visível uma tendência para a constituição de organizações políticas supranacionais. Cada Estado já é, por si, um espaço político alargado. Com o fim da Guerra Fria e o desmembramento da URSS esboçou-se a primeira tentativa quando a Federação Russa, reconhecendo as independências das antigas repúblicas soviéticas, tentou manter a hegemonia num espaço que considera sua área de influência natural. Era a substituição do princípio brejneviano da soberania limitada pelo princípio ieltsiniano do estrangeiro próximo. Foi assim que nasceu a CEI, mas que se ressentiu da perda de peso político internacional da Federação Russa e não conseguiu resistir à crescente influência de outras potências, EUA, UE e RPC. As cinco antigas repúblicas soviéticas da Ásia Central aderem à CEI mas lançam olhares noutras direcções.

Com a globalização e a unipolarização do mundo sob a liderança norte-americana esboçam-se tentativas de constituir blocos políticos asiáticos capazes de compensar essa hegemonia e a RPC assume algum protagonismo. A formação do Grupo de Xangai, juntando a própria RPC, a Rússia, o Cazaquistão, Quirguistão e Tadjiquistão aponta nesse sentido, ainda que o principal objectivo da RPC possa limitar-se à garantia de uma zona tampão contra a influência islâmica no Xinjiang.

Conhecem-se também os contornos de um projecto paquistanês de criação na Ásia Central de uma espécie de União Asiática na qual, obviamente, Islamabad seria o motor. Todos percebem que numa união ou associação deste tipo a presença central do Afeganistão é decisiva, mas actualmente este país não existe enquanto Estado, é um protectorado da ONU ocupado militarmente pelo ocidente e esta é a fragilidade deste projecto. Com as atenções fixadas no Mar Cáspio não é previsível que os EUA, nos tempos mais próximos, saiam do Afeganistão, pelo que nenhum projecto político regional lhe passará ao lado.

É de crer que à hipótese, longínqua, de a Ásia Central se constituir num qualquer modelo de organização política, se sobreponha a mais provável de continuar a ser uma zona de disputa de influências externas. Entre elas destacam-se as das quatro potências envolventes, Rússia, RPC, Índia e Irão, que até são os protagonistas de um eventual grande bloco euroasiático. Mas nesta disputa de influências os EUA não estarão ausentes.

4. Geografia económica

a. A economia tem sido um factor menor na compreensão da conflitualidade na Ásia Central se comparado com a maior influência da posição e da componente humana. Pode afirmar-se que sob o ponto de vista económico-geográfico a atenção se centra em três aspectos:

- O primeiro, que se relaciona com a própria posição, é o facto de constituir uma zona charneira no controlo das grandes rotas comerciais leste-oeste e norte-sul.
- O segundo é o das economias clandestinas e criminosas, droga, armas, migrações, contrabando em geral.
- O terceiro, mais recente e que vai aumentar o peso do factor económico na análise da conflitualidade nesta ZTC, é o petróleo e o gás natural.

Adiantamos, em separado, algumas reflexões em relação a cada um destes aspectos.

b. A célebre rota da seda que desde a antiguidade, provavelmente desde o século II a.C, ligava o ocidente mediterrânico ao leste asiático, indiano e chinês, era a rota da Ásia Central. Os persas foram os primeiros a valorizá-la. A rota da seda transformar-se-ia, muitos séculos mais tarde, na rota do ópio e dos fluxos dos vários mercados clandestinos. A geografia política de uma ZTC onde predominam Estados falhados, com vastas extensões de território dominadas por poderes para-estatais de senhores da guerra ou de líderes religiosos e que se caracteriza pela porosidade das fronteiras, favorece as rotas de economias clandestinas e criminosas.

Actualmente, com a importância da bacia do Mar Cáspio, a nova versão da rota da seda é a rota dos hidrocarbonetos. Para além das disputas pelo traçado dos pipelines para a sua evacuação para ocidente pelo Mar Negro, coloca-se o traçado das condutas para oriente em direcção à RPC e, eventualmente, até à costa do Pacífico e para sul, para os portos do Índico. Em Washington chama-se à estratégia para a Ásia Central a estratégia da rota da seda (Chossudovsky,

p. 97) e, mais uma vez, face às difíceis relações com o Irão, a posição do Afeganistão tornou-se decisiva para a evacuação dos hidrocarbonetos do Mar Cáspio para o Oceano Índico. Segundo Chossudovsky «*Para a economia do petróleo a região* (da Ásia Central) *representa a nova fronteira do século (...) E o Afeganistão é uma sua parte integrante*» (p. 138).

c. As estatísticas colocam o Afeganistão na ingrata liderança dos produtores mundiais de ópio. Na viragem do milénio assegurava 80% do abastecimento mundial e o seu principal destino era o ocidente.

O certo é que a maioria das famílias afegãs e de alguns países vizinhos vivem na dependência da economia do ópio e medidas pontuais ou meramente repressivas não contribuem para diminuir essa dependência. As frequentes e profundas alterações no quadro político regional nas últimas décadas não têm resolvido as debilidades dos aparelhos económicos e, sem isso, a cultura e o comércio do ópio constituem os meios de sobrevivência das populações rurais. A zona é carente de recursos hídricos e a cultura da papoila exige muito menos água do que outras culturas tradicionais, como o algodão, ou mesmo culturas de subsistência. E é mais rentável.

Ao problema da droga e da sua exportação estão associados outros ramos da economia criminosa internacional, o tráfico de armas, a emigração clandestina, o branqueamento de capitais. A economia da Ásia Central está, em grande parte, nas mãos de redes mafiosas internacionais que controlam estes circuitos e que normalmente estão bem relacionadas com as instâncias do poder.

d. Nos últimos anos a região do Mar Cáspio e, com ela, a Ásia Central, surge como a nova grande reserva de hidrocarbonetos. As jazidas estão principalmente situadas no Turquemenistão e Cazaquistão, mas pelo efeito da sua evacuação vão interessar toda a Ásia Central.

Estas reservas são consideradas das maiores do mundo e, como salientaram Edward L. Morse e James Richard no artigo "The battle for energy dominance" publicado em 2002 na *Foreign Affairs*, juntam-se às da Rússia como a alternativa competitiva com o Médio Oriente, com a vantagem de serem maiores do que inicialmente se previa e de estarem em progressão, enquanto as do Médio Oriente estão em regressão.

Acresce ainda que o conjunto da Rússia e dos países do Mar Cáspio também se tornará o segundo maior exportador, o que lhes confere uma posição importante na fixação dos preços das ramas.

O Xinjiang chinês também possui reservas de hidrocarbonetos, o que aumenta as preocupações com que a RPC encara as suas tendências cisionistas com base na identidade religiosa.

e. A Ásia Central é pobre de recursos naturais e os povos das estepes áridas limitam-se, além da cultura do ópio, à pastorícia e às culturas extensivas do algodão e, nas zonas mais irrigadas, do arroz.

Importa assim chamar a atenção para alguns recursos que, não tendo grande relevo geoestratégico, têm importância na economia regional e nas relações de poder. É o caso dos minérios ricos nas ex-repúblicas soviéticas, com destaque para o ouro e o urânio e os filões de carvão do Xinjiang.

Predominantemente árida, semidesértica e desértica, quem na Ásia Central controla reservas hídricas dispõe de um trunfo importante. É uma vantagem do Tadjiquistão e do Uzbequistão que dominam as bacias dos rios Daria, factor geoestratégico regional mas com a contrapartida de ser gerador de conflitos internos e externos, quando é débil o poder político.

5. Caracterização polemológica

a. A acção conjugada dos factores da geografia física, humana, política e económica, sobre os quais acabámos de reflectir, tem tornado a Ásia Central palco permanente de conflitos, distintos na sua tipologia consoante a época e conforme a importância relativa de um ou outro factor se sobrepõe aos demais. Por vezes convivem até diferentes tipos de conflitos, que é o que acontece na actualidade.

Se a região foi, como atrás salientámos e usando a terminologia de Milton Bearden, o ponto limite de sucessivos projectos expansionistas e cemitério de impérios, é porque essas expansões não foram pacíficas. De facto a Ásia Central foi, desde a antiguidade, um contínuo teatro de operações de guerras prolongadas.

Mas situemos a caracterização polemológica na época mais recente, a partir do século XIX, que é a que nos ajuda compreender melhor a conflitualidade actual.

b. O grande jogo, a disputa entre a Rússia e o RU pelo controlo do Afeganistão e da Ásia Central, foi uma típica guerra imperial, uma guerra clássica da época em que ocorreu porque os objectivos dos actores em confronto eram a expansão territorial, o controlo de grandes rotas de comunicações, a consolidação de poder político. E tem a marca da época porque ocorreu no período áureo do imperialismo europeu e quando parte muito significativa do continente asiático estava sujeita à ocupação colonial de potências europeias. Acima de tudo foi uma disputa emblemática entre a potência terrestre e a potência marítima pela afirmação do poder global, que terá inspirado Halford Mackinder na formulação das teorias que valorizaram o *heartland* como meio de detenção do poder mundial (ver Primeira Parte, III.C.2.a.).

O grande jogo prolongou-se desde 1839 a 1917 comportando três períodos de conflitos mais intensos que ficaram conhecidos como as guerras afegãs, de 1839 a 1842, de 1878 a 1881 e em 1917, não tendo nunca a potência marítima logrado fixar-se na região. Em contrapartida a potência terrestre anexou as várias repúblicas turcófonas com excepção do Afeganistão, mas este ficou, de certa forma, na sua área de influência.

c. No período inicial da Guerra Fria a Ásia Central apenas foi marginalmente afectada. É certo que, pertencendo a URSS ao PV, as suas repúblicas asiáticas estavam naturalmente envolvidas, mas nunca estiveram na linha da frente. O conflito OTAN/PV estava mais orientado para o Atlântico, o *Midland Ocean* e para o *rimland* europeu, muito distantes da Ásia Central.

Durante a Guerra Fria Washington seguiu a teoria de Spykman de controlo do *rimland* e cercou a Ásia Central, a sul com o METO ou Pacto de Bagdad – mais tarde designado CENTO – e a sudeste com a SEATO (ver Primeira Parte, III.C.3.j.). A Índia, que se manteve neutral, constituiu o hiato neste controlo do *rimland* pela coligação marítima mas em compensação o Paquistão, signatário daqueles dois pactos, fazia a ponte entre eles e foi a lança de penetração do bloco ocidental na Ásia Central.

Na fase terminal da Guerra Fria, com a intervenção soviética no Afeganistão, a Ásia Central reapareceria com grande protagonismo e a potência terrestre liderante do bloco leste iniciaria aí o seu recuo geoestratégico, que culminaria no seu desmembramento e no desfecho da própria Guerra Fria, favorável à potência marítima.

d. O conflito soviético-afegão inscreve-se na Guerra Fria porque suscitou o empenhamento dos EUA em apoio a diversas facções que combatiam a URSS e o regime de Cabul. A Guerra Fria promoveu em todo o mundo estranhas e paradoxais alianças e isso foi particularmente visível no Afeganistão, com Moscovo a apoiar facções seculares ou islâmicas moderadas, enquanto Washington apoiava vários sectores fundamentalistas islâmicos, radicais, que mais tarde viriam a colocar-se uns contra os outros e a virar-se contra os próprios EUA.

Mas o conflito assumiu contornos que ultrapassavam a Guerra Fria e indiciavam já os da NOM. Samuel Huntington diz que a guerra afegã-soviética de 1979-1989 foi a primeira guerra civilizacional, porque os objectivos essenciais não eram de natureza nacionalista ou ideológica mas religioso-civilizacional (p. 290).

e. Com a retirada da URSS do Afeganistão a guerra prosseguiu em termos que passaram a identificá-la com a nova tipologia dos conflitos. Os mujahedines estavam divididos em grupos antagónicos, liderados por senhores da guerra, por chefes tribais ou líderes religiosos, que se confrontaram por causas diversas e complexas, pelo poder político, é certo, mas também por velhos ódios étnicos, pelo controlo de recursos ou movidos por influências de Estados limítrofes.

O vazio do poder estatal viria a facilitar a tomada do poder pelos talibans, um grupo de fanáticos islâmicos estudantes de teologia, com apoios sólidos no Paquistão. O regime radical dos talibans no poder, isolado do exterior com a única excepção do Paquistão, reforçaria duas componentes do conflito:

- A religiosa, uma vez que o regime acentuaria o extremismo do fundamentalismo islâmico e sunita levado às últimas consequências.
- A étnica, porque os talibans se apoiavam exclusivamente na maioria pachtun com afinidades no Paquistão, mobilizando contra si, depois da conquista de Cabul, as restantes etnias organizadas na Aliança do Norte, com predominância de uzbeques e tadjiques e apoiada do exterior exactamente no Uzbequistão e Tadjiquistão.

f. Desde a década de 80 que o Afeganistão acolhera Ben Laden e a sede da Al Qaeda, organização terrorista internacional por ele financiada e dirigida. Com a retirada soviética e, posteriormente, com os talibans no poder, o Afeganistão torna-se o santuário da Al Qaeda e conta com o apoio do Paquistão. Mas está em conflito directo com os seus vizinhos do norte. Depois dos ataques de 11 de Setembro de 2001 a Nova Iorque e Washington o Afeganistão e a Ásia Central vão tornar-se o teatro principal da guerra contra o terrorismo internacional. É uma guerra que se torna um paradigma dos novos conflitos, dissimétrica e assimétrica, de uma grande coligação clássica contra um adversário difuso, não estatal, sem forças armadas convencionais e em que os objectivos políticos são secundários.

Passados todos estes anos reconhece-se que a guerra global contra o terrorismo tendo por palco principal o Afeganistão e por alvo prioritário a Al Qaeda, está longe de resolvida. Barry R. Posen num artigo publicado em 2002 na *International Security* com o título "The Struggle against terrorism, grand strategy, strategy and tactics", salienta a dificuldade em encontrar uma estratégia quando o outro é fluido e mal conhecido. E alerta: «(...) *os Estados Unidos e seus aliados podem nunca destruir completamente a Al Qaeda (...)*» (p. 25).

Todos os países da Ásia Central receiam que o Afeganistão se transforme num espaço vazio e os reflexos que isso terá dentro das suas fronteiras. Quando a RPC se disponibilizou para participar na luta anti-terrorista ao lado dos EUA, era a prevenção contra as ameaças cisionistas do Xinjiang que tinha em mira. Há um aproveitamento evidente de todas as potências regionais para, através do apoio à luta anti-terrorista dos EUA, contarem com a benevolência internacional para resolverem problemas internos que podem ser identificados como terroristas, a RPC no Xinjiang, a Rússia no Cáucaso, a Índia no Caxemira.

Para os EUA o objectivo da guerra no Afeganistão, versão século XXI, ultrapassa o combate à Al Qaeda:

- Em primeiro lugar há uma afirmação de poder da hiperpotência hegemónica global. Os EUA instalaram-se pela primeira vez, em força, no *heartland*, onde desafiam localmente o poder do velho adversário, a Rússia, potência terrestre tradicional e contam com apoios nas antigas repúblicas soviéticas onde instalaram bases militares, ainda que isso passe pelo reforço de regimes que são ditaduras corruptas.
- Em segundo lugar, com a sua presença e através dos apoios que conseguiram nas grandes potências regionais neutralizam tentativas em curso de constituir uma qualquer coligação asiática contra si.
- Terceiro e não menos importante, são os interesses económicos, pelo domínio de uma posição central que permite controlar os fluxos do ópio e as rotas dos hidrocarbonetos do Mar Cáspio.

g. Com estes conflitos difusos da era moderna tem convivido, ao longo dos tempos, um conflito clássico e prolongado, a guerra de Caxemira que opõe a Índia e o Paquistão. Conflito clássico porque põe frente a frente Estados, visa objectivos políticos, disputa-se território, soberania, fronteiras, envolve forças armadas institucionais com estruturas e estratégias simétricas. Por outro lado é ainda uma herança da era colonial, da forma como Londres negociou o fim do seu império da União Indiana. E introduziu, *avant la lettre*, a componente de conflitos civilizacionais, uma vez que há uma disputa religiosa entre hindus e muçulmanos.

Há ainda uma outra componente a tornar mais complexo o conflito de Caxemira, a guerra de guerrilhas, pois o Paquistão apoia um movimento guerrilheiro islâmico no território indiano. A derrota da URSS no Afeganistão terá convencido estes grupos que poderiam fazer o mesmo à Índia em Caxemira, sendo certo que desde 1993 aumentou a presença de guerrilheiros muçulmanos multinacionais, suspeitando-se que terão contado com apoios da Al Qaeda e dos talibans.

O conflito de Caxemira alastrou a sua complexidade regional com a RPC a apoiar o Paquistão em resposta à ajuda que a Índia dá aos separatistas do Tibete, mas que se choca com o apoio do Paquistão aos separatistas de Xinjiang chinês. É extremamente difícil penetrar no labirinto dos apoios cruzados na Ásia Central. A RPC, como compensação, recebeu do Paquistão a faixa nordeste do Caxemira o que aumentou as dificuldades de uma solução negociada.

O conflito de Caxemira sobe de patamar e assume uma nova tipologia quando a Índia e o Paquistão se tornam potências nucleares em 1998. Aos olhos de muitos analistas a região torna-se uma das mais perigosas do mundo com a ameaça da escalada de um conflito endémico ao patamar do nuclear. O certo é que parece vir funcionando a lógica da dissuasão nuclear, que não só tem evitado o recurso a este tipo de armas como tem até reduzido os confrontos clássicos. As últimas acções têm sido especialmente obra de grupos guerrilheiros o que indicia a recuperação, localmente, da tipologia da Guerra Fria entre potências nucleares.

h. Um aspecto que importa salientar é que a Ásia Central está rodeada de potências nucleares e contem ela própria zonas importantes para as potências nucleares:

- A norte a Federação Russa, segunda maior potência nuclear mundial, herdeira do arsenal da URSS que durante a Guerra Fria competiu com os EUA na escalada nuclear. Na própria Ásia Central o Cazaquistão foi uma potência nuclear emparceirando com a Federação Russa, a Ucrânia e a Bielorússia no grupo de repúblicas nuclearizadas da URSS. Com o desmembramento da URSS cedeu o seu arsenal à Rússia, mas ficou detentora do respectivo *know how*.
- A leste a RPC, a potência nuclear mais fraca entre os cinco membros permanentes do CS/ONU, mas empenhada num esforço intensivo de aperfeiçoamento e desenvolvimento da sua capacidade nuclear.

- A sul a Índia e o Paquistão, dois competidores nucleares e os mais recentes parceiros do clube nuclear. Os dois Estados estão directamente virados um para o outro mas há ameaças nucleares cruzadas. Pequim e Nova Deli têm conflitos latentes há muitos anos e o Paquistão foi festejado como o primeiro Estado nuclear islâmico que poderia compensar o monopólio israelita no Médio Oriente.
- A oeste o Irão será, muito provavelmente, um novo parceiro a juntar-se ao clube nuclear. E este terá como principal objectivo a neutralização da exclusividade israelita no conflito israelo-muçulmano. O Irão está sob grande pressão para travar o seu programa nuclear mas tem apoios em outros Estados nucleares asiáticos e, na Agência Internacional de Energia Atómica, suspeita-se que, entre eles, esteja o Paquistão.
- No interior da própria ZTC da Ásia Central há ainda que ter em conta que o Cazaquistão permanece como o Estado em cujo território se encontra a principal estação experimental espacial russa e que é em Xinjiang que se localiza a zona de ensaios nucleares da RPC.
- No Afeganistão, Estado falhado onde a Al Qaeda esteve e, provavelmente está fortemente instalada, reside o perigo que é hoje encarado como a ameaça maior na área do nuclear. A tecnologia nuclear ou mesmo armas nucleares de pequena dimensão e facilmente manejáveis podem cair em mãos de organizações terroristas internacionais que escapam a qualquer possibilidade de neutralização através da dissuasão e, entre elas, a Al Qaeda é a mais provável.

É fácil verificar que a Ásia Central é atravessada por toda a problemática do nuclear e aí se reflectem as contradições da proliferação nuclear. Pela dinâmica da proliferação horizontal a Índia entrou na corrida em resposta à RPC e foi imediatamente acompanhada, passo a passo, pelo Paquistão. Por seu lado o Irão entra na corrida em resposta à nuclearização de Israel. Mas a proliferação horizontal é consequência do falhanço da não-proliferação vertical, com a manutenção da aposta das maiores potências nos seus arsenais nucleares (ver Primeira Parte, IV.F.4.m.), o que ressalta com muita nitidez da polémica travada nas páginas da *Foreign Affairs* pelo então secretário de estado adjunto norte-americano Strobe Talbott e o futuro ministro dos estrangeiros indiano Jaswant Singh.

i. Em conclusão, a complexidade da acumulação e interacção de conflitos tradicionais, das guerras clássicas, da herança da Guerra Fria, dos novos conflitos étnicos, religiosos, pelo controlo das matérias primas, da nova dimensão do terrorismo internacional e da guerra global contra o terrorismo, até à generalização dos actores nucleares, tudo contribui para tornar a Ásia Central numa ZTC única e que, na actualidade, está no centro das atenções mundiais.

CAPÍTULO C
SUDESTE ASIÁTICO

1. Geografia física

a. A ZTC a que chamamos do Sudeste Asiático envolve o Mar do Sul da China, designação que os chineses dão ao mar compreendido entre a costa sudeste do continente asiático, que se estende pelas orlas marítimas do continente chinês e das penínsulas indochinesa e malaia, e a sequência de ilhas que vai de Taiwan aos arquipélagos das Filipinas e Indonésia. Esta designação contém, implícita, uma ambição chinesa sobre este espaço marítimo e é contestada pelos restantes Estados que o marginam. Aqui reside o essencial da conflitualidade regional que, no entanto, ultrapassa este diferendo específico (Mapa 27).

No título sobre a Bacia Mediterrânica dissemos que Yves Lacoste, inspirado no seu mestre Fernand Braudel, chama ao Mar do Sul da China o Mediterrâneo Asiático, ou Oriental, incluindo-o num conjunto de três mediterrâneos sendo os outros dois o Euro-Afro-Asiático ou Ocidental e o Americano que trataremos no Título VI e último deste trabalho. No texto "La Méditerranée" da Revista *Hérodote*, de que é director, Lacoste justifica a extensão da designação de mediterrâneo ao Mar do Sul da China e ao Mar das Caraíbas, porque também são mares entre terras e porque têm todos uma dimensão aproximada (p. 18).

Num texto anterior, "Une autre Méditerranée dans le Sud-Est asiatique", Denys Lombard já desenvolvia este tema. Considerava o autor que a zona do sudeste asiático malaio e indochinês, insular e peninsular, se estende até à costa do sul da China entre as ilhas de Hainan e Taiwan e se define um novo mediterrâneo, no conceito braudeliano de um mesmo conjunto marítimo com duas margens distintas, mas no qual não se pode entender o desenvolvimento de uma separadamente da outra. E, na sua comparação com o Mediterrâneo Ocidental, Lombard salienta que também no oriental uma das margens é islâmica.

Mais uma vez a delimitação espacial porque optámos não coincide com a do *L'État du monde*. Já chamámos a atenção para o facto de as divisões regionais desta obra, chamadas conjuntos geopolíticos, serem mais detalhados e, nessa linha, separa a Ásia do Sudeste Insular, a Indochina e a China. Para uma interpretação polemológica, que é o nosso objectivo, é uma compartimenta-

MAPA 27– Sudeste Asiático

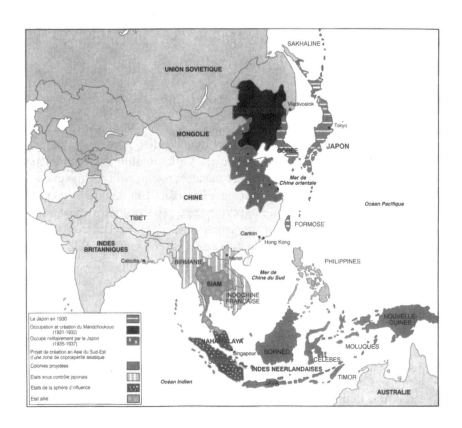

Fonte: Gérard Chaliand et Jean-Pierre Rageau, *Atlas du millénaire*, Hachette Littératures, Paris, 1998.

ção excessiva com o inconveniente de dividir o Mar do Sul da China, que é o espaço que confere coerência conflitual a esta região.

b. Um dos aspectos mais salientes desta ZTC e que fere a atenção a qualquer observador de um mapa da região, é a configuração. Numa margem há uma zona compacta, profunda, mas que se prolonga no extremo recortado, heterogéneo, das penínsulas indochinesa e malaia. Na outra margem uma imensidade de ilhas e ilhotas, os arquipélagos da Indonésia, com cerca de dezassete mil e quinhentas ilhas e as Filipinas com cerca de sete mil. Este intrincado recorte de penínsulas e ilhas determina uma complexidade de canais e estreitos que são sempre factores com influência directa no panorama polemológico.

No interior do Mar do Sul da China há ainda uma série de ilhotas, os arquipélagos das Spratley e Paracel, algumas delas pequenos atoles mas que têm grande importância geoestratégica (Mapa 28).

Esta configuração constitui o factor físico-geográfico que levou Samuel Cohen a incluir o Sudeste Asiático entre as cinturas fragmentadas, apesar deste autor privilegiar, nesta definição, a influência da dispersão política e económica.

c. Mas se é o factor configuração o que mais chama a atenção, aquele que mais decisivamente contribui para a sua importância como ZTC é a posição. Situado numa zona de transição entre dois continentes, Ásia e Oceania e entre dois oceanos, Índico e Pacífico, é acima de tudo este aspecto que faz do Sudeste Asiático uma zona muito sensível. Sendo uma das áreas do mundo de mais intenso tráfico marítimo, a associação da sua configuração com a multiplicidade de ilhas condiciona as rotas, definindo alguns pontos como de passagem obrigatória cujo controlo são trunfos geoestratégicos decisivos. O Mar do Sul da China é atravessado diariamente por mais de seiscentos navios mercantes, sendo considerado o corredor marítimo mais frequentado do planeta.

A própria área continental é posicionalmente sensível, em especial a península indochinesa, porque está colocada entre os dois colossos milenares, Índia e China, que são também os Estados mais populosos do mundo. Área que ambos consideram seu prolongamento natural está, por isso, sujeita a uma pressão permanente. A denominação de Indochina é a tradução desta realidade.

d. O Sudeste Asiático inscreve-se na zona tropical e, depois das regiões amazónica e congolesa, zonas tropicais da América e da África, possui a ter-

MAPA 28 – Mar do Sul da China

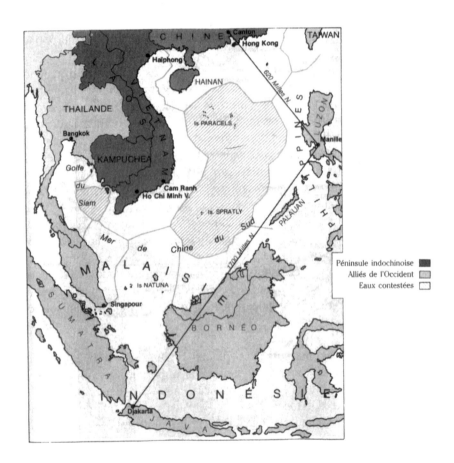

Fonte: Gérard Chaliand et Jean-Pierre Rageau, *Atlas stratégic*, Éditions complexe, Belgique, 1994.

ceira maior área florestal do mundo. A floresta do Sudeste Asiático abrange a região insular da Indonésia e das Filipinas, estende-se por toda a zona continental indochinesa e malaia e é um factor polemológico a ter em conta, por proporcionar um ambiente favorável à guerrilha.

2. Geografia humana

a. Numa análise do factor humano na ZTC do Sudeste Asiático um aspecto se impõe, desde logo, considerar. Trata-se de uma zona que se inscreve numa região onde se situam os países mais populosos do mundo. A RPC e a Índia são os únicos que ultrapassam os mil milhões de habitantes dentro de um mesmo espaço político e a Indonésia, com mais de duzentos milhões, é o mais populoso dentro do espaço islâmico. Mesmo na península indochinesa, com excepção do Camboja e do Laos, a densidade populacional é muito elevada.

Acresce que os chineses e os indianos sempre foram povos com vocação migratória e a pressão demográfica interna traduz-se numa pressão externa, sendo o Sudeste Asiático a zona de convergência natural das respectivas migrações.

b. A complexidade do mosaico humano do Sudeste Asiático foi-se construindo ao longo dos séculos pela mistura dos originários com as sucessivas vagas de imigrantes.

O conjunto insular e, em particular, a Indonésia, que os registos arqueológicos apontam como um dos berços da humanidade é, desde a era pre-cristã, resultado de dois grandes grupos, o mongolóide malaio a ocidente e o australóide papua a leste, que foram originando um tipo derivado do cruzamento de ambos e destes com indianos e chineses.

No extremo leste parte das populações papuas ainda vivem em estado tribal e hoje revela-se nestes povos uma vontade de afirmação da sua identidade cultural originária.

Na Indochina continental também os khmer, cujo império data do século IX, estiveram sujeitos à pressão indiana e chinesa. Esta última ter-se-á revelado com maior intensidade no período da expansão mongol e, segundo Denys Lombard, terá sido esta que conferiu unidade geográfica a este Mediterrâneo Oriental, ao estabelecer rotas marítimas de ligação entre a margem continental e as margens insulares.

c. Lombard chama ainda a atenção para o facto de o sudeste da Ásia ter recebido sucessivas influências culturais do ocidente, que começaram com a hinduização, com maior penetração na península indochinesa, depois a islamização que se implantou com mais solidez na Indonésia a partir do século XIII e por fim a cristianização europeia a partir do século XVI, com maior sucesso nas Filipinas.

As influências vindas do norte iniciaram-se com a penetração sínica mongol, por volta do século XIV e que, com o seu alastramento, Huntington diz ter-se transformado no confucionismo (p. 50). Nos finais do século XIX há uma nova pressão com o grande projecto japonês da Zona da Coprosperidade Oriental e, depois, a influência chinesa através do marxismo que também é, na sua génese, uma influência do ocidente, da qual a China agiu como intermediário.

Todas estas influências, sucessivas e frequentemente contemporâneas, tiveram reflexos determinantes na configuração do mosaico cultural com expressão na conflitualidade regional. Na ZTC do Sudeste Asiático estão implantadas cinco grandes religiões, o islamismo, o hinduísmo, o confucionismo, o budismo e o cristianismo, e se seguirmos a reflexão de Huntington sobre os grandes conjuntos civilizacionais segundo critérios religiosos, concluímos que aí convergem extensões de todos os espaços civilizacionais com excepção do africano e do latino-americano.

Já temos acentuado que os fluxos migratórios e a mescla civilizacional, étnica e religiosa, são fomentadores de bolsas de minorias e a ZTC do Sudeste Asiático confirma esta regra. No pós-Guerra Fria a conflitualidade tem tido por base motivações de natureza étnica e religiosa.

3. Geografia política

a. O quadro político-geográfico é dos mais complexos de todo o mundo e é legítimo considerá-lo o factor mais influente na conflitualidade regional. É, aliás, uma consequência da natureza mediterrânica do Mar do Sul da China que, como salienta Yves Lacoste, se caracteriza por ser um mar entre terras e rodeado por um grande número de Estados e em cujo espaço marítimo se sobrepõem e cruzam interesses de todos eles, destacando-se sempre um que procura assegurar uma posição hegemónica. Neste caso os Estados que disputam as águas territoriais do Mar do Sul da China são a RPC e o Vietnam do lado continental, Indonésia, Brunei e Filipinas do lado insular, a Malásia que é simultaneamente continental e insular e ainda Taiwan, que não sendo um Estado independente reconhecido funciona como se o fosse. A potência com pretensões hegemónicas é, obviamente, a RPC.

Samuel Cohen que elegeu o Sudeste Asiático como paradigma do que chamou cinturas fragmentadas definiu-as, recorde-se, como «(...) *grande região estrategicamente situada ocupada por um certo número de Estado em conflito e refém dos interesses opostos das grandes potências contíguas (...) o que é peculiar da cintura fragmentada é o seu carácter política e economicamente disperso (...)* (pp. 115, 137 e 138). A aplicação ao Sudeste Asiático é automática.

Mas na bacia do Mediterrâneo Oriental, para além de uma multiplicidade de Estados, ressalta outra característica, a heterogeneidade. Nesta ZTC convivem todos os escalões da hierarquia dos Estados, desde a grande potência que é a RPC até aos micro-Estados como Singapura, Brunei ou Timor-Leste, passando por uma série de Estados que se situam no patamar de transição entre a média potência, como a Indonésia e o Vietnam e a pequena potência ou Estado fraco, como o Camboja, o Laos ou as Filipinas. E está também sujeita à influência de potências periféricas importantes, os EUA hiperpotência mundial, as grandes potências Rússia e Índia e as médias potências Japão e Austrália.

b. É a grande região do mundo onde esta heterogeneidade política é mais acentuada e o fenómeno tem raízes no passado recente.

Durante o período colonial – o Sudeste Asiático foi palco dos primeiros projectos coloniais europeus da era moderna – a região foi disputada por todas as potências com ambições imperiais, Portugal, Espanha, RU, França e Holanda, às quais no início do século XX se juntou os EUA e que, com algum desfasamento no tempo, partilharam o território. A Tailândia, antiga Sião, é o único país que nunca foi colonizado.

O projecto japonês da coprosperidade oriental haveria de unificar toda a região sob a sua bandeira mas muito efemeramente, apenas atingindo a totalidade do Sudeste Asiático durante a II Guerra Mundial. A ocupação japonesa deixou, porém, o gérmen das independências e passou a mensagem de que os europeus não eram invencíveis. O fim da guerra deu início às independências das colónias mas foi um processo que se arrastou, por vezes através de guerras de libertação prolongadas e que só terminaria em 2001 com a independência de Timor-Leste. De todo este processo sairia a definição do mosaico político da ZTC do Sudeste Asiático.

c. A Guerra de 1939-1945 teve uma consequência de vulto, a instalação dos EUA na região. A América sentira-se atraída para o Pacífico desde os finais do século XIX quando decidira tornar-se uma grande potência marítima e as teorias de Alfred Mahan foram a doutrina enformadora deste projecto (ver Primeira Parte, III.C.1.e.). A ocupação do arquipélago do Hawai em 1898 foi a sua ponta de lança e, no mesmo ano, na sequência da guerra contra a Espanha nas Caraíbas, ocupava as Filipinas. Washington passou a considerar o Pacífico um lago americano e depois de 1945 instalou-se solidamente na margem ocidental, com forças no Japão, na Coreia, em Taiwan e com a poderosa VII Esquadra. A presença norte-americana na ZTC do Sudeste Asiático é hoje decisiva.

d. A grande potência regional é a RPC que não se coíbe de afirmar essa hegemonia, em resposta aos mais de cem anos de humilhações sofridas com as sucessivas ocupações de grandes potências estrangeiras. Considera Samuel Huntington que «(...) *a emergência da China como grande potência ultrapassará qualquer outro fenómeno comparável na última metade do segundo milénio*» (p. 271). A designação de Mar do Sul da China é de sua autoria e contestada por outros, porque define um projecto hegemónico regional. Conta, para isso, com vários trunfos, a dimensão física e humana, membro permanente do CS/ONU, crescimento económico, poderio militar, proselitismo das inúmeras comunidades dispersas pelos vários países da região. E pretende usá-los para se tornar centro de uma civilização global asiática, onde nenhum país possa actuar sem ter em conta os seus interesses (Bernstein e Munro, pp. 19 e 20).

Na Introdução a este Título já assinalei que enquanto a RPC está, no extremo ocidental, sujeita a pressões cisionistas no Tibete e no Xinjiang, no extremo oriental conduz uma dinâmica fusionista, tendo recuperado recentemente a soberania em Hong-Kong e Macau. As suas preocupações actuais centram-se em Taiwan, que o mundo reconhece como pertencendo à soberania chinesa mas cuja integração pacífica parece difícil. Mas a eventualidade de uma intervenção militar ameaça desencadear um confronto com os EUA. As suas ambições sobre o Mar do Sul da China, que inclui os arquipélagos das Paracel e Spratley localizados no seu interior, objecto de disputa regional, inscrevem-se nesta dinâmica fusionista e a RPC já fez saber que o considera espaço da sua soberania e que, tal como Taiwan, constitui uma questão da sua política interna. Em Fevereiro de 1992 o parlamento da RPC aprovou legislação que coloca o Mar do Sul da China sob soberania chinesa, o que nenhum dos outros Estados da região aceita.

e. Sabe-se que a condição arquipelágica de alguns Estados favorece dinâmicas cisionistas, em especial quando há fracturas de natureza étnica, cultural e religiosa. Na cintura insular do Sudeste Asiático, em que alguns Estados se espalham por milhares de ilhas, esta pressão é muito forte. Algumas ilhas são já partilhadas por Estados distintos, como a de Bornéo, dividida pela Malásia, a Indonésia e o Sultanato de Brunei, a de Timor dividida entre a República de Timor-Leste e a Indonésia, e a da Nova Guiné também dividida entre a Indonésia e a República da Papua Nova-Guiné.

Gabriel Defert, na *Herodote*, lembra que a Indonésia recebeu da antiga potência colonial, a Holanda, a herança do modelo imperial e que o exerce através do poder de Java, sua ilha central, sobre as ilhas e regiões periféricas onde se manifestam ambições separatistas, na província de Irian Jaya na ilha da Nova Guiné, no Aceh no norte da ilha de Sumatra, nas ilhas Molucas ou no sul da ilha de Bornéo. Algumas destas reivindicações separatistas têm motivações religiosas, como as das minorias cristãs ou de grupos fundamentalistas islâmicos de Aceh, de Irian Jaya e das Molucas, mas a motivação mais forte é contra o centralismo javanês de Jacarta.

Também nas Filipinas, nas ilhas do sul do arquipélago de Jolo e Mindanao, há movimentos separatistas, aqui mais marcadamente religiosos, de minorias muçulmanas contra a maioria cristã no poder. Na ilha de Mindanao há já uma região autónoma constituída na base da minoria muçulmana.

f. A Indonésia desfrutou, durante a Guerra Fria e a partir da tomada do poder por Suharto, que em Outubro de 1965 derrubara Sukarno considerado o fundador da nação, de um estatuto de potência hegemónica na componente insular do Sudeste Asiático e que se estendia mesmo ao conjunto do Pacífico sul. Mas o prestígio internacional da Indonésia já vinha do tempo de Sukarno quando Bandung foi sede da criação do Movimento dos Países Não-Alinhados, em 1955. Sukarno, juntamente com Nehru, Nasser e Tito, tornara-se um dos líderes mais visíveis do Terceiro Mundo.

Os EUA, receosos com o avanço da RPC no Sudeste Asiático, apoiaram o golpe de Suharto e apadrinharam a liderança regional da Indonésia que se tornou aí o seu parceiro privilegiado. Foi este estatuto que permitiu que a Indonésia, com a benevolência e mesmo o apoio de Washington, invadisse Timor-Leste em 1975 quando Portugal, num processo conturbado, procurava negociar a independência e a transferência do poder para os timorenses.

O fim da Guerra Fria e do pretexto do perigo comunista, a desconfiança com que Washington começou a encarar os regimes islâmicos e o aumento das tensões internas na Indonésia, viriam a contribuir para que Djacarta perdesse peso em Washington, que transferiu para a Austrália o estatuto de parceiro regional. A perda de peso internacional e regional da Indonésia permitiria uma alteração na atitude das grandes potências e da ONU em relação a Timor-Leste, que viria a conseguir a independência em 2001, depois de Suharto ter sido afastado do poder e o país ter passado por um processo de democratização.

g. Na sub-região continental da península indochinesa é o Vietnam que se tem afirmado como pólo regional e essa afirmação foi clara quando em 1979 decide intervir no Camboja para conter o genocídio que o regime de Pol Pot e os khmers vermelhos levavam a cabo. Essa intervenção foi encarada pela RPC como um desafio à sua liderança num espaço que considera dentro da sua área de influência e a verdade é que desde então as relações entre os dois Estados têm sido difíceis, apesar da enorme desproporção de potencial. Mas a posição de firmeza que o Vietnam mantém face ao colosso vizinho, aliás na mesma linha de posicionamento que décadas atrás manteve face aos EUA, tem contribuído para o reconhecimento da sua supremacia pelos restantes parceiros da Indochina.

4. Geografia económica

a. A importância mundial da economia do Sudeste Asiático é antiga e está há muito associada à conflitualidade regional. Foram as suas riquezas, o comércio, as madeiras exóticas mas, acima de tudo, as especiarias, que atraíram os europeus à terra dos seus antípodas e que depois motivaram os impérios coloniais, o ciclo do oriente, o primeiro da colonização europeia que se seguiu aos descobrimentos. As várias potências coloniais, Portugal, Espanha, França, RU, Holanda, envolver-se-iam aí em conflitos prolongados na disputa de posições geoestratégicas vantajosas para o controlo da produção, do mercado e do transporte marítimo das matérias-primas. Os portugueses baptizariam mesmo o conjunto de ilhas que hoje se chamam Molucas e estão integradas na Indonésia de Ilhas das Especiarias.

b. Actualmente a riqueza da ZTC do Sudeste Asiático é o petróleo e é nele que assenta, para além do factor posição, a sua importância geoestratégica. A Indonésia é não só o país mais bem situado mas o maior produtor regional de petróleo e a relevância que os EUA lhe conferiram na geografia política tem a ver com isso. A forma como a comunidade internacional, nomeadamente a Austrália, tratou o problema de Timor-Leste quando da invasão e anexação indonésia, é o reconhecimento desse papel. As águas territoriais de

Timor-Leste têm petróleo e a Austrália e Indonésia já se tinham entendido para a sua partilha.

O Sultanato de Brunei deve à sua riqueza em hidrocarbonetos o estatuto diferenciado de que beneficiou no tempo colonial e lhe garantiu uma individualidade política que lhe permite ser hoje um Estado independente num território predominantemente malaio e indonésio.

Aquilo que apontámos como a questão actualmente mais sensível desta ZTC, o Mar do Sul da China, também envolve petróleo. É certo que a sua posição é decisiva no controlo das rotas marítimas e aéreas mas o que move a disputa entre todos os Estados envolventes do Mediterrâneo Oriental são os arquipélagos das ilhotas das Spratley e Paracel e estas estão assentes em lençóis de petróleo. Até à descoberta destas reservas tinham sido sempre ignoradas.

Para a Pequim o problema do petróleo é decisivo para as suas aspirações a superpotência e daí o seu empenhamento no Mar do Sul da China. Com alguma ironia as duas regiões da RPC onde são conhecidas reservas petrolíferas com significado situam-se em regiões periféricas em extremos opostos, o Xinjiang a noroeste e o Mar do Sul da China a sudeste e são ambas conflitualmente sensíveis, mas na base de dinâmicas antagónicas, cisionista na primeira, fusionista na segunda.

c. Toda a Ásia do Pacífico teve nos finais do século XX um crescimento económico espectacular e o Sudeste Asiático acompanhou esse *boom* económico-financeiro. Aí se situavam alguns dos chamados Novos Países Industrializados (NIC) e das praças financeiras, os tigres asiáticos, Taiwan, Singapura, Hong-Kong, responsáveis por esse fenómeno.

Vários autores conhecidos têm enfatizado o relevo do Sudeste Asiático na economia mundial. Robert Ross diz que a Ásia de leste, incluindo portanto o Sudeste Asiático, tem as maiores e mais dinâmicas economias do mundo e que por isso se trava aí a maior competição entre as grandes potências (p. 81). Zbigniew Brzezinski, sempre tão atento ao Pacífico, considera que, com a UE e a América do Norte, constitui o trio das regiões mais produtivas e desenvolvidas do mundo (pp. 54 e 55). É interessante assinalar que em todas estas regiões se encontram as bacias dos três mediterrâneos definidos por Lacoste. Também Huntington põe em destaque o que classifica de afirmação asiática, resultante do desenvolvimento económico, no qual inclui o Japão e a Coreia, periféricos em relação à ZTC, mas também Hon-Kong, Taiwan, Singapura, China, Malásia, Tailândia e Indonésia, que nela estão incluídos (pp. 120 a 128).

Em 1995 o Banco Mundial previa que o século XXI seria o século da Ásia e nele o Sudeste Asiático teria um papel de relevo.

d. Também no crescimento económico da ZTC coube à RPC um papel de primeiro plano. A sua zona mais rica é precisamente a sua fachada sudeste entre as ilhas de Hanan e Taiwan debruçada sobre o Mar do Sul da China e é nesta faixa que se situam as regiões económicas especiais de Hong-Kong e Macau, recentemente incorporadas na soberania chinesa. Huntington não hesita em afirmar que os chineses são responsáveis pelo desenvolvimento económico dos anos 80 e 90 no sudeste da Ásia (p. 198), o que se deve não apenas à economia da RPC mas ao facto de grande parte da economia no conjunto regional ser uma economia chinesa.

O crescimento económico da área do Pacífico ocidental em geral e no Sudeste Asiático em particular, não pode dissociar-se de uma outra questão que é encarada com desconfiança noutras regiões do mundo, nomeadamente no ocidente. Refiro-me às economias paralelas, clandestinas e criminosas, que contam no oriente com redes bem organizadas. A cultura e o comércio da droga na Indochina e na região insular, a prostituição, estão associadas às redes de contrabando, de emigração clandestina, que a geografia humana (excedente demográfico) e a geografia física (difícil controlo das rotas marítimas) favorecem. Por outro lado dizem os especialistas que o crescimento e a competitividade dos produtos orientais assenta numa mão-de-obra extensiva e mal retribuída, privada de direitos e garantias sociais, o que é também um factor que se soma aos excedentes demográficos como incentivo à emigração, à prostituição, ao contrabando e às economias clandestinas.

Todo o problema da disputa geoestratégica no Pacífico ocidental entre os EUA e a RPC, onde muitos já vêm uma nova bipolaridade entre a potência marítima e a potência terrestre, tem a ver com o crescimento económico da RPC e o seu crescente protagonismo regional. Os EUA sentem que o extremo oriente, incluindo o Sudeste Asiático, se tornará no século XXI o coração da economia mundial (Huntington, p. 262) e receiam que um adversário poderoso controle a região. Mas a posição de Washington face a Pequim é paradoxal, porque por um lado é o seu maior competidor geoestratégico, mas por outro é um grande mercado incontornável para a sua economia nesta nova era da globalização. E os EUA, se receiam o poder acrescentado que o controlo do Mar do Sul da China conferirá à RPC, não estão interessados em desafiá-la numa região que está inexoravelmente na sua área de influência, onde grandes empresas americanas estão envolvidas nos projectos de exploração dos hidrocarbonetos e por onde passa um quarto do comércio marítimo mundial, em grande parte destinado ou partindo de portos norte-americanos. Como escrevem Campbell e Mitchell, se a China é, presentemente e no futuro próximo, a maior ameaça para os EUA, é também o seu maior mercado (p. 23).

e. Em 1967 foi criada uma organização supranacional no Sudeste Asiático com objectivos de cooperação económica, a Associação das Nações do Sudeste Asiático (ASEAN), incluindo a Tailândia, Malásia, Singapura, Indonésia, Brunei e Filipinas. O Vietnam, Laos, Camboja e Myanmar só aderiram depois do fim da Guerra Fria. A partir deste núcleo foi criado posteriormente o Forum Regional da ASEAN (AFRA), que junta outros dez países com presença ou interesses na bacia do Pacífico, EUA, Canadá, UE, Japão, Rússia, Coreia do Sul, RPC, Papuásia Nova-Guiné, Austrália e Nova Zelândia. O objectivo actual é a criação de um grande mercado comum do Sudeste Asiático tendo por modelo a UE, que posa estar em funcionamento em 2020, que para alguns é demasiado longínquo.

Existe ainda uma segunda organização regional, a Cooperação Económica da Ásia Pacífico (APEC), criada em 1993, envolvendo vinte Estados e onde a RPC desfruta de uma posição de destaque.

5. Caracterização polemológica

a. Não há necessidade de recuar demasiado na história para se concluir que o Sudeste Asiático se tornara uma região de conflitualidade endémica. Os projectos coloniais do ocidente e as inevitáveis campanhas militares de conquista e de disputa entre as várias potências coloniais, a ambição imperial japonesa da Zona da Coprosperidade Oriental apoiada numa forte componente militar, são fenómenos de há poucos séculos.

Ao iniciar-se a Guerra Mundial de 1939-1945 encontrava-se ainda ocupado pelas potências coloniais, França na Indochina, RU na Malásia, Holanda na Indonésia, EUA nas Filipinas donde desalojara a Espanha. Portugal mantinha, simbolicamente, Timor-Leste e Macau que com Goa, Damão e Diu na Índia, eram a herança residual do antigo império do oriente, o primeiro ciclo da sua expansão colonial que perdera para a Holanda e Inglaterra no século XVII.

O projecto japonês da Zona da Coprosperidade Oriental remontava aos finais do século XIX e a primeira fase materializara-se, no continente com as conquistas no nordeste chinês e península coreana e, no Pacífico, com a ocupação das ilhas desde Taiwan até às Carolinas e Marshall. Foi com a

Guerra 1939-1945 que a sua expansão atingiu maior dimensão estendendo-se a todo o Sudeste Asiático. Note-se que o primeiro alvo dos japoneses foi o arquipélago do Hawai cuja conquista Alfred Mahan considerara, na elaboração da sua teoria do poder marítimo, decisivo para o controlo do Pacífico (ver Primeira Parte, III.C.e. e f.). Foi o ataque a Pearl Harbour a causa imediata para a entrada dos EUA na guerra e para a grande batalha do Pacífico, que desalojaria o Japão e tornaria este oceano o lago americano que Washington sempre desejou.

b. Com a ocupação japonesa dos impérios coloniais das potências ocidentais, o Sudeste Asiático, mesmo depois do colapso do Japão em 1945 e da reposição dos sistemas coloniais, não voltaria a ser o mesmo. As derrotas do homem branco face aos exércitos japoneses quebraram o mito da sua invencibilidade e, por outro lado, os nacionais que haviam lutado ao lado do ocidente contra a agressão japonesa tomaram consciência de que a sua participação na guerra também devia visar a sua própria libertação. Ao fim da Guerra Mundial seguir-se-iam as guerras de libertação coloniais e as Filipinas, Indonésia, Malásia chegariam à independência, mas sempre de forma conflitual. Mais duras e prolongadas seriam as lutas de libertação na península indochinesa onde a França tentou resistir ou, em alternativa, apoiar projectos neocoloniais. As guerras na Indochina, nomeadamente no Vietnam, seriam das mais violentas da descolonização da Ásia.

c. A ZTC do Sudeste Asiático seria também uma das regiões do mundo onde a Guerra Fria penetraria mais profunda e violentamente. Não pelo confronto directo entre os dois pólos do sistema bipolar, que nunca se verificou, mas através de guerras por delegação:

- A primeira e mais espectacular mudança no quadro da geografia política da Guerra Fria foi a conquista do poder na China pelo partido comunista e o nascimento da RPC. Com o acantonamento das forças residuais do regime derrotado de Chang Kai-Chec, o Kuomintang, em Taiwan, apoiado pelos EUA, instala-se no estreito de Taiwan o conflito que atravessa toda a Guerra Fria como um dos maiores focos de tensão.
- Segue-se a Guerra da Coreia, porventura a última guerra clássica de grande envergadura, onde se envolveram directamente EUA e RPC e se tornou emblemática da Guerra Fria. Terminou num impasse, que veio a caracterizar a resolução dos conflitos da época e desta ZTC, divisão do território pelas facções nacionais anteriormente em conflito, uma

linha de demarcação fiscalizada pela ONU ou por forças internacionais e tutela das superpotências rivais a cada uma das partes.
- As guerras anti-coloniais no extremo oriente tiveram uma componente ideológica forte, porque muitos movimentos de libertação, apoiados pela URSS e pela RPC, eram de inspiração marxista. Por isso se inscreveram na Guerra Fria. Foi assim na Malásia, na Indochina, na Indonésia. Na Malásia o RU conseguiu resistir com êxito aos movimentos marxistas e a transferência do poder foi feita para sectores apoiados pela ex-potência colonial. Já na Indochina os partidos comunistas lideraram a luta pela independência e o Vietnam tornar-se-ia o símbolo dessa luta. A primeira fase terminou, como na Coreia, com um país artificialmente dividido, onde os EUA se viriam a envolver depois da derrota francesa, na tentativa de manter o sul na esfera de influência ocidental enquanto o norte entrava na esfera socialista. Washington conheceria aí a maior derrota militar da sua história e que esteve na origem do seu recuo geoestratégico das décadas de 60 e 70.
- A Indonésia tornara-se, depois da independência, um dos pilares do Terceiro Mundo e do Movimento dos Países Não-Alinhados. A forte implantação do partido comunista preocupava Washington para quem a posição geográfica do país era vital para os seus interesses. O golpe de Suharto de 1965, que fez centenas de milhares de mortos, contou com o apoio dos EUA que assim seguraram uma área de influência vital.
- É ainda no quadro da penetração da Guerra Fria no Sudeste Asiático, através do processo de descolonização e da evolução indonésia, que deve ser entendido o conflito em Timor-Leste. Alguns pretendem, cremos que erradamente, identificá-lo com a nova tipologia dos conflitos de base religiosa e cisionista. Timor-Leste, maioritariamente cristão, está de facto inserido numa área muçulmana, mas o conflito não foi religioso. E não houve uma dinâmica cisionista porque Timor-Leste nunca pertencera à Indonésia. A invasão e anexação por Jacarta também não se baseou em antecedentes históricos e a Indonésia até tinha sido tolerante com a colonização portuguesa e nunca revelara manifestações irredentistas. O objectivo da invasão foi impedir que Timor-Leste independente pudesse cair na área de influência chinesa e contou com o apoio dos EUA e da Austrália. Foi a partilha do poder global na lógica da Guerra Fria que a justificou.

Portugal iniciara um processo complexo de transferência do poder para os timorenses depois de, na sequência do 25 de Abril de 1974, ter aceite o direito dos povos das colónias à autodeterminação e independência (Correia, 1999, pp. 220 a 224). Timor não passara pelas fases da tomada de consciência e da luta e libertação e entrara abruptamente na fase da transferência do poder com três partidos divididos por projectos distintos, a União Democrática Timorense (UDT) defendendo uma ligação a Portugal e evoluindo depois para uma independência a prazo, a Frente de Libertação de Timor-Leste Independente (FRETILIN) que sucedera à Acção Social Democrática Timorense (ASDT) exigindo a independência imediata e a Associação para a Integração de Timor na Indonésia depois chamada Associação Popular Democrática de Timor (APODETI) advogando a integração na Indonésia. Quando Lisboa já tinha pronto um projecto para a transição em que era necessário limar algumas divergências entre as três associações a UDT, com o apoio da Indonésia, desencadeia um golpe que originou a guerra civil com a FRETILIN. Portugal, a braços com problemas na metrópole no chamado verão quente de 1975 e enfrentando a internacionalização do conflito em Angola, sem forças armadas suficientes em Timor onde já procedera à timorização da estrutura militar, não teve condições para impedir o confronto porque os militares timorenses se dividiram pela UDT e FRETILIN. A APODETI junta-se à UDT numa frente anticomunista contra a FRETILIN, bem à medida da Guerra Fria. Quando a FRETILIN dominava a maioria do território Jacarta invoca o vazio do poder e a guerra civil, que tratara de fomentar, para invadir o país, anexá-lo e proceder a um genocídio bem ao jeito do golpe na Indonésia da década anterior. E de novo contou com o apoio, se não mesmo com o incentivo de Washington. A invasão indonésia de Timor-Leste teve todos os condimentos dos conflitos por delegação da Guerra Fria. E os timorenses tiveram de travar, contra o novo ocupante, a luta de libertação armada que não haviam travado contra os portugueses.

d. O sinal mais caracterizador da conflitualidade no quadro da Guerra Fria foi a forma como se materializou a doutrina do *containment* e o controlo do *rimland* pela potência marítima, numa perfeita aplicação da elaboração teórica de Nicholas Spykman (ver Primeira Parte, III.C.3.j.). Quando Spykman e George Kennan formularam as suas teorias apenas tinham em vista o cerco à potência terrestre de então, a URSS, mas a sua aplicação passou a visar a URSS e a RPC. Esta perfilava-se como uma nova ameaça potencial para a coligação marítima e com um dado novo, é que ocupava o sudeste do *rimland*. Por isso o controlo pela potência marítima desse sector do *rimland* teve de ser feito no *of shore*, na componente insular do Sudeste Asiático. Assim surge a série de alianças dos EUA envolvendo o Mar do Sul da China (ver I.A.4.a.):

- O Pacto de Assistência Mútua EUA-Filipinas em 1951, aliás num processo de continuidade da influência de Washington no arquipélago que só em 1946 deixara de ser sua colónia.
- O Pacto de Assistência Mútua EUA-Taiwan em 1954, procurando assegurar a sobrevivência do regime de Chang Kai-Chec e o controlo do estreito de Taiwan.
- No mesmo ano de 1954 os EUA pressionaram a formação de uma aliança marítima que pretendia ser a versão da OTAN no sudeste da Ásia virada para o controlo do Pacífico sul, a SEATO, denunciando as preocupações face às mudanças que já se adivinhavam na Indochina. Além dos EUA incluía a França, RU, Austrália, Nova Zelândia, Paquistão, Tailândia e Filipinas. Com a Guerra do Vietnam e as desconfianças que os EUA foram fomentando em alguns parceiros a SEATO esboroou-se e seria extinta em 1977.

Os EUA completariam esta manobra de controlo do *rimland* com outras alianças, periféricas em relação à ZTC mas importantes para a influência regional da superpotência marítima (ver I.A.4.a.):

- O ANZUS em 1951 que, com os pactos com Taiwan e com as Filipinas sobreviveu ao fim da SEATO e evitou um vazio geoestratégico.
- O Pacto de Assistência Mútua EUA-Japão em 1952, um Japão desmilitarizado depois da II Guerra Mundial, é certo, mas que proporcionava excelentes bases aero-navais aos EUA e impedia que este país asiático caísse na área de influência da URSS ou da RPC.
- O Pacto de Assistência Mútua EUA-Coreia do Sul em 1953 que depois do cessar-fogo da Guerra da Coreia compensava a inferioridade geoestratégica deste país face a uma Coreia do Norte apoiada pela URSS e RPC.

Em suma, o Pacífico ocidental e, por arrastamento, a ZTC do Sudeste Asiático foi, provavelmente, a zona do mundo onde se manifestou de forma mais exuberante o paradigma da Guerra Fria, o confronto entre o bloco das potências marítimas e o bloco das potências terrestres.

e. Com o termo da Guerra Fria a tensão global abrandou e assim seria na ZTC do Sudeste Asiático, mas a conflitualidade não desapareceu. Mudou, assumiu características multifacetadas da nova conflitualidade, ressurgiram tensões antigas que estavam abafadas pela Guerra Fria, mas tornar-se-ia mais complexa e menos previsível:

- Intensificam-se conflitos identitários ou civilizacionais nomeadamente na Indonésia e nas Filipinas, curiosamente com sinais contrários, na Indonésia opõe-se guerrilhas cristãs ou fundamentalistas islâmicos a um poder muçulmano, nas Filipinas guerrilhas muçulmanas contra um poder cristão.
- Agravam-se conflitos por motivações económicas sobressaindo o do Mar do Sul da China. A soberania sobre as Spratley e as Paracel, ignorada até à descoberta de hidrocarbonetos, é agora encarada pela RPC como seu interesse vital. Procura evitar a escalada do confronto com os vizinhos mas não abdica de a tratar como um assunto interno. Com o progressivo aumento do seu potencial militar se a tensão regional vier a agravar-se a RPC pode ser tentada a resolvê-la militarmente. O Estado com o qual o contencioso se apresenta de mais difícil solução é o Vietnam que é o que tem ousado, com mais frequência, desafiar a hegemonia regional chinesa.
- Associados aos conflitos por motivações económicas surgem outras ameaças, mas que se distinguem por terem origem em actores não estatais. Destaca-se a pirataria marítima, que já infestava aqueles mares quando os portugueses ali chegaram nos princípios do século XVI e que ressurge com grande intensidade. A ZTC do Sudeste Asiático, com a sua configuração física favorável à navegação clandestina, volta a ser o paraíso da pirataria marítima. Se tivermos em conta o risco que tal representa, numa época e numa área vulnerável a actividades criminosas e clandestinas, à acção de grupos radicais e ao terrorismo internacional, compreende-se o relevo que tal assume na conflitualidade regional.
- A partir do 11 de Setembro de 2001 e depois da intervenção dos EUA no Afeganistão o Sudeste Asiático é também apontado como uma potencial zona de refúgio e de actividade para a Al Qaeda, a cuja autoria, aliás, se atribuem algumas acções terroristas recentes como a da ilha de Bali em Outubro de 2002. O ambiente religioso envolvente e a dificuldade de controlar um território repartido por milhares de ilhas, favorecem o acolhimento da sede de uma organização acossada e os EUA têm expressado a preocupação que tal lhe suscita.

f. Na actualidade é o conflito que opõe directamente os EUA e a RPC que torna esta ZTC uma das mais sensíveis do mundo. É a nova versão, na era pós-Guerra Fria, do conflito entre potência marítima e potência terrestre. Diz Robert Ross que num mundo globalmente unipolar o leste asiático é bipolar porque, regionalmente, a potência continental chinesa e a potência marítima americana se equilibram, cada uma dominando o seu espaço e nenhuma delas dispondo de capacidade, nem de vontade, para desafiar o espaço de domínio do outro (pp. 83 a 86). Neste conflito deve salientar-se:

- O diferendo sobre Taiwan que se arrasta desde o início da Guerra Fria. A posição dos EUA revela alguma ambiguidade, pois reconhece que a ilha faz parte da soberania da RPC mas ameaça intervir à mínima tentativa de anexação pela força. A tensão tende a continuar até que uma das potências ganhe um ascendente regional claro em relação à outra. Para já o estreito de Taiwan é das zonas do mundo mais perigosas e onde as forças dos EUA podem ser arrastadas para uma guerra clássica que, envolvendo potências nucleares, contém sempre o risco da escalada para esse patamar.
- A Taiwan está associado o Mar do Sul da China em cujo espaço a ilha se insere e ao qual os EUA não são alheios, até porque no cerne está a questão do petróleo e há empresas americanas envolvidas. Para Pequim Washington é um intruso na matéria e as suas relações com as Filipinas, Indonésia e Taiwan, podem prejudicar os interesses chineses. Faz tudo, porém, para não provocar os EUA.

Mas o contencioso sino-americano no Mar do Sul da China não se resume ao petróleo e ao controlo das ilhas Spratley e Paracel. A segurança das rotas marítimas é fundamental para os EUA e essa não se compatibiliza com a dispersão de responsabilidades de soberania. Para a RPC há também a defesa da sua costa sudeste, para a qual o Mar do Sul da China constitui o escalão avançado. Essa faixa costeira, onde se situa a zona motora do desenvolvimento económico foi sempre, ao longo da história, o ventre mole através do qual a China sofreu os vários ataques das potências marítimas.

- A RPC constitui, a médio prazo, a única potência que pode ameaçar a hegemonia global norte-americana. A sua crescente influência como potência regional é, para Washington, um passo nessa evolução. Muitos analistas norte-americanos, como Brzezinski, receiam que se um único país se tornar uma potência regional hegemónica na Ásia adquire condições para desafiar o poder mundial americano. As recentes aproximações da RPC à Rússia, ao Irão e mesmo à Índia, são entendidas nos EUA como reveladoras dessa vontade hegemónica. Pequim apercebeu-se, com as intervenções dos EUA pós-Guerra Fria no Golfo, nos Balcãs e no Afeganistão, que a sua inferioridade militar é abismal, considera o actual sistema unipolar uma ameaça à sua segurança e decidiu investir em força na modernização das suas forças armadas. Washington acompanha com muita atenção esta evolução.

- Os acontecimentos de 11 de Setembro de 2001 e o apoio manifestado por Pequim à guerra global contra o terrorismo pareceram atenuar a tensão com os EUA. Já vimos no capítulo anterior que este apaziguamento é aparente e conjuntural, porque a RPC sentiu que a guerra antiterrorista lhe conferia latitude para actuar no Xinjiang e no Tibete. Bernstein e Munro pensam que o confronto entre a RPC e os EUA, na ZTC do Sudeste Asiático, prosseguirá nas primeiras décadas do século XXI e que esta bipolaridade regional obrigará mesmo outros Estados vizinhos a tomarem posição por um ou outro lado (p. 21).

g. Por último, uma rápida chamada de atenção para a problemática do nuclear nesta ZTC, que é a região mais nuclearizada do mundo, da qual as únicas potências nucleares ausentes são a UE e Israel:

- Os EUA estão presentes porque o seu armamento estratégico atinge qualquer ponto do mundo e tem, além disso, armas nucleares na sua VII Esquadra e instaladas na Coreia do Sul.
- A Rússia também pode projectar a sua sombra nuclear em todo o mundo e é, em relação ao Sudeste Asiático, uma potência periférica que não abdica de estar presente.
- A RPC é a potência regional por excelência. Dos cinco membros permanentes do CS/ONU é nuclearmente a mais fraca, tem consciência disso e não se conforma. Como tal e porque se considera directamente visada pelo sistema de defesa anti-míssil que os EUA puseram em marcha, decidiu investir no reforço e modernização, quantitativo e qualitativo, do seu arsenal nuclear estratégico e do seu programa espacial. A RPC e a Rússia fazem leituras semelhantes desta ameaça dos EUA e desenvolvem uma parceria estratégica na área do nuclear.
- A Índia está indirectamente presente como Estado periférico e pelo seu ancestral contencioso com a RPC. E estando a Índia está o Paquistão. Em estratégia nuclear as noções de espaço, de extraterritorialidade, de periferia, não têm o mesmo sentido do da guerra convencional.

- A Coreia do Norte tem em marcha o seu programa nuclear e poderá ser, tarde ou cedo, um próximo parceiro do clube nuclear, para o que recebe apoios externos, supostamente do Paquistão. A própria RPC vê com preocupações esta evolução e afirma que gostaria de ver a península coreana desnuclearizada, o que usa como instrumento de pressão para forçar a retirada das armas nucleares americanas da Coreia do Sul.
- O Japão não é uma potência nuclear mas tem a capacidade para o poder vir a ser. Se um dia se confirmar que a Coreia do Norte já dispõe de armas nucleares o Japão poderá optar nesse sentido e é provável que para isso conte com a compreensão dos EUA.

Em síntese, na complexidade global da conflitualidade na ZTC do Sudeste Asiático, assume particular expressão o quadro nuclear. Perante isto, quando continua a falar-se de não-proliferação nuclear há uma enorme dose de hipocrisia. A proliferação é uma realidade e os maiores proliferadores são os Estados já possuidores.

h. Resumindo e concluindo, na ZTC do Sudeste Asiático cruza-se e choca-se uma rede de factores que a torna uma das zonas mais perigosas do mundo. É, como diz Soppelsa, uma zona de alto-risco (p. 235). A herança dos conflitos inerentes aos projectos coloniais e imperiais, da Guerra Mundial em que foi teatro do único recurso a engenhos nucleares na história, da Guerra Fria e da forma como atravessou os vários conflitos, da descolonização com guerras ideológico-revolucionárias, dos conflitos que visaram alargar áreas de influência das superpotências e os mais recentes conflitos identitários, cisionistas ou fusionistas, pelo controlo de recursos, movidos por redes internacionais do crime organizado ou do terrorismo internacional, inseridos nas chamadas novas guerras e assentes na revolução dos assuntos militares, todos deixaram marcas que continuam a influenciar a conflitualidade regional. Acima de tudo, o Sudeste Asiático é o previsível centro geoestratégico da futura disputa pelo poder mundial. E é um dos modelos mais paradigmáticos da actual conflitualidade mundial.

BIBLIOGRAFIA:

BEARDEN, Milton – "Afghanistan, graveyard of empires", *Foreign Affairs* Volume 80 Nº 6, November/December 2001

BERNSTEIN, Richard and MUNRO, Ross H. – "The coming conflict with America", *Foreign Affairs* Volume 76 Nº 2, March/April 1997

BRZEZINSKI, Zbigniew – "A geostrategy for Eurasia", *Foreign Affairs* Volume 76 Nº 5, September/October 1997

CAMPBELL, Kurt and MITCHELL, Derek J. – "Crisis in the Taiwan strait?", *Foreign Affairs* Volume 80 Nº 4, July/August 2001

CHALIAND, Gérard et RAGEAU, Jean-Pierre – *Atlas stratégique*, Editions Complexe, Belgique, 1994

— *Atlas du millénaire, la mort des empires (1900-2015)*, Hachette Littératures, Paris, 1998

CHOMSKY, Noam – *Piratas e imperadores, velhos e novos, o terror que nos vendem e o mundo real*, Publicações Europa-América, Mem Martins, 2003

CHOSSUDOVSKY, Michel – *Guerre et mondialisation, à qui profite le 11 Septembre?*, Éditions Écosociété, Montréal, 2002

COHEN, Samuel – *Geografia y politica en un mundo dividido*, Ediciones Ejercito, Madrid, 1980

CORREIA, Pedro Pezarat – "Descolonização", *Do marcelismo ao fim do império, Vol 1, Revolução e Democracia*, Círculo de Leitores e Editorial Notícias, Lisboa, 1999

DEFERT, Gabriel – "Aux frontières de l'Empire – la gestion indonésienne des marges orientales en rébellion", *Hérodote* Nº 88, Catalogage Electre-Bibliographie, Paris, 1º Trimestre 1998

FINO, Carlos – *A guerra em directo*, Editorial Verbo, Lisboa, 2003

HUNTINGTON, Samuel – *O choque das civilizações e a mudança na ordem mundial*, Gradiva, Lisboa, 1999

KALICKI, Jan H. – "Caspian energy at the cross roads", *Foreign Affairs* Volume 80 Nº 5, September/October 2001

LACOSTE, Yves – "Géopolitique en Chine", *Hérodote* Nº 96, Catalogage Electre-Bibliographie, Paris, 1º Trimestre 2000

— "La Méditerranée", *Hérodote* Nº 103, Catalogage Electre-Bibliographie, Paris, 4º Trimestre 2001

LOMBARD, Denys – "Une autre Méditerranée dans le Sud-Est asiatique", *Hérodote* Nº 88, Catalogage Electre-Bibliographie, Paris, 1º Trimestre de 1999

LUONG, Pauline Jones and WEINTHAL, Erika – "New friends, new fears in Central Asia", *Foreign Affairs* Volume 81 Nº 2, March/April 2002

Morse, Edward L. and Richard, James – "The battle for energy dominance", *Foreign Affairs* Volume 81 Nº 2, March/April 2002

N/N – *Guia do mundo*, Trinova Editora, Lisboa, 1998

Paringaux, Roland-Pierre – "Ambições sobre Caxemira", *O império contra o Iraque*, Campo da Comunicação, Lisboa, 2003

Posen, Barry R. – "The Struggle against terrorism, grand strategy, strategy and tactics", *International Security* Volume 26 Nº 3, Winter 2001/2002

Ross, Robert S. – "The geography of the peace – East Asia in the twenty-first century", *International Security* Volume 23 Nº 4, Harvard University, Cambridge (USA), Spring 1999

Shambaugh, David – "China's military views the world – ambivalent security", *International Security*, Winter 1998/99

Singh, Jaswant – "Against nuclear apartheid", *Foreign Affairs* Volume 77 Nº 5, September/October 1998

Soppelsa, Jacques – *Géopolitique de 1945 à nos jours*, Éditions Dalloz, Pris, 1993

Talbott, Strobe – "Dealing with the bomb in South Asia", *Foreign Affairs* Volume 78 Nº 2, March/April 1999

To, Lee Tai – "China, the USA and the South China sea conflicts", *Security Dialogue* Volume 34 Nº 1, Sage Publications, March 2003

Vários – *Collier's encyclopedia*, Macmillan Educational Company, New York, 1990

Vários – *The new encyclopedia Britannica*, The University of Chicago, Chicago, 1990

Vários – *L'état du monde 2001*, La Découverte, Paris, 2000

TÍTULO VI

América Latina

CAPÍTULO A
INTRODUÇÃO

1. Uma designação ambígua

a. A designação de América Latina que pretende identificar uma influência cultural num determinado espaço geográfico é, a vários títulos, pouco rigorosa. É redutora, porque a influência latina é apenas uma das que contribuíram e contribuem para a realidade cultural deste espaço, onde são incontornáveis os contributos índio e africano. A influência latina sobressai no aspecto linguístico porque, de facto, as línguas oficiais dominantes e que são veículo de coesão nacional dos vários países são o português e o castelhano. E é excessiva porque a influência cultural europeia dominante não é latina mas ibérica, apenas uma das componentes da latinidade.

Então seria mais rigorosa a designação de Ibero-América, aliás um termo que vem conquistando aceitação se bem que mais aplicado às relações entre a chamada América Latina e a Península Ibérica.

b. Dado, porém, que está enraizada e internacional e oficialmente adoptada, é essa que vamos utilizar. E à ZTC que aqui vamos analisar a encerrar este livro chamaremos Zona de Tensão e Conflitos da América Latina, mas que não abrange toda a extensão desse espaço civilizacional.

2. Delimitação espacial

a. A área do continente americano a que é comum chamar-se América Latina estende-se pelos três sub-continentes americanos, Norte, Central e Sul e ainda pelo arquipélago das Caraíbas, Antilhas na terminologia francófona ou ainda Índias Ocidentais, nome resultante do equívoco de Cristóvão Colombo quando da sua descoberta. Engloba apenas a parte sul da América do Norte mas, em compensação, a totalidade dos outros sub-continentes e da zona insular, se bem que destas se possam excluir as Pequenas Caraíbas.

Até 1848 os actuais estados norte-americanos da Califórnia, Texas e Novo México pertenciam ao México e eram América Latina. Foram depois anexados, por compra ou por conquista, aos EUA, mas é ainda aí muito forte a influência hispano-americana que, aliás, através do fluxo migratório sul-norte, penetra cada vez mais profundamente na América do Norte.

Hoje, oficialmente, a América Latina vai, a norte, até ao Rio Grande, que é a fronteira reconhecida entre os EUA e o México.

b. Neste trabalho não incluímos na ZTC a totalidade da América Latina. Vamos circunscrevê-la à zona onde a conflitualidade tem sido mais constante e onde podem detectar-se alguns nexos de continuidade no tempo e no espaço. A região que vamos considerar engloba o sul do México envolvente do estado de Chiapas, a América Central, as Caraíbas e a região andina da América do Sul (Mapa 29).

É a região que tem por centro o Mediterrâneo Americano, como designou Yves Lacoste o conjunto dos mares semi-interiores do Golfo do México e das Caraíbas, das Antilhas como ele chama, que comunicam através do canal de Yucatán, onde o extremo oriental da península mexicana com este nome e o extremo ocidental de Cuba estão a menos de 200 Km. Está envolvido por massas continentais compactas a norte e a sul, pela delgada língua de terra do istmo da América Central a ocidente e pelo cordão de ilhas das Caraíbas a leste. É um mar de dimensões semelhantes à dos outros dois mediterrâneos e que faz a ligação entre os sub-continentes americanos norte e sul e entre os dois oceanos, Atlântico e Pacífico.

c. Esta ZTC da América Latina comporta quatro subconjuntos bem distintos e, na análise que faremos, seguindo a metodologia das ZTC anteriores, teremos sempre presente esta distinção:

- O do norte, região mexicana de transição entre o sul da América do Norte e o norte da América Central, que vai do estado de Chiapas ao de Yucatán e que tem como região periférica todo o Estado do México. Chamar-lhe-emos subconjunto mexicano.
- O da América Central, da Guatemala ao Panamá. Passaremos a designá-lo subconjunto central.
- O das Caraíbas, arquipélago que fecha a leste o mar semi-interior e que por sua vez compreende as Grandes Caraíbas, a norte e as Pequenas Caraíbas, a sul. A região da Flórida nos EUA funciona aqui como zona periférica mas, mais do que isso, os EUA são, como veremos, um parceiro presente em toda a ZTC da América Latina. Será o subconjunto insular.
- O do norte da América do Sul, região andina que inclui a Venezuela, Colômbia, Equador e Peru. A bacia amazónica do Brasil e a Bolívia são zonas periféricas que por vezes lhe são associadas. Será referenciado como subconjunto andino.

MAPA 29 – ZTC da América Latina

Fonte: Pascal Boniface, *Atlas das relações internacionais*, Plátano, Lisboa, 1997.

CAPÍTULO B
ZONA DE TENSÃO E CONFLITOS DA AMÉRICA LATINA

1. Geografia física

a. A posição é um dos factores que geoestrategicamente mais valoriza esta ZTC. Por vários motivos:

- Porque se situa na vizinhança da potência que nos dois últimos séculos tem dominado o continente, que hoje é a hiperpotência global e que, depreciativamente, usa referir-se à América Central e, por arrastamento, ao conjunto da América Latina, como o seu quintal das traseiras.
- Porque constitui a zona natural de passagem do Oceano Atlântico para o Oceano Pacífico e onde foi construído, obviamente pelos americanos, o Canal do Panamá, que abriu essa passagem marítima. Até aí a ligação marítima entre os dois oceanos e as duas costas dos EUA tinha de ser feita através do Estreito de Magalhães, contornando o extremo meridional da América do Sul.
- Por último porque constitui a plataforma de passagem terrestre e marítima entre os sub-continentes norte e sul. A grande estrada pan-americana percorre longitudinalmente todo o istmo da América Central, o que assume maior relevância quando a migração sul-norte, um dos fenómenos demográficos marcantes da actualidade, tanto preocupa os EUA. Note-se que o trânsito sul-norte não utiliza exclusivamente o corredor terrestre mas também o corredor insular das Caraíbas.

b. A configuração apresenta muitas semelhanças com a ZTC do Sudeste Asiático e Lacoste foi sensível a esta semelhança. Inversamente é notória a omissão de Samuel Cohen que não a inclui nas cinturas fragmentadas como partes distintas da sua divisão do mundo, quando é óbvia a sua fragmentação física, recortada, heterogénea, multiforme, com duas massas terrestres compactas a norte e a sul, uma estreita faixa de terra contínua e um cordão de ilhas intermédias, numa sucessão de penínsulas, istmos, golfos, baías, ilhas e ilhotas, canais, estreitos. Charnay não hesitaria em chamar-lhe fenda geoestratégica. Cohen não a valoriza porque privilegia a fragmentação política e económica, sujeita à disputa entre potências políticas contíguas. O autor, como norte-americano que é, apesar da fragmentação política nomeadamente nos subconjuntos central e insular, não considera a América Latina alvo de quaisquer disputas. O interesse aí é exclusivo dos EUA. Além disso para Cohen as cinturas fragmentadas constituem charneira entre continentes, o que não é o caso desta zona que separa sub-continentes mas do mesmo continente americano. Para os norte-americanos não interessa considerar uma cintura fragmentada no interior do seu espaço de influência tradicional e sobre o qual não admitem discussão.

    c. Na morfologia sobressaem dois grandes acidentes naturais e um artificial, todos com significado no conjunto regional e mesmo nas zonas periféricas:

- O continente americano é percorrido longitudinalmente, em toda a fachada ocidental, pela cadeia montanhosa que no Canadá e nos EUA se chama Montanhas Rochosas e continua com a Sierra Madre no México e na América Central. Interrompe-se no estrangulamento do sul da América Central e depois prolonga-se com os Andes até ao extremo meridional da Patagónia na América do Sul.
  Este fenómeno geológico assume, na ZTC por nós considerada, importância maior nos subconjuntos mexicano e andino. Garante a área de refúgio ao movimento mexicano rebelde zapatista e confere unidade espacial ao subconjunto andino, mas dificulta as comunicações e favorece o isolamento de alguns grupos étnicos, o acantonamento de grupos guerrilheiros e, em consequência, dificulta a centralidade estatal.
- Os subconjuntos andino e central estão incluídos na floresta tropical amazónica, a mais extensa e mais rica do mundo, em muitos locais quase impenetrável, com incidência na circulação e isolamento das populações semelhante à do obstáculo andino.
  A floresta está associada à bacia do Rio Amazonas que domina todo o norte da América do Sul, composta pelo rio principal e por uma infinidade de rios secundários que descem dos Andes e muito contribuem para a compartimentação física regional.
  Esta conjugação de acidentes físicos, orográficos, hidrográficos e florestais permitem distinguir no subconjunto andino três compartimentos com diferentes reflexos na distribuição humana, a costa marítima, a serra andina e a selva amazónica.
- O acidente artificial é o Canal do Panamá. Fisicamente a sua importância foi enorme para o factor circulação, abrindo uma ligação muito mais rápida, cómoda, segura e económica entre as duas costas do continente. Veio confirmar o valor da posição da América Central mas também do

arquipélago das Caraíbas, cujo controlo é decisivo para o domínio do canal, como previu Alfred Mahan, quando desenvolveu as teorias que levaram os EUA a tornar-se uma grande potência marítima (ver Primeira Parte, III.C.1.c.).

d. Uma referência ao clima que tem sempre reflexos na análise polemológica e assume, aqui, maior acuidade numa perspectiva de segurança alargada. Região tropical por excelência, em que o Equador atravessa a região andina quase coincidindo com o leito do Rio Amazonas, é muito propício e sensível a catástrofes naturais, de origem terrestre, marítima e atmosférica, que atingem proporções devastadoras. Terramotos, inundações, secas, maremotos, furacões, repetem-se e originam efeitos adicionais perversos, êxodo rural, concentração urbana, desertificação das periferias, degradação ambiental, com todos os flagelos humanos que lhes são inerentes.

2. Geografia humana

a. Nos mediterrâneos ocidental e oriental as suas margens opõem dois grupos civilizacionais distintos um dos quais é, em ambos os casos, islâmico. Não se passa assim no Mediterrâneo Americano, todo ele incluído num grupo civilizacional cristão, ainda que com duas famílias linguísticas diferentes, a hispânica e a anglo-saxónica. Apenas o subconjunto insular constitui excepção, sendo culturalmente o mais heterogéneo, onde se misturam cinco línguas diferentes, castelhano, inglês, francês, holandês e crioulo.

O espaço da ZTC da América Latina está todo incluído na região que Huntington chamou de conjunto civilizacional latino-americano, que distingue do ocidental por predominar um cristianismo sincrético, produto de fortes influências pagãs, índia e africana (p. 51). A religião católica e a língua castelhana constituem o cimento da unidade nacional de vários países desta ZTC, cuja componente étnica é muito heterogénea.

b. Na base do mosaico humano estão as populações originárias, índias, muito diversificadas quando os europeus aí começaram a chegar no século XVI. Nos três subconjuntos continentais sobressaíam três grandes civilizações, cada uma dominante na região onde conseguira ascendente, os aztecas no mexicano, os maias no central e os incas no andino. Mas a região sul do subconjunto mexicano já é influenciada pela herança maia.

A partir do século XVI a região foi alvo de sucessivos fluxos migratórios que vieram a ter consequências profundas no mosaico humano:

- Primeiro foi a colonização europeia, quase exclusivamente ibérica e, na área da ZTC, predominantemente espanhola. Foi uma conquista e colonização extremamente violenta, assente num verdadeiro genocídio das populações originárias que, vinte anos depois da chegada dos europeus estavam, nalgumas regiões, quase esgotadas.
- A colonização arrastou a imigração negra africana, forçada, a grande empresa escravocrata que consequências tão nefastas teve para o continente africano. Foi uma importação de mão-de-obra, de uma fonte de energia humana, para suprir a falta do elemento local que, onde não tinha sido dizimado, recusava colaborar com o ocupante.
- Depois das independências há uma nova vaga de imigrados europeus, então de proveniências mais diversificadas e asiáticos, que veio contribuir para tornar mais heterogéneo o quadro humano regional.

c. A América Latina tornou-se, assim, um espaço mestiço e já o era quando das independências no princípio do século XIX. Nesta mestiçagem sobressai um grupo influente, o crioulo, mais branco do que índio ou negro, mas nascido na América de cruzamentos com outros grupos étnicos. Constituía já no tempo colonial uma classe média, herdeira da cultura hispânica, mas sensível à cultura índia e mesmo negra.

Símon Bolívar, o símbolo da independência contra a colonização espanhola e do projecto frustrado da unidade dos países andinos dizia, na famosa carta da Jamaica de 6 de Setembro de 1815 que exortava à luta de libertação: *«Nós não somos nem índios, nem espanhóis, somos algo de intermediário entre os legítimos senhores do país (isto é, os índios) e os usurpadores espanhóis».* O autor de quem retirámos esta citação, Christian Gros, no artigo "La nation en quéstion: identité ou métissage?" publicado na *Hérodote*, acrescenta: *«E, no entanto, foi este espaço intermediário – os crioulos – que não eram legítimos senhores do país, que no início do século XIX se sentiram portadores do projecto histórico de construir novas nações»* (p. 108).

Esta mestiçagem não é homogénea em toda a América Latina nem mesmo no espaço da ZTC:

- No cone sul que compreende a Argentina, sul do Brasil, Uruguai e Chile, periférico em relação à ZTC, a maioria da população é de origem europeia e até com alguma influência de migrações não-ibéricas.
- No resto do Brasil e nas Caraíbas predomina a mestiçagem africana. Nas Caraíbas, com excepção de Cuba, todos os países e departamentos são de expressiva maioria negra ou mestiça africana.

Os africanos das Caraíbas foram os primeiros no mundo a construir Estados por si governados e vieram a dinamizar os Congressos Pan-Africanos que lançaram a mensagem da emancipação negra em África nos inícios do século XX, o que prova a sobrevivência da sua identificação com as raízes dos seus antepassados que dali saíram como escravos.
- Nos subconjuntos andino, central e mexicano a mestiçagem é maioritariamente índia. O México considera-se o país mais profundamente mestiço da América Latina. As populações originárias estão num rápido processo de crescimento, o que provoca um fenómeno de alteração identitária dos mestiços que lhes estão mais próximos e reforça o renascimento do nacionalismo índio, assunto a que à frente voltaremos.

Interessante é a abordagem de Christian Gros sobre o fenómeno da mestiçagem. Segundo o autor o presidente mexicano Lázaro Cardenas lançou, na década de 30 do século passado, um projecto que teve seguidores na região andina na década de 50, para assimilação e integração social quer dos indígenas quer dos mestiços índios e afro-americanos, mas foi um projecto falhado e que ficou por finalizar. No topo da pirâmide política económica e social permaneceu, firme, o estrato de origem europeia.

d. Na América Latina é muito forte o fenómeno comum a todo o Terceiro Mundo, que se iniciou nas últimas décadas do século XX, a migração sul-norte. Depois de ter sido durante séculos a área de destino preferida pelos emigrantes europeus, chegou a vez de os latino-americanos emigrarem em busca de um futuro mais favorável. É resultado do crescente desequilíbrio norte-sul, económico, social e demográfico, tema que abordámos na Primeira Parte (ver IV.D.2.h. e i.). Enquanto na UE e EUA há uma estagnação e até retrocesso da população originária, a progressão demográfica na América Latina é explosiva, duplicando em cada quarto de século. Cento e trinta e dois milhões em 1945, trezentos milhões em 1975, seiscentos milhões em 2000, ao mesmo tempo que experiências neoliberais falhadas criavam vagas maciças de desempregados. Os seus destinos mais desejados são, em primeiro lugar a América do Norte, EUA que estão mais próximos e Canadá e, em segundo lugar, a UE.

Os EUA encaram este problema com muita preocupação o que constitui um dos principais *handicaps* da posição geográfica do México, América Central e Caraíbas, o primeiro porque é a porta de entrada, os outros porque são as rotas de acesso.

Mas o México, além de porta de entrada, é também a principal base de partida da emigração rumo aos EUA. Calcula-se que anualmente atravessem a fronteira cerca de trezentos e cinquenta mil mexicanos a que se somam outros milhares de diferentes origens, muitos deles clandestinos. Nos finais do século passado estimava-se entre dez e quinze milhões os imigrantes hispano-americanos nos EUA. Projecções demográficas apontam para que, dentro de duas ou três décadas, as comunidades hispânica e negra somadas se tornem a maioria populacional dos EUA, o que constituirá um fenómeno político e social de dimensão imprevisível.

e. O problema humano mais actual na América Latina é o ressurgimento índio, poderá mesmo dizer-se de um orgulho e de um nacionalismo índio, a que se associam muitos afro-americanos, contra o mito das nações mestiças. Christian Gros fala de uma afirmação que sai do campo do indigenismo tradicional, porque para além da componente identitária há a reivindicação de direitos plenos. Paradoxalmente, salienta o autor, terá sido a aceleração do processo da globalização que reforçou esta reconfiguração da nação, porque conferiu maior visibilidade aos indígenas, porque incentivou a descentralização pondo em causa o tradicional Estado-nação que marginaliza os indígenas e porque fez renascer formas de democracia participativa através de novos movimentos sociais de base.

O neozapatismo dos camponeses mexicanos de Chiapas e que transborda a fronteira para o norte da Guatemala é, na origem, um movimento social desta natureza e tornou-se bandeira do indigenismo. Recusa uma dinâmica cisionista, afirma-se mexicano, mas reivindica os direitos dos índios e mestiços com eles identificados.

Este ressurgimento indígena corresponde também à explosão demográfica das suas comunidades que assim vem compensando o esvaziamento resultante do genocídio de que foram vítimas com a conquista europeia. As comunidades indígenas apostam na recuperação da sua identidade cultural, do seu passado histórico, das suas línguas que são, no entanto, muito variadas, não podendo constituir veículos de coesão nacional dentro dos actuais Estados. A língua oficial, comum a toda a América Latina, com excepção do Brasil, de algumas ilhas das Caraíbas e das Guianas, é o castelhano. Este ressurgimento pode afectar a homogeneidade cultural mas não propriamente pô-la em causa, porque a própria sociedade indígena foi penetrada pela cultura dominante.

O subconjunto onde este fenómeno está a impor-se mais rápida e intensamente é o andino, com movimentos identitários muito activos, se bem que ainda muito desarticulados, a nascerem na Colômbia, Peru, Equador e, na sua periferia, a Bolívia. Este movimento de base tem levado ao surgimento de elites políticas índias ou mestiças, identificadas com os movimentos indígenas e tem contado com o contributo do crescimento escolar e cultural e, muito em especial, dos novos movimentos no interior da Igreja Católica, por vezes à margem da sua hierarquia oficial. A teologia da libertação, muito forte em toda a América Latina, tem-se colocado ao lado dos direitos dos índios e afro-americanos.

A chegada ao poder de dirigentes, como Hugo Chavez na Venezuela, Lúcio Gutierrez no Equador, Alexandre Toledo no Peru, Evo Morales na Bolívia, o prestígio internacional da líder guatemalteca na luta pelos direitos humanos e prémio Nobel da paz Rigoberta Menchú, são já expressão deste ressurgimento indígena.

3. Geografia política

a. A primeira reacção que sugere a observação do mapa político da América Latina, se tiver em conta o passado histórico que lhe está na origem, é a unidade política do espaço que foi colonizado por Portugal, o Brasil e a fragmentação do que foi colonizado por Espanha numa multiplicidade de Estados, uns de grande dimensão mas sem chegarem a ser grandes potências, outros pequenos e até alguns micro-Estados. Já assinalámos noutros títulos que a heterogeneidade política é uma característica das bacias mediterrânicas. Neste caso é também herança directa do passado colonial.

O Tratado de Tordesilhas de 1494, a primeira divisão geoestratégica do mundo em zonas de influência, resolvera o diferendo ibérico pelo domínio das terras a descobrir nas expansões marítimas. Na América Latina traduziu-se na atribuição do oriente, que hoje corresponde, *grosso modo*, ao Brasil, à coroa portuguesa e o ocidente, constituído pela maioria restante da América do Sul, toda a América Central, a parte meridional da América do Norte e as Caraíbas à coroa espanhola. Mas Espanha e Portugal seguiriam modelos de administração colonial distintos, até certo ponto influenciados – sem que aqui se esteja a fazer a apologia do determinismo geográfico – pela configuração espacial dos respectivos conjuntos:

- O Brasil, compacto, com continuidade geográfica e, salvo a selva amazónica, com relativa facilidade de comunicações, teve um governo colonial centralizado, reforçado na fase final do império com a presença da coroa portuguesa no Rio de Janeiro, quando para aí fugiu das invasões napoleónicas.

- O império espanhol, disperso por um espaço alongado de 14.000 Km desde a Califórnia à Terra do Fogo, segmentado e recortado pela Sierra Madre, pela América Central, pelas Caraíbas e pelos Andes, optou por uma administração descentralizada. Depois de vários ajustamentos fixou-se em quatro vice-reinados, cada um dependendo directamente de Madrid, Nova Espanha no sul da América do Norte, Nova Granada e Peru partilhando o norte da região andina e La Plata no cone sul. Os vice-reinados subdividiam-se, por sua vez, em grandes capitanias, capitanias gerais, capitanias e audiências, algumas com total autonomia e dependência directa de Madrid. A América Central, por exemplo, com excepção da parte sul, constituía a Grande Capitania da Guatemala, na dependência formal do vice-reinado de Nova Espanha mas dispondo de autonomia quase total.

As independências da América hispânica resultaram desta descentralização, que resistiu aos projectos unificadores de Símon Bolívar.

b. A vaga que levou à independência total da América Latina nos princípios do século XIX foi muito rápida – concretizou-se, com poucas excepções nas Caraíbas, em cerca de dez anos – e influenciada pela Revolução Francesa e pela independência da América do Norte no final do século anterior. A burguesia era a classe revolucionária da época e as independências latino-americanas resultaram, na maioria dos casos, de revoluções contra o poder colonial conduzidas por minorias burguesas, inspiradas no liberalismo económico e no Estado jacobino e republicano. Toda a geografia política da ZTC está marcada por esta génese.

c. Na América hispânica colonial a classe média tinha uma forte representação crioula, os que, nas palavras de Símon Bolívar, não eram nem índios nem espanhóis, mas que estavam mais perto da classe dominante. Foram implantando oligarquias locais mas dispunham de escassas ligações transversais nos diversos vice-reinados e capitanias. Entre as oligarquias crioulas foram adquirindo prestígio e poder líderes que se distinguiram nas campanhas libertadoras e se tornaram uma casta militar com poder político. Véronique Hébrard e Temir Porras Poncelèon, em artigo na *Hérodote*, salientam que as independências das colónias espanholas se fizeram na base do ideal revolucionário do cidadão-soldado nascido da Revolução Francesa, o que deu lugar à permanência do elemento militar na gestão política, ao surgimento dos caudilhos militares locais e aos obstáculos à consolidação de sociedades civis.

Das independências conquistadas na base das oligarquias crioulas nasceram Estados, mas ficou adiada a construção das nações, porque não integraram nem assimilaram as comunidades índias e afro-americanas. Sobre esta matéria o já citado artigo de Christian Gros deixa pistas interessantes. O ressurgimento indígena de que falámos atrás constitui, por ventura, a segunda fase, tardia, de uma descolonização que na época foi revolucionária mas que, à luz dos valores do final do século XX, teria sido classificada de neocolonial.

d. A Venezuela, território natal de Símon Bolívar, era uma capitania geral do vice-reinado de Nova Granada com centro político na Colômbia, mas foi pioneira na declaração da independência em 1811. Sem resultados práticos e o conjunto do vice-reinado só consegue a independência em 1821, sob o nome de Grande Colômbia. Em 1826, apesar dos esforços unificadores de Bolívar, divide-se em três repúblicas, Colômbia, Venezuela e Equador.

A grande capitania da Guatemala na América Central, formalmente pertencente ao vice-reinado da Nova Espanha com centro político no México, chega à independência com este país em 1821, num grande espaço que ia da Califórnia à Colômbia. Posteriormente separou-se do México constituindo as Grandes Províncias Unidas da América Central e, por sua vez, desintegra-se nos pequenos Estados que hoje permanecem, em contraste com os grandes Estados da América do Norte e América do Sul. Por isso Alain Musset chamou à América Central «(...) *os Balcãs do Novo Mundo*» (p. 37). A região do Panamá era reintegrada na Colômbia a que pertencera no período colonial. A excepção foi Belize, colónia britânica encravada no império hispânico, que só viu reconhecida a independência em 1981 e que a Guatemala reivindica como sendo uma província rebelde.

Estas flutuações na demarcação das fronteiras e definição de espaços políticos estiveram na origem da conflitualidade permanente que se instalou na ZTC desde as independências, muitas vezes por disputas fronteiriças. Fronteiras que, em muitos casos, eram e são espaços vazios, dificilmente integráveis e que escapam ao controlo dos poderes centrais. A dificuldade na definição das fronteiras aconselhou a aplicação do princípio do *uti possidetis*, isto é, que os novos países fossem reconhecidos na base das fronteiras coloniais. Na prática o princípio foi muitas vezes violado e ainda hoje há conflitos interestatais por território.

e. A geografia política da América Latina, nomeadamente da que estava mais perto dos EUA, seria muito influenciada por esta proximidade, em especial a partir do momento em que a grande potência de norte decide concretizar o projecto de Alfred Mahan e transformar-se numa potência marítima. Em 1847, por compra ou por conquista, a Califórnia, o Texas e o Novo México já tinham passado do México para os EUA e em 1903, como a Colômbia pusesse dificuldades nas negociações para construção e concessão do Canal do Panamá, Washington forçou a secessão desta província que se tornou na República do Panamá. A zona do canal transformou-se, na prática, numa área de soberania norte-americana e assim se conservou até 1999.

A tutela norte-americana paira na geografia política da ZTC. A máxima do presidente Monroe, a América para os americanos, que ficou conhecida como Doutrina Monroe significava, no fundo, a América para os norte-americanos. Washington sentiu-se sempre legitimado para intervir, através de pressões políticas e económicas e mesmo, quando necessário, de intervenções militares, para que na América Latina os poderes lhe sejam favoráveis, mesmo que sejam ditaduras desumanas e corruptas.

Temporalmente as intervenções norte-americanas foram mais frequentes na Guerra Fria e espacialmente na América Central e Caraíbas, que lhe estão mais próximas, mas não se confinaram a esse período nem a esse espaço. Exemplos recentes confirmam que o princípio se mantém válido para Washington, que interveio militarmente em Granada, Panamá e Haiti, que apoiou movimentações e golpes palacianos na Venezuela e na Nicarágua, que interferiu nas eleições na Bolívia. Na Colômbia pôs em marcha a Operação Colômbia, o maior empenhamento político e militar actual de Washington na América Latina. Ingerências que são cada vez mais contestadas na região, onde cresce um sentimento de solidariedade internacional com os países que são alvo de pressões e onde se olha com desconfiança algumas experiências democráticas desvirtuadas e vistas como impostas do exterior sob a capa da globalização.

f. O subconjunto insular das Caraíbas, o único que nunca foi totalmente colonizado pela Espanha, é aquele em que a geografia política revela características mais complexas e peculiares, não só pela fragmentação estatal como pela diversidade de estatutos políticos.

É usual dividir o arquipélago em Grandes Caraíbas ou Caraíbas Ocidentais e Pequenas Caraíbas ou Caraíbas Orientais:

- A Grandes Caraíbas são as ilhas a norte e de maior dimensão, Cuba, Haiti/República Dominicana, Porto Rico e Bahamas, mas incluem-se no conjunto as ilhas mais pequenas de Caicos e Caimão e Turcas. As ilhas maiores são todas Estados independentes, excepto Porto Rico que é um território autónomo sob administração norte-americana e onde está em curso uma definição política complexa, entre a manutenção do estatuto actual, a integração plena nos EUA ou independência total. O Haiti, antiga colónia francesa, foi a primeira república de maioria negra no mundo depois da colonização de África. Partilha La Hispaniola com a República Dominicana. Caicos e Caimão e Turcas permanecem sob administração britânica.

- Nas Pequenas Caraíbas é ainda maior a heterogeneidade dos estatutos políticos, uma miríade de entidades distintas. Micro-Estados que só foram independentes nas últimas décadas do século XX, como S. Cristóvão e Nevis, Antígua e Barbuda, São Dominica, Santa Lúcia, São Vicente e Granadinas, Barbados, Granada, Trindade e Tobago, todas antigas colónias britânicas. Ilhas que continuam possessões inglesas como Anguilla e Monserrat, as Ilhas Virgens partilhadas entre o RU e os EUA, São Bartolomeu, Guadalupe e Martinica sob soberania francesa, as Antilha Holandesas e Aruba sob domínio dos Países Baixos, São Martinho partilhada entre estes e a França. É uma situação de extrema complexidade até porque em todos eles, em especial nos que são independentes, paira a tutela dos EUA que não deixam de intervir, mesmo militarmente, quando os seus interesses estão em causa.

g. No contexto geográfico-político Cuba justifica uma referência particular porque, assumindo uma independência absoluta em relação aos EUA, foi votada ao ostracismo no conjunto dos Estados americanos e é factor de perturbação no relacionamento de Washington com outras capitais. Alguns dos Estados mais próximos dos EUA vêm a experiência cubana como uma ameaça, outros, mais ciosos das suas independências, encaram-na como uma referência e um exemplo de afirmação nacional. Tal depende muito do tipo de regimes no poder mas as populações, em geral, olham com simpatia para Cuba.

Algumas ilhas do grupo das Grandes Caraíbas, Turcas e Caicos, Bahamas, Cuba e La Hispaniola, foram portas de entrada de Cristóvão Colombo no Novo Mundo. Na sua sequência Colombo chegou a quase todo o arquipélago caribenho, às grandes ilhas do ocidente e às mais pequenas do oriente, mas na maioria delas a sua permanência seria pouco duradoira. Com a ascensão do RU, Holanda e França a potências marítimas e as guerras que moveram ao império espanhol a partir do século XVII, muitas das ilhas foram por eles conquistadas e algumas mudaram frequentemente de mão entre os novos colonizadores.

Cuba que, pela sua riqueza e posição, sempre foi uma das jóias da coroa do império espanhol das Américas, tornou-se o porto de abrigo para muitos dos colonos espanhóis que se viam expulsos das outras ilhas. Quando se deu a independência das colónias do continente nos princípios do século XIX Cuba e Porto Rico permaneceram sob a bandeira espanhola como colónias residuais. Em Cuba desenvolveu-se uma burguesia de origem europeia forte, culturalmente pujante e que a partir de meados do século XIX também sentiu chegada a hora da independência. Foi uma luta prolongada coroada de êxito em 1898 e formalizada em 1901, para o que contou com o apoio dos EUA em guerra contra Espanha. Seria elevado o preço que Cuba teve de pagar por esse apoio, pois torna-se um quase protectorado do colosso vizinho que também passava a administrar colonialmente Porto Rico. Washington obrigou Cuba a incluir na lei fundamental a chamada Emenda Platt que reconhecia a Washington o direito de intervir em Cuba sempre que considerasse perigarem os seus interesses, a qual só seria revogada em 1938 na presidência de Franklin Roosevelt. A presença dos EUA na base de Guantanamo, no extremo leste da ilha, é ainda uma herança dessa dependência. Cuba permaneceu um protectorado *de facto* até 1 de Janeiro de 1959, quando os guerrilheiros da Sierra Maestra liderados por Fidel de Castro, Che Guevara e Camilo Cienfuegos, entraram vitoriosos em Havana.

A guerra de libertação contra Fulgêncio Batista foi também uma luta contra os EUA e o seu poder na ilha e as actuais relações entre os dois Estados são, em grande parte, reflexo desta herança. O que é certo é que as guerras cubanas pela independência contra Espanha, contra as ditaduras e contra os EUA, tiveram sempre uma identificação revolucionária e anti-esclavagista, de conteúdo mais moderno do que as revoluções burguesas que libertaram a generalidade da América Latina.

h. A erupção indigenista tem na base uma expressão social mas que se reflecte na geografia política regional porque começa a atingir o poder institucional. E beneficiou do descrédito de Estados frágeis, de derivas populistas e do funcionamento viciado das democracias pós-Guerra Fria:

- No México, o vizinho mais chegado e parceiro principal dos EUA na América Latina, os neo-zapatistas de Chiapas pretendem-se intérpretes desse movimento e líderes como Cuahetemoc Cardenas são de ascen-

dência índia. O poder federal apercebeu-se que tem de contar com essas forças e dialogar com elas.
- Na Colômbia que, como veremos à frente, é hoje a maior fonte de instabilidade regional, o poder é frágil, há muitas zonas do país onde o seu braço não chega e muitos dos poderes alternativos, ligados a organizações marginais, recebem apoio de comunidades camponesas índias produtoras de droga. Nas montanhas colombianas funciona desde 1971 um conselho indígena.
- A Venezuela parece uma sociedade dividida, mas as massas índias, afro-americanas e mestiças que lhes estão mais próximas apoiam o poder institucional de Hugo Chavez, que os EUA hostilizam. Revela-se como um movimento de base e renasce o culto pela herança de Símon Bolívar, que ultrapassa as fronteiras venezuelanas.
- No Peru os indígenas sempre mantiveram uma grande identidade e a condição de um grupo à parte, ainda há memória das reformas velasquistas da década de 60 e o acesso de Alexandre Toledo à presidência não será alheio a isto.
- No Equador os indígenas associaram-se na Cooperação das Nacionalidades Indígenas do Equador (CONAIE) e foram influentes na eleição de Lúcio Gutierrez. Em Setembro de 2007 foi eleita uma Assembleia Constituinte em que a Aliança País contando com forte apoio de movimentos indígenas e aliada do presidente Correa, eleito em Janeiro do mesmo ano, obteve a maioria com 70% dos votos.
- Na Bolívia, periférica em relação à ZTC, os movimentos indígenas saíram das organizações sindicais e camponesas desde a década de 60, formalizaram uma Assembleia Constituinte dos Povos Indígenas e os seus representantes entraram em força no parlamento pela mão de partidos na oposição liderada pelo índio Evo Morales que, em Dezembro de 2005, seria eleito presidente da República.

No outro vizinho periférico, o Brasil, a chegada de Inácio Lula da Silva ao poder, sem estar relacionado com o indigenismo nascente – os índios do Brasil são minorias marginalizadas – é expressão de um levantamento popular generalizado, solidário com o movimento indígena nos países vizinhos. O Brasil tem sido sede e dinamizador dos fóruns sociais mundiais, grande movimento de base transnacional e transcontinental, a chamada globalização dos pobres, onde os movimentos indigenistas têm tido bom acolhimento.

Mesmo na longínqua Argentina surge um poder que lhe pode ser favorável.

Quer isto dizer que os movimentos que hoje surgem na América Latina e que, até certo ponto, contestam a fatalidade da subordinação ao poder hegemónico de Washington, deixaram de se manifestar de forma isolada, num ou noutro Estado e começam a assumir dimensão regional. São sinais excessivos para não se terem em conta, quando a América Latina atravessa a crise identitária mais séria desde a independência e quando a erupção indigenista pode pôr em causa as actuais fronteiras políticas, traçadas sem considerar os interesses das comunidades índias.

i. Em 1948 formou-se a Organização dos Estados Americanos (OEA) destinada a associar todos os Estados dos três sub-continentes. Apresentado como espaço de segurança e cooperação política, é entendido pela maioria dos parceiros como um instrumento da liderança regional dos EUA. Na realidade, pela dependência estreita de muitos deles face à hiperpotência regional e mundial, nenhuma decisão é viável sem o seu assentimento.

Cuba é o único Estado que está excluído da OEA desde 1962, o que muitos parceiros começam a contestar, por considerarem um resquício da Guerra Fria que não faz hoje qualquer sentido.

Por outro lado a América Latina é a região do Terceiro Mundo que mantém laços mais fortes com a UE, nomeadamente através da Península Ibérica, proximidade que os EUA encaram com alguma desconfiança, porque pode fragilizar a hegemonia da sua influência.

4. Geografia económica

a. O Mediterrâneo Americano, à semelhança do Mediterrâneo Ocidental, separa o norte rico do sul pobre e aqui se situa a ZTC da América Latina. No passado a colonização foi atraída pelas suas riquezas, do solo e subsolo, mas que a própria colonização quase esgotou. Hoje, no seu conjunto, não é uma região onde ressaltem grandes recursos geoestratégicos se bem que aí se encontrem os que Michael Klare inclui na nova geografia dos conflitos, petróleo, água, madeiras. E muitos dos conflitos, internos, fronteiriços ou regionais, continuam a ter motivações numa economia pouco transparente.

A América Latina e, dentro dela, alguns dos seus Estados, é considerada a região do mundo mais inegualitária, onde é mais chocante a contradição entre os muito ricos e os muito pobres e, por via disso, é também uma das regiões mais violentas do mundo. É, por excelência, um dos laboratórios e campo de recrutamento provável da terceira guerra mundial, a que, como prevê Philippe Engelhard, opõe ricos e pobres a nível global (ver II.A.3.c.).

b. Dois países da ZTC são grandes produtores de petróleo, com a particularidade de ambos apresentarem problemas para Washington que, onde há petróleo, quer estar presente:

- No México, que já referenciámos como o principal parceiro dos EUA em toda a América Latina, a principal região petrolífera e de gás natural situa-se em Chiapas, onde o governo federal enfrenta problemas com os neo-zapatistas, que em grande parte a controlam e para os quais uma das motivações é a contestação à globalização, tal como é liderada pelos EUA e pelas grandes multinacionais.
- A Venezuela é o maior produtor na região e tem importância na OPEP que regula os preços internacionais das ramas e é olhada com desconfiança pelos EUA. Dadas as difíceis relações de Washington com o actual poder em Caracas, eis uma razão forte para que a Casa Branca aposte no derrube de Hugo Chavez. Este e a contestação interna disputam arduamente o apoio das estruturas relacionadas com o petróleo que são decisivas para a detenção do poder.

Outras riquezas do subsolo, minerais ricos que tenham resistido ao saque colonial, não são hoje muito significativas e não constituem motivações de conflitos. Apenas nos Andes, na Bolívia e Peru, há explorações mineiras com importância.

Na Bolívia, periférica em relação à ZTC, descobriram-se recentemente importantes reservas de gás natural cuja exploração já está a originar graves perturbações internas. Os bolivianos pensam que, mais uma vez, vão ficar à margem dos benefícios dessa riqueza nacional e quem vai aproveitar são os EUA e, pior ainda, o arqui-inimigo Chile, por onde as exportações vão ser canalizadas.

c. Na América Central e nas Grandes Caraíbas a maior fonte de riqueza e, como tal, também a maior fonte de conflitos, é a terra. Grandes companhias fruteiras multinacionais, na maioria de capitais norte-americanos, instalaram-se e dominam consideráveis extensões das melhores terras, muitas vezes ignorando delimitações fronteiriças e aqui reside um dos factores da dependência face a Washington.

Muitos dos problemas actuais pela disputa da terra nasceram com as independências. As oligarquias crioulas que lideraram as lutas de libertação, uma vez vitoriosas, rapidamente se tornaram os senhores das terras ou, aqueles que já o eram, ampliaram os seus domínios, transformando-se em grandes proprietários, os *hacendados*, servindo-se da mão-de-obra escrava dos afro-americanos e remetendo o que restava das comunidades índias para as montanhas. A posse da terra era um trunfo económico mas era também um instrumento de poder. Com os anos foram chegando mais imigrantes europeus que também se tornaram grandes proprietários rurais e instalaram-se grandes sociedades estrangeiras.

Com a explosão demográfica e com esta geografia económica rural vem a fome da terra, que se coloca como um grande problema actual e, conjugado com o ressurgimento índio, um factor de instabilidade e conflitualidade. O movimento dos sem-terra no Brasil, periférico em relação à ZTC mas cujos reflexos aqui se manifestam com muita visibilidade, é hoje encarado como um dos movimentos sociais mais importantes do mundo. A América Latina dispõe de terra e recursos hídricos abundantes, favoráveis à agricultura e pecuária, mas o problema está na distribuição, na partilha, na correcção das distorções sociais.

d. Intimamente relacionado com o problema da terra está a droga. A cultura e o tráfico da droga é hoje a economia de alternativa para muitos camponeses marginalizados, os *cocaneros*. É também promovida por multinacionais do crime organizado que controlam vastas áreas e dispõem de autênticas estruturas paramilitares que, apesar de clandestinas, estão bem relacionadas com as superestruturas políticas, as que estão no poder, as da oposição e as que desafiam o poder através de grupos armados.

A economia da droga envolve, não apenas as regiões produtoras localizadas no subconjunto andino, mas também os corredores dos subconjuntos da central e insular, por onde transita para os grandes mercados internacionais, em particular para os EUA, seu principal destino. Surge em força nos anos 60 do século passado, inicialmente como recurso secundário e tendo como maiores produtores o Peru e a Bolívia. Na década de 90 é a Colômbia que se torna o maior produtor e a coca passa a ser o recurso principal, com toda uma máquina clandestina de segurança que lhe garante protecção. A coca é a economia de subsistência de numerosas comunidades camponesas andinas, que a assumem como tal e que gostam de frisar que coca não é cocaína, marcando a diferença entre a produção e a utilização que dela é feita.

e. As Pequenas Caraíbas, muitas delas politicamente dependentes de grandes potências europeias ou dos EUA, são pobres de recursos naturais para além da sua posição. É esta a sua riqueza, por vezes servindo interesses pouco transparentes. Por aí transita a droga e a migração clandestina do subconjunto andino com destino à América do Norte e à Europa. Muitas ilhas investiram no turismo de luxo, onde se cruzam interesses financeiros transnacionais. Em sobreposição com o turismo algumas tornaram-se zonas francas, paraísos fiscais onde florescem sedes de economias obscuras e de branqueamento de capitais. Servem de ponte entre muitos interesses das Américas, da Europa ou do Pacífico ocidental. Tudo isto se reflecte na conflitualidade porque qualquer iniciativa para inverter politicamente esta situação choca com poderosos interesses estabelecidos que não hesitam em recorrer a meios violentos.

f. Com o fim da Guerra Fria e o início da NOM, da globalização, a América Latina parecia entrar numa época nova, generalizando-se frágeis regimes democráticos e sistemas de economia de mercado, em substituição das tradicionais ditaduras militares ou apoiadas por militares. Mas rapidamente se transformou num imenso laboratório de experiências neoliberais, com imposições draconianas do Fundo Monetário Internacional (FMI), que geraram graves crises económicas e um empobrecimento galopante.

Os EUA viam chegada a hora de se criar o grande espaço económico americano à medida dos seus interesses, reserva de matérias-primas a baixos preços, mão-de-obra barata, mercado assegurado para as suas exportações, enfim os pilares típicos de todos os modelos coloniais, ou neocoloniais quando são mantidos através de intermediários locais.

Perante o peso esmagador da economia norte-americana os países do sul já tinham encetado experiências de criação de espaços de cooperação económica capazes de o compensar:

- A pioneira foi o Mercado Comum Centro-Americano (MCCA), fundado em 1960, integrando as repúblicas da América Central com excepção do Belize e do Panamá, este com estatuto de observador. Revelou-se um fracasso e tenta agora renascer das cinzas.
- Em 1969 foi criada a Comunidade Andina ou Pacto Andino, com a Bolívia, Colômbia, Equador, Peru e Chile, aos quais se juntou a Venezuela em 1973. Em 1976 o Chile retirava-se da organização.
- Em 1973 surge a Comunidade e Mercado Comum das Caraíbas (CARICOM), englobando alguns Estados das Caraíbas, ocidentais e orientais e alguns departamentos dependentes de potências europeias.
- Em 1992 nasce o Mercado Comum do Sul ou Mercado do Cone Sul (MERCOSUL), associando o Brasil e os países do Atlântico sul que, sendo periférico em relação à ZTC, é o mais pujante da América Latina. É o que tem maior potencialidade para se constituir como pólo de um

mercado latino-americano alargado e privilegia aproximações à Comunidade Andina, nomeadamente à Venezuela, cuja posição no mercado mundial do petróleo lhe conferiria um peso acrescentado.

Em 1994 os EUA lançaram a North-America Free Trade Association (NAFTA), com o Canadá e o México e que era o primeiro passo para a mais ambiciosa Área de Livre Comércio das Américas (ALCA), America's Free Trade Association (AFTA) na terminologia anglo-saxónica, um projecto leonino que alargaria a todo o continente americano (para já com excepção de Cuba, obviamente) a livre circulação de bens, mercadorias e capitais, mas não a livre circulação de pessoas.

Os países latino-americanos encaram a ALCA com reservas, como instrumento dos interesses do seu poderoso dinamizador, na lógica da globalização até porque, como salienta Peter Hakim na *Foreign Affairs*, identificam os EUA com a fonte dos seus problemas económicos. Os movimentos indigenistas, com o pioneirismo do neozapatismo, lançaram a palavra de ordem *ya basta*, bandeira de recusa deste projecto. A experiência do México na NAFTA não seria mobilizadora para a adesão da América Latina à ALCA.

Em 2001 o presidente mexicano Vicent Fox, bom intérprete das posições estadunidenses, mediou em nome da NAFTA o Plano Puebla-Panamá, que englobaria os cinco estados do sul do México e os sete países da América Central para os atrair à órbita da NAFTA e resguardá-los de outros apelos da América Latina.

A maioria dos países da América Latina prefere reforçar as suas próprias organizações que lhes permitam negociar com os EUA com mais força e lhes confiram margem de manobra para negociarem livremente com a Ásia, nomeadamente com a RPC, com a África Austral e, muito em particular, com a UE e esta será a maior preocupação de Washington. Tudo isto tem reflexos na ZTC, sujeita a forte pressão americana. O pólo dinamizador deste projecto é um Estado periférico mas influente na ZTC, o Brasil, cuja posição saiu reforçada com a vitória do presidente Lula da Silva. No interior da ZTC a Venezuela e o presidente Hugo Chavez vêm também assumindo algum protagonismo, avançando em 2001 com a proposta de constituição de uma União Económica e Monetária Latino-Americana, aberta a todos os Estados da América Latina e Caraíbas, sem exclusão de ninguém, eufemismo que significa acabar com o ostracismo a Cuba.

Estes jogos intrincados de espaços de cooperação e integração económica têm sempre implícito o fantasma da tutela norte-americana no continente e não podem ser ignorados numa análise dos factores da conflitualidade regional.

5. Caracterização polemológica

a. A América índia, a ameríndia, era já uma zona onde a violência dominava nas relações entre os grupos humanos antes de se tornar América Latina. A convivência entre os numerosos grupos étnicos e tribais não era pacífica e o domínio de que vieram a beneficiar nas respectivas áreas os aztecas, maias e incas, resultara de guerras e de conquistas violentas.

A hostilidade entre os índios favoreceria as conquistas europeias de Cortez e Pizarro. É comum atribuir-se a rapidez da vitória espanhola e do extermínio índio à introdução naquele teatro de guerra de dois factores de modernidade que desequilibraram o potencial relativo de combate a seu favor, o cavalo e a arma de fogo. Mas Claude Collin-Delavaud lembra, na *Hérodote*, que a vitória de Pizarro sobre os incas em 1533 foi facilitada pela heterogeneidade e hostilidade dos diferentes grupos étnicos, incapazes de se unirem contra o invasor. Também foi assim nas vitórias de Cortez sobre os aztecas e os maias.

b. Seguiu-se a colonização assente na violência que lhe é inerente e marcada pelo pecado original do genocídio dos naturais. Foi ainda estigmatizada pela empresa escravocrata, uma violência sistemática sobre toda uma comunidade retirada à força e em condições bárbaras do seu *habitat* africano e sujeita a um estatuto desumanizante. Tornou-se um estrato social radicado na América com uma identidade própria, os afro-americanos, que não esquecem a humilhação violenta a que os seus antepassados foram submetidos e se prolonga na discriminação de que ainda são alvo.

A violência permanece, latente, consciente ou inconsciente, nas comunidades originárias e afro-americanas mantidas no estrato inferior da pirâmide social e ressurge nas manifestações de conflitualidade.

c. A descolonização, inseparável da colonização, foi também um processo violento e o espaço desta ZTC foi berço das revoluções armadas que a desencadearam, com as oligarquias burguesas e crioulas a renderem as oligarquias aristocráticas fiéis à coroa espanhola.

Dinâmicas cisionistas no interior de anteriores espaços coloniais, demasiado extensos e de fronteiras mal definidas, passaram a constituir factores de conflitos entre os novos Estados independentes. Interesses materiais antagónicos das novas oligarquias dominantes sobrepunham-se à identidade cultural inter-estatal. Disputas fronteiriças, guerras de conquista, foram uma constante em todo o século XIX. Alguns países centrais, rodeados de vizinhos, foram vítimas sistemáticas de várias agressões. A Bolívia, um caso paradigmático, entre meados dos séculos XIX e XX perdeu 53,5% do seu território original para os seus vizinhos Brasil, Peru, Argentina, Paraguai e Chile, a mais traumatizante das quais foi esta última, a Guerra do Pacífico, que lhe retirou a saída para o mar e tornou a Bolívia um país totalmente interior.

Estas disputas inter-estatais eram também alimentadas do exterior. Os EUA, depois da Guerra Civil e da conquista do oeste, unificados de costa a costa, conquistaram ou compraram ao México os actuais estados da Califórnia, Novo México e Texas. Mas durante muitos anos a nova fronteira do Rio Grande continuaria a ser uma frente de conflito. Muitas guerras fronteiriças na América Central eram fomentadas por empresas bananeiras norte-americanas que ignoram as fronteiras. Foram frequentes as disputas imperiais entre o RU, França, Holanda e Espanha pelo controlo das ilhas do arquipélago das Caraíbas.

d. Durante a Guerra Fria a América Latina estava, inequivocamente, inserida na área de influência de uma das superpotência e muito distante da outra, longe daquilo a que, metaforicamente, se chamava a linha da frente e passava, num primeiro escalão pela Europa central e num segundo escalão pelo Pacífico ocidental. Mas a conflitualidade própria da Guerra Fria não deixou de afectar profundamente a ZTC. Foi aqui que, para a potência marítima, mais se evidenciou um dos dois grandes objectivos estratégicos comuns às duas superpotências, impedir que qualquer região do mundo considerada importante para uma delas pudesse passar para o controlo da outra (ver I.A.3.c.). E todo o continente americano e Caraíbas era, desde a formulação da doutrina Monroe clarificada com a teoria de Mahan, área reservada de influência norte-americana.

A Guerra Fria projectar-se-ia na ZTC através de vários tipos de conflitos ajustados à sua natureza, intervenções externas da superpotência hegemónica, guerras subversivas apoiadas pela superpotência rival, apoio a regimes fiéis, fomento de sublevações internas contra regimes não fiáveis, guerras civis por delegação, dissuasão nuclear. Abordaremos em separado o significado de alguns destes conflitos.

e. Os interesses dos EUA na região são essencialmente de dois tipos, securitários e económicos. Impedir o surgimento de regimes hostis e assegurar os privilégios das grandes empresas norte-americanas. Para tal Washington nunca deixou de intervir militarmente mas, até ao fim da Guerra Fria, as suas forças nunca foram além da América Central e Caraíbas. Na América do Sul preferiu outros tipos de intervenção.

Naquele quadro se inscrevem, citando apenas exemplos recentes, as intervenções em S. Domingos, Granada, Panamá, Haiti e também Cuba em 1961, onde Washington registou o único fracasso na tentativa de invasão pela Baia dos Porcos. Esta última foi um tipo de intervenção mista, conjugando uma guerra directa com meios e forças próprias e uma guerra por delegação através de forças constituídas por cubanos refugiados, organizados e treinados nos EUA. Cuba constituiu, a vários títulos, a excepção que confirma a regra, pois vingou um regime desfavorável aos EUA, que viria a alinhar com o bloco inimigo e que Washington, dentro da lógica da Guerra Fria, tentou derrubar. Mas sem êxito.

f. A maioria dos Estados tem conhecido, desde as independências, ditaduras militares ou apoiadas por militares. As independências, resultando de revoluções armadas, geraram oligarquias militares e têm sido estas que têm disputado o poder. Daí a frequência de guerras internas, pronunciamentos, golpes militares, revoluções, guerras civis, que constitui a imagem de marca da política nesta ZTC.

A generalização de regimes militares e de oposições armadas que se confrontam está associada à cultura da violência, que identifica a forma de entender e praticar a política na América hispânica, de afirmar os direitos dos poderosos, dos detentores do poder político e económico. E também se estende, naturalmente, aos que se sentem legitimados para combater esse poder. A violência tornou-se prática corrente na imposição da ordem, na luta partidária, na discriminação social, na exploração económica, na disputa entre camponeses, na resistência popular.

Daniel Pécaut conta, na *Hérodote*, como na Colômbia, nas décadas de 40 a 60 do século passado, a violenta disputa pelo poder criou raízes e ficou exactamente conhecida por *la violencia*. Mas é um fenómeno que ultrapassa as fronteiras da Colômbia. A disputa política tem, em toda a ZTC, uma tradição violenta, envolvendo grupos armados, movimentos de libertação, estruturas paramilitares, organizações terroristas ou forças de segurança privadas de organizações clandestinas e criminosas. É um palco privilegiado daquilo a que é legítimo chamar o terrorismo de Estado.

As ditaduras militares, na luta contra movimentos de libertação de inspiração marxista ou maoísta, invocavam a luta anticomunista para conseguirem os favores de Washington, não apenas em solidariedade política mas em apoio militar, fornecimento de equipamentos, formação, treino e assessoria operacional. Foi assim em toda a ZTC mas mais notoriamente na América Central e, se o movimento insurreccional lograva atingir o poder, como aconteceu na Nicarágua quando os sandinistas derrubaram Somoza, Washington fomentava deliberadamente a criação de condições políticas, económicas e militares que levassem à sua queda. Noam Chomsky denuncia as pressões militares sobre regimes desafectos, como em Cuba e na Nicarágua, como forma de obrigar os governos a desviar recursos para a defesa e bloquear programas económicos e sociais que poderiam tornar-se atractivos, interna e externamente (pp. 56 e 57). As guerras civis na América Central que duraram décadas e causaram dezenas de milhares de mortos confundem-se, em alguns casos, com guerras por delegação conduzidas por outros em nome dos interesses norte-americanos. São exemplos paradigmáticos daquilo a que em Washington se chamava a vacina cubana, isto é, impedir que o fracasso de Cuba se repetisse.

g. Na América do Sul Washington nunca cultivou a modalidade da intervenção directa. Preferiu o apoio a regimes fiéis, o reforço das estruturas repressivas nacionais e a cooperação na neutralização de tentativas revolucionárias ou de regimes potencialmente hostis.

No imediato pós-Guerra 1939-1945 os países da América do Sul passaram por experiências democratizantes em que floresceram fortes movimentos sociais, dadas as precárias condições da grande maioria da população que quis aproveitar os ventos da liberdade. Também foi óbvia a influência do outro vencedor da guerra, a URSS, o que assustou os poderes instalados e o vizinho norte-americano. Daí ao aumento da instabilidade foi um passo e impor-se-ia a lógica de *la violencia*, com uma série de golpes militares em cadeia que se iniciaram no Brasil em 1964. Foram anos negros na América do Sul, sob tenebrosas tiranias militares que contaram com o apoio, se não mesmo a colaboração de Washington. Parte dos dirigentes militares era formada na Escuela de las Americas, instituição de ensino superior militar dos EUA na Zona do Canal do Panamá, destinada à formação de quadros superiores da América Latina. Gerou-se assim, na classe dirigente, uma mentalidade e formação comuns, laços de solidariedade, que vieram a dar frutos na chamada Operação Condor.

Esta operação traçou um plano de repressão à dimensão da América do Sul, por isso envolvendo o subconjunto andino da ZTC. Lançado pelas ditaduras militares instaladas e com o aval norte-americano, foi uma guerra suja destinada a liquidar personalidades e grupos, políticos, militares, sindicais e intelectuais, que pudessem constituir obstáculo à livre actuação dos Estados repressivos. O precedente cubano servia de justificação e é certo que nos meados da década de 60 Che Guevara tentara levar a guerrilha ao coração da América do Sul, nas matas da Bolívia, como forma de a expandir por todo o sub-continente. Mas fracassara rotundamente e o líder revolucionário internacionalista encontrara aí a morte.

Os governos e estados-maiores da Operação Condor mantinham uma íntima ligação através das Conferências dos Exércitos Americanos que reuniam de dois em dois anos na Zona do Canal, por forma a coordenarem a actuação de forças em territórios dos países vizinhos e acções de informação, policiais ou militares. Os países mais atingidos pela operação foram os do cone sul, Chile, Argentina, Uruguai, Paraguai e mesmo o Brasil, periféricos em relação à ZTC, mas as suas ondas de choque atingiram igualmente os sub-conjuntos andino e central. A Operação Condor seria travada pelo presidente James Carter quando chegou à Casa Branca em 1976 e recusou a participação americana neste tipo de actividades, mas foi depois reactivada e revigorada por Ronald Reagan, quando conquistou a presidência em 1980.

Com o fim da Guerra Fria e as profundas alterações nos modelos políticos regionais a Operação Condor foi encerrada. Mas sabe-se que pode ser recuperada em qualquer momento, porque grande parte das estruturas militares permanecem imutáveis.

h. A revolução vitoriosa em Cuba na passagem do ano de 1958 para 1959 e a sua aproximação ao bloco leste estaria na base do caso em que a tensão entre as duas superpotências atingiu o ponto mais alto e em que a lógica da estratégia de dissuasão nuclear conheceu uma aplicação prática plena. A chamada crise dos mísseis de Cuba, de Outubro de 1962, configurou um dos mais destacados picos de crise da Guerra Fria (ver I.A.2.q.). Curioso é que o ponto mais elevado da estratégia da dissuasão nuclear tenha sido atingido a propósito de uma potência não nuclear, o que confirma a especificidade da noção de espaço no ambiente da guerra nuclear.

A URSS pusera em marcha um projecto de instalação de mísseis nucleares de médio alcance em Cuba, capazes de atingir alvos nos EUA, como resposta a idêntica instalação de mísseis americanos na Turquia, aptos a atingir alvos na URSS. O avanço de navios soviéticos com os equipamentos para Cuba fez subir o clima de tensão, ao ponto de a Casa Branca determinar à armada americana a intercepção dos navios, tornando iminente a confrontação directa entre as superpotências que se ameaçavam mutuamente com a escalada ao patamar nuclear. O confronto foi travado em cima do risco, quando os navios soviéticos receberam ordem para retroceder. Os mísseis soviéticos não seriam instalados em Cuba e, em compensação, os mísseis americanos eram retirados da Turquia.

Nunca a Guerra Fria estivera, nem voltaria a estar, tão perto de se transformar em guerra convencional e de dar lugar à primeira guerra nuclear. A II Guerra Mundial terminara com uma intervenção nuclear mas não configurou uma guerra nuclear, porque apenas um dos opositores dispunha desses meios. Mas a crise de Cuba pusera frente a frente as duas superpotências nucleares. E teve por palco a ZTC da América Latina.

i. Os factores da conflitualidade actual resultam das heranças acumuladas de todos estes conflitos passados.

O fim da Guerra Fria e a entrada na era da globalização encerrou a conjuntura favorável a ditaduras militares, a caudilhismos e generalizaram-se experiências de democracias representativas e economias de mercado. Nem sempre com sucesso, o que custou algum descrédito ao sistema mas, de qualquer forma, contribuiu para pôr termo ao ambiente de guerra civil permanente que envenenava toda a região. Cuba à parte, verificara-se o triunfo de uma *pax americana* no conjunto da América Latina. Ana Arana, em artigo que assina na *Foreign Affairs* e focando a atenção na América Central, considera que o fim da Guerra Fria retirou importância a este subconjunto mas que os ancestrais factores de conflitualidade perduram, tutela norte-americana, indefinições fronteiriças, desigualdade e discriminação económica e social, diferindo com Cuba, a cultura da violência.

Surgiam, porém, dois novos factores, típicos da nova tipologia dos conflitos que sintetizaremos no indigenismo (factor identitário) e na droga (factor recursos). Vejamos, com mais detalhe, cada um deles.

j. Os movimentos indígenas são muitas vezes identificados com dinâmicas cisionistas, o que carece de rigor. As questões fronteiriças e dos espaços nacionais importam mais às oligarquias descendentes dos crioulos, que estiveram na base da definição da geografia política da ZTC, do que às comunidades índias e afro-americanas desapossadas da terra. No entanto a solidariedade das comunidades indígenas transcende as fronteiras políticas, porque a identidade índia foi por elas artificialmente fragmentada.

Os movimentos indigenistas são em geral de base camponesa e têm servido de fonte de recrutamento a levantamentos e resistências populares. A sua expressão mais mediatizada, no sul do México, em Chiapas, começou como uma revolta armada em Janeiro de 1994 conduzida pelo Exército Zapatista de Libertação Nacional (EZLN) e mantém-se como o conflito mais significativo no subconjunto mexicano. Desde 1997 vigora um cessar-fogo entre o EZLN e o governo federal mas é um acordo precário. Ora o neozapatismo, como salienta Claude Bataillon, é incompreensível fora do contexto indigenista.

As perturbações no México são particularmente preocupantes para Washington. Steven David faz em 1999 na *Foreign Affairs* uma análise curiosa em que inclui o México, juntamente com a Rússia e a Arábia Saudita, no grupo de países que reúnem dois critérios de apreciação segundo os quais uma guerra civil suscita maiores preocupações para os EUA. Porque é elevado o grau de probabilidade e porque o impacto na América seria muito sensível. Esta sensibilidade, em relação ao México, deriva da importância do mercado mexicano, dos riscos de contágio e do alastramento da desordem, dada a dimensão da comunidade mexicana dentro das fronteiras americanas. O levantamento de Chiapas não atinge actualmente os contornos de uma guerra civil, mas não há dúvida que tem conquistado ampla adesão nas comunidades índias de todo o México, mesmo nos centros urbanos.

Indigenistas são, seguramente, os movimentos que se vão revelando na Colômbia, Venezuela, Equador, Peru e Bolívia, que têm tido maior expressão ao nível político e social, mas que a cultura de *la violencia* sempre ameaça projectar para níveis de conflitualidade mais graves, como a situação na Bolívia no Outono de 2003 exuberantemente demonstra.

k. A conflitualidade relacionada com a droga aparece hoje muito centrada na Colômbia, mas tem uma dimensão regional. Na Colômbia está associada ao terrorismo, a movimentos de guerrilha, a grupos paramilitares, às próprias estruturas estatais, todos eles atravessados pelo problema da droga. Na actualidade é o conflito mais complexo da ZTC e o que mais preocupa os EUA, que nele intervém directamente com forças militares, pela primeira vez na América do Sul.

A Colômbia é um Estado fraco, onde o braço do poder não chega a muitas regiões isoladas pela distância e pela descontinuidade do território, compartimentado pelos Andes, pelos afluentes da bacia amazónica e pela floresta tropical. O clima de violência está muito arreigado – aí nasceu *la violencia* – e, depois de no tempo colonial ter sido a sede política do vice-reinado de Nova Granada foi, com a independência, sujeita a sucessivas cisões, divisão do anterior vice-reinado, nova divisão da Grande Colômbia, separação da província do Panamá, sempre de forma pouco pacífica.

A grande maioria da população, índia e afro-americana, sem terra, marginalizada pela ocupação extensiva dos grandes *hacendados* brancos e crioulos e das multinacionais americanas, desprotegida, é alvo fácil das pressões dos grupos armados. A droga tornou-se a cultura de subsistência alternativa e sua principal fonte de recursos. Dela se servem todos os actores da conflitualidade colombiana de forma mais ou menos clandestina, funcionários do Estado, quadros das forças armadas, grupos paramilitares aliados do poder, movimentos guerrilheiros, senhores da guerra. Os cartéis da droga têm estruturas armadas próprias e infiltram-se em todos os outros, o que torna o mosaico dos actores ainda mais complexo. O terror combinado de todos faz dos camponeses as grandes vítimas.

Há diversos movimentos de guerrilha, sendo os mais influentes as Forças Armadas Revolucionárias da Colômbia (FARC), o mais antigo da América Latina e o Exército de Libertação Nacional (ELN). Qualquer deles controla vastas áreas, as FARC a sul e o ELN a norte, no seu conjunto estimado em quase 50% do espaço nacional. Formaram uma organização com o fim de coordenar a acção dos vários grupos, a Coordenadora Guerrilheira Símon Bolívar, mas a autonomia dos movimentos levou à sua dissolução, o que torna as negociações que o governo pretende estabelecer muito mais difíceis.

O problema da droga não se coloca, em termos polemológicos, apenas nos países produtores. Afecta também aqueles que estão nas suas rotas de escoamento e no seu destino, acima de todos os EUA. Rotas que passam pelas ilhas caribenhas e, principalmente, pela América Central que, segundo Ana Arana, se tornou um pipeline da droga da Colômbia para norte. Diz a autora que 60% da cocaína que entrou nos EUA no ano 2000 passou pela América Central.

Foi este contexto que levou Washington e Bogotá a acordarem o Plano Colômbia, que assenta no apoio e envolvimento directo dos EUA com as forças armadas colombianas no combate aos cartéis da droga. Os movimentos guerrilheiros acusam o Plano Colômbia de usar o combate à droga como um pretexto para a entrada dos militares americanos na América do Sul, onde se instalarão duradoiramente intensificando a sua influência nas políticas internas nacionais e participando na luta anti-guerrilha. A FARC e o ELN voltaram a dar sinais de coordenação, agora com uma aparente complementaridade estratégica, o ELN mais orientado para a acção política e deixando às FARC as actividade guerrilheira.

Alguns Estados vizinhos também desconfiam do Plano Colômbia, pelo receio dos efeitos de contágio, pela vaga de refugiados e porque pode tornar-se o rastilho de um conflito generalizado na América Latina.

A Colômbia tornou-se o maior beneficiário da ajuda externa norte-americana no continente e o terceiro no mundo, depois de Israel e do Egipto. A ZTC da América Latina é, hoje, a segunda preocupação dos EUA depois do Médio Oriente e mostra que Washington continua a apostar em respostas militares para problemas eminentemente sociais. Nesta ZTC, onde os problemas sociais são profundos, a opção americana é encarada como uma ameaça permanente, que o 11 de Setembro de 2001 agravou, porque Washington passou a invocar o terrorismo para legitimar intervenções em qualquer ponto do mundo.

l. Como nota final um apontamento sobre a globalização, que parece afectar as relações e a desconfiança da América Latina face à hiperpotência directora do sistema. É desta ZTC e da sua periferia que partem os sinais mais significativos do movimento anti-globalização. O Plano Colômbia veio contribuir para esse clima mas é a Venezuela, cujo presidente vê na mão de Washington o comando dos cordelinhos que movem a rebelião interna, o Estado que se tornou pólo da contestação.

As ameaças à hegemonia norte-americana na ZTC da América Latina são agora mais difusas e muitas têm a ver com a competição entre as organizações de cooperação económica, a ALCA mais abrangente, contra o Pacto Andino e o MERCOSUL mais regionais. Observadores identificam a ALCA como o neo-monroísmo do século XXI, com uma nova arquitectura de segurança para as Américas que proporciona aos EUA soluções para regulação dos conflitos, mas com contornos de tipo neocolonial garantindo reservas de matérias-primas, mão-de-obra e mercado. E avisam que novos modelos de tipo colonial promoverão novos modelos de lutas de libertação.

A ZTC da América Latina é a única, das que aqui estudámos, onde divergências entre associações de cooperação económica são potencialmente geradoras de cenários de conflitualidade que ultrapassam o campo específico da disputa económica.

BIBLIOGRAFIA

ARANA, Ana – "The new battle for Central America", *Foreign Affairs* Volume 80 Nº 6, November/December 2001

BATAILLON, Claude – "Nations au Mexique: construction et métissages", *Hérodote* Nº 99, Catalogage Electre-Bibliographie, Paris, 4º Trimestre 2000

CHALIAND, Gérard et RAGEAU, Jean-Pierre – *Atlas stratégique*, Editions Complexe, Belgique, 1994

—— *Atlas du millénaire, la mort des empires (1900-2015)*, Hachette Littératures, Paris, 1998

CHOMSKY, Noam – *Piratas e imperadores, velhos e novos, o terror que nos vendem e o mundo real*, Publicações Europa-América, Mem Martins, 2003

CHOSSUDOVSKY, Michel – *Guerre et mondialisation, à qui profite le 11 Septembre?*, Éditions Écosociété, Montréal, 2002

COHEN, Samuel – *Geografia y politica en un mundo dividido*, Ediciones Ejercito, Madrid, 1980

COLLIN-DELAVAUD, Claude – "Pérou: Quel nationalisme dans un État et une nation mal consolidés", *Hérodote* Nº 99, Catalogage Electre-Bibliographie, 4º Trimestre 2000

CRAVINHO, João Gomes – *Visões do mundo, as relações internacionais e o mundo contemporâneo*, Imprensa de Ciências Sociais, Lisboa, 2002

DAVID, Steven R. – "Saving America from the coming civil wars", *Foreign Affairs* Volume 78 Nº 1, January/February 1999

ENGELHARD, Philippe – *La troisième guerre mondiale est commencée*, Arleá, Paris, 1999

GROS, Christian – "La nation en question: identité ou métissage?", *Hérodote* Nº 99, Catalogage Electre-Bibliographie, 4º Trimestre 2000

HAKIM, Peter – "The uneasy America's", *Foreign Affairs* Volume 80 Nº 3, March/April 2001

HÉBRARD, Véronique et PONCELÉON, Temir Porras – "La Venezuela ou les paradoxes de la nation, élaboration, réappropriation des mythes nationaux", *Hérodote* Nº 99, Catalogage Electre-Bibliographie, 4º Trimestre 2000

HUNTINGTON, Samuel – *O choque das civilizações e a mudança na ordem mundial*, Gradiva, Lisboa, 1999

KLARE, Michael – "The new geography of conflict", *Foreign Affairs* Volume 80 Nº 3, May/June 2001

LACOSTE, Yves – "Nations hispaniques et géopolitique", *Hérodote* Nº 99, Catalogage Electre-Bibliographie, 4º Trimestre 2000

— "La Méditerranée", *Hérodote* nº 103, Catalogage Electre-Bibliographie, Paris, 4º Trimestre 2001

LAVAUD, Jean-Pierre – "Bolivie : la nation incertaine", *Hérodote* Nº 99, Catalogage Electre-Bibliographie, 4º Trimestre 2000

LOMNÉ, Georges – "Les nations de l'arc en ciel. Pour une géopolitique du symbole", *Hérodote* Nº 99, Catalogage Electre-Bibliographie, 4º Trimestre 2000

MUSSET, Alain – "Villes frontières et nations en Amérique centrale", *Hérodote* Nº 99, Catalogage Electre-Bibliographie, 4º Trimestre 2000

N/N – *Guia do mundo*, Trinova Editora, Lisboa, 1998

PÉCAUT, Daniel – "La tragédie colombienne: guerre, violence, trafic de drogue", *Hérodote* Nº 99, Catalogage Electre-Bibliographie, 4º Trimestre 2000

Vários – *Collier's encyclopedia*, Macmillan Educational Company, New York, 1990

Vários – *The new encyclopedia Britannica*, The University of Chicago, Chicago, 1990

Vários – *L'état du monde 2001*, La Découverte, Paris, 2000

ÍNDICE ONOMÁSTICO

A
Abadie, Damian R. S. d' – 158, 162, 293
Abdulamid II – 168
Acheson, Dan – 48
Adler, Alexandre – 285
Afonso, Aniceto – 394, 406
Aguirre, Mariano – 93
Albright, Madeleine – 130, 131
Albuquerque, Afonso de – 197
Alexandre da Macedónia – 155, 248, 261, 271, 274, 417
Alexandre I – 257
Aliev – 281
Alves, Lopes – 16
Andrade, Mário Pinto de – 387, 396, 406
Andréani, Giles – 145
Annan, Kofi – 241, 318
Anstee, Margaret Joan – 406
Antunes, José Freire – 402
Antunes, Melo – 393, 406
Arafat, Yasser – 185, 188
Arana, Ana – 488, 490, 492
Aron, Raymond – 41, 72, 77, 93, 400
Arriaga, Kaulza de – 382, 394, 395, 406
Atatürk, Mustafá Kemal – 165, 218
Atlee, Clement – 33

B
Baker, James – 241, 242
Balfour – 176, 177
Barca, Aníbal – 155
Barzani, Massoud – 219, 224, 225
Bashir, Omar – 350, 359
Bass, Warren – 293
Bataillon, Claude – 492, 489
Batista, Fulgêncio – 43, 476
Bearden, Milton – 417, 428, 456
Bernstein, Richard – 442, 454, 456
Béthemont, Jacques – 158, 160, 179, 180, 293
Boigny, Houphouêt – 333, 338
Bois, William Du – 396
Bolívar, Símon – 468, 472, 473, 477, 490
Boniface, Pascal – 84, 93, 120, 122, 123, 145, 328, 463
Bouthoul, Gaston – 29, 93
Bouthros-Ghali – 241
Braudel, Fernand – 435
Brejnev – 43, 44, 59, 60, 62, 64, 83, 291 425
Brooks, Stephan G. – 85, 93
Brzezinski, Zbigniew – 30, 74, 93, 113, 145, 412, 445, 453, 456
Bull, Hedley – 119
Bush, George – 69, 70, 73, 76, 90, 141
Bush, George W. – 80, 81, 83, 93, 104, 105, 113, 145, 210
Butfoy, Andrew – 110, 145
Byman, Daniel – 209, 293

C
Cabral, Amilcar – 333, 336, 387, 403
Caetano, Marcello – 394
Campbell, Kurt – 447, 456
Cardenas, Cuahetemoc – 476
Cardenas, Lázaro – 469
Carter, James – 30, 58, 71, 74, 487
Castro, Fidel – 476
Catarina II – 274
Célérier, Pierre – 16, 99, 165

Cervelló, Josep Sánchez – 236, 238, 293
Chaliand, Gérard – 49, 50, 74, 93, 151, 182, 196, 261, 293, 406, 419, 423, 436, 438, 456, 492
Charnay, Jean-Paul – 99, 165, 465
Chavez, Hugo – 471, 477, 479, 482
Chege, Michael – 406
Chipman, John – 406
Chomsky, Noam – 123, 145, 192, 293, 406, 456, 486, 492
Chossudovsky, Michel – 123, 145, 293, 426, 427, 456, 492
Churchill, Winston – 30 a 33, 40, 56, 397
Cienfuegos, Camilo – 476
Ciro – 198
Clausewitz – 30, 66, 119, 204, 400
Clinton – 36, 73, 79, 190
Cohen, Samuel – 99, 165, 300, 318, 406, 437, 441, 456, 465, 466, 492
Colombo, Cristóvão – 461, 475
Connell, Dan – 406
Cortez – 483
Couto, Cabral – 54, 77, 94, 114
Cravinho, João Gomes – 19, 113, 118, 119, 145, 492
Crocker, Chester – 56, 58, 91, 93
Cucó – 293
Cuellar, Perez de – 240

D
Dario – 198, 418
David, Steven R. – 489, 492
Davidson, Basil – 307, 310 a 312, 320, 406
Defarges, Philippe Moreau – 390, 398, 406
Defert, Gabriel – 443, 456
Delavaud, Claude Collin – 483, 492
Delmas, Claude – 39, 93

Denis, Arielle – 73, 93
Deutsch, Karl – 119
Djilas, Alekson – 293
Dougherty, James E. – 18, 93, 112, 145
Dubcek, Alexander – 44
Dubien, Armand – 122, 145
Dulles, Foster – 48, 52

E
Eanes, Gil – 229
Egeland, Jan – 293
Einstein, Albert – 51
Eisenhower – 48, 52, 56
Encel, Frédéric – 294
Engelhard, Philippe – 92, 93, 106, 107, 118, 145, 163, 294. 478, 492
Estaline – 32, 33, 36, 41, 56, 61, 258

F
Fairgreeve, James – 99
Fanon, Frantz – 310, 355, 362, 363, 387, 388, 391, 393, 404, 406
Faria, Fernanda – 242, 293
Faruk – 183
Fernando, Francisco – 257
Ferreira, António Vicente – 378, 394
Ferreira, Patrícia Magalhães – 347, 406
Ferro, Marc – 305, 318, 387, 392, 395, 396, 407
Ferry, Jules – 391
Fino, Carlos – 294, 456
Fisk, Robert – 294
Fox, Vicent – 482
Franco – 236, 238

G
Gagarine, Yuri – 62
Gallois, Pierre – 48, 63, 93

Galtung, Johan – 118
Garang, John – 359
Garvey, Marcus – 396
Gaulle, Charles De – 32, 39, 128
Ghandi – 369
Ghozali, Nacer-Eddim – 122, 145
Gnesotto, Nicole – 284
Gorbatchev, Mikhail – 60, 62, 65, 70, 71, 75, 76, 94
Gorce, Paul-Marie de La – 73, 94, 294
Gorshkov – 60
Gramsci, António – 71, 100
Granguillome, Jesus Contreras – 294
Gray, Richard – 145
Grimal, Henri – 56, 63, 94, 387, 407
Grimberg, Carl – 294
Gros, Christian – 468 a 470, 473, 492
Guedes, Armando Marques – 294
Guerra, João Paulo – 370, 407
Guevara, Che – 476, 487
Gutierrez, Lúcio – 471, 477

H

Hakim, Peter – 482, 492
Harriman, Averell – 36
Hassan II – 240, 241, 350
Haushofer – 71, 302, 318, 413
Hébrard, Véronique – 472, 492
Heimer, Franz Wilhelm – 391, 407
Herzl, Theodore – 168, 176, 183
Hitler – 34, 251
Hobbes, Thomas – 30
Hobsbawm, Eric – 29, 30, 36, 38, 51, 94, 119, 145, 204, 218, 242, 294
Hussein, Saddam – 191, 206 a 209, 219, 224, 225
Huntington, Samuel – 73, 78, 94, 106, 114, 116, 145, 154, 198, 287, 289, 294, 318, 323, 412, 430, 440, 442, 445, 446, 456, 467, 492

I

Ikenberry, G. John – 80, 81, 94, 113, 145
Iniesta, Ferran – 305, 407
Ismay – 127, 144

J

Joffe, Josef – 74, 94
Johnson – 52
Joxe, Alain – 54, 58, 94

K

Kabila, Joseph – 363
Kabila, Laurent – 347, 361 a 363
Kagan, Robert – 79, 80
Kai-Chec, Chang – 448, 451
Kalicki, Jan H. – 294, 456
Kennan, George – 44, 46 a 48, 51, 59, 65, 450
Kennedy, John – 52, 56, 57
Kennedy, Paul – 94
Khanna, Parag – 294
Kissinger, Henry – 12, 37, 47, 48, 57, 59, 63, 65, 69, 70, 73, 94, 145, 226, 242, 294, 382, 401, 402, 407
Klare, Michael – 105 a 108, 145, 157, 294, 313, 315, 407, 478, 492
Klerk, Frederick De – 373
Kolko, Gabriel – 294
Krause, Keith – 94
Kristal, William – 79, 80
Krutchev – 61, 62, 64, 273

L

Lacoste, Yves – 149, 150, 156, 158, 159, 161, 254, 294, 411, 435, 440, 445, 456, 462, 465, 492

Laden, Ben – 358, 425, 430
Lake, Anthony – 73
Lara, Lúcio – 397, 398, 407
Lenine – 63, 83
Lissouba, Pascal – 362
Lombard, Denys – 435, 439, 456
Lomné, Georges – 493
Lopes, Carlos – 306, 310, 311, 314, 407
Loredo, Marisa – 94
Lourenço, Eduardo – 393, 407
Luchaire, François – 387
Lumumba, Patrice – 356, 357, 408
Luong, Pauline Jones – 456

M

Mackinder, Halford – 48, 66, 74, 89, 113, 153, 165, 193, 414, 413, 416, 429
Magalhães, José Calvet de – 397, 407
Mahan, Alfred – 43, 48, 66, 125, 442, 448, 467, 474, 484
Malcolm, Noel – 294
Mallaby, Sebastian – 80, 94
Mandela, Nelson – 362, 369, 373 a 375
Mandelbaum, Michael – 113, 146, 294
Manning, A. – 111, 146
Maomé – 198
Marcum, John – 57, 94, 402, 407
Marolles, Alain de – 407
Marshall – 91, 94
Marshall, George – 31, 41, 48, 51
Mattelart, Armand – 55, 94
Medina, João – 393, 406
Menchú, Rigoberta – 471
Mitchell, Derek J. – 447, 456
Mobutu – 57, 58, 347, 350, 357, 358, 361, 362
Mohammed VI – 241
Montaperto, Ronald N. – 111, 146

Monteiro, Armindo – 392
Monteiro, Guarino – 78, 79, 94
Monroe – 66, 331, 474, 484
Morales, Evo – 471, 477
Moreira, Adriano – 70, 95, 100
Morin, Edgar - 100
Morse, Edward L. – 427, 457
Mugabe – 374, 379, 384, 385
Munro, Ross H. – 442, 454, 456
Muraise, Eric – 99, 165
Musset, Alain – 473, 493
Mussolini – 359

N

Namara, Mc – 52, 53
Nasser, Gamal Abdel – 42, 55, 178, 183, 184, 200, 204, 443
Naumann, Friedrich – 258
Nehru – 42, 55, 443
Neto, Agostinho – 387
Nezan, Kendal – 294
Nguesso, Denis – 362
Niksik, Stevan – 264, 295
Niquet, Valérie – 122, 146
Nixon – 53, 57, 382, 401, 402
N'Krummah, Kwame – 332
Norstad – 52, 53
Nunes, Tavares – 141, 146
Nye, Joseph S. – 35, 36, 44, 45, 75, 95, 119, 207, 242, 295, 407

O

Obasanjo – 313
Oçalan, Abdullah – 219, 222, 223, 225
Ogarkov – 62
Oliveira, César – 392, 407
Otero, Luís – 238

P

Pahlevi – 199, 209
Paixão, Quintela – 295
Paringaux, Roland-Pierre – 457
Paris, Henry – 95
Pécaut, Daniel – 485, 493
Pereira, Carlos Santos – 38, 95, 127, 146, 295
Pérouse, Jean-François – 295
Pfaff, William – 79, 95
Pfaltzgraff Jr., Robert L. – 18, 93, 112, 145
Pinto, Maria do Céu Ferreira – 295
Pipes, Richard – 47
Pizarro – 483
Pollack, Kenneth – 208, 293, 295
Poncéléon, Temir Porras – 472, 492
Posen, Barry R. – 431, 457
Powell, Colin – 73
Primakov, Eugénio – 114
Prodi, Romano – 316
Puig – 100, 146
Putin, Vladimir – 272, 295

Q

Queen, Norrie Mac – 387, 401, 407

R

Rabin, Itzhak – 188
Rageau, Jean-Pierre – 49, 50, 74, 93, 151, 182, 196, 261, 293, 406, 419, 423, 436, 438, 456, 492
Ramonet, Ignacio – 83, 95, 100, 146, 295
Rapoport, Anatole – 58, 95
Ravenel, Bernard – 162, 195
Reagan, Ronald – 53, 58, 487
Rela, José Manuel Zenha – 391, 403, 407
Reychler, Luc – 325
Riccardi, Andrea – 155, 295
Richard, James – 427, 457
Roberts, Brad Robert – 111, 146
Rodrigues, Pedro Caldeira – 264, 295
Roosevelt, Franklin – 31 a 33, 40, 56, 69, 397, 476
Rose, Gideon – 208, 293
Ross, Robert – 445, 453, 457

S

Saakashvili, Mikheil – 292
Sacchetti, António Ferraz – 146
Sadat, Anwar el- – 178, 186
Saïd, Edward W. – 295
Saladino – 174, 176, 220
Salazar – 392, 393
Samary, Catherine – 295
Santos, António Almeida – 393, 407
Santos, Loureiro dos – 5, 7, 14, 81, 82, 85, 95, 103, 146
Sauvy, Alfred – 55
Savimbi, Jonas – 353, 361
Schell, Jonathan – 146
Scheuer, Michael – 289, 295
Schlesinger, James – 53
Senghor, Leopold – 333, 338
Shah, Zahir – 421
Shambaugh, David – 457
Sharon, Ariel – 84, 122, 169, 193
Shepard, Alan – 62
Silva, Inácio Lula da – 477, 482
Silva, Rui Ferreira da – 393, 407
Singh, Jaswant – 109, 110, 146, 433, 457
Slovo, Joe – 375
Smyth, Frank – 406
Sokolovsky – 62, 64
Solana, Javier – 292, 295
Somoza – 486

Soppelsa, Jacques – 55, 61, 64, 95, 166, 202, 295, 408, 455, 457
Soromenho-Marques, Viriato – 94
Spykman, Nicholas – 48 a 50, 58, 66, 429, 450
Stockwell, John – 358, 402, 408
Suharto – 443, 444, 449
Sukarno – 42, 443
Suy, Eric – 321

T
Talbott, Strobe – 109, 146, 433, 457
Talabani, Jalal – 219, 225
Tamerlão – 274
Taylor, Charles – 339, 340
Taylor, Maxwell – 52
Teixeira, Nuno Severiano – 146
Tito, Josep Bros – 42, 55, 249, 258 a 260, 443
To, Lee Tai – 457
Toledo, Alexandre – 471, 477
Truman, Harry – 31, 33, 44, 47, 48, 51, 52, 56, 128
Tshombé, Moisés – 357
Turabi, Hassan al- – 350, 359
Tutu, Desmond – 375
Tyler, Patrick E. – 72, 95
Tze-Tung, Mao – 41

U
Unger, Brooke – 296

V
Verrier, Michel – 296
Vidal, Bernardo – 238
Vidal, Dominique – 193
Vieira, Nino – 339
Villers, Gauthier de – 71, 95, 314

W
Weinberger – 53
Weinthal, Erika – 456
Wilson, Woodrow – 56, 69, 218, 251, 397
Witte, Ludo De – 355, 408
Wohlforth, William C. – 74, 85, 93, 95
Woodward, Bob – 83
Wright, Richard – 83, 84, 95, 310, 389, 393, 408

Y
Yeltsin, Boris – 76, 288

Z
Zecchini, Laurent – 143
Zivkovic, Andreja – 296
Zorgbibe, Charles – 70, 95, 161, 296

ÍNDICE REMISSIVO

A

Abecázia – 270, 272, 273, 275 a 277, 280, 286, 278, 292, 293

Acção Social Democrática Timorense (ASDT) – 21, 450

Acordo de Camp David – 178, 186

Acordo de Dayton – 141, 263, 264, 293

Acordo de Oslo – 169, 177, 188 a 192, 293

Acordo de Paz de Bicesse – 384

Acordo de Paz de Roma – 395, 384

Acordo de Rambouillet – 265, 294

Acordo do Alvor – 8, 9, 358, 374, 383, 384, 406

Açores – 125

Acto Colonial – 393

Aden – 197, 345, 347

Addis Abeba – 311, 354, 359, 360, 401

Adjária – 275, 276, 287

Afeganistão – 44, 60, 64, 65, 86, 87, 101, 141, 164, 192, 204, 209 a 211, 266, 267, 271, 288, 289, 291, 292, 359, 411, 413, 414, 416 a 418, 420 a 422, 424, 425, 427, 428 a 433, 452, 454

Afrikander – 368, 369, 371, 372, 376, 381

Al Qaeda – 87, 159, 169, 199, 209, 288, 289, 291, 340, 359, 360, 425, 430 a 433, 452

Albânia – 34, 42, 139, 157, 249, 251, 253, 255, 258 a 260, 263, 266

África Ocidental Francesa (AOF) – 21, 330 a 332

África Oriental Alemã (AOA) – 21, 349

Alargamento da OTAN – 114, 136, 138, 139, 141 a 143, 259, 266

Alemanha – 31 a 34, 38, 41, 64, 71, 75, 85, 127, 128, 138, 142, 176, 201, 210, 217, 219, 251, 253, 257 a 260, 307, 308, 349, 363, 371

Alexandrette – 167, 176

Aliança do Norte – 417, 421, 430

Alto Comissário – 378, 394

América Central – 58, 73, 462 a 465, 466, 469 a 474, 479, 481, 482, 484 a 486, 488, 490

América do Norte – 23, 74, 125, 133, 152, 368, 445, 461, 462, 469, 471 a 473, 481

América do Sul – 57, 58, 327, 462, 465, 466, 471, 473, 485 a 487, 489, 490

Anatólia – 174, 216, 221, 222

Andes – 466, 472, 479, 489

Angola – 8, 9, 13, 22, 24, 57, 58, 64, 94, 239, 299, 303, 307, 309, 312, 315, 322 a 324, 343, 345, 350 a 352, 355, 357, 358, 361 a 363, 365, 367 a 369, 371 a 374, 376 a 381, 383 a 385, 391, 394, 402, 403, 406 a 408, 450

Anticolonialismo – 61, 311

Antilhas – 149, 461, 462

Apartheid – 57, 58, 109, 175, 192, 309, 317, 318, 365, 369 a 375, 377, 379 a 385

Apartheid nuclear – 109, 146, 457

Arábia Saudita – 44, 86, 167 a 169, 172, 187, 197 a 200, 202, 206, 207 210, 211, 239, 359, 489

Arco islâmico – 106, 416

Área de influência – 30, 31, 33 a 38, 40, 46, 55, 60, 86, 87, 119, 122, 127, 138, 139, 142, 186, 201, 204, 220, 222, 224, 240, 245, 260, 271, 273, 277, 279,

286, 292, 302, 307, 309, 310, 320, 330, 365, 382, 411, 412, 420 a 422, 426, 429, 444, 446, 449, 451, 484

Área de interesse OTAN (AIO) – 21, 141

Área de Livre Comércio das Américas (ALCA) – 21, 482, 491

Área de responsabilidade OTAN (ARO) – 21, 139, 141, 143

Área estratégica – 139

Argélia – 17, 63, 125, 138, 139, 155, 158, 161, 164, 231 a 233, 235, 237 a 241, 243, 266, 330

Arma de destruição maciça – 80, 101, 104, 105, 109, 120, 122, 123, 131, 161, 169, 203, 207, 209, 210

Arma nuclear táctica – 53

Arménia – 149, 156, 214, 217, 222, 271, 272, 274 a 277, 279, 280, 286, 287, 290 a 292

Ásia Menor – 149, 154, 176, 214, 248, 413

Assembleia-Geral da ONU – 35, 64, 70, 116, 175, 181, 183, 237, 400, 401

Associação das Nações do Sudeste Asiático (ASEAN) – 21, 447

Associação para a Integração de Timor na Indonésia – 450

Associação Popular Democrática de Timor (APODETI) – 21, 450

Ataque no Deserto – 208, 225

Atlantismo – 88, 144

Austrália – 21, 48, 228, 441, 443 a 445, 447, 449, 451

Autodeterminação – 35, 56, 226, 232, 240, 308, 336, 381, 403, 450

Autoridade Palestiniana (AP) – 21, 177, 188, 190, 191, 193, 211

Azerbaijão – 149, 156, 272, 274 a 277, 279 a 281, 286, 287, 290 a 292

Aztecas – 467, 483

B

Bacia amazónica – 462, 489

Bagdad – 51, 183, 187, 198, 203, 206, 208 a 210, 219, 223 a 225, 290, 429

Baía dos Porcos – 57, 485

Baikonour – 416

Bantus – 329, 346, 347, 368, 364, 377, 380

Bantustões – 371

Beirute – 187

Biafra – 324, 337

Bipolar – 10, 30, 36 a 38, 40, 41, 45, 46, 54, 55, 66, 69, 71, 72, 74, 75, 78, 90, 117, 127, 129, 204, 252, 259, 308, 310, 398, 411, 446, 442, 447, 448, 453

Bloqueio – 41, 43, 238, 360, 403

Bóer – 304, 319, 368, 371, 376, 377, 380

Bolívia – 58, 462, 471, 474, 477, 479, 480, 481, 484, 487, 489

Bomba atómica – 33, 39, 41, 42, 51, 52, 61

Bomba de hidrogénio – 42, 51, 52, 61

Bósforo – 138, 165, 251

Bósnia – 76, 129, 141, 249, 252 a 258, 260, 262, 263, 266, 417

Brasil – 57, 78, 94, 462, 468, 470, 471, 477, 480 a 482, 484, 486, 487

C

Cabinda – 21, 322, 343, 350 a 352, 355, 357, 358, 361, 377, 383

Cabo ao Cairo – 307, 349

Cabo Verde – 23, 125, 309, 327, 331, 332, 334, 336

Cabora-bassa – 302, 367

Califado – 174, 176, 198, 200, 274

Caminho de Ferro de Benguela (CFB) – 21, 358
Canal do Panamá – 55, 465, 466, 474, 486
Canal do Suez – 42, 172, 174, 175, 178, 181, 183, 184, 300, 327, 345, 360, 367
Caraíbas – 21, 101, 149, 396, 435, 442, 461, 461, 467 a 472, 474, 475, 479 a 482, 484, 485
Carta do Atlântico – 31, 40, 55, 56, 397
Cartel da droga – 490
Casai – 350, 357, 376
Casamansa – 322, 335, 338, 340
Catanga – 322, 353, 357, 358, 377
Caxemira – 101, 414, 416, 420, 422 a 424, 431, 432, 457
Cazaquistão – 281, 286, 414, 418, 420, 425, 427, 432, 433
Cemitério de impérios – 417, 428
Ceuta – 157, 162, 232, 237, 243
Charm-el-Cheik – 190
Chatt-el-Arab 199, 206, 207
Chechénia – 17, 87, 101, 270, 273, 275, 277, 281, 287 a 289, 291, 292, 295
Chiapas – 462, 470, 476, 479, 488, 489
Chipre – 155, 159, 160
Ciclo da descolonização – 228, 395, 399
Cimeira de Potsdam – 32, 33, 61
Cintura fragmentada – 165, 300, 441, 466
Ciscaucásia – 269, 270, 272 a 275, 277, 280, 281, 284, 287, 288, 289, 291
Cisionismo – 87, 89, 118 a 120, 156, 157, 260, 263, 267, 272, 276, 277, 280, 284, 286 a 288, 312, 315, 322, 337, 350 a 352, 360, 376, 412, 418, 422, 428, 431, 442, 445, 449, 455, 470, 483, 488

Cisjordânia – 175, 181, 184, 186 a 188, 190, 191, 270
Clã – 280, 282, 285, 310, 321, 336, 351, 374, 421
Clube nuclear – 109, 110, 433, 455
Cocaneros – 480
Coexistência pacífica – 71
Colômbia – 22, 101, 462, 471, 473, 474, 477, 480, 481, 485, 489 a 491
Colonato – 175, 176, 180, 184. 188, 191, 193
Colonialismo – 63, 81, 81, 181, 306, 307, 310, 312, 314, 322, 337, 355, 356, 374, 391 a 393, 395, 401, 403
Colonização – 13, 43, 63, 160, 161, 167, 227, 231, 235, 304 a 306, 310, 312, 314, 318, 319, 327, 330 a 332, 387 a 389, 392 a 394, 403 a 405, 444, 449, 468, 475, 478, 483
Colonização portuguesa – 393, 403, 449
Comandos OTAN – 21 a 24, 131 a 133, 136, 142, 143
Comissão de Verdade e Reconciliação – 375
Companhia das Índias Orientais – 368
Comunidade de Estados Independentes (CEI) – 21, 86, 87, 277, 280, 286, 291, 425
Comunidade para a Cooperação e Desenvolvimento da África Austral (SADCC) – 24, 317, 365, 379
Comunidade para o Desenvolvimento da África Austral (SADC) – 24, 317, 324, 365, 380, 385
Conceito estratégico – 82, 88, 111, 128 a 132, 144, 265, 292
Confederação mundial – 77, 114
Conferência contra o racismo – 84

Conferência de Bandung – 54, 63, 90, 443
Conferência de Berlim – 232, 304, 306, 307, 311, 319, 331, 349, 351, 359, 370, 395
Conferência de Paz para o Médio Oriente – 188
Conferência de São Francisco – 35, 41, 69
Conferência dos Exércitos Americanos – 57
Conferência sobre a Segurança e Cooperação na Europa (CSCE) – 22, 70
Conflito civilizacional – 340, 358, 359, 416, 430
Conflito de baixa intensidade – 103, 106, 213, 323
Conflito esquecido – 213, 214, 225, 227, 229, 240, 242
Conflito identitário – 337, 338, 488
Conflito inter-estatal – 118, 164, 205, 207, 217, 286, 311, 359
Conflito interno – 17, 91, 243, 254, 286, 306, 315, 319, 320, 323, 357, 359, 417, 428, 478
Conflito leste-oeste – 64, 89, 159, 167, 183, 184, 204, 206, 290, 336, 358, 382 a 384, 398, 404
Conflito neoclausewitziano – 58
Conflito regional – 9, 13, 16, 18, 19, 29, 91, 159, 171, 173, 174, 185, 198, 206, 209 a 211, 213, 245, 250, 265, 273, 275, 280, 281, 284 a 289, 295, 296, 304, 306, 315, 334, 336, 338, 340, 345, 347, 348, 355 a 358, 362, 367, 368, 377, 380 a 384, 404, 420, 435, 440, 444, 452, 455, 477, 478, 483, 489

Conflitualidade endémica – 17, 120, 152, 171, 180, 203, 252, 253, 285, 299, 300, 447
Congresso Nacional Africano (CNA) – 21, 369
Congresso Pan-africano – 398
Congo Belga – 349, 353, 356
Conselho da Europa – 279
Conselho de Segurança (CS) – 22, 33, 35, 42, 69, 84, 92, 112, 115 a 117, 130, 144, 185, 208 a 210, 238, 240, 324, 373, 385, 432, 442, 454
Constelação de Estados – 476
Containment – 46, 48, 49, 57, 276, 444
Contra-guerrilha – 319
Contra-proliferação nuclear – 107 a 110, 121, 167, 203, 206
Convergência dos sistemas – 69, 95
Cooperação Económica da Ásia Pacífico (APEC) – 21, 441
Corno de África – 62, 99, 299, 301, 307, 315, 322, 339, 340, 343, 345, 347, 349, 354, 355
Corrida espacial – 43
Córsega – 155
Cortina de ferro – 30, 33, 38, 125
Costa à contra-costa – 306, 344, 364
Coloured – 362
Crescente fértil – 152, 172, 192
Crescimento demográfico – 116, 161, 188, 305, 363
Criminalidade transnacional organizada – 267, 269, 270, 273 a 275, 372, 378
Crioulo – 329, 463, 464, 484, 486
Crise – 37, 38, 41, 43, 44, 68 a 70, 84, 87, 99, 100, 105, 127, 134, 164, 197, 206, 242, 255, 309, 474
Crise do Suez – 42

Crise dos mísseis de Cuba – 43, 483
Croácia – 133, 155, 237, 240, 241, 243, 246, 249, 251, 252, 255
Cuba – 43, 55, 58, 353, 377, 460, 464, 470 a 472, 474, 478, 481 a 484
Curdo – 5, 12, 22 a 24, 149, 155, 157, 163, 165, 176, 192, 193, 201, 203, 217 a 219

D
Daguestão – 260, 263, 265, 274
Dardanelos – 132, 149, 163, 242
Declaração Balfour – 174, 175
Defesa avançada – 125, 126, 136
Defesa suficiente, mínima ou razoável – 60
Descolonização – 5, 8, 12, 13, 29, 31, 35, 40, 53, 54, 88, 93, 198, 221, 222, 225, 227, 228, 230, 271, 272, 299, 300, 307, 309, 313, 317, 318, 330, 333, 335, 350, 351, 381 a 383, 385 a 387, 389 a 391, 393 a 395, 398, 399, 404, 405, 442, 443, 449, 455, 469, 479
Desequilíbrio demográfico – 16, 116, 153, 158, 189, 260, 261, 465
Desequilíbrio norte-sul – 116, 155, 158, 465
Desertificação – 118, 216, 217, 235, 306, 312, 314, 316, 353, 354, 370, 378, 467
Desescalada nuclear – 62
Détente – 71
Determinismo – 471
Diamantes – 315, 334, 335, 340, 353, 376, 377
Direito de veto – 33, 35, 42, 115 a 117
Discriminação racial – 318, 368, 369, 371, 392
Doutrina Brejnev – 43, 44, 59, 60
Doutrina dos interesses vitais – 46, 73, 103, 104, 106, 110, 160, 186, 201, 207, 227, 229
Doutrina Monroe – 66, 474, 484
Doutrina Primakov – 114
Doutrina Rogers – 129
Doutrina Sokolovsky – 62, 64
Doutrina Truman – 31, 44, 47, 51, 128

E
Egipto – 42, 55, 152, 155, 158, 160, 164, 172, 174 a 178, 181, 183, 184, 186, 192, 200, 204, 291, 350, 359, 491
Eixo do mal – 90, 103, 111, 161, 169, 199, 203, 210
Emenda Platt – 476
Emiratos Árabes Unidos – 166, 197, 200, 202
Enclave – 22, 202, 232, 276, 289, 343, 348, 350, 351, 352, 361
Equador – 21, 58, 304, 462, 469, 471, 473, 477, 481, 489
Equilíbrio de poder – 33, 69, 79, 253
Equilíbrio estratégico garantido – 62
Eritreia – 323, 350, 351, 354, 359, 360
Escalada – 10, 18, 34, 38, 39, 43, 46, 52, 71, 112, 385, 432, 452, 453, 487
Esclavagismo – 305
Escravatura – 334, 368
Escuela de las Américas – 486
Esfera de influência – 36, 37, 46, 279, 412, 449
Eslovénia – 87, 139, 245, 249, 250, 252, 253, 255, 260, 262, 266
Espaço vital – 183, 184, 389
Estado falhado – 351, 360, 374, 421, 433
Estado fraco – 441, 489
Estado-nação – 77, 119, 311, 347, 466, 470

Estado-nacionalismo – 311, 320
Estado não-possuidor – 109 a 111
Estado Novo – 9, 378, 392 a 394
Estado Palestiniano – 177, 185, 190
Estado pária – 80, 90, 103, 161, 350
Estado possuidor – 109 a 111, 169, 211, 254, 449, 455g
Estado teocrático – 164, 173, 205, 422
Estado universal – 77, 112
Estados Unidos da América (EUA) – 11, 21, 22, 30 a 34, 36 a 39, 41 a 48, 50 a 58, 60, 61, 64, 66, 67, 69 a 76, 79, 80, 82, 83, 85 a 89, 91, 101 a 104, 106, 110 a 116, 121, 122, 125, 127 a 133, 141, 143, 144, 158, 160, 166 a 169, 179, 181, 183, 184, 186, 187, 190 a 192, 199 a 204, 206 a 211, 213, 219, 220, 223 a 225, 227, 228, 239, 260, 265, 266, 271, 279 a 281, 284, 287, 290 a 292, 315, 324, 331 a 333, 350, 351, 353, 355, 358 a 363, 380, 382, 384, 397, 401, 402, 411, 420, 421, 424 a 426, 429 a 432, 441 a 444, 446 a 449, 451 a 455, 461, 462, 465 a 467, 469, 470, 473 a 482, 485 a 487, 489 a 491
Estrangeiro próximo – 86, 173, 276, 292, 420, 425
Estratégia da destruição mútua assegurada – 30, 39, 45, 46, 52
Estratégia da resposta equilibrada – 53
Estratégia da resposta flexível ou graduada – 52, 53
Estratégia das represálias maciças – 52, 61, 128
Estratégia de contenção – 34, 37, 44, 46 a 48, 59, 65, 73, 127, 128, 290
Estratégia de dissuasão – 10, 30, 34, 39, 41, 43, 45, 46, 52 a 54, 62, 80, 110 a 112, 128, 432, 433, 484, 487
Estratégia de emprego – 53, 111
Estratégia nacional total – 383
Etiópia – 155, 303, 308, 323, 331, 343, 348, 350, 351, 354, 359, 360
Eurásia – 34, 73, 74, 89, 93, 104, 113, 145, 412, 456
Euroasianismo – 113
Eurocomunismo – 60
Europeísmo – 88
Exército europeu – 128
Exército de Libertação do Kosovo (UCK) – 24, 265
Exército de Libertação Nacional (ELN) – 22, 490
Exército Zapatista de Libertação Nacional (EZLN) – 22, 489

F

Fachada leste do Mediterrâneo – 19, 153, 155, 160, 161, 164, 165, 167, 171, 174, 177, 178, 195, 202, 214
Fatah – 185
Federação croata-muçulmana – 263
Federação das Rodésias e Niassalândia – 365, 371
Federação dos Povos do Cáucaso – 277, 288
Federação mundial – 72
Federação Russa – 64, 65, 76, 86, 87, 111, 113, 142, 146, 191, 275 a 277, 282, 285, 288, 289, 425, 432
Fenda geoestratégica – 465
Flórida – 43, 462
Follow on forces attack (FOFA) – 22, 129
Fora de área – 129, 130, 139, 141, 143, 265

Força de intervenção rápida – 129, 131
Forças Armadas Revolucionárias da Colômbia (FARC) – 22, 490
Forças de paz da ONU – 22, 116, 240, 265, 267, 340
Forças Democráticas para a Libertação do Congo-Zaire (AFDL) – 21, 361
Force de frappe – 39, 128
Fórum Regional da ASEAN – 21, 447
Fosfatos – 221, 232, 233, 235, 239
França livre – 32
Freedom – 62
Frente de Libertação de Moçambique (FRELIMO) – 22, 381
Frente de Libertação de Timor-leste Independente (FRETILIN) – 22, 450
Frente de Libertação do Enclave de Cabinda (FLEC) – 22, 361. 362
Frente Nacional de Libertação de Angola (FNLA) – 22, 357, 358, 381, 383, 3784, 402
Frente Popular de Libertação de Saguia al Haram e Rio de Oro (POLISÁRIO) – 23, 227, 231, 236, 237 a 243
Fundamentalismo – 79, 117, 118, 123, 159, 163, 164, 173, 174, 186, 187, 198, 203, 209, 210, 217, 231, 272, 289, 295, 348, 350, 416, 420, 429, 430, 443, 452
Fusionismo – 79, 118, 119, 157, 263, 267, 284, 287, 288, 322, 337, 352, 412, 442, 445

G
Gana – 307, 330 a 332, 334, 358
Garganta de Pankisi – 270, 282, 288
Gás natural – 22, 100, 104, 107, 160, 235, 253, 281, 282, 284, 291, 313, 314, 352, 414, 420, 426, 479

Gasoduto – 281, 283
Gaza – 175, 180, 181, 184, 188, 190
Gendarmes catangueses – 357
Genocídio – 287, 346, 361, 363, 401, 444, 450, 468, 470, 483
Geórgia – 22, 270, 272, 274 a 277, 279, 280, 282, 286, 287, 290 a 292
Gibraltar – 149, 155, 157, 160, 161
Glasnot – 65
Globalização – 5, 11, 29, 78, 83, 84, 99 a 101, 103, 105, 107, 109, 111, 113, 115, 117 a 119, 121 a 123, 143, 163, 164, 282, 290, 313, 316, 380, 415, 421, 424, 425, 446, 470, 474, 477, 479, 481, 482, 488, 491
Golfo de Oman – 195
Golfo do México – 462
Golpe de estado – 57, 64, 76, 178, 236, 238, 251, 276, 339, 356, 357, 363, 402, 437, 443, 449, 450
Golpe de Moscovo – 76, 276
Grande jogo – 291, 418, 419, 424, 428, 429
Grande Rift – 300, 343, 345, 348
Grandes Lagos – 299, 300, 302, 303, 312, 316, 323, 324, 333, 343, 345 a 350, 352, 354 a 358, 360 a 363, 367, 404, 406
Great treak – 368, 371, 377
Grupo de forças combinadas conjuntas – 21, 126
Grupo de Monitorização do Cessar-fogo da CEDEAO (ECOMOG) – 22, 324, 335, 340
Grupo de Países da Linha da frente (GPLF) – 22, 324, 373, 383, 385
Grupo de Xangai – 425
Guantanamo – 476

Guarda-chuva nuclear – 54
Guatemala – 462, 470, 472, 473
Guerra anglo-boer – 320, 372, 377
Guerra antiterrorista – 105, 454
Guerra (estratégia) assimétrica – 166, 211, 289, 430
Guerra civil – 44, 186, 204, 224, 258, 259, 319, 377, 379, 381, 383, 384, 402, 450, 484, 488, 489
Guerra clássica – 290, 428, 448, 453
Guerra colonial – 236, 238, 285, 336, 357, 400, 404
Guerra contra-revolucionária – 58
Guerra convencional – 454, 488
Guerra da Coreia – 42, 56, 86, 448, 449
Guerra das estrelas – 53
Guerra de 2008 (Cáucaso) – 276, 277, 286, 287
Guerra de Yon Kipour – 166, 185, 186, 202
Guerra (estratégia) dissimétrica – 187, 430
Guerra do Afeganistão – 44, 60, 64, 65, 86, 87, 101, 204, 209, 210, 291, 359, 413, 418, 420, 422, 429, 430, 431
Guerra do Golfo – 90, 166, 199, 202, 206 a 210, 214, 218, 219, 222 a 225
Guerra do Vietnam – 44, 451
Guerra dos Balcãs – 76, 86
Guerra dos seis dias – 184
Guerra fria – 5, 10, 11, 18, 27, 29 a 48, 51, 53 a 57, 59 a 61, 63 a 67, 69 a 75, 78, 80, 82, 85 a 87, 89 a 91, 93, 95, 106, 115, 117, 123, 127 a 129, 133, 138, 139, 143, 146, 156, 158, 159, 161, 165 a 167, 203, 204, 240, 242, 243, 247, 249, 252, 253, 254, 258, 259, 266, 269, 271, 279, 284, 285, 290, 296, 302, 308, 309, 315, 319 a 321, 334, 356, 358, 361, 382, 384, 406, 418, 420, 421, 424, 425, 429, 430, 433, 436, 440, 443, 447 a 455, 474, 476, 478, 481, 484, 485, 487, 488
Guerra global contra o terrorismo – 105, 114, 121, 122, 159, 169, 192, 209, 211, 271, 289, 292, 295, 324, 350, 360, 422, 424, 430, 431, 434
Guerra Irão-Iraque – 166, 202, 205, 206, 224
Guerra nuclear – 52, 53, 62, 112, 487, 488
Guerra por delegação – 10, 30, 31, 33, 38, 40, 45, 63, 103, 448, 450, 484, 485, 486
Guerra (estratégia) preemptiva – 80, 82, 83
Guerra (estratégia) preventiva – 80 a 83, 95, 105, 116, 210
Guerra suja – 486
Guerrilha – 29, 185, 209, 211, 222, 223, 226, 270, 288, 289, 320, 352, 432, 439, 452, 485, 489, 490
Gueto – 107, 118, 163, 164
Guiné-Bissau – 239, 308, 322, 329, 331, 332, 334 a 336, 338, 339, 407
Guiné-Conakri – 308, 332, 336, 339

H

Hacendados – 479, 490
Hamas – 187, 190
Hazaras – 417
Heartland – 74, 87, 89, 113, 411, 414, 416, 418, 429, 431
Herança colonial – 167, 299, 310, 405, 422
Hezbollah – 187, 191, 340
Hiperpotência – 11, 29, 67, 70, 74, 76,

89, 90, 92, 100, 101, 103, 107, 112, 115, 116, 120 a 122, 131, 142, 143, 161, 166, 199, 201, 203, 210, 213, 242, 290, 324, 412, 431, 441, 465, 478, 491
Hiroshima – 33, 34, 49, 61, 93, 111
Hong Kong – 89, 412, 442, 445, 446
Hutus – 346, 347, 349, 356, 361, 362

I
Identidade Europeia de Segurança e Defesa – 130
Ilha Mundial – 153, 165, 195
Imperialismo – 83, 392, 393, 429
Império Austro-Húngaro – 249 a 251, 254 a 257, 262
Império Bizantino – 174, 248, 250
Império Mongólico – 248
Império mundial – 72, 77, 78, 82, 85, 100, 114, 115
Império Napoleónico – 250, 246
Império Otomano – 155, 156, 164, 165, 167, 168, 174 a 176, 180, 186, 198 a 201, 218, 245, 249 a 251, 254 a 256, 275, 290
Império Romano – 156, 164, 248, 250, 258
Impérios centrais – 251, 252, 257
Incas – 467, 483
Indigenato – 386
Indigenismo – 470, 477, 488
Indochina – 40, 63, 435, 437, 439, 444, 446, 447 a 449, 451
Indonésia – 54, 228, 315, 435, 437, 439 a 441, 443 a 445, 447 a 450, 452, 453
Ingerência humanitária – 116
Iniciativa de defesa estratégica (SDI) – 24, 53

Interesses vitais – 46, 73, 103, 104, 106, 110, 160, 186, 201, 207, 227, 229, 240, 324
Intifada – 187, 190
Irmãos muçulmanos – 186
Irredentismo – 89, 119, 157, 160, 255, 257, 260, 263, 276, 277, 286, 350, 363, 449
Iskenderun – 167
Isolacionismo – 80
Israel (Judaico) – 42, 109, 122, 157, 158, 164, 166 a 169, 172 a 181, 183 a 188, 190 a 194, 200, 201, 204, 206 a 208, 210, 211, 222, 223, 225, 291, 293, 433, 454, 491
Investigação e desenvolvimento (R&D) – 23, 85

J
Jerusalém – 176, 177, 181, 184, 188, 190, 191, 193
Jihad islâmica – 187, 190
Jordânia – 172, 173, 175 a 177, 179, 181, 184, 185, 186, 192
Jugoslávia – 34, 42, 55, 130, 139, 146, 242, 249 a 253, 257 a 266, 294, 295

K
Kariba – 302, 367
Kerbala – 198
Khuzistão – 206
Khmeres vermelhos – 439, 444
Kosovo – 22, 24, 76, 129, 130, 141, 252, 260, 263, 265, 266, 276, 291, 293, 294
Koweit – 69, 86, 166, 187, 197, 199, 200, 202, 206 a 208, 210, 211
Krajina – 262

L

La violência – 485, 486, 489, 485
Lachin – 276
Lages – 125
Lago da Galileia – 179
Lago Kivu – 346, 349, 352, 353, 361, 363
Lago Tiberíades – 179 a 181, 193
Líbano – 168, 172 a 177, 179, 185 a 187, 190 a 192, 222, 340
Libéria – 308, 322, 323, 331, 334, 335, 339, 340
Liga Africana – 396
Liga Balcânica – 256
Likud – 190
Limpeza étnica – 222, 263, 265, 377
Linha da frente – 22, 33, 38, 47, 160, 203, 205, 247, 249, 255, 256, 259, 290, 324, 429, 484
Long telegram – 47
Luta de libertação nacional – 63, 64, 227, 228, 236, 381, 383, 396, 400

M

Macedónia – 141, 156, 248, 249, 252, 255, 257, 260, 263, 265, 266
Macau – 89, 412, 440, 446, 447
Madeiras exóticas – 107, 313, 315, 334, 352, 354, 363, 373, 377, 444, 478
Magrebe – 63, 152, 156, 157, 163, 227, 229, 231, 232, 235, 242, 243, 303, 306, 317, 329, 333
Maias – 467, 483
Mandato do CS – 116, 130, 207, 208, 210, 308, 373
Mandato da SDN – 176, 177, 180, 199, 235, 371
Mapa cor-de-rosa – 307, 371
Mar Adriático – 30, 34, 149, 245, 247, 250, 258, 265
Mar Arábico – 195
Mar Cáspio – 86, 87, 105, 149, 152, 153, 167, 192, 202, 210, 254, 269 a 271, 274, 281, 282, 291, 294, 412, 414, 420, 424 a 427, 431
Mar de Mármara – 149, 165, 245, 251
Mar de Timor – 228
Mar do Sul da China – 149, 411, 412, 435, 437, 438, 440, 442, 445, 446, 451 a 453
Mar Egeu – 149, 245, 247, 263,
Mar interior – 149, 152, 153, 155, 156, 165, 195, 214, 245, 247, 269
Mar Jónico – 149, 245, 247, 263
Mar Vermelho – 149, 152, 153, 155, 156, 172, 181, 197, 345, 347, 351, 354
Marcha verde – 237, 241
Matérias primas – 55, 83, 100, 107, 157, 221, 233, 304, 313, 314, 331, 334, 390, 391, 394, 434, 444, 481, 491
Meca – 197, 199
Medina – 197, 199
Mediterrâneo americano – 462, 467, 478
Mediterrâneo asiático – 435
Mediterrâneo euro-afro-asiático – 149, 151, 156, 159
Melilla – 157, 162, 232, 237, 243
Membro permanente do CS – 33, 35, 92, 112, 115 a 117, 324, 385, 432, 442
Mercado do Cone Sul (MERCOSUL) – 22, 481, 491
Mercenário – 324, 357, 358, 384
Mesopotâmia – 153, 154, 195, 199, 214, 221
Mestiçagem – 468, 469
Micro-Estado – 441, 471, 475

Minerais raros – 13, 16, 100, 107, 315, 334, 349, 376, 377, 428
Miniaturização – 54, 112
Missão da ONU para o Referendo do Sahara Ocidental (MINURSO) – 22, 240
Mitteleuropa – 34, 258
Moçambique – 8, 22, 239, 299, 304, 307, 309, 322, 365 367 a 369, 371 a 374, 377 a 381, 383, 384, 393, 402
Monopólio nuclear – 41, 47, 51, 61, 109, 111, 193, 208, 433
Montanhas Rochosas – 466
Montes Golã – 180, 184, 186, 190, 193
Movimento anti-globalização – 491
Movimento de libertação – 31, 35, 40, 55 a 57, 63, 64, 238, 239, 319, 320, 332, 358, 370, 374, 375, 381 1 383, 395, 399, 402, 403, 405, 449, 485
Movimento dos Países Não-Alinhados – 40 a 42, 54, 56, 63, 90, 183, 203, 252, 259, 320, 449
Movimento dos sem-terra – 480
Movimento Popular de Libertação de Angola (MPLA) – 22, 357, 358, 381, 383, 384
Movimento zapatista – 22, 466, 489, 476, 479
Mujahedine – 44, 417, 421, 430
Mundo muçulmano – 197, 206
Mundo unipolar – 70, 73 a 75, 80, 85, 113, 324
Muro de Berlim – 38, 43, 47, 64, 65, 75, 85
Muro fortificado – 191, 239

N
Nagasaki – 33, 34, 51, 61, 111
Nagorno-Karabach – 273, 275, 276, 286, 287
Najaf – 198
Nakichevan – 275, 276
Namíbia – 13, 63, 308, 309, 362, 363, 365, 367, 368, 371, 372, 373, 374, 376, 377, 379, 381, 383, 384
Narcotráfico – 78, 103
Neocolonialismo – 91, 355
New frontier – 56
Nicarágua – 58, 474, 486
Nigéria – 312, 313, 315, 317, 322 a 324, 329 a 331, 333 a 337, 339, 340, 374
Nivelador estratégico – 110
Normandia – 32
North América Free Trade Association (NAFTA) – 23, 482
Nova tipologia dos conflitos – 79, 430, 432, 449, 488
Novo mercenariato – 121, 323

O
Off shore continent and islands – 48
Ogivas múltiplas – 22, 54
Oleoduto – 167, 281, 283, 352, 420
Oman – 166, 195, 197, 200, 202
11 de Setembro de 2001 – 11, 84, 85, 87, 89, 93, 104, 106, 110, 121, 122, 131, 143, 145, 146, 168, 169, 199, 203, 209, 279, 289, 291, 324, 350, 359, 420 a 422, 424, 430, 452, 454, 491
Operação Alcora – 382
Operação Artemisa – 363
Operação Colômbia – 474, 490, 491
Operação Condor – 57, 58, 486, 487
Operação Iafeature – 358, 384
Organização da Unidade Africana (OUA)

– 23, 57, 239, 240, 311, 312, 320, 322, 324, 350, 351, 401
Organização de Libertação da Palestina (OLP) – 23, 183 a 188, 220, 222
Organização do Tratado de Segurança Colectiva (CSTO) – 22, 277, 285, 291
Organização do Tratado do Atlântico Norte (OTAN) – 5, 21 a 24, 33, 38 a 42, 48, 51, 55, 59, 60, 65, 75, 76, 79, 86, 87, 88, 111, 114, 125, 127 a 131, 133 a 144, 146, 159, 165, 204, 222, 227, 236, 247, 253, 259, 262, 265, 266, 290 a 292, 382, 421, 429, 451
Organização do Tratado do Médio Oriente (METO) – 22, 51, 429
Organização do Tratado do Sudeste Asiático (SEATO) – 24, 48, 429, 451
Organização dos Estados Americanos (OEA) – 23, 478
Organização dos Países Produtores de Petróleo (OPEP) – 23, 202, 210, 479
Organização dos Povos do Sudoeste Africano (SWAPO) – 24, 373, 381
Ormuz – 197
Osirak – 208
Ossétia do Norte – 272, 275 a 277, 287, 288, 289
Ossétia do Sul – 270, 272, 273, 275 a 277, 286, 287, 292

P

Pachtuns – 417, 421, 430
Pacto Andino – 481, 491
Pacto de Assistência Mútua – 21, 48, 451
Pacto de Bagdad – 51, 183, 203, 204, 290, 429
Pacto de Varsóvia (PV) – 23, 33, 38, 42 a 44, 52, 59, 60, 64, 65, 75, 76, 86, 129, 138, 139, 141, 142, 159, 165, 247, 253, 259, 288, 290, 291, 429
Pacto do Atlântico – 127
Pacto de Segurança Israelo-Turco – 167, 168, 192
Países de Língua Oficial Portuguesa (PALOP) – 23, 325
Palestina – 23, 84, 122, 155, 157, 159, 160, 168, 169, 171, 173 a 177, 179 a 183, 185 a 188, 191 a 193, 201, 203, 211, 242
Pan-negrismo – 396
Pan-regiões – 71, 302, 413
Pan-africanismo – 331, 332, 396, 398, 469
Panamá – 57, 462, 465, 466, 473, 474, 477, 481, 482, 485, 486, 489
Paquistão – 44, 109, 110, 152, 192, 198, 211, 292, 414, 417, 418, 420 a 422, 424, 425, 429 a 433, 451, 454, 455
Paracel – 437, 442, 452, 453
Paramilitar – 480, 485, 490
Parceria – 22, 23, 70, 114, 141 a 143, 291, 317, 454
Paridade nuclear – 42, 45, 52, 61
Partido Africano para a Independência da Guiné e Cabo Verde (PAIGC) – 23, 332, 336
Partilha colonial – 232, 304, 330, 349
Partizan – 259
Pax americana – 115, 488
Pearl Harbour – 448
Perestróika – 65, 71, 94, 276
Periferia – 31, 34, 40, 106, 107, 119, 129, 197, 200, 329, 347, 354, 454, 467, 471, 491
Pérsia – 204, 206, 274, 277, 290, 418
Perturbador – 40, 103, 185, 186, 205, 289, 359, 360, 362, 421

Peru – 58, 462, 471, 472, 477, 479 a 481, 484, 485, 489
Petróleo – 13, 22, 23, 91, 100, 101, 105, 107, 157, 158, 166, 169, 175, 178, 179, 186, 197, 201, 206, 207, 209, 210, 221, 227 a 229, 253, 254, 280 a 282, 284, 291, 313 a 316, 334, 335, 337, 338, 352, 354, 376, 420, 426, 427, 444, 445, 453, 478, 479, 482
Petromonarquia – 197, 200, 201
Pico de crise – 41, 44, 214, 484, 487
Pilar europeu da OTAN – 88, 130
Pirataria marítima – 360, 452
Plano Marshall – 31, 41, 51
Ponte aérea – 41
Pontos de passagem obrigatória – 195, 229, 247, 269, 300, 414, 437
Pós-colonial – 322, 355
Possibilismo – 248
Potência hegemónica – 66, 90, 100, 101, 116, 142, 143, 210, 258, 260, 279, 431, 440, 443, 453, 454, 484
Potência marítima – 30, 34, 60, 61, 63, 65, 66, 89, 125, 155, 197, 201, 368, 412, 418, 424, 429, 441. 446, 450, 451, 453, 467, 474, 484
Potência regional – 13, 89, 167, 199, 200, 258, 317, 333, 335, 337, 340, 351, 367, 374, 442. 453, 454, 448, 474
Potência terrestre – 30, 34, 59, 63, 65, 66, 89, 412, 424, 429, 431, 446, 450, 453
Pré-colonial – 311, 330, 335, 348, 395
Primavera de Praga – 44
Primeiro golpe – 53, 54, 62
Proliferação de armas nucleares – 23, 53, 104, 105, 109 a 111, 120, 123, 159, 161, 169, 203, 207, 208, 211, 433, 455

Proselitismo – 113, 118, 205, 272, 303, 330, 412, 418, 442
Protectorado – 43, 200, 210, 266, 296, 308, 351, 365, 370, 425, 476
Protocolo de Quioto – 84
Protonacionalismo – 396
Províncias Ultramarinas – 395

Q
Qatar – 166, 197, 200
Quarteto ONU, EU, EUA e Federação Russa – 191
4 de Fevereiro de 1961 – 357
Queda do muro de Berlim – 47, 64, 65, 75, 85
Quirguistão – 286, 414, 418, 420, 425

R
Racismo – 84, 163, 394, 395
Reacção a Crises Africanas (ACRI) – 21, 324
Recenseamento – 216, 231, 237, 238, 240
Recuo estratégico – 44, 57, 58, 60, 64, 65, 250, 255, 256, 266, 418, 429, 449
Reestruturação da ONU – 92, 117
Reforço das Capacidades Africanas de Manutenção da Paz (RECAMP) – 23, 324
Refugiados – 118, 173, 175, 183 a 185, 187, 188, 191, 193, 212, 231, 233, 239, 241, 265, 273, 306, 313, 318, 323, 346, 347, 354, 361, 362, 485, 490
Região Andina – 462, 467, 469, 472
Regiões Económicas Especiais – 446
Regionalização – 77
Religiões monoteístas – 154, 166, 197
República Árabe Saharauí Democrática (RASD) – 23, 239, 242

República Árabe Unida (RAU) – 23, 178, 200
República Curda do Mahabad – 218
República da África do Sul (RAS) – 23, 308, 309, 312, 315, 317, 323, 324, 351, 358, 362, 365, 367 a 370, 373 a 377, 379 a 385
República Democrática do Congo (RDC) – 23, 312, 315, 322 a 324, 343, 345 a 347, 350 a 355, 357, 362, 363, 365, 377, 380
República Islâmica do Irão – 58, 198, 200, 202 a 205, 219, 343, 358, 422, 425
República Popular da China (RPC) – 23, 39, 41, 42, 44, 56, 71, 87, 89, 111 a 114, 122, 161, 183, 411, 412, 414, 420, 422, 424 a 426, 428, 431 a 433, 439 a 455, 482
República Popular do Congo (RPCo) – 23, 322, 352, 357
República Sérvia da Bósnia – 262, 263
Reservas petrolíferas – 104, 105, 159, 168, 197, 201, 202, 227, 445
Resistência – 32, 227, 248, 257 a 259, 28 a 290, 318, 336, 369, 380, 381, 387, 395, 396, 485
Resistência Nacional Moçambicana (RENAMO) – 23, 58, 383
Resolução da ONU – 175, 181, 183, 185, 193, 199, 221, 232, 235, 238, 373, 399, 400
Reunificação alemã – 64, 75, 86, 138
Revolução industrial – 304, 307, 389, 391, 392
Revolução islâmica – 166, 198 a 200, 202 a 205, 219, 358, 422, 425

Revolução nos assuntos militares (RAM) – 23, 76, 79, 91, 106, 121, 166, 316, 322, 323, 337, 455
Revolução soviética – 275
Rimland – 47, 48, 51, 89, 128, 203, 204, 290, 411, 414, 429, 450, 451
Rio Danúbio – 153, 247, 248, 250
Rio Eufrates – 153, 154, 158, 168, 172, 174, 180, 195, 198, 202, 214, 221
Rio Grande – 461, 484
Rio Jordão – 158, 172, 177, 179, 181, 184, 191, 193
Rio Níger – 302, 303, 315, 327, 331, 333, 345
Rio Nilo – 152 a 154, 158, 165, 174, 183, 302, 348, 350
Rio Orange – 315, 371, 377
Rio Tigre – 153, 154, 168, 174, 195, 198, 202, 214, 221
Rio Zaire ou Congo – 99, 299, 315, 343, 345, 347 a 349, 353, 362, 367, 376
Rio Zambeze – 302, 303, 307, 345, 348, 367, 377
Road map – 191
Rodésia – 57, 63, 309, 369, 372, 373, 381, 383
Rogue states – 90, 103, 111, 161, 203, 210
Rota da seda – 414, 271, 284, 426
Rota do ópio – 426
Rota dos hidrocarbonetos – 426

S

Sahel – 302, 313, 316, 317, 327, 329 a 333, 343, 354
São Tomé e Príncipe – 309, 334
Secessionismo – 79, 119, 120, 262
Século da Ásia – 446

Segurança colectiva – 22, 33, 35, 36, 41, 53, 69, 79, 80, 82, 115, 127, 128, 143, 144, 277, 324
Segurança mínima garantida – 62
Senhores da guerra – 121, 282, 315, 323, 334, 337, 339, 351, 354, 360, 421, 426, 430, 490
Setembro negro – 185
Shaba – 349, 350, 353, 377
Sicília – 153, 161
Sierra Madre – 466, 472
Sinai – 172, 173, 178, 183, 184, 186
Síndroma do cerco – 47, 59
Sionismo – 168, 176, 181, 183
Síria – 155, 157, 161, 167, 168, 172 a 181, 184 a 187, 190 a 193, 200, 210, 211, 214, 217 a 219, 221, 222, 225
Sistema de defesa anti-míssil – 82, 84, 111, 454
Soberania limitada – 43, 44, 46, 59, 78, 83, 199, 291, 372, 425
Sobrextensão estratégica – 64
Sociedade das Nações (SDN) – 24, 33, 35, 69, 115, 176, 177, 180, 199, 201, 1203, 218, 371
Somália – 24, 317, 322 a 324, 348, 351, 354, 355, 359, 360
Spratley – 437, 442, 445, 452
Sputnik – 43, 61
States of concern – 90, 103
Subconjunto andino – 462, 466, 480, 486
Subconjunto central – 462
Subconjunto insular – 462, 467, 489
Subconjunto mexicano – 462, 467, 489
Sudão – 24, 149, 289, 299, 307, 308, 315, 322, 323, 326, 330, 331, 333, 345, 351, 356, 358

Sukhumi – 277, 280
Sunita – 173, 174, 198, 199, 203, 205, 217, 416, 430
Superpotência – 10, 30, 31, 33, 34, 38 a 40, 45, 46, 54, 59, 61 a 63, 65, 66, 70, 72 a 74, 76, 78, 86, 89, 105, 106, 110, 113 a 115, 142, 160, 181, 271, 309, 320, 382, 384, 398, 445, 449, 451, 455, 484, 487, 488

T
Tableland – 414
Tadjiquistão – 414, 417, 418, 421, 425, 428, 430
Taiwan – 48, 86, 89, 412, 435, 440, 442, 445, 446 a 448, 451, 453, 456
Talibã – 87, 417, 421, 422, 425, 430, 432
Telavive – 176, 177
Tempestade no Deserto – 70, 207, 208, 210, 225
Tensão norte-sul – 159, 162
Teologia da libertação – 471
Terceira Guerra Mundial – 30, 92, 478
Terceiro Mundo – 29, 40, 45, 46, 54 a 59, 62 a 64, 73, 90 a 92, 178, 203, 309, 313, 324, 373, 443, 449, 469, 478
Territórios ocupados – 169, 175, 184 a 188, 190, 191, 193, 211
Território não autónomo – 232, 235, 237, 398, 399, 400
Terrorismo – 11, 80, 84, 87, 89, 101, 103 a 105, 107, 112, 114, 118, 120 a 123, 131, 143, 159, 169, 181, 192, 209 a 211, 219, 222, 223, 271, 282, 284, 288, 289, 290, 292, 295, 324, 340, 350, 357, 359, 360, 422, 424, 425, 430, 431, 433, 434, 452, 454, 455, 485, 489, 491

Terrorismo de Estado – 123, 192, 485
The National Security Strategy of the USA – 82, 84, 93, 104, 106, 113, 145
Tibete – 89, 412, 432, 442, 454
Timor-leste – 22, 227, 228, 441, 443 a 445, 447, 449, 450
Tindouf – 231, 233, 237, 239
Trabalho forçado – 387, 392, 394
Transcaucásia – 65, 141, 157, 269 a 272, 274 a 277, 279 a 282, 284, 285, 287, 288, 291, 292
Transferência do poder – 35, 228, 310, 336, 358, 378, 383, 387, 388, 393, 395, 400, 402 a 405, 443, 449, 450
Transval – 368, 371, 376, 377
Tratado de Interdição de Testes Nucleares (CTBT) – 22, 110
Tratado de Sèvres – 218
Tratado de Tordezilhas – 471
Tratado de Versalhes – 69, 133, 139, 251, 397
Tribos nómadas – 295, 303, 329, 330, 333, 416
Tribunal Internacional de Justiça (TIJ) – 24, 237, 238
Tribunal Penal Internacional – 24, 84
Trovão no Deserto – 208
Tunísia – 155, 158, 161, 162, 187, 235, 330
Turquemenistão – 211, 281, 413, 418, 420, 422, 427
Turquestão – 413, 418, 422
Turquia – 31, 34, 43, 114, 136, 138, 164, 165, 167, 168, 172, 173, 176, 178, 180, 192, 199, 200 a 202, 204, 207, 210, 211, 214, 216 a 226, 247, 251 a 253, 256 a 259, 266, 271 a 273, 276, 277, 279, 281, 284 a 287, 290 a 292, 416, 420 a 422, 487, 488

Tutsis – 346, 347, 349, 356, 361, 362

U

Um país dois sistemas – 89
União africana (UA) – 24, 312, 317
União da Europa Ocidental (UEO) – 24, 88, 91, 130, 146
União Democrática Timorense (UDT) – 24, 450
União dos Povos de Angola (UPA) – 24, 357, 381
União Europeia (UE) – 24, 71, 88, 114, 129 a 131, 157, 165, 191, 226, 242, 253, 260, 265 371, 273, 279, 284, 291, 292, 306, 312, 363, 380, 425, 445, 447, 454, 469, 478, 482
União para a Independência Total de Angola (UNITA) – 24, 58, 353, 358, 361, 162, 381, 383, 384, 402
União Mineira do Alto Catanga – 353, 357
União Nacional Africana do Zimbabwe (ZANU) – 24, 381
União Popular Africana do Zimbabwe (ZAPU) – 24, 381
União das Repúblicas Socialistas Soviéticas (URSS) – 24, 30, 32 a 34, 36 a 39, 41 a 47, 49, 51, 53, 54, 55, 59 a 66, 69 a 71, 75, 76, 86, 87, 127 a 129, 138, 139, 142, 160, 165, 181, 184, 204, 218, 222, 273, 275 a 277, 280 a 282, 288, 290, 302, 320, 382, 384, 413, 414, 417, 418, 420, 421, 422, 430, 432, 449 a 451, 486, 483, 487
União Sul-Africana – 308, 371, 372, 378
Unilateralismo – 79 a 82, 84, 122, 144
Uni-multipolar – 73, 74
Unipolar – 69, 70, 72 a 80, 83 a 85, 87 a

89, 95, 97, 99, 10, 112 a 115, 117, 122, 129, 144, 203, 324, 453, 454
Uti possidetis – 311, 473
Uzbequistão – 22, 279, 414, 417, 418, 420, 424, 428, 430

V

Vaticano – 253, 260, 265
Vazio de poder – 36, 208, 224, 359, 360
Venezuela – 462, 471, 473, 474, 477, 479, 481, 488, 489, 491, 492
Verão quente de 1975 – 451
Vice-reinado – 472, 473, 489
Vícios de perspectiva do colonizador – 388, 389
25 de Abril de 1974 – 8, 9, 57, 227, 236, 238, 239, 309, 373, 393, 449
Vostok – 62

X

Xiita – 174, 198 a 200, 203, 205, 206, 220, 272, 287, 416
Xinjiang – 89, 412 a 414, 420, 423, 425, 428, 431 a 433, 442, 445, 454

Y

Yemen – 178, 200, 204
Yucatán – 462

Z

Zimbabwe – 13, 24, 307, 309, 362, 363, 365, 371, 373, 374, 377 a 379, 381, 283 a 386
Zona charneira – 153, 426
Zona de Coprosperidade Oriental – 413, 440, 441, 447
Zona de exclusão aérea (ZEA) – 24, 199, 208, 209, 218, 222, 223
Zona de fragmentação – 99
Zona de influência – 60, 127, 186, 224, 260
Zona do Canal do Panamá – 57, 474, 486, 487
Zona geopolítica intermediária – 99, 165
Zona tampão – 59, 138, 165, 204, 225, 292, 333, 420, 425

ÍNDICE DE MAPAS

TÍTULO I

Mapa 1 – A teoria de Nicholas Spykman aplicada no cerco à URSS. Gérard Chaliand et Jean-Pierre Rageau, *Atlas stratégique*, Editions Complexe, Belgique, 1994.

Mapa 2 – A teoria de Nicholas Spykman aplicada na localização das esquadras dos EUA. Gérard Chaliand et Jean-Pierre Rageau, *Atlas stratégique*, Editions Complexe, Belgique, 1994.

TÍTULO II

Mapa 3 – A presença militar dos EUA no mundo. Fonte: *Le Monde Diplomatique* (Ed. portuguesa), Junho 2003.

Mapa 4 – Nova geografia dos conflitos. Fonte: Michael Klare, "A nova geografia dos conflitos", *Economia Pura*, Outubro 2001.

Mapa 5 – Área geográfica da OTAN quando da sua fundação. Fonte: *Janus 98*, Público e UAL, Lisboa, 1998.

Quadro 1 – Estrutura de comando inicial da OTAN. Fonte: *Manual da OTAN*, Serviço de Informação da OTAN, Bruxelas, 1976.

Quadro 2 – Estrutura de comando da OTAN reformulada em 1997. Fonte: *Notícias da OTAN*, nº 1, Bureau de l'Information et de Presse de l'OTAN, Bruxelas, Primavera 1998.

Quadro 3 – Estrutura de comando da OTAN aprovada em 2002. Fonte: *Expresso*, 31 Maio 2003.

Mapa 6 – Evolução dos sucessivos alargamentos dos Estados membros da OTAN. Fonte: N/N, Web site www.nato.pt.

TÍTULO III

Mapa 7 – Os três Mediterrâneos. Fonte: Yves Lacoste, *Hérodote* nº 103, 4º Trimestre 2001.

Mapa 8 – A bacia do Mediterrâneo Euro-Afro-Asiático. Fonte: Gérard Chaliand et Jean-Pierre Rageau, *Atlas du millénaire*, Hachette Littératures, Paris, 1998.

Mapa 9 – Evolução da partilha da Palestina. Fonte: Gérard Chaliand et Jean-Pierre Rageau, *Atlas stratégique*, Editions Complexe, Belgique, 1994.

Mapa 10 – Acordo de Oslo. Fonte: *Le Monde Diplomatique* (Ed. portuguesa), Fevereiro 2000.

Mapa 11 – Golfo Pérsico. Fonte: Gérard Chaliand et Jean-Pierre Rageau, *Atlas stratégique*, Editions Complexe, Belgique, 1994.

Mapa 12 – Curdistão. Fonte: *Le Monde Diplomatique* (Ed. portuguesa), Outubro 2002.

Mapa 13 – Localizaçã do Sahara Ocidental no Continente Africano. Fonte: *Atlas geográfico*, ME da RPA, 1982.

Mapa 14 – Sahara Ocidental. Fonte: Solidaridad Internacional, Fundation Española para la Cooperatión.

Mapa 15 – Os Balcãs. Fonte: *Le Monde Diplomatique* (Ed. portuguesa), Maio 1999.

Mapa 16 – Ex-Jugoslávia. Fonte: Gérard Chaliand et Jean-Pierre Rageau, *Atlas stratégique*, Editions Complexe, Belgique, 1994.

Mapa 17 – Acordo de Dayton. Fonte: Stevan Niksik e Pedro Caldeira Rodrigues, *O vírus balcânico, o caso da Jugoslávia*, Assírio & Alvim, Lisboa, 1996.

Mapa 18 – Cáucaso. Fonte: *Le Monde Diplomatique* (Ed. portuguesa), Outubro 2000.

Mapa 19 – Rede de oleodutos e gasodutos que atravessam o Cáucaso. Fonte: *Le Monde Diplomatique* (Ed. portuguesa), Junho 2007.

TÍTULO IV

Mapa 20 – O Continente Africano. Fonte: *Atlas geográfico*, ME da RPA, 1992.

Mapa 21 – África Ocidental. Fonte: Pascal Boniface, *Atlas das relações internacionais*, Plátano, Lisboa, 2000.

Mapa 22 – A Grande Diagonal dos Conflitos Africanos. Fonte: *Público*, 21 de Maio de 2000.

Mapa 23 – África Austral. Fonte: *Terra Solidária*, nº 10, CIDAC, Lisboa, Novembro-Dezembro 1997.

TÍTULO V

Mapa 24 – Ásia Central. Fonte: *Atlas da globalização*, Le Monde Diplomatique, Campo da Comunicação, Lisboa, 2003.

Mapa 25 – O grande jogo da Ásia Central. Fonte: Gérard Chaliand et Jean-Pierre Rageau, *Atlas du millénaire*, Hachette Littératures, Paris, 1998.

Mapa 26 – Caxemira e Xinjiang. Fonte: Gérard Chaliand et Jean-Pierre Rageau, *Atlas du millénaire*, Hachette Littératures, Paris, 1998.

Mapa 27 – Sudeste Asiático. Fonte : Gérard Chaliand et Jean-Pierre Rageau, *Atlas du millénaire*, Hachette Littératures, Paris, 1998.

Mapa 28 – Mar do Sul da China. Fonte: Gérard Chaliand et Jean-Pierre Rageau, *Atlas stratégique*, Editions Complexe, Belgique, 1994.

TÍTULO VI

Mapa 29 – ZTC da América Latina. Fonte: Pascal Boniface, *Atlas das relações internacionais*, Plátano, Lisboa, 2000.